Umwelthinweis:
Dieses Buch wurde auf chlor- und säurefreiem Papier gedruckt.

Tess Gerritsen

Der Anruf kam nach Mitternacht

Roman

Aus dem Nordamerikanischen von
Roy Gottwald

mtb

PROLOG

Berlin

Um einen Menschen bewusstlos zu machen, ist zwanzig Sekunden lang ein starker Druck auf die Halsschlagader notwendig. Bei zwei Minuten tritt bereits unweigerlich der Tod ein. Simon Dance benötigte kein medizinisches Handbuch, um diese Informationen nachzuschlagen – er wusste es aus Erfahrung. Er wusste auch, dass man die Schlinge ganz fest zuziehen muss, denn wenn der Strang nicht ganz straff ist, wenn auch nur das geringste bisschen lebenswichtige Blut in das Gehirn des Opfers gelangen sollte, dann würde der Todeskampf unnötig hinausgezögert, ja, die Situation sogar gefährlich werden. Niemand kämpft verbissener als ein sterbender Mensch.

In der Dunkelheit lauernd wickelte sich Dance die Schlinge zweimal um die Hände und warf einen Blick auf die Leuchtziffern seiner Uhr. Zwei Stunden waren verstrichen, seit er das Licht ausgemacht hatte. Sein Mörder war offensichtlich ein vorsichtiger Mensch, der sichergehen wollte, dass Dance auch tief schlief. Wenn der Mann ein Berufskiller war, dann würde er wissen, dass die ersten zwei Stunden Schlaf die intensivsten waren. Jetzt war die Zeit für den Angriff gekommen.

Draußen im Korridor war plötzlich ein Schritt zu hören. Dance stand vorsichtig und angespannt auf und wartete neben der Tür. Es war stockdunkel. Dance ignorierte sein eigenes Herzklopfen. Er spürte, wie der gewohnte Adrenalinstoß seine Reflexe hellwach sein ließ, und er spannte die Schlinge zwischen seinen Händen.

Ein Schlüssel wurde vorsichtig in das Türschloss gesteckt. Dance vernahm das metallische Geräusch des Bartes, der über das Metall kratzte. Der Schlüssel wurde umgedreht, und das Schloss sprang mit einem Klicken auf. Langsam wurde die Tür geöffnet, und das Licht des Korridors fiel durch den Spalt. Ein Schatten bewegte sich durch den Raum auf das Bett zu, wo jemand zu schlafen schien. Der Schatten hob einen Arm. Drei Kugeln wurden aus dem Schalldämpfer in die Kissen abgefeuert. Als die dritte Kugel einschlug, sprang Dance hervor.

Er warf die Schlinge um den Hals des Eindringlings, riss sie nach oben und sofort zurück. Sie drückte genau auf den kritischsten Punkt der Halsschlagader, direkt unter dem Unterkiefer. Die Waffe fiel zu Boden. Der Mann wand sich wie ein Fisch an der Angel und versuchte, seine Hände in Dance' Gesicht zu krallen. Seine Arme und Beine gehorchten ihm jedoch nicht mehr, ruckten und schlugen in alle Richtungen. Dann sackten ihm langsam die Beine weg, er griff noch einmal nach Dance, ehe seine Arme schlaff herabsanken. Während Dance die Sekunden zählte, spürte er die letzten Zuckungen des Körpers, das Aufbäumen des gewürgten Gegners. Er hielt die Schlinge fest zusammengezogen.

Nach drei Minuten lockerte er die Schlinge, und der Körper sackte zu Boden. Dance machte das Licht an und sah auf den Mann hinunter, den er soeben getötet hatte.

Das blau angelaufene Gesicht war ihm irgendwie vertraut. Rasch durchsuchte er die Sachen des Mannes, aber er fand nur Geld, Autoschlüssel und weitere Arbeitsutensilien: Ersatzmunition, ein Schnappmesser, einen Dietrich. Ein namenloser Killer, dachte Dance und überlegte, wie viel man dem Mann wohl gezahlt hatte.

Er zerrte den Körper auf das Bett und warf die drei Kissen beiseite, mit denen er eine unter der Decke liegende Gestalt vorgetäuscht hatte. Er schätzte die Größe des Toten auf einen Meter dreiundachtzig. Also ungefähr meine Größe, dachte er, das ist gut. Dance wechselte mit der Leiche die Kleider, wahrscheinlich war das unnötig, aber er war ein gründlicher Mensch. Dann nahm er seinen Ehering ab und versuchte, ihn dem Toten aufzusetzen, doch der Ring ging nicht über den Knöchel. So ging er ins Badezimmer, seifte den Ring ein und zwang ihn auf diese Weise auf den Finger des Mannes.

Dann setzte er sich hin und rauchte, während er angestrengt überlegte, ob er irgendein Detail übersehen hatte. Natürlich – die drei Kugeln! Er wühlte in den Kissen herum, untersuchte sie aufs Gründlichste und fand endlich auch zwei davon wieder. Die dritte war vermutlich tief in die Matratze eingedrungen. Ehe er noch weiter nachsehen konnte, hörte er plötzlich im Korridor Schritte. Hatte der Mörder noch einen Komplizen?

Dance griff hastig zu seiner Waffe, zielte auf die Tür und wartete. Die Schritte gingen jedoch weiter und verklangen im Korridor. Falscher Alarm. Trotzdem, ich sollte jetzt lieber gehen, sagte er sich. Länger hierzubleiben wäre sehr unklug.

Aus der Schublade der Kommode holte er eine Flasche Methanol. Es würde schnell brennen und keine Spuren hinterlassen. Er schüttete den Alkohol über die Leiche, das Bett und den davorliegenden Teppich. Im Zimmer gab es weder einen Rauchmelder noch eine Sprinkleranlage. Aus diesem Grunde hatte Dance sich für dieses alte Hotel entschieden. Er stellte den Aschenbecher neben das Bett, suchte die Habseligkeiten des Toten zusammen und steckte sie, zusammen mit der leeren Methanolflasche, in eine Mülltüte. Dann setzte er das Bett in Brand.

Zischend loderten die Flammen auf und hüllten Sekunden später die Leiche völlig ein. Dance wartete nur so lange, bis er sicher sein konnte, dass nichts Erkennbares übrig blieb.

Er nahm die Mülltüte, verließ das Zimmer, schloss die Tür ab und ging den Korridor hinunter zum Feuermelder. Er wollte keine unschuldigen Menschen gefährden, schlug deshalb das Glas ein und betätigte den Alarmhebel. Dann eilte er die Treppe ins Erdgeschoss hinunter.

Aus einer der Straße gegenüberliegenden Gasse sah er zu, wie die Flammen aus seinem Fenster schlugen. Das Hotel wurde geräumt, und die Straße war kurz darauf voller schläfriger, notdürftig in Decken gehüllter Leute. Innerhalb von zehn Minuten trafen drei Löschzüge ein. Zu dem Zeitpunkt war Dance' Zimmer bereits ein loderndes Inferno.

Es dauerte eine Stunde, bis das Feuer gelöscht war. Eine schaulustige Menge hatte sich zu den zitternden Hotelgästen gesellt, und Dance betrachtete ihre Gesichter, um sie sich einzuprägen. Falls er je wieder einem von ihnen begegnen sollte, wäre er gewarnt.

Dann entdeckte er eine schwarze Limousine, die sich langsam einen Weg durch die Menschenmenge bahnte. Er erkannte den im Fond sitzenden Mann. Also auch der CIA war hier. Wie interessant!

Er hatte genug gesehen. Es war schon spät, und er musste sich sofort auf den Weg machen, zurück nach Amsterdam.

Drei Häuserblocks weiter warf er die Tüte mit der leeren Methanolflasche in einen Mülleimer. Damit hatte er sich auch des letzten Beweises entledigt. Er hatte getan, weshalb er nach Berlin gekommen war – er hatte Geoffrey Fontaine getötet. Jetzt war es an der Zeit, zu verschwinden. Leise vor sich hin pfeifend ging er in die Dunkelheit davon.

* * *

Amsterdam

Der alte Mann wurde nachts um drei Uhr mit der Neuigkeit geweckt.

„Geoffrey Fontaine ist tot."

„Wie?", fragte der Alte.

„Ein Hotelbrand. Man sagt, er habe im Bett geraucht."

„Ein Unfall? Unmöglich! Wo ist die Leiche?"

„Im Berliner Leichenschauhaus. Stark verbrannt."

Natürlich, dachte der alte Mann. Man konnte sich denken, dass die Leiche bis zur Unkenntlichkeit verbrannt sein würde. Wie üblich hatte

Simon Dance beim Verwischen seiner Spuren hervorragende Arbeit geleistet. Er war ihnen also wieder entwischt.

Doch der Alte hatte noch einen Trumpf im Ärmel. „Du hast mir erzählt, seine Frau sei in Amerika“, sagte er. „Wo lebt sie?“

„In Washington.“

„Ich möchte, dass sie beschattet wird.“

„Aber warum? Ich sagte dir doch gerade, der Mann ist tot.“

„Er ist nicht tot. Er lebt, davon bin ich überzeugt. Und diese Frau könnte wissen, wo er ist. Behaltet sie im Auge.“

„Ich werde meinen Leuten ...“

„Nein. Ich werde meinen eigenen Mann schicken. Jemanden, auf den ich mich verlassen kann.“

Eine Pause trat ein. „Ich werde dir ihre Adresse beschaffen.“

Nachdem er aufgelegt hatte, konnte der alte Mann nicht mehr einschlafen. Fünf Jahre hatte er nun gewartet. Fünf Jahre lang hatte er gesucht. Dann war er so kurz davor gewesen, und wieder war es schiefgegangen! Jetzt hing alles davon ab, was diese Frau in Washington wusste.

Er musste sich in Geduld fassen und darauf warten, dass sie sich selbst verriet. Er würde Kronen schicken, einen Mann, der ihn noch nie im Stich gelassen hatte. Kronen hatte seine eigenen Methoden, sich Informationen zu verschaffen – Methoden, denen man schwer widerstehen konnte. Das war nämlich Kronens besondere Begabung – Überredungskraft.

1. KAPITEL

Washington

Mitternacht war schon vorbei, als das Telefon klingelte. Sarah hörte es in ihren Schlaf hineinläuten. Der Klang schien von unendlich weit her zu kommen, als sei es ein Wecker, der in einem anderen Zimmer zu schrillen begonnen hätte. Sie kämpfte mit sich, um munter zu werden, aber sie war in dem Zustand zwischen Tiefschlaf und Halberwachen gefangen. Sie musste ans Telefon gehen. Sie wusste, es war ihr Mann Geoffrey, der anrief.

Sie hatte den ganzen Abend darauf gewartet, seine Stimme zu hören. Es war Mittwochnacht, und auf seinen monatlichen Reisen nach London rief Geoffrey immer mittwochs bei ihr an. Heute Abend war sie allerdings verschnupft und hustend eher zu Bett gegangen, denn in Washington ging mal wieder ein Grippevirus um. Es war die Hongkong-Grippe, eine besonders unangenehme Krankheit, die sie jetzt mit der Hälfte ihrer Kollegen im mikrobiologischen Laboratorium teilte.

Eine Stunde lang hatte sie lesend im Bett gesessen und tapfer darum gekämpft, munter zu bleiben. Aber die Kombination aus einer Antigrippekapsel und der letzten Ausgabe des „Mikrobiologie Journals" hatten schneller gewirkt als jede Schlaftablette. Innerhalb von Minuten war sie in ihre Kissen gesunken, die Brille immer noch auf der Nase.

Sarah hatte sich vorgenommen, nur ein wenig zu ruhen, nur ein ganz kleines Schläfchen zu halten … Am Ende wurde sie jedoch immer müder, und der Schlaf überfiel sie.

Sie schreckte aus einem Traum hoch und stellte fest, dass die Nachttischlampe noch brannte und das „Mikrobiologie Journal" auf ihrer Brust lag. Sie konnte nichts richtig im Zimmer erkennen. Sarah schob ihre Brille zurecht und sah auf den Wecker. Zwölf Uhr dreißig. Das Telefon gab keinen Mucks von sich. Hatte es etwa im Traum geläutet?

Sie schrak hoch, als das Telefon erneut klingelte. Hastig nahm sie den Hörer ab.

„Mrs Sarah Fontaine?", fragte eine männliche Stimme.

Es war nicht Geoffrey, und plötzlich hatte sie eine schreckliche Vorahnung. Irgendetwas stimmte nicht. Sie setzte sich kerzengerade auf und war mit einem Mal hellwach. „Ja. Am Apparat", sagte sie knapp.

„Mrs Fontaine, hier spricht Nicholas O'Hara vom Außenministerium. Ich bedaure, Sie zu so später Stunde stören zu müssen, aber …“ Er schwieg. Es war dieses Schweigen, das Sarah am meisten erschreckte, weil es zu bewusst eintrat, zu routiniert, gekonnt eingesetzt, um den nachfolgenden Schock zu mildern. „Ich fürchte, ich habe schlechte Nachrichten“, fuhr er fort.

Die Kehle war ihr wie zugeschnürt. Am liebsten hätte sie geschrien: Nun sagen Sie es schon! Erzählen Sie mir, was passiert ist! Aber alles, was sie herausbrachte, war ein Flüstern. „Ja. Ich höre.“

„Es geht um Ihren Gatten Geoffrey“, sagte er. „Es hat einen Unfall gegeben.“

Ich träume, dachte Sarah und schloss die Augen. Wenn Geoffrey etwas passiert wäre, hätte ich es gefühlt. Irgendwie hätte ich es gewusst …

„Es ist vor ungefähr sechs Stunden geschehen“, sprach der Mann weiter. „Im Hotel Ihres Mannes brach ein Feuer aus.“ Er machte eine erneute Pause. Dann fragte er besorgt: „Mrs Fontaine? Sind Sie noch am Apparat?“

„Ja. Bitte, sprechen Sie weiter.“

Der Anrufer räusperte sich. „Es tut mir leid, Mrs Fontaine, es Ihnen sagen zu müssen. Ihr Gatte … ist nicht durchgekommen.“

Der Mann ließ Sarah einen Augenblick der Besinnung, einen Augenblick, um ihren Schmerz zu fassen. Um ihr Schluchzen zu unterdrücken, presste sie sich die Hand vor den Mund. Dieser Schmerz war zu intim, als dass sie einen Fremden davon wissen lassen wollte.

„Mrs Fontaine?“, fragte er dann sanft. „Ist alles okay?“

Schließlich konnte Sarah zitternd wieder sprechen. „Ja“, flüsterte sie.

„Machen Sie sich über die Formalitäten keine Gedanken. Ich werde die Einzelheiten mit unserem Berliner Konsulat klären. Natürlich wird es etwas dauern, aber sobald die deutschen Behörden die Leiche freigegeben haben, müsste eigentlich …“

„Berlin?“, unterbrach Sarah ihn.

„Es liegt in ihrem Zuständigkeitsbereich, müssen Sie wissen. Es wird einen genauen Bericht geben, wenn die Berliner Polizei …“

„Aber das ist doch unmöglich!“

Nicholas O’Hara bemühte sich um Geduld. „Es tut mir leid, Mrs Fontaine. Seine Identität wurde bestätigt. Es gibt wirklich keinen Zweifel an …“

„Aber Geoffrey war in London“, unterbrach sie ihn aufgeregt.

Ein langes Schweigen folgte. „Mrs Fontaine“, sagte der Mann dann mit irritierender Ruhe, „der Unfall ist in Berlin passiert.“

„Dann muss hier ein Irrtum vorliegen. Geoffrey war in London, das weiß ich ganz sicher. Er kann gar nicht in Deutschland gewesen sein!"

Wieder trat eine Pause ein, diesmal länger, und jetzt spürte Sarah, dass der Anrufer verwirrt war. Sie hatte den Hörer so fest an ihr Ohr gedrückt, dass sie einen Augenblick nur das Klopfen ihres eigenen Herzens vernahm. Da musste ein Irrtum vorliegen. Ein völliges Missverständnis. Geoffrey konnte nicht tot sein. Sie sah ihn vor sich, wie er über die absurde Meldung seines eigenen Todes lachen würde. Ja, sie würden darüber lachen, wenn er wieder zu Hause war.

„Mrs Fontaine, bitte", sagte der Mann schließlich. „In welchem Hotel war Ihr Mann in London abgestiegen?"

„Im ... im Savoy. Ich muss die Telefonnummer hier irgendwo haben ... Ich muss schnell nachsehen ..."

„Schon gut, ich werde sie selbst herausfinden. Ich werde mich telefonisch erkundigen. – Vielleicht sollten wir uns morgen früh treffen." Seine Worte klangen gemessen und vorsichtig, ausgesprochen mit der gefühllosen Routine eines Bürokraten, der gelernt hatte, nichts preiszugeben. „Könnten Sie bitte in mein Büro kommen?"

„Wie ... wie komme ich dorthin?"

„Haben Sie einen Wagen?"

„Nein. Ich habe kein Auto."

„Ich werde Ihnen einen Wagen schicken."

„Das ist ein Irrtum, nicht wahr? Ich meine ... Sie machen doch auch Fehler, oder?" Sarah wollte nur ein bisschen Hoffnung von ihm haben, einen dünnen Faden, an den sie sich klammern konnte. Wenigstens das hätte er ihr geben können. Zumindest ein bisschen Verständnis hätte er zeigen können.

Aber der Mann sagte nur: „Wir sehen uns dann morgen früh, Mrs Fontaine. So gegen elf Uhr."

„Warten Sie, bitte! Es tut mir leid, ich kann gar nicht klar denken. Ihr Name ... wie war er doch gleich?"

„Nicholas O'Hara."

„Und wo ist Ihr Büro?"

„Machen Sie sich darüber keine Sorgen", sagte er. „Der Fahrer wird Sie herbringen. Gute Nacht."

„Mr O'Hara?"

Sarah hörte das Summen in der Leitung. Der Mann hatte bereits aufgelegt. Sie rief sofort das Savoy-Hotel in London an. Ein einziger Anruf, und die Sache wäre geklärt. Bitte, dachte sie, bis die Verbindung zustande kam, ich möchte deine Stimme hören ...

„Savoy-Hotel", sagte eine Frauenstimme auf der anderen Seite des Erdballs.

Sarahs Hand zitterte so stark, dass sie kaum den Hörer halten konnte. „Hallo. Verbinden Sie mich bitte mit Mr Geoffrey Fontaines Zimmer", stieß sie hervor.

„Ich bedaure, gnädige Frau", erklärte die Stimme, „aber Mr Fontaine ist vor zwei Tagen abgereist."

„Abgereist?", rief Sarah. „Wohin denn?"

„Er hat nichts hinterlassen. Falls Sie jedoch eine Nachricht übermittelt haben möchten, werden wir sie selbstverständlich an seine Heimatanschrift ..."

Später wusste Sarah nicht, ob sie sich überhaupt verabschiedet hatte. Sie starrte das Telefon an, als wäre es etwas ganz Fremdes, etwas, das sie noch nie zuvor gesehen hatte. Langsam glitt ihr Blick hinüber auf Geoffreys Kopfkissen. Das französische Bett schien sich endlos ausdehnen zu wollen.

Plötzlich war sie allein in einem viel zu großen Bett, allein in einer Wohnung, in der es viel zu still war. Ein Schauer durchrieselte sie, als der stumme Schmerz aufstieg und ihr die Kehle zuschnürte. Sie hatte den verzweifelten Wunsch zu weinen, aber die Tränen wollten nicht kommen.

Sarah warf sich mit dem Gesicht in die Kissen aufs Bett zurück. Die Bezüge waren eiskalt.

Vielleicht kam Geoffrey nie wieder nach Hause. Sie waren erst zwei Monate verheiratet ...

Nick O'Hara trank bereits die dritte Tasse Kaffee und lockerte seine Krawatte. Nach zwei Wochen Urlaub, in denen er nichts anderes als eine Badehose getragen hatte, kam er sich mit der Krawatte wie in der Schlinge des Henkers vor. Er war erst seit drei Tagen zurück in Washington und schon wieder gereizt. Im Allgemeinen war ein Urlaub dazu da, neue Kräfte zu tanken, und deshalb war er ja auf die Bahamas geflogen. Er brauchte Zeit, um allein zu sein, sich ein paar wichtige Fragen zu stellen und die Antworten darauf zu finden.

Doch der einzige Schluss, zu dem er gekommen war, bestand darin, dass er sich unglücklich fühlte.

Nach achtjähriger Tätigkeit im Auswärtigen Amt hatte Nick O'Hara die Nase von seinem Job nur allzu voll. Aber das lag nicht ausschließlich an ihm. Mehr und mehr hatte er die Geduld für die politischen Spielereien des Staates verloren ... Er war nicht in der Stimmung zu spielen. Er war trotzdem dabeigeblieben, weil er an seinen Job und dessen innere Werte glaubte. Von den Friedensmärschen seiner Jugendzeit war er im besten Alter von achtunddreißig Jahren an die Verhandlungstische für den Weltfrieden gelangt.

Aber Ideale, so hatte er feststellen müssen, führten nirgendwohin. Zum Teufel, die Diplomatie fußte nicht auf Idealen. Wie alles andere auch, lief sie auf den Schienen des Protokolls und parteiorientierter Politik. Während Nick sein protokollgerechtes Verhalten perfektioniert hatte, waren seine politischen Ansichten nicht konformgerecht. Es lag nicht an seinem Unvermögen, es lag an seinem Unwillen.

Nick wusste, in dieser Hinsicht war er ein schlechter Diplomat. Unglücklicherweise schienen die verantwortlichen Stellen darin mit ihm übereinzustimmen. Deshalb war er auf diesen unwichtigen Konsulatsposten in Washington versetzt worden und musste kürzlich verwitweten Frauen die schlechten Nachrichten übermitteln. Sicher, er hätte den Posten ablehnen können und wieder auf seinen bequemen Platz an der American University zurückkehren und dort lehren können. Darüber hatte er nachdenken müssen. Ja, diese zwei Wochen Alleinsein auf den Bahamas hatte er gebraucht.

Was er nicht gebraucht hatte, war, zurückzukommen und in diese Sache zu geraten.

Seufzend schlug er die Akte mit dem Namen Fontaine, Geoffrey H., auf. Eine Kleinigkeit hatte ihm den ganzen Morgen über zu denken gegeben. Seit ein Uhr nachts hatte er vor dem Computer gesessen und jede Einzelheit abgefragt, die er aus der Fülle der Regierungsunterlagen bekommen konnte. Eine halbe Stunde lang hatte er auch mit seinem Kollegen Wes Corrigan im Berliner Konsulat telefoniert. Enttäuscht hatte er sich dann einige weniger übliche Quellen zunutze gemacht. Was als Routinekondolenzanruf bei einer Witwe angefangen hatte, stellte sich als etwas viel Komplizierteres heraus – als Puzzle, in dem Nick nicht über alle Teilchen verfügte.

Wenn es darum ging, so viele Informationen wie möglich zu erhalten, konnte Nick unersättlich sein. Doch als er jetzt die Akte Fontaine zur Hand nahm, hatte er das Gefühl, nichts als Luft in den Händen zu halten – nichts von Bedeutung, außer einem Namen. Und einem Todesfall.

Er sah auf, als die Tür geöffnet wurde. Sein Kollege Tim Greenstein kam herein.

„Volltreffer! Ich habe es!“, sagte Tim. Er legte einen Ordner auf den Schreibtisch und sah Nick mit seinem breiten, etwas dümmlichen Grinsen an, für das er berühmt war. Die meiste Zeit über sah er mit diesem Grinsen auf seinen Computerbildschirm. Tim war eine Art Rettungsengel, der Mann, den jeder rief, wenn die Daten nicht dort waren, wo sie hingehörten. Dicke Brillengläser, die er als Folge eines schon in der Kindheit aufgetretenen grauen Stars tragen musste, verzerrten seinen Blick. Ein buschiger schwarzer Bart verdeckte fast völlig sein Gesicht und ließ nur die bleiche Stirn und die Nase frei.

„Ich sagte doch, ich bekomme es", erklärte Tim triumphierend und ließ sich in den Nick gegenüberstehenden Ledersessel fallen. „Ich bat meinen Kumpel beim FBI, ein bisschen herumzuschnüffeln. Da er mir mit nichts dienen konnte, habe ich selbst herumgesucht. Es war wirklich nicht einfach, kann ich dir sagen, das aus den Geheimdaten herauszubekommen. Da sitzt so ein neuer Idiot, der seine Sache unbedingt richtig machen will."

Nick runzelte die Stirn. „Du musstest dir das aus der Sicherheitsabteilung besorgen?"

„Tja. Da ist noch mehr, aber ich kam nicht durch. Ich bekam heraus, dass beim Staatssicherheitsdienst über deinen Mann eine Akte existiert."

Nick klappte den Ordner auf und blickte erstaunt hinein. Was er sah, warf noch mehr Fragen auf. Fragen, auf die es keine Antworten zu geben schien. „Was zum Teufel soll das eigentlich bedeuten?", murmelte er verwirrt.

„Das ist der Grund, weshalb du nichts über Geoffrey H. Fontaine finden konntest", sagte Tim. „Bis vor einem Jahr hat der Kerl nicht einmal existiert."

Nick sah auf. „Kannst du an noch mehr herankommen, Tim?"

„Hey, Nick, ich glaube, wir begeben uns da auf fremdes Terrain. Das könnte den Typen von der Firma ganz und gar nicht passen."

„Dann sollen sie mich doch rankriegen." Nick ließ sich nicht im Mindesten durch den CIA einschüchtern. Nicht, seit er all die inkompetenten Typen der Firma getroffen hatte. „Egal", meinte er schulterzuckend, „ich erledige nur meine Arbeit. Ich habe eine trauernde Witwe, wie du weißt."

„Aber die Fontaine-Sache reicht ziemlich weit."

„Du wagst dich ja auch sehr weit vor, Tim."

Tim grinste. „Was ist mit dir los, Nick? Willst du auf einmal Detektiv spielen?"

„Nein. Ich bin nur neugierig." Er sah stirnrunzelnd auf den Schreibtisch, wo ein Berg von Arbeit auf ihn wartete. Es war der übliche, bürokratische Kleinkram, seine Hauptbeschäftigung, aber er musste erledigt werden. Am besten war es, der trauernden Witwe freundlich auf die Schulter zu klopfen, ein paar nette Worte zu murmeln und sie dann hinauszubegleiten. Danach konnte er die ganze Angelegenheit vergessen. Geoffrey Fontaine, oder wie er sonst heißen mochte, war eben tot.

Doch Tim hatte Nicks Neugierde geweckt. Er sah seinen Freund an. „Sag mal, was hältst du davon, mir ein paar Informationen über die Frau dieses Burschen zu besorgen? Sarah Fontaine. Vielleicht führt uns das auf irgendeine Spur."

„Warum besorgst du dir sie nicht selbst?"

„Du bist der Einzige, der Zugang zu den ganz heißen Informationen hat."

„Tja, aber du hast die Frau selbst", Tim nickte zur Tür hin. „Ich habe mitbekommen, wie deine Sekretärin ihren Namen aufgeschrieben hat. Sarah Fontaine sitzt bereits in deinem Vorzimmer."

Die Sekretärin war eine grauhaarige Frau mittleren Alters mit dunkelblauen Augen und einem schmallippigen Mund. Sie sah von ihrem Schreibtisch nur gerade so lange hoch, um Sarahs Namen aufzuschreiben und sie zu der nahe stehenden Couch zu weisen.

Neben der Couch lagen säuberlich auf einem Haufen die üblichen Zeitschriften, die in einem Vorzimmer anzutreffen waren, und außerdem einige Ausgaben der „Foreign Affairs" und der „World Press Review", auf denen noch die Adressetiketten klebten: Dr. Nicholas O'Hara.

Während sich die Sekretärin wieder ihrer Schreibarbeit widmete, sank Sarah in die Kissen der Couch und starrte blicklos auf ihre Hände, die sie in ihrem grauen Lieblingswollrock im Schoß gefaltet hatte. Da sie ihre Grippe noch nicht ganz überwunden hatte, trug sie einen dicken Pullover und fühlte sich trotzdem fröstelnd und miserabel.

Nach dem Telefonanruf in der vergangenen Nacht hatte der Schmerz sie übermannt. Jetzt fühlte sie sich nur noch benommen. Plötzlich sah das Leben für Sarah beängstigend aus.

Die Sprechanlage der Sekretärin summte, und eine Stimme sagte: „Angie? Bitten Sie Mrs Fontaine herein."

„Ja, Mr O'Hara." Angie nickte Sarah zu. „Sie können jetzt hereingehen", sagte sie.

Sarah setzte ihre Brille auf, erhob sich und ging in das angewiesene Büro. Sie trat ein und blieb sofort auf dem dicken Teppich stehen. Ruhig sah sie den Mann hinter dem Schreibtisch an.

Er stand vor dem Fenster. Die Sonne schien durch die dürren Bäume und blendete Sarah. Zuerst erkannte sie nur die Silhouette des Mannes. Er war groß und schlank, und seine Schultern hingen leicht nach unten – er wirkte müde. Er wandte sich vom Fenster ab und kam um den Schreibtisch herum, um sie zu begrüßen. Sein blaues Hemd war zerknittert, und eine nichtssagende Krawatte hing locker um seinen Hals, als hätte er daran gezerrt.

„Mrs Fontaine“, begann er, „ich bin Nick O’Hara.“ Sie erkannte augenblicklich die Stimme des nächtlichen Anrufers wieder, dieselbe Stimme, die zehn Stunden vorher ihre Welt erschüttert hatte.

Er reichte ihr die Hand mit einer Geste, die Sarah zu automatisch fand, eine bloße Formalität, die er zweifellos allen Witwen entgegenbrachte. Sie bemerkte jedoch, dass er einen festen Händedruck hatte.

Während er wieder auf das Fenster zuging, fiel das Licht voll auf sein Gesicht. Sie erkannte lange, schmale Gesichtszüge, ein gleichmäßiges Kinn und einen nüchternen Mund. Sarah schätzte ihn auf Ende dreißig, vielleicht älter. Sein dunkelbraunes Haar zeigte an den Schläfen graue Stellen. Unter den hellgrauen Augen lagen tiefe Ringe.

Er wies auf einen Stuhl. Während sie Platz nahm, fiel ihr auf, dass noch eine dritte Person im Zimmer war, ein Mann mit einer Brille und einem buschigen schwarzen Bart, der still auf einem Stuhl in der Ecke saß. Sie hatte ihn schon gesehen, als er vorher durch das Vorzimmer gekommen war.

Nick setzte sich auf die Schreibtischkante und blickte Sarah an. „Die Sache mit Ihrem Gatten tut mir sehr leid, Mrs Fontaine“, erklärte er sanft. „Es ist ein schrecklicher Schock, ich weiß. Die meisten Menschen wollen uns nicht glauben, wenn sie einen solchen Anruf erhalten. Ich hatte das Gefühl, ich sollte von Angesicht zu Angesicht mit Ihnen sprechen. Ich habe ein paar Fragen. Und ich bin sicher, Sie auch.“ Er nickte mit dem Kopf in die Richtung des Mannes mit dem Bart. „Haben Sie etwas dagegen, wenn Mr Greenstein hierbleibt?“

Sarah zuckte die Schultern und fragte sich einen kurzen Moment lang, warum Mr Greenstein überhaupt anwesend war.

„Wir sind beide Staatsbeamte“, fuhr Nick fort. „Ich bin beim Außenministerium mit konsularischen Angelegenheiten beschäftigt, und Mr Greenstein arbeitet bei unserer technischen Hilfsabteilung.“

„Ich verstehe.“ Fröstelnd zog Sarah den Pullover enger um sich. Der Schüttelfrost fing wieder an, und ihr Hals tat weh. Warum war es in Regierungsbüros bloß immer so kalt?

„Geht es Ihnen nicht gut, Mrs Fontaine?“, fragte Nick besorgt.

Sie sah ihn elend an. „In Ihrem Büro ist es kühl.“

„Darf ich Ihnen einen Kaffee kommen lassen?“

„Nein, vielen Dank. Bitte, ich möchte nur etwas über meinen Mann erfahren. Ich kann es immer noch nicht glauben, Mr O'Hara. Ich bin der Meinung, hier stimmt etwas nicht. Es muss ein Irrtum vorliegen."

Er nickte voller Sympathie. „Das ist die übliche Reaktion, anzunehmen, alles sei nur ein Irrtum."

„Wirklich?"

„Ablehnung. Jeder macht das durch. Genau das empfinden auch Sie jetzt."

„Aber Sie fordern doch nicht jede Witwe auf, in Ihr Büro zu kommen, oder? In Geoffreys Fall muss es um etwas anderes gehen."

„Ja", räumte er ein. „Das stimmt."

Nick drehte sich um und nahm einen Aktenordner vom Schreibtisch auf. Nach kurzem Blättern holte er ein Blatt voller Notizen heraus. Die Handschrift war ein unleserliches Gekritzel. Es muss seine eigene sein, dachte Sarah. Niemand außer dem Schreiber selbst wäre in der Lage, das zu entziffern.

„Nachdem ich Sie angerufen habe, Mrs Fontaine, habe ich mich mit unserem Berliner Konsulat in Verbindung gesetzt. Was Sie gestern Nacht gesagt haben, hat mich nicht in Ruhe gelassen. So wenig, dass ich die Fakten nochmals überprüfen wollte."

Die Pause, die O'Hara einlegte, ließ Sarah erwartungsvoll zu ihm aufsehen. Sie blickte in zwei ruhige Augen, die sie müde und besorgt beobachteten. „Ich habe mit Wes Corrigan, unserem Konsul in Berlin, gesprochen und notiert, was er mir erzählt hat."

Er warf einen Blick auf seine Vermerke. „Gestern Abend gegen acht Uhr mitteleuropäischer Zeit meldete sich ein Mann namens Geoffrey Fontaine im Hotel Regina an. Er bezahlte mit einem Reisescheck. Die Unterschriften waren identisch. Er benutzte seinen Reisepass, um sich auszuweisen. Ungefähr vier Stunden später, gegen Mitternacht, traf die vom Hotel herbeigerufene Feuerwehr ein. Das Zimmer Ihres Mannes stand in Flammen. Bis man den Brand unter Kontrolle gebracht hatte, war der Raum völlig zerstört. Die offizielle Erklärung ist, Ihr Gatte sei eingeschlafen, während er im Bett rauchte. Ich fürchte, er ist bis zur Unkenntlichkeit verbrannt."

„Wie kann man dann so sicher sein, dass es sich um ihn handelt?" Die Frage kam wie aus der Pistole geschossen. Bis zu diesem Augenblick hatte sie mit wachsender Verzweiflung zugehört. Aber Nick O'Hara hatte gerade viel zu viele andere Möglichkeiten angeschnitten. „Jemand hätte seinen Pass gestohlen haben können", machte sie ihn aufmerksam.

„Mrs Fontaine, lassen Sie mich doch bitte zu Ende sprechen."

„Aber Sie haben soeben gesagt, der Leichnam konnte nicht identifiziert werden."

„Wir sollten versuchen, logisch vorzugehen."

„Ich bin logisch!"

„Sie sind gefühlsbetont. Sehen Sie, es ist ganz normal, dass sich die Witwen an solche Strohhalme klammern, aber …"

„Ich bin noch gar nicht davon überzeugt, dass ich eine Witwe bin."

Er hob abwehrend die Hände. „Gut, gut, sehen wir uns also die Beweise an. Die echten Beweise. Erstens: Man hat seinen Aktenkoffer in dem Zimmer gefunden. Er war aus Aluminium und feuerbeständig."

„Geoffrey hat niemals so etwas besessen."

„Der Inhalt hat den Brand überstanden. Der Pass Ihres Mannes war darin."

„Aber …"

„Dann liegt der amtliche Befund vor. Ein Berliner Pathologe hat den Körper – nun ja, was davon übrig war – kurz untersucht. Obwohl man nicht auf Zahnunterlagen zurückgreifen konnte, war aber die Größe der Leiche mit der Ihres Gatten identisch."

„Das bedeutet gar nichts."

„Schließlich …"

„Mr O'Hara …"

„Schließlich", sagte Nick mit plötzlichem Nachdruck, „haben wir ein letztes, an der Leiche selbst gefundenes Beweisstück. Ich bedauere, Mrs Fontaine, aber ich glaube, das wird Sie überzeugen."

Am liebsten hätte Sarah sich sofort die Ohren zugehalten und ihn angeschrien, er solle schweigen. Bis jetzt hatten die Beweise sie nicht überzeugt. Aber sie konnte nicht mehr länger zuhören. Sie konnte es nicht ertragen, dass ihr jede Hoffnung schwand.

„Es war der Ehering. Die Inschrift war noch lesbar. Sarah. 14. 2." Er sah von seinen Notizen auf. „Das ist doch Ihr Hochzeitsdatum, nicht wahr?"

Alles verschwamm ihr vor den Augen, als die Tränen kamen. Stumm nickte sie mit dem Kopf. Die Brille rutschte ihr von der Nase und fiel in ihren Schoß. Blind suchte sie in ihrer Tasche nach einem Taschentuch und merkte plötzlich, dass Nick O'Hara von irgendwoher eine ganze Schachtel Papiertücher geholt hatte.

„Nehmen Sie", sagte er leise.

Er beobachtete sie, als sie sich die Tränen abwischte und irgendwie versuchte, sich auf eine dezente Weise zu schnäuzen. Unter seinem aufmerksamen Blick kam sie sich albern und linkisch vor. Selbst ihre Finger gehorchten ihr nicht richtig. Die Brille rutschte ihr jetzt vom Schoß und fiel auf den Boden. Ihre Tasche wollte nicht zuschnappen. Sie musste hier heraus. Sarah suchte hastig ihre Sachen zusammen und stand auf.

„Bitte, Mrs Fontaine, nehmen Sie wieder Platz. Ich bin noch nicht ganz fertig“, sagte Nick.

Wie ein gehorsames Kind kehrte Sarah zu ihrem Stuhl zurück und starrte zu Boden. „Falls es sich um die Begräbnisformalitäten handeln sollte …“

„Nein, darum können Sie sich später kümmern, wenn die Leiche zurückgeflogen worden ist. Da ist etwas anderes, was ich Sie fragen muss. Es handelt sich um die Reise Ihres Mannes. Warum war er in Europa?“

„Geschäftlich.“

„Welcher Art?“

„Er war … Vertreter der Bank von England.“

„Also viel auf Reisen?“

„Ja, das stimmt. Ungefähr einmal im Monat war er in London.“

„Nur in London?“

„Ja.“

„Erzählen Sie mir, warum er in Deutschland war, Mrs Fontaine.“

„Ich weiß es nicht.“

„Sie müssen doch eine Ahnung haben.“

„Ich weiß es wirklich nicht.“

„War es seine Gewohnheit, Ihnen nicht zu sagen, wohin er fuhr?“

„Nein.“

„Warum hielt er sich dann in Deutschland auf? Es muss einen Grund dafür gegeben haben. Andere Geschäfte vielleicht? Andere …“

Sie hob rasch den Kopf. „Andere Frauen? Das wollten Sie doch fragen, nicht wahr?“

Nick antwortete nicht.

„Nicht wahr?“

„Es ist eine nicht unbegründete Vermutung.“

„Nicht bei Geoffrey!“

„Bei jedem.“ Er sah ihr fest in die Augen.

Sarah hielt seinem Blick stand.

„Sie waren insgesamt zwei Monate verheiratet“, stellte er fest. „Wie gut kannten Sie Ihren Gatten?“

„Kannte? Ich liebte ihn, Mr O’Hara.“

„Ich spreche nicht von Liebe, was immer das auch sein mag. Ich frage Sie, wie gut Sie Ihren Mann kannten, wer er war und was er machte. Wie lange ist es her, seit Sie sich kennenlernten?"

„Das war … ich glaube, vor sechs Monaten. Ich habe ihn in einem Café in der Nähe meines Arbeitsplatzes getroffen."

„Und wo arbeiten Sie?"

„Beim NIH. Ich bin Mikrobiologie-Forscherin."

Nicks Augen hatten plötzlich einen wachsamen Blick. „Welche Art von Forschungen?"

„Bakterielle Genome … Wir spalten Gene … Warum stellen Sie alle diese Fragen?"

„Unterliegen diese Forschungen der Geheimhaltung?"

„Ich verstehe immer noch nicht, warum …"

„Sind diese Forschungen geheim, Mrs Fontaine?"

Der scharfe Ton seiner Frage schockierte sie, und sie sah ihn sprachlos an. Dann antwortete sie leise: „Ja. Einige schon."

Er nickte und zog ein anderes Blatt aus den Unterlagen. Ruhig fuhr er fort: „Ich bat Mr Corrigan in Berlin, den Pass Ihres Mannes zu überprüfen. Wo man auch hinfliegt, bekommt man bei jedem neuen Grenzübertritt einen Einreisestempel. Der Pass Ihres Gatten wies verschiedene Stempel auf. London, Schiphol/Amsterdam und schließlich Berlin. Alle waren von letzter Woche. Haben Sie eine Erklärung dafür, warum er diese Städte aufgesucht hat?"

Sie schüttelte verwirrt den Kopf.

„Wann hat er Sie zum letzten Male angerufen?"

„Vor einer Woche, aus London."

„Können Sie sicher sein, dass er in London war?"

„Nein. Es war natürlich ein Anruf ohne Vermittlung durch ein Fernamt."

„Hatte Ihr Mann eine Lebensversicherung abgeschlossen?"

„Nein. Das heißt, ich weiß es nicht. Er hat mir gegenüber nie etwas davon erwähnt."

„Zieht jemand Nutzen aus seinem Tod? In finanzieller Hinsicht, meine ich?"

„Ich glaube nicht."

Nick hörte ihr mit gerunzelter Stirn zu, rutschte etwas auf der Schreibtischplatte zurück, kreuzte die Arme vor der Brust und starrte einen Augenblick lang zur Seite. Sarah konnte förmlich sehen, wie er in Gedanken die Fakten überschlug und die Einzelheiten sortierte. Sie war ebenso durcheinander wie er. Das ergab alles keinen Sinn. Geoffrey war ihr Mann gewesen, doch nun fing sie an, sich zu fragen, ob Nick O'Hara nicht recht hatte, dass sie Geoffrey nie richtig gekannt hatte. Alles, was Geoffrey und sie geteilt hatten, waren Bett und Tisch, aber nie ihre Herzen.

Nein, das stimmte auch nicht, es war Verrat an der Erinnerung an ihn. Sie glaubte an Geoffrey. Warum sollte sie diesem Fremden Glauben schenken? Warum erzählte dieser Mann ihr das alles? Stand hinter all dem eine ganz andere Absicht? Plötzlich missfiel ihr Nick O'Hara, ja sehr sogar. Er bombardierte sie mit all diesen Fragen aus einem ihr unbekannten Grund.

„Wenn Sie fertig sind ...", sagte Sarah verärgert und wollte erneut aufstehen.

Nick sah sie verwundert an, als hätte er ihre Gegenwart vergessen. „Nein. Noch nicht."

„Es geht mir nicht besonders gut, und ich würde gern nach Hause fahren."

„Haben Sie ein Bild Ihres Mannes?", wollte Nick unvermittelt wissen.

Verwirrt durch diese Frage, öffnete Sarah ihre Handtasche und zog eine Fotografie aus ihrer Brieftasche. Geoffrey war darauf sehr gut getroffen; das Bild war während ihrer dreitägigen Hochzeitsreise am Strand von Florida aufgenommen worden. Mit leuchtenden blauen Augen schaute er direkt in die Kamera. Sein Haar war blond wie Gold, das schräg fallende Licht warf Schatten über sein ungewöhnlich gut aussehendes Gesicht. Er lächelte. Von Anfang an hatte sie sich zu diesem Gesicht hingezogen gefühlt – nicht nur des guten Aussehens wegen, sondern durch die Stärke und Intelligenz, die aus seinen Augen sprach.

Nick O'Hara nahm das Bild und betrachtete es schweigend. Sarah beobachtete ihn und dachte: Er ist so ganz anders als Geoffrey. Sein Haar ist nicht goldblond, sondern dunkelbraun, er lächelt auch nicht, sondern wirkt eher trocken, sachlich. Eine Aura der Besorgnis schien Nick O'Hara zu umgeben, ja des Unglücklichseins. Sie fragte sich, was er wohl beim Betrachten des Bildes denken mochte. Er zeigte keine Regung, und außer den Anzeichen von Müdigkeit konnte Sarah seinem Gesicht wenig entnehmen. Er hatte hellgraue undurchdringliche Augen.

Nick reichte das Foto kurz Mr Greenstein hinüber und gab es ihr dann schweigend zurück.

Sarah steckte es ein, machte ihre Tasche wieder zu und blickte ihn an. „Warum stellen Sie mir denn all diese Fragen?"

„Weil ich muss. Es tut mir auch leid für Sie, aber das ist wirklich notwendig."

„Für wen?“, fragte sie ärgerlich. „Für Sie?“
„Und für Sie auch. Vielleicht sogar für Geoffrey.“
„Das ergibt keinen Sinn.“
„Es wird aber, wenn Sie den Berliner Polizeibericht kennen.“
„Gibt es noch etwas anderes?“
„Ja. Es betrifft die Todesumstände Ihres Gatten.“
„Aber Sie sagten doch, es sei ein Unfall gewesen.“
„Ich sagte, es sah wie ein Unfall aus.“ Während Nick sprach, beobachtete er sie aufmerksam, als fürchte er, eine ihrer Gemütsbewegungen zu übersehen, vielleicht ein Flackern in ihren Augen. „Als ich vor wenigen Stunden mit Mr Corrigan sprach, war eine neue Entwicklung eingetreten. Während einer Routineuntersuchung des Brandes wurden die Reste des Zimmers überprüft. Als man die Überbleibsel der Matratzen kontrollierte, stieß man auf eine Kugel.“
Sarah starrte Nick ungläubig an. „Eine Kugel?“, fragte sie. „Wollen Sie damit behaupten …“
Er nickte. „Man hat den Verdacht auf Mord.“

2. KAPITEL

Sarah wollte etwas sagen, aber die Stimme gehorchte ihr nicht. Sie saß wie eine Statue auf ihrem Stuhl, unfähig, sich zu bewegen, außerstande, etwas anderes zu tun, als ihr Gegenüber fassungslos anzusehen.

„Ich dachte, Sie sollten es wissen", sagte Nick. „Ich hätte es Ihnen in jedem Fall berichten müssen, weil wir jetzt Ihre Hilfe benötigen. Die Berliner Polizei erbittet Auskünfte über die Tätigkeit Ihres Mannes, seine Feinde … warum man ihn umgebracht haben könnte."

Sarah schüttelte benommen den Kopf. „Ich kann mich nicht erinnern … Ich meine, ich weiß einfach nicht … Oh, mein Gott!", flüsterte sie.

Die sachte Berührung seiner Hand auf ihrer Schulter ließ Sarah zusammenzucken. Sie sah hoch und bemerkte Besorgnis in seinen Augen. Er befürchtet, ich könnte in Ohnmacht fallen, dachte sie. Er hat Angst, mir könnte schlecht werden und ich würde uns beide damit in Verlegenheit bringen.

Plötzlich verärgert schüttelte sie seine Hand ab. Sie brauchte von niemandem einstudiertes Mitleid. Sie musste jetzt allein sein – fort von diesen Bürokraten und deren unpersönlichen Aktenordnern. Unsicher stand sie auf. Nein, sie würde nicht in Ohnmacht fallen, nicht vor diesem Mann.

Nick ergriff ihren Arm und zwang sie sanft auf den Stuhl zurück. „Bitte, Mrs Fontaine. Noch eine Minute, mehr wird nicht nötig sein."

„Lassen Sie mich gehen."

„Mrs Fontaine …"

„Lassen Sie mich gehen!", verlangte sie entschieden.

Ihr scharfer Ton schien ihn zu schockieren. Er ließ sie los, trat aber nicht zurück. „Es tut mir leid", sagte er. „Ich wollte Sie nicht bedrängen. Ich befürchtete nur, dass … nun …"

„Ja?" Sie sah in seine hellgrauen Augen. Etwas, das sie darin erblickte – Festigkeit, Kraft –, erweckte in ihr wider Willen den Wunsch, ihm vertrauen zu können. „Ich werde nicht in Ohnmacht fallen, wenn Sie das befürchtet hatten", sagte sie. „Bitte, ich möchte jetzt nach Hause."

„Ja, natürlich. Aber ich habe noch einige Fragen."

„Und ich keine Antworten darauf. Begreifen Sie das nicht?"

Nick schwieg einen Moment. „Dann werde ich mich später mit Ihnen in Verbindung setzen", sagte er. „Wir müssen uns über die Begräbnisformalitäten unterhalten."

„Oh, ja. Das Begräbnis." Sarah stand auf und unterdrückte eine neue Flut von Tränen.

„Ich werde Sie mit unserem Wagen nach Hause bringen lassen, Mrs Fontaine." Er kam langsam auf sie zu, als fürchte er, sie zu erschrecken. „Es tut mir Ihres Gatten wegen leid. Wirklich leid. Bitte, rufen Sie mich an, falls Sie irgendwelche Fragen haben sollten."

Sarah wusste, dass keines seiner Worte aus dem Herzen gesprochen war, dass keines echtes Mitleid enthielt. Nicholas O'Hara war Diplomat und sagte, was man ihm beigebracht hatte. Um welche Katastrophe es auch gehen mochte, das US-Außenministerium fand stets die passenden Worte. Wahrscheinlich hatte er dieselben Sätze schon zu Hunderten von Witwen gesagt.

Jetzt wartete er auf ihre Antwort. Sie tat, was von jeder Witwe erwartet wurde: Sie riss sich zusammen. Sarah nahm seine ausgestreckte Hand und dankte ihm. Dann drehte sie sich um und verließ das Büro.

„Glaubst du, sie weiß es?"

Nick starrte auf die Tür, die gerade hinter Sarah Fontaine ins Schloss gefallen war. Er drehte sich zu Tim Greenstein um. „Was soll sie wissen?"

„Dass ihr Mann ein Spion war?"

„Aber das wissen doch selbst wir nicht genau."

„Mein lieber Nick, diese ganze Geschichte stinkt nach Spionage. Bis vor einem Jahr war Geoffrey Fontaine ein total unbeschriebenes Blatt. Dann taucht sein Name plötzlich auf einer Standesamtsliste auf, er hat eine brandneue Sozialversicherungsnummer, einen Pass und was sonst noch. Das FBI scheint nicht das Geringste zu wissen, aber der Geheimdienst führt seine Akte als Verschlusssache! Bin ich blöd oder was?"

„Vielleicht bin ich der Dumme", brummte Nick. Er ging zu seinem Schreibtisch zurück und ließ sich in den Sessel fallen. Dann warf er einen finsteren Blick auf das Fontaine-Dossier. Natürlich hatte Tim recht. Die Sache stank zum Himmel. Spionage? Internationales Verbrechen? Ein ehemaliger Zeuge, der sich vor Verfolgern verbarg?

Wer zum Teufel war dieser Geoffrey Fontaine?

Nick rutschte tiefer in den Sessel und legte den Kopf gegen die Rückenlehne. Er war schrecklich müde. Aber Geoffrey Fontaine ging ihm nicht aus dem Kopf. Und Sarah Fontaine ebenso wenig.

Er war überrascht gewesen, als sie in sein Büro gekommen war. Er hatte eine aufgetakelte Dame erwartet. Ihr Mann war viel herumgekommen. An seiner Seite hätte man mit einer schicken und eleganten

Frau gerechnet. Stattdessen war diese magere, eigenwillige Gestalt hereingekommen, die beinahe – aber nur beinahe – hübsch zu nennen war. Ihr Gesicht hatte zu viele Kanten: hohe, scharfe Wangenknochen, eine schmale Nase, die breite Stirn. Ihr langes, fülliges Haar war kupferrot und sah selbst streng zurückgekämmt schön aus. Ihre Hornbrille hatte ihn irgendwie belustigt. Dahinter lagen zwei bernsteinfarbene Augen – das Schönste an ihrem ganzen Gesicht. So ganz ohne Make-up und mit der bleichen, zarten Haut wirkte sie viel jünger als die schätzungsweise dreißig Jahre, die sie bestimmt war.

Nein, sie war wirklich nicht hübsch. Doch das ganze Gespräch über hatte Nick sie ansehen müssen und sich Gedanken über ihre Ehe gemacht. Und über sie. Sarah Fontaine.

Tim stand auf. „Hey, diese ganze Traurigkeit macht mich hungrig. Lass uns in die Kantine gehen."

„Nicht dahin. Lass uns ausgehen." Nick zog sich seine Jacke an, und zusammen verließen sie das Büro, gingen an Angie vorbei und auf die Treppe zu.

Als sie draußen über die Straße gingen, blies ihnen der frische Frühlingswind ins Gesicht. An den Kirschbäumen standen die Knospen kurz vor dem Aufbrechen. In einer Woche würde die ganze Stadt in einem rosafarbenen und weißen Blütenmeer ertrinken.

„Wohin gehen wir, Nick?", fragte Tim.

„Was hältst du von Mary Jo?"

„Dieser Bioladen? Warum, machst du eine Diät oder so etwas?"

„Nein, aber dort ist es ruhig. Ich möchte im Moment keinen Lärm um mich haben."

Nach zwei Häuserblocks hatten sie das Restaurant erreicht und nahmen an einem Tisch Platz. Fünfzehn Minuten später brachte die Kellnerin ihnen die mit hausgemachtem Dressing angerichteten Salate.

Tim piekste mit der Gabel hinein und seufzte. „Dieses Kaninchenfutter! Da ziehe ich ja selbst einen fettigen Hamburger noch vor!" Er stopfte sich etwas Salat in den Mund und sah Nick über den Tisch hinweg an. „Also, was fällt dir auf die Nerven? Geht dir der neue Posten bereits gegen den Strich?"

„Das war eine gewaschene Ohrfeige und nichts anderes", erklärte Nick bitter. Er trank seine Tasse Kaffee aus und bat die Kellnerin, ihm noch einen Kaffee zu bringen. „Vom zweitwichtigsten Londoner Posten verbannt man mich zum Papieresortieren hier in Washington."

„Warum bist du dann nicht zurückgetreten?"

„Genau das überlege ich. Wenn ich mir vorstelle, dass ich jetzt dieses Ekel Ambrose vor der Nase habe!“

„Ist er noch verreist?“

„Noch eine Woche. So lange kann ich den Job immerhin auf meine Art machen, ohne den ganzen bürokratischen Unsinn.“

Vom ersten Tag an waren Nick und Ambrose nicht miteinander ausgekommen. Charles Ambrose liebte die bürokratische Umständlichkeit, während Nick stets darauf bestand, gleich zur Sache zu kommen, wie unangenehm sie auch sein mochte. Eine Konfrontation war also unvermeidlich.

„Dein Problem ist, Nick, dass du zwar studiert hast, aber nicht so überkandidelt daherredest wie all die anderen. Du hast die alle durcheinandergebracht. Man schätzt hier keine Leute, die Klartext reden. Außerdem bist du auch noch überzeugter Liberaler.“

„So? Du doch auch.“

„Aber ich gelte ohnehin als notorischer Trottel, dem man vieles nachsieht. Und sollte man das nicht tun, dann blockiere ich ihnen einfach ihre Computer.“

Nick lachte und freute sich plötzlich über die Gesellschaft seines alten Kumpels Tim. Die vier Jahre, die sie während des Studiums Zimmergenossen gewesen waren, hatten eine starke Bindung hinterlassen. Selbst nach acht Jahren Auslandsaufenthalt fand Nick nach seiner Rückkehr Tim Greenstein noch genauso jovial und liebenswert wie früher.

Er nahm seine Gabel und aß seinen Salat zu Ende.

„Wie willst du dich also im Fall Fontaine verhalten, Nick?“, fragte Tim während der Nachspeise.

„Ich werde meine Arbeit tun und mich mit der Sache befassen.“

„Wirst du es Ambrose sagen? Er wird darüber informiert werden wollen. Ebenso wie die Typen von der Firma, falls sie es nicht ohnehin schon wissen.“

„Das können die selbst herausfinden. Es ist mein Fall.“

„Auf mich wirkt es wie Spionage, Nick. Das ist nicht gerade eine konsularische Angelegenheit.“

Der Gedanke jedoch, Sarah Fontaine an irgendeinen CIA-Untersuchungsbeamten weiterzureichen, gefiel Nick gar nicht. Sie wirkte so zerbrechlich, so verletzbar. „Es ist mein Fall“, wiederholte er.

Tim grinste. „Ach, die Witwe Fontaine. Könnte es sein, dass sie dein Typ ist? Obwohl ich nicht ganz sehe, was du an ihr finden könntest. Und was ich noch weniger begreife, ist, wie sie sich diesen Mann geangelt hat. Das war doch wirklich ein blonder Adonis! Bestimmt nicht der Typ, der hinter Frauen mit Hornbrillen her war. Meine Schlussfolgerung ist, er hat sie aus anderen als den üblichen Gründen geheiratet."

„Den üblichen? Meinst du Liebe?"

„Nicht doch – Sex."

„Worauf zum Teufel willst du hinaus?"

„Hm. So empfindlich? Du magst sie, nicht wahr?"

„Kein Kommentar."

„Mir scheint, dein Liebesleben liegt seit deiner Scheidung reichlich brach."

Nicks Kaffeetasse klirrte, als er sie hinstellte. „Was sollen eigentlich all diese Fragen?"

„Ich versuche nur herauszufinden, was mit dir los ist, Nick. Hast du nicht davon gehört? Es ist jetzt in: Männer schütten sich gegenseitig ihr Herz aus." Tim sah seinen Freund mitfühlend an. „Ich muss dir leider sagen, Nick, dass du etwas dagegen machen solltest. Du kannst nicht einfach herumsitzen und den Rest deines Lebens als Einsiedler verbringen."

„Weshalb nicht?"

Tim lachte. „Weil wir beide, verdammt noch mal, zu gut wissen, dass auch du bestimmte Bedürfnisse hast!"

Tim hatte recht. Seit seiner Trennung von Lauren vor vier Jahren war Nick jeder engeren Beziehung mit einer Frau aus dem Wege gegangen, in sexueller wie sonstiger Hinsicht, und das merkte man ihm an. Er war reizbar geworden.

„Hast du wieder etwas von Lauren gehört?", fragte Tim.

Nick sah mit einem finsteren Blick auf. „Ja. Vergangenen Monat. Sie erklärte mir, sie würde mich vermissen. Ich glaube, in Wirklichkeit vermisst sie nur das Diplomatenleben."

„Aha, sie hat dich also angerufen. Das klingt doch vielversprechend. Mir scheint, es bahnt sich eine Aussöhnung an."

„Ach, tatsächlich? Auf mich hat es eher gewirkt, als würde sich ihre letzte Liebschaft nicht wie geplant entwickeln."

„So oder so, es ist offensichtlich, dass ihr die Scheidung leidtut. Hast du dich wieder bei ihr gemeldet?"

Nick schob die Reste seiner Mousse au Chocolat beiseite. „Nein."

„Warum nicht?"

„Ich habe mich nicht danach gefühlt."

Tim lehnte sich zurück und lachte. „Du hast dich nicht danach gefühlt!" Er seufzte vor sich hin. „Vier Jahre stöhnt und jammert er über seine Scheidung, und jetzt sagt er mir das ins Gesicht!"

„Hör mal, immer wenn sich etwas nicht nach Laurens Wünschen entwickelt, beschließt sie, den lieben, alten Nick, ihren stets gehorsamen Trottel, anzurufen. Das wird mir zu viel. Ich habe ihr erklärt, ich stehe nicht mehr zur Verfügung. Weder ihr noch sonst jemandem."

Tim schüttelte den Kopf. „Du hast den Frauen abgeschworen. Das ist ein ganz schlechtes Zeichen."

„Daran ist noch niemand gestorben", brummte Nick, warf ein paar Geldscheine auf den Tisch und stand auf. Im Augenblick interessierten ihn Frauen ohnehin nicht. Er hatte viel zu viel anderes im Kopf, und ganz sicher konnte er keine neue, unglückliche Liebesaffäre gebrauchen.

Aber auf dem Rückweg unter den Kirschbäumen musste er wieder an Sarah Fontaine denken. Nicht an Sarah, die trauernde Witwe, sondern an Sarah, die Frau. Der Name passte zu ihr. Sarah mit den Bernsteinaugen.

Schnell verdrängte Nick diese Gedanken. Von allen Frauen in Washington sollte sie die letzte sein, an die er dachte. Bei seiner Art von Tätigkeit war Objektivität der Schlüssel zum Erfolg. Ob er nun ein Visum ausstellte oder sich vor einem Magistrat über einen irgendwo in der Welt eingesperrten Amerikaner herumstritt, stets war es ein Fehler, sich dabei persönlich zu engagieren. Nein, für ihn war Sarah Fontaine nichts anderes als ein in Unterlagen verzeichneter Name.

Und das würde auch so bleiben müssen.

* * *

Amsterdam

Der alte Mann liebte Rosen. Er liebte den samtenen Duft der Blütenblätter, die er oft zupfte und zwischen seinen Fingern zerrieb. Sie waren so kühl, so wohlriechend, nicht wie diese faden Tulpen, die sein Gärtner an den Rändern des Ententeiches gesetzt hatte. Tulpen bestanden nur aus Farben, sie hatten keinen Charakter. Sie schossen in die Höhe, blühten und verwelkten gleich wieder. Aber die Rosen! Sie widerstanden selbst dem Winter, nackt und dornig, wie zornige alte Frauen, die sich vor der Kälte duckten.

Er blieb zwischen den Rosensträuchern stehen, atmete tief ein und genoss den Geruch der feuchten Erde. In wenigen Wochen würden die Knospen aufbrechen. Wie seine Frau diesen Garten geliebt hätte! Er stellte sie sich vor, an genau dieser Stelle, wie sie die Rosen anlächelte. Sie hätte ihren alten Strohhut aufgehabt, ihre Schürze mit den vier Taschen getragen, und in der Hand hätte sie ihr Plastikkörbchen gehalten. „Meine Uniform, Frans", hatte sie damals gesagt. „Ich bin wie ein alter Soldat, der den Kampf gegen die Schnecken und Käfer aufnimmt." Er erinnerte sich, wie die Rosenschere gegen ihr Körbchen zu klappern pflegte, wenn sie die Treppen ihres alten Hauses herunterging – des Hauses, das er verlassen hatte. Nienke, meine süße Nienke, dachte er. Wie sehr ich dich vermisse!

„Heute ist ein kalter Tag", sagte eine Stimme auf Holländisch. Der Alte drehte sich um und sah dem jungen blonden Mann entgegen, der durch die Sträucher auf ihn zukam. „Kronen", sagte er, „endlich bist du da."

„Es tut mir leid, meneer. Ich bin einen Tag zu spät, aber es ging nicht anders." Kronen nahm seine Sonnenbrille ab und blinzelte gen Himmel. Wie immer vermied er auch diesmal, dem alten Mann direkt ins Gesicht zu sehen, es machte ihn stets aufs Neue verlegen. Schon seit fünf Jahren sah dem Alten niemand mehr voll in die Augen. Fünf Jahre, in denen es unmöglich gewesen war, jemandes Blick aufzufangen, ohne darin das unvermeidliche Erschrecken zu entdecken. Selbst Kronen, der für ihn fast wie ein Sohn geworden war, sah absichtlich irgendwo anders hin. Aber junge Menschen aus Kronens Generation machten ohnehin viel zu viel Aufhebens um Äußerlichkeiten.

„Ich nehme an, in Basra ist alles gut gegangen", sagte der alte Mann.

„Ja. Geringfügige Verzögerungen, sonst nichts. Und dann gab es Probleme mit der letzten Lieferung … die Computerchips im Zielmechanismus … Eine der Raketen klinkte nicht ein."

„Wie dumm."

„Ja. Ich habe darüber bereits mit dem Hersteller gesprochen."

Sie schlenderten den Weg von den Rosensträuchern zum Ententeich hinunter. Die kalte Luft ließ die Kehle des Alten rau werden. Er wickelte sich den Schal enger um den Hals und hüstelte. „Ich habe einen neuen Auftrag für dich", sagte er. „Eine Frau."

Kronen blieb plötzlich interessiert stehen. Im Sonnenlicht wirkten seine Haare fast weiß. „Wo ist sie?"

„Sie heißt Sarah Fontaine. Geoffrey Fontaines Frau. Ich möchte, dass du herausfindest, welche Verbindungen sie hat."

Kronen runzelte die Stirn. „Ich verstehe nicht. Man sagte mir, Fontaine sei tot."

„Beschatte sie trotzdem. Mein amerikanischer Informant ließ mich wissen, sie habe ein kleines Apartment in Georgetown. Sie ist Mikrobiologin und zweiunddreißig Jahre alt. Außer durch ihre Heirat hat sie keine offensichtlichen Verbindungen mit dem Geheimdienst. Aber da kann man nie sicher sein."

„Kann ich mit diesem Informanten Kontakt aufnehmen?"

„Nein. Seine Stellung ist zu – prekär."

Kronen nickte und ließ umgehend das Thema fallen. Er hatte lange genug für den alten Mann gearbeitet, um zu wissen, wie solche Dinge gehandhabt wurden. Jeder hatte sein eigenes Gebiet, sein eigenes kleines Reich, in dem er tätig war. Man durfte nie versuchen, seine Grenzen zu überschreiten. Selbst Kronen, sosehr man ihm auch vertraute, sah nur einen kleinen Teil des Ganzen. Lediglich der Alte überblickte alles.

Sie gingen gemächlich am Ufer des Teiches entlang, dessen Wasser eine trübe graue Farbe angenommen hatte. Wo war auf einmal die Sonne? Ohne Kronen anzusehen, sagte der Alte: „Ich möchte alles über diese Frau wissen. Reise sofort ab."

„Natürlich."

„Sei vorsichtig in Washington. Wie ich höre, ist die Verbrechensrate dort scheußlich gestiegen."

Kronen lachte, als er sich zum Gehen wandte. „Tot ziens, meneer."

Der alte Mann nickte. „Bis bald."

Das Laboratorium, in dem Sarah arbeitete, war makellos. Alle Mikroskope waren blitzblank, die Arbeitsflächen und Abflussbecken wurden wiederholt desinfiziert, und die Brutkammern wurden zweimal täglich gereinigt. Nirgendwo gab es ein Fenster, sodass man überall bei Kunstlicht arbeitete. Ob draußen Mittag oder Mitternacht war, hier drinnen wusste man das nie. Außer dem Summen des Kühlschrankes herrschte Totenstille im Labor.

Im Korridor näherten sich die klappernden Schritte einer Frau. Die Tür wurde aufgestoßen.

„Sarah? Was machst du denn hier?"

Sarah drehte sich zu ihrer Freundin Abby Hicks um, die mit ihrer Körpergröße fast ganz den Türrahmen ausfüllte.

„Ich hole nur ein bisschen Arbeit auf", erklärte Sarah. „Seit ich fort war, hat sich so viel aufgetürmt ..."

„Um Himmels willen, Sarah! Das Labor kommt auch ohne dich für ein paar Wochen aus. Es ist schon acht Uhr. Ich kümmere mich um die Kulturen. Geh nach Hause."

Sarah schloss den Kasten mit den Objektträgern. „Ich weiß nicht, ob ich wirklich nach Hause möchte", murmelte sie. „Da ist es mir zu still. Ich glaube, ich bin lieber hier."

„Na hör mal, das Labor ist nicht gerade ein Tollhaus. Hier herrscht so viel Leben wie auf einem Friedhof …“ Sofort biss sich Abby errötend auf die Unterlippe. Selbst im Alter von fünfundfünfzig Jahren konnte Abby noch rot werden wie ein Schulmädchen. „Entschuldige den Ausdruck“, murmelte sie verlegen.

Sarah lächelte. „Das macht nichts, Abby.“

Einen Moment lang sagte keine der beiden Frauen etwas. Sarah stand auf und öffnete den Inkubator, um den Objektträger, an dem sie gerade gearbeitet hatte, hineinzutun.

„Wie geht es dir denn?“, fragte Abby dann leise.

Sarah schloss den Inkubator, nachdem sie das Glasscheibchen hineingetan hatte. Seufzend drehte sie sich um und sah ihre Freundin an. „Ich komme zurecht, danke, Abby.“

„Wir alle haben dich vermisst. Aber ich glaube, jeder fürchtete sich ein wenig davor, dich anzurufen. Keiner von uns weiß so recht, wie er dir seine Anteilnahme ausdrücken soll. Aber es geht uns allen wirklich sehr nahe, Sarah.“

Sarah nickte dankbar. „Oh Abby, ich weiß, dass es euch leidtut.“ Traurig blickte sie sich im Raum um. „Aber ich dachte, es sei das Beste, wieder zur Arbeit zurückzukommen.“

„Manche Menschen brauchen die gewohnte Arbeit, andere müssen eine Zeit lang Ruhe haben.“

„Vielleicht sollte ich das tun, eine Weile aus Washington wegfahren. Weg von all den Orten, die mich an ihn erinnern …“ Sarah schluckte, als der Schmerz sie erneut zu überkommen drohte, und versuchte ein Lächeln. „Meine Schwester hat mich zu sich nach Oregon eingeladen. Weißt du, ich habe meinen Neffen und meine Nichten schon jahrelang nicht mehr gesehen. Sie sind bestimmt sehr gewachsen.“

„Dann fahr doch. Sarah, es ist nicht einmal zwei Wochen her! Du musst die Zeit verstreichen lassen. Fahr zu deiner Schwester und wein dich richtig aus.“

„Ich habe viel zu viele Tage geweint. Ich habe zu Hause gesessen und mich gefragt, wie ich das alles durchstehen werde. Ich kann es noch immer nicht ertragen, seine Sachen im Schrank hängen zu sehen.“ Sarah schüttelte den Kopf. „Es ist nicht allein die Tatsache, ihn verloren zu haben, die so schmerzt. Es ist der Rest …“

„Du meinst die Sache mit Berlin?“

Sarah nickte. „Ich werde verrückt, wenn ich noch länger darüber nachdenke. Deshalb bin ich heute Abend hergekommen – um mich von der ganzen Geschichte abzulenken. Ich fand es an der Zeit, mich wieder zu beschäftigen.“ Sie starrte den Stapel Laborbücher neben ihrem Mikroskop an. „Aber es ist eigenartig, Abby. Ich bin immer gern hier gewesen, doch ich kann mir jetzt plötzlich nicht mehr vorstellen, den Rest meines Lebens in diesem Labor zu arbeiten. Geoffrey und ich hatten so wenig Zeit miteinander! Drei Tage für unsere Hochzeitsreise, das war alles. Und jetzt werden wir nie wieder eine Gelegenheit haben."

Seufzend ging Sarah an ihren Sitzplatz zurück und knipste die Mikroskoplampe aus. Leise fügte sie hinzu: „Und ich werde wahrscheinlich nie richtig erfahren, warum er …" Sie setzte sich hin, ohne ihren Satz zu beenden.

„Hast du noch etwas vom Außenministerium gehört?", fragte Abby nach einer Weile.

„Dieser Mann hat gestern wieder angerufen. Die Polizei in Berlin hat die … die Leiche endlich freigegeben. Sie trifft morgen hier ein." Sarahs Augen füllten sich mit Tränen. Sie senkte den Kopf und versuchte, das Weinen zu unterdrücken. „Die Beerdigung findet am Freitag statt. Kommst du?"

„Natürlich werde ich da sein. Wir kommen alle. Ich werde dich hinfahren, einverstanden?" Abby kam zu der Freundin und legte ihr die Hand auf die Schulter. „Alles ist noch so frisch, Sarah. Du hast allen Grund zu weinen."

„Um seinen Tod sind so viele Umstände, die ich nie begreifen werde, Abby. Dieser Mann vom Außenministerium – er bedrängte mich nach Erklärungen, und ich konnte ihm keine einzige geben. Oh, ich weiß, er macht nur seinen Job, aber er hat diese Möglichkeiten angedeutet, die mir seither nicht mehr aus dem Kopf gehen. Ich habe angefangen, mir über Geoffrey Gedanken zu machen. Mehr und mehr."

„Du bist ja nicht so lange verheiratet gewesen, Sarah. Mein Mann Heck und ich waren dreißig Jahre miteinander verheiratet, ehe wir uns trennten, und ich bin bei dem Kerl nie ganz durchgestiegen. Es ist doch nicht überraschend, dass du von Geoffrey nicht alles gewusst hast, was es zu wissen gab."

„Aber er war mein Mann!"

Abby schwieg einen Moment, ehe sie zögernd sagte: „Weißt du, Sarah, da war immer etwas an ihm … Ich meine, ich hatte nie den Eindruck, ihn richtig kennenlernen zu können."

„Er war zurückhaltend, Abby."

„Nein, das war nicht nur Zurückhaltung. Mir schien, als wolle er nichts von sich preisgeben. Als ob …" Sie sah Sarah an. „Ach, es ist nicht wichtig."

Doch Sarah dachte bereits über Abbys Worte nach. An ihrer Beobachtung war etwas Wahres dran. Geoffrey war ein zurückhaltender Mensch gewesen, der sich nicht gern auf längere oder aufschlussreichere Gespräche einließ. Er hatte auch nie viel über sich selbst gesprochen. Stets hatte er mehr Interesse an ihrer Person gezeigt – an ihrer Arbeit, an ihren Freunden. Dieses Interesse hatte sehr schmeichelhaft auf sie gewirkt, als sie sich kennenlernten. Von allen Männern, die sie gekannt hatte, war Geoffrey der Erste, der ihr wirklich zugehört hatte.

Dann tauchte plötzlich aus unerfindlichen Gründen ein anderes Gesicht vor ihr auf: Nick O'Hara. Ja, so hieß er. Und dann fiel ihr wieder sehr lebhaft ein, wie er mit den grauen Augen jede ihrer Gemütsbewegungen aufgenommen hatte. Ja, auch er hatte zugehört, aber schließlich war das seine Aufgabe. Sie wollte nicht mehr an ihn denken. Sie wollte nie mehr mit ihm zu tun haben.

Sarah zog die Plastikhaube über das Mikroskop. Sie überlegte, ob sie ihre Unterlagen mit zu sich nach Hause nehmen sollte. Doch als sie die offene Seite überflog, schienen ihr die Eintragungen symbolisch für ihre Lebensweise zu sein – sauber, ordentlich und genau innerhalb der vorgegebenen Grenzen.

Sie klappte das Buch zu und stellte es in das Regal zurück.

„Ich glaube, ich fahre nach Hause", erklärte sie.

Abby nickte zustimmend. „Gut. Es hat keinen Sinn, wenn du dich hier vergräbst. Vergiss die Arbeit für eine Weile."

„Bist du sicher, dass du mit der zusätzlichen Arbeit klarkommen wirst?"

„Natürlich."

Sarah zog ihren Laborkittel aus und hängte ihn neben der Tür an den Haken. Wie alles andere in diesem Raum sah auch ihr Kittel viel zu sauber, viel zu ordentlich aus. „Vielleicht nehme ich mir nach dem Begräbnis eine Weile frei. Noch eine Woche, oder vielleicht sogar einen Monat."

„Bleib nicht zu lange fort", bat Abby. „Wir möchten dich wiederhaben."

Sarah warf einen letzten Blick auf das Labor, um sicher zu sein, dass alles seine Ordnung hatte. Alles war in tadellosem Zustand. „Ich komme zurück", versprach sie. „Ich weiß allerdings nicht, wann."

3. KAPITEL

Der Duft von Blumen erfüllte die Luft. Auf dem Gras zu Sarahs Füßen lag ein Kranz aus Nelken, Gladiolen und Lilien. Den Rest ihres Lebens würde ihr dieser Geruch Übelkeit verursachen. Er würde ihr diesen Hügel und die Marmorsteine ins Gedächtnis zurückrufen, die aus dem kurz geschorenen Rasen und dem Dunst, der über dem Tal hing, herausragten. Mehr noch, er würde ihr stechenden Schmerz verursachen. Alles andere – die Ansprache des Priesters, den beruhigenden Druck, mit dem ihre liebe Freundin Abby ihren Arm hielt, selbst die ersten fallenden, kalten Regentropfen auf ihrem Gesicht – nahm sie kaum wahr. Neben dem tiefen Schmerz war alles andere belanglos.

Sarah zwang sich, nicht auf den Erdhaufen vor sich zu sehen, sondern starrte fest auf den dem Tal gegenüberliegenden Berg. Durch den Dunst konnte man einen schwachen rosafarbenen Schimmer wahrnehmen. Die Kirschbäume blühten. Aber der Anblick stimmte sie noch trauriger. Es war Frühling, und Geoffrey würde ihn nicht erleben.

Die Stimme des Priesters wurde leiser und leiser und ging in ein unangenehmes Brummen über. Der kalte Nieselregen stach Sarah auf die Wangen und ließ ihre Brillengläser beschlagen. Nebel stieg auf und entzog die Welt ihrem Blick.

Ein sanfter Stoß von Abby brachte Sarah wieder in die Realität zurück. Der Sarg war in die Erde gesenkt worden. Dies waren ihre Freunde, aber in ihrem Schmerz erkannte Sarah sie kaum. Selbst Abby war jetzt eine Fremde für sie.

Sarah bückte sich automatisch und nahm eine Handvoll Erde. Sie war feucht, schwer und roch nach Regen. Dann warf sie sie in das Grab. Das Gepolter auf dem Sarg ließ sie zusammenzucken.

Gesichter glitten an ihr vorbei, schemenhaft wie Geister. Ihre Freunde waren verständnisvoll. Sie sprachen mitfühlend mit ihr. Sarah stand alles mit trockenen Augen und einem Gefühl der Benommenheit durch. Der Duft der Blumen und der sie umgebende Dunst benebelten ihr die Sinne, und sie nahm nichts richtig wahr, bis sie sich dann irgendwann umsah und feststellte, dass alle anderen bereits gegangen waren. Nur sie und Abby standen noch am Grab.

„Es fängt an zu regnen“, sagte Abby.

Sarah sah zum Himmel und bemerkte, dass er von den Wolken wie mit einem kalten, bleifarbenen Tuch überzogen war. Abby legte ihren kräftigen Arm um Sarahs Schultern und drängte sie sanft in Richtung Parkplatz.

„Wir könnten jetzt beide eine Tasse Tee brauchen“, sagte Abby.

Tee war ihr Allheilmittel. „Eine Tasse Tee, und dann können wir uns unterhalten."

„Ja, das klingt gut", stimmte Sarah zu.

Arm in Arm schlenderten sie langsam über den Rasen. „Ich weiß, du wirst es mir nicht glauben wollen", sagte Abby, „aber der Schmerz geht vorbei, Sarah. Wirklich. Wir Frauen sind in dieser Hinsicht sehr stark. Wir müssen es sein."

„Und wenn ich es nicht bin?"

„Du bist es. Zweifle nicht daran."

Sarah schüttelte den Kopf. „Im Augenblick habe ich meine Zweifel an allem und jedem."

„Aber mir traust du doch?"

Sarah blickte in Abbys breites, regennasses Gesicht und lächelte. „Dir? Natürlich."

„Gut. Wenn du erst einmal in mein Alter kommst, wirst du sehen, dass es alles ..." Plötzlich blieb Abby wie angewurzelt stehen und sah angestrengt in den Nebel. Sarah folgte ihrem Blick.

Durch die Dunstschleier kam ein Mann auf sie zu.

Sarah sah auf sein windzerzaustes Haar und den grauen Regenmantel, von dem die Wassertropfen herunterperlten. Er musste schon lange draußen gestanden haben, wahrscheinlich die ganze Beerdigung über. Die Kälte hatte sein Gesicht gerötet.

„Mrs Fontaine?", sprach er sie an.

„Hallo, Mr O'Hara."

„Entschuldigen Sie, ich weiß, es ist ein unpassender Augenblick, aber ich versuche seit zwei Tagen, Sie zu erreichen. Sie haben auf meine Anrufe nicht reagiert."

„Nein", bestätigte Sarah, „das habe ich nicht."

„Ich muss mit Ihnen sprechen. Es hat einige neue Entwicklungen gegeben, und ich meine, Sie sollten davon wissen."

„Sarah, wer ist denn dieser Mann?", wollte Abby wissen.

Nick wandte sich an die ältere Frau. „Ich bin Nick O'Hara vom Außenministerium. Wenn es Ihnen nichts ausmacht, würde ich gern einen Moment allein mit Mrs Fontaine sprechen."

„Aber vielleicht will sie nicht mit Ihnen sprechen."

Er wandte sich wieder an Sarah. „Es ist wichtig."

Etwas an der Art, wie er sie so entschlossen anschaute, brachte Sarah dazu, ihre Meinung zu ändern. Eigentlich hatte sie nie wieder mit ihm sprechen wollen. Während der letzten zwei Tage hatte ihr Anrufbeantworter sein halbes Dutzend Anrufe registriert, und sie hatte sie allesamt ignoriert. Geoffrey war tot und begraben, dieser Schmerz reichte. Und Nick O'Hara würde mit seinen unbeantworteten Fragen gewiss alles nur noch schlimmer machen.

„Bitte, Mrs Fontaine."

Schließlich nickte Sarah. Mit einem Blick auf Abby sagte sie: „Ist schon in Ordnung."

„Nun, du kannst nicht plaudernd hier draußen herumstehen. Demnächst wird es schütten."

„Ich kann sie nach Hause fahren", sagte Nick zu Abby. Bei ihrem argwöhnischen Blick lächelte er. „Wirklich, vertrauen Sie mir. Ich werde mich um sie kümmern."

Abby schloss Sarah ein letztes Mal in die Arme und gab ihr einen Kuss auf die Wange. „Ich werde dich heute Abend anrufen, Liebes. Lass uns morgen zusammen frühstücken." Dann drehte sie sich sichtlich widerstrebend um und ging auf ihren Wagen zu.

„Sie müssen frieren", sagte Nick. „Lassen Sie mich Sie nach Hause bringen."

Sanft nahm er Sarahs Arm und führte sie zu seinem Volvo. Sie stiegen ein, und Nick ließ den Wagen an. Ein warmer Luftstrom kam aus der Heizung und wärmte sie beide, während sie langsam die gewundene Straße vom Friedhof herunterfuhren.

„Heute Morgen sah das Wetter noch recht gut aus", sagte Sarah und blickte in den trüben Regen hinaus.

„Unberechenbar, wie alles andere auch."

Nick bog sanft auf den nach Washington führenden Highway ein. Er war ein ruhiger Fahrer, seine Hände lagen fest um das Lenkrad. Er war ein Mensch, der gewiss nie ein Risiko einging. Die Wärme tat Sarah gut, und sie kuschelte sich in ihren Sitz.

„Warum haben Sie mich nicht zurückgerufen?", fragte Nick.

„Es war unhöflich von mir. Es tut mir leid."

„Sie haben meine Frage nicht beantwortet. Warum haben Sie nicht zurückgerufen?"

„Weil ich wahrscheinlich keine neuen Vermutungen über Geoffrey hören wollte – oder über seinen Tod."

„Selbst wenn es sich um Fakten handeln sollte?"

„Sie haben mir keine Fakten geliefert, Mr O'Hara. Sie haben sich das nur zusammengereimt."

Nick sah grimmig auf die vor ihm liegende Straße. „Ich reime mir nichts mehr zusammen, Mrs Fontaine. Ich habe jetzt die Tatsachen. Alles, was mir fehlt, ist ein Name."

„Wovon sprechen Sie?“

„Von Ihrem Mann. Sie sagten, Sie hätten Geoffrey Fontaine vor sechs Monaten in einem Café kennengelernt. Sie müssen sich Hals über Kopf in ihn verliebt haben, denn immerhin waren Sie schon vier Monate später verheiratet. Richtig?“

„Ja.“

„Ich weiß nicht, wie ich es Ihnen sagen soll, aber Geoffrey Fontaine – der richtige Geoffrey Fontaine – starb vor zweiundvierzig Jahren, und zwar als Kind.“

Sarah glaubte sich verhört zu haben. „Ich verstehe nicht …“

Nick sah sie nicht an, sondern hielt beim Sprechen den Blick auf die Straße geheftet. „Der Mann, den Sie geheiratet haben, hat den Namen eines verstorbenen Kindes angenommen. Das geht ganz leicht. Man sucht sich den Namen eines Kindes, das ungefähr in dem Jahr starb, als man selbst geboren wurde. Dann besorgt man sich eine Kopie der Geburtsurkunde. Damit melden Sie sich bei der Sozialversicherung an, beantragen den Führerschein und die Heiratsurkunde. Sie werden zu diesem Kind, das jetzt erwachsen ist. Eine neue Identität, ein neues Leben, und alle Dokumente belegen es.“

„Aber – woher wissen Sie das alles?“

„Heutzutage erfährt man alles über den Computer. Nach ein paar Überprüfungen stellte ich fest, dass Geoffrey Fontaine nie zum Militär eingezogen wurde, niemals zur Schule gegangen war und nie ein Bankkonto besessen hatte – bis vor einem Jahr, als sein Name plötzlich an einem Dutzend verschiedener Orte auftauchte.“

Sarah verschlug es die Sprache. „Wer war er dann?“, flüsterte sie schließlich. „Wen habe ich geheiratet?“

„Ich weiß es nicht“, antwortete Nick.

„Aber warum? Warum sollte er so etwas tun? Weshalb hat er ein neues Leben anfangen wollen?“

„Dafür gäbe es viele Gründe. Mein erster Gedanke war, dass man ihn wegen irgendeines Verbrechens suchte. Seine Fingerabdrücke lagen beim Kraftfahrzeugamt vor. Ich habe sie bereits durch den FBI-Computer geschickt, sein Name stand jedoch auf keiner der Listen.“

„Dann war er also kein Verbrecher.“

„Dafür gibt es keinen Beweis. Eine weitere Möglichkeit ist die, dass er Zeuge in einem Bundesgerichtsverfahren war und dass man ihm zu seinem Schutz einen neuen Namen gegeben hat. Das ist schwierig für mich herauszufinden. Diese Unterlagen sind Verschlusssache. Andererseits hätten wir dadurch ein Motiv für den Mord an ihm.“

„Wie soll ich das verstehen? Dass die Leute, gegen die er ausgesagt hatte, ihn aufgespürt hätten?“

„Ganz recht.“

„Aber von so einer Sache hätte er mir erzählt, er hätte sich mir mitgeteilt …“

„Deshalb bin ich auch noch auf eine weitere Möglichkeit gekommen, die Sie vielleicht bestätigen können, Sarah.“

„Erzählen Sie.“

„Es könnte sein, dass der neue Name und das neue Leben Ihres Mannes nur Teil seiner Tätigkeit waren. Vielleicht war er gar nicht auf der Flucht vor irgendetwas, sondern man hat ihn hierhergeschickt.“

„Sie meinen, er war ein Spion“, sagte Sarah leise.

Nick nickte. Seine Augen, mit denen er sie ansah, hatten die Farbe der Sturmwolken, die draußen vorüberjagten.

„Ich glaube es nicht“, erklärte Sarah. „Nichts von allem!“

„Ich versichere Ihnen, es stimmt.“

„Warum erzählen Sie es dann mir? Woher wollen Sie wissen, dass ich keine Komplizin oder etwas Ähnliches bin?“

„Ich weiß, Sie sind in Ordnung, Mrs Fontaine. Ich habe Ihre Akte eingesehen …“

„Oh! Über mich gibt es also auch eine Akte?“, fuhr sie auf.

„Sie wurden vor einigen Jahren sicherheitsüberprüft, erinnern Sie sich nicht? Aufgrund der Forschungsarbeiten, die Sie vornehmen. Selbstverständlich wurde damals eine Akte angelegt.“

„Selbstverständlich.“ Ihre Stimme klang bitter.

„Aber ich bin nicht nur nach Einsicht Ihrer Akte davon überzeugt, dass Sie nichts mit der Sache zu tun haben. Ich habe es auch im Gefühl. Und jetzt überzeugen Sie mich davon, dass ich recht habe.“

„Wie? Soll ich mich einem Lügendetektortest unterziehen?“

„Fangen Sie damit an, mir über sich und Geoffrey zu erzählen. Haben Sie sich geliebt?“

„Natürlich!“

„Es war also eine echte Ehe? Sie hatten – eine Beziehung?“

Sarah errötete. „Ja, wie jedes normale Ehepaar. Möchten Sie wissen, wie oft und wann?“

„Ich mache keine Scherze mit Ihnen. Ich halte meinen Hals für Sie hin. Wenn Ihnen meine Art nicht gefällt, ziehen Sie vielleicht die Behandlung durch den CIA vor.“

„Dann haben Sie dem CIA bis jetzt keine Meldung gemacht?“

„Nein.“ Unwillkürlich reckte Nick trotzig das Kinn vor. „Ich finde die Art, wie die mit solchen Dingen umgehen, nicht sehr passend.

Vielleicht bekomme ich jetzt deswegen eins auf den Deckel, vielleicht auch nicht."

„Warum geben Sie sich dann überhaupt mit der Sache ab?"

Nick zuckte die Schultern. „Neugier. Vielleicht ist es eine Gelegenheit herauszufinden, wozu ich selbst imstande bin."

„Ehrgeiz?"

„Wahrscheinlich auch, wenn ich ehrlich bin. Außerdem ..." Er sah sie an, und ihre Blicke trafen sich. Plötzlich wurde er schweigsam.

„Außerdem was?", fragte Sarah nach.

„Nichts."

Mittlerweile goss es in Strömen. Nick verließ den Highway und reihte sich in den stadteinwärts fließenden Verkehr ein. Die Art, wie er fuhr, gab Sarah ein Gefühl der Sicherheit. Alles an ihm vermittelte ihr ein Gefühl der Geborgenheit. Sie konnte sich vorstellen, wie eine Frau sich in seinen Armen fühlen würde.

„Wie Sie sehen", fuhr er fort, „bleiben uns noch viele unbeantwortete Fragen. Sie kennen vielleicht einige der Antworten, ohne es selbst zu wissen."

„Ich habe keine Erklärungen für die ganze Sache."

„Dann lassen Sie uns einfach damit beginnen, was Sie wissen."

Sarah schüttelte bestürzt den Kopf. „Ich war mit ihm verheiratet und kann Ihnen nicht einmal seinen richtigen Namen sagen!"

„Jeder, selbst der beste Spion, verrät sich irgendwie, Sarah. Er muss irgendwann mal einen Moment lang seine Wachsamkeit vergessen haben. Vielleicht hat er im Schlaf gesprochen. Vielleicht hat er Dinge gesagt, für die Sie keine Erklärung finden. Denken Sie nach!"

Sarah biss sich auf die Lippe, weil sie plötzlich nicht mehr an Geoffrey, sondern an Nick dachte. Er hatte sie beim Vornamen genannt. „Selbst wenn es etwas gäbe", sagte sie, „Kleinigkeiten vielleicht, habe ich ihnen wahrscheinlich keine Bedeutung zugemessen."

„Zum Beispiel?"

„Oh, er hat mich ein- oder zweimal Evie genannt, aber sich auf der Stelle dafür entschuldigt. Er sagte, das sei eine seiner alten Freundinnen."

„Hatte er Familie? Freunde? Hat er nie über sie gesprochen?"

„Er sagte, er sei in Vermont geboren und in London aufgewachsen. Seine Eltern seien beim Theater gewesen, aber bereits verstorben. Über andere Verwandte hat er nie ein Wort verloren. Er wirkte immer so – so unabhängig. Er hatte keine engen Freunde, nicht einmal unter seinen Kollegen. Jedenfalls hat er mir nie jemanden vorgestellt."

„Ach ja, seine Arbeit. Ich habe das nachgeprüft. Es hat den Anschein, dass er tatsächlich auf der Gehaltsliste der Bank von London stand. Er saß in irgendeinem Büro, aber niemand erinnert sich so recht daran, was er eigentlich gemacht hat.“

„Dann scheint selbst dieser Teil seines Lebens nicht ganz der Wahrheit zu entsprechen.“

„So sieht es aus.“

Sarah rutschte tiefer in die Polster ihres Sitzes. Sie begann sich über Nick O'Hara Gedanken zu machen. Sie nahm an, er sei unverheiratet. Trotz seiner Zurückhaltung fand sie ihn attraktiv – jede Frau hätte das getan. Doch außer dem physischen Reiz gab es noch etwas anderes. Sie spürte, dass er jemanden brauchte. Irgendetwas sagte ihr, er sei einsam und unglücklich. Unter seinen Augen lagen leichte Schatten der Unzufriedenheit und gaben ihm den Anschein der Ruhelosigkeit.

Er wirkte wie ein Mann ohne ein Zuhause. Vielleicht hatte er kein Heim. Der Dienst im Außenministerium war eine Karriere für Nomaden, nicht für Menschen, die sich nach einem Haus in einem Vorort sehnten. Und Nick O'Hara war entschieden kein spießiger Typ.

Nick hielt den Wagen vor ihrem Apartmenthaus und stieg schnell aus, um ihr die Tür aufzuhalten. Es war eine komische, kleine Geste, die auch Geoffrey immer gemacht hatte – galant und herzlich unpraktisch.

Bis sie sich in die Eingangshalle geflüchtet hatten, waren sie beide bis auf die Haut nass.

„Ich nehme an, Sie wollen noch weitere Auskünfte haben.“ Sarah seufzte, während sie auf die zum zweiten Stock führende Treppe zugingen.

„Falls Sie mich damit fragen wollen, ob ich mit zu Ihnen kommen möchte, so lautet die Antwort Ja.“

„Zum Tee oder zwecks weiterer Befragung?“

Nick lächelte und wischte sich die Regentropfen von der Wange. „Ein wenig von beidem. Ich hatte solche Mühe, Sie zu erreichen, dass ich meine Fragen lieber jetzt stellen würde.“

Sie kamen an das Ende der Treppe. Sarah wollte gerade auf seine Worte antworten, als sie in den Korridor einbogen. Was sie dort erblickte, ließ sie erstarren.

Die Tür zu ihrem Apartment stand weit offen. Jemand hatte bei ihr eingebrochen.

Instinktiv trat Sarah einen Schritt zurück. Sie fürchtete sich vor dem, was hinter der Tür sein mochte. Dabei stieß sie gegen Nick und hielt sich wortlos an seinem Arm fest. Er starrte die offene Tür an und wirkte plötzlich außerordentlich wachsam. Abgesehen vom Klopfen ihres Herzens vernahm Sarah kein Geräusch. In der Wohnung herrschte absolute Stille.

Durch die offen stehende Tür fiel Licht in den Korridor. Nick gab durch einen Wink zu verstehen, dass sie sich nicht von der Stelle rühren solle, und näherte sich dann vorsichtig der Tür. Sarah wollte ihm folgen, aber er warf ihr einen so finsteren, warnenden Blick zu, dass sie sofort wieder stehen blieb.

Nick stieß die Tür auf, der Lichtstrahl wurde breiter und fiel über sein Gesicht. Einige Sekunden lang stand Nick im Türrahmen und starrte in den dahinterliegenden Raum. Dann betrat er die Wohnung.

Sarah wartete im Korridor, weil sie sich vor der Stille fürchtete. Was geschah da drinnen? Ein Schatten fiel über den Eingang, und Panik überkam sie, als der Schatten immer größer wurde. Dann steckte zu ihrer Erleichterung Nick den Kopf durch die Tür.

„Alles in Ordnung, Sarah", erklärte er. „Es ist niemand hier."

Sie rannte an ihm vorbei in ihr Apartment. Im Wohnzimmer blieb sie vor Überraschung stehen. Sie hatte damit gerechnet, dass alles Wertvolle gestohlen worden sein würde. Aber nichts war angerührt worden. Selbst die antike Uhr stand noch leise tickend auf dem Bücherregal.

Sarah drehte sich um und rannte in ihr Schlafzimmer. Nick folgte ihr und blieb in der Tür stehen, als sie schnurstracks zu ihrer auf dem Ankleidetisch stehenden Schmuckschatulle lief. Auch da war nichts entwendet worden. Sarah klappte die Schatulle zu und sah sich rasch im ganzen Raum um. Verwirrt warf sie einen Blick auf Nick.

„Was fehlt?", fragte er.

Sie schüttelte den Kopf. „Nichts. Kann es sein, dass ich vergessen habe, die Tür zuzumachen?"

Er verließ ihr Schlafzimmer und ging zum Eingang zurück. Dort fand Sarah ihn vor den Türrahmen gebückt vor. „Hier", sagte er und wies auf Holzsplitter und weiße Lackreste, die auf dem grauen Teppichboden lagen. „Man hat die Tür tatsächlich gewaltsam aufgebrochen."

„Aber das ergibt keinen Sinn! Warum bricht man bei mir ein und stiehlt nichts?"

„Vielleicht blieb dem Dieb nicht genügend Zeit. Vielleicht wurde er unterbrochen …" Nick stand auf und musterte sie. „Sie sehen sehr mitgenommen aus. Geht es Ihnen nicht gut?"

„Ich bin nur … nur verblüfft."

Er berührte ihre Hand. Seine Finger brannten auf ihrer Haut. „Sie sind ja eiskalt. Sie sollten sich besser die nassen Sachen ausziehen."

„Ich bin in Ordnung, Mr O'Hara. Wirklich."

„Nun machen Sie schon. Ziehen Sie den Mantel aus!", sagte er nachdrücklich. „Und setzen Sie sich hin, während ich ein paar Telefonate führe."

Sein Ton hatte etwas an sich, das Sarah keine andere Wahl ließ, als ihm zu gehorchen. Sie gestattete Nick, ihr aus dem Mantel zu helfen, setzte sich dann auf die Couch und sah ihm benommen zu, wie er das Telefonbuch zur Hand nahm. Plötzlich kam es ihr vor, als wäre sie nicht mehr Herr ihrer eigenen Entscheidungen, als hätte Nick O'Hara durch seine bloße Anwesenheit in ihrer Wohnung die Kontrolle über ihr Leben an sich genommen. Sozusagen als Protestreaktion stand sie auf und ging in die Küche.

„Sarah?"

„Ich werde etwas Tee machen."

„Hören Sie, machen Sie sich keine Mühe …"

„Das macht nichts. Wir können beide eine Tasse brauchen, glaube ich."

Durch die Küchentür beobachtete Sarah, wie Nick eine Nummer wählte. Während sie den Kessel aufsetzte, hörte sie ihn sagen: „Hallo? Tim Greenstein, bitte. Hier spricht Nick O'Hara … Ja, ich warte."

Die nächste Pause schien ewig dauern zu wollen. Nick fing an, unruhig auf und ab zu gehen wie ein im Käfig eingesperrtes Tier. Dabei zog er sich den Mantel aus und lockerte dann seine Krawatte. Seine Erregung ließ ihn in ihrem kleinen, ordentlichen Wohnzimmer gänzlich fehl am Platze wirken.

„Sollten Sie nicht die Polizei verständigen?", fragte Sarah.

„Das mache ich als Nächstes. Zuerst möchte ich mit der Zentrale Verbindung aufnehmen. Wenn ich nur durchkäme."

„Der Zentrale? Sie meinen den FBI? Aber warum das? Ich verstehe nicht …"

„An dieser ganzen Geschichte stört mich etwas …"

Seine Worte waren nicht mehr zu verstehen, als der Kessel zu pfeifen begann. Sarah goss den Tee auf und brachte das Tablett ins Wohnzimmer, wo Nick noch immer am Telefon wartete.

„Verdammt", murmelte er vor sich hin, „wo zum Teufel steckst du nur, Greenstein?"

„Tee, Mr O'Hara?"

„Hm?“ Er drehte sich um und sah die Tasse, die Sarah ihm hinhielt. „Ja, danke.“

Sie setzte sich mit ihrer Tasse wieder hin. „Arbeitet Mr Greenstein für den FBI?“

„Nein. Aber er hat einen Freund, der … Hallo? Tim? Es wurde aber auch Zeit! Gehst du überhaupt nicht mehr ans Telefon?“

Während des folgenden Schweigens entnahm Sarah aus Nicks Gesicht und der Art, wie er mit hochgezogenen Schultern kerzengerade dastand, dass etwas nicht in Ordnung war. Er wurde ganz blass. Das laute Klirren, mit dem er die Tasse abstellte, ließ sie hochfahren.

„Wie zum Kuckuck hat Ambrose davon Wind bekommen?“, fauchte er in den Hörer und drehte sich dabei zur Seite.

Erneutes Schweigen. Sarah betrachtete seinen Rücken und fragte sich, welche Katastrophe Nick O'Hara wohl so verärgert haben mochte. Bisher hatte sie ihn als einen Mann eingeschätzt, der sich völlig beherrschen konnte. Aber dieser Eindruck änderte sich jetzt. Sein Ärger überraschte sie, und irgendwie wirkte Nick dadurch viel menschlicher.

„Gut“, sagte er in den Hörer, „ich bin in einer halben Stunde dort. Hör zu, Tim, es ist etwas Neues passiert. Jemand ist in Sarahs Apartment eingebrochen. Nein, es ist nichts gestohlen worden. Kannst du mir die Nummer deines Freundes beim FBI geben? Ich möchte … Ja, es tut mir leid, dass du da hineingeraten bist … Aber …“ Er drehte sich um und sah Sarah mit einem gequälten Blick an. „Gut! In einer halben Stunde. Auf in die Höhle des Löwen! Wir treffen uns in Ambroses Büro.“ Mit finsterer Miene legte er auf.

„Was ist los?“, fragte Sarah.

„So enden acht glorreiche Jahre beim Außenministerium“, murmelte Nick, griff wütend nach seinem Mantel und ging zur Tür. „Ich muss gehen. Hören Sie, die Sicherheitskette ist noch in Ordnung. Legen Sie sie vor. Noch besser wäre es, wenn Sie heute Nacht bei Ihrer Freundin blieben. Und rufen Sie die Polizei an. Ich komme, so schnell ich kann, zu Ihnen zurück.“

Sarah folgte ihm in den Korridor. „Aber Mr O'Hara …“

„Später!“, rief er im Gehen über die Schulter zurück. Sie hörte seine Schritte auf der Treppe verhallen, und schon einen Augenblick später knallte die Eingangstür zu.

Sarah schloss die Tür und legte die Kette vor. Dann sah sie sich langsam um. Aber alles war an Ort und Stelle.

Nein, nicht ganz. Irgendetwas war anders. Wenn sie nur wüsste, was es war …

Sie war schon mitten im Zimmer, als es ihr plötzlich zu Bewusstsein kam: Auf dem Bücherregal war eine leere Stelle. Ihr Hochzeitsbild war verschwunden. Warum in aller Welt hatte man ausgerechnet dieses Foto entwendet?

Ihr Herz setzte einen Schlag lang aus, als das Telefon klingelte. Wahrscheinlich war es Abby, die sie, wie verabredet, anrief. Sarah nahm den Hörer ab.

Als Erstes vernahm sie das typische Rauschen eines Ferngespräches. „Hallo?", sagte sie in die Muschel.

„Komm zu mir, Sarah. Ich liebe dich."

Der Schrei blieb ihr im Hals stecken. Das Zimmer fing plötzlich an, sich wild vor ihren Augen zu drehen, und sie griff Hilfe suchend um sich. Der Hörer rutschte ihr aus der Hand und fiel zu Boden. Das ist doch unmöglich, dachte sie. Geoffrey ist tot …

Langsam griff sie wieder nach dem Hörer, um erneut diese Stimme zu hören, die nur von einem Geist stammen konnte.

„Hallo? Hallo? Geoffrey!", schrie sie hinein.

Das Rauschen war nicht mehr zu hören. Die Leitung war stumm, und nach einigen Sekunden kam das Freizeichen.

Aber sie hatte genug gehört. Alles, was in den letzten zwei Wochen geschehen war, fiel von ihr ab wie ein Albtraum bei Tag. Nichts davon war wirklich gewesen. Die Stimme, die sie gerade vernommen hatte – diese Stimme, die sie so gut kannte –, sie war wirklich.

Geoffrey lebte.

4. KAPITEL

Jetzt reicht es, O'Hara!" Charles Ambrose stand vor der geschlossenen Tür des Büros und sah tadelnd auf seine Armbanduhr.

Unbeeindruckt hängte Nick seinen Mantel auf und sagte: „Tut mir leid, es ging nicht anders. Der Regen hat uns verzö…"

„Wissen Sie eigentlich, wer jetzt in meinem Büro wartet? Ich meine, haben Sie irgendeine Vorstellung?"

„Nein. Wer?"

„Ein Mensch namens van Dam. Er rief mich heute früh an und wollte über den Fall Fontaine informiert werden. Welchen Fall Fontaine? habe ich gefragt. Ich musste mir von ihm sagen lassen, was in meiner eigenen Abteilung vor sich geht! Zum Teufel, O'Hara! Was zum Kuckuck bilden Sie sich eigentlich ein? Was glauben Sie, was Sie hier machen?"

Nick erwiderte seinen Blick in aller Ruhe. „Meine Arbeit, um genau zu sein."

Statt eine Antwort zu geben, riss Ambrose die Bürotür auf. „Sehen Sie da hinein, O'Hara!"

Ohne mit der Wimper zu zucken, betrat Nick das Büro. Im Rest des Tageslichts sah Nick einen Mann an Ambroses Schreibtisch sitzen. Er war ungefähr Mitte vierzig, groß, schweigsam und sehr bleich. Von Tim Greenstein war keine Spur zu entdecken. Ambrose schloss die Tür, ging an Nick vorbei und setzte sich an die Seite des Schreibtisches. Die Tatsache, dass er nicht hinter seinem eigenen Schreibtisch Platz nahm, warf ein deutliches Licht auf den Rang des Eindringlings. Dieser Typ, dachte Nick, muss ein hohes Tier beim CIA sein.

„Bitte, setzen Sie sich doch, Mr O'Hara", forderte der Mann ihn auf. „Ich bin Jonathan van Dam." Weitere Erklärungen zur Person folgten nicht.

Nick nahm sich einen Stuhl, aber das hatte nichts mit Gehorsam zu tun. Er hatte ganz einfach keine Lust, sich in Habtachtstellung durch die Mangel drehen zu lassen.

Einen Moment lang betrachtete van Dam ihn regungslos mit seinen blassen Augen. Dann nahm er einen Aktenordner zur Hand. Es waren Nicks Personalunterlagen.

„Wie ich von Mr Ambrose höre, scheinen Sie sich nicht ganz in seiner Abteilung einzuordnen. Sie sind ein Außenseiter. Ich könnte mir denken, dass man da etwas einsam wird."

„Worauf wollen Sie hinaus, Mr van Dam?"

„Dass ein einsamer Mensch es, sagen wir, verführerisch finden könnte, sich mit anderen Nonkonformisten einzulassen. Und dass man aus Ärger heraus der Versuchung erliegen mag, sich mit uns zuwiderlaufenden Interessen zu verbinden."

Nick setzte sich hoch auf. „Ich bin kein Verräter, falls Sie das damit andeuten wollen."

„Nein, nein. Das meine ich ganz und gar nicht! Ich verabscheue das Wort Verräter. Es ist so unpräzise. Schließlich hängt die Definition eines Verräters ja auch von der politischen Einstellung des Einzelnen ab."

„Ich weiß, was ein Verräter ist, Mr van Dam! Zufällig stimme ich nicht mit einer ganzen Reihe unserer politischen Entscheidungen überein, aber das heißt noch lange nicht, dass ich nicht loyal meinem Land gegenüber bin."

„Nun, dann können Sie mir sicher eine Erklärung für Ihr Engagement im Fall Fontaine liefern."

Nick holte tief Luft. Van Dam war endlich zur Sache gekommen. „Ich habe nur meine Aufgaben erfüllt. Vor zwei Wochen starb in Deutschland Geoffrey Fontaine. Ich hatte den Routineauftrag, die Witwe zu benachrichtigen. Bestimmte von ihr geäußerte Dinge erschienen mir außergewöhnlich. Ich ließ Fontaines Namen durch den Computer laufen – zur Sicherheit, müssen Sie wissen. Aber es kam nicht viel dabei heraus. Deshalb rief ich einen Freund an ..."

„Mr Greenstein", unterbrach van Dam ihn heftig.

„Hören Sie, ihn können Sie aus dieser Sache heraushalten. Er hat mir lediglich einen Gefallen getan. Es war einer seiner Kollegen vom FBI, der Fontaines Namen überprüft hat. Auch dabei kam nicht viel heraus. Ich hatte bald mehr Fragen als Antworten. Also habe ich mich direkt mit der Witwe in Verbindung gesetzt."

„Und warum sind Sie nicht zu uns gekommen?"

„Ich wusste gar nicht, dass sich Ihre Autorität auch auf amerikanischen Boden erstreckt. Ich meine, in juristischer Hinsicht."

Zum ersten Male trat ein leicht irritierter Ausdruck auf van Dams Gesicht. „Sie sind sich doch wohl darüber im Klaren, dass Sie möglicherweise irreparablen Schaden angerichtet haben?"

„Ich verstehe Sie nicht."

„Wir hatten diese Sache ganz sicher im Griff. Jetzt allerdings, fürchte ich, haben Sie Mrs Fontaine gewarnt."

„Ich sie gewarnt? Aber Sarah tappt genauso im Dunkeln wie ich."

„Ist das die Schlussfolgerung eines Amateurspions?"

„Es ist mein ganz persönlicher Eindruck."

„Sie kennen die ganzen Verwicklungen nicht …“

„Und was sind das für Verwicklungen?“

„Dass Geoffrey Fontaines Tod noch immer fraglich ist. Dass seine Frau mehr darüber weiß, als Sie sich vorstellen. Und dass in dieser Sache mehr auf dem Spiel steht, als Sie je erfahren werden.“

Nick sah van Dam verblüfft an. Was meinte der Mann eigentlich? War Geoffrey Fontaine nun tot oder lebendig? Konnte Sarah wirklich eine derart glänzende Schauspielerin sein, um ihn so hinters Licht geführt zu haben?

„Und was steht hier auf dem Spiel?“, fragte Nick.

„Lassen Sie es mich so formulieren: Die Auswirkungen werden internationaler Natur sein.“

„War Geoffrey Fontaine ein Spion?“

Van Dam kniff die Lippen zusammen und gab keine Antwort.

„Hören Sie“, sagte Nick. „Mir reicht es. Weshalb verhört man mich wegen einer rein konsularischen Angelegenheit?“

„Mr O’Hara, ich bin hier derjenige, der die Fragen stellt, nicht Sie. Merken Sie sich das!“

„Entschuldigen Sie, dass ich mich gegen Ihre üblichen Regeln verhalten habe.“

„Für einen Diplomaten sind Sie verdammt undiplomatisch.“ Van Dam wandte sich an Ambrose. „Ich kann nicht sagen, ob er sauber ist. Aber ich stimme Ihrem Vorhaben zu.“

„Welchem Vorhaben? Was meinen Sie?“, wollte Nick stirnrunzelnd wissen.

Ambrose räusperte sich. Nick wusste genau, was das zu bedeuten hatte. Es war ein sicheres Zeichen für etwas Unangenehmes, das ihm bevorstand. „Nach Einsicht in Ihre Personalakte“, sagte Ambrose, „und basierend auf diesem neuerlichen Fall von … hm … Unbedachtheit, halten wir es für das Beste, dass Sie sich für längere Zeit von der Abteilung beurlauben lassen. Das Sicherheitsrisiko Ihre Person betreffend muss überprüft werden. Bis wir Ihnen einen positiven Bescheid zukommen lassen, sind Sie beurlaubt. Falls Beweise für mehr als nur unbedachtes Verhalten auftauchen sollten, werden Sie wieder von Mr van Dam hören. Ganz zu schweigen von der Rechtsabteilung.“

Nick benötigte keine Übersetzung. Er war soeben als Verräter eingestuft worden. Die logische Reaktion wäre gewesen, seine Unschuld zu beteuern und hier und auf der Stelle zurückzutreten. Aber er würde sich nicht die Blöße geben, das vor van Dam zu tun.

So stand er nur auf und sagte: „Ich verstehe. War das alles, Sir?“

„Das ist alles, O’Hara.“

Nach dieser knappen Entlassung drehte Nick sich um und verließ das Büro. Das war es also, dachte er, während er zu seinem Büro zurückging. Nach acht Jahren Zugehörigkeit zum Auswärtigen Amt hatte ihn ein bisschen Neugierde den Kopf gekostet.

Das Komische an der Sache war, dass es ihn nicht einmal störte, seinen Job verloren zu haben. Ihn störte lediglich die Beschuldigung, ein Verräter zu sein.

Als er den Schlüssel in das Schloss zu seinem Büro steckte, fühlte er sich eigenartig erleichtert, als hätte man ihm eine große Last von den Schultern genommen. Er war frei. Die Entscheidung, um die er so hart gerungen hatte, war für ihn getroffen worden. Sie war wohl irgendwie unvermeidbar gewesen.

Er konnte es verschmerzen, seinen Posten verloren zu haben, aber er würde das Haus nicht verlassen, wenn seine Loyalität weiterhin angezweifelt wurde. Er musste das wieder ins Lot bringen, der Wahrheit auf den Grund kommen. Und deshalb musste er Sarah Fontaine noch einmal aufsuchen.

Die Aussicht war nicht einmal unerquicklich. Er freute sich sogar auf eine angenehme Unterhaltung, vielleicht beim Essen. Umgehend ging er zum Telefon und wählte ihre Nummer. Wie gewöhnlich war nur der Anrufbeantworter zu hören. Fluchend legte er auf, weil ihm plötzlich wieder sein Vorschlag einfiel, sie solle zu ihrer Freundin fahren. Wenn er nur deren Nummer wüsste …

Er begann, seine Sachen zu packen.

„Nick!"

Er fuhr herum, als er Tim Greensteins Stimme hinter sich hörte. „Was machst du denn um diese Zeit noch hier?", fragte Tim beim Hereinkommen.

Nick sah ihn irritiert an. „Wonach sieht es denn aus? Ich räume meinen Schreibtisch auf."

„Du räumst deinen Schreib… Willst du damit sagen, dass man dich gefeuert hat?"

„Man hat es anders formuliert. Ich wurde gebeten, mich für längere Zeit von der Abteilung beurlauben zu lassen, wie Ambrose sich höflich auszudrücken beliebte."

„Mann, das ist hart!" Tim setzte sich auf einen Stuhl. Er sah ungewöhnlich blass aus, als hätte er vor Kurzem etwas Unangenehmes erlebt.

„Wo warst du?", fragte Nick ihn. „Wir wollten uns doch in Ambroses Büro treffen."

„Mein Vorgesetzter hat mich aufgehalten. Und der FBI. Und der CIA. Ganz unerfreulich, das alles. Man hat mir sogar damit gedroht, mir meine Computerzugangskarte abzunehmen. Ich meine … das wäre doch grausam!“

Nick schüttelte seufzend den Kopf. „Das ist meine Schuld, nicht wahr? Tut mir leid, Tim. Mir scheint, wir haben da in ein Wespennest gestochen. Es handelt sich also um Spionage. Aber wir hatten doch schon früher mit Spionen zu tun. Was ist denn so Besonderes an Geoffrey Fontaine?“

„Ich weiß es nicht. Und ich will nicht mehr wissen, als ich ohnehin schon weiß.“

„Hast du deine Neugier verloren?“

„Ganz recht. Und du solltest das auch.“

„Ich habe ein persönliches Interesse an diesem Fall. Ich kann jetzt nicht aufhören.“

„Halt dich zurück, Nick, zu deinem eigenen Besten. Sonst ist es mit deiner Karriere vorbei.“

„Meine Karriere ist ohnehin schon zu Ende. Denke daran, ich bin jetzt Privatmann. Und ich könnte sehr gut noch mehr Zeit mit Sarah Fontaine zubringen.“

„Nick, ich rate dir als Freund, sie zu vergessen. Du irrst dich in ihr. Sie ist kein Unschuldsengel.“

„Das scheint mir jeder einreden zu wollen. Aber ich bin der Einzige, der mit ihr zusammen gewesen ist.“

„Hör zu, du irrst dich!“

Tims scharfer Ton überraschte Nick. Was ist hier los? fragte er sich. Was ist passiert? Er beugte sich vor und sah seinem Freund eindringlich in die Augen. „Was versuchst du, mir klarzumachen, Tim?“, fragte er ruhig.

Tim machte ein unglückliches Gesicht. „Sie hat dich zum Narren gehalten, Nick. Mein Kumpel vom FBI hat sich laufend über sie informieren lassen, über ihre Kontakte, wohin sie ging … Er hat mich gerade angerufen und mir gesagt …“

„Was hat er dir gesagt?“

„Sie weiß etwas. Sie muss etwas wissen. Das ist die einzige Erklärung für das, was sie getan hat …“

„Verdammt, Tim! Was ist passiert?“

„Kurz nachdem du ihr Apartment verlassen hattest, nahm sie ein Taxi zum Flughafen. Sie ist abgeflogen.“

Nick starrte seinen Freund ungläubig an. Sarah hatte die Stadt verlassen? Weshalb?

„Wohin ist sie gereist?“, fragte er verblüfft.

Tim sah ihn mitfühlend an. „Nach London.“

London. Das war der logischste Ort, die Suche zu beginnen. Jedenfalls hatte Sarah so ein Gefühl.

Das Taxi setzte sie vor dem Savoy-Hotel ab. Am Empfang sah die junge, hübsche Frau in ihrem ordentlichen Blazer hoch und lächelte Sarah an. Ja, erklärte sie ihr, sie könne ein Zimmer haben.

Sarah füllte ihr Anmeldeformular aus und sagte ganz nebenbei: „Übrigens war mein Mann vor ungefähr zwei Wochen hier."

„Wirklich?" Die Angestellte warf einen Blick auf die Namenseintragung. „Oh! Sie sind Mrs Fontaine? Heißt Ihr Mann Geoffrey Fontaine?"

„Ja. Erinnern Sie sich an ihn?"

„Selbstverständlich, gnädige Frau. Ihr Gatte ist regelmäßiger Gast in unserem Hause. Ein reizender Herr. Eigenartig, ich hätte nie gedacht, dass Sie Amerikanerin sein könnten. Ich war immer der Meinung …" Sie brach ab und betrachtete aufmerksam Sarahs Anmeldung. „Wird Ihr Mann Sie hier in London treffen?"

„Nein, eigentlich – nicht." Sarah schwieg. „Ich habe eher mit einer Nachricht von ihm gerechnet. Könnten Sie einmal nachsehen?"

Die Empfangsdame warf einen Blick über die Brieffächer. „Ich sehe nichts."

„Es hat auch niemand angerufen? Für keinen von uns?"

„Nein, dann würde hier ein Zettel sein. Ich bedaure." Die Frau wandte sich wieder ihrer Arbeit zu.

Sarah sagte einen Moment lang nichts. Was sollte sie als Nächstes tun? Sein Zimmer durchsuchen? Das war doch schon vor Wochen in Ordnung gebracht worden.

„Hätte eine Nachricht vorgelegen", sagte die Angestellte jetzt, „dann würden wir sie ohnehin an die Anschrift Ihres Hauses in Margate weitergeleitet haben. Das pflegen wir immer so zu halten."

Sarah zwinkerte vor Überraschung. „Margate?"

Die Frau war zu beschäftigt, um aufzusehen. „Ja."

Welches Haus in Margate? fragte Sarah sich. Besaß Geoffrey hier in England ein Haus, von dem er ihr nie erzählt hatte?

Sarah legte ihre Hände ruhig auf den Empfangstresen und hoffte, sie könne überzeugend lügen. „Hoffentlich … ich hoffe, Sie haben nicht die falsche Adresse", sagte sie. „Wir leben noch in Margate, aber wir sind … wir sind vergangenen Monat umgezogen."

„Ach du meine Güte", seufzte die junge Frau und ging in das hintere Büro. „Ich werde sofort nachsehen, ob die Anschrift auf dem neuesten Stand ist …"

Einen Augenblick später kam sie mit einer Anmeldekarte wieder zurück. „Whitstable Lane fünfundzwanzig. Ist das die alte oder die neue Adresse?“

Sarah antwortete nicht. Sie war zu sehr damit beschäftigt, sich die Anschrift einzuprägen.

„Mrs Fontaine?“, fragte die Empfangsdame.

„Ich bin sicher, sie stimmt“, sagte Sarah, hob rasch ihren Koffer hoch und wandte sich dem Aufzug zu.

„Mrs Fontaine, Sie müssen den Koffer nicht tragen. Ich werde den Gepäckträger rufen …“

Aber Sarah stieg bereits in den Fahrstuhl. „Whitstable Lane fünfundzwanzig“, murmelte sie, während die Tür sich schloss. „Whitstable Lane fünfundzwanzig …“

Die Wellen des Meeres schlugen gegen die weißen Kalkklippen. Von dem schmutzigen Weg aus, den Sarah entlangging, konnte sie die Brandung gegen die Felsen unten donnern sehen. Die Sonne brach bereits durch den Frühdunst, und in den Vorgärten der Häuser wuchsen und blühten die Blumen üppig trotz der Salzluft und der kalkigen Erde.

Das Haus, nach dem sie suchte, fand Sarah am Ende der Whitstable Lane. Es war nur ein kleines Bauernhaus, das sich hinter einem weißen Holzzaun versteckte. Im winzigen Garten davor blühten prachtvolle Rosenbüsche neben farbenfrohen Ringel- und Kornblumen. Das Geräusch einer Gartenschere lenkte ihre Aufmerksamkeit auf einen älteren Mann, der die Hecke beschnitt.

„Hallo?“, rief sie über den Zaun.

Der alte Mann sah zu ihr herüber.

„Ich suche Geoffrey Fontaine!“, rief sie.

„Ist nicht im Hause, Miss“, kam die Antwort.

Sarahs Hände fingen plötzlich an zu zittern. Also war Geoffrey tatsächlich hier gewesen. Aber warum um Gottes willen? fragte sie sich. Warum besaß er dieses Haus, das so weit von seiner Arbeitsstätte in London entfernt lag?

„Wo könnte ich ihn finden?“, fragte sie.

„Weiß ich nicht.“

„Wissen Sie, wann er nach Hause kommen wird?“

Der Alte zuckte die Schultern. „Weder er noch seine Frau sagen, wann sie kommen oder gehen.“

„Frau?“, wiederholte sie benommen.

„Tja. Mrs Fontaine.“

„Sie sprechen doch nicht – von seiner Frau?“

Der Alte sah sie an, als hätte sie keinen Verstand im Kopf. „Je nun", sagte er langsam, „den Anschein hat es wohl."

Sarah klammerte sich so heftig am Zaun fest, dass die hölzernen Spitzen sich in ihre Handflächen bohrten. Ein eigenartiges Donnern dröhnte ihr in den Ohren, als schlüge eine Welle über ihr zusammen und risse sie zu Boden. Nervös kramte sie in ihrer Handtasche und zog Geoffreys Fotografie heraus. „Ist dies Mr Fontaine?", fragte sie mit belegter Stimme.

„Das ist er, ganz recht."

Sarah zitterte so sehr, dass sie Mühe hatte, das Bild wieder in ihre Handtasche zurückzustecken. Sie hielt sich am Zaun fest und bemühte sich zu begreifen, was der Alte ihr soeben gesagt hatte. Die unerwartete Nachricht überfiel sie wie ein Schock, und der Schmerz war kaum zu ertragen.

Sie wusste nicht, wie lange sie da zwischen den Ringelblumen gestanden hatte. Erst als der Mann sie zum dritten Male anrief, hörte sie ihn.

„Miss? Miss? Brauchen Sie Hilfe?"

Wie betäubt sah Sarah ihn an. „Nein. Nein, danke, es ist nichts."

„Wirklich nicht?"

„Ja, ich ... Bitte, ich muss die Fontaines sehen."

„Ich wüsste tatsächlich nicht, wie, Miss. Mrs Fontaine hat gepackt und ist weg, vor nicht ganz zwei Wochen."

„Wohin ist sie gefahren?"

„Sie hat keine Adresse hinterlassen."

Sarah suchte nach einem Zettel und schrieb dann ihren Namen und den des Hotels auf. „Falls sie ... falls einer von den beiden wiederkommen sollte, dann richten Sie ihnen doch bitte aus, sie möchten mich umgehend anrufen. Bitte."

„Nun ja, Miss." Der Alte faltete den Zettel zusammen, ohne einen Blick darauf zu werfen, und steckte ihn in die Tasche.

Sarah stolperte auf die Straße zurück. Am Anfang der Whitstable Lane bemerkte sie eine Reihe von Briefkästen. Sie schaute verstohlen zum Haus zurück, stellte fest, dass der Alte wieder die Hecke schnitt, und warf einen Blick in den Kasten mit der Nummer fünfundzwanzig. Ein Versandkatalog eines Londoner Kaufhauses lag darin. Er war an Mrs Eve Fontaine adressiert.

Evie!

Mehr als einmal hatte Geoffrey sie bei diesem Namen genannt. Sarah steckte den Katalog in den Briefkasten zurück. Während sie am Rande der Klippen zum Bahnhof Margates zurückging, liefen ihr die Tränen über die Wangen.

Sechs Stunden später betrat Sarah müde, elend und hungrig ihr Zimmer im Savoy. Das Telefon klingelte.

„Hallo?", sagte sie.

„Sarah Fontaine?" Es war die Stimme einer Frau, die leise und heiser sprach.

„Ja."

„Geoffrey hatte ein Muttermal an der linken Schulter. Wie sah es aus?"

„Aber …"

„Wie sah es aus?"

„Es hatte die … es sah wie ein Halbmond aus. Spricht da Eve?"

„Im Lamb and Rose in der Dorset Street. Um neun Uhr."

„Warten Sie … Eve?"

Es klickte in der Leitung.

Sarah sah auf ihre Uhr. Sie hatte genau eine halbe Stunde, um in die Dorset Street zu kommen.

Im Schankraum des Lamb and Rose knisterte ein Feuer im Kamin. An der Bar aus blank poliertem Mahagoni saßen zwei Männer über ihren Biergläsern. Suchend schaute Sarah sich im Raum um. Nur die junge Kellnerin, die neben der Zapfsäule stand, erwiderte ihren Blick. Wortlos nickte das Mädchen in Richtung des hinteren Teiles des Raumes.

Sarah nickte ebenfalls und ging in die ihr angewiesene Richtung. Etliche mit hölzernen Trennwänden versehene Sitzecken zogen sich an der Wand entlang. Doch noch ehe Sarah bei der letzten ankam, wusste sie, dass Eve darin sitzen würde. Eine dünne Rauchfahne kräuselte sich aus der Sitzecke empor. Die Frau blickte auf, als Sarah sich ihr näherte. Ihre Blicke trafen sich kurz, und dieser eine Blick genügte, um sich gegenseitig zu verstehen. Selbst im Dämmerlicht dieser Kneipe sah jede der anderen ihren Schmerz an.

Sarah setzte sich der Frau gegenüber auf die Bank. Eve zog nervös an ihrer Zigarette, während sie Sarah eingehend betrachtete. Die Frau war schlank und hatte blondes Haar. Ihre grünlichen Augen wirkten müde und ihr Mund verkniffen. Ihre Hände waren in ständiger Bewegung. Alle paar Sekunden sah sie zur Tür hin, als rechne sie damit, dass jemand hereinkommen könnte.

„Sie sind anders, als ich Sie mir vorgestellt habe", sagte Eve. „Und jünger, als er Sie beschrieben hat. Wie alt sind Sie? Siebenundzwanzig?"

„Ich bin zweiunddreißig", antwortete Sarah.

„Oh, dann hat er nicht gelogen."

„Geoffrey hat Ihnen von mir erzählt?“

Eve zog wieder an der Zigarette und nickte. „Natürlich. Er musste ja. Schließlich war es meine Idee.“

Sarah sah Geoffreys andere Frau entsetzt an. „Ihre Idee? Sie meinen … Aber warum?“

„Sie wissen überhaupt nichts über Geoffrey, nicht wahr?“ Die grünen Augen sahen Sarah stechend an. „Nein“, antwortete Eve mit einer Spur von Genugtuung, „ganz offensichtlich nicht. Ich nehme an, es kränkt Sie, dass ich Ihnen das so direkt sage. Aber mir scheint, Sie haben meine Existenz von ganz allein herausgefunden. Erzählen Sie, waren Sie denn mit ihm glücklich?“

Sarah nickte, doch die Augen brannten ihr plötzlich. „Ja“, flüsterte sie. „Wir … wenigstens ich war glücklich. Was Geoffrey betrifft … Ich weiß nicht mehr, was ich denken soll.“

Eves Blick wurde für einen Moment weich. „Aber Sie haben ihn doch auch geliebt, nicht wahr?“ Sie schaute auf ihre Zigarette, während sie die Asche abstreifte. Als sie aufsah, war ihr Blick wieder hart. „Wir haben also beide verloren. Das musste ja eines Tages so kommen. Das liegt in der Natur des Geschäftes.“

„Welchen Geschäftes?“

Eve lehnte sich zurück. „Es ist besser für Sie, wenn Sie nichts wissen. Aber Sie wollen es trotzdem hören, nicht wahr? Wenn ich Sie wäre, würde ich das alles vergessen und nach Hause fliegen, solange es noch möglich ist.“

„Wer ist Geoffrey?“

Eve atmete den Zigarettenrauch tief ein und sah in die Ferne, als hinge sie ihren Erinnerungen nach. „Ich habe ihn vor zehn Jahren in Amsterdam kennengelernt. Damals war er ein ganz anderer Mann.“ Sie lächelte schwach, als amüsierte sie sich über einen besonderen Scherz. „Ganz anders meine ich wörtlich und im übertragenen Sinne. Er hieß Simon Dance. Damals arbeiteten wir beide für den holländischen Geheimdienst. Zu dem Zeitpunkt waren wir drei ein richtiges Team – Simon, ich und die andere Frau, unser Leitoffizier. Und dann haben Simon und ich uns verliebt.“

„Sie waren Spione?“

„Ja, so könnte man das nennen, lassen wir es dabei.“ Gedankenverloren starrte sie dem sich in der Luft kräuselnden Rauch ihrer Zigarette nach. „Wir waren erst ein Jahr zusammen, als einer unserer Aufträge fehlschlug. Wir hatten einfach zu viel Angst umeinander. Das darf nicht passieren, nicht in unserem Geschäft. Da ist der Auftrag alles, sonst geht es schief. Und so war es auch. Der alte Mann entkam uns.“

„Entkam? Lautete Ihr Auftrag, ihn festzunehmen?"

Eve lachte bitter. „Festnehmen? In unserem Geschäft hält man sich nicht mit Festnahmen auf. Wir löschen aus."

Sarahs Hände wurden eiskalt. Das konnte gewiss nicht derselbe Geoffrey sein, über den sie hier sprachen. Nein, hielt sie sich vor Augen, damals war es ja noch nicht Geoffrey. Damals war er Simon.

„Der Alte überlebte also. Wir nannten ihn Magus, den Zauberer. Für uns war das allerdings mehr als nur ein Codename. Auf seine Art war er ein Zauberer. Dieser Fall hat uns erledigt."

Eve zündete sich mit zitternden Händen eine neue Zigarette an. „Danach sind wir alle aus dem Geschäft ausgeschieden. Simon und ich haben geheiratet und eine Zeit lang in Deutschland, später in Frankreich gelebt. Wir haben zweimal unsere Namen gewechselt. Aber wir hatten immer das Gefühl, dass man uns auf den Fersen war. Wir wussten, man war hinter uns allen her. Auf Anweisung von Magus natürlich. So beschlossen wir, Europa zu verlassen."

„Und gingen nach Amerika."

Eve nickte. „Ja. Es ist wirklich alles so einfach. Simon nahm einen neuen Namen an. Er suchte einen Gesichtschirurgen auf. Seine Wangen wurden nach innen gezogen, die Nase verkleinert. Der Unterschied war verblüffend. Niemand hätte ihn je wiedererkennen können. Auch mein Gesicht wurde verändert. Simon war der Erste, der nach Amerika ging. Es braucht seine Zeit, um sich neue Lebensgrundlagen zu schaffen, eine neue Identität. Ich sollte ihm nachfolgen."

„Warum hat er mich geheiratet?"

„Er brauchte eine amerikanische Frau. Er brauchte Ihr Heim, Ihr Bankkonto, den Schutz, den Sie ihm bedeuteten. Ich konnte mich nicht als Amerikanerin ausgeben. Mein Akzent, meine Stimme – das konnte ich nicht verändern. Aber Simon … Oh, er konnte sich in ein Dutzend verschiedener Leute verwandeln!"

„Warum hat er mich ausgesucht?"

Eve zuckte die Achseln. „Es kam ihm gelegen. Sie waren einsam und nicht sehr hübsch. Sie hatten keine Verehrer. Ja, Sie waren sehr empfänglich. Und Sie haben sich tatsächlich auch schnell in ihn verliebt."

Sarah unterdrückte ein Schluchzen und nickte.

Eve schwieg einen Augenblick. Dann sagte sie: „In Wahrheit hat er Sie nie geliebt. Ich war diejenige, die er liebte. Seine Reisen hier nach London hatten nur den Zweck, mich zu sehen. Erst stieg er im Savoy ab, bevor er den Zug nach Margate nahm. Von Zeit zu Zeit fuhr er wieder nach London, um Sie anzurufen oder einen Brief für

Sie aufzugeben. Ich habe diese letzten zwei Monate, in denen ich ihn mit Ihnen zu teilen hatte, gehasst. Aber es war notwendig und nur vorübergehend. Wir wollten beide überleben. Bis …“ Sie sah beiseite. Plötzlich glitzerten Tränen in ihren Augen.

„Was ist geschehen, Eve?“

Eve räusperte sich und hob entschlossen den Kopf. „Ich weiß es nicht. Ich weiß lediglich, dass er London vor zwei Wochen verlassen hat. Er nahm an einer Operation gegen Magus teil. Dann ging etwas schief. Man folgte ihm. Jemand deponierte einen Sprengsatz, der in seinem Hotelzimmer losgehen sollte. Er rief von Berlin aus an und ließ mich wissen, er habe sich entschlossen zu verschwinden. Auch ich solle mich verstecken. Sobald die Zeit reif sei, würde er mich holen kommen. Doch in der Nacht, bevor ich Margate verließ, hatte ich so ein … so eine Vorahnung. Ich versuchte, ihn in Berlin anzurufen. Da habe ich dann erfahren, dass er tot ist.“

„Aber er ist nicht tot!“, entfuhr es Sarah. „Er lebt!“

Eves Hände zuckten, fast hätte sie die Zigarette fallen lassen. „Was?“

„Er hat mich vor zwei Tagen angerufen. Deshalb bin ich ja hier. Er bat mich, zu ihm zu kommen. Er sagte … er liebe mich …“

„Sie lügen!“

„Es ist wahr!“, rief Sarah. „Ich kenne seine Stimme.“

„Ein Tonband vielleicht … oder ein ähnlicher Trick. Es ist so leicht, eine Stimme nachzuahmen. Nein, er kann es nicht gewesen sein. Er hätte bestimmt nicht Sie angerufen“, entgegnete Eve kalt.

Sarah schwieg. Weshalb sollte jemand Geoffreys Stimme imitieren, um sie nach Europa zu locken? Dann fiel ihr wieder etwas anderes ein, ein weiteres Detail, das keinen Sinn ergab. Sie sah Eve über den Tisch hinweg an. „An dem Tag, an dem ich aus Washington abfuhr, ist jemand in meine Wohnung eingebrochen. Alles, was entwendet wurde, war eine Fotografie – nur das … und ich verstehe immer noch nicht …“

„Ein Foto?“, fragte Eve scharf. „Von Geoffrey?“

„Ja. Es war unser Hochzeitsfoto.“

Eve erbleichte. Sie drückte hastig ihre Zigarette aus und riss ihre Handtasche sowie ihren Pullover an sich.

„Wohin wollen Sie?“, fragte Sarah.

„Ich muss zurück. Er wird nach mir suchen.“

„Wer?“

„Geoffrey.“

„Aber Sie sagten doch, er sei tot!“

Eves Augen glänzten und funkelten plötzlich sehr erregt. „Nein. Nein, er lebt! Er muss am Leben sein! Begreifen Sie denn nicht? Man kennt sein neues Gesicht nicht. Deshalb wurde das Foto gestohlen. Das bedeutet, dass man noch hinter ihm her ist." Sie zog sich flink den Pullover über und stürzte zur Tür.

„Eve!" Sarah rutschte von der Bank und rannte hinter der Frau her. Aber als sie draußen vor der Tür stand, war die Straße leer. Sie sah nur den Nebel, dicke, dichte Nebelschwaden, die alles einhüllten. „Eve?", rief sie. Es kam keine Antwort.

Eve war verschwunden.

Nick lehnte müde den Kopf zurück und wünschte, er könnte schlafen. Es war ein Uhr nachts, Washingtoner Zeit, und dennoch war Nick hellwach. Er war viel zu wütend, um einschlafen zu können.

Dauernd musste er an Sarah denken und wie unschuldig sie ausgesehen hatte, wie schmerzergriffen und verletzbar. Welch hervorragende Schauspielerin! Außerdem hatte sie etliche männliche Regungen in ihm wieder zum Leben erweckt, die er längst verloren geglaubt hatte. Er hatte sie beschützen, in seinen Armen halten wollen.

Doch jetzt war er nicht mehr sicher, was er mit ihr machen würde. Der Beschützerinstinkt war allerdings bestimmt nicht mehr sein Antrieb.

Sarah Fontaines wegen hatte er seinen Job verloren, seine Loyalität wurde in Zweifel gestellt, und – schlimmer als alles andere – er kam sich wie ein Tölpel vor. Van Dam hatte recht gehabt. Als Spion war Nick lediglich ein blutiger Anfänger.

Sarah würde nicht damit rechnen, dass er jetzt auf dem Wege zu ihr nach London war. Er wusste auch schon, wo er sie finden konnte; ein Telefonat hatte bestätigt, dass sie im Savoy abgestiegen war, dem üblichen Hotel ihres Mannes. Nick freute sich schon auf das Gesicht, das sie machen würde, wenn sie ihre Tür öffnen und ihn dort vorfinden würde. Aber jetzt wollte er die Wahrheit von ihr erfahren. Mit weiteren Lügen würde er sich nicht mehr zufriedengeben.

Sarah wachte schweißgebadet aus einem wilden Albtraum auf. Jemand klopfte an ihre Tür. Sie knipste das Licht an. Es war vier Uhr morgens.

Erneut klopfte es, diesmal jedoch lauter. „Mrs Fontaine?", rief eine männliche Stimme. „Bitte, öffnen Sie die Tür!"

„Wer ist da?", rief Sarah.

„Die Polizei."

Sie sprang hastig aus dem Bett, warf sich den Morgenmantel über und öffnete ihre Zimmertür. Zwei uniformierte Polizeibeamte standen draußen im Korridor, begleitet von einem schläfrig wirkenden Hotelangestellten.

„Sind Sie Mrs Sarah Fontaine?“

„Ja. Worum geht es?“

„Entschuldigen Sie die Störung, aber Sie werden uns zum Polizeihauptquartier begleiten müssen.“

„Ich begreife nicht. Weshalb?“

„Wir sind gezwungen, Sie mitzunehmen.“

Sarah klammerte sich mit beiden Händen an der Tür fest und starrte die Polizisten entsetzt an.

„Wollen Sie damit etwa andeuten, ich sei verhaftet? Aber warum?“

„Wegen Mordes. Wegen Mordes an Mrs Eve Fontaine.“

5. KAPITEL

Das kann doch nicht wahr sein, dachte Sarah.

Das Ganze war bestimmt nur die Fortsetzung ihres Albtraumes. Sie saß auf einem harten Stuhl und starrte auf einen kahlen Holztisch, der vor ihr stand. Eine nackte Glühbirne hing von der Decke herab und blendete sie. Der Raum war kalt, und Sarah fror in dem dünnen Kleid, das sie sich schnell übergezogen hatte. Ein Beamter mit eisig blauen Augen feuerte Fragen über Fragen auf sie herab, aber Sarah hatte kaum Gelegenheit, eine ihrer Antworten richtig zu beenden.

Plötzlich wurde er herausgerufen, und Sarah blieb aufgeregt und verzagt allein im Raum zurück. Sie stützte den Kopf in die Hände und spürte, wie Tränen in ihr aufstiegen. Sie konzentrierte sich so sehr, die Tränen zu unterdrücken, dass sie nicht hörte, wie die Tür geöffnet wurde.

Sie vernahm jedoch eine Stimme, die ihren Namen rief. Dieses eine Wort war wie ein wärmender Sonnenstrahl. Sie sah auf.

Nick O'Hara stand vor ihr. Wie durch ein Wunder war er in London aufgetaucht, ihr einziger Freund in diesem fremden Land.

War er wirklich ihr Freund?

Sarah bemerkte sofort, dass etwas nicht in Ordnung war. Er hielt die Lippen aufeinandergepresst. Seine Augen waren ausdruckslos auf sie gerichtet. Verzweifelt suchte Sarah nach etwas Wärme, etwas Trost in seinem Gesicht, aber sie entdeckte nur Zorn. Nach und nach nahm sie die anderen Einzelheiten wahr: sein zerknittertes Hemd, die schiefe Krawatte, den Aufkleber der British Airways auf seinem Aktenkoffer. Er war gerade erst mit dem Flugzeug eingetroffen.

Er drehte sich um und warf die Tür mit einem lauten Knall zu, der sie zusammenzucken ließ. Dann legte er seinen Attachékoffer auf den Tisch und drehte sich ihr mit einem finsteren Blick zu.

„Werden Sie mich hier herausholen?", fragte Sarah mit dünner Stimme.

„Das hängt davon ab."

„Wovon?"

„Ob Sie es getan haben oder nicht."

„Natürlich war ich es nicht!"

Er schien von ihrem wilden Ausbruch überrascht zu sein. Einen Moment lang sagte er nichts. Dann kreuzte er die Arme vor der Brust und setzte sich auf die Kante des Tisches.

Sarah hatte Angst, ihm ins Gesicht zu sehen, Angst vor dem anklagenden Ausdruck seiner Augen. Der Mann, den sie als ihren Freund betrachtet hatte, war plötzlich zu jemandem geworden, den sie kaum kannte. Er hielt sie also auch für schuldig. Welche Hoffnung blieb ihr dann noch, vollkommen Fremde von ihrer Unschuld zu überzeugen, wenn selbst Nick O'Hara ihr nicht glaubte? Bitter stellte sie fest, wie sehr sie sich in ihm getäuscht hatte. Und der Grund seiner Anwesenheit hier war jetzt ja auch offenkundig. Er erfüllte lediglich seine Pflicht.

Sie ballte die Hände zu Fäusten auf der Tischplatte. Sie war wütend auf Nick, weil er sie in dieser hilflosen Situation miterlebte und weil er das Vertrauen, das sie in ihn als Freund gesetzt hatte, nicht rechtfertigte.

„Warum sind Sie in London?“, murmelte sie.

„Ich könnte Ihnen dieselbe Frage stellen. Aber diesmal möchte ich die Wahrheit hören.“

„Die Wahrheit?“ Sarah sah auf. „Ich habe Sie nie belogen! Sie waren der Einzige …“

„Ach, lassen Sie das!“, unterbrach er sie kurz angebunden. Erbost sprang er auf und begann, im Zimmer auf und ab zu gehen. „Schenken Sie sich diesen Unschuldsblick, Mrs Fontaine. Sie müssen mich für reichlich dumm halten. Zuerst behaupten Sie, von nichts zu wissen, und dann fliegen Sie überstürzt nach London ab. Ich habe mich gerade mit dem Inspektor unterhalten. Jetzt möchte ich Ihre Version hören. Sie wussten von Eve, nicht wahr?“

„Nein, ich hatte keine Ahnung von ihrer Existenz. Jedenfalls bis gestern nicht. Und Sie sind derjenige, der gelogen hat, Mr O'Hara.“

„In welcher Hinsicht?“

„Über Geoffrey. Sie erklärten mir, er sei tot. Oh, Sie haben mich mit all den schönen Beweisen versorgt, Sie erklärten alles so säuberlich, so perfekt. Und ich habe Ihnen geglaubt! Dabei wussten Sie es die ganze Zeit, nicht wahr? Sie haben es bestimmt gewusst!“

„Wovon sprechen Sie eigentlich?“

„Geoffrey lebt!“

Der ungläubige Blick, mit dem er Sarah jetzt ansah, war zu echt. Sie starrte ihn an und fragte sich, ob es wirklich möglich sei, dass er nichts davon gewusst habe.

„Ich halte es für besser, wenn Sie mir das genau erklären“, sagte er. „Und ich möchte alles wissen, Sarah. Weil Sie, wie Ihnen zweifellos klar ist, in den größten Schwierigkeiten stecken. Die Beweise …“

„Die Beweise sind lediglich Indizien!“

„Tatsache ist doch, dass man die Leiche Eve Fontaines gegen Mitternacht in einer verlassenen Gasse ein paar Häuserblocks vom Lamb and Rose entfernt gefunden hat – erstochen. Die Kellnerin des Lamb and Rose erinnerte sich daran, Eve mit einer Frau – einer Amerikanerin – gesehen zu haben, nämlich mit Ihnen. Sie wusste auch noch, dass Sie beide einen Streit hatten. Eve rannte aus dem Lokal, und Sie sind ihr gefolgt. Das war das Letzte, was man von Eve Fontaine gesehen hat."

„Ich habe sie vor dem Lamb and Rose aus den Augen verloren!"

„Gibt es dafür einen Zeugen?"

„Nein."

„Wie ärgerlich! Die Polizei hat in Eves Haus in Margate angerufen und mit dem Gärtner gesprochen. Der alte Mann konnte sich gut an Sie erinnern. Er sagte aus, er habe Ihre Nachricht an Eve per Telefon weitergegeben. Und zufällig besaß er auch diesen Zettel mit Ihrem Namen und dem des Hotels."

„Ich habe ihm den Zettel gegeben, damit Eve mich anrufen konnte."

„Nun, für die Polizei haben Sie ein eindeutiges Motiv – Rache. Sie fanden heraus, dass Geoffrey Fontaine ein Bigamist war, und beschlossen, die Sache zu klären. Das sind die Fakten, gute, klare und unwiderlegbare."

„Das bedeutet doch aber noch lange nicht, dass ich sie umgebracht habe!"

„Nein?"

„Sie müssen mir glauben!"

„Warum sollte ich?"

„Weil es sonst niemand tut." In diesem Augenblick wurde Sarah von Furcht und Erschöpfung überwältigt. Sie senkte den Kopf und wiederholte leise: „Niemand sonst tut es …"

Nick beobachtete sie verwirrt mit gemischten Gefühlen. Sie wirkte so ermattet, sah so verstört aus, wie sie über dem Tisch zusammengesunken dasaß. Eine Strähne ihres kupferroten Haares war ihr ins Gesicht gefallen und hing ihr über die glatte, blasse Wange. Es war das erste Mal, dass er sie mit offenen Haaren sah, und wieder wurde er daran erinnert, dass er sich während des Fluges gewünscht hatte, sie in die Arme schließen zu können.

Plötzlich war aller Ärger auf Sarah verschwunden. Nick hatte ihr wehgetan, und nun hatte er mit einem Mal ein schlechtes Gewissen. Sanft berührte er ihren Kopf. „Sarah, es kommt schon alles wieder in Ordnung", flüsterte er. „Sarah", bat er drängend, als sie sich nicht rührte, „sagen Sie etwas. Erzählen Sie mir, weshalb Sie glauben, Ihr Mann sei noch am Leben."

Sarah atmete tief ein und blickte ihn an. Sie hatte die Augen eines Rehs, weich und groß. In diesem Moment spürte Nick, wie sehr sie sich hatte überwinden müssen, ihm in die Augen zu sehen und die Tränen zurückzuhalten. Er hatte sich in Sarah geirrt. Sie war innerlich nicht zerbrochen. Sie besaß eine Willenskraft, die er nie bei ihr vermutet hätte.

„Er rief mich an", begann sie. „Vor zwei Tagen, in Washington … am Nachmittag der Beerdigung …"

„Halt. Er hat Sie angerufen?"

„Er bat mich, zu ihm zu kommen. Die Verbindung brach ab. Er hat mir nicht gesagt, wo er war …"

„War es ein Ferngespräch?"

„Davon bin ich überzeugt."

„Und deshalb sind Sie abgeflogen. Aber warum nach London?"

„Das … das war nur so ein Gefühl. Hier war er zu Hause. Hier hätte er sein müssen."

„Und wann haben Sie von Eve erfahren?"

„Nachdem ich hier eingetroffen bin. Die Empfangsdame des Hotels zeigte mir eine Adresse auf Geoffreys Anmeldekarte. Es war Eves Haus in Margate."

Nick nahm diese Fülle neuer Fakten mit wachsender Verwirrung zur Kenntnis. Er zog sich einen Stuhl heran und sah Sarah aufmerksam an.

„Sie haben mir gerade etwas zu denken gegeben", murmelte er. „Dieser Anruf von Geoffrey… Er ist so abenteuerlich, dass ich beginne, Ihnen zu glauben. Sie müssen die Wahrheit sagen …"

„Ich sage die Wahrheit!"

„Gut, gut. Im Zweifelsfall für den Angeklagten."

Nick fing an, ihr Glauben zu schenken. Das war alles, worauf es Sarah ankam, diesen winzigen Hoffnungsschimmer zu haben. Es bedeutete ihr im Augenblick mehr als alles andere auf der Welt. Verrückt, dachte sie. Nach all dem, was sie an diesem Morgen durchgemacht hatte, kamen ihr erst jetzt die Tränen. Sie schüttelte den Kopf und lachte kurz auf. „Was haben Sie nur an sich, Mr O'Hara?", fragte sie. „Ich breche immer dann in Tränen aus, wenn Sie in der Nähe sind."

„Ist schon in Ordnung", beruhigte er sie. „Dass Sie weinen, meine ich. Frauen tun mir das immer an. Wahrscheinlich liegt das an meinem Job."

Sarah blickte ihn an. Er lächelte. Welch überraschende Veränderung – von einem Fremden zu einem Freund. Irgendwie hatte sie vergessen, wie attraktiv er war. Nicht nur was sein Äußeres betraf.

Sie spürte eine neue Zärtlichkeit, eine Zutraulichkeit in seiner Stimme, als ob er sich tatsächlich um sie sorgte. Wirklich? Oder interpretierte sie zu viel hinein? Sie fühlte, wie ihr das Blut in die Wangen stieg.

Er schien zu zögern und wirkte fast verlegen, als er sich zu ihr hinabbeugte. Sie zitterte. Sofort zog er seine Jacke aus und legte sie um ihre Schultern. Die Jacke roch nach Nick, und Sarah fühlte sich auf einmal warm und geborgen. Sie zog die Jacke fester um sich, und eine Ruhe kam über sie, ein Gefühl, dass ihr niemand etwas anhaben könne, solange Nick O'Haras Jacke um ihre Schultern lag.

„Sobald unser Mann vom Konsulat aufkreuzt, werden wir Sie hier herausbekommen", sagte Nick.

„Aber sind Sie denn nicht damit betraut?"

„Ich fürchte, nein. Dies ist nicht mein Gebiet."

„Warum sind Sie dann hier?"

Ehe Nick antworten konnte, wurde die Tür aufgestoßen.

„Nick O'Hara", sagte ein stämmiger, untersetzter Mann. „Was zum Teufel machen Sie hier? Wenn ich richtig gehört habe, dann sind Sie nicht mehr bei uns. Stimmt das?"

Nick drehte sich zu dem Mann, der im Türrahmen stand, um. „Hallo, Potter", grüßte er nach einer ausgesprochen peinlichen Pause. „Es ist schon lange her, seit wir uns das letzte Mal gesehen haben."

„Ich verstehe nicht", sagte Sarah. Sie war plötzlich alarmiert. „Warum sollte Mr O'Hara nicht länger bei Ihnen sein?"

„Was er meint", erklärte Nick gelassen, „ist, dass man mich auf unabsehbare Zeit beurlaubt hat. Die Neuigkeit hat sich schnell herumgesprochen, wie ich sehe."

„Wenn es sich um die nationale Sicherheit handelt, ist das doch kein Wunder." Mit einem Schulterzucken wandte Potter sich Sarah zu. „Ich habe Ihre Situation mit Inspektor Appleby besprochen. Er hat mir mitgeteilt, dass die gegen Sie vorliegenden Beweise nicht so stichhaltig sind, wie er angenommen hatte. Er ist bereit, Sie freizulassen – vorausgesetzt, dass ich die Verantwortung für Ihr weiteres Verhalten übernehme."

Sarah war erstaunt. „Sie meinen, ich kann gehen?"

„Ganz richtig."

„Und da ist kein … Ich bin nicht …"

„Die Anklage ist fallen gelassen worden." Er streckte ihr die Hand hin. „Herzlichen Glückwunsch, Mrs Fontaine. Sie sind wieder eine freie Frau."

Sarah sprang auf und ergriff seine dickliche Hand. „Mr Potter, herzlichen Dank. Haben Sie vielen Dank!"

„Keine Ursache. Machen Sie nur keinen weiteren Ärger, ja?"

„Oh, das werde ich nicht! Das werde ich ganz sicher nicht!" Sie sah freudig erregt auf Nick und erwartete, ein Lächeln auf seinem Gesicht zu sehen. Aber er lächelte nicht. Stattdessen sah er völlig verblüfft aus. Und argwöhnisch. Irgendetwas missfiel ihm, und ihr war augenblicklich nicht mehr wohl bei der Sache. „Gibt es sonst noch etwas?", fragte sie Potter. „Etwas, das ich wissen sollte?"

„Nein, Mrs Fontaine. Sie können auf der Stelle gehen. Ich werde Sie sogar persönlich ins Savoy zurückfahren."

„Sparen Sie sich die Mühe", sagte Nick. „Ich werde sie zurückbringen."

Sarah machte einige Schritte auf Nick zu. „Haben Sie vielen Dank, Mr Potter", sagte sie, „aber dann werde ich mit Mr O'Hara fahren. Wir sind … wir sind alte Freunde."

Potter runzelte die Stirn. „Freunde?"

„Er war mir seit Geoffreys Tod sehr behilflich."

Mit einem finsteren Blick drehte sich Potter um und schnappte sich seinen Hut. „Gut. Viel Glück, Mrs Fontaine." Und an Nick gewandt: „Hören Sie zu, O'Hara, ich werde Mr van Dam in Washington einen Bericht schicken. Ich bin davon überzeugt, er wird sich sehr dafür interessieren, dass Sie hier in London sind. Werden Sie bald wieder in die Staaten zurückfliegen?"

„Vielleicht", antwortete Nick. „Vielleicht aber auch nicht."

Potter ging zur Tür, dann drehte er sich ein letztes Mal um, und der Blick, mit dem er Nick musterte, war eiskalt. „Sie wissen, Sie hatten beim Auswärtigen Amt eine sehr gute Stellung. Ruinieren Sie sie nicht. Wenn ich an Ihrer Stelle wäre, würde ich mir meine Schritte gut überlegen."

Nick neigte den Kopf. „Das mache ich immer."

„Was soll das heißen – Urlaub auf unbestimmte Zeit?", fragte Sarah, während Nick sie zu ihrem Hotel zurückfuhr. „Sind Sie entlassen worden?"

„Mit einem Wort – ja."

„Aber warum?"

Nick antwortete nicht. An der nächsten roten Ampel lehnte er sich zurück und seufzte. Sein Seufzer klang müde und niedergeschlagen.

„Nick?", fragte Sarah ruhig. „War das meinetwegen?"

Er nickte. „Sie waren teilweise der Anlass. Ihretwegen scheint man meine Loyalität anzuzweifeln. Acht Jahre guter, solider Arbeit scheinen denen nichts zu bedeuten. Aber lassen Sie sich davon nicht beirren. Ich glaube, dass ich mich innerlich und ohne es zu wissen ohnehin schon seit einiger Zeit von meinem Job entfernt habe. Sie waren nur der letzte, berühmte Tropfen auf den heißen Stein."

„Das tut mir leid." Sarah warf ihm einen Blick von der Seite zu und merkte, dass er die Stirn runzelte. „Nick?"

„Die Sache nimmt Formen an", murmelte er.

„Was meinen Sie damit?"

„Sehen Sie geradeaus. Drehen Sie sich nicht um. Wir werden verfolgt."

Der Drang, den Kopf zu wenden, war sehr stark, aber Sarah brachte es fertig, ihre Aufmerksamkeit auf die nasse Straße und den dichten Verkehr vor ihnen zu richten. Warum geschieht das alles? fragte sie sich, und ihr war bange um das Herz. „Was werden Sie jetzt machen, Nick?"

„Nichts."

„Nichts?"

Er achtete nicht auf die Bestürzung, die aus ihrer Stimme klang. „Ganz recht. Wir verhalten uns so, als wäre alles in bester Ordnung. Wir werden zum Hotel fahren, Sie werden sich umziehen, packen und abreisen. Ich werde Sie zu den Kenmores bringen, alten Bekannten von mir. Aber erst ... Halten Sie sich fest, Sarah! Wir wollen einmal sehen, wie gut diese Burschen ihr Handwerk beherrschen ..."

Er scherte in eine enge Nebenstraße ein, schlängelte sich an einer Reihe von kleinen Geschäften und Cafés vorbei und trat dann abrupt auf die Bremse. Der Wagen hinter ihnen kam quietschend zum Stehen und verfehlte ihre hintere Stoßstange nur um wenige Zentimeter. Nick fing ganz unerwartet zu lachen an. Er sah zu Sarah hin, die sich am Armaturenbrett festhielt. „Alles in Ordnung?"

Sie nickte. Vor lauter Angst brachte sie kein Wort heraus.

„Es ist alles okay, Sarah. Ich glaube, ich kenne diese Männer. Ich habe sie schon früher gesehen. Sie sind von der Firma. Wir sollten allerdings trotzdem vorsichtig sein."

Sarahs Panik legte sich bereits wieder. Warum sollte sie sich vor dem CIA in Acht nehmen? Man war doch auf derselben Seite. Aber warum verfolgten sie sie dann? Sie fragte sich, wie lange man sie wohl schon beschattet haben mochte. Wenn das seit ihrer Ankunft in London der Fall gewesen war, dann konnten die CIA-Männer gesehen haben, wer Eve getötet hatte ...

„Magus", sagte sie unvermittelt und sah Nick dabei an.

Auf seinen fragenden Blick hin erläuterte sie: „Ich erinnere mich plötzlich. Das war der Codename eines Mannes, von dem mir Eve erzählt hat. Jemand, der auf schreckliche Rache aus war. Magus, der Zauberer."

„Darauf werden wir noch zu sprechen kommen", sagte Nick und sah in den Rückspiegel. „Wir haben nur noch eine kurze Strecke bis zum Savoy. Und man folgt uns noch immer."

Anderthalb Stunden später saßen sie in einem Café und beendeten ihr Frühstück. Endlich fing Sarah an, sich wieder wie ein normaler Mensch zu fühlen. Zufrieden wärmte sie sich die Hände an ihrer Teetasse. Sie hatte sich umgezogen und trug jetzt zu einem Rock einen grauen Lambswoolpullover.

Während sie aßen, hatte Sarah Nick von den Ereignissen berichtet und dabei ständig die Tür im Auge behalten. Als sie mit ihrer Schilderung zu Ende kam, war das Geschirr bereits abgeräumt, und sie waren bei der zweiten Kanne Tee angelangt.

„Eve war also auch Ihrer Meinung, dass Geoffrey noch lebt?", fragte er.

„Ja. Die gestohlene Fotografie überzeugte sie davon."

„Gut", sagte Nick und ging in Gedanken durch, was Sarah ihm soeben erzählt hatte. „Also, Eves Ansicht nach ist jemand hinter Geoffrey her, um ihn zu töten. Jemand, der nicht weiß, wie er aussieht, der aber weiß, dass sein neuer Name jetzt Fontaine lautet. Geoffrey stellt fest, dass er verfolgt wird. Er fliegt nach Berlin, ruft Eve an und trägt ihr auf zu verschwinden. Dann inszeniert er seinen eigenen Tod."

„Das erklärt noch nicht, warum man Eve erstochen hat."

„Eine ganze Menge wird dadurch nicht erklärt. Es bleiben zu viele Fragen. Wessen Leiche wurde zum Beispiel beerdigt? Aber wir haben wenigstens eine Erklärung für die gestohlene Fotografie. Wenn Simon Dance sich sein Äußeres durch einen Gesichtschirurgen hat verändern lassen, dann könnte es sein, dass sein Verfolger ihn nicht wiedererkennt."

„Und weshalb verfolgt man uns? Nimmt man an, ich würde sie auf die Spur zu Geoffrey führen?"

Er nickte. „Und damit kommen wir zu dem Detail, das mich wirklich stört: Ihre Freilassung. Ich glaube kein Wort von der Geschichte, die Polizei habe nicht genügend Beweise gegen Sie. Als ich mich mit Inspektor Appleby unterhielt, schien er bereit, Sie für den Rest Ihres Lebens hinter Gitter zu bringen. Dann tauchte Potter auf, und – bumm! – alles löst sich in Wohlgefallen auf. Mir nichts, dir nichts sind Sie frei. Ich glaube, dass jemand Druck auf den guten Inspektor ausgeübt hat. Die Anweisung muss von oben gekommen sein – von ganz weit oben! Jemand möchte Sie in Freiheit sehen und wartet jetzt darauf, was Sie als Nächstes unternehmen werden."

Die Erschöpfung hatte graue Schatten unter Nicks Augen hinterlassen. Sarah fragte sich, wie viel er geschlafen haben mochte. Wahrscheinlich nur sehr wenig auf einem solchen Transatlantikflug. Sie verspürte den Wunsch, ihre Hand auszustrecken und über seine Wange zu streicheln. Doch sie strich nur mit den Fingern über seine Hand.

Er schien über die Berührung ihrer Hände auf dem Tisch erstaunt zu sein. Ich habe ihn in Verlegenheit gebracht, dachte sie, und das Blut schoss ihr in die Wangen. Ich habe uns beide in Verlegenheit gebracht. Doch als sie ihre Hand fortziehen wollte, schlossen sich seine Finger fest darum. Die Wärme seiner Haut schien ihr den Arm hinaufzufließen und jeden Teil ihres Körpers auszufüllen.

„Sie glauben, Geoffrey lebt noch, nicht wahr?", murmelte sie.

Er nickte. „Ich nehme an, dass er lebt."

Sie starrte auf ihrer beider über dem Tisch verschränkten Hände. „Ich habe nie geglaubt, dass er tot ist", flüsterte sie.

„Jetzt, da Sie die Tatsachen kennen, was empfinden Sie für ihn?"

„Ich weiß es nicht. Ich weiß gar nichts mehr …" Mit plötzlicher Intensität sah sie Nick in die Augen. „Die ganze Zeit hindurch habe ich ihm vertraut. Ich habe an ihn geglaubt. Oh, Sie halten mich wahrscheinlich für naiv, oder? Vielleicht war ich das. Aber wir haben alle unsere Träume, Nick. Träume, von denen wir hoffen, sie mögen wahr werden. Und wenn man so ist wie ich, zweiunddreißig Jahre alt, einsam und nicht besonders hübsch, wenn dann ein Mann sagt, ich liebe dich, will man ihm umso mehr glauben."

„Sie irren, Sarah", sagte er sanft. „Sie sind sehr hübsch."

Sie wusste, er wollte nur nett sein. Sie senkte den Kopf und sah betreten auf den Tisch. Was dachte er wohl wirklich von ihr? Dass nur eine so farblose Frau wie sie so leichtgläubig sein konnte?

Sie entzog ihm die Hand und griff nach der Teetasse. Natürlich wusste sie, was er dachte: dass Geoffrey sich sein Opfer geschickt ausgesucht hatte, dass Sarah, dieses Dummchen, sich schnell und heftig in ihn verliebt hatte. Sie sah es ganz deutlich vor sich, so deutlich, als hielte sie sich einen Spiegel vor das Gesicht und könne sich so unbeteiligt und kritisch sehen, wie ein Mann sie ansehen mochte: nicht hübsch, sondern scheu und linkisch.

„Es war eine Ehe voller Lügen“, sagte sie bitter. „Eigenartig, es kommt mir vor, als hätte ich die ganze Geschichte geträumt. Als sei ich überhaupt nie verheiratet gewesen …“

Er nickte. „So habe ich es manchmal auch empfunden.“

„Sie waren also auch verheiratet?“

„Nicht lange. Drei Jahre. Seit vier Jahren bin ich geschieden.“

„Das tut mir leid.“

Er suchte ihren Blick. „Sie meinen das wirklich so, nicht wahr?“

Sarah nickte. Bis zu diesem Moment hatte sie die Traurigkeit in seinen Augen noch nicht bemerkt. Jetzt entdeckte sie die gleiche Wehmut, die gleiche Pein, die auch sie empfand. Seine Ehe war gescheitert – Sarahs hatte nie existiert. Sie hatten beide ihre Wunden.

Ihre Wunden würden jedoch nicht heilen. Nicht, bis sie nicht auf ihre Fragen eine Antwort gefunden hatte. Nicht, bis sie nicht wusste, weshalb Geoffrey sie angerufen hatte.

„Wie immer Ihre Gefühle für Geoffrey auch sein mögen“, sagte Nick, „Ihnen ist doch sicherlich klar, dass es für Sie ein großes Risiko ist, hier in London zu bleiben. Sollte jemand hinter ihm her sein, sind Sie diejenige, die man beschatten wird. Offensichtlich ist man Ihnen gefolgt, wenigstens seit gestern. Sie haben die Gangster bereits zu Eve geführt.“

Sarah sah abrupt auf. „Zu Eve?“

„Ich fürchte, ja. Eve war eine professionelle Agentin, seit Jahren auf der Flucht. Sie wusste, wie man sich verbirgt, und sie konnte das sehr gut. Aber die Neugier – vielleicht auch die Eifersucht – hat sie unachtsam werden lassen. Wider besseres Wissen hat sie sich mit Ihnen getroffen. Es ist kein Zufall, dass sie ausgerechnet in der Nacht, in der Sie sich beide begegneten, umgebracht wurde.“

„Dann bin ich also an ihrem Tod schuld?“, flüsterte Sarah.

„Ja, in gewisser Hinsicht. Man muss Ihnen zum Lamb and Rose gefolgt sein. Direkt zu Eve.“

„Gütiger Himmel!“ Sarah schüttelte unglücklich den Kopf. „Ich habe die Frau fast gehasst, Nick. Als ich an sie und Geoffrey dachte, konnte ich nicht anders. Aber an ihrem Tod schuld sein … Das wollte ich nicht.“

„Sie war eine Agentin, Sarah. Sie haben sich nichts vorzuwerfen.“

Sarah fing zu zittern an. „Rache“, sagte sie leise in Erinnerung dessen, was Eve ihr erzählt hatte. „Deshalb hat man sie umgebracht.“

„Da bin ich nicht so sicher.“

„Was sollte sonst der Grund gewesen sein?“

„Wir sollten alle Möglichkeiten in Betracht ziehen. Rache ist nur eine davon. Aber nehmen wir einmal an, es hätte einen eher praktischen Grund gegeben ..."

Plötzlich begriff Sarah. „Sie meinen, man wollte Eve zu einer Aussage zwingen? Man glaubte, sie wisse etwas?"

„Vielleicht hat man erkannt, dass Geoffreys Tod vorgetäuscht war. Vielleicht weiß man, dass er immer noch am Leben ist. Deshalb hat man Eve ein Messer an die Kehle gehalten und sie zum Reden bringen wollen. Die Frage ist nur, hat sie ihnen Informationen gegeben?"

Sarah musste an Eve denken. Am vergangenen Abend hatte Sarah trotz ihres eigenen Kummers gespürt, dass Eve Geoffrey ebenso sehr geliebt hatte wie Sarah, wenn nicht tiefer. Eve musste gewusst haben, wo sie ihn erreichen konnte. Welchen Qualen sie auch ausgesetzt worden war, sie hätte nichts gesagt. Sie hätte Geoffrey nie verraten. Sie war mit ihrem Geheimnis gestorben.

Würde sie, Sarah, ebenso tapfer sein können? Es gibt keinen Weg, dachte sie, den eigenen Mut zu beurteilen. Man merkt erst dann, ob man Courage besitzt, wenn man gezwungen wird, die größten Ängste durchzustehen.

Sarah hoffte, ihr Mut möge nie auf die Probe gestellt werden.

6. KAPITEL

In einem der Hinterzimmer von Roy Potters Abteilung kam eine Durchsage aus der Funkanlage. „O'Hara hat das Café vor vierzig Minuten mit Mrs Fontaine verlassen. Die beiden sind ins Kenmore-Hotel gefahren. Die Vorhänge sind jetzt zugezogen. Es sieht aus, als hätten sie sich schlafen gelegt."

„Und ich wette auf euch zwei Knallköpfe, dass sie nicht schlafen", murmelte Potter seinem Assistenten Tarasoff zu. Der Agent lächelte kaum. Tarasoff hatte keinen Sinn für Humor, keinen Sinn für Witze. Der Stil seiner Kleidung war absolut korrekt: konservativer grauer Anzug, Krawatte mit langweiligem blausilbernem Muster, schlichtes weißes Hemd – alles makellos. Potter schaltete sein Funkgerät auf Sendung.

„Okay, Jungs, bleibt in der Nähe. Passt auf, was sich so tut."

„Ja, Chef. Haben Sie etwas über die Kenmores vorliegen?"

„Saubere Briten, Witwe und zwei Söhne."

„Wo seid ihr denn postiert?"

„Nicht schlecht. In einer Kneipe direkt auf der anderen Straßenseite."

„Hat er euch schon entdeckt?"

„Ich fürchte, ja, Chef."

Tarasoff lachte kurz und trocken, doch als Potter zu ihm hinüberblickte, sah er nur das altbekannte, regungslose Gesicht.

„Mist, er hat euch schon entdeckt? Was habt ihr gemacht? Seid ihr hingegangen und habt euch vorgestellt?"

„Nein, Chef. Er hat uns schon früh bemerkt, gleich nachdem wir von der Polizeistation weggefahren sind."

„Also gut. Es ist jetzt ein Uhr dreißig. Ihr könnt euch in zwei Stunden abseilen."

„Was halten Sie von dem Ganzen, Mr Potter?", fragte Tarasoff.

Potter zuckte die Schultern. „Hoffentlich ist es keine vergebene Liebesmüh."

„Sollten wir diesen Nick O'Hara vielleicht in einem anderen Licht sehen?"

„Wie meinen Sie das?"

„Wäre es möglich, dass etwas ganz anderes dahintersteckt? Könnte er für einen anderen Geheimdienst arbeiten?"

Potter lachte. „O'Hara? Lassen Sie sich von mir etwas über ihn sagen: Er ist kein Agententyp. Viel zu ehrlich. Und trotzdem ist er schlau, auf eine intellektuelle Art. Bei ihm ist alles Theorie, keine Praxis. Er spricht etwa vier Sprachen. War gar kein schlechter Konsulatsbeamter. Aber er lebt einfach nicht in der Wirklichkeit."

„Dennoch ist es eigenartig“, meinte Tarasoff. „Weshalb sollte er seine Finger in diese Affäre stecken? Er hat seine Karriere aufs Spiel gesetzt. Es ergibt alles keinen Sinn.“

„Tarasoff, waren Sie je verliebt?“

„Er ist verliebt? In Sarah Fontaine?“

„Warum nicht?“

Tarasoff schüttelte nachdenklich den Kopf. „Nein, ich glaube, er ist Geheimagent.“

Potter lachte wieder und erhob sich schwerfällig. „Man soll nie die Macht der Hormone unterschätzen! Das sagt meine Ge…“ Er verstummte plötzlich, als die Tür geöffnet wurde.

Erstaunt wandte Tarasoff sich zu dem Mann im Türrahmen um. Es war Jonathan van Dam.

Potter räusperte sich. „Mr van Dam! Ich wusste nicht, dass Sie sich zurzeit in London aufhalten. Gibt es neue Geschäfte?“

„Nein. Es dreht sich noch immer um das alte.“ Van Dam setzte sich in Potters Sessel und legte seinen Aktenkoffer auf den Schreibtisch. „Mir ist eine kuriose Information zu Ohren gekommen, auf die ich mir wirklich keinen Reim machen kann. Vielleicht können Sie etwas Licht in die Sache bringen.“

„Hmm … eine Information?“, fragte Potter.

„Ja. Ich hatte Sarah Fontaines Telefon anzapfen lassen. Zu meiner Überraschung erfuhr ich, dass sie vor einigen Tagen einen Anruf von ihrem Mann bekommen hatte. Ein höchst verwunderliches Ereignis, meinen Sie nicht auch? Oder haben sich die Fernleitungen derart verbessert?“

Potter und Tarasoff blickten sich an. „Mr van Dam“, sagte Potter, „ich kann es Ihnen erklären …“

„Ja“, unterbrach van Dam ihn grimmig. „Ich glaube, das sollten Sie auch.“

Sarah und Nick standen auf den über Margate hoch aufragenden Klippen und ließen sich den Wind um das Gesicht wehen. Möwen stürzten vom hellblauen Himmel herunter, und ihre Schreie drangen wie wehklagende Stimmen durch die Luft. Die Sonne strahlte, und das Meer glitzerte wie zerbrochenes Glas.

Sie waren frühmorgens aus London abgefahren. Sarah hatte sich inzwischen den Pullover ausgezogen und den Schal abgenommen. Still stand sie in ihrer weißen Satinbluse und dem grauen Rock im Schein der Sonne und genoss die Wärme. Sie lebte!

In den letzten zwei Wochen hatte sie das nicht mehr richtig wahrgenommen. Sie hatte sich zusammen mit Geoffrey beerdigen lassen wollen … oder mit dem Mann, den sie für Geoffrey gehalten hatte. Erst jetzt, mit der unendlichen Weite des Meeres vor sich, schien Leben in sie zurückzukehren. Sie hatte Geoffreys Tod überlebt, nun würde sie auch seine Wiederauferstehung überleben.

„Sarah?“ Nick berührte ihren Arm und nickte hinüber zu dem schmalen Pfad. Seine Haare waren vom Wind zerzaust, und sein Gesicht war von der Sonne gebräunt. Mit dem ausgeblichenen Hemd und den abgetragenen Hosen wirkte er eher wie ein Fischer als wie ein Beamter. „Wie weit ist es noch?“

„Nicht weit. Es liegt oben auf dem Hügel.“

Während sie den Pfad zur Whitstable Lane emporstiegen, sah Nick sich wiederholt um. Margate lag unten am Fuß der Klippen. Von einem Verfolger war nichts zu sehen. Sie waren allein.

„Ich frage mich, warum man uns nicht weiter verfolgt“, überlegte Nick laut.

„Vielleicht sind sie müde.“

„Sehen wir zu, dass wir vorankommen. Wenigstens haben wir jetzt eine Atempause.“

„Sie haben also nichts für den CIA übrig?“, fragte Sarah.

„Nein.“

„Warum nicht?“

„Das ist ein anderer Menschenschlag. Ich traue denen nicht, und ganz besonders nicht Roy Potter.“

„Was hat Ihnen Mr Potter denn getan?“

„Mir? Nichts. Außer dass er mich vielleicht nach Washington zurückbefördern könnte.“

„Ist Washington so schlimm?“

„Es ist keine Stadt, wo man erfolgreich Karriere im Auswärtigen Dienst machen kann.“

„Wo dann?“

„An Krisenherden wie Afrika oder Südamerika.“

„Und trotzdem waren Sie in London.“

„London war nicht meine erste Wahl. Man hatte mir Kamerun angeboten, aber ich musste den Posten ablehnen.“

„Weshalb?“

„Wegen Lauren, meiner Exfrau.“

„Oh.“ So also hieß sie – Lauren. Sarah fragte sich, was zwischen den beiden wohl schiefgegangen sein mochte. War es wie bei so vielen anderen Ehen gewesen, wo man sich mehr und mehr entfremdete? Oder Langeweile? Sie konnte sich nicht vorstellen, dass Nick sie je langweilen würde. Er hatte ein vielschichtiges Wesen, das man Zug um Zug für sich entdecken musste. Konnte eine Frau ihn überhaupt je ganz kennen?

Schweigend gingen sie weiter, vorbei an den Briefkästen und bogen dann in die Whitstable Lane ein. Das Bauernhaus kam in Sicht. Der alte Gärtner war nirgendwo zu sehen.

„Das ist das Haus“, sagte sie.

„Gut. Nun bin ich gespannt, ob jemand da ist“, meinte Nick. Er ging zum Vordereingang und klingelte. Nichts rührte sich. „Umso besser“, murmelte er. Sarah folgte ihm zum Hintereingang. Nick drückte die Klinge herunter und öffnete die Tür. Sie war nicht verschlossen.

Tageslicht flutete über den polierten Steinfußboden, auf dem Scherben eines Tellers lagen. Sonst schien alles an Ort und Stelle zu sein. Die Schubladen der Küchenschränke waren geschlossen. In einer Reihe hingen kupferne Töpfe und Pfannen ordentlich über dem Herd. Auf dem Fensterbrett standen zwei verwelkte Pflanzen. Außer dem tropfenden Geräusch des undichten Wasserhahnes war es totenstill im Haus.

Sarah schrak zusammen, als Nick die Hand auf ihren Arm legte. „Warten Sie hier“, flüsterte er. Das zerbrochene Porzellan knirschte unter seinen Schritten, als er durch die Küche in den angrenzenden Raum ging.

Sarah wartete. Sie kam sich dabei wie ein Eindringling vor.

„Sarah?“, rief Nick aus dem Nebenzimmer. „Kommen Sie doch bitte hierher.“

Sie folgte ihm in das Wohnzimmer. In den Wandregalen standen ledergebundene Bücher, und auf dem Kaminsims waren Porzellanfigurinen aufgereiht. Im Kamin lagen noch die Reste von dem letzten Feuer, das Eve angezündet hatte. Nur der Schreibtisch war durchsucht worden. Man hatte die Schubladen herausgezogen und umgestülpt. Die Korrespondenz – meistens Rechnungen und Reklamesendungen – war aufgerissen und auf den Fußboden geworfen worden.

„Raub war nicht das Motiv“, stellte Nick fest und wies auf den offensichtlich antiken Zinnpokal, der über dem Kamin stand. „Ich glaube, man war hinter einer Information her, vielleicht einem Adressbuch oder einer Telefonnummer.“

Sarah sah sich in dem Raum um. Gewiss war es ein gemütliches Heim, wenn das Kaminfeuer loderte und das Licht gedämpft war.

Wenige Schritte entfernt stand eine Tür offen. Sarah fühlte sich wie durch eine unerklärliche und peinigende, magische Kraft dort hingezogen. Sie wusste, was sie vorfinden würde, und doch konnte sie sich nicht zurückhalten, den Raum zu betreten.

Es war das Schlafzimmer. Mit Tränen in den Augen stand Sarah am Ende des Ehebettes und betrachtete den geblümten Überwurf. Dies war das Bett einer anderen Frau. In Gedanken sah sie Geoffrey dort liegen – mit Eve in den Armen. Die Vorstellung schmerzte. Wie viele Nächte hatte er hier geschlafen? Wie oft hatten sie sich geliebt? Während er in diesem Bett lag, hatte er nicht manchmal Sarah vermisst, wenigstens ein kleines bisschen?

Das waren Fragen, die nur Geoffrey beantworten konnte. Sie musste ihn finden. Sie musste die Antworten wissen, sonst würde sie niemals wieder frei sein können.

Tränenüberströmt stürzte sie aus dem Schlafzimmer. Kurz darauf stand sie allein am Rande der Klippe und starrte hinaus auf das Meer. Sie nahm Nicks Schritte kaum wahr, als er sich ihr von hinten näherte.

Sie fühlte jedoch seine Hände, die er zart auf ihre Schultern legte. Nick sagte nichts. Er stand nur da und gab ihr so das Gefühl von Sicherheit und Geborgenheit. Genau das brauchte sie von ihm: Schweigen. Und Wärme. Unten donnerte die Brandung. Sarah schloss die Augen und spürte Nicks Atem auf ihrem Haar.

Sie war mit Geoffrey verheiratet gewesen und hatte ihn doch nie richtig gekannt. Mit Nick dagegen schien ihr ganzes Dasein aufs Engste verbunden, obwohl sie ihn erst zwei Wochen zuvor kennengelernt hatte.

Plötzlich hatte sie den brennenden Wunsch, er möge sie in die Arme schließen und ganz fest halten. Nick war mit einem Mal ihr sicherer Hafen in dieser merkwürdigen Welt. Aber das war der falscheste Grund, um sich zu verlieben.

Sie entzog sich seinem Griff, drehte sich um und sah ihn an. Er stand ruhig und aufrecht vor ihr. Seine Augen hatten die Farbe von dunklem Rauch. Der Wind zerrte an seinem Hemd. Über ihnen krächzten die Möwen und schossen in silbrigem Sturzflug über das Wasser.

„Ich muss Geoffrey wiederfinden“, erklärte sie, und das Geschrei der Vögel übertönte beinahe ihre Worte. „Und Sie können nicht mit mir kommen.“

„Sie können das nicht allein machen, Sarah, Sie wissen doch genau, was Eve passiert ist …“

„Die wollen nicht mich! Sie wollen Geoffrey. Und ich bin ihr einziges Bindeglied. Sie werden mir nichts tun!“

„Wie wollen Sie ihn finden?"

„Er wird mich zu finden wissen."

Nick schüttelte den Kopf. „Das ist doch verrückt! Sie haben doch keine Ahnung, worauf Sie sich da einlassen."

„Wissen Sie es? Wenn Sie es wissen, Nick, müssen Sie es mir sofort sagen."

Er antwortete nicht. Er sah sie nur eindringlich an. Was weiß er eigentlich? fragte sie sich. Ist er irgendwie in diese Sache verwickelt?

Sarah wandte sich um und ging weiter. Nick folgte ihr, die Hände in den Hosentaschen. An der Reihe der Briefkästen blieben sie stehen, dort wo die Whitstable Lane in den Pfad über die Klippen mündete. Ein alter Mann in einer Postuniform tippte grüßend an die Mütze und fuhr auf seinem Fahrrad den Pfad nach Margate davon. Er hatte soeben die Post eingeworfen.

Sarah griff in den Kasten von Nummer 25. Es lagen ein neuer Katalog und drei an Eve adressierte Rechnungen darin.

„Sie wird sie nicht mehr brauchen", bemerkte Nick.

„Nein, wohl kaum." Sarah steckte die Umschläge in ihre Handtasche. „Ich hatte gehofft, etwas anderes zu …"

„Was hatten Sie denn erwartet? Dass Geoffrey Ihnen einen Brief schreibt? Sie wissen nicht einmal, wo Sie anfangen sollen, nicht wahr?"

„Nein", gab Sarah zu. Dann jedoch sagte sie trotzig: „Aber ich werde ihn finden."

„Wie? Vergessen Sie nicht, da unten wartet der CIA auf Sie."

„Ich werde sie schon abhängen. Irgendwie."

„Und was dann? Was geschieht, wenn Eves Mörder auch hinter Ihnen her sein sollte? Glauben Sie etwa, Sie werden allein mit ihm fertig?"

Sarah beschleunigte den Schritt und ging Nick voraus. Er folgte ihr und hielt sie am Arm fest.

„Sarah! Seien Sie nicht unvernünftig!"

„Ich werde Geoffrey finden!"

„Dann lassen Sie mich mitkommen."

„Warum?", rief sie, doch der Wind verwehte ihre Worte.

Seine Antwort traf sie völlig unvorbereitet. Mit einer einzigen Bewegung zog er sie in die Arme. Ehe sie sich wehren konnte, ehe sie wusste, wie ihr geschah, presste er die Lippen auf ihren Mund. Die Intensität seiner Umarmung raubte ihr den Atem. Das Geschrei der Möwen schien sich zu entfernen. Es war, als trüge der Wind Sarah mit sich fort, bis sie nicht mehr wusste, wo sie war.

Wie von selbst legten sich ihre Arme um Nicks Rücken, und erwartungsvoll öffneten sich ihre Lippen. Nick küsste sie leidenschaftlich. Nichts war plötzlich mehr von Bedeutung, nichts außer Nick, dem Feuer seiner Lippen und dem Geruch des Meeres auf seiner Haut.

Die Schreie der Möwen kamen ihr wieder zu Bewusstsein, die Realität erfasste sie wieder. Sarah entzog sich seinen Armen, und Nick machte eine ebenso abwesende Miene wie sie, als wäre auch er von etwas Unerklärlichem überrascht worden.

„Wohl deshalb“, sagte er weich.

Sarah schüttelte verwirrt den Kopf. Nick hatte sie geküsst. Es war so schnell und unerwartet geschehen, dass sie noch kaum begriff, was das alles zu bedeuten hatte. So viel wusste sie jedoch: Sie hatte es sich gewünscht. Sie wollte Nick noch immer. Mit jeder Sekunde, die verstrich, wurde die Sehnsucht nach ihm größer.

„Warum hast du das getan?“

„Es ist einfach so passiert, Sarah, ich wollte es nicht …“ Plötzlich wandte er sich aufgebracht ab. „Ach, verdammt!“, brach es aus ihm heraus. Nach einer Pause setzte er leise hinzu: „Ich nehme es zurück! Es war ganz und gar meine Absicht!“

Sarah trat einen Schritt zurück. Was war nur mit ihr los? Noch vor wenigen Tagen glaubte sie sich heftig in Geoffrey verliebt, und jetzt, in diesem Augenblick, war Nick O'Hara der einzige Mann, den sie sich wünschte. Sie spürte noch immer die Berührung seiner Lippen, fühlte noch den Druck seiner Hände, wie er sie an sich zog, und sie konnte nur noch daran denken, wie schön es wäre, ihn wieder zu küssen. Nein, sie durfte ihn nicht bei sich haben. Nicht jetzt, nachdem das geschehen war.

„Bitte, Nick“, sagte sie, „fahren Sie wieder nach Washington zurück. Ich muss Geoffrey wiederfinden, und zwar ganz allein.“

„Warten Sie! Sarah!“

Aber sie war schon weitergegangen.

Schweigend näherten sie sich dem Dorf. Sie wusste plötzlich nicht mehr, was sie zu ihm sagen sollte. Alles war so viel leichter gewesen, als sie lediglich Freunde gewesen waren, zwei Menschen, die nach einer Antwort suchten. Jetzt entzündete ein einziger Blick zu ihm hin tief in ihrem Inneren ein loderndes Feuer. Ein Feuer, mit dem sie nie gerechnet hatte.

In der vergangenen Nacht war sie viel zu müde und zu verängstigt gewesen, froh, mit ihm in einem Raum zu sein. Jetzt am Tage hatte sich das alles geändert. Sie musste Nick verlassen. Sobald sie wieder in

London waren, würde sie ihre Sachen packen und aus dem Kenmore ausziehen. Sie musste sich allein auf die Suche nach Geoffrey machen.

Als sie in Margate ankamen, hatte sich ihr Entschluss gefestigt. Kein Argument würde ihre Absichten ändern können, und sie sah ihm an, dass er alles versuchen würde. Sie sah es an dem entschlossenen Zug um seinen Mund.

Wie zwei Fremde gingen sie nebeneinander auf den von Nick gemieteten Golf zu, der in einer Straße mit vielen kleinen Geschäften geparkt war. Direkt hinter dem Golf stand derselbe schwarze Ford, der ihnen den ganzen Weg von London her gefolgt war. Der CIA. Also hatte man die Geheimniskrämerei fallen gelassen und folgte ihnen jetzt völlig offen. Das wird es mir erleichtern, sie abzuhängen, dachte Sarah.

Die Silhouette eines der Agenten hob sich gegen die getönte Scheibe des Wagenfensters ab. Als sie vorbeigingen, sah Sarah durch die Frontscheibe. Im Wageninneren rührte sich nichts. Das fiel offensichtlich auch Nick auf. Er blieb stehen und klopfte an das Fenster. Der Agent blieb regungslos sitzen und sagte auch nichts. Schlief er? Durch die dunklen Scheiben ließ sich das schwer erkennen.

„Nick?", flüsterte Sarah. „Stimmt etwas nicht mit ihm?"

„Geh weiter", ordnete Nick mit leiser Stimme an und drängte sie auf den Golf zu. „Ich möchte, dass du einsteigst." Ruhig öffnete er ihr die Tür. „Steig ein und bleib drinnen."

„Nick …"

Er näherte sich vorsichtig dem Ford. Brennende Neugier ließ sie ihm folgen. Sie stand hinter ihm auf dem Bürgersteig, als er sehr langsam und vorsichtig die Hand auf den Griff der Beifahrertür legte. Der Agent rührte sich noch immer nicht. Nick zögerte nur eine Sekunde, dann riss er die Tür auf.

Der Mann fiel mit der Schulter voran seitlich aus dem Fahrzeug. Das Gesicht glitt an der Scheibe vorbei, ein Gesicht mit weit aufgerissenen, starren Augen. Der Arm fiel aus dem Wagen und hing baumelnd herab. Nick machte entsetzt einen Satz rückwärts, als das Blut auf den Asphalt zu tropfen begann.

7. KAPITEL

Sarah schrie auf. Im nächsten Augenblick kamen Schüsse aus dem Ford, und Sarah und Nick duckten sich Schutz suchend. Nick fiel direkt auf Sarah, als sie zu Boden stürzten. Sie konnte sich nicht bewegen, nicht einmal schreien, der Sturz und die Panik raubten ihr den Atem.

Nick rollte zur Seite und schob Sarah vorwärts. „In den Wagen – schnell!“, schrie er ihr zu.

Sein rauer Befehl ließ sie sofort auf die Beine kommen. Wie ein verängstigtes Tier rannte sie gebückt zu dem Golf und stieg ein. Unter den Schüssen zerbarsten die Schaufensterscheiben, und um sie herum schrien Menschen. Nick raste hinter Sarah her, kroch über sie hinüber zum Lenkrad. Er zerrte die Zündschlüssel aus der Tasche und steckte sie ins Schloss.

Der Motor heulte auf. Sarah versuchte panisch, die Seitentür zu schließen, aber Nick schrie: „Herunter! Zum Teufel, duck dich!“ Sie rutschte auf den Boden des Wagens.

Mit Wucht setzte Nick den Wagen rückwärts. Er knallte in den Ford. Dann legte Nick den ersten Gang ein, riss das Lenkrad nach rechts und trat das Gaspedal voll durch. Der Golf machte einen gewaltigen Satz nach vorn. Sarah wurde gegen ihren Sitz geschleudert. Der Wagen schoss wild auf die Fahrbahn hinüber und schlidderte ziellos auf einen unvermeidlichen Zusammenstoß zu. Sarah befürchtete das Schlimmste.

Aber der Aufprall erfolgte nicht. Sie hörte nur das Heulen des Motors und Nicks heiseren Fluch, als er in den dritten Gang schaltete.

„Mach die Tür zu!“, brüllte er.

Sarah sah zu ihm hinüber. Er hielt das Lenkrad mit beiden Händen fest umklammert und sah starr geradeaus. Sie waren gerettet. Nick beherrschte die Lage. Draußen sausten die Straßen Margates an ihnen vorbei.

Sarah riss die Tür zu. „Warum will man uns umbringen?“

„Gute Frage!“ Aus dem Nichts tauchte plötzlich ein Lastwagen auf. Nick wich ihm in letzter Sekunde aus. Hinter ihnen quietschten die Räder eines anderen Wagens.

„Dieser Agent …“

„Ihm ist die Kehle durchgeschnitten worden.“

„Wie entsetzlich!“

Vor ihnen tauchte ein Hinweisschild für Westgate auf. Nick schaltete in den vierten Gang. Margate lag jetzt hinter ihnen, und kahle Felder zogen an den Fenstern vorbei.

„Aber wer war es, Nick? Wer will uns töten?“

Nick sah in den Rückspiegel. „Wir wollen hoffen, dass derjenige uns nicht auf den Fersen ist.“

Entsetzt sah Sarah sich um. Ein blauer Peugeot näherte sich ihnen in schneller Fahrt. Sie erhaschte nur einen Blick auf den Fahrer und seine reflektierende Sonnenbrille.

„Halte dich fest“, warnte Nick. „Ich gebe Tempo …“ Er trat das Gaspedal durch, und der Golf schoss durch den Verkehr davon. Der Peugeot raste hinter ihnen her. Es war ein größerer, unbeweglicherer Wagen, der zunächst in die falsche Spur wechselte und dort um ein Haar mit einem Lastwagen zusammengestoßen wäre. Der Irrtum kostete den Verfolger den Bruchteil einer Sekunde, und der Peugeot blieb zurück. Doch dann wurde der Verkehr dünner. Auf offener Strecke würden sie nicht entkommen, dafür war der Peugeot zu schnell.

„Ich kann ihn nicht abhängen, Sarah!“

Sie hörte die Verzweiflung in seiner Stimme. Ihre Flucht war zum Scheitern verurteilt, und Nick konnte es nicht verhindern. Das ist alles meine Schuld, dachte Sarah, nur meine Schuld, dass Nick sterben wird.

„Leg den Sicherheitsgurt an“, forderte er sie auf. „Uns bleibt keine andere Wahl.“

Es blieb keine Wahl mehr … Welch nette Art auszudrücken, dass sie am Ende waren.

Sarah beobachtete den Peugeot, der sich ihnen unaufhaltsam näherte. Durch die Frontscheibe konnte sie den Fahrer erkennen, dessen verspiegelte Brille im Sonnenlicht silbern reflektierte. Der Mann hatte etwas Monströses, Unmenschliches an sich, weil man seine Augen nicht erkennen konnte.

Sie schnallte den Sicherheitsgurt an und warf Nick von der Seite einen Blick zu. Sein Profil wirkte hart, seine Aufmerksamkeit war ganz auf die Straße gerichtet. Er war zu beschäftigt, um Angst zu haben. Nur seine Hände verrieten ihn. Die Knöchel traten weiß hervor.

Die Straße teilte sich jetzt. Links wies ein Schild nach Canterbury. Nick schlug das Steuer scharf nach links ein. Sarah wurde heftig gegen ihre Tür geworfen. Der Peugeot hinter ihnen hätte beinahe die Abbiegung verfehlt. Er schleuderte über die gesamte Breite der Straße und raste dann hinter ihnen her auf die Autobahn nach Canterbury.

Durch den Nebel ihrer Angst drang Nicks leise und gefasste Stimme. „Die Schießerei kann jeden Augenblick losgehen. Zieh den Kopf ein. Ich werde so lange auf der Straße bleiben, wie ich kann. Falls wir einen Unfall haben sollten, spring aus dem Wagen und renne wie der Teufel davon. Der Benzintank könnte explodieren.“

„Ich lasse dich nicht allein!“
„Doch, das wirst du.“
„Nein, Nick!“
„Verdammt!“, schrie er sie an. „Du tust, was ich sage!“

Der Peugeot war jetzt direkt hinter ihnen, so nahe, dass Sarah zwischen den zu einem Lächeln verzerrten Lippen des Fahrers die Zähne sehen konnte. „Warum schießen sie nicht?“, rief sie aus. „Sie sind nahe genug, um uns treffen zu können!“

Der Peugeot stieß gegen ihre hintere Stoßstange. Sarah hielt sich an der Tür fest, während Nick mit dem Lenkrad erst nach rechts und dann nach links gegensteuerte. Der Peugeot schlingerte und blieb einige Meter zurück.

„Deshalb“, antwortete Nick. „Sie wollen uns von der Straße abdrängen.“

Wieder gab es einen Stoß, diesmal an der linken hinteren Seite. Nick riss den Wagen erneut herum. Der Peugeot holte neben ihnen auf. Sie waren jetzt Seite an Seite. Gelähmt vor Angst starrte Sarah durch das Seitenfenster auf das Gesicht des Verfolgers. Sein blondes, fast weißes Haar fiel ihm in Fransen bis zur Sonnenbrille in die Stirn. Seine Wangen waren eingefallen, seine Haut bleich wie Wachs, und er grinste sie an.

Das Hindernis vor ihnen nahm sie nur im Unterbewusstsein wahr. Sie war von dem Gesicht des Mannes wie hypnotisiert, von seinem höhnischen Grinsen. Dann hörte sie, dass Nick scharf einatmete. Ihr Blick glitt zurück auf die vor ihnen liegende Kurve und den darin parkenden Wagen.

In diesem Augenblick riss Nick den Wagen nach rechts und damit in den entgegenkommenden Verkehr hinein. Reifen quietschten. Der Golf geriet völlig außer Kontrolle, als Nick den Fahrzeugen auszuweichen suchte. Aus dem Augenwinkel nahm Sarah vorbeirasende grüne Felder wahr und entsetzt hielt sie den Blick auf Nick gerichtet. Sie registrierte kaum das metallische Bersten und das Klirren von Glas irgendwo hinter ihnen.

Dann war auf einmal abrupt alles zu Ende. Mit weit aufgerissenen Augen starrten ein paar höchst erstaunte Kühe Sarah entgegen. Ihr Herz machte einen Satz, dann atmete sie erleichtert auf. Im selben Augenblick trat Nick wieder auf das Gaspedal und riss den Golf auf die Autobahn herum.

„Das wird sie aufhalten“, sagte er. Diese Bemerkung kam ihr reichlich übertrieben vor.

Sarah sah zurück. Der Peugeot lag im Feld auf der Seite. Im Matsch daneben stand der blonde Fahrer, der Mann mit dem hämischen Grinsen. Selbst aus der Entfernung konnte sie seine Wut erkennen. Dann wurden er und der Peugeot immer kleiner und verschwanden schließlich ganz.

„Alles in Ordnung?", fragte Nick besorgt.

„Ja. Ja ..." Sarah versuchte zu schlucken, aber ihr Mund war völlig ausgetrocknet.

„Eines ist offensichtlich", stellte Nick mit einiger Befriedigung fest, „du kannst ganz gewiss nicht allein auf die Suche gehen."

Allein? Der bloße Gedanke erschreckte Sarah. Nein, sie wollte nicht allein sein. Niemals wieder! Aber wie sehr konnte sie sich auf Nick verlassen? Er war kein Soldat. Er war Diplomat, ein Mann, der hinter dem Schreibtisch saß. Im Moment reagierte er ganz instinktiv, und nicht aufgrund von Erfahrungen. Und doch war er alles, was zwischen ihr und einem Mörder stand.

Die Strecke gabelte sich erneut. Canterbury und London lagen westlich. Nick hielt sich nach Osten und nahm die nach Dover führende Straße.

„Was machst du da?", fragte Sarah und drehte sich bestürzt nach der vorüberfliegenden Abfahrt Richtung London um.

„Wir fahren nicht nach London", erklärte er.

„Wir brauchen doch Hilfe ..."

„Wir hatten Hilfe. Sie hat uns nicht viel genützt, oder? Eine recht dürftige Schutzbewachung!"

„In London sind wir sicherer!"

Nick schüttelte den Kopf. „Nein, das sind wir nicht. Man wird dort auf uns warten. Dieses ganze Theater beweist doch nur, dass wir uns nicht einmal auf unsere eigenen Leute verlassen können. Vielleicht sind sie einfach inkompetent. Aber vielleicht ist die Sache auch viel schlimmer ..."

Noch schlimmer? Meinte er Verrat? Sie hatte gedacht, der Albtraum sei vorüber. Sie hatte geglaubt, dass sie einfach an die Tür der Botschaft in London klopfen könnten und sich dort in die schützenden Arme des CIA flüchten würden. Sie hatte nie die Möglichkeit in Betracht gezogen, dass ausgerechnet die Menschen, denen sie vertraute, sie tot sehen wollten. Das alles ergab keinen Sinn!

„Der CIA würde doch seinen eigenen Mann nicht umbringen!", bemerkte sie.

„Vielleicht nicht die Firma selbst. Aber jemand aus ihren Reihen. Jemand, der über andere Verbindungen verfügt."

„Und wenn du dich irrst?“

„Verdammt, denk nach! Der Agent hat nicht einfach stillgehalten, als ihm jemand die Kehle durchschnitt! Er wurde überrascht. Es war jemand, den er kannte, dem er vertraute. Es muss ein Insider beteiligt sein. Jemand, der uns aus dem Weg haben will.“

„Aber ich weiß doch gar nichts!“

„Vielleicht doch. Vielleicht bist du dir darüber nur nicht im Klaren.“

Sarah schüttelte heftig den Kopf. „Nein, das ist verrückt. Es ist Wahnsinn! Nick, ich bin ein durchschnittlicher Mensch. Ich gehe meiner Arbeit nach, gehe einkaufen, koche mir das Essen … Ich bin doch keine Spionin! Ich bin nicht … nicht wie Eve …“

„Dann ist es an der Zeit, dass wir so zu denken lernen wie Eve. Wir beide. Ich bin auch ein Anfänger in diesem Geschäft. Und mir scheint, ich bin ebenso tief darin verwickelt.“

„Wir könnten nach Hause fliegen – nach Washington …“

„Glaubst du ernsthaft, dort sei es sicherer?“

Nein, dachte Sarah mit steigender Verzweiflung. Nick hatte recht, zu Hause wäre es nicht sicherer. Sie hatten keinen Zufluchtsort mehr.

„Wohin sollen wir dann?“, fragte sie hilflos.

Nick sah auf seine Uhr. „Jetzt ist es zwölf“, meinte er. „Wir lassen den Wagen stehen und nehmen in Dover die Fähre. Es dauert nicht lange bis Calais. Dann fahren wir mit dem Zug nach Brüssel. Und dort verschwinden du und ich, jedenfalls für eine Weile.“

Sarah starrte benommen auf die Straße. Eine Weile? fragte sie sich. Wie lange dauert eine Weile? Immer? Werde ich wie Eve sein, ständig auf der Flucht?

Noch vor einer Stunde, auf den Klippen von Margate, hatte sie ganz deutlich gewusst, was sie zu tun hatte: Sie musste Geoffrey finden und damit die Wahrheit über ihre Ehe erfahren. Jetzt ging es um ein entschieden elementareres Ziel.

Sie musste überleben.

Über Geoffrey würde sie später nachdenken.

Ihr fiel auf, wie fest Nick noch immer das Lenkrad umklammert hielt. Auch er hatte Angst. Das erschreckte sie am meisten – die Tatsache, dass selbst Nick O’Hara sich fürchtete.

„Ich glaube, ich werde dir wohl vertrauen müssen“, sagte sie.

„Es sieht ganz so aus.“

„Wem können wir sonst noch trauen, Nick?“

Er blickte sie an. Die Antwort, die er ihr gab, klang erschreckend endgültig. „Niemandem!“

Roy Potter nahm den Hörer beim ersten Klingeln ab. Was er dann hörte, ließ ihn das Tonbandgerät mitlaufen lassen. Durch das Surren der Leitung kam die Stimme von Nick O'Hara. „Ich habe Ihnen etwas mitzuteilen."

„O'Hara?", schrie Potter. „Wo zum Teufel ..."

„Wir steigen aus, Potter. Bleiben Sie uns vom Leibe!"

„Sie können nicht einfach verschwinden! Hören Sie, O'Hara! Sie brauchen uns!"

„Zum Teufel mit Ihnen!"

„Glauben Sie wirklich, dass Sie da ohne uns am Leben bleiben?"

„Ja, das glaube ich. Hören Sie gut zu, Potter. Sehen Sie sich Ihre Leute ganz genau an. Bei Ihnen ist etwas faul im Staate Holland. Und sollte ich feststellen müssen, dass Sie dafür verantwortlich sind, werde ich dafür sorgen, dass Sie kaltgestellt werden."

„Warten Sie, O'Hara ..."

Die Leitung war tot. Fluchend legte Potter auf. Dann sah er schweren Herzens über den Schreibtisch zu Jonathan van Dam hin. „Sie leben", sagte er.

„Wo sind sie?"

„Das wollte er nicht sagen. Wir werden versuchen herauszufinden, woher der Anruf kam."

„Kommen die beiden wieder?"

„Nein, sie tauchen unter."

Van Dam beugte sich über den Schreibtisch. „Ich will sie haben, Potter. So schnell es geht. Ehe jemand anderes sie erwischt."

„Sir, O'Hara fürchtet sich. Er traut uns nicht ..."

„Das wundert mich nicht, wenn ich an den letzten Patzer denke. Finden Sie sie!"

Potter griff nach dem Telefon und warf im Stillen Nick O'Hara jede nur erdenkliche Verwünschung an den Kopf. Dies war alles seine Schuld. „Tarasoff?", bellte er. „Haben Sie die Telefonnummer? ... Was zum Teufel soll das heißen – irgendwo aus Brüssel? Ich weiß längst, dass er in Brüssel ist! Ich will verdammt noch mal seine Adresse!" Er knallte den Hörer auf.

„Einfache Überwachung", sagte van Dam spöttisch. „Das war doch Ihr Plan, nicht wahr? Was ist passiert?"

„Ich hatte zwei gute Agenten auf diese Fontaine angesetzt. Ich weiß nicht, was schiefgelaufen ist. Einer meiner Leute ist noch verschwunden, und der andere liegt im Leichenschauhaus ..."

„Lassen Sie mich mit Ihren toten Agenten in Ruhe. Ich will Sarah Fontaine. Haben Sie die Bahnhöfe und Flughäfen bewachen lassen?"

„Das Brüsseler Büro kümmert sich darum. Ich fliege heute Abend selbst hin. Auf ihren Bankkonten gab es Bewegungen – große Abhebungen. Es sieht so aus, als wollten sie für eine ganze Weile untertauchen."

„Halten Sie die Konten im Auge. Bringen Sie ihre Fotos in Umlauf, bei der örtlichen Polizei, Interpol, bei jedem, der zur Zusammenarbeit bereit ist. Nehmen Sie sie nicht fest, orten Sie sie nur. Und dann brauchen wir ein Psychogramm von O'Hara. Ich will wissen, welche Motive er haben könnte."

„O'Hara?", schnaubte Potter. „Über den kann ich Ihnen alles Wissenswerte erzählen."

„Was, glauben Sie, wird er wohl als Nächstes unternehmen?"

„Er ist neu in diesem Geschäft. Er weiß nicht, wie man zu einer neuen Identität kommt. Aber er spricht fließend Französisch. Er könnte sich nach Belgien bewegen, ohne groß aufzufallen. Und er ist gescheit. Wir könnten Schwierigkeiten bekommen."

„Und die Frau? Kann sie sich denn ebenso gut anpassen?"

„Sie kennt keine Fremdsprache, soweit ich informiert bin. Sie ist gänzlich unerfahren. Allein ist sie völlig hilflos."

Tarasoff betrat das Büro. „Hier ist die Anschrift. Es war eine Telefonkabine in der Innenstadt. Keine Chance mehr, ihn da noch aufzuspüren."

„Wen kennt O'Hara in Belgien?", fragte van Dam. „Hat er vertrauenswürdige Freunde?"

Potter runzelte die Stirn. „Ich müsste seine Akte einsehen …"

„Und Dan Lieberman von der Konsulatsabteilung?", schlug Tarasoff vor. „Er müsste doch eigentlich O'Haras Freunde kennen."

Van Dam sah Tarasoff beifällig an. „Gute Idee. Ich bin froh, dass hier jemand mitdenkt. Was noch?"

„Nun, Sir, ich frage mich, ob wir nicht das Leben des Mannes nach anderen Möglichkeiten durchleuchten sollten …" Tarasoff fiel plötzlich der finstere Blick auf, den Potter ihm zuwarf. Schnell setzte er hinzu: „Aber Mr Potter kennt natürlich O'Hara in- und auswendig."

„Welche Möglichkeiten meinen Sie, Mr Tarasoff?", hakte van Dam nach.

„Ich überlege nur, ob er … nun, für jemanden anderen tätig ist."

„Überhaupt nicht", erwiderte Potter. „O'Hara ist ein Einzelgänger."

„Aber Ihr Mann liefert einen guten Hinweis", sagte van Dam. „Haben wir etwas bei der Überprüfung O'Haras übersehen?"

„Er hat vier Jahre in London gelebt", sagte Tarasoff. „Da hätte er sich theoretisch zahlreiche Kontakte schaffen können."

„Hören Sie, ich kenne den Kerl", beharrte Potter. „Er ist sein eigener Mann." Van Dam schien ihn nicht zu hören. Potter hatte das Gefühl, gegen eine Wand zu reden. Warum fühlte er sich nur immer wie ein Außenseiter? Er hatte sich verteufelt angestrengt, ein guter Agent zu werden, aber das schien nicht zu reichen, jedenfalls nicht in den Augen von Männern wie van Dam. Was Potter fehlte, war Stil.

Tarasoff dagegen verfügte darüber. Desgleichen van Dam, mit seinem maßgefertigten Anzug aus der Savile Row und seiner Rolex. Er war klug gewesen, reich zu heiraten. Genau das hätte er, Potter, auch tun sollen. Eine reiche Frau heiraten.

„Ich will bald Resultate sehen, Mr Potter", erklärte van Dam trocken, während er sich seinen Mantel anzog. „Benachrichtigen Sie mich augenblicklich, wenn es etwas Neues gibt. Was Sie danach mit O'Hara machen, ist Ihre Sache."

Potter runzelte die Stirn. „Hm … ich verstehe nicht ganz."

„Ich überlasse es Ihnen. Aber machen Sie es diskret." Van Dam verließ das Büro.

Sarah saß mit hochgezogenen Knien auf der harten Matratze und sah erneut auf ihre Uhr. Nick war vor zwei Stunden fortgegangen, und sie hatte die ganze Zeit auf den Klang seiner Schritte gehorcht, grübelnd und nachdenklich. Würde sie sich je wieder sicher fühlen?

Im Zug aus Calais hatte sie gegen ihre Panik ankämpfen müssen, gegen die Befürchtung, etwas Schreckliches könne ihnen bevorstehen.

Aber die Fahrt war ohne Komplikationen verlaufen, sie hatten Brüssel problemlos erreicht. Stunden waren verstrichen, in denen die größte, quälende Furcht langsam einer nagenden Angst gewichen war. Wenigstens im Augenblick war sie in Sicherheit.

Doch wo blieb Nick? Hoffentlich würde er zu ihr zurückkommen! Sie wollte an keine andere Möglichkeit denken.

Sarah stand auf und ging zum Fenster. Die Dämmerung legte sich über die Stadt. Über dem grauen Dunst schwebten die Dächer und Schornsteine Brüssels wie leblose Geister.

Sie knipste die einzige vorhandene, nackte Glühbirne an. Der Raum war klein und schäbig, ein winziges Loch im zweiten Stock eines heruntergekommenen Hotels. Sarah kam sich wie gefangen vor. Sie hatte das Bedürfnis nach frischer Luft, und vor allem nach etwas Genießbarem. Das letzte Mal hatte sie zum Frühstück etwas gegessen, und ihr Magen knurrte vor Hunger. Sie musste jedoch warten, bis Nick wiederkam.

Wenn er zurückkam!

Unten im Haus fiel eine Tür zu. Sie fuhr herum und lauschte den die Treppe heraufpolternden Fußtritten, die gleich darauf schwer durch den Korridor stapften. Ein Schlüssel wurde in das Schloss geschoben. Langsam senkte sich die Klinke, und die Tür öffnete sich quietschend. Sarah blieb gebannt stehen. Ein Fremder tauchte in der Tür auf.

Nichts an ihm kam ihr bekannt vor. Er trug eine schwarze Fischermütze, die er tief in die Stirn gezogen hatte. Im Mundwinkel hing achtlos eine qualmende Zigarette. Mit ihm drang der Geruch von Fisch und Wein zu ihr, der eindeutig von der abgetragenen Jacke ausging, die er trug. Doch als er den Kopf hob, musste Sarah vor Erleichterung lachen. „Nick! Du bist es!"

Er krauste die Stirn. „Wer sollte es sonst sein?"

„Deine Sachen ..."

Er sah mit Abscheu auf seine Jacke. „Ist es nicht schaurig? Es stinkt, als hätte ich einen toten Fisch in der Tasche." Er machte seine Zigarette aus und warf Sarah ein in braunes Papier eingewickeltes Paket zu. „Ihre neue Identität, Madame. Ich garantiere Ihnen, niemand wird Sie erkennen."

„Ach herrje, ich fürchte mich, es aufzumachen." Sie riss das Papier auf und holte eine schwarze Kurzhaarperücke, ein Päckchen Haarnadeln und ein einmalig scheußliches Wollkleid heraus.

„Ich glaube, ich habe schon einmal besser ausgesehen", seufzte sie.

„Hör zu, keine Nörgelei, bitte. Du solltest froh sein, dass ich dir keinen Minirock mit Netzstrümpfen besorgt habe. Glaube mir, ich habe das in Erwägung gezogen."

Sarah warf einen argwöhnischen Blick auf die Perücke. „Schwarz?"

„Die war billiger."

„Ich habe noch nie so etwas aufgehabt. Wie setzt man sie auf? So?"

Sein schallendes Lachen ließ sie erröten. „Nein, du hast sie verkehrt herum auf. Komm her, lass mich das machen."

Sarah zog die Perücke vom Kopf. „Das wird nicht funktionieren."

„Aber gewiss doch. Es tut mir leid, dass ich lachen musste. Du musst sie nur richtig aufsetzen." Er nahm die Klammern vom Bett. „So, dreh dich um. Zuerst müssen wir dein eigenes Haar aus dem Weg schaffen."

Sarah drehte sich gehorsam um und ließ sich von Nick das Haar hochstecken. Er ging schrecklich unbeholfen dabei vor, sie selbst hätte die Sache viel besser gekonnt. Doch bei der ersten Berührung seiner Hände schien eine Wärme und Zufriedenheit sie zu durchströmen. Nie wieder sollte dieses Gefühl zu Ende gehen. Es war so beruhigend, so sinnlich, dass ein Mann ihr Haar streichelte, besonders ein Mann, der so warme und zärtliche Hände hatte wie Nick.

Während Sarahs Schultern sich entspannten, spürte Nick die eigene Erregung in unerträglichem Ausmaß steigen. Selbst während er mit den Haarnadeln kämpfte, konnte er nicht umhin, auf die glatte Haut von Sarahs Nacken zu schauen. Sein Blick glitt tiefer, über die zarten Knöchel ihres Schlüsselbeines zum Kragen ihrer Bluse. Die Haarsträhne in seinen Händen fühlte sich geschmeidig an. Wie heißer Strom durchzuckte es ihn. Sein alter Wunschtraum kam ihm wieder in den Sinn: Sarah, die nackt und mit offen auf die Schultern fallendem Haar in seinem Schlafzimmer vor ihm stand …

Er zwang sich dazu, sich auf seine Beschäftigung zu konzentrieren. Was tat er? Ach ja, die Perücke. Mit noch ungeschickteren Fingern steckte er die Haarklammern fest.

„Aua! Das piekst, Nick."

„Entschuldigung." Er setzte ihr schließlich die Perücke auf und drehte Sarah zu sich herum. Ihr Gesichtsausdruck – eine Mischung aus Zweifel und Resignation – brachte ihn zum Lächeln.

„Ich sehe ziemlich blöd aus, nicht wahr?", seufzte sie.

„Nein, nur anders. Und das war ja der Zweck vom Ganzen."

Sie nickte. „Ich muss blöd aussehen."

„Aber nein. So, probier jetzt das Kleid an."

„Was ist denn das?", fragte Sarah und hielt das Gewand mit spitzen Fingern in die Höhe. „Eine Einheitsgröße für jede Figur?"

„Ich weiß, es ist zu groß, aber ich konnte nicht daran vorbei. Es war …"

„Sag es mir nicht. Ein Sonderangebot, richtig geraten?" Sarah lachte. „Nun, wenn wir schon ein Paar abgeben wollen, dann müssen wir auch zueinander passen." Sie musterte seine verschlissene Kleidung. „Was sollst du überhaupt vorstellen? Einen Landstreicher?"

„Dem Geruch dieser Jacke nach zu urteilen, müsste ich ein betrunkener Fischer sein. Und so machen wir dich zu meiner Frau. Nur eine Ehefrau würde es neben so einem Gammelbruder wie mir aushalten."

„Na schön, ich bin deine Frau. Deine sehr hungrige Frau. Können wir jetzt etwas essen gehen?"

Nick ging ans Fenster und sah hinaus auf die Straße. „Ich glaube, es ist dunkel genug. Warum ziehst du dich nicht um?"

Sarah fing an, sich auszuziehen. Nick sah stur aus dem Fenster und bemühte sich sehr, nicht auf die verführerischen Geräusche hinter sich zu achten – ein Knistern, als sie die Bluse von den Schultern gleiten ließ, das Rascheln, als sie den Rock über die Hüften streifte.

Und plötzlich wurde ihm bewusst, in welch lächerlicher Situation er sich befand.

Vier Jahre lang hatte Nick O'Hara es fertiggebracht, in einer ganz vernünftigen Weise unabhängig zu leben. In diesen vier Jahren hatte er sich keiner Frau gegenüber gefühlsmäßig geöffnet. Und dann, ganz unerwartet, war ausgerechnet Sarah Fontaine aus dem Nichts aufgetaucht. Sarah, die offensichtlich noch in Geoffrey verliebt war. Sarah, die es in nur zwei Wochen fertiggebracht hatte, dass er seinen Job verlor, beschossen wurde und mit dem Auto fast im Graben gelandet wäre. Das war ein spektakulärer Anfang!

Er konnte kaum erwarten herauszufinden, was als Nächstes passieren würde.

8. KAPITEL

Nick und Sarah saßen an einem Holztisch in der von Gelächter und Rauch erfüllten Kneipe und teilten sich eine Flasche Burgunder. Der Wein war schwer und herb. Ein richtiger Landwein, dachte Sarah, während sie ihr drittes Glas leerte. Mit der Zeit fand sie den Raum zu warm und zu hell.

Durch den dichten Zigarettenqualm sah sie, dass Nick sie anlächelte. Wie jemand, der sein Leben lang hart und schwer gearbeitet hatte, ließ er die Schultern müde herabhängen. Bartstoppeln gaben ihm einen etwas verwahrlosten Eindruck. Sarah konnte kaum glauben, dass er derselbe Mann war, den sie zwei Wochen zuvor in einem eleganten Büro der Regierung kennengelernt hatte. Andererseits war aber auch sie nicht mehr dieselbe Frau. Die Angst und die Umstände hatten sie beide verändert.

„Du hast ja einen recht gesunden Appetit“, stellte Nick fest und wies kopfnickend auf ihren leeren Teller. „Fühlst du dich jetzt wohler?“

„Sehr viel besser. Ich war halb verhungert.“

„Kaffee?“

„Gleich. Erst einmal möchte ich meinen Wein austrinken.“

Kopfschüttelnd griff er über den Tisch und schob ihr Glas beiseite. „Vielleicht solltest du lieber aufhören. Wir können es uns nicht erlauben, unachtsam zu werden.“

Sie sah irritiert auf das verschobene Glas. Wie üblich versuchte Nick O’Hara ihr vorzuschreiben, was sie zu tun hatte. Es war an der Zeit, sich zur Wehr zu setzen. Ganz energisch zog sie das Glas wieder zu sich heran. „Ich bin nie in meinem Leben betrunken gewesen“, erklärte sie stolz.

„Dies wäre auch der ungeeignetste Augenblick, um damit anzufangen.“

Sie sah ihn fest an, während sie den nächsten Schluck nahm. „Ist das eines deiner Hobbys, Leute herumzukommandieren?“

„Wie meinst du das?“

„Seit dem Tag, an dem wir uns kennengelernt haben, hast du alles beherrscht, nicht wahr?“

„Dich? Oder die Situation?“

„Beides.“

„Sarah, ich weiß, dass du auf dich selbst aufpassen kannst, jedenfalls unter normalen Umständen. Aber diese Umstände sind nicht normal.“

Dagegen konnte sie nichts einwenden. „Schön“, seufzte sie, „das will ich zugeben, Nick. Ich fürchte mich, und ich bin es leid. Ich habe es satt, darüber nachdenken zu müssen, wer ein Freund ist und wer nicht." Sie sah ihm fest in die Augen. „Aber unterschätze mich nicht, Nick. Ich werde wirklich alles tun, um am Leben zu bleiben."

„Gut. Dann halte dir vor Augen, dass du jetzt nicht mehr Sarah Fontaine bist. Das geht nicht mehr, nicht in der Öffentlichkeit. Vergiss sie."

„Und wie?"

„Bilde dir ein, eine andere Person zu sein. Bis in das kleinste Detail. Werde zu diesem Menschen. Wer bist du jetzt? Beschreibe dich!"

Sarah dachte einen Moment lang nach. „Ich bin ... ich bin die Frau eines Fischers ... aus armseligen Verhältnissen ... Mein Mann ..." Plötzlich sah sie Nick sehr aufmerksam an. „Ich meine ... du ... du bist nicht oft zu Hause ..."

„Sind wir glücklich?"

„Ich weiß es nicht. Sind wir es?"

Nick legte nachdenklich den Kopf zur Seite. „Da ich der eine Teil dieses erfundenen Paares bin, werde ich meine Meinung dazugeben. Ja, wir sind glücklich ..."

Auf einmal sahen sie sich an wie zwei Fremde, die zum ersten Male begreifen, dass sie sich gut verstehen. Nicks Blick wurde weich. Sarah dachte plötzlich darüber nach, wie es sein könnte, wenn sie unter ihm auf ihrem harten Bett liegen würde. Wenn sie sein erdrückendes Gewicht auf sich spürte. Obwohl Geoffrey ein zarter Liebhaber gewesen war, hatte er doch immer etwas Kühles und Leidenschaftsloses an sich gehabt. Sie ahnte, dass Nick anders sein würde. Er würde sie wie ein Verhungernder lieben.

Nick ließ seine Finger über ihre Hand gleiten. Ein wohliger Schauer überrieselte Sarah. „Ja, wir sind verrückt nacheinander ..."

Etwas an seinem Ton ließ sie den Atem anhalten. Dieses In-eine-andere-Rolle-Schlüpfen, das noch vor wenigen Augenblicken so harmlos angefangen hatte, war unvermittelt anders geworden. Alles um sie herum trat in den Hintergrund: der Raum voller Fremder, das Gelächter, der Rauch. Da waren nur Nicks Gesicht und seine Augen, hell wie Silber, die voll auf sie gerichtet waren.

„Ja", sagte er noch einmal, so leise, dass sie ihn kaum hörte. „Wir sind verrückt nacheinander."

Das Geräusch des Glases, als es auf den Tisch stieß, riss sie in die Wirklichkeit zurück. Ich bin betrunken, dachte sie. Ich muss betrunken sein, mich so aufzuführen ...

„Sarah? Stimmt etwas nicht?"

Ihr Stuhl kippte um, als sie vom Tisch aufsprang und aus dem Lokal rannte.

Die Nachtluft schlug Sarah kalt ins Gesicht. Auf halbem Weg die Straße hinunter hörte sie Nicks Schritte hinter sich. Sie blieb erst stehen, als er sie von rückwärts festhielt und zu sich herumzog.

„Sarah. Warte!"

„Es ist alles nur Täuschung, Nick!", sagte sie und versuchte verzweifelt, sich loszumachen. „Das ist alles! Nur ein albernes Spiel!"

„Nein, es ist kein Spiel mehr. Nicht für mich!"

Nick zog sie so unvermittelt an sich, dass ihr keine Zeit blieb, sich zu wehren oder überrascht zu sein.

Er schmeckte nach Wein, nach diesem herben Landwein, und alles drehte sich vor ihr, als wäre sie betrunken. Sie versuchte, ihre Gefühle zu begreifen, aber in diesem Augenblick war ihr Verstand wie gelähmt. Ihre Lippen öffneten sich, sie schlang die Hände um seinen Nacken und fuhr durch sein feuchtes Haar.

„Sarah, oh Sarah", stöhnte er und hielt sie von sich ab, um sie ansehen zu können. „Es ist kein Spiel. Es ist Wirklichkeit. Es ist echter als alles, was ich je empfunden habe."

„Ich habe Angst, Nick. Ich fürchte mich davor, einen neuen Fehler zu begehen. So, wie Geoffrey und ich …"

„Ich bin nicht Geoffrey. Ich bin nur ein ganz normaler Mann. Ich bin – Sarah, ich bin einsam. Ich bin es schon so lange. Und ich will dich! Ich will dich so sehr, alles andere ist für mich unwichtig …"

Mit einem Seufzen zog er sie in die Arme und hielt sie fest umschlungen.

Aus dem leichten Nieseln wurde Regen, und die Tropfen platschten auf das Kopfsteinpflaster. Lachend rannten Sarah und Nick an den Häuserblocks entlang, vorbei an Pärchen, die sich unter ihren Schirmen eng aneinanderschmiegten, vorbei an einer Bäckerei, aus der es nach Brot und Kaffee duftete.

Als sie die Treppe zu ihrem Zimmer hochrannten, waren sie bis auf die Haut durchnässt. Sarah stand neben dem Bett, und das Wasser tropfte von ihrer Kleidung. Nick verriegelte die Tür. Er drehte sich um und sah ihr schweigend zu, wie sie die Perücke abnahm und ihr Haar freischüttelte. Feuchte kupferrote Wellen fielen ihr auf die Schultern. Das Licht der kahlen Glühbirne warf von oben eigenartige Schatten über Nicks Gesicht. Regentropfen rannen aus seinem Haar über die Wangen.

Er kam auf sie zu, mit feurigen Augen. Unter der Berührung seiner Hände auf ihrem Gesicht erschauerte sie. Zart drückte er die Lippen auf ihren Mund. Er ließ die Hände ihren Hals entlanggleiten und hielt am obersten Knopf ihres Kleides inne. Er öffnete einen Knopf nach dem anderen, bis es ihm möglich war, ihre Brust in die Hand zu nehmen und sie zu liebkosen. Er tat es, während er Sarah hart küsste.

Sie zitterten beide. Ein Feuer brannte in ihnen, das außer Kontrolle zu geraten drohte.

Nick zog sein Jackett aus und ließ es auf den Boden fallen. Sein nasses Hemd war wie Eis gegen ihre nackten Brüste. Sie sanken auf das Bett, und mit ungeduldigen Händen öffnete er sein Hemd, streifte es von den Schultern und warf es hinter sich.

Sarah erinnerte sich daran, was sie an diesem Abend schon einmal gedacht hatte. Nick würde sie nicht sanft nehmen, er würde sie lieben.

Aber wollte sie das auch? Sie empfand die gleiche Sehnsucht wie er. Er musste das spüren! Er spürte auch ihre Verwirrung. Er runzelte die Stirn, beugte sich zurück und sah sie an. „Du zitterst ja, Sarah“, flüsterte er. „Warum?“

„Ich habe Angst, Nick.“

„Wovor? Vor mir?“

„Ich weiß es nicht. Vor mir selbst, denke ich … ich habe Angst, mich schuldig zu fühlen …“

„Wenn wir uns lieben?“

Sie schloss die Augen. „Ach, Nick, was mache ich? Er lebt. Nick, mein Mann ist am Leben …“

Er betrachtete sie aufmerksam, als versuchte er, in sie hineinzusehen. Unter seinem Blick brach ihr ganzer Selbstschutz zusammen. Noch nie hatte sie sich so nackt gefühlt. „Welcher Mann, Sarah? Simon Dance? Geoffrey? Ein Geist, den es niemals gab?“

„Kein Geist. Ein Mann.“

„Und das, was du mit ihm hattest, willst du als Ehe bezeichnen?“

Sarah schüttelte den Kopf. „Nein, so naiv bin ich nicht.“

„Dann vergiss ihn, Sarah!“ Er küsste sie auf die Stirn, und sie spürte seinen warmen Atem. „Vergiss deine Erinnerungen. Das war nicht die Wirklichkeit. Lebe dein eigenes Leben!“

„Aber ein Teil von mir fragt sich immer noch …“ Sie seufzte. „Ich habe etwas über mich gelernt, Nick, etwas, das mir nicht gefällt. Ich habe eine Illusion geliebt. Das war er doch, nichts als ein Traum. Aber ich wollte, dass er Wirklichkeit sei. Ich machte ihn zur Wirklichkeit, weil ich ihn brauchte.“ Traurig schüttelte sie den Kopf. „Notwendigkeit. Das ist es, was uns zerstört. Sie macht uns allem anderen gegenüber blind. Und jetzt brauche ich dich.“

„Ist das so schlimm?“

„Ich bin mir über meine Beweggründe nicht mehr im Klaren. Verliebe ich mich in dich? Oder rede ich mir das nur ein, weil ich dich so sehr brauche?“

Langsam, zögernd, fing Nick an, ihr das Kleid zuzuknöpfen. „Darauf wirst du nicht eher die Antwort finden“, sagte er, „als bis du in Sicherheit bist. Erst dann, wenn du die Freiheit hast zu entscheiden, ob du bei mir bleiben oder gehen willst. In dem Augenblick wirst du es wissen.“

Sie legte ihre Fingerspitzen auf seine Lippen. „Nick, es ist nicht so, dass ich dich nicht will. Es ist nur ...“ Sie verstummte.

Nick konnte den inneren Kampf in ihren Augen lesen, in diesen Augen, die ihn vertrauensvoll ansahen und nichts verbergen konnten. Er wollte Sarah besitzen. Er wollte es so sehr, dass es schmerzte. Aber der Augenblick und die Umstände waren falsch, sie befand sich noch immer in einer Art Schockzustand. Und selbst wenn es nie einen Ehemann gegeben hätte, konnte Nick sich nicht vorstellen, dass Sarah eine Frau war, die sich leicht einem Mann hingab.

„Du bist enttäuscht“, sagte sie weich.

Nick zwang sich zu einem Lächeln. „Ich gebe es zu.“

„Es ist nur, dass ...“

„Nicht, Sarah“, unterbrach er sie. „Du musst nichts erklären. Ich möchte dich nur halten. Lass dich von mir halten.“

Sie barg das Gesicht an seiner Schulter. „Nick, was sollen wir jetzt nur tun?“, flüsterte sie.

„Das überlege ich mir gerade.“

„Wir können nicht ständig auf der Flucht sein.“

„Nein. Mit dem Geld kommen wir ein paar Monate aus, vielleicht. Aber selbst wenn es ewig reichte, würde dieser Schatten ständig zwischen uns sein. Du würdest nicht aufhören, dich zu fragen. Du wärest nie wirklich frei ...“ Er sah sie eindringlich an. „Du musst mit diesem Teil deines Lebens abschließen“, sagte er. „Um das zu können, wirst du Geoffrey finden müssen.“

Er hätte ebenso gut sagen können, sie solle zum Mond fliegen. Es war einfach ausgeschlossen. Wie sollten sie ganz Europa nach einem Mann absuchen? Noch schlimmer, wie sollten sie ihn finden, ohne selbst in Gefahr zu geraten? Sie waren Unschuldige, die zu Figuren in einem Spiel geworden waren, das sie nicht begriffen, ein Spiel mit unsichtbaren Mitspielern und unbekannten Einsätzen, unbekannt bis auf einen – ihr Leben.

„Uns blieb keine andere Wahl“, sagte Nick nach einem kurzen Schweigen. „Ich musste heute ein Risiko eingehen. Ich habe Roy Potter angerufen.“

Sie fuhr zurück und starrte ihn an. „Du hast ihn angerufen?"

„Aus einer Telefonzelle in der Stadt. Hör zu, er weiß bereits, dass wir in Brüssel sind. Er kontrolliert wahrscheinlich sowieso unsere Bankkonten. Ich gehe jede Wette ein, dass der Betrag, den wir heute Nachmittag abgehoben haben, jetzt irgendwo auf einem CIA-Computer aufblinkt."

„Warum hast du ihn angerufen? Ich dachte, du hättest kein Vertrauen in ihn?"

„Habe ich auch nicht. Aber ich könnte mich ja irren. Vielleicht ist er ganz in Ordnung. Dann habe ich ihm etwas zum Nachdenken gegeben, und er wird jetzt seine Leute unter die Lupe nehmen, falls er das nicht bereits getan haben sollte."

„Er wird nach uns suchen ..."

„Brüssel ist eine große Stadt. Und wir können immer weiterfahren." Nicks Blick wurde sehr drängend. „Sarah, ich habe vielleicht die besten Kontakte, aber der Rest liegt bei dir. Du warst mit Geoffrey verheiratet. Denk nach, Sarah! Wohin könnte er gegangen sein?"

„Ich habe schon so lange darüber nachgedacht. Ich weiß es einfach nicht."

„Könnte er dir eine Nachricht hinterlassen haben? Irgendwo, wo du sie nicht vermutet hast?"

„Ich habe nur meine Handtasche."

„Dann lass uns damit anfangen."

Sarah holte die Tasche vom Nachttisch und leerte den Inhalt auf das Bett. Sie enthielt den üblichen Krimskrams und die ungeöffneten Umschläge, die sie aus Eves Briefkasten mitgenommen hatten.

Nick nahm ihre Brieftasche zur Hand und sah Sarah fragend an.

„Sieh nach", forderte sie ihn auf, „ich habe keine Geheimnisse. Nicht vor dir."

Nach und nach holte er Kreditkarten heraus, dann die Fotografie. Ein paar Sekunden betrachtete er Geoffreys Bild, ehe er es auf das Bett legte. Während Nick die Unterlagen durchsah, die Sarah in den verschiedenen Fächern untergebracht hatte – Telefonnummern, Visitenkarten, Notizen –, setzte sie sich ihre Brille auf und fing an, Eves Post zu öffnen.

Da waren drei Rechnungen. Nachdem sie die Stromrechnung überflogen hatte, richtete sie ihre Aufmerksamkeit auf die Kreditkartenabrechnung. Eve hatte im letzten Monat nur zwei Eintragungen, und beide Male waren es Einkäufe bei Harrods gewesen.

Dann öffnete Sarah den dritten Umschlag. Es war die Telefonrechnung. Rasch warf sie einen Blick auf die Abrechnung und wollte sie gerade beiseite zu den zwei anderen Rechnungen legen, als ihr unten auf dem Blatt ein Wort ins Auge sprang: Berlin. Es war ein Ferngespräch, das an einem Abend vor zwei Wochen geführt worden war.

Sarah ergriff Nicks Arm. „Sieh dir das an! Die letzte Eintragung."

Er stieß einen leisen Pfiff aus und nahm ihr die Rechnung aus der Hand. „Dieser Anruf erfolgte am Tage des Brandes!"

„Sie sagte mir, sie habe versucht, Geoffrey anzurufen, erinnerst du dich? Sie muss gewusst haben, wo sie ihn in Berlin erreichen würde ..."

„Vielleicht hat sie nicht ihn direkt angerufen. Möglicherweise handelt es sich um eine Kontaktperson. Sie wusste ja nicht, was ihm passiert war oder wo er sich aufhielt. Nick, sie musste wohl mit ihrer Weisheit am Ende gewesen sein ... deshalb hat sie in Berlin angerufen. Ich wüsste gern, was für eine Nummer das ist."

„Wir dürfen es nicht herausfinden. Noch nicht."

„Weshalb nicht?"

„Ein Ferngespräch könnte zum jetzigen Zeitpunkt einen Kontaktmann verschrecken. Wir sollten warten, bis wir in Berlin sind." Er fing an, Sarahs Sachen wieder in ihre Handtasche zurückzulegen. „Morgen früh nehmen wir einen Zug aus der Stadt heraus. Ab Düsseldorf fahren wir dann mit dem ICE. Ich werde alle Fahrkarten besorgen. Ich halte es für besser, wenn wir getrennt einsteigen und uns im Zug treffen."

„Was passiert, sobald wir in Berlin sind?"

„Dann rufen wir diese Nummer an und sehen, wer sich meldet. Ich habe in unserem Berliner Konsulat einen alten Freund, Wes Corrigan. Er könnte für uns die Kleinarbeiten erledigen."

„Können wir ihm vertrauen?"

„Ich glaube schon. Wir waren zusammen in Honduras postiert. Er war in Ordnung ..."

„Du sagtest, wir könnten niemandem vertrauen."

Er nickte ernst. „Wir haben keine andere Wahl, Sarah. Dieses Risiko müssen wir auf uns nehmen. Ich verlasse mich auf eine Freundschaft ..." Plötzlich fiel ihm ihr beunruhigter Blick auf. Wortlos nahm er Sarah in die Arme und zog sie auf das Bett herunter. Es war ein schwacher Versuch, die Angst, die sie beide hatten, mit dieser Umarmung zu verdrängen.

„Es ist furchtbar, keine Zukunft vor sich zu sehen", flüsterte sie. „Wenn ich zu weit vorausschaue, sehe ich nur Eve vor mir."

„Du bist nicht Eve."

„Gerade das macht mir Angst. Eve wusste wenigstens, was sie tat. Sie wusste, wie sie überleben konnte. Und jetzt ist sie tot. Welche Chance habe ich da?“

„Wenn es dich ein bisschen tröstet: Du hast mich.“

Sie berührte lächelnd sein Gesicht. „Du musst nicht bei mir bleiben, Nick. Ich bin diejenige, die sie haben wollen. Du könntest in die Staaten zurückfliegen …“

„Pst, Sarah.“

„Wenn du mich allein ließest, würde ich es sogar verstehen. Wirklich.“

„Und was würdest du machen, wenn du auf dich allein angewiesen wärest? Du sprichst nicht ein Wort Deutsch. Dein Französisch ist … nun ja … drollig. Nein, du brauchst mich.“

Da kam dies Wort schon wieder. Du brauchst mich. Ja, er hatte recht. Sie brauchte ihn.

„Außerdem“, sagte er, „kann ich dich jetzt nicht verlassen.“

„Warum nicht?“

Er lachte leise. „Weil ich zurzeit arbeitslos bin. Und wenn dies alles hier vorbei ist, habe ich vor, auf deine Kosten zu leben.“

Sie stützte sich auf einen Ellbogen und schaute ihn an. Nick blinzelte schläfrig vor sich hin, und das kahle Licht der Glühbirne warf seltsame Schatten über sein Gesicht. Sie neigte den Kopf und drückte einen Kuss auf seine Lippen. „Also auf nach Berlin“, flüsterte sie.

„Ja“, murmelte er und zog sie fest an sich. „Auf nach Berlin.“

9. KAPITEL

Es war ein strahlend schöner Morgen. Die Bahnschienen glänzten wie Silber in der Morgensonne. Dampfschwaden stiegen von den Schwellen auf. Auf dem Bahnsteig, wo Sarah wartete, zogen sich die Pendler bereits ihre Regenmäntel aus. Es würde ein warmer Tag werden, so schön wie man es von einem Apriltag erwartete. Belgien hatte einen langen, nassen Winter hinter sich, und das Land sehnte sich nach dem Frühling.

Nick und Sarah standen recht weit voneinander entfernt auf demselben Bahnsteig und tauschten nur gelegentlich kurze Blicke. Nick war nicht wiederzuerkennen. Er lehnte gegen einen Pfosten, hatte seine Mütze tief in die Stirn gezogen, eine Zigarette hing schief in seinem Mundwinkel, und er blickte finster drein.

Von ihrer Stelle fast am Ende der Schlange der einsteigenden Fahrgäste sah Sarah, wie Nick seine Zigarette mit dem Schuh austrat und in den abfahrbereiten Zug nach Antwerpen einstieg. Sekunden später tauchte sein Gesicht an einem der Fenster auf. Sie sahen sich beide nicht an.

Die Schlange wurde kürzer. Nur noch wenige Schritte, und sie würde im Zug in Sicherheit sein. Dann nahm sie aus dem Augenwinkel ein eigenartiges Aufblitzen wahr. Mit einer plötzlichen Vorahnung drehte sie sich unauffällig in die Richtung um. Es war das Sonnenlicht, das von einer Spiegelbrille reflektiert wurde.

Sarah erstarrte. Weiter hinten stand ein Mann mit hellen Haaren, ein Mann, der seinen Blick auf die Zugtür gerichtet hielt. Obwohl er zum Teil von einem Pfosten verborgen wurde, konnte Sarah genügend von seinem Gesicht sehen, um ihn zu erkennen. Ihr gefror das Blut in den Adern. Es war derselbe Mann, der sie durch das Fenster des blauen Peugeot angestarrt hatte. Der Mann mit dem schrecklichen Grinsen.

Und sie musste jeden Augenblick in sein Blickfeld treten.

Sarahs erster Impuls war, sich umzudrehen und wegzurennen, inmitten der großen Menge der Berufstätigen zu verschwinden. Doch eine hastige Bewegung würde seine Aufmerksamkeit erst recht auf sie lenken. Sie konnte nicht zurück. Der Mann würde sie fortgehen sehen und sich fragen, warum sie das tat. Sie musste weitergehen und darauf bauen, dass er sie nicht wiedererkennen würde.

Verzweifelt suchte sie den Zug nach dem Fenster ab, an dem sie vorhin Nick erblickt hatte. Wenn sie ihm doch nur ein Zeichen geben könnte! Aber das Fenster war zu weit hinten, sie konnte ihn nicht sehen.

Am Anfang der Reihe hatte ein älterer Passagier seine Fahrkarte zu Boden fallen lassen. Er bückte sich langsam, um sie aufzuheben. Lieber Himmel, beeile dich, flehte Sarah. Je länger sie warten musste, desto besser konnte man sie beobachten. Sie bezwang die in ihr aufsteigende Panik und bemühte sich, in die von ihr gewählte Rolle einer kränklichen belgischen Hausfrau zu schlüpfen.

Sarah hielt den Blick zu Boden gesenkt und umklammerte mit beiden Händen ihre Handtasche vor der Brust. Ihr Herz klopfte wie wild. Die schwarze Perücke war ein herrlicher Schutz vor den Augen des Mannes. Vielleicht würde sie reichen, denn der Mann suchte nach einer Frau mit kupferroten Haaren. Möglicherweise würde sie ihm so nicht auffallen.

„Madame?"

Sie zuckte unter dem Griff an ihrem Arm zusammen. Ein alter Mann zupfte an ihrem Ärmel. Verständnislos starrte sie ihn an, als er sie in lautem, schnellem Französisch ansprach. Sie versuchte, ihm ihren Arm zu entziehen, aber er ließ nicht locker und wedelte mit einem Frauenschal. Noch einmal wiederholte er seine Frage und wies erneut zu Boden. Plötzlich begriff Sarah, schüttelte den Kopf und bedeutete ihm mit einer verneinenden Geste, dass sie den Schal nicht verloren habe. Der alte Mann zuckte die Schultern und ging schließlich weiter.

Den Tränen nahe drehte Sarah sich wieder um und wollte endlich einsteigen. Aber jemand versperrte ihr den Weg.

Sie hob den Kopf und blickte in ihr eigenes entsetztes, von der Sonnenbrille reflektiertes Gesicht.

Der Blonde lächelte. „Madame?", sagte er leise. „Kommen Sie ..."

„Nein. Nein!", wisperte Sarah und machte einen Schritt rückwärts.

Er kam auf sie zu, und dann blinkte plötzlich ein Messer in seiner Hand auf. Das Bild prägte sich ihr unauslöschlich im Gedächtnis ein. Sarah hatte das Gefühl, benommen rückwärts zu fallen, ehe sie begriff, dass es an der Bewegung des anfahrenden Zuges lag.

Sie erhaschte einen Blick auf die Zugtür, die langsam die letzten fünfzig Meter des Bahnsteiges entlangglitt. Und damit verschwand ihre letzte Gelegenheit zur Flucht.

Der Mann kam näher, näher auf sein Opfer zu, von dem er annahm, dass es sich umdrehen und davonrennen würde.

Aber sie rannte nicht zurück. Sie machte einen Satz nach vorn. Statt auf den Ausgang zuzulaufen, schoss sie blitzschnell an dem Mann vorbei und rannte hinter dem davonfahrenden Zug her.

Ihre unerwartete Reaktion brachte ihr einen Vorteil von Sekunden. Der Mann war absolut nicht darauf gefasst gewesen.

Der Zug gewann an Fahrt. Sarah blieben nur noch vielleicht zehn Meter, ehe er außerhalb ihrer Reichweite sein würde. Ihre Füße waren wie Blei. Hinter sich vernahm sie die Schritte des Blonden. Mit allerletzter Kraft rannte sie die letzten Meter. Der Haltegriff war jetzt nur noch Zentimeter von ihr entfernt. Dann berührten ihre Finger das kühle Metall. Mit einem Ruck hielt sie sich fest und versuchte verzweifelt, sich hochzuziehen.

Sarah erreichte die unterste Stufe und hielt sich nach Atem ringend fest. Gebäude und Gärten rasten an ihr vorbei, zerrissene Bilder von Licht und Farben. Der Schmerz in ihrer Kehle löste sich in einem unglaublichen Schluchzen der Erleichterung. Ich habe es geschafft, dachte sie. Ich habe es geschafft …

Ein Schatten fiel über sie. Die Stufe erzitterte unter einem neuen Gewicht, und Kälte kroch ihr wie eine Todesahnung um das Herz, als eine Hand sich auf ihre Schulter legte. Sie hatte nicht mehr die Kraft, sich zu wehren, keine Möglichkeit zur Flucht. Sie konnte sich nur festhalten, während der Mann sich drohend über sie neigte.

Die Geschwindigkeit des Zuges wurde größer, immer größer. Das Geräusch dröhnte ihr im Kopf und übertönte alles andere, selbst das Pochen ihres Herzens. Das kann nicht wahr sein, dachte Sarah. Das ist nicht wahr, das muss ein Albtraum sein!

Wie gelähmt sah sie die Gestalt sich herunterbücken und so das Sonnenlicht verdunkeln. Gleich würde dieser Schatten sie erreicht haben.

Dann nahm sie in der Nähe ein Geräusch wahr. Sie ahnte die Bewegung mehr, als dass sie den wütenden Fußtritt gegen die Gestalt wirklich sah. Der vor ihr lauernde Schatten taumelte stöhnend rückwärts. Der blonde Mann schien endlos im Fall in der Luft zu hängen. Wie von magischer Kraft gezogen, fiel er von den Stufen, und sein wilder Fluch ging im Krach der ratternden Räder unter.

Sarah erhaschte einen letzten Blick auf die Gestalt, und dann war er ihrem Blick entzogen. Irgendwie war sie noch am Leben und atmete. Der Albtraum war vorüber.

„Sarah! Um Himmels willen …"

Hände zogen sie nach oben, fort von dem Abgrund, fort vom Tod. Zitternd sank sie in Nicks Arme. Er hielt sie so fest, dass sie seinen Herzschlag spüren konnte.

„Es ist vorbei!", flüsterte er. „Es ist ausgestanden!"

„Wer war das?", schluchzte sie. „Warum lässt er uns nicht in Ruhe?"

„Sarah, hör mir zu! Hör zu! Wir müssen aus dem Zug heraus. Wir müssen unsere Richtung ändern, ehe er uns einholt …"

Und was dann? hätte sie am liebsten geschrien. Wohin sollten sie dann?

Nick warf einen Blick auf die vorbeifliegende Landschaft. Der Zug fuhr zu schnell, um abspringen zu können. „Beim nächsten Halt“, sagte er. „Wir werden uns anders fortbewegen müssen. Zu Fuß oder per Anhalter. Sobald wir die holländische Grenze überquert haben, können wir einen anderen Zug nach Osten nehmen.“

Sarah klammerte sich an ihn und hörte kaum, was er sagte. Sie schloss die Augen, und in Gedanken sah sie den Blonden am nächsten Bahnhof auf sie warten, und dann am darauffolgenden. Selbst Nick würde es nicht gelingen, ihn für immer abzuhängen.

Sie starrte auf die dahinsausenden Gleise und hoffte, der nächste Bahnhof möge bald kommen. Sie mussten aus dem Zug, ehe sie in eine Falle gerieten. Sie mussten so schnell wie möglich untertauchen.

Doch es schien, als würde der Zug niemals mehr halten, als bringe sie dieser eiserne Sarg direkt in die Arme ihres Mörders.

Der alte Mann hatte einen Traum.

Vor ihm stand Nienke, das lange Haar mit einem blauen Delfter Tuch zusammengebunden. Ihr breites, freundliches Gesicht war vom Garten verschmutzt, und sie lächelte. „Frans“, sagte sie, „du musst einen Plattenweg zwischen den Rosensträuchern anlegen, damit deine Freunde auch einmal durch die Blumen gehen können. Im Augenblick muss man immer um die Büsche herum und kommt nie mitten hinein, wo all die schönen lavendelfarbenen und gelben Rosen sind. Man kann sie gar nicht richtig sehen. Ich muss unsere Freunde immer hindurchführen, und dann bekommt man stets schmutzige Schuhe. Einen Plattenweg, Frans, so wie wir ihn in unserem Häuschen in Dordrecht hatten.“

„Natürlich“, sagte er. „Ich werde den Gärtner bitten, einen Weg anzulegen.“

Nienke kam lächelnd auf ihn zu. Aber als er nach ihr greifen wollte, verschwand ihr blaues Tuch plötzlich. Was einmal Nienkes Haar gewesen war, stand jetzt lichterloh in Flammen. Er versuchte, es ihr herunterzureißen, ehe ihr Gesicht in dem Feuer verschwand, aber er hielt nur dichte Haarbüschel in seinen Händen. Je mehr er versuchte, die Flammen zu fassen zu bekommen, desto mehr Haare und Kopfhaut riss er mit fort. Indem er sich bemühte, seine Frau zu retten, zerfetzte er sie Stück für Stück. Er sah nach unten und stellte fest, dass auch seine Arme brannten, aber er verspürte keinen Schmerz. Er empfand überhaupt nichts, außer einem stummen Schrei, der ihm in der Kehle aufstieg, als er zusehen musste, wie seine Frau ihn für immer verließ.

Wes Corrigan brauchte gut fünf Minuten, bis er auf das Klopfen an seiner Hintertür reagieren konnte. Als er sie schließlich öffnete, stand er fassungslos, lediglich mit Schlafanzug und Bademantel bekleidet, vor seinen nächtlichen Besuchern. Zwei Personen standen vor der Tür, die er auf den ersten Blick für Fremde hielt. Der Mann war hochgewachsen, weißhaarig und unrasiert. Die Frau trug einen unbeschreiblichen Pullover und eine graue Mütze. In der kalten Nacht sah man den Dunst ihres Atems.

„Was ist mit deiner gewohnten Gastfreundschaft los?“, fragte Nick.

Wes starrte ihn mit offenem Mund an. „Was zum … Nick? Bist du das?“

„Können wir hereinkommen?“

„Hm, ja. Sicher!“ Noch ganz benommen führte Corrigan sie in seine Küche und schloss die Tür. Er war ein untersetzter, kräftiger Mann Mitte dreißig. Im kalten Küchenlicht wirkte seine Haut fahl, und seine Augenlider waren dick vom Schlaf. Er betrachtete seine beiden Besucher und schüttelte verblüfft den Kopf. Dann blieb sein Blick an Nicks weißen Haaren hängen. „Gütiger Himmel! Ist es schon so lange her?“

Nick schüttelte lachend den Kopf. „Talkumpuder. Aber die Falten, die du bei mir siehst, sind echt. Ist sonst noch jemand im Haus?“

„Nur meine Katze. Nick, was zum Teufel ist denn los?“

Nick ging an ihm vorbei, verließ die Küche und betrat das Wohnzimmer.

„Hätte ich euch erwarten sollen?“, rief Wes ihm nach. Nick gab keine Antwort. Wes wandte sich an Sarah, die sich die Mütze vom Kopf zog. „Hm, hallo. Ich bin Wes Corrigan. Und wer sind Sie?“

„Sarah.“

„Aha. Nett, Sie kennenzulernen. Sind das Nicks neueste Vorstellungen von einem Rendezvous?“

„Die Straße sieht sauber aus“, stellte Nick fest und kam zurück in die Küche.

„Natürlich ist sie sauber. Sie wird jeden Donnerstag gefegt.“

„Was ich meinte, war, dass du nicht beobachtet wirst.“

Corrigan sah ihn verständnislos an. „Nun, eigentlich lebe ich ein herzlich langweiliges Leben. Also, rede, alter Knabe. Was ist hier eigentlich los?“

Nick seufzte. „Wir sind in Schwierigkeiten, Wes.“

Corrigan nickte. „Zu diesem Schluss bin ich auch bereits gekommen. Wer ist hinter euch her?“

„Die Firma. Und mehr oder weniger noch ein paar andere, die sich uns noch nicht vorgestellt haben.“

Wes sah ihn ungläubig an. Rasch ging er dann zur Küchentür, warf einen Blick nach draußen und legte den Riegel vor. Er wandte sich wieder an Nick. „Der CIA ist dir auf den Fersen? Was hast du angestellt? Ein paar nationale Geheimnisse verkauft?“

„Es ist eine lange Geschichte. Wir werden dabei deine Hilfe benötigen.“

Wes nickte müde. „Das hatte ich befürchtet. Also, dann setzt euch erst einmal. Himmel, die Küche ist ja das reinste Schlachtfeld. Normalerweise pflege ich aber auch keine Gäste um zwei Uhr nachts zu empfangen. Ich werde uns erst einmal eine Kanne frischen Kaffee machen. Seid ihr hungrig?“

Nick und Sarah sahen sich an und lächelten. „Ausgehungert“, gestand sie.

Corrigan ging zum Kühlschrank. „Schinken mit Ei, ist gleich so weit.“

Sie brauchten eine Stunde, um Wes alles zu erzählen. Bis dahin war die Kaffeekanne leer, Sarah und Nick hatten ein halbes Dutzend Eier vertilgt, und Corrigan war mittlerweile hellwach und voller Sorge.

„Warum, glaubst du, ist dieser Potter in die Sache verwickelt?“, fragte Wes.

„Er ist offensichtlich der für diesen Fall zuständige Beamte. Auf seine Anordnung hin wurde Sarah freigelassen. Er muss diese Agenten beauftragt haben, uns nach Margate zu folgen. Aber in Margate lief alles schief. Obwohl die Firma eigentlich kein so geistreicher Verein ist, setzen sie im Allgemeinen eine Sache nicht so dämlich in den Sand. Jemand hat diesen Agenten umbringen lassen. Jemand, der dann im Anschluss auf uns schießen ließ.“

„Der Mann mit der Sonnenbrille. Wer das auch immer sein mag.“ Wes schüttelte den Kopf. „Mir gefällt diese Geschichte überhaupt nicht.“

„Mir auch nicht.“

Corrigan sah zweifelnd aus. „Du willst also, dass ich die Akte über Magus einsehe. Das könnte verdammt schwierig werden, Nick. Wenn sie der Geheimhaltungsstufe eins unterliegt, wird mir das nicht möglich sein.“

„Besorg uns die Informationen, die du bekommen kannst. Wir kommen alleine da nie heran. Bis Sarah nicht Geoffrey gefunden und ihre Antworten bekommen hat, steht uns das Wasser bis zum Hals.“

„Tja, und das ist wirklich äußerst unbequem.“

Wes brachte sie zur Hintertür. Draußen funkelten die Sterne am nachtklaren Himmel.

„Wo werdet ihr beide schlafen?“, fragte Wes besorgt.

„Wir haben uns ein Zimmer in der Nähe des Kurfürstendamms gemietet.“

„Ihr könntet hier auf dem Fußboden schlafen.“

„Viel zu riskant. Wir können von Glück sagen, über die Grenze gekommen zu sein. Mittlerweile wird man wissen, dass wir uns in der Stadt aufhalten. Wenn sie klug sind, werden sie dein Haus in Kürze bewachen lassen.“

„Wie kann ich euch also erreichen?“

„Ich rufe dich an. Unter dem Namen Barnes. Ruf mich über eine Kontaktnummer an, die wir noch ausmachen werden. Es ist besser für dich, wenn du nicht weißt, wo wir uns befinden.“

„Traust du mir nicht?“

Nick blieb zögernd auf der Schwelle stehen. „Du weißt, dass es das nicht ist, Wes“, antwortete er und zog Sarah in die Dunkelheit.

„Was ist es dann?“

„Das ist eine gefährliche Geschichte. Es ist besser, wenn du nicht zu tief darin verwickelt wirst.“

Nick und Sarah drehten sich um und verschwanden in der Nacht. Doch als sie gingen, hörten sie hinter sich Wes ganz leise sagen: „Mein Lieber, du hast mich soeben darin verwickelt.“

Als der Morgen vor ihrem Fenster graute, lag Sarah wohlig in Nicks Arme gekuschelt. Trotz ihrer Erschöpfung konnte keiner von beiden einschlafen. Viel zu viel hing davon ab, was am heutigen Tag passieren würde. Wenigstens waren sie nicht mehr auf sich allein gestellt. Wes Corrigan war auf ihrer Seite.

Nick bewegte sich, und sein Atem strich über Sarahs Haar. „Wenn wir das hier durchgestanden haben“, flüsterte er, „möchte ich, dass wir beide so wie jetzt zusammen sind. Ganz genau so.“

„Wenn es vorüber ist …“ Sarah seufzte und starrte an die kahle weiße Decke. „Ich frage mich, ob es je zu Ende sein wird, ob ich je wieder nach Hause kommen werde.“

„Wir werden nach Hause kommen. Zusammen.“

Sie sah Nick sehnsüchtig an. „Wirklich?“

„Ich verspreche es dir. Und Nick O’Hara hält stets sein Versprechen.“

Sie barg das Gesicht an seiner Schulter. „Oh, Nick. Ich sehne mich so nach dir. Ich weiß schon gar nicht mehr, ob ich blind bin, verstört oder verliebt. Ich bin so durcheinander.“

„Nein, das bist du nicht."
„Bist du denn nicht verwirrt? Ein ganz kleines bisschen?"
„Deinetwegen? Nein. Es klingt sicher ziemlich verrückt, Sarah, aber ich glaube wirklich, dich zu kennen. Du bist die erste Frau, über die ich das zu sagen wage."
„Und deine Frau? Hast du sie nicht gekannt?"
„Lauren?" Seine Stimme, die noch vor einem Augenblick so warm und sanft geklungen hatte, war plötzlich kühl. „Ja, ich nehme an, ich habe sie begriffen. Als alles vorbei war."
„Was ist denn nicht gut gegangen, Nick?"
Er lehnte sich in die Kissen zurück. „Du kennst die alte Binsenweisheit: ‚Jede Geschichte hat zwei Seiten'? Unsere Ehe war ein Musterbeispiel dafür. Wenn du Lauren fragen würdest, was schiefgegangen ist, wäre in ihren Augen alles meine Schuld. Sie würde behaupten, ich hätte ihre Bedürfnisse nicht erkannt."
„Und wenn ich dich fragte?"
Er zuckte die Schultern. „Mit der Zeit bekommt man einen anderen Blick. Ich nehme an, ich würde sagen: Keiner von uns beiden hatte wirklich Schuld. Aber ich kann einfach nicht vergessen, was sie mir angetan hat." Er sah Sarah mit einem so traurigen Blick an, dass sie seinen Kummer förmlich spüren konnte. „Wir waren verheiratet – oh, drei Jahre. Sie liebte Kairo und den Botschaftstrubel. Sie war die perfekte Frau für einen Mann im Auswärtigen Dienst. Ich glaube, das war einer der Gründe, weshalb sie mich überhaupt geheiratet hatte. Sie dachte, ich könnte ihr die große Welt zeigen. Unglücklicherweise erforderte es meine Karriere, an Orte zu gehen, die ihr nicht ganz zivilisiert erschienen."
„Wie Kamerun?"
„Ganz recht. Ich wollte diesen Posten haben. Es wäre ohnehin nur für ein oder zwei Jahre gewesen. Aber sie weigerte sich schlichtweg, dahin zu ziehen. Dann wurde mir London angeboten, und sie war glücklich. Vielleicht wäre mit der Zeit alles gut gegangen. Außer …" Er verstummte. Sarah fühlte, wie sich der Arm unter ihrer Schulter anspannte.
„Du musst es mir nicht sagen, Nick. Nicht, wenn du es nicht möchtest."
„Die Leute behaupten immer, die Zeit heile alle Wunden. Aber manchmal ist dem nicht so. Sie wurde schwanger, musst du wissen. Ich fand es in London durch Zufall heraus. Sie hat es mir nicht erzählt. Es musste erst der Arzt der Botschaft kommen und es mir mit einem freundlichen Schulterklopfen verkünden! Er erklärte mir, ich

würde Vater. Ich war … oh, Sarah, ungefähr sechs kurze Stunden lang war ich so über den Wolken, man hätte mich mit Gewalt auf die Erde zurückholen müssen. Dann kam ich endlich nach Hause, und sie eröffnete mir sofort, dass sie das Kind nicht haben wollte."

Es gab nichts, was Sarah hätte sagen können, um Nicks Schmerz zu lindern. Sie hoffte, er möge Trost in ihren Armen finden.

„Manchmal frage ich mich", sagte er, „wie das Kind wohl ausgesehen hätte und ob es ein Junge oder ein Mädchen geworden wäre. Welche Farbe hätte sein Haar gehabt? Ich ertappe mich dabei, wie ich die Jahre zähle und an all die Geburtstage denke, die wir nie zusammen feiern konnten. Meine Familie ist nicht sehr groß. Ich wollte dieses Kind. Ich habe Lauren geradezu darum angefleht. Aber Lauren behauptete, es komme ihr ungelegen." Er sah Sarah in die Augen. „Ungelegen! Was hätte ich darauf sagen sollen?"

„Da konntest du nichts sagen."

„Nein, du hast recht. Darauf gibt es keine Antwort. Und in dem Moment habe ich bemerkt, dass ich sie nicht kannte. Von da an hatten wir ständig Streit. Sie flog in die Staaten zurück und … nahm die Angelegenheit in ihre Hände. Sie kehrte nie zurück. Einen Monat später bekam ich die Scheidungsunterlagen. Per Einschreiben. Das ist jetzt vier Jahre her."

„Vermisst du sie noch?"

„Nein. Ich war beinahe erleichtert, als die Unterlagen eintrafen. Seither habe ich allein gelebt. Das war einfacher. Es gibt keinen Kummer. Nichts." Er strich Sarah über das Gesicht, ein Lächeln spielte um seine Lippen. „Und dann kamst du auf einmal in mein Büro. Du mit deiner ulkigen Brille. Als ich dich am ersten Tage sah, habe ich deinem Aussehen überhaupt keine Aufmerksamkeit geschenkt. Doch dann hast du diese Brille abgesetzt, und alles, was ich sah, waren deine Augen. Von dem Augenblick an wollte ich dich schon haben."

„Ich werde diese alte Brille wegschmeißen."

„Niemals. Ich liebe sie."

Sarah lachte, weil sie sich über die netten und liebevoll gemeinten Worte freute. Zum ersten Mal in ihrem Leben kam sie sich wirklich hübsch vor.

Durch das offene Fenster blies der Wind, und ein leichter Abgasgeruch drang von der Straße zu ihnen herauf. Berlin erwachte zum Leben. Der Lärm des beginnenden Verkehrs war jetzt deutlich zu hören – das Hupen eines Fahrzeuges, ein vorbeifahrender Bus. Die Nacht war vorüber. Es war Zeit, das Telefongespräch zu führen.

„Sarah? Hast du darüber nachgedacht, was passiert, wenn wir ihn finden sollten?“

„So weit im Voraus kann ich nicht denken.“

„Du liebst ihn immer noch.“ Nick stellte das sachlich fest.

Sie schüttelte den Kopf. „Ich weiß nicht mehr, wen ich liebe. Jedenfalls nicht Simon Dance. Vielleicht hat es den Mann, den ich geliebt habe, niemals gegeben. Er war nie wirklich.“

„Aber ich bin es“, flüsterte Nick. „Ich bin wirklich. Und anders als Geoffrey Fontaine habe ich nichts zu verbergen.“

10. KAPITEL

Werde ich ihn hier finden?

Wieder und wieder ging Sarah dieser Gedanke durch den Kopf, während der Bus nordwärts fuhr, zunächst durch breite, saubere Straßen und Alleen, vorbei an eleganten Kaufhäusern und Boutiquen. Dann überquerte der Bus den Landwehrkanal und nahm die Richtung nach Moabit.

Eine halbe Stunde früher hatten sie die auf Eves Telefonrechnung verzeichnete Nummer angerufen, und ein Blumengeschäft hatte sich gemeldet. Die Frau am anderen Ende der Leitung war höflich und hilfreich gewesen. Ja, der Laden sei leicht zu finden. Er liege einige Kilometer nordöstlich des Ku'dammes. Die Bushaltestelle sei nur einen Häuserblock entfernt, ganz in der Nähe des Bahnhofes Wedding.

Das war kein besonders gutes Stadtviertel. Sarah sah aus dem Fenster, wie aus den breiten Geschäftsstraßen schmutzige, enge Straßenzüge wurden und die Häuser einen immer schäbigeren Eindruck machten. Hier spielten Kinder auf der Straße, und die Hauswände waren mit Graffiti besprüht. Verbarg sich Geoffrey im Hinterzimmer eines dieser Häuser? Wartete er vielleicht im Keller eines Blumengeschäftes?

Sie verließen den Bus an einer Straßenecke. Einen Block weiter fanden sie das Geschäft. Der Laden war klein und hatte schmuddelige Schaufenster. Auf dem Bürgersteig davor standen Plastikeimer voller Rosen. Eine Glocke schlug an, als sie die Tür öffneten.

Der Duft der Blumen war überwältigend. Eine etwa fünfzig Jahre alte Frau, die hinter dem Tresen stand und Blumensträuße band, lächelte ihnen zu. Sekundenlang blieb ihr Blick auf Sarah haften, dann glitt er zu Nick hinüber. „Guten Tag", sagte sie.

Nick nickte. „Guten Tag." Gemächlich schlenderte er durch den Raum und roch gelegentlich an einer Blüte, während die Frau ihn beobachtete, ohne ihre Arbeit zu unterbrechen. Schließlich ließ sie den Strauß sinken.

„Ja, bitte?", sagte sie leise zu Sarah.

Sarah zog Geoffreys Bild hervor und legte es auf die Theke. Die Frau starrte es schweigend an.

Nick wies auf die Fotografie und stellte der Frau eine Frage in deutscher Sprache. Sie schüttelte den Kopf. „Geoffrey Fontaine", sagte er. Die Frau reagierte nicht. „Simon Dance", sagte er dann. Wieder sah ihn die Frau nur verständnislos an.

„Aber Sie müssen ihn kennen!“, entfuhr es Sarah. „Er ist mein Mann. Ich muss ihn finden.“

„Sarah, lass mich …“

„Er wartet auf mich. Falls Sie wissen, wo er ist, dann rufen Sie ihn an. Sagen Sie ihm, ich sei hier.“

„Sarah, sie versteht dich nicht.“

„Sie muss mich verstehen! Nick, frag sie nach Eve. Vielleicht kennt sie Eve.“

Auf Nicks Frage hin zuckte die Frau nur wieder die Schultern. Sie wusste überhaupt nichts über Geoffrey. Falls sie doch etwas wusste, gab sie es nicht preis.

Sollte sich alle Hoffnung Sarahs so schnell in nichts auflösen? Nachdem sie halb Europa durchquert hatten, waren sie an einem toten Punkt angekommen. Elend vor Enttäuschung steckte Sarah das Foto wieder in ihre Tasche zurück. Die Frau wandte sich ruhig wieder ihrer Beschäftigung zu und wickelte den Blumenstrauß in grünes Papier ein.

Niedergeschlagen wandte sich Sarah an Nick. „Was machen wir jetzt?“

„Ich weiß es nicht“, murmelte er. „Ich habe keine Ahnung.“

Die Floristin riss große Stücke Papier von einer Rolle ab. Das knisternde Geräusch ging Sarah auf die Nerven.

„Warum gerade hier?“, murmelte sie. „Warum hat Eve ausgerechnet hier angerufen? Dafür muss es einen Grund gegeben haben.“

Sarah nahm die Blumengebinde um sie herum kaum wahr. Der Duft der Blüten erzeugte bei ihr Übelkeit. Er erinnerte sie zu lebhaft an den schrecklichen Tag vor zwei Wochen auf dem Hügel des Friedhofes. „Bitte, Nick“, sagte sie leise. „Lass uns gehen.“

Nick verbeugte sich vor der Blumenhändlerin und sagte: „Danke schön.“

Die Frau lächelte und winkte Sarah zu sich heran. Verwundert ging sie zum Tresen zurück. Die Frau hielt ihr eine einzelne Rose entgegen, deren Stiel mit Papier umwickelt war, und sagte ruhig: „Auf Wiedersehen.“ Dann überreichte sie Sarah die Rose und sah ihr ernst in die Augen. Es war nur ein kurzer Blick, aber in diesem Moment begriff Sarah seine Bedeutung: Ihr war soeben eine Botschaft übermittelt worden. Eine Nachricht, die nur für ihre Augen bestimmt war.

Nickend nahm sie die Rose entgegen. „Auf Wiedersehen!“, sagte Sarah. Dann drehte sie sich um und folgte Nick aus dem Laden.

Auf der Straße hielt Sarah die Rose fest in der Hand. Ihre Gedanken rasten, der Stiel glühte unter ihren Fingern. Es bedurfte ihrer ganzen

Willenskraft, nicht das Einwickelpapier abzureißen und die Nachricht zu lesen, von der sie wusste, dass sie dort verborgen war. Doch der Blick der Frau hatte ihr eine weitere Mitteilung gemacht, eine Warnung. Ihr Blick hatte ausgedrückt: Sie sind in Gefahr, durch jemanden in Ihrer Nähe.

Der einzige Mensch in ihrer Nähe war jedoch Nick.

Nick, der Mann, dem sie vertraute und den sie liebte.

Seit Geoffreys Verschwinden war Nick zu ihrem Freund und Beschützer geworden. War das reiner Zufall oder geplant? Und seit er in London angekommen war, verbrachte er fast den ganzen Tag mit ihr. Weshalb?

Sie wollte es nicht glauben, aber die Antwort sprang ihr förmlich in die Augen: Überwachung.

Die Fahrt mit dem Bus schien ewig zu dauern. Den ganzen Weg über lag Nicks Hand auf ihrem Knie. Die Berührung schien ihr die Haut zu verbrennen.

Kaum hatten sie ihre Pension erreicht, ging Sarah in das Badezimmer am Ende des Korridors und verriegelte die Tür. Mit zitternden Händen wickelte sie die Rose aus. Unter der kahlen Lampe über dem Waschbecken las sie die Nachricht. Sie war in englischer Sprache und hastig mit Bleistift geschrieben.

Potsdamer Platz, morgen, ein Uhr.
Vertrauen Sie niemandem.

Sarah starrte auf die letzten drei Worte: Vertrauen Sie niemandem … Die Bedeutung war unmissverständlich. Sie war sorglos gewesen. Jetzt konnte sie sich keinen Fehler mehr erlauben. Geoffreys Leben hing von ihr ab.

Hastig zerriss sie die Nachricht in winzige Fetzen und spülte sie die Toilette hinunter. Dann ging sie wieder zu ihrem Zimmer und zu Nick zurück.

Noch konnte sie ihn nicht verlassen. Erst musste sie Gewissheit haben. Sie liebte Nick O'Hara, und in ihrem Herzen wusste sie, er würde ihr wohl nie schaden wollen. Aber sie musste wissen, für wen er arbeitete.

Am nächsten Tag würde sie auf dem Potsdamer Platz die Antworten darauf finden.

„Wir fürchteten schon, du würdest es nicht schaffen“, sagte Nick.

Wes Corrigan wirkte nervös, als er sich zu Sarah und Nick setzte. „Ich auch“, murmelte er und warf einen Blick über seine Schulter.

„Ärger?“, fragte Nick.

„Ich weiß nicht genau. Das stört mich ja gerade. Es ist wie in einem alten Spionagefilm, man weiß einfach nie, wann die Gegner losschlagen.“ Er rutschte tiefer auf seinen Stuhl, ein vergeblicher Versuch, sich zu verstecken.

Auf der Suche nach einem verborgenen Treffpunkt waren sie in das dunkle Café Krause gekommen. Ihr Tisch wurde von einer einzigen Kerze schwach erhellt. Der Raum war voller Leute, die sich leise unterhielten und kein Interesse an ihrer Umgebung zeigten.

Ganz instinktiv suchte Sarahs Blick nach einem Hinterausgang. Falls etwas schiefgehen sollte, brauchten sie eine schnelle Fluchtmöglichkeit. Der Notausgang war deutlich gekennzeichnet, aber sie musste den ganzen Raum durchqueren, um dorthin zu gelangen. Daneben befand sich an der Wand eine schäbige Telefonkabine. Sarah prägte sich einen Weg durch die Tische und Stühle dahin ein. Drei Sekunden würde es wohl bis zum Ausgang dauern. Wenn ein Notfall eintreten sollte, wäre sie auf sich allein angewiesen. Auf Nick konnte sie nicht mehr länger bauen.

Plötzlich wurde ihr bewusst, wie sehr sich ihr Leben verändert hatte. Noch vor wenigen Wochen war sie eine ganz normale Frau gewesen, die ein normales Leben lebte. Jetzt dachte sie über Fluchtwege nach.

„Ich sage dir, Nick“, sagte Wes, nachdem er sich ein Bier bestellt hatte, „diese ganze Sache gefällt mir überhaupt nicht.“

„Was ist passiert?“

„Nun, um damit anzufangen, du hattest recht. Ich werde beschattet. Nicht lange, nachdem du gestern Abend fortgegangen warst, tauchte in der Straße vor meinem Haus ein Lieferwagen auf. Seitdem steht er da. Ich musste durch den Hinterausgang in eine Gasse entwischen. An diese Art Leben bin ich nicht gewöhnt. Das macht mich nervös.“

„Hast du etwas für uns herausbekommen?“

Wieder sah Wes sich um, dann senkte er die Stimme. „Zuerst habe ich noch einmal meine Akte über Geoffrey Fontaines Tod eingesehen. Als ich dich vor ein paar Wochen anrief, hatte ich alle Angaben vor mir – den pathologischen Befund, den Polizeibericht. Ich hatte einen ganzen Stoß Notizen, die Fotokopie seines Passes …“

„Ja, und?“

„Alles ist verschwunden.“ Er warf einen kurzen Blick auf Sarah. „Einfach alles. Nichts ist mehr übrig. Nicht nur meine Akten, sondern auch aus dem Computer ist alles verschwunden.“

„Was hast du dann herausgefunden?“

„Über Geoffrey Fontaine? Nichts. Als hätte ich diese Akte nie angelegt."

„Man kann doch die Existenz eines Menschen nicht restlos auslöschen", wandte Sarah ein.

Wes zuckte die Schultern. „Aber jemand versucht es. Ich habe leider keine Ahnung, wer es sein könnte. Wir haben in der Botschaft zu viele Angestellte. Da kann es jeder gewesen sein."

Sie unterbrachen das Gespräch, als die Kellnerin ihnen ihr Essen brachte.

„Und über Magus?", fragte Nick dann.

Wes nahm sich ein Stück Käse. „Darauf wollte ich gleich kommen. Also, nachdem ich festgestellt hatte, dass Geoffrey Fontaine für den Computer nicht mehr existierte, versuchte ich, mir Informationen über Magus zu beschaffen. Auch da ist nichts vorhanden."

„Das überrascht mich allerdings nicht sonderlich", sagte Nick.

„Ich habe keinen Zugang zu den ganz geheimen Akten. Und ich glaube, Magus fällt auch in diese Kategorie."

„Wir haben also nichts in der Hand", stellte Sarah enttäuscht fest.

„Nicht ganz."

Nick runzelte die Stirn. „Was hast du gefunden?"

Wes fuhr in seine Jackentasche und zog einen Umschlag heraus, den er auf den Tisch legte. „Ich habe Simon Dance gefunden."

Nick griff nach dem Kuvert. Zwei Blätter waren darin. „Himmel, sieh dir das an!" Er reichte die Blätter an Sarah weiter.

Es war die Fotokopie eines sechs Jahre alten Visa-Antrages. Dabei lag die schlechte Kopie eines Passbildes. Die Augen kamen Sarah eigenartig bekannt vor, doch hätte sie diesen Mann auf der Straße gesehen, wäre sie achtlos an ihm vorbeigegangen.

Ihr Herz klopfte schneller. „Das ist Geoffrey", flüsterte sie.

Wes nickte. „Wenigstens sah er vor sechs Jahren so aus, als er noch Dance hieß."

„Wie bist du an diese Sachen gekommen?", fragte Nick.

„Wer immer Geoffrey Fontaines Unterlagen entwendet oder gelöscht hat, machte sich nicht die Mühe, an Dance zu denken. Vielleicht war dieser Vorgang auch zu alt, und man nahm an, Gesicht und Namen hätten sich geändert. Wozu sollte man sich also damit befassen?"

Sarah blätterte zur nächsten Seite weiter. Simon Dance hatte, wie sie las, einen deutschen Pass mit einer Berliner Adresse. Als Beruf war Architekt eingetragen. Und er war verheiratet.

„Weshalb hat er denn den Visa-Antrag gestellt?", fragte sie.

„Es war ein Touristenvisum“, erklärte Wes.

„Nein, ich meine, warum?“

„Vielleicht wollte er sich die Sehenswürdigkeiten angucken.“

„Oder die Möglichkeiten abklopfen“, fügte Nick hinzu.

„Haben Sie seine alte Berliner Anschrift überprüft?“, fragte Sarah.

Wes nickte. „Die steht nicht mehr. Das Haus wurde im letzten Jahr wegen eines Hochhausneubaus abgerissen.“

„Dann haben wir absolut keine Spur“, sagte Nick.

„Ich habe noch eine letzte Quelle“, bot Wes an. „Einen alten Freund, der einmal für die Firma tätig war. Er ist vergangenes Jahr in den Ruhestand getreten, weil ihm die Spionagepraxis heutzutage missfällt. Vielleicht weiß er etwas über Simon Dance – und Magus.“

„Das hoffe ich!“ Nick seufzte.

Wes stand auf. „Leider kann ich nicht länger bleiben. Dieser Lieferwagen parkt noch vor meinem Haus. Ruf mich morgen Mittag an. Bis dahin müsste ich etwas in Erfahrung gebracht haben.“ Er nahm ein Streichholzpäckchen vom Tisch. „Ich werde dich unter dieser Nummer hier zurückrufen.“

„Gleiches Verfahren?“

„Ja. Lass mir eine Viertelstunde Zeit nach deinem Anruf. Ich kann nicht immer gleich eine Telefonzelle finden.“ An Sarah gewandt, fügte er hinzu: „Lasst uns hoffen, dass diese Geschichte bald ein Ende findet. Sie müssen es leid sein, auf der Flucht zu sein.“

Sie nickte. Während sie die ihr gegenübersitzenden Männer anschaute, dachte sie, dass es nicht an dem mangelnden Schlaf oder an den unregelmäßigen Mahlzeiten oder selbst an der ständigen Angst lag, dass sie so erschöpft war. Es war die Sorge, nicht zu wissen, wem sie vertrauen konnte.

„Du bist so schrecklich still gewesen“, sagte Nick. „Stimmt etwas nicht?“

Sie gingen zu Fuß zu ihrer Pension zurück. Es war dunkel geworden, und der Dunstschleier der Stadt verhüllte die Sicht auf die Sterne.

„Ich weiß es nicht, Nick.“ Sarah seufzte, blieb stehen und sah ihn an. Seine Augen waren unergründlich dunkel, die Augen eines Fremden. „Kann ich dir wirklich vertrauen?“

„Oh, Sarah, welch dumme Frage!“ Mit einer beruhigenden Geste streichelte er ihr über die Wange. „Was geschehen ist, ist geschehen. Du musst einen neuen Anfang machen und mir einfach vertrauen.“

„Ich habe Geoffrey vertraut“, flüsterte sie.

„Ich bin Nick. Vergiss das nicht!“

„Wer ist dieser Nick O'Hara? Das frage ich mich manchmal."

Er zog sie in die Arme. „Sarah, nach einer Weile wirst du aufhören, dich das zu fragen. Du wirst sicher sein, dass du mir vertrauen kannst. Vielleicht wird es ein, zwei oder auch ein Dutzend Jahre dauern. Aber du wirst lernen, mir Vertrauen zu schenken."

Kurze Zeit darauf, als sie sich in ihrem Zimmer in den Armen hielten, versuchte Sarah, alles das, was sie an Nick liebte, sich ins Gedächtnis einzuprägen: sein Lachen, sein Lächeln, den Duft seiner Haut. Ja, sie liebte ihn.

„Liebe mich", flüsterte sie. „Bitte. Jetzt. Liebe mich."

Er streichelte mit den Fingerspitzen über ihre Stirn, dann über die Wange. „Sarah, ich begreife nicht ... Hier stimmt etwas nicht ..."

„Stell mir keine Fragen. Liebe mich nur. Lass mich vergessen. Ich möchte vergessen."

„Oh, Sarah", stöhnte er und umfasste ihr Gesicht mit beiden Händen. „Ich werde dich vergessen machen ..."

Auf einmal gab es für Sarah nichts anderes als den Geschmack seines Mundes. Die wilde Leidenschaft, die immer hinter Nicks kühler Fassade gelauert hatte, brach plötzlich aus ihm heraus. Er ließ seine Finger über ihren Hals herab zu ihrer Bluse gleiten. Langsam öffnete er die Knöpfe, und dann spürte Sarah, wie sein Mund sich begierig auf ihre Brust presste. Ihr war kaum bewusst, dass ihr zuerst die Bluse und dann der Rock abgestreift wurden. Ihre Sinne waren einzig darauf gerichtet, welche Lust sie bei Nicks Liebkosungen empfand.

Sie sank auf das Bett. Nick stand aufrecht vor ihr und betrachtete sie eine Weile mit brennenden Augen, ehe er sich mit einem Aufstöhnen auf sie legte und sie ungestüm zu küssen begann.

„Ich wollte dich, wollte dich schon so lange", flüsterte er zwischen den Küssen und fuhr mit gespreizten Fingern durch ihr Haar. „Vom ersten Tag an. Ich konnte an nichts anderes denken, als dich so vor mir zu sehen. Dich zu besitzen, dich zu spüren, zu schmecken." Hastig zog er sich das Hemd über den Kopf. Ein Knopf sprang ab und fiel auf Sarahs nackten Bauch. Er schnippte ihn zur Seite und küsste die Stelle, wo der Knopf gelegen hatte. Dann stand er auf und zog sich ganz aus.

Das schwache Licht, das durch das Fenster fiel, beleuchtete seine nackten Schultern. Sarah konnte nur schemenhaft die Umrisse seines Gesichts erkennen. Nick war nur ein Schatten, der über ihr zu schweben schien, ein Schatten, der zu wildem Leben erwachte, als ihre Körper sich berührten. Ihre Lippen vereinten sich zu einem leidenschaftlichen Kuss, der zu maßlos war, um zärtlich zu sein. Mit Körper und Seele hieß Sarah Nick willkommen. Sie gab sich ihm restlos hin.

Sein Eindringen war langsam, zögernd, als fürchtete er, ihr wehzutun. Aber in dem Fieber der Leidenschaft verlor er bald die Zurückhaltung. Er war nicht mehr länger Nick O'Hara. Er war wild und ungezähmt. Doch sogar dem Ende zu, als er sich über ihr verkrampfte, blieb zwischen ihnen eine Zärtlichkeit, eine Zuneigung, die das rein körperliche Verlangen überstieg.

Erst als Nick entspannt an ihre Seite sank und beider Atem sich beruhigte, fiel ihm Sarahs Schweigen auf. Er wusste, auch sie hatte ihn lieben wollen, denn sie hatte sich ihm auf eine ihm unvorstellbare Weise geschenkt. Seine Begierde erwachte aufs Neue, schon wenn er nur so neben ihr lag und ihren Kopf an seiner Brust fühlte. Er berührte ihre Wange und bemerkte ihre Tränen. Irgendetwas hatte sich geändert.

Er würde sie später fragen, was anders geworden sei. Doch erst wenn die Glut ihres Feuers verloschen war, würde er sie fragen, warum sie geweint hatte. Nicht jetzt, sie war innerlich noch nicht dazu in der Lage. Und er wollte Sarah noch einmal lieben, er konnte nicht länger warten.

Als er erneut in sie eindrang, vergaß er alle Fragen, die ihn noch einen Augenblick vorher bewegt hatten. Er vergaß alles. Es gab nur noch Sarah für ihn, die weich und warm unter ihm lag. Morgen würde er sich daran erinnern, was er sie hatte fragen wollen.

Morgen.

„Guten Morgen, Mr Corrigan. Können wir Sie einen Augenblick stören?"

Am Ton der Frage erkannte Wes sofort, dass es sich nicht nur um einen reinen Freundschaftsbesuch handelte. Er blickte von seinen auf dem Schreibtisch vor ihm liegenden Unterlagen auf und sah zwei Männer, die in der Tür standen. Der eine war untersetzt und dicklich, der andere groß und sehr schlank. Beide hatten kalte, verschlossene Mienen.

Wes räusperte sich. „Hallo. Womit kann ich Ihnen dienen?"

Der hochgewachsene Mann setzte sich hin und sah Wes direkt in die Augen. „Nick O'Hara. Wo ist er?"

Wes verschlug es die Sprache. Er brauchte einige Sekunden, um seine Fassung wiederzugewinnen, aber da war es schon zu spät. Er hatte sich bereits verraten. Er schob die Papiere beiseite und sagte: „Hmm ... Nick O'Hara ... Ist er denn nicht in Washington?"

Der rundliche Mann schnaubte durch die Nase. „Halten Sie uns nicht zum Narren, Corrigan!"

„Wer hält Sie hier zum Narren? Wer sind Sie überhaupt?"

Der größere der beiden Männer antwortete: „Ich heiße van Dam. Und das ist Mr Potter."

Die Firma, dachte Wes. Junge, Junge, jetzt bin ich wirklich in Schwierigkeiten. Was mache ich nun? Er stand auf und versuchte, möglichst kühl zu wirken. „Hören Sie, heute ist Samstag. Ich habe wirklich etwas anderes zu tun. Vielleicht sind Sie so freundlich und lassen sich einen Termin an einem Wochentag geben, so wie jeder andere auch!"

„Setzen Sie sich, Corrigan."

Wes griff nach dem Telefon, um einen Sicherheitsbeamten zu rufen, aber Potter hielt seine Hand fest, noch ehe er den Hörer erreicht hatte. Zum ersten Male verspürte Wes Angst. Grobe Worte waren nicht schön, aber Tätlichkeiten waren ganz etwas anderes. Diese Kerle nahmen keine Rücksicht, und Wes verabscheute Gewalttätigkeiten. Insbesondere, wenn es um ihn persönlich ging.

„Wir wollen O'Hara", sagte Potter.

„Ich kann Ihnen nicht helfen."

„Wo ist er?"

„Ich sagte es doch. In Washington. Ich habe ihn übrigens vor zwei Wochen wegen einer Konsulatsgeschichte angerufen." Wes sah auf seine festgehaltene Hand hinunter. „Würden Sie mich jetzt gefälligst loslassen?" Potter gab seine Hand frei.

Van Dam seufzte. „Hören wir doch mit diesem Unsinn auf. Wir wissen, dass der Mann sich in Berlin aufhält. Wir wissen außerdem, dass Sie gestern auf seinen Wunsch hin eigenartige Computerabrufe vorgenommen haben. Offensichtlich hatte er sich mit Ihnen in Verbindung gesetzt."

„Das ist eine reine Vermutung ..."

„Jemand mit Ihrem Computercode hat emsig Informationen abgerufen." Der Mann schlug ein kleines Notizbuch auf. „Wir wollen doch einmal sehen. Gestern haben Sie um sieben Uhr morgens Informationen über einen Geoffrey Fontaine eingeholt ..."

„Ja nun, ich habe vor einigen Wochen eine Akte über Fontaines Tod angelegt. Ich wollte die Fakten noch einmal überprüfen."

„Um halb acht haben Sie den Namen Simon Dance eingegeben. Eigenartiger Name. Gab es einen Grund für die Neugier?"

Wes blieb stumm.

„Schließlich haben Sie um zwölf Uhr – während der Mittagspause, nehme ich an – Einzelheiten über jemanden oder etwas namens Magus haben wollen. Sind Sie vielleicht besonders am Alten Testament interessiert?"

Wes antwortete immer noch nicht.

„Hören Sie, Mr Corrigan. Wir wissen beide, warum Sie diese Auskünfte einholen wollten. Sie machen es für O'Hara, stimmt's?"

„Weshalb interessiert Sie das?"

„Wir wollen ihn haben!", bemerkte Potter sehr ungeduldig.

„Warum?"

„Wir sind um seine Sicherheit besorgt", antwortete van Dam. „Und um die Sicherheit der Frau, die bei ihm ist."

„Oh, tatsächlich?"

„Corrigan, was soll das?", sagte Potter. „Sein Leben hängt davon ab, dass wir ihn rechtzeitig finden."

„Erzählen Sie mir ein anderes Märchen."

Van Dam beugte sich vor und sah Wes eindringlich an. „Sie sind in ein tödliches Geschäft verwickelt. Sie brauchen Schutz."

„Warum sollte ich Ihnen glauben?"

„Falls Sie uns nicht behilflich sein wollen, werden Sie am Tod der beiden schuld sein."

Wes schüttelte den Kopf. „Wie gesagt, ich kann Ihnen nicht helfen."

„Sie können nicht oder Sie wollen nicht?"

„Ich kann nicht. Ich weiß nicht, wo er ist. Und das ist die absolute Wahrheit."

Van Dam und Potter tauschten einen Blick aus. „Gut", sagte van Dam. „Alarmieren Sie Ihre Leute. Wir werden halt warten müssen."

Potter nickte und stürmte aus dem Büro.

Wes stand auf. „Hören Sie, ich weiß beim besten Willen nicht, was der ganze Unfug soll, aber …"

Van Dam bedeutete ihm, sich wieder hinzusetzen. „Ich fürchte, Sie werden dieses Haus eine ganze Weile nicht verlassen. Falls Sie eine bestimmte Örtlichkeit benötigen sollten, lassen Sie es uns wissen, und wir schicken jemanden mit."

„Verdammt, was wird hier eigentlich gespielt?"

Van Dam lächelte. „Ein Wartespiel, Mr Corrigan. Wir werden uns gemütlich zurücklehnen und einfach darauf warten, wie lange es dauern wird, bis Ihr Telefon klingelt."

11. KAPITEL

Das Telefon der Botschaft schien ewig zu klingeln. Nervös klopfte Nick im Café Krause mit den Fingern auf den Tisch. Wo ist nur die Sekretärin geblieben? fragte er sich.

„Botschaft der Vereinigten Staaten von Amerika."

Sofort war Nicks Aufmerksamkeit wieder voll da. „Mr Wes Corrigan", sagte er.

„Einen Augenblick, bitte." Es gab eine Pause, ehe eine andere Stimme zu hören war. „Sie wollen Mr Corrigan sprechen? Ich glaube, er ist nicht in seinem Büro. Ich werde ihn suchen lassen. Bleiben Sie bitte in der Leitung."

Ehe Nick etwas einwenden konnte, war die Leitung tot. Fünf Minuten musste er warten, und dann, als er schon auflegen wollte, meldete sich die Stimme wieder.

„Es tut mir leid. Ich kann ihn nicht finden. Aber er muss jeden Augenblick zu einer Besprechung zurück sein. Kann ich ihm eine Nachricht übermitteln?"

„Ja, sagen Sie ihm, Steve Barnes habe angerufen. Es geht um meine Passschwierigkeiten."

„Hat er Ihre Nummer?"

„Ja, er kennt sie." Nick legte auf.

Verabredungsgemäß würde Wes jetzt das Gelände der Botschaft verlassen und Nick von außerhalb im Café Krause anrufen. Nick würde ihm fünfzehn Minuten Zeit lassen, um ihn zu erreichen. Falls kein Anruf käme, würde er es später noch einmal versuchen. Aber irgendetwas sagte ihm, dass er ein Risiko einging, wenn er zu lange auf den Anruf wartete. Der Wortwechsel beunruhigte ihn, und vor allem das Warten am Anfang seines eigenen Anrufes. Er sah auf seine Uhr. Es war Viertel nach zwei. Er würde bis halb drei warten.

Jemand räusperte sich. Eine junge Frau wollte das Telefon im Café Krause benutzen. Mit einem leisen Fluch trat Nick einige Schritte zurück und wartete im Schatten vor dem Notausgang, bis sie fertig war. Das Gespräch schien Stunden dauern zu wollen. Um ein Uhr fünfundzwanzig redete sie immer noch. Er hielt seine Armbanduhr hoch und tippte darauf, doch die Frau wandte ihm nur ihren Rücken zu. Schimpfend trat er von einem Bein auf das andere.

Plötzlich wurde die Tür des Cafés geöffnet, und ein Mann in einem dunkelgrauen Anzug trat ein. Er blickte sich suchend um und kam dann durch die Reihen der Tische auf Nick zu. Etwas an der Art, wie der Mann seine Hand in der Tasche hatte, sagte Nick, dass er Schwierigkeiten bekommen würde.

Nick fasste hinter sich und versuchte die Tür zu öffnen. Sie war verschlossen. Der Mann machte drei schnelle Schritte auf ihn zu und blockierte ihm den Weg. Mit einer eindeutigen Bewegung hob er die Hand in der Tasche, und die Spitze einer Waffe zeichnete sich durch den Stoff ab.

„Ganz ruhig, O'Hara!", zischte Roy Potter. „Wir wollen kein Aufsehen erregen!"

Nick sah sich hastig nach einer anderen Fluchtmöglichkeit um. Die Frau schwatzte noch immer und hatte ihm den Rücken zugekehrt. Potter stand so, dass Nick weder nach hinten noch mit einem Satz nach vorn zwischen die Tische gelangen konnte.

„Kommen Sie ganz unauffällig mit mir hinaus", sagte Potter drohend. „Machen Sie schon, gehen Sie vor! Und keine falsche Bewegung, oder ich schieße!"

Er trat einen kleinen Schritt zur Seite und forderte Nick mit einer ruckartigen Kopfbewegung auf vorzugehen. Mit unbeweglicher Miene sagte Nick: „Ich muss noch bezahlen." Er hoffte, so vielleicht eine Möglichkeit zu finden, Potter zur Seite stoßen und fliehen zu können.

Potter griff mit der linken Hand in seine Jackentasche und zog ein Bündel Geldscheine heraus. Dann wies er Nick mit einem finsteren Blick an, sich in Bewegung zu setzen.

Zögernd ging Nick vor Potter her. Keiner der wenigen Gäste schien sie zu beachten. Im Vorbeigehen warf Potter eine Banknote auf Nicks Tisch.

Kurz vor dem Ausgang zischte Potter leise: „Sie haben keine Chance. Wir werden erwartet."

Als Nick die Tür öffnete, sah er vor sich auf der Straße einen Wagen mit laufendem Motor stehen. Ein Mann stand neben der geöffneten Seitentür.

Langsam wandte Nick Potter den Kopf zu und sagte: „Lassen Sie das alberne Ding stecken, Potter. Sie machen mich nervös."

„Steigen Sie ein!", befahl Potter trocken.

„Wohin fahren wir?"

„Zu einem Plauderstündchen mit Jonathan van Dam."

„Und was geschieht dann?"

Potter grinste ausgesprochen unangenehm. „Das hängt alles von Ihnen ab."

Es war zehn Minuten vor ein Uhr mittags, als das Taxi Sarah an der Ecke des Potsdamer Platzes absetzte. Nick abzuhängen war einfacher gewesen, als sie gedacht hatte. Kurz nachdem er fortgegangen war, um Wes Corrigan anzurufen, hatte sie ihre Handtasche genommen und war aus der Tür gestürzt.

Sie mischte sich unter eine Gruppe von Touristen und tat, als würde sie den Erklärungen des Führers über das Brandenburger Tor zuhören. Doch ständig hielt sie Ausschau nach einem ihr bekannten Gesicht. Wo blieb die Frau? Ihr Herz klopfte heftig. Die Gruppe bewegte sich an der Berliner Mauer weiter, und die Stimme des Reiseführers wurde schwächer.

Dann hörte sie plötzlich die Stimme einer Frau, die im Vorübergehen leise etwas zu ihr sagte.

„Folgen Sie mir. Halten Sie Abstand."

Sie drehte sich um und erkannte die Frau aus dem Blumenladen, die mit einer Einkaufstüte, die ihr am Arm baumelte, ganz normal weiterging. Langsam schlenderte sie auf die Linkstraße zu. Sarah folgte ihr in einiger Entfernung.

Nach drei Häuserblocks betrat die Frau ein Kerzengeschäft. Einen Augenblick lang zögerte Sarah auf dem Bürgersteig. Der Laden wirkte sehr dunkel, und durch die Schaufensterscheiben konnte man innen nichts erkennen. Schließlich entschied Sarah sich, das Geschäft zu betreten.

Der Laden war leer, die Frau nirgends zu sehen. Sarah zuckte erschreckt zusammen, als plötzlich hinter dem Verkaufstresen ein alter Mann aufstand. Er nickte ihr zu. „Geradeaus", flüsterte er. Sie sah ihn fragend an. „Geradeaus", wiederholte er und wies auf den hinteren Teil des Raumes. Sarah begriff.

Ihr Herz klopfte bis zum Hals, als sie an ihm vorbeiging. Sie durchquerte einen kleinen Lagerraum und trat dann durch den Hintereingang auf eine andere Straße.

Das Sonnenlicht blendete sie. Die Tür fiel hinter ihr ins Schloss. Vor ihr lag eine kleine Straße. Irgendwo zur Rechten musste der Potsdamer Platz sein. Sie konnte den entfernten Verkehrslärm hören. Wo war die Frau geblieben?

Das Geräusch eines sich nähernden Wagens ließ sie herumfahren. Wie aus dem Nichts war ein schwarzer Citroën aufgetaucht, der direkt auf sie zugerast kam. Ihr blieb keine Möglichkeit zur Flucht. Die Hintertür des Ladens war verschlossen. Die schmale Straße war so gut wie menschenleer. Panisch presste sie sich flach gegen die nächste Hausmauer. Gebannt blieb ihr Blick an der glänzenden

Kühlerhaube des Wagens hängen, der näher und näher kam.

Quietschend bremste der Citroën vor ihr. Die Tür wurde aufgestoßen. „Steigen Sie ein!“, zischte die Frau vom Hintersitz. „Rasch!“

Sarah löste sich von der Wand und kroch in das Wageninnere.

„Schnell!“, rief die Frau dem Fahrer zu.

Als der Wagen mit einem Satz anfuhr, wurde Sarah gegen den Sitz gedrückt. An der nächsten Ecke bog er nach links, dann nach rechts und wieder nach rechts ab. Sarah verlor die Orientierung. Die Frau sah ständig über ihre Schulter zurück. Schließlich wandte sie sich an Sarah, nachdem sie festgestellt hatte, dass niemand ihnen folgte.

„So, jetzt können wir sprechen“, begann sie. „Sagen Sie, was Sie zu sagen haben.“

„Wer sind Sie?“, fragte Sarah.

„Eine Bekannte von Geoffrey.“

„Dann wissen Sie also, wo er ist?“

Die Frau antwortete nicht. Stattdessen sagte sie etwas in deutscher Sprache zu dem Fahrer. Er reagierte darauf, indem er links von der Hauptstraße abbog und am Rande eines stillen Parks entlangfuhr. Kurze Zeit später hielten sie unter Bäumen an.

Die Frau nahm Sarahs Arm. „Kommen Sie. Wir werden hier spazieren gehen.“

Zusammen schlenderten die beiden Frauen über den Rasen. „Woher kennen Sie meinen Mann?“, fragte Sarah.

„Vor Jahren haben wir zusammengearbeitet. Damals hieß er Simon Dance.“

„Wo ist er jetzt?“, fragte Sarah.

„Ich weiß es nicht.“

„Warum haben Sie mich dann hierherbestellt?“

„Um Sie zu warnen. Als Gefallen für einen alten Freund sozusagen.“

„Sie meinen Geoffrey?“

„Ja. In diesem Geschäft haben wir wenige Freunde, aber die, die wir haben, bedeuten uns alles.“

Sie gingen weiter auf eine Säule mit einem goldenen Engel zu. Sarah sah zurück und erblickte den schwarzen Citroën, der wartend am Straßenrand stand.

„Ich habe ihn zuletzt vor ungefähr zwei Wochen gesehen“, fuhr die Frau fort. „Das war ein Schock, sich nach all der Zeit wiederzusehen! Ich wusste, dass Simon aus dem Geschäft ausgestiegen war. Und doch stand er hier in Berlin vor mir und war wieder mittendrin. Er war sehr besorgt, weil er annahm, von den Leuten, für die er tätig war, betrogen worden zu sein. Er wollte von der Bildfläche verschwinden."

„Betrogen? Von wem?"

„Dem CIA."

Sarah blieb unvermittelt stehen. Sie war sehr erstaunt. „Er arbeitete für den CIA?"

„Sie haben ihn dazu gezwungen. Er hatte Talente ... Er wusste Dinge, die für ihre Operationen außerordentlich wichtig waren. Aber zu viel ging schief. Simon wollte aussteigen. Er kam zu mir, weil er lebenswichtige Dokumente brauchte. Ich besorgte ihm einen neuen Pass und einen Personalausweis. Dinge, die er zum Verlassen Berlins benötigte, sobald er seine alte Identität abgelegt hatte. Wir haben uns nur einige Stunden gesehen."

Traurig schüttelte die Frau den Kopf. „Welche Wendung unser Leben genommen hat! Ich habe Ihr Bild in seiner Brieftasche gesehen. Deshalb habe ich Sie gestern auch wiedererkannt. Er sagte mir, Sie seien ein sehr – lieber Mensch und dass es ihm leid tue, Ihnen übel mitgespielt zu haben. Als er mich verließ, versprach er mir, wir würden uns eines Tages wiedersehen. Aber am selben Abend hörte ich von dem Brand. Ich erfuhr, man habe eine Leiche gefunden."

„Glauben Sie, dass er tot ist?"

„Nein."

„Weshalb nicht?"

„Wenn er tot wäre, warum sollte man dann noch hinter Ihnen her sein?"

„Sie erwähnten die CIA-Operationen. Haben die irgendetwas mit einem Mann namens Magus zu tun?"

In den Augen der Frau blitzte eine Spur von Überraschung auf. „Er hätte Ihnen nichts über Magus erzählen sollen."

„Er war es nicht. Es war Eve."

„Ach so. Dann wissen Sie über Eve Bescheid." Die Frau musterte Sarah neugierig. „Ich hoffe, Sie sind nicht eifersüchtig."

„So wie Sie es sagen, klingt es, als ob Sie es noch nicht wüssten."

„Wissen? Was?"

„Dass Eve tot ist. Erstochen."

Der Blick der Frau verdunkelte sich. „Erstochen? Das ist Kronens Handschrift."

„Kronen?"

„Der Sohn des Teufels, wie wir ihn zu nennen pflegten. Er ist Magus' Favorit."

„Trägt er eine Spiegelbrille? Und hat er blondes, fast weißes Haar?"

Die Frau nickte. „Sie haben ihn also schon gesehen. Er wird Sie suchen. In Amsterdam. In Berlin. Wohin Sie sich auch flüchten, er wird dort auf Sie warten."

Plötzlich nahm die Frau Sarah am Ellbogen und zog sie auf den Weg zurück, den sie gekommen waren. „Dann haben wir jetzt keine Zeit mehr zu verlieren", fuhr sie hastig fort. „Sie werden auch hinter mir her sein. Hören Sie gut zu, was ich Ihnen sagen werde. Nachdem wir uns getrennt haben, werden wir uns nie wiedersehen. Als Ihr Mann vor zwei Wochen zu mir kam, geschah das aus einem bestimmten Grund. Einem tödlichen Grund."

„Magus?"

„Ja oder das, was von ihm übrig geblieben ist. Vor fünf Jahren hatten drei von uns einen Auftrag bekommen. Er lautete – wie soll ich es ausdrücken: ohne jede Rücksichtnahme zu töten. Unser Ziel war Magus. Simon deponierte die Bombe in seinem Auto. Der alte Mann saß selbst am Steuer, wenn er zur Arbeit fuhr. Aber an dem Morgen blieb er zu Hause. Stattdessen nahm seine Frau den Wagen. Sie starb auf der Stelle. Nach der Explosion kam der Alte aus dem Haus gerannt und versuchte, sie aus dem Wagen zu zerren. Die Flammen waren verheerend, aber irgendwie blieb er am Leben. Und jetzt will er uns haben."

„Rache", murmelte Sarah, „das also ist sein Beweggrund."

„Ja. Gegen uns alle, gegen mich, Eve, und vor allem gegen Simon. Magus hat Eve bereits gefunden."

„Was habe ich mit alledem zu tun?"

„Sie sind Simons Frau. Sie sind die Verbindung zu ihm."

„Was soll ich nur tun? Sollte ich vielleicht nach Hause fliegen ..."

„Sie können nicht zurück. Jetzt nicht, vielleicht niemals mehr." Sie sah zum Wagen hin. „Falls Simon lebt, dann ist er in Amsterdam."

„In Amsterdam? Wieso?"

„Weil Magus dort ist."

„Wo ist Sarah Fontaine?"

Nick setzte sich bewusst gelassen in den Ledersessel und warf van Dam einen vernichtenden Blick zu. Er war überrascht, sich in einer so angenehmen Umgebung wiederzufinden. Er hatte grelle Strahler und einen harten Stuhl erwartet, jedoch gewiss nicht den teuren Ledersessel, in dem er jetzt saß. Er zweifelte allerdings nicht daran, dass die Lage bald weniger erfreulich sein würde.

„Mr O'Hara, ich werde langsam ungeduldig", sagte van Dam. „Ich habe Ihnen eine Frage gestellt. Wo ist Sarah Fontaine?"

Nick zuckte lediglich die Schultern.

„Falls Ihnen überhaupt etwas an der Frau liegt, dann sollten Sie uns erzählen, wo sie sich aufhält, und zwar schnell.“

„Weil mir an ihr liegt“, entgegnete Nick, „werde ich Ihnen gar nichts erzählen.“

„Sie wird nicht einmal eine Woche so überleben können. Sie ist unerfahren und ängstlich. Wir müssen sie haben – jetzt!“

„Weshalb, in aller Welt?“

„Mr O'Hara“, erklärte van Dam, „die Frau benötigt unsere Hilfe. In unserer Obhut ist sie besser aufgehoben. Sagen Sie uns, wo sie ist. Sie können so ihr Leben retten.“

„Sie stand in Margate unter Ihrer Bewachung. Welche Art von Schutz haben Sie ihr da gegeben? Was zum Kuckuck ist hier nur los?“

„Ich kann es Ihnen nicht sagen.“

„Sie suchen Geoffrey Fontaine, nicht wahr?“

„Nein.“

„Sie haben in London Sarahs Freilassung arrangiert und sind ihr dann gefolgt. Sie nahmen an, Sarah würde Sie direkt zu Fontaine bringen. So ist es doch?“

„Wir wissen bereits, dass sie das nicht kann.“

„Was soll das denn nun wieder bedeuten?“

„Wir sind nicht hinter Geoffrey Fontaine her.“

„Ach, erzählen Sie mir doch keine Märchen.“

Potter konnte nicht mehr länger schweigend zuhören. „Verdammt!“, brüllte er wütend und knallte mit den flachen Händen auf den Schreibtisch. „Begreifen Sie immer noch nicht, O'Hara? Geoffrey Fontaine war einer von uns.“

Die überraschende Enthüllung brachte Nick für einen Moment zum Schweigen. Er starrte Potter an. „Soll das heißen – er hat für die Firma gearbeitet?“

„Sehr richtig.“

„Und wo ist er jetzt?“

Potter seufzte und sah plötzlich sehr müde aus. „Er ist tot.“

Nick lehnte sich zurück. Diese Neuigkeit machte ihn fassungslos. Die ganze Sucherei, die ganze Flucht – alles war umsonst gewesen? Sie hatten halb Europa auf der Suche nach einem Toten durchquert. „Ich … mir scheint, ich habe hier eine arge Wissenslücke. Klären Sie mich auf. Wer ist hinter Sarah her?“

Van Dam schaltete sich ein. „Ich weiß nicht, ob wir …“

„Uns bleibt keine andere Wahl“, unterbrach Potter ihn. „Wir müssen es ihm sagen.“

Nach einer kleinen Pause nickte van Dam schließlich zustimmend. „Nun gut. Fangen Sie an, Mr Potter."

Während er sprach, schlich Potter wie eine alte Bulldogge zwischen den Sesseln hin und her. „Vor fünf Jahren war einer der Superagenten des holländischen Geheimdienstes ein Mann namens Simon Dance. Er gehörte zu einem Dreierteam. Die beiden anderen waren Frauen: Eva Saint-Clair und Helga Steinberg. Sie hatten einen ganz gewöhnlichen Mordauftrag, aber das Vorhaben ging schief. Ihr Opfer überlebte. Stattdessen wurde dessen Frau getötet."

„Dance war ein bezahlter Mörder?"

Potter blieb stehen und sah Nick finster an. „Manchmal muss man Feuer mit Feuer bekämpfen, O'Hara. In diesem Fall war das Ziel der Kopf einer weltweiten Terrororganisation. Diese Kerle arbeiten nicht für Ideologien, sie arbeiten nur für bares Geld. Für einhunderttausend Dollar bekommt man eine Bombe, und für die dreifache Summe wird ein Schiff versenkt, oder man erhält eine Kiste Maschinengewehre oder eine Bodenabwehrrakete. Alles, was man sich vorstellen kann – zum entsprechenden Preis. Man hat gar keine andere Möglichkeit, mit einer solchen Gruppe fertig zu werden, außer man wendet deren eigene Methoden an. Der Job musste getan werden, und das Team um Dance war das beste dafür."

„Aber das Opfer entkam."

„Unglücklicherweise, ja. Innerhalb eines Jahres war dann auf alle drei Geheimagenten ein Kopfgeld ausgesetzt und die höchste Summe natürlich auf Simon Dance. Zu der Zeit hatte sich das Trio aber schon klugerweise aus dem Staub gemacht. Wir glauben, dass Helga Steinberg noch in Deutschland lebt. Dance und Eva Saint-Clair verschwanden spurlos. Fünf Jahre lang wusste niemand, wo sie abgeblieben waren. Und dann saß vor ungefähr drei Wochen einer unserer Londoner Agenten zufällig im Foyer des Savoy-Hotels und hörte eine Stimme, die er wiedererkannte. Er hatte vor Jahren einmal mit Dance zusammengearbeitet und kannte daher seine Stimme. So haben wir auch Dance' neue Identität herausbekommen: Geoffrey Fontaine."

„Wie kam es, dass er für die Firma tätig war?"

„Ich habe ihn überredet."

„Womit?"

„Mit dem üblichen: Geld, ein neues Leben. Er aber wollte nichts davon wissen. Er wollte nur eines: ohne jede weitere Furcht weiterleben können. Ich wies ihn darauf hin, dass der einzige Weg dorthin darin bestehe, zurückzukommen und seinen Auftrag an Magus zu Ende zu bringen, dem Mann, den er hätte töten sollen. Schon jahrelang hatte ich selbst versucht, Magus' habhaft zu werden, leider erfolglos. Ich konnte seine Spur nur bis Amsterdam verfolgen und brauchte jetzt die Hilfe von Simon Dance. Er willigte ein."

Magus, dachte Nick, der alte Mann, der Zauberer. Endlich begann er zu verstehen. „Sie konnten also den Job nicht selbst ausführen", stellte er fest, „und haben einen Topagenten in die Dienste der USA genommen."

„Ja, genau. Und nun sagen Sie bloß nicht, Ihre veralteten, diplomatischen Methoden hätten in einer solchen Lage etwas Vernünftiges erbracht. Eine Kugel bringt wenigstens ein Ergebnis."

„Sie machen sich Ihre Sache allerdings ganz schön leicht, wenn Sie den Leuten einfach den Kopf wegschießen. Was also ist schiefgelaufen? Warum ist Ihr Superagent nicht zum Ziel gekommen?"

Potter schüttelte den Kopf. „Ich weiß es nicht. In Amsterdam wurde Dance nervös. Er verließ die Stadt wie ein verängstigtes Kaninchen. Aus irgendeinem sonderbaren Grund flog er nach Berlin und stieg in diesem alten Hotel ab, wo an jenem Abend das Feuer ausbrach. Doch das wissen Sie ja bereits. Und das war das Letzte, was wir von Simon Dance gehört haben."

„Und war es seine Leiche, die im Hotel gefunden wurde?"

„Uns liegen keine Zahnbefunde vor, aufgrund derer wir es nachweisen könnten, aber ich tendiere dazu, es anzunehmen. Es wurde sonst niemand als vermisst gemeldet. Dance ist nirgendwo wieder aufgetaucht. Was wirklich dahintersteckt, bleibt Ihrer Fantasie überlassen. Mord? Selbstmord? Beides ist möglich. Er war deprimiert und niedergeschlagen."

Nick runzelte die Stirn. „Wenn er aber der Tote aus diesem Hotel ist … wer hat dann Sarah angerufen?"

„Das war ich."

„Sie?"

„Es war ein Tonband, das aus verschiedenen Aufnahmen seiner Stimme zusammengeschnitten worden war. Sie müssen wissen, wir hatten das Telefon in seinem Londoner Hotel angezapft."

Nick hielt die Armlehne des Sessels fest umklammert und versuchte, so sachlich wie möglich zu bleiben. „Sie wollten Sarah Fontaine nach Europa bekommen? Aus Ihren Worten geht doch klar hervor, dass Sie sie als Zielscheibe benötigten."

„Nicht als Zielscheibe, O'Hara, nur als Lockvogel. Wie ich hörte, wollte Magus noch immer Dance erledigen lassen. Er glaubte offensichtlich nicht an dessen Tod. Wenn wir Magus dazu bringen konnten anzunehmen, Sarah wisse etwas, dann würde er sich ihr auf die Fersen heften. Deshalb haben wir sie nach Europa gelockt. Wir hofften, Magus würde seine Deckung aufgeben. Wir haben Sarah die ganze Zeit über im Auge behalten. Das heißt, bis Sie sie versteckt haben."

„Ihr miesen Kerle", explodierte Nick. „Für euch war sie nichts anderes als ein – ein Mittel zum Zweck, ein Opferlamm!"

„Hier geht es um etwas viel Wichtigeres …"

Nick sprang auf. „Zum Teufel mit euren Wichtigkeiten!"

Van Dam rutschte unruhig in seinem Sessel hin und her. „Mr O'Hara, setzen Sie sich bitte wieder. Versuchen Sie doch, die gesamte Situation zu sehen …"

Nick wirbelte herum. „War das Ganze Ihr genialer Einfall?"

„Nein, meiner", räumte Potter ein. „Mr van Dam hatte nichts damit zu tun. Er erfuhr von der Sache erst später, nachdem er in London eingetroffen war."

Nick sah Potter an. „Sie? Ich hätte es wissen sollen! Das war ganz Ihre Handschrift. Wie sehen denn jetzt Ihre Pläne aus? Sollen wir Sarah vielleicht direkt vor der Gedächtniskirche anbinden und ihr ein Schild umhängen, auf dem ‚Freiwild' steht?"

Potter schüttelte den Kopf und sagte ruhig: „Nein. Die Operation ist beendet. Mr van Dam will Mrs Fontaine in Sicherheit bringen."

„Und was geschieht dann?"

„Allen, die in diese Sache verwickelt sind, wird klar werden, dass Fontaine wirklich tot ist. Man wird seine Frau in Ruhe lassen. Wir werden Magus zu einem anderen Zeitpunkt finden müssen."

„Und Wes Corrigan? Ich will, dass er da rausgehalten wird."

„Schon geschehen. Seine Karriere wird keinen Schaden nehmen. In seinem Personalbogen wird kein Vermerk gemacht."

Langsam setzte Nick sich wieder und musterte Potter finster. Seine Entscheidung und deren Konsequenzen beruhten jetzt auf einem einzigen Umstand: Konnte er diesen Männern trauen? Selbst wenn es nicht so wäre, blieb ihm eine andere Wahl? Sarah war allein und verbarg sich vor einem Mörder. Sie würde da nicht ohne Hilfe lebend herauskommen. „Falls das eine Falle sein sollte …"

„Es besteht kein Grund, mir zu drohen, O'Hara. Ich weiß, wozu Sie fähig sind."

„Nein", entgegnete Nick, „das glaube ich nicht. Und wir wollen hoffen, dass Sie es auch niemals herausfinden werden."

„Wo kann ich ihn in Amsterdam finden?“, fragte Sarah die Frau. Sie näherten sich zwischen den Bäumen wieder langsam dem wartenden Wagen.

„Wenn ich Ihnen etwas sagen würde, könnte das Simon umbringen.“

„Ich werde sehr vorsichtig sein.“

Die Frau sah Sarah prüfend an. „In Amsterdam“, sagte sie nach einigem Zögern, „gibt es eine Kneipe, die Casa Morro. Sie befindet sich in der Oude-Zijds-Voorburgwal-Straße. Die Besitzerin ist eine Frau namens Corrie. Einst stand sie mit dem Geheimdienst in Verbindung. Sie war mit uns befreundet. Falls Simon sich in Amsterdam aufhält, wird sie wissen, wo er zu finden ist.“

„Und sollte sie es nicht wissen?“

„Dann weiß es niemand.“

Die Tür des Fahrzeuges stand bereits offen. Sie stiegen in den Wagen, und der Fahrer schlug augenblicklich die Richtung zum Kurfürstendamm ein.

„Wenn Sie die Casa Morro sehen, sollten Sie nicht schockiert sein“, sagte die Frau. „Es ist eine richtige Spelunke, die auch noch in einem unangenehmen Viertel liegt.“

Sie beugte sich nach vorn und gab dem Fahrer eine Anweisung. „Wir können Sie in der Nähe Ihrer Pension absetzen“, sagte sie dann zu Sarah. „Wäre Ihnen das recht?“

Sarah nickte. „Ich wohne direkt …“

„Ich weiß, wo es ist“, unterbrach die Frau sie. Sie richtete ein paar weitere Worte an den Fahrer. Dann wandte sie sich wieder an Sarah. „Noch etwas: Seien Sie vorsichtig, wem Sie vertrauen. Dieser Mann, der gestern mit Ihnen gekommen ist, wie heißt er?“

„Nick O’Hara.“

Die Frau runzelte die Stirn, als versuchte sie, sich an den Namen zu erinnern. „Wer er auch ist“, meinte sie dann, „er könnte gefährlich sein. Wie lange kennen Sie ihn schon?“

„Seit ein paar Wochen.“

Die Frau nickte. „Vertrauen Sie ihm nicht. Fahren Sie allein. Das ist das Sicherste.“

„Wem kann ich denn vertrauen?“

„Nur Simon. Sie müssen sehr vorsichtig sein. Sagen Sie niemandem, was ich Ihnen erzählt habe. Magus hat seine Augen und Ohren überall.“

Der Wagen näherte sich der Pension. Die Straße davor sah völlig verlassen aus, ja gefährlich leer. Sarah fühlte sich im Auto sicherer, sie wollte am liebsten gar nicht aussteigen. Aber der Wagen fuhr bereits langsamer. Sie fasste nach dem Türgriff, als der Fahrer plötzlich fluchte und das Gaspedal durchtrat. Sarah wurde heftig gegen die Tür geschleudert, als das Fahrzeug abrupt vom Bürgersteig weg mitten auf die Fahrbahn gerissen wurde.

„Nach rechts!“, rief die Frau aufgeregt und blickte plötzlich sehr ängstlich drein.

„Was ist los?“, schrie Sarah auf.

„Der CIA! Sie sind überall in der Straße!“

„Der CIA?“

„Sehen Sie doch selbst!“

Das Fahrzeug raste auf die Pension zu. Auf dem Bürgersteig neben dem Eingang standen zwei Männer, die Sarah beide kannte. Mit gespreizten Beinen stand der untersetzte Roy Potter dort und sah ihnen entgegen. Und direkt neben ihm stand – mit ungläubiger Miene – Nick.

Er schien unfähig, sich zu rühren, unfähig, etwas zu unternehmen. Als der Citroën an ihm vorbeischoss, stand er nur da und starrte ihm nach. Für den Bruchteil einer Sekunde sah Sarah durch das Wagenfenster in seine Augen. Und in dem Augenblick begriff Sarah … Wenigstens daran gab es keinen Zweifel mehr.

Nick hatte die ganze Zeit über mit Potter zusammengearbeitet. Gemeinsam hatten sie einen ausgeklügelten, hervorragend inszenierten Plan durchgeführt, einen Plan, der sie vollkommen hinters Licht geführt hatte. Nick arbeitete für den CIA! Sie hatte soeben, dort auf dem Bürgersteig, den Beweis dafür gesehen. Wahrscheinlich war er in ihr Zimmer zurückgekommen und hatte festgestellt, dass sie nicht mehr da war. Und dann hatte er Alarm gegeben.

Schockiert ließ sich Sarah in den Sitz zurückfallen. Ein letztes Mal vernahm sie Nicks Stimme, Nick, der ihren Namen hinter dem Wagen herrief. Dann übertönte das Dröhnen des gepeinigten Motors jedes Geräusch.

Alle Kraft war aus Sarah gewichen. Sie presste sich gegen die Wagentür wie ein verängstigtes Tier. Sie war ein gejagtes Tier. Der CIA war hinter ihr her. Magus suchte sie. Gleichgültig, wohin sie auch fliehen mochte, irgendjemandem musste sie in die Falle laufen.

„Wir werden Sie am Flughafen absetzen müssen“, sagte die Frau. „Wenn Sie sofort eine Maschine bekommen, haben Sie vielleicht noch Zeit, Berlin zu verlassen, ehe man Sie aufhalten kann. Und wenn Sie dann Ihren Mann finden sollten, sagen Sie ihm, Helga habe Sie geschickt.“

Das Hinweisschild für den Flughafen Tegel kam viel zu schnell. Sarah blieb kaum Gelegenheit, ihren Mut zusammenzunehmen, sich alles überlegen zu können. Ehe sie sich innerlich vorbereitet hatte, hielt der Wagen schon zum Aussteigen. Sie musste gehen und hatte nicht einmal mehr Zeit, sich von Helga zu verabschieden. Kaum stand sie auf dem Bürgersteig, wurde die Tür schon zugeschlagen, und das Fahrzeug raste davon.

Sarah war allein.

Auf dem Weg zum Abfertigungsschalter suchte sie in ihrer Tasche nach Geld. Es reichte kaum für ein Mittagessen, geschweige denn für ein Flugticket. Es blieb ihr keine andere Wahl, sie musste ihre Kreditkarte benutzen.

Zwanzig Minuten später verließ eine Maschine nach Amsterdam das Rollfeld. Sarah saß darin.

12. KAPITEL

Nachdem der schwarze Citroën das Gebäude des Flughafens Tegel verlassen hatte, fuhr er in südlicher Richtung zum Kurfürstendamm zurück. Ehe Helga selbst Berlin verließ, musste sie noch einmal zurück. Sie wusste, welch großes Risiko sie damit einging. Der CIA hatte ihr Nummernschild gesehen und konnte so ihre Adresse herausbekommen. Sie musste sich beeilen, denn sie wollte nicht das gleiche Schicksal wie Eve erleiden. Sie würde Corrie noch anrufen und ihr sagen, sie solle Simon warnen. Und sie würde Corrie nach diesem Mann fragen, nach Nick O'Hara. Helga dachte angestrengt nach, wer er sein mochte. Neue Gesichter waren ihr stets suspekt. Der gefährlichste Feind war immer der, den man nicht kannte.

Sie würde ihren Wagen zurücklassen und mit dem Zug nach Frankfurt fahren müssen. Von dort aus konnte sie in die Schweiz und nach Italien fliehen oder auch nach Spanien. Es spielte keine Rolle, wohin sie floh. Hauptsache, sie verließ Berlin, ehe es ihr so wie Eve erging.

Aber auch Spione haben gelegentlich eine sentimentale Ader. Helga wollte die Stadt nicht ohne ihre persönlichen Dokumente, ohne die lieb gewonnenen Fotografien ihrer Familie und einige andere Dinge von privatem Wert verlassen.

Ihr Fahrer verstand, warum sie noch einmal ihr Haus aufsuchen wollte. Es war sinnlos, sie zur Vernunft bringen zu wollen. So fuhr er sie ein letztes Mal zurück und blieb wartend im Wagen sitzen, während Helga ins Haus lief, um ihre Sachen zu holen.

In fliegender Hast suchte sie alles zusammen und packte es, zusammen mit ihrer Pistole, in den falschen Boden eines kleinen Handkoffers. Darüber warf sie ein paar Kleidungsstücke und einen unauffälligen Mantel. Sie sah aus dem Fenster und stellte fest, dass der Wagen noch immer unten auf der Straße wartete.

Rasch verriegelte sie das Fenster und rannte die Treppe hinunter. Vor der Eingangstür blinzelte sie einen Moment lang geblendet in die Sonne. Sekundenlang blieb sie stehen und gewöhnte ihre Augen an das grelle Licht, ehe sie die Haustür abschloss. Diese wenigen Sekunden retteten ihr das Leben.

Von der Straße her kam das Geräusch quietschender Reifen. Fast im selben Augenblick zerrissen Schüsse die nachmittägliche Stille. Kugeln prasselten gegen das Fahrzeug. Helga warf sich flach auf den Boden und rollte sich hinter zwei nebeneinanderstehende, niedrige Zementschalen, die mit Krüppelkiefern bepflanzt waren. Erneut knallten Schüsse, und von oben fielen die Splitter der zerborstenen Fensterscheiben auf sie herab.

Verzweifelt robbte sie an den Rand des Treppenabsatzes und ließ sich in die schützende Ecke zwischen Treppe und Haus fallen. Mit einem Griff zog sie ihren kleinen Koffer an sich. Es blieben ihr nur wenige Sekunden zum Handeln, nur ein kurzer Augenblick, ehe der Mörder vor der Tür auftauchen würde. In ihrem Versteck hörte sie, wie eine Wagentür zugeschlagen wurde.

Sie riss den Koffer auf, fuhr unter den Kleidungsstücken in das Geheimfach und ergriff die Waffe.

Fußtritte näherten sich über den Plattenweg dem Haus. Gleich würde der Mann auf der Treppe stehen und sie in ihrem Winkel erspähen.

Sie zählte die Schritte auf den Stufen. Als der Mann den Treppenabsatz betrat, sprang sie unversehens auf und schoss. Als habe er einen gewaltigen Stoß bekommen, stürzte er rücklings auf der anderen Seite von der Haustür von den Treppen hinunter.

Helga vergewisserte sich, dass ihm niemand folgte. Sie hörte, dass im selben Augenblick ein Motor aufheulte und der Wagen in rasender Fahrt von ihrem Haus fortfuhr.

Vorsichtig stand sie auf und ging zur anderen Seite der Eingangstür. Der Mann, der da in einem Blumenbeet lag, rührte sich nicht mehr. Jetzt hatte Helga keine Zeit mehr zu verlieren.

Mit einem Blick auf ihren Wagen erkannte sie, dass der Fahrer bei der Schießerei ums Leben gekommen war. Es tat ihr leid, sie waren Kollegen gewesen und hatten in den letzten fünf Jahren gut zusammengearbeitet.

Sie warf die Pistole in den Koffer zurück, verschloss ihn hastig und machte sich auf den Weg. Zunächst ging sie schnellen Schrittes die Straße hinunter, ehe sie an der nächsten Kreuzung zu laufen begann. Es wäre Wahnsinn, noch länger in Berlin zu bleiben. Sie hatte sich einen teuren Fehler erlaubt, den sie überlebt hatte. Das nächste Mal würde sie vielleicht nicht mehr so viel Glück haben.

Nick bahnte sich seinen Weg durch die Schaulustigen, die den schwarzen Wagen umstanden. Überall lagen Glasscherben, Menschen gestikulierten heftig, und auf dem Bürgersteig vor dem Haus wurde auf einer Tragbahre eine zugedeckte Gestalt in den Rettungswagen geschoben. Nick benutzte seine Ellbogen, um nach vorne zu kommen, wurde aber gleich darauf von einem Polizisten aufgehalten.

„Potter!“, schrie er laut in die Menge, doch der Lärm um ihn herum war viel zu stark, die Polizeisirenen jaulten. Sein Ruf verklang ungehört. Entsetzt starrte er auf die Szenerie vor ihm.

„O'Hara!“ Es war Potter, der ihn von der anderen Straßenseite her rief. „Sie ist nicht hier! Nur zwei Männer, der Fahrer und ein anderer, dort am Treppenabsatz. Beide tot.“

„Wo ist sie dann?“, schrie Nick zurück.

Potter zuckte die Schultern und drehte sich um. Tarasoff kam auf ihn zu.

Wütend über seine eigene Hilflosigkeit, bahnte Nick sich gewaltsam einen Weg durch die Menge und ging ziellos die Straße hinunter. Es war ihm gleich, wohin er ging. Was er gesehen hatte, reichte ihm. Ebenso gut hätte Sarah jetzt dort liegen können.

Nach ein paar Metern setzte er sich auf eine Bank und stützte den Kopf in beide Hände. Er fühlte sich absolut hilflos. All seine Hoffnungen lagen auf den Fähigkeiten eines Menschen, den er seit seinen Londoner Botschaftstagen verabscheut hatte: Roy Potter und der liebe, alte CIA!

Potter hatte sich nie um die Frage gekümmert, ob etwas recht oder unrecht war. Er tat, was er zu tun hatte, und scherte sich nicht um irgendwelche Regeln. Zum ersten Male in seinem Leben vermochte Nick, eine so unmoralische Einstellung zu akzeptieren. Da Sarahs Leben auf dem Spiel stand, war es ihm vollkommen gleichgültig, wie Potter seinen Job machte, solange er ihm Sarah lebend zurückbrachte.

„O'Hara?“ Potter winkte ihm zu. „Kommen Sie her! Wir haben eine Spur!“

„Was?“, schrie Nick und sprang schnell auf. Er rannte zu Potter und stieg mit ihm und Tarasoff in deren Wagen.

„Die KLM Airlines“, erklärte Potter. „Sarah Fontaine hat mit einer Kreditkarte bezahlt.“

„Wollen Sie sagen, sie will Berlin verlassen? Roy, Sie müssen dieses Flugzeug aufhalten!“

Potter schüttelte den Kopf. „Dafür ist es zu spät. Die Maschine ist vor zehn Minuten gelandet. In Amsterdam.“

Sarah machte die Casa Morro ausfindig. Sie befand sich in der Nachbarschaft von schäbigen Kneipen und billigen Gaststätten in Amsterdams Rotlichtviertel. Die Dämmerung brach bereits herein, als sie die schmale Kanalbrücke zur Oude-Zijds-Voorburgwald-Straße überquerte. Überall waren die Nachtschwärmer im Licht der Neonreklamen unterwegs. Sarah war nur eine von vielen, die sich in diesem Amüsierviertel umsahen.

Sie blieb im Schatten am Ende der Brücke stehen und beobachtete die Vorbeigehenden. Unter ihr schwappte das dunkle Wasser des Kanals gemächlich gegen die vertäuten Boote. Ein junger Mann schlurfte halb betrunken an ihr vorüber. Sie sollte nicht schockiert sein, hatte Helga zu ihr gesagt. Das war wirklich eine heruntergekommene Gegend und die Casa Morro eine dreckige Spelunke.

Eine halbe Stunde lang beobachtete sie das Treiben auf der Straße sowie das Kommen und Gehen aus den Bars und Clubs. Schließlich entschied sie sich, die Kneipe zu betreten.

Dicker Zigarettenqualm und der Gestank nach abgestandenem Bier hingen in der verbrauchten Luft. Das Haus selbst musste einst, in einem vergangenen Jahrhundert, recht hübsch gewesen sein. Eine schmale, enge Stiege führte an der Seite der Theke in das Obergeschoss. Ausgeblichene Teppiche bedeckten die abgetretenen Holzdielen. Nur wenige Menschen befanden sich im Schankraum, und alle machten einen abgerissenen, schlampigen Eindruck.

Eine Frau hinter der Theke blickte auf und sah ihr entgegen. Sie war in den Vierzigern, schwarzhaarig und trug ein schmuddeliges Kleid. Als Sarah auf sie zutrat, fragte sie: „Kan ik u helpen?“

„Ich suche nach Corrie.“

Nach einer Pause nickte die Frau. „Sie sind Amerikanerin, nicht wahr?“, fragte sie dann in gutem Englisch.

Sarah antwortete nicht. Langsam glitt ihr Blick noch einmal durch den rauchverhangenen Raum, als suche sie jemanden. Dann drehte sie sich wieder zu der Frau um. „Helga hat mich geschickt“, sagte sie endlich.

Das Gesicht der Frau blieb absolut regungslos, und Sarah wurde immer nervöser.

„Ich muss Simon finden. Wo ist er?“

Die Frau schwieg einen weiteren Moment. „Vielleicht möchte Simon sich nicht finden lassen“, antwortete sie dann leise.

„Bitte! Es ist wichtig.“

Die Frau zuckte die Schultern. „Bei Simon ist alles wichtig.“

„Ist er in der Stadt?“

„Vielleicht.“

„Er wird mich sehen wollen.“

„Warum?“

„Ich bin seine Frau, Sarah.“

Plötzlich wirkte die Frau irritiert. Nervös spielte sie mit einem Bierdeckel, während sie Sarah aufmerksam musterte. „Lassen Sie mir

Ihren Ehering hier“, sagte sie dann. „Und kommen Sie um Mitternacht wieder.“

„Wird er dann hier sein?“

„Simon ist ein vorsichtiger Mann. Er will einen Beweis haben, ehe er sich mit Ihnen trifft.“

Sarah zog den Ring vom Finger und gab ihn der Frau. Ihre Hand kam ihr ohne den Ring nackt vor. „Ich werde um Mitternacht wieder hier sein“, versprach sie.

„Madame!“, rief die Frau hinter ihr her, als Sarah sich zum Gehen gewandt hatte. „Machen Sie sich keine großen Hoffnungen. Ich kann Ihnen nichts garantieren!“

Sarah nickte. „Ich weiß.“ Die Warnung der Frau war unnötig gewesen. Sarah hatte längst begriffen, dass nichts mehr selbstverständlich war … nicht einmal ihr nächster Herzschlag.

Corrie wartete nur einen Moment, nachdem Sarah das Lokal verlassen hatte. Dann rief sie eine ältere Frau aus der Küche hinter der Theke heraus, erklärte ihr, sie würde gleich wieder da sein, und verließ ebenfalls die Kneipe. Sie ging zur nächsten Häuserecke, betrat eine Telefonzelle und wählte eine Amsterdamer Nummer. Sofort nahm jemand den Hörer ab.

„Die Frau, derentwegen Helga hier angerufen hat, war eben bei mir“, berichtete sie. „Langes Haar, braune Augen, Anfang dreißig. Ich habe ihren Ehering. Gold, die Inschrift lautet: Geoffrey 14. 2. Sie kommt um Mitternacht wieder.“

„Ist sie allein?“

„Ich habe sonst niemanden gesehen.“

„Und dieser Mann, den Helga auch erwähnte – dieser O’Hara –, was haben deine Freunde über ihn herausbekommen?“

„Er ist nicht beim CIA. Er scheint bei der Sache nur persönlich engagiert zu sein.“

Eine Pause trat ein. Dann hörte Corrie sorgfältig auf die Instruktionen, die ihr gegeben wurden. Schließlich legte sie auf und ging in die Casa Morro zurück, wo sie den Ehering in eine kleine, auf dem Fensterbrett stehende Schale direkt neben der Eingangstür legte. Dort konnte man ihn gut von draußen sehen.

„Von Sarah keine Spur“, stellte Potter fest, als er das Zimmer von Nicks Hotel in Amsterdam betrat. Nick stand gedankenverloren am Fenster und blickte auf das endlose Lichtermeer. „Irgendwo dort unten ist sie. Wenn ich nur wüsste, wo …“

Potter zündete sich eine Zigarette an und ging durch das Zimmer zu dem Tisch, auf dem ein Aschenbecher stand. Er war jetzt sechzehn Stunden auf den Beinen und fing an, etwas mitgenommen auszusehen. Sein Anzug war zerknittert, und sein Gesicht war noch fahler als sonst. Wenn ihn jedoch die letzten Ereignisse entmutigt hatten, so zeigte er es nicht.

„Lieber Himmel, O'Hara", meinte er seufzend, „kommen Sie zu sich! Es ist unser Job, sie zu finden."

Nick schwieg.

„Sie trauen uns noch immer nicht", meinte Potter.

„Nein. Warum sollte ich?"

Potter setzte sich und blies den Rauch vor sich hin. „Irgendetwas stört Sie immer, nicht wahr?" Er lachte auf. „Aber wenigstens erledigen wir unsere Arbeit. Es könnte Sie beispielsweise interessieren, dass ich gerade mit Berlin telefoniert habe. Es liegen Informationen über die beiden Toten vor."

„Wer waren sie?"

„Der Fahrer des Citroën war ein Deutscher, der früher Verbindung zum holländischen Geheimdienst hatte und jetzt mit dieser Helga zusammenarbeitet."

„Und der Killer?"

Potter lehnte sich zurück und ließ Rauchkringel aufsteigen. „Das war ein Holländer."

„Irgendwelche Querverbindungen zu Helga?"

„Nein. Offensichtlich erledigte er nur seinen Auftrag. Aber sie hat ihn vorher erwischt."

„Über den Mann lag gar nichts vor?"

„Nichts. Aus seinen Papieren ging hervor, dass er als Vertreter für eine hier in Amsterdam ansässige Firma arbeitete und viel auf Reisen war. Aber ein Punkt ist dennoch höchst interessant. Das könnte genau der Fehler sein, auf den wir so lange gewartet haben. Vor zwei Tagen wurde eine große Geldsumme auf das Konto des Mannes überwiesen. Eine beträchtliche Summe sogar. Wir haben als Absender eine andere Firma, ebenfalls hier in Amsterdam, ausfindig gemacht. Die F. Berkman-Gesellschaft. Sie ist im Kaffeegeschäft tätig, und das seit etwa zehn Jahren. Die Firma hat in einem Dutzend Länder ihre Niederlassungen. Und doch weist sie keine Gewinne auf. Das ist doch eigenartig, finden Sie nicht auch?"

„Wer ist dieser F. Berkman?"

„Seltsam, das weiß erstaunlicherweise niemand. Die Firma wird von einem Aufsichtsrat geleitet. Keines der Mitglieder hat ihn jemals zu Gesicht bekommen."

Nick sah Potter entgeistert an. Ihnen war gleichzeitig derselbe Gedanke gekommen. „Magus“, flüsterte Nick.

„Das vermute ich auch.“

„Und Sarah befindet sich nichts ahnend in der Höhle des Löwen. Wenn ich sie wäre, würde ich sofort in die entgegengesetzte Richtung flüchten.“

In diesem Augenblick klingelte das neben dem Bett stehende Telefon.

„Wahrscheinlich für mich“, meinte Potter und drückte seine Zigarette aus. Er wollte zum Telefon gehen, aber Nick hatte bereits den Hörer abgenommen.

Einen Augenblick lang herrschte Stille in der Leitung. Dann fragte die Stimme eines Mannes: „Mr Nick O’Hara?“

„Ja.“

„Sie werden sie in der Casa Morro finden, um Mitternacht. Kommen Sie allein.“

„Wer spricht da?“, wollte Nick wissen.

„Bringen Sie sie aus Amsterdam fort, O’Hara. Am besten noch heute. Ich zähle auf Sie.“

„Warten Sie!“

Die Leitung war jedoch bereits tot. Fluchend knallte Nick den Hörer auf die Gabel und rannte zur Tür.

„Was … Wohin wollen Sie?“, rief Potter.

„An irgendeinen Ort namens Casa Morro! Dort soll sie sein!“

„Halt, warten Sie!“ Potter griff nach dem Telefon. „Erst will ich van Dam anrufen. Wir brauchen Hilfe …“

„In dieser Sache bin ich auf mich ganz allein angewiesen!“

„O’Hara!“

Aber Nick war bereits verschwunden.

Fünf Minuten später, nachdem Nick sein Hotel verlassen hatte, bekam der alte Mann einen Anruf. Es war sein Informant.

„Sie ist in der Casa Morro.“

„Woher wissen Sie das?“, fragte der Alte.

„O’Hara wurde angerufen. Wir wissen nicht, von wem. Er ist schon auf dem Weg. Der CIA wird ihm bald folgen. Ihnen bleibt nicht viel Zeit.“

„Ich werde ihr sofort Kronen nachschicken.“

„Und was geschieht mit diesem O’Hara? Er wird sich als Hindernis erweisen.“

Der alte Mann machte ein geringschätziges Geräusch. „O’Hara? Eine Bagatelle“, antwortete er. „Kronen wird sich auch um den kümmern.“

„Es ist Mitternacht", sagte Sarah. „Wo ist er?"

Corrie strich sich eine Strähne ihres langen schwarzen Haares aus der Stirn. „Simon will Beweise."

„Er hat meinen Ehering."

„Jetzt will er Sie sehen. Aber aus sicherer Entfernung. Und nehmen Sie Ihre Brille ab. Sie können doch ohne die Brille sehen, oder?"

„Ganz gut."

Corrie wies auf einen Platz vor dem Fenster des jetzt menschenleeren Lokales. „Gehen Sie dorthin und setzen Sie sich mit dem Gesicht zur Straße, damit er Sie erkennen kann. Bleiben Sie ruhig. Es wird nicht lange dauern."

Sarah erschien es wie eine Ewigkeit, während sie reglos dasaß und angestrengt hinaus auf die Straße starrte. Gelächter drang von draußen herein. Menschen schlenderten am Fenster vorüber. Gelegentlich warf jemand einen Blick hinein. Aber keines der Gesichter kam ihr bekannt vor.

Ihre Nerven waren zum Zerreißen gespannt. Wo blieb Geoffrey nur? Warum dauerte es so lange?

Dann öffnete sich plötzlich die Tür, und sie hörte ihren Namen. Hastig wandte sie sich dem Eingang zu und wurde kreidebleich.

Vor ihr stand Nick.

Sie reagierte auf der Stelle. Wie gehetzt sprang sie auf und rannte quer durch den kleinen Raum auf die Hintertreppe neben der Theke zu. Es war eine sinnlose Flucht, und lediglich Sarahs Verzweiflung veranlasste sie dazu. Sie hatte Angst vor Nick. Er war hier, um ihr zu schaden, und vor allem, um Geoffrey zu schaden!

Sie erreichte den Korridor und wollte im nächstgelegenen Zimmer verschwinden, als Nick sie schon am Arm festhielt. Sie riss sich los, lief in das Zimmer und wollte vor ihm die Tür zudrücken. Doch Nick hatte bereits einen Fuß in die Öffnung gestellt und lehnte sich mit aller Kraft gegen die Tür. Sarah taumelte schließlich rückwärts und blieb verängstigt vor einem Schrank stehen. Sie saß in einer Falle, aus der es kein Entrinnen mehr gab.

Am ganzen Leibe zitternd schrie sie ihn an: „Mach, dass du hier wegkommst!"

Nick kam mit ausgestreckten Händen auf sie zu. „Sarah, hör mich doch an …"

„Du gemeiner Kerl, ich hasse dich!"

Er blieb nicht stehen. Die Entfernung zwischen ihnen wurde immer geringer. Da holte sie aus. Der Schlag traf ihn hart, und seine Wange rötete sich augenblicklich. Sie wollte ihn noch einmal ohrfeigen, aber Nick hielt Sarah am Handgelenk fest und riss sie an sich.

„Lass das", befahl er, „und hör mir zu. Verdammt, willst du mir endlich zuhören?"

„Du hast mich benutzt", rief sie anklagend und wand sich vergeblich in seinem Griff. „Ich liebte dich! Ich habe dich geliebt ..." Mit einem heftigen Ruck gelang es ihr, das Handgelenk frei zu bekommen.

„Und ich liebe dich", erklärte Nick ruhig.

„Lüg mich nicht an."

„Ich lüge nicht, Sarah. Ich habe dich nie belogen."

„Du hast die ganze Zeit für sie gearbeitet ..."

„Nein. Du irrst dich. Ich gehöre nicht zu ihnen. Sie haben mich gekriegt und mir alles erzählt. Sarah, es ist vorbei. Deine Suche ist zu Ende."

„Nicht, bis ich ihn nicht gefunden habe."

„Du wirst ihn nicht finden."

„Was meinst du?"

Der Blick, mit dem Nick sie ansah, sagte alles. Noch ehe er sprach, wusste sie, wie seine Antwort lauten würde. „Es tut mir leid, Sarah. Er ist tot."

Die Worte trafen sie wie ein Schlag. Entgeistert starrte sie ihn an. „Er kann nicht tot sein. Er hat mich angerufen ..."

„Das war nicht er. Es war ein Trick des CIA, ein Tonband."

„Was ist dann mit ihm geschehen?"

„Er ist bei dem Brand in dem Berliner Hotel umgekommen."

Verzweifelt schloss Sarah die Augen, als ihr die Bedeutung seiner Worte bewusst wurde. „Ich begreife es nicht. Ich begreife überhaupt nichts mehr", schluchzte sie.

„Die Firma hat dich als Lockvogel benutzt. Man wollte, dass Magus sich auf der Jagd nach dir verrät. So wollte man seinen Aufenthaltsort herausbekommen. Dann hat man uns bis Berlin aus den Augen verloren."

„Und jetzt?"

„Es ist vorbei, das Unternehmen wurde abgeblasen. Wir können nach Hause zurück. Lass uns zurückfliegen, Sarah", flüsterte er. „Gleich morgen früh."

„Ich kann nicht glauben, dass es zu Ende sein soll", murmelte sie, „dass du wirklich vor mir stehst ..."

Als Antwort drehte er ihr Gesicht zu sich herum und gab ihr einen zarten Kuss, der ausdrücken sollte, sie sei in Sicherheit. Es war wie ein Versprechen, dass sie so lange in Sicherheit sein würde, wie er bei ihr war.

Sarah ging Hand in Hand mit ihm den Flur entlang zur Treppe. Vom obersten Absatz aus konnte man nach unten neben den Schanktisch sehen. Plötzlich blieb Nick wie angewurzelt stehen.

Zunächst begriff Sarah seine Reaktion nicht. Sie bemerkte nur sein entsetztes Gesicht. Dann folgte sie seinem Blick nach unten.

Am Anfang der Treppe breitete sich eine große Blutlache aus. Auf den Holzdielen lag Corrie. Leblos.

13. KAPITEL

Ein Schatten fiel über die Gestalt. Der Schatten bewegte sich und wurde größer. Er schien sich der Treppe zu nähern. Sarah und Nick konnten nicht hinunterflüchten, da wären sie direkt dem Mörder in die Arme gelaufen. Der einzige Ausweg war zurückzugehen.

Nick nahm Sarahs Hand, und gemeinsam rannten sie auf eine andere Treppe am Ende des Flurs zu. Er schien kein Ende nehmen zu wollen. Wenn der Killer schon aus dem Lokal heraufgekommen war, musste er sie noch sehen.

Sie keuchten die Treppe hinauf, die zum Dachboden führte. Ein Glück, die Tür war nicht verschlossen. Leise machte Nick sie wieder zu, aber sie ließ sich nicht verriegeln. Nick zog Sarah im Dunkeln neben die Tür. Er bedeutete ihr, sich flach gegen die Wand zu pressen und kein Geräusch zu machen.

Die Fußtritte näherten sich unaufhaltsam der Bodenstiege. Sarah wagte vor Angst und Anspannung kaum zu atmen. Die Tritte kamen näher und näher.

Plötzlich wurde die Tür aufgestoßen und knallte an der anderen Seite des Rahmens gegen die Wand. Aus dem Korridor fiel Licht in den finsteren Bodenraum.

Im selben Augenblick sah Sarah, wie Nick nach vorne sprang und den Mann angriff. Nicks Schlag beförderte den Kerl zu Boden, und Nick stürzte hinterher. Er versetzte dem Mörder einen weiteren Hieb, aber dieser prallte ab. Nicks einziger Vorteil war der Überraschungsmoment gewesen. Er war kein trainierter Kämpfer. Es gelang dem Mann, freizukommen und Nick mit der Faust in die Magengrube zu schlagen. Nick stöhnte auf und rollte zur Seite. Der Mörder sprang über den Boden, um seine Waffe, die ihm während des Kampfes entglitten war, wieder aufzuheben.

Noch ganz benommen von dem letzten Schlag, konnte Nick nicht schnell genug reagieren. Der Mann riss die Waffe an sich. Verzweifelt stürmte Nick hinterher und griff nach dem anderen Handgelenk des Mörders, konnte ihn aber nur am Unterarm erwischen. Langsam und unerbittlich richtete sich der Lauf auf Nicks Gesicht.

Sarah blieb keine Zeit zum Nachdenken. Nick würde jeden Augenblick sterben müssen. Sie drückte sich von der Wand ab, sprang nach vorn und trat heftig gegen die Hand, mit der der Mörder die Waffe hielt. Die Pistole flog in hohem Bogen durch die Luft und blieb irgendwo in der Dunkelheit liegen. Der Mann verlor das Gleichgewicht und konnte sich so nicht mehr vor Nicks nächstem Schlag schützen, der ihn direkt unters Kinn traf. Langsam sackte die Gestalt zusammen und schlug mit dem Kopf auf dem hölzernen Boden auf. Reglos blieb er liegen.

Nick sprang auf die Füße. „Los, schnell raus hier!“, stieß er keuchend hervor.

Sarah rannte als Erste die Bodenstiege und den Korridor hinunter. Nick folgte wenige Schritte hinter ihr. Hastig stürmte sie die Treppe in das Lokal hinunter. Nur noch wenige Meter an der Theke vorbei und sie war in Sicherheit.

Sie sah den neben der untersten Stufe an der Seite des Tresens wartenden Mann erst, als es bereits zu spät war. Er sprang aus dem Schatten und schleuderte sie zur Seite. Alles ging so schnell, dass sie nicht einmal mehr schreien konnte. Eine brutale Hand hielt sie fest an eine dunkle Gestalt gepresst, und aus dem Augenwinkel bemerkte sie eine Waffe, die auf die unterste Stufe gerichtet war.

In dem Moment, als Nick herunterkam, ging der Schuss los.

Nick fiel rückwärts auf die Treppenstufen. Ein großer Blutfleck breitete sich auf seinem Hemd aus. Sarah schrie gellend auf. Immer wieder rief sie Nicks Namen, während sie brutal zur Eingangstür geschleift wurde.

Die kalte Nachtluft schlug ihr ins Gesicht. Zuckende Lichter blendeten sie, und plötzlich fand sie sich auf dem Rücksitz eines Wagens wieder. Die Tür wurde zugeknallt. Verzweifelt riss sie den Kopf hoch und starrte direkt in den Lauf eines Revolvers.

Erst da erkannte sie das fahle blonde Haar und das wächserne Lächeln. Kronen, der Mann, der ihr überall aufgelauert hatte, saß neben ihr.

Van Dam war gerade erst wieder in sein Hotelzimmer zurückgekehrt, als Tarasoff ihn anrief und ihm die Nachricht über das blutige Fiasko übermittelte: O’Hara lag auf der Rettungsstation, Sarah Fontaine sei nicht gefunden worden. Diese Neuigkeiten waren gar nicht nach van Dams Geschmack, und er klang dementsprechend verärgert.

Nach dem Anruf wanderte er ruhelos in seinem Zimmer auf und ab. Ihm war nicht mehr wohl bei dieser Sache. Ihn störte und ärgerte die zu offensichtliche Verbindung zur F.-Berkman-Gesellschaft. Es war unglaublicher Leichtsinn gewesen, eine solche Summe einem gedungenen Killer zu überweisen. Jetzt hatte Potter Blut gerochen, und der hartnäckige kleine Bastard würde keine Ruhe geben. Irgendwie musste es ihm gelingen, Potter von dieser Spur abzulenken.

Seine, van Dams, Zukunft hing davon ab. Wenn man den alten Mann gefangen nahm, würde er bestimmt keine Rücksicht nehmen. Er würde mit allen Mitteln um seine Freiheit kämpfen. Und eines dieser Mittel war sein Wissen und die Namen, die er kannte. Van Dams Name wäre der erste, den er nennen würde.

Gewiss, er hatte sich nie selbst die Hände schmutzig gemacht. Wo Gewalt erforderlich war, hatte er stets jemanden dafür angeheuert. Auch den Tod seiner Frau Claudia hatte er aus sicherer Entfernung arrangiert. Van Dam mochte den Anblick von Blut nicht. Er war in Europa gewesen, als er Claudia von einem Einbrecher hatte erschießen lassen.

Doch einen Monat später war ihm eine Nachricht zugegangen. „Der Wikinger hat geplaudert“, stand darin. Der Wikinger – der Mann, der geschossen hatte.

Van Dam war vor Angst wie gelähmt gewesen. Er hatte an Flucht gedacht. Aber wenn er morgens in seinem luxuriösen Haus aufwachte, dann konnte er sich nicht entschließen, auf den Reichtum und die damit verbundenen Bequemlichkeiten zu verzichten. So hatte er abgewartet. Und als der alte Mann sich schließlich bei ihm meldete, war er zu einem Handel bereit gewesen.

Zunächst wollte man nur kleinere Informationen von ihm haben. Aber es dauerte nicht lange, da wurden die Anforderungen größer. Er hatte in der ganzen Zeit den Alten nie zu Gesicht bekommen, kannte nicht einmal seinen richtigen Namen. Ihm war für Notfälle eine Telefonnummer übermittelt worden, die er im Laufe der Zeit auch einige Male angerufen hatte. Stets wurden dann die kurzen Gespräche durch Klicken und Pausen unterbrochen. Offensichtlich war ein so genannter Zerhacker zwischengeschaltet, um eine Überprüfung des Anschlusses unmöglich zu machen. Van Dam wurde von jemandem beherrscht, der keinen Namen und kein Gesicht besaß. Und doch war es ein angenehmes Arrangement. Er befand sich in Sicherheit. Er hatte sein Haus, sein Geld, musste seinen eleganten Lebensstil nicht aufgeben. Und das alles für ein paar Informationen …

Jetzt allerdings entwickelten sich die Ereignisse viel zu schnell und auf eine sehr beunruhigende Weise, die er kaum noch kontrollieren konnte. Wenn das Schlimmste tatsächlich eintraf, würde er dann überhaupt noch die Zeit zur Flucht finden?

Van Dam war so sehr in Gedanken versunken, dass ihm die Schritte im Korridor nicht auffielen. Das plötzliche Klopfen an seiner Tür ließ ihn herumfahren.

„Ja?“

„Lagebericht, Sir. Kann ich hereinkommen?“

Van Dam atmete erleichtert auf und rief zur Tür: „Hören Sie, Tarasoff hat mich soeben deswegen angerufen. Falls keine neue Entwicklung vorliegt …"

„Doch, Sir."

Instinktiv legte van Dam die Sperrkette vor die Tür, ehe er sie einen Spalt weit öffnete.

Im selben Augenblick wurde die Tür aufgestoßen und krachte ihm ins Gesicht. Van Dam stolperte ins Zimmer zurück. Der Schmerz raubte ihm fast die Besinnung.

Er bemühte sich, klar zu sehen. Ein Mann stand im Türrahmen neben der zersplitterten Kettenhalterung, ein Mann, der vollkommen schwarz angezogen war. Ein Mann, der eigentlich tot zu sein hatte. Van Dams umnebelter Blick nahm noch etwas anderes wahr … Er sah direkt in die runde Öffnung eines Schalldämpfers.

Drei Kugeln schmetterten van Dam zu Boden.

„Das war für Eve", sagte der Mann.

Sarah hockte zitternd und mit angezogenen Knien auf dem Fußboden. Vor Kälte klapperten ihr die Zähne. Der Raum war ungeheizt. Um sie herum war völlige Dunkelheit. Nur über ihr schimmerte das Mondlicht schwach durch eine winzige Dachluke. Wie spät mochte es sein? Sie hatte jegliches Zeitgefühl verloren.

Sie wurde in einem großen Lagerraum im vierten Stock eines alten Gebäudes gefangen gehalten. Die einzige Fluchtmöglichkeit war die fest verriegelte Tür. In der Luft hing der Geruch von Kaffee.

Sie zuckte zusammen, als sich Schritte näherten und in dem angrenzenden Raum verschwanden. Gleich darauf blitzte Licht durch die Ritzen der Tür. Zwei Männer waren nebenan, die sich leise auf Holländisch unterhielten. Der eine war Kronen, die andere Stimme sprach zu leise, als dass Sarah sie hätte erkennen können. Sie schrak verängstigt zusammen, als der Riegel vor der Tür zurückgestoßen wurde und grelles Licht sie blendete. Sie konnte nur zwei Silhouetten erkennen. Dann schaltete Kronen das Licht in ihrem Raum ein. Was sie jetzt sah, ließ ihr das Blut in den Adern gefrieren.

Der über ihr stehende Mann hatte kein Gesicht.

Seine Augen hatten keine Wimpern mehr, waren blass und leblos wie Stein. Doch als er seinen Blick langsam über Sarah gleiten ließ, regte sich doch so etwas wie Leben in seinem Gesicht. Plötzlich wurde ihr klar, dass sie eine Maske anstarrte, eine ausdruckslose, fleischfarbene Maske, die das ganze Gesicht bedeckte und nur die Augen und den Mund freiließ. Einige wenige weiße Haarbüschel bedeckten den fast kahlen Schädel. Um den Hals hatte der Mann einen grellroten Schal geschlungen.

Der Blick seiner wimpernlosen Augen ruhte auf ihrem Gesicht. Noch ehe er sprach, wusste sie, wer vor ihr stand. Das war der Mann, den man Magus, den Zauberer nannte, der alte Mann, den Geoffrey hätte töten sollen.

„Mrs Simon Dance“, sagte er mit krächzender Stimme. Wahrscheinlich hatten auch seine Stimmbänder in dem Feuer Schaden genommen. „Stehen Sie auf, damit ich Sie besser sehen kann.“

Sarah krümmte sich zusammen, als er ihr Handgelenk ergriff. „Ich wünschte, Sie würden mich in Ruhe lassen“, flüsterte sie. „Ich weiß nichts. Wirklich nichts.“

„Weshalb haben Sie dann Washington verlassen?“

„Es war der CIA. Man hat mir etwas vorgemacht ...“

„Für wen arbeiten Sie?“

„Für niemanden!“

„Warum sind Sie dann in Amsterdam?“

„Weil ich Geoffrey – ich meine Simon – zu finden hoffte. Bitte, lassen Sie mich frei!“

„Sie freilassen? Warum sollte ich?“, höhnte er.

Sarah versagte die Stimme. Sie konnte den Mann nur anstarren, unfähig, sich ein Argument auszudenken, warum er sie gehen lassen sollte. Alle Bitten dieser Welt würden ihr nichts nützen. Er würde sie töten.

„Wo ist Ihr Mann?“

„Ich weiß es nicht.“

„Sie haben Eve und Helga gefunden. Da werden Sie sicher wissen, wo Sie Ihren Mann zu finden haben.“

Sarah senkte resigniert den Kopf und starrte zu Boden. „Er ist tot“, flüsterte sie.

„Sie lügen.“

„Er starb in Berlin, bei dem Brand im Hotel Regina.“

„Wer sagt das? Der CIA?“

„Ja.“

„Und Sie glauben denen?“ Als Sarah schweigend nickte, drehte sich der Mann wütend zu Kronen um. „Diese Frau ist für uns wertlos! Wir haben mit ihr nur unsere Zeit verschwendet! Wenn Dance ihretwegen hier auftaucht, ist er ein kompletter Narr!“

Die Verachtung in der Stimme des Mannes machte Sarah wütend. Für ihn schien ihr Leben nicht den geringsten Wert zu besitzen! Zornig sah sie auf und schleuderte ihm aufgebracht entgegen: „Falls mein Mann doch herkommt, dann hoffe ich, dass er Sie zum Teufel jagen wird.“

In die bleichen Augen hinter der Maske trat ein leichter Schimmer der Überraschung. „Zum Teufel? Dort werden wir uns in jedem Fall wiedersehen, eine ganze Ewigkeit lang. Ich habe am eigenen Leibe gespürt, was es heißt, in Flammen zu stehen.“

„Ich hatte damit nichts zu tun.“

„Aber Ihr Mann!“

„Er ist tot! Wenn Sie mich umbringen, wird er nicht mehr darunter leiden.“

„Ich töte nicht der Toten, sondern der Lebenden wegen. Und Dance lebt.“

„Ich bin unschuldig …“

„In diesem Geschäft“, sagte er langsam, „gibt es keine Unschuldigen.“

„Und Ihre Frau? Was war sie?“

„Meine Frau?“ Sein Blick richtete sich plötzlich ins Leere. „Meine Frau … ja, sie war unschuldig. Ich habe nie damit gerechnet, dass gerade sie …“ Er sah Sarah wieder an. „Wissen Sie, wie sie umgekommen ist?“

„Ja, und es tut mir leid, was geschehen ist. Aber was hat das mit mir zu tun?“

„Ich habe sie gesehen. Ihr Bild ist mir ins Gedächtnis gebrannt …“ Er verstummte. Dann drehte er sich zu Kronen um und sagte: „Bring sie noch vor Morgengrauen an einen sicheren Ort, wo man sie nicht hören kann. Wenn Dance sie nicht innerhalb von zwei Tagen holt, bringst du sie um. Du weißt schon, wie.“

Plötzlich richtete er sich hoch auf und fuhr mit dem Kopf zur Tür herum. Irgendwo in dem Gebäude war die Alarmanlage losgegangen. Über der Tür blinkte ein rotes Warnlicht.

„Jemand ist hier eingedrungen!“, flüsterte Kronen.

Magus’ Augen bekamen plötzlich einen fiebrigen Glanz. „Das muss Dance sein“, murmelte er aufgeregt.

Noch im Laufen zog Kronen die Waffe. Sie rannten aus dem Raum und knallten wütend die Tür zu. Der Riegel wurde wieder vorgeschoben. Sarah blieb allein und verwirrt in ihrem Gefängnis zurück. Über ihr blinkte die rote Warnlampe. Das Licht schien schneller und schneller zu flackern, so wie ihr Herz heftiger und heftiger pochte.

Sie lehnte sich erschöpft gegen die Tür und starrte verzweifelt durch den Raum. In der Eile hatten Kronen und Magus vergessen, das Licht auszuschalten.

Damit hatten die Gangster einen Fehler begangen, denn nun konnte Sarah ihr Gefängnis überschauen. Überall standen Kartons mit der Aufschrift F. Berkman, und in einer Ecke waren alte Stühle aufgestapelt. Fieberhaft begann sie zu überlegen, wie sie am besten diese kleine Chance nutzen konnte, bevor Magus und Kronen zurückkamen. Eine der großen Pappkisten war mit einer dicken Kordel verschnürt. Sie knotete die Schnur auf und drehte sie zwischen den Händen, um ihre Festigkeit zu prüfen. In ihrer Lage war selbst ein Stück Schnur ein willkommenes Hilfsmittel.

Die Stühle brachten Sarah auf eine Idee. Da das Fenster zu klein war, um hindurchzuschlüpfen, musste sie durch die Tür entfliehen. Ein einzelner Stuhl war leicht genug, um ihn jemandem entgegenschleudern zu können. Mit den aufgestapelten Stühlen konnte sie sich eine Falle bauen.

Hastig stellte Sarah die Stühle neben die Tür und befestigte am Bein des untersten das eine Ende der Schnur. Dann kroch sie über den Boden und zog an der Kordel, die sich so etliche Zentimeter über den Dielen spannte. Im richtigen Augenblick wäre es ein idealer Fallstrick, durch den sie vielleicht Sekunden gewinnen würde, die zur Flucht durch die Tür reichten.

Immer wieder prägte sie sich den genauen Bewegungsablauf ein, damit sie ihn auch in völliger Dunkelheit durchführen konnte. Als sie gewiss war, alles richtig zu machen, kletterte sie auf einen Stuhl und drehte die Neonröhren aus der Deckenfassung. Als sie wieder heruntersprang, hörte sie Schüsse im Gebäude widerhallen. Von draußen drangen Schreie und weitere Schüsse an ihr Ohr. Das ganze Gebäude war in heller Aufruhr. Die Verwirrung würde ihrer Flucht sicher dienlich sein.

Um die Aufmerksamkeit auf sich zu lenken, nahm sie einen Stuhl, zählte bis drei und ließ ihn gegen das Fenster krachen. Glas splitterte zu Boden.

Schritte polterten die Treppe zu ihrem Raum hinauf und näherten sich ihrer Tür. In der Dunkelheit umklammerte Sarah die Lehne des Stuhles und spannte mit der anderen den Strick in dem Augenblick, als der Riegel zurückgeschoben und die Tür aufgestoßen wurde.

Der Mann stolperte heftig und riss ihr im Fallen das Seilende aus der Hand. Etwas schlitterte über den Boden. Der Mann kroch auf die Knie und wollte sich aufrichten. Sofort schwang Sarah den Stuhl und ließ ihn krachend auf den Kopf des Mannes sausen. Der dumpfe Schlag ließ sie entsetzt den Stuhl fallen lassen.

Der Mann bewegte sich nicht mehr. Als sie hastig seine Taschen durchsuchte, fing er jedoch zu stöhnen an. Wenigstens lebte er noch. Da sie keine Waffe finden konnte, richtete sie sich schnell wieder auf und hastete aus dem Raum. Von außen schob sie den Riegel vor, rannte durch das angrenzende Büro auf die Treppe zu. Doch schon nach wenigen Stufen blieb sie wie angewurzelt stehen. Von unten drangen Stimmen zu ihr herauf, die immer näher kamen. Der Fluchtweg war ihr abgeschnitten.

Sarah hetzte in das Büro zurück, machte die Tür zu und legte den Riegel vor. Doch diese Tür war nicht aus massivem Holz und würde einen Eindringling nur einen Moment aufhalten. Sie musste sich eine neue Fluchtmöglichkeit suchen.

Über dem Schreibtisch in der schrägen Wand befand sich ein Fenster. Sarah kletterte auf den Tisch und versuchte verzweifelt, es aufzuschieben. Der Haltegriff bewegte sich nicht. Erst in diesem Moment entdeckte sie, dass man das Fenster aus Sicherheitsgründen vernagelt hatte.

Sarah hielt sich am Fenstergriff fest, zog einen Schuh aus und schlug mehrmals mit aller Kraft gegen die Scheibe. Beim vierten Mal splitterte das Glas und fiel heraus. Sie entfernte die letzten Scherben und steckte den Kopf durch den Rahmen.

Kalte Nachtluft schlug ihr entgegen. Unter ihr fiel das Ziegeldach steil in die finstere Tiefe. Wohin mochte es dort gehen? Sie würde es wohl erst beim Hinunterfallen wissen …

Die Ziegel würden bestimmt rutschig sein. Sarah zog den Kopf durch das Giebelfenster zurück und streifte ihre Schuhe ab. Entsetzt blickte sie auf das Blut, das von ihrem Knöchel rann.

Aus dem angrenzenden Raum tönte das Stöhnen des Mannes, den sie niedergeschlagen hatte. Im selben Augenblick hatten die Schritte ihre Tür erreicht, und Kronen hämmerte wütend dagegen.

Höchste Eile war geboten.

Sarah stemmte sich mit aufgestützten Händen durch das Fenster und zog ein Bein nach draußen auf den Sims. Dann hielt sie sich zitternd am Rahmen fest und trat mit dem anderen Bein hinterher. In der Hast blieb ihr Kleid an einer Glasscherbe hängen, mit einem ärgerlichen Ruck riss sie es frei. Den Bruchteil einer Sekunde stand sie schwankend auf dem Sims und versuchte, sich auf den First hinaufzuziehen. Aber das Dach war zu steil und die Regenrinne zu weit entfernt. Sie saß in der Falle.

Hinter ihr zerbarst die Tür des Büros mit einem schrecklichen Krachen, und Kronens wütender Ausruf drang zu ihr hinauf. Sarah schloss die Augen und ließ sich fallen.

Sie landete auf einem Dach, das wenige Schritte unter ihr war, und schob sich hilflos über die Ziegel. Es gab nichts, woran sie sich hätte festhalten können, nichts, das ihren Sturz aufhielt. Die Ziegel waren feucht, sie glitten ihr unter den Halt suchenden Fingern weg. Ihre Beine baumelten über eine Kante. Sekundenlang hielt sie sich an einer Regenrinne fest. Dann vermochten ihre tauben Hände sie nicht mehr länger zu halten, und sie rutschte von der Regenrinne ab.

Haltlos fiel sie in die tiefe, schwere Nacht.

14. KAPITEL

Machen Sie endlich, dass Sie in das Bett kommen, O'Hara!", schimpfte Potter.

Nick ging ruhelos in seinem Krankenzimmer hin und her.

„Sie können hier nicht heraus – Sie haben zu viel Blut verloren. Warum legen Sie sich nicht endlich hin und lassen mich die Sache erledigen?"

Nick wandte sich wütend zu ihm um. „So, wie Sie das bisher getan haben?"

„Und wie zum Teufel wollen Sie ihr da draußen nützlich sein? Das würde ich zu gerne wissen", versetzte Potter spöttisch.

Nick sah zur Seite. Plötzlich spürte er nur noch Niedergeschlagenheit. „Ich hatte sie, Roy! Ich hielt sie in meinen Armen …"

„Wir werden sie finden."

„So, wie man Eve Fontaine aufgefunden hat?", fuhr Nick ihn an.

Potter machte ein verbissenes Gesicht. „Nein, das will ich nicht hoffen!"

„Was unternehmen Sie denn dagegen?", schrie Nick.

„Wir warten noch darauf, dass der Kerl, den Sie niedergeschlagen haben, endlich zu reden anfängt. Und wir untersuchen die andere Spur mit der Berkman-Gesellschaft."

„Durchsuchen Sie lieber das Gebäude."

„Das geht nicht. Wir benötigen van Dams Einverständnis, und im Moment ist er nicht zu erreichen."

Die Tür des Zimmers wurde plötzlich geöffnet, und Potter warf einen verärgerten Blick auf den eintretenden Tarasoff. „Sir", sagte Tarasoff, „es gibt eine neue Entwicklung."

„Was denn nun schon wieder?"

„Es kam soeben durch den Polizeifunk. Im Berkman-Gebäude gab es eine Schießerei."

Nick und Potter sahen einander an.

„Eine Schießerei!", wiederholte Nick. „Sarah ist …"

„Wo ist van Dam?", fuhr Potter dazwischen.

„Ich weiß nicht, Sir. Er geht in seinem Zimmer immer noch nicht ans Telefon."

„Das reicht. Wir gehen, O'Hara." Während die drei das Zimmer verließen, meinte Potter leise zu Nick: „Ich weiß nicht, warum ich meine Karriere für Sie aufs Spiel setze. Aber Sie haben recht, wir müssen jetzt etwas unternehmen. Bis van Dam seine Einwilligung gibt, liegen wir alle längst im Krankenhaus." Er warf Tarasoff einen scharfen Blick zu. „Diese Bemerkung war privater Natur, verstanden?"

„Ja, Sir."

„Jetzt rufen Sie alle Kollegen über Funk zum Berkman-Gebäude."

„Soll ich versuchen, van Dam zu erreichen?"

Potter zögerte, als er Nicks warnenden Blick bemerkte. „Nein", antwortete er dann. „Im Moment wollen wir das als unser eigenes, kleines Geheimnis behalten."

Tarasoff sah seinen Vorgesetzten verwundert an, während er die Wagentür aufhielt. „Wie Sie wollen, Sir."

Nick rutschte auf den Rücksitz. „Wissen Sie, Potter", sagte er, „Sie scheinen gar nicht so dumm zu sein, wie ich dachte."

Potter schüttelte finster den Kopf. „Vielleicht bin ich es doch, O'Hara", erwiderte er. „Vielleicht bin ich es wirklich."

Mit einem dumpfen Aufprall landete Sarah auf dem Rücken.

Verwundert stellte sie fest, dass sie noch am Leben war. Es kam ihr vor, als ob sie bereits Stunden um Luft ringend in der Dunkelheit lag. Der Kopf schwirrte ihr. Dann sah sie das Giebelfenster, und sie begriff, dass sie nur ein kurzes Stück heruntergefallen war. Jetzt lag sie auf einem anhängenden Dach.

Kronens heftige Flüche brachten sie wieder zu sich. Er tauchte über ihr im Rahmen des zerborstenen Fensters auf. Schwankend kroch Sarah auf die Knie. Schwach zeichnete sich der Dachfirst gegen den Himmel ab. Die Morgendämmerung nahte, und es konnte nur Minuten dauern, bis sie auf ihrer Flucht über die Ziegel die beste Zielscheibe abgeben würde. Sie musste von diesem Dach verschwinden. Schleunigst. Schreie von der Straße her zeigten ihr an, dass man sie bereits entdeckt hatte.

Vor ihr lag das nächste Dach, eine Fläche glatten Schiefers. Außer einem anderen Giebelfenster weiter oben und einer Antenne auf dem First konnte sie keinen Halt entdecken. Lediglich ein schmaler, geteerter Rand lief an dem Dach entlang. Sie würde es niemals hinauf schaffen.

Ein loser Ziegel fiel scheppernd vom Dach und zerschellte auf dem Bürgersteig. Sie fuhr herum und sah Kronen, der aus dem zerbrochenen Fenster kletterte. Er war hinter ihr her.

Im gleichen Augenblick fiel etwas klappernd über die Ziegel hinunter. Kronen fluchte. Seine Waffe war ihm entglitten und auf die Straße gestürzt. Er war jetzt im Begriff, sich auf das Dach rutschen zu lassen, auf dem sich Sarah befand.

Zwischen Sarah und dem nächsten sicheren Dach lag nur der schmale Dachpappstreifen. Tränen traten ihr in die Augen. Wie durch einen Schleier entdeckte sie plötzlich ein schwarzes Kabel, das von der Antenne über das Dach herunterlief. Hoffentlich ist es stark genug, um Gewicht aushalten zu können, dachte sie verzweifelt.

Sie griff nach dem Kabel und hangelte sich mühsam das Dach hinauf. Ihre Füße glitten aus, aber sie fing sich wieder. Mit letzter Kraft erreichte sie den First, als unter ihr ein Geräusch anzeigte, dass Kronen auf dem zweiten Dach angekommen war. Sein unflätiges Fluchen hallte von den Dächern wider.

Sarah wagte nicht, sich umzudrehen. Ihre ganze Aufmerksamkeit war nach vorn gerichtet. Ihre Finger bluteten, ihre Füße waren aufgerissen und geschwollen. Die Antenne war noch einige Meter entfernt. Wenigstens konnte Kronen sie nicht erschießen. Für den Augenblick war sie noch sicher.

Sie rutschte langsam weiter über das Dach, bis sie im Morgendunst die Antenne vor sich aufragen sah. Sie hob den Kopf und blickte zur anderen Seite des Daches hinunter. Da war nichts als die Straße. Tränen liefen ihr über die Wangen, und ermattet lehnte sie die Stirn auf die Ziegel vor sich.

Plötzlich drang ihr ein Geräusch ins Bewusstsein, das sich näherte und ständig lauter wurde – eine Polizeisirene.

Auch Kronen hörte die Sirene. Mit einem wilden Blick sah er zu Sarah hoch. Wie besessen suchte er eine andere Aufstiegsmöglichkeit, doch es gab keine. Er musste ebenfalls an dem Kabel hochklettern.

Entsetzt beobachtete Sarah, wie er, behände wie ein Affe, zu ihr hoch hangelte. Dann krallte er sich mit den Fingern am Dachfirst fest und zog sich ganz hoch. Langsam robbte er auf sie zu.

In seinen Augen stand Mord. Seine Hand glitt in die Tasche, und er holte ein Messer heraus. Jetzt würde er sie nicht mehr schonen. Er wollte sie umbringen.

Seltsam war, dass Sarah alles so klar in sich aufnahm: wie der Morgen heraufdämmerte, wie Kronen sich duckte, sich zum Sprung bereit machte. Die Klinge schimmerte schwach im ersten Licht. Instinktiv kreuzte Sarah die Arme vor der Brust, eine Geste sinnloser Verteidigung. Ein scharfer Schmerz durchfuhr sie, als die Klinge in ihren Unterarm stieß. Sie rutschte von ihm weg.

Kronen gelang es, auf die Füße zu kommen. Drohend balancierte er über ihr und holte zum nächsten Stich aus. Mit dem Schuhabsatz trat er auf ihr Kleid. Sarah war wie festgenagelt, konnte nicht mehr weiter – war ihm hilflos ausgeliefert.

In letzter Verzweiflung bäumte sich ihr ganzer Lebenswille auf. Mit einem Aufschrei warf sie sich gegen seine Knie. Kronen schwankte rückwärts, verlor das Gleichgewicht und kämpfte um seine Balance. Sie ließ es nicht dazu kommen. Sie stieß mit beiden Händen gegen seinen Fuß.

Der Stoß ließ Kronen nochmals stolpern. Er taumelte, suchte nach Halt. Das Messer entglitt seiner Hand und rutschte über die Ziegel. Er glitt aus. Im Fallen versuchte er, sich am Dachfirst festzuhalten. Sekundenlang trafen sich ihre Blicke. In seinen Augen stand so etwas wie unendliche Überraschung, als seine Finger abrutschten und er aus ihrer Sicht verschwand.

Sarah schloss die Augen. Noch lange nachdem Kronens Körper auf der Straße aufgeschlagen war, gellte ihr sein Schrei in den Ohren.

Ihr wurde schlecht. Die Welt schien sich um sie zu drehen. Sarah senkte den Kopf, presste ihre Wange an einen kalten, nassen Ziegel und versuchte, ihre Übelkeit zu überwinden. Zusammengekauert und zitternd hockte sie auf dem Dach und hörte die Sirenen sowie das Geschrei von der Straße. Sie fror und war viel zu erschöpft, um sich zu bewegen. Erst als sie Nick rufen hörte, bewegte sie den Kopf.

Das ist unmöglich, dachte sie. Ich bilde mir das ein. Er wurde doch vor meinen Augen erschossen …

Und doch, dort unten auf der Straße stand Nick und winkte heftig zu ihr hinauf. Erneut traten ihr Tränen in die Augen. Sie wollte ihm zurufen, dass sie ihn liebe, dass sie ihn immer lieben würde, aber sie wurde so von Weinkrämpfen erschüttert, dass ihre Worte im Schluchzen untergingen.

„Beweg dich nicht!“, schrie Nick. „Wir rufen die Feuerwehr. Die holt dich herunter!“

Sarah wischte sich die Tränen ab und nickte. Endlich ist es vorbei, dachte sie und sah zu, wie drei weitere Polizeifahrzeuge mit heulenden Sirenen unten vorfuhren. Es ist alles vorbei …

Aber sie hatte nicht mit Magus gerechnet.

Ein lautes Klappern ließ sie herumfahren und nach unten sehen. Magus war durch eine Tür auf das unter ihr liegende Dach getreten. Er hielt ein Gewehr in der Hand. Nur Sarah konnte ihn sehen. Von der Stelle aus, wo Nick und die Polizei standen, war er nicht auszumachen. Einen Moment lang starrten Sarah und Magus sich an. Dann hob er langsam das Gewehr. Sie sah, wie er den Lauf auf sie richtete, und wartete auf den tödlichen Schuss.

Der Knall donnerte über die Dächer. Warum fühle ich nichts, dachte Sarah. Warum spüre ich keinen Schmerz …?

Voller Verwunderung nahm sie wahr, wie Magus rückwärts taumelte. Seine Brust war voller Blut. Das Gewehr fiel ihm aus der Hand. Er schrie auf. Sein Todesschrei klang wie ein Name. Mit weit aufgerissenen Augen stürzte er rücklings nach unten.

Ein Glitzern lenkte Sarah von dem Geschehen ab. Die ersten Sonnenstrahlen brachen durch den Morgendunst und fielen hell und glänzend auf Haupt und Schultern eines Mannes, der hoch oben auf einem zwei Häuser entfernten Dach stand. Der Mann ließ sein Gewehr sinken. Der Wind blähte sein Hemd auf und zerzauste sein Haar. Er sah in ihre Richtung.

Sarah konnte sein Gesicht nicht erkennen, aber sie wusste im selben Augenblick, wer er war. Wie in Trance versuchte sie, sich aufzurichten. Als er ihrem Blick entschwand, streckte sie die Arme nach ihm aus, rief seinen Namen, versuchte, ihm zu danken, ehe er für immer verschwunden war.

„Geoffrey!“, schrie sie.

Der Wind verwehte ihren Aufschrei. „Nein, komm zurück! Komm zurück!“, rief sie immer wieder. Aber sie erhaschte nur noch einen Blick auf sein blondes Haar, und dann war nichts anderes mehr um sie herum als ein nasses, leeres Dach, das in der Morgensonne glitzerte.

Unten auf der Straße hallte der Schuss des Gewehrs wie Donnergrollen von den Dächern wider. Nick blickte hoch und sah sofort, dass Sarah nichts geschehen war. Hektisch suchte er die umliegenden Fenster ab. Wer hatte den Schuss abgegeben? War Sarah das Ziel gewesen? Hier unten auf der Straße war er völlig hilflos. Er konnte ihr nicht zur Rettung kommen. In größter Panik schrie er Potter zu: „Um Himmels willen, unternehmen Sie etwas!“

„Tarasoff!“, brüllte Potter, „schicken Sie die Männer da hinauf! Finden Sie heraus, woher der Schuss kam!“ Er wandte sich an einen holländischen Polizisten. „Wie lange dauert es noch, bis die Feuerwehrleute hier eintreffen?“

„Fünf oder zehn Minuten.“

„Bis dahin ist sie längst tot!“, rief Nick erregt und rannte auf das Haus zu. Er musste zu Sarah.

„O’Hara!“, schrie Potter hinter ihm her. „Wir müssen erst das Haus räumen lassen.“

Aber Nick hatte schon die Straße überquert und sprang auf die Tür zu. Sie war nicht verschlossen. Im Innern des Gebäudes rannte er die

Treppen hinauf, indem er zwei Stufen gleichzeitig nahm. Die ganze Zeit horchte er angsterfüllt, ob noch ein weiterer Schuss fiel. Würde er Sarah tot vor sich liegen sehen, wenn er auf dem Dach ankam? Aber er hörte nur seine eigenen Schritte.

Irgendwo unter ihm knallte eine Tür zu. Potters Stimme klang zu ihm hinauf: „O'Hara?"

Nick rannte weiter.

Die breiten Stufen führten zu einer schmalen Stiege, die zum Dach ging. Er keuchte die letzten Stufen hinauf und kroch durch die Tür auf das Dach.

Draußen schien die Sonne. Nick blieb gebannt und für einen Augenblick geblendet stehen. Halb noch auf dem Teerstreifen lag mit aufgerissenen Augen die Leiche eines Mannes, um dessen Hals ein roter Schal flatterte.

Die Dachtür wurde aufgestoßen. Potter zwängte sich hindurch und stieß fast mit Nick zusammen.

„Wie furchtbar", murmelte Potter und starrte auf den blutüberströmten Körper. „Das ist Magus! Hat er sich selbst erschossen?"

Vom Dach über ihnen ertönte plötzlich ein Weinen, ein schrecklich verzweifelter Ausruf. Alarmiert sah Nick nach oben.

Sarah griff hilflos ins Leere. Sie bemerkte weder Nick noch Potter. Ihr Blick war in die Ferne auf etwas gerichtet, das nur sie sehen konnte. Dann schrie sie, und der Schrei ging Nick durch und durch. Er verstand überhaupt nichts mehr. Es war der Aufschrei einer zu Tode erschreckten und in Panik geratenen Frau.

Er wandte den Kopf und sah in die Richtung, wohin Sarah blickte. Dort waren nur Dächer, die taufeucht im Sonnenlicht schimmerten. Wie ein Echo hallte Sarahs Ruf von den Wänden zurück, mit dem sie wieder und wieder nach einem Mann schrie, den es nicht mehr gab.

Als man sie schließlich vom Dach heruntergebracht hatte, war sie still und gefasst. Nick blieb an ihrer Seite, als man sie auf eine Bahre legte. Sie wirkte klein, schwach und verloren. Ihre Arme waren blutüberströmt. Er war sich kaum bewusst, was er in diesem Augenblick sagte oder tat. Er wusste nur, dass er bei ihr bleiben wollte.

Weiter unten an der Straße wartete der Rettungswagen. „Ich werde mit ihr fahren", flüsterte Nick und schob Potters Hand fort. „Sie braucht mich."

„Stehen Sie niemandem im Wege herum, O'Hara", warnte Potter.

Nick kletterte neben Sarahs Bahre in das Fahrzeug. Sie war bei Bewusstsein. „Sarah?", flüsterte er.

Sie wandte ihm den Kopf zu und sah ihn erstaunt an. „Ich dachte, ich würde dich nie mehr sehen“, hauchte sie.

„Sarah, ich liebe dich.“

Potter steckte den Kopf durch die Tür der Ambulanz. „Um Himmels willen, O’Hara! Behindern Sie die Sanitäter nicht.“

Nick warf einen Blick um sich und sah zwei erboste Krankenhelfer vor sich.

„Nein, bitte!“, flehte Sarah. „Er soll bleiben. Ich möchte ihn bei mir haben!“

Potter zuckte hilflos die Schultern. Vor sich hin brummend machten sich die Sanitäter wieder an die Arbeit. Aus der Art, wie sie sich ansahen, war offenkundig, was sie über diesen zusätzlichen Passagier dachten. Aber es war besser, Nick in Ruhe zu lassen. Aus Erfahrung wussten sie, dass verzweifelte Ehemänner sture und widerspenstige Menschen sein konnten.

Und dieser hier war offensichtlich sehr, sehr stur.

15. KAPITEL

Mit einem Gefühl tiefer Erleichterung sah Potter die Ambulanz abfahren.

„Mr Potter?“, sagte eine Stimme hinter ihm.

Er drehte sich um. Durch die umstehende Menge kam ein holländischer Polizist auf ihn zu.

„Was ist?“

„Im Haus ist ein Mann, der Sie zu sprechen wünscht. Ein Amerikaner, denke ich.“

„Tarasoff soll mit ihm reden.“

„Er sagte, er wolle nur mit Ihnen sprechen.“

Potter unterdrückte einen Fluch. Im Moment wäre er am liebsten ins Bett gekrochen. Dennoch ging er zähneknirschend hinter dem Beamten durch den Kordon der Polizisten her und betrat das Berkman-Gebäude.

Der Beamte wies durch ein Kopfnicken auf die Tür des ersten Büros. „Er ist dort drin.“

Potter blieb mit gerunzelter Stirn in der Tür stehen. Der Mann stand mit dem Rücken zu ihm und sah aus dem Fenster. Er war völlig in Schwarz gekleidet. Seine goldblonden Haare, auf die durch das Fenster das Morgenlicht fiel, kamen ihm beunruhigend bekannt vor.

Potter betrat das Zimmer und schloss die Tür hinter sich. „Guten Tag, ich bin Roy Potter“, sagte er. „Sie wollten mich sprechen?“

Der Mann drehte sich um und lächelte. „Hallo, Mr Potter!“

Potter blieb der Mund offen stehen. Es verschlug ihm die Sprache. Was zum Teufel ist hier los? dachte er. Sehe ich nun auch Gespenster?

Es war Simon Dance.

Eine Stunde später drehte sich Simon Dance – der Mann, der auch als Geoffrey Fontaine bekannt war – schließlich um und schlenderte zum Fenster zurück. Dort blieb er einen Moment still stehen. Seine Gestalt hob sich dunkel vor dem Sonnenlicht ab.

„Das also ist passiert, Mr Potter“, sagte er leise. „Viel komplizierter die ganze Geschichte, als Sie angenommen hatten. Ich dachte mir, Sie würden es zu schätzen wissen, die Fakten zu erfahren. Im Gegenzug erbitte ich lediglich einen einzigen Gefallen.“

„Wenn ich es nur gewusst hätte … Warum zum Kuckuck haben Sie mir das nicht schon alles viel früher erzählt?“

„Zuerst war es nur eine Vermutung. Dann tauchte der Sprengstoff in meinem Hotelzimmer auf. Da war ich mir sicher. Ich wusste, ich konnte Ihnen nicht mehr trauen. Keinem von Ihnen. Die ganze Zeit musste ein Verräter unter Ihnen gewesen sein, und zwar auf höchster Ebene, wie ich zu Recht fürchte."

Potter schwieg. Er ahnte, um wen es hier gehen musste.

„Van Dam", sagte Dance.

„Wie können Sie da so sicher sein?"

Dance zuckte die Schultern. „Warum verlässt ein Mann sein Hotel und telefoniert aus einer Zelle?"

„Wann war das?"

„Gestern Nacht, gleich nachdem ich O'Hara den Tipp gegeben hatte."

„Der Anruf kam von Ihnen?" Leise fluchend schüttelte Potter den Kopf. „Dann ist es zum Teil mein Fehler. Ich hatte van Dam von dem Hinweis erzählt. Ich musste es ja."

Dance nickte. „Zuerst begriff ich nicht, warum er zur Telefonzelle ging. Dann hörte ich, dass gleich darauf Kronen und seine Leute in der Casa Morro aufgetaucht waren. Da wusste ich, es musste van Dam gewesen sein, der Magus angerufen hatte."

„Hören Sie, ich brauche mehr Beweise. Aufgrund eines Telefonates kann ich nicht gegen ihn vorgehen."

„Natürlich nicht. Aber man hat sich bereits um ihn gekümmert."

„Was soll das heißen?"

„Sie werden das bald begreifen."

„Und sein Motiv? Ein Mann wird nicht ohne triftigen Grund zum Verbrecher."

Gelassen steckte Dance sich eine Zigarette an und blies das Streichholz aus. „Motive sind eigenartige Sachen. Wir haben sie alle. Jeder hat seine persönlichen Geheimnisse und Wünsche. Wie ich höre, war van Dam ein vermögender Mann."

„Seine Frau hat ihm Millionen hinterlassen."

„War sie alt, als sie starb?"

„In den Vierzigern. Es gab da ein Verbrechen, einen Einbruch, glaube ich. Damals war van Dam nicht im Lande."

„Natürlich war er das nicht."

Potter verstummte. Da war es, das Motiv! Man musste nur gründlich genug suchen. „Ich werde eine interne Untersuchung anstrengen", sagte er. „Umgehend."

Dance lächelte. „Das hat keine Eile. Ich bezweifle, dass er Ihnen in nächster Zeit durch die Lappen gehen wird."

„Und Sie?", fragte Potter noch immer nichts ahnend. „Nachdem jetzt alles vorbei ist, werden Sie Ihre Deckung aufgeben?"

Dance blies den Rauch vor sich hin. „Ich weiß noch nicht, was ich tun werde“, antwortete er, und in seinen Augen stand Traurigkeit. „Eve war das Einzige, was für mich Bedeutung hatte. Und ich habe sie verloren.“

„Da ist immer noch Sarah.“

Dance schüttelte den Kopf. „Ich habe ihr genug Qualen verursacht.“ Er wandte sich ab und sah wieder aus dem Fenster. „Ihr ballistischer Bericht wird feststellen, dass Magus nicht von einer Kugel aus seinem Gewehr getötet wurde, sondern von einem aus der Entfernung abgegebenen Schuss. Versprechen Sie mir, dass Sarah von diesem Umstand nie etwas erfahren wird.“

„Wenn Sie das möchten.“

„Ich möchte es so.“

„Sie wollen sich wirklich nicht einmal von ihr verabschieden?“

„Es ist besser, wenn ich es unterlasse.“ Dance sah auf die Straße. Das letzte Polizeifahrzeug fuhr soeben ab. Die Neugierigen hatten sich zerstreut. „Mr O’Hara scheint ein guter Mensch zu sein“, sagte er leise. „Ich glaube, die beiden werden glücklich miteinander sein.“

Potter nickte. Ja, das musste er schließlich auch zugeben – Nick O’Hara war nicht der Schlechteste. „Sagen Sie, Dance, haben Sie Sarah je geliebt?“

Dance schüttelte den Kopf. „In unserem Geschäft ist Liebe immer ein Fehler. Nein, ich habe sie nie geliebt. Aber ich wollte ihr auch keinen Schaden zufügen.“ Er sah Potter herausfordernd an. „Beim nächsten Mal sollten Sie den Einsatz von Unschuldigen vermeiden. Wir machen der Welt schon genügend Unannehmlichkeiten, als dass wir auch noch Unschuldige in unsere Angelegenheiten verwickeln sollten.“

Plötzlich fühlte Potter sich unwohl in seiner Haut. Das ganze Unternehmen war sein Einfall gewesen.

„Ich glaube, es ist Zeit, dass ich jetzt gehe“, meinte Dance und drückte seine Zigarette aus. „Ich habe noch viel zu tun.“

„Werden Sie in die Staaten zurückkehren? Wenn ja, werde ich alle Hebel in Bewegung setzen, um Ihnen eine neue Identität zu verschaffen …“

„Das wird nicht notwendig sein. Ich bin allein immer besser klargekommen.“

Dagegen konnte Potter nichts einwenden.

„Ich glaube, ich werde mir als Erstes einen Klimawechsel gestatten“, sagte Dance und ging zur Tür. „Ich persönlich ziehe sonnigere Temperaturen vor.“

„Wie … wie kann ich Sie erreichen?“

Dance blieb an der Tür stehen. Einen Augenblick lang schien er zu überlegen. Dann antwortete er lächelnd: „Gar nicht.“

Es war schon Spätnachmittag. Sarah wachte auf. Als Erstes sah sie die weißen, sacht im Winde flatternden Vorhänge und die vielen Blumensträuße. Dann fiel ihr Blick auf Nick, der schlafend in einem Sessel neben ihrem Bett saß. Sein Hemd war zerknittert und fleckig, so als hätte er es seit Tagen nicht gewechselt, er hatte tiefe Ringe unter den Augen, und doch lächelte er im Traum.

Sie berührte seine Hand. Ruckartig schrak er aus dem Schlaf hoch und sah sie mit rot geränderten Augen an.

„Sarah“, flüsterte er.

„Mein armer, armer Nick. Ich glaube, du hast dies Bett mehr nötig als ich.“

„Wie fühlst du dich?“

„Seltsam. Aber sicher.“

„Du bist in Sicherheit, Sarah.“ Er ergriff ihre Hand mit beiden Händen. „Du bist wirklich in Sicherheit.“

Sarah warf einen Blick auf den Tisch. „Oh, diese wunderschönen Blumen!“

„Ich glaube, ich habe etwas übertrieben“, gestand er lächelnd.

Sie mussten beide lachen, doch das Lachen erstarb bald. Beide spürten noch die letzten Ängste in sich. Zu viel war ja auch geschehen. Stumm sah Nick ihr in die Augen und wartete.

„Ich habe ihn gesehen“, sagte sie leise. „Ich weiß es genau.“

„Es ist unwichtig, Sarah …“

„Aber für mich ist es wichtig. Ob er wirklich da war oder ob ich es mir nur eingebildet habe – ich habe ihn gesehen …“ Sie lehnte sich in die Kissen zurück und starrte an die Decke. „Und ich werde mich immer fragen, was wirklich war.“

Er zog ihre Hand an seine Lippen. Plötzlich fühlte Sarah eine große Zärtlichkeit für Nick, der so mitgenommen, müde und zerschlagen neben ihr saß. Als er den Kopf hob, sah sie in seinen grauen Augen eine Liebe, die sie in Geoffreys Blick nie entdeckt hatte.

„Ich liebe dich, Nick“, flüsterte sie. „Vielleicht hast du recht, vielleicht habe ich mir einen Augenblick lang etwas eingebildet.“

„Er ist tot, Sarah. Es könnte ja sein, dass deine Einbildung, ihn gesehen zu haben, nichts anderes bedeutet, als dass du dich innerlich von ihm gelöst hast.“

Jemand klopfte an die Tür. Sarah und Nick sahen auf, als Roy Potter den Kopf durch die Tür steckte. „Beide munter, wie ich sehe“, grüßte er fröhlich. „Darf ich hereinkommen?“

Sarah lächelte. „Natürlich, Mr Potter.“

Potter betrachtete die vielen Blumen und pfiff durch die Zähne. „Donnerwetter! Was haben Sie gemacht, O’Hara? Sind Sie unter die Floristen gegangen?“

„Ich bin nur romantisch.“

„Romantisch? Ein Schurke wie Sie?“ Potter zwinkerte Sarah zu. „Sie sollten diesem Halunken sagen, dass er sich rasieren muss, ehe man ihn wegen Landstreicherei einlocht.“

Sarah strich liebevoll über Nicks Bartstoppeln. „Ich finde, er sieht wundervoll so aus.“

Potter schüttelte erstaunt den Kopf. „Da sieht man wieder einmal, dass Liebe blind macht!“ Er musterte Sarah nachdenklich. „Der Arzt meint, Sie würden morgen früh entlassen. Fühlen Sie sich danach?“

„Ich glaube schon.“ Sie wies auf ihren bandagierten Arm. „Er tut noch weh. Er musste mit vielen Stichen genäht werden. Aber ich glaube, es wird gehen.“

Einen Moment lang schwieg Potter. Dann meinte er: „Ja, ich bin sicher, es wird Ihnen gut gehen.“

„Ihre Operation ist damit beendet?“, fragte Nick.

„So gut wie. Wir müssen noch ein paar … Einzelheiten klären. Einiges, womit wir nicht gerechnet hatten. Unsere toten Agenten in Margate, zum Beispiel.“

„Und Geoffrey“, fügte Sarah leise hinzu.

Potter schwieg wieder. „Nun denn“, sagte er nach einer Pause, „was haben Sie beide als Nächstes vor?“

„Nach Hause zu kommen“, antwortete Nick und nahm Sarahs Hand. „Wir haben für übermorgen einen Flug nach Washington gebucht.“

„Und was dann?“

„Ich werde es Sie wissen lassen“, bemerkte er ruhig, nachdem er mit Sarah einen Blick getauscht hatte.

Potter hatte den Wink verstanden. Es war Zeit, die beiden allein zu lassen. Er stand auf und klopfte Nick auf die Schulter. „Also, viel Glück für Sie beide. Ich werde mich beim Außenamt in Washington für Sie einsetzen, Nick. Aber nur, wenn Sie Ihren Job zurückhaben wollen.“

Nick antwortete nicht. Sein Blick ruhte noch immer auf Sarah.

„Gut“, murmelte Potter, als er unbeachtet von beiden zur Tür ging.

„Dann werde ich dem alten Ambrose nur ausrichten, Nick O'Hara ließe ihn zum Teufel wünschen." Vor der Tür drehte er sich noch einmal um und warf einen letzten Blick auf Nick, der Sarah in seine Arme schloss. Die beiden sprachen kein Wort, aber die Art, wie sie sich umarmten, drückte alles aus. Potter schüttelte den Kopf und grinste. Ja, Simon Dance hatte recht gehabt. Sarah und Nick würden miteinander glücklich werden.

Plötzlich brach die Nachmittagssonne durch die Wolken und durchflutete den Raum mit hellem Licht. Potter musste blinzeln.

In diesem Augenblick nahm Nick Sarahs Gesicht in beide Hände und küsste sie. Potter hatte das Gefühl, als wären plötzlich alle Schatten dieser Welt gewichen und hätten Geoffrey Fontaines Geist mit sich gerissen.

– ENDE –

Tess Gerritsen

Angst in deinen Augen

Roman

Aus dem Nordamerikanischen von
Emma Luxx

mtb

1. KAPITEL

Die Hochzeit war geplatzt. Abgeblasen. Nina Cormier, die im Nebenraum der Kirche vor dem Ankleidespiegel saß, schaute sich an und fragte sich, warum sie nicht weinen konnte. Sie wusste, dass der Schmerz da war, aber sie fühlte ihn nicht. Noch nicht. Sie konnte nur mit trockenen Augen dasitzen und ihr Spiegelbild anstarren. Die perfekte Braut. Ein hauchzarter Schleier umrahmte ihr Gesicht. Das mit Staubperlen besetzte Oberteil ihres elfenbeinfarbenen Satinkleids gab bezaubernd die Schultern frei. Ihr langes schwarzes Haar war im Nacken zu einem weichen Knoten zusammengefasst. Jeder, der sie heute Morgen hier im Ankleideraum gesehen hatte – ihre Mutter, ihre Schwester Wendy, ihre Stiefmutter Daniella –, hatte seiner Begeisterung darüber, was für eine wunderschöne Braut sie war, Ausdruck verliehen.

Und sie *wäre* es gewesen. Wenn nur der Bräutigam aufgetaucht wäre.

Er hatte es nicht einmal für nötig gehalten, es ihr persönlich zu sagen. Nach sechs Monaten, in denen sie geplant und geträumt hatte, hatte sie seine Nachricht knapp zwanzig Minuten vor Beginn der Trauung erhalten. Von seinem Trauzeugen.

Nina,
ich brauche noch Zeit, um nachzudenken. Es tut mir sehr leid. Wirklich. Ich fahre für ein paar Tage weg. Ich rufe dich bald an.
Robert.

Sie zwang sich, das Schreiben noch einmal zu lesen.

Ich brauche Zeit … ich brauche Zeit …

Wie viel Zeit braucht ein Mann? fragte sie sich und starrte regungslos auf den Zettel in ihrer Hand.

Vor einem Jahr war sie mit Robert Bledsoe zusammengezogen. Der einzige Weg, um herauszufinden, ob sie zusammenpassten oder nicht, hatte er gesagt, und sie hatte ihm geglaubt. Die Ehe war so eine große Verantwortung, eine dauernde Verantwortung, und er wollte keinen Fehler machen. Mit seinen 41 Jahren hatte Robert schon einige Katastrophenbeziehungen hinter sich, und er war wild entschlossen, nicht noch mehr Fehler zu machen. Er hatte sich absolut sicher sein wollen, dass Nina auch wirklich die Frau war, mit der er sein ganzes restliches Leben verbringen wollte.

Sie war sich sicher gewesen, dass Robert der Mann war, auf den sie ihr ganzes Leben gewartet hatte. So sicher, dass sie an jenem Tag, an dem er ihr vorgeschlagen hatte, zu ihm zu ziehen, sofort nach Hause gefahren war und ihre Sachen gepackt …

„Nina? Nina, mach auf!“ Ihre Schwester Wendy rüttelte an der Türklinke. „Bitte, lass mich rein.“

Nina ließ den Kopf in die Hände fallen. „Ich will jetzt niemand sehen.“

„Du brauchst aber jemand.“

„Lass mich, ich will einfach nur allein sein.“

„Schau, die Gäste sind schon alle weg. Ich bin die Einzige, die noch da ist.“

„Ich will aber mit niemand sprechen. Fahr jetzt einfach, okay? Bitte, geh.“

Vor der Tür blieb es lange still. Dann sagte Wendy: „Und wie willst du dann nach Hause kommen?“

„Ich rufe mir ein Taxi. Oder Reverend Sullivan fährt mich.“

„Du bist dir wirklich sicher, dass du nicht reden willst?“

„Ja. Ich ruf dich später an, okay?“

„Wenn du es wirklich willst.“ Wendy machte eine Pause, dann fügte sie mit einer Spur von Gehässigkeit, die man sogar durch die Tür hören konnte, hinzu: „Robert ist wirklich ein Armleuchter, weißt du. Das hätte ich dir gleich sagen können. Ich habe es immer gedacht.“

Nina antwortete nicht. Sie saß mit dem Kopf in den Händen zusammengesunken da und wollte weinen, aber sie konnte es nicht. Sie hörte, wie Wendys Schritte sich entfernten, dann wurde es still. Die Tränen weigerten sich immer noch zu kommen. Sie konnte jetzt nicht über Robert nachdenken und darüber, wie ihr Leben ohne ihn nach der abgesagten Hochzeit weitergehen sollte. Stattdessen schien ihr Gehirn eigensinnig darauf zu beharren, über die praktischen Auswirkungen einer geplatzten Hochzeit nachzudenken. Die für die Feier angemieteten Räume und all das Essen. Die Geschenke, die sie zurückgeben musste. Die Flugtickets nach St. John Islands, die man nicht zurückgeben konnte. Vielleicht sollte sie allein auf Hochzeitsreise gehen und Dr. Robert Bledsoe vergessen. Jawohl, sie würde allein fliegen, nur sie und ihr Bikini. Sie würde diese ganze jämmerliche Geschichte einfach hinter sich lassen und zumindest schön braun gebrannt zurückkommen. Wäre das nicht eine Alternative?

Sie hob langsam den Kopf und schaute auf ihr Spiegelbild. So eine schöne Braut war sie auch wieder nicht. Ihr Lippenstift war verschmiert, und ihr Knoten ging auf. Sie befand sich in einem Stadium der Auflösung.

In plötzlicher Wut riss sie sich den Schleier herunter. Haarnadeln spritzten in alle Himmelsrichtungen auseinander und gaben eine wilde schwarze Mähne frei. Zum Teufel mit dem Schleier! Sie feuerte ihn in den Papierkorb. Dann schnappte sie sich ihren Brautstrauß aus weißen Lilien und rosa Rosen und stopfte ihn ebenfalls in den Müll. Es war eine Erleichterung. Ihr Zorn rauschte ihr wie ein Brennstoff durch die Adern, der sie von ihrem Stuhl aufspringen ließ.

Sie verließ, ihre Schleppe hinter sich herziehend, den Raum und betrat das Mittelschiff.

Die Bankreihen waren leer. Die Gänge und der Altar waren mit Blumen geschmückt. Die Bühne war für eine Hochzeit bereitet, die nicht stattfinden würde. Doch Nina bemerkte die Früchte, die die harte Arbeit der Floristin getragen hatte, kaum, als sie zielstrebig den Mittelgang hinunterging. Ihre gesamte Aufmerksamkeit war auf das Portal gerichtet. Auf ihr Entkommen. Selbst die besorgte Stimme von Reverend Sullivan konnte sie nicht veranlassen, ihre Schritte zu verlangsamen. Sie ging an den blumigen Erinnerungen an das Fiasko des heutigen Tages vorbei durch die schweren Doppeltüren.

In der Mitte der Treppe blieb sie stehen. Die Julisonne blendete sie, und sie war sich mit plötzlicher Schärfe bewusst, wie sehr eine Frau allein in einem Brautkleid auffallen musste, die versuchte, sich ein Taxi heranzuwinken. Erst in diesem Moment, in dem sie im grellen Licht des Nachmittags gefangen war, spürte sie die Tränen kommen.

Oh nein, Gott, nein. Gleich würde sie hier mitten auf der Treppe zusammenbrechen und weinen. Und jeder, der auf der Forest Avenue vorbeifuhr, würde es sehen.

„Nina? Nina, Liebe."

Sie drehte sich um. Reverend Sullivan stand ein paar Stufen über ihr und schaute sie mit einem Ausdruck von Besorgnis auf dem freundlichen Gesicht an.

„Kann ich irgendetwas für Sie tun?", fragte er. „Wenn Sie möchten, können wir hineingehen und reden. Ich würde Ihnen gern helfen."

Sie schüttelte unglücklich den Kopf. „Ich möchte nur weg von hier. Bitte, ich will einfach nur weg."

„Aber natürlich." Er nahm sanft ihren Arm. „Ich fahre Sie nach Hause."

Reverend Sullivan führte sie die Treppe nach unten und um die Kirche herum auf den Parkplatz. Nina griff nach ihrer Schleppe, die ganz schmutzig war, und stieg in seinen Wagen. Dort saß sie dann mit einem riesigen Satinknäuel auf dem Schoß da und starrte schweigend vor sich hin.

„Sie beide sind zweifellos die Versager des Jahres."

Sam Navarro, Detective aus Portland, der dem offensichtlich aufgebrachten Norm Liddell gegenübersaß, zuckte mit keiner Wimper. Sie saßen zu fünft in einem Besprechungsraum der Polizeistation, und Sam dachte gar nicht daran, dieser Primadonna von Bezirksstaatsanwalt die Genugtuung zu verschaffen, dass er zusammenzuckte. Genauso wenig aber hatte er die Absicht, sich zu verteidigen, denn sie *hatten* es vermasselt. Er und Gillis hatten die Sache vermasselt, und jetzt war ein Polizist tot. Ein Idiot zwar, aber dennoch ein Polizist. Einer von ihnen.

„Wir müssen allerdings zu unserer Verteidigung sagen", ergriff Sams Partner Gordon Gillis das Wort, „dass wir Marty Pickett keine Erlaubnis gegeben haben, das Gelände zu betreten. Wir wussten nicht, dass er hinter die Absperrung …"

„Sie hatten die Verantwortung", unterbrach ihn Liddell.

„Halt, Moment mal", widersprach Gillis. „Officer Pickett trifft auch ein Teil der Schuld."

„Pickett war ein Grünschnabel."

„Er hätte sich an die Vorschriften halten müssen. Wenn er …"

„Klappe, Gillis", sagte Sam.

Gillis schaute seinen Partner an. „Sam, ich versuche nur, etwas richtigzustellen."

„Da wir offensichtlich als Sündenböcke herhalten sollen, hilft uns das rein gar nichts." Sam lehnte sich in seinem Stuhl zurück und schaute Liddell über den Konferenztisch hinweg an. „Was fordern Sie, Herr Staatsanwalt? Eine öffentliche Tracht Prügel? Unsere Entlassung?"

„Kein Mensch fordert Ihre Entlassung", gab Liddell zurück. „Aber wir haben einen toten Polizisten …"

„Glauben Sie, das weiß ich nicht?", brauste jetzt Chief Coopersmith auf. „Schließlich bin ich es, der sich den Fragen der Witwe stellen muss. Ganz zu schweigen von diesen blutsaugenden Reportern. Kommen Sie mir nicht mit diesem Wir- und Uns-Mist, Herr Staatsanwalt. Es war einer von *uns*, der hier umgekommen ist. Ein Polizist. *Kein* Anwalt."

Sam schaute seinen Vorgesetzten überrascht an. Coopersmith auf seiner Seite zu haben war eine neue Erfahrung. Der Abe Coopersmith, den er kannte, war normalerweise sehr sparsam mit Worten, und nur wenige davon waren schmeichelhaft. Jetzt legte er sich für sie ins Zeug, weil ihnen allen das, was Liddell sagte, gegen den Strich ging. Unter Beschuss hielt die Polizei zusammen.

„Kommen wir wieder zur Sache", sagte Coopersmith. „Wir haben einen Bombenleger in der Stadt. Und unseren ersten Toten. Was wissen wir bis jetzt?" Er schaute auf Sam, den Einsatzleiter der kürzlich wieder zusammengestellten Bombeneinsatztruppe. „Navarro?"

„Bis jetzt noch nicht sehr viel", räumte Sam ein. Er öffnete eine Unterlagenmappe und nahm einen Stapel Blätter heraus. Er verteilte die Kopien unter den anderen vier Männern, die um den Tisch saßen – Liddell, Chief Coopersmith, Gillis und Ernie Takeda, der Sprengstoffexperte aus dem Labor des Bundesstaates Maine. „Die erste Explosion ereignete sich um 2:15 morgens. Die zweite um 2:30. Bei der zweiten Explosion ging die R.S.-Hancock-Lagerhalle hoch. Sie hat auch bei zwei angrenzenden Gebäuden geringfügigen Schaden angerichtet. Ein Wachmann hatte die Bombe zufällig entdeckt und alarmierte um 1:30 die Polizei. Gillis war um 1:50 dort, ich um 2:00. Wir hatten das Gelände gerade weiträumig abgesperrt und wollten uns eben an die Arbeit machen, als die erste Bombe hochging. Dann, fünfzehn Minuten später, noch ehe wir dazu kamen, das Gebäude zu durchsuchen, explodierte die zweite. Und tötete Officer Pickett." Sam schaute Liddell an, aber dieses Mal hielt sich der Staatsanwalt mit einem Kommentar zurück. „Es handelte sich um Dynamit."

Eine Weile herrschte Schweigen. Dann fragte Coopersmith: „Aber es stammt nicht aus derselben Serie wie die beiden Bomben vom letzten Jahr?"

„Sehr wahrscheinlich doch", gab Sam zurück. „Weil es der einzige große Dynamitdiebstahl war, den wir in den vergangenen Jahren hier zu verzeichnen haben."

„Aber diese Bombenanschläge wurden aufgeklärt", mischte sich Liddell ein. „Und wir wissen, dass Victor Spectre tot ist. Wer also hat diese Bomben hier gebastelt?"

„Vielleicht haben wir es ja mit jemandem zu tun, der bei Spectre in die Lehre gegangen ist. Jemand, der nicht nur die Technik des Meisters übernommen hat, sondern auch Zugang zu dessen Dynamitvorräten hat. Die wir, wenn ich daran erinnern darf, nie entdeckt haben."

„Bis jetzt steht nicht fest, dass das Dynamit aus derselben Quelle stammt", sagte Liddell. „Vielleicht gibt es ja gar keinen Zusammenhang mit den Spectre-Bomben."

„Ich fürchte, dass unsere Beweise eine andere Sprache sprechen", erwiderte Sam. „Und das wird Ihnen gar nicht gefallen." Er schaute Ernie Takeda an. „Du bist dran, Ernie."

Takeda, der sich immer unbehaglich fühlte, wenn er vor Publikum reden musste, hielt den Laborbericht vor sich und führte in schmucklosen Worten seine Untersuchungsergebnisse aus. „Basierend auf dem Material, das wir am Tatort zusammengetragen haben, können wir eine vorläufige Vermutung über die Bauart der Bombe anstellen. Wir glauben, dass es sich um denselben Zeitzünder handelt, den Victor Spectre letztes Jahr benutzt hat. Es scheint dasselbe Schaltsystem zu sein, durch das das Dynamit entzündet wurde. Die Stäbe waren mit zwei Zoll breitem grünen Isolierband zusammengebunden."

Liddell schaute auf Sam. „Dasselbe Schaltsystem, dieselbe Serie? Was, zum Teufel, geht hier vor?"

„Offensichtlich hat Victor Spectre vor seinem Tod ein paar seiner Kenntnisse weitergegeben", sagte Gillis. „Jetzt haben wir es mit einer zweiten Generation von Bombenlegern zu tun."

„Was uns jetzt noch fehlt, ist das psychologische Profil dieses Neueinsteigers", sagte Sam. „Spectre hat aus reiner Geldgier gehandelt. Er hat sich kaufen lassen und seine Jobs kaltblütig erledigt. Bei diesem neuen Bombenleger müssen wir erst noch ein Motivationsmuster herausfiltern."

„Heißt das, Sie gehen davon aus, dass er wieder zuschlägt?", fragte Liddell.

Sam nickte müde. „Leider ja."

Es klopfte an der Tür. Eine Polizistin steckte den Kopf durch den Türspalt. „Entschuldigen Sie, aber hier ist ein Anruf für Navarro und Gillis."

„Ich gehe", sagte Gillis. Er stand schwerfällig auf und trabte zum Telefon.

Liddell konzentrierte sich immer noch auf Sam. „Dann ist das also alles, womit Portlands Eliteeinheit aufwarten kann? Wir warten auf den nächsten Bombenanschlag, damit wir ein *Motivationsmuster* herausfiltern können? Und erst dann werden wir vielleicht, aber nur ganz vielleicht eine Idee bekommen, was, zum Teufel, wir tun können?"

„Ein Bombenanschlag ist eine feige Tat, Mr Liddell", erklärte Sam ruhig. „Es handelt sich um Gewalt in Abwesenheit des Täters. Ich wiederhole das Wort – *Abwesenheit*. Wir haben keinerlei wie auch immer gearteten Hinweise, keine Fingerabdrücke, keine Zeugen, keine …"

„He, Chief", mischte sich Gillis ein. „Eben wurde ein weiterer Bombenanschlag gemeldet."

„Was?", ächzte Coopersmith.

Sam war bereits auf den Beinen und ging mit großen Schritten zur Tür.

„Was war es denn diesmal?", fragte Liddell. „Wieder eine Lagerhalle?"

„Nein", sagte Gillis. „Eine Kirche."

Die Polizei hatte die Gegend bereits weiträumig abgesperrt, als Sam und Gillis bei der Good Shepherd Church ankamen. Auf der Straße hatte sich eine Menschenmenge versammelt. Drei Streifenwagen, zwei Feuerwehrautos und ein Krankenwagen parkten auf der Forest Avenue. Der Truck des Bombenentschärfungsteams stand vor dem Kirchenportal – oder dem, was davon noch übrig war. Die schwere Doppeltür aus Holz war aus den Angeln gerissen worden und lag jetzt auf der Treppe. Der Wind trieb Gesangbuchseiten wie tote Blätter auf dem Bürgersteig vor sich her. Gillis fluchte. „Mein lieber Scholli."

Als sie sich dem Polizeiwagen näherten, drehte sich der Einsatzleiter mit einem Ausdruck von Erleichterung zu ihnen um. „Navarro! Freut mich, dass Sie es noch zu der Party geschafft haben!"

„Irgendwelche Verletzte?", fragte Sam.

„Soweit wir wissen, nicht. Die Kirche war zum Zeitpunkt der Explosion leer. Reines Glück. Um zwei hätte eigentlich eine Hochzeit stattfinden sollen, aber sie wurde in letzter Minute abgeblasen."

„Wessen Hochzeit?"

„Irgendein Arzt. Die Braut sitzt dort drüben in dem Streifenwagen. Sie und der Pfarrer haben die Explosion vom Parkplatz aus gesehen."

„Ich rede später mit ihr", sagte Sam. „Passen Sie auf, dass sie nicht verschwindet. Und der Pfarrer auch nicht. Ich gehe jetzt in die Kirche und überzeuge mich davon, dass es nicht noch irgendwo eine zweite Bombe gibt."

„Besser Sie als ich."

Nachdem er nichts gefunden hatte, kehrte Sam an den Rand der Absperrung zurück, wo Gillis wartete. Dort zog er sich die Schutzkleidung aus und sagte: „Alles klar. Ist die Spurensicherung schon eingetroffen?"

Gillis deutete auf sechs Männer, die neben dem Truck des Bombenentschärfungsteams warteten. Jeder von ihnen hielt eine Beweistüte in der Hand. „Sie warten nur auf das Okay."

„Lass erst einmal die Fotografen rein. Der Krater ist vorn in der Mitte."

„Dynamit?"

Sam nickte. „Falls ich meiner Nase trauen kann." Er drehte sich um und ließ seinen Blick über die neugierige Menge schweifen. „Ich rede jetzt mit den Zeugen. Wo ist der Pfarrer?"

„Sie haben ihn gerade in die Notaufnahme gebracht. Starke Schmerzen in der Brust. Die ganze Aufregung."

Sam stöhnte auf. „Hat irgendwer mit ihm gesprochen?“

„Ein Streifenpolizist. Die Aussage ist protokolliert.“

„Gut“, sagte Sam. „Dann bleibt mir wohl jetzt nur noch die Braut.“

„Sie wartet im Streifenwagen. Ihr Name ist Nina Cormier.“

„Cormier. Alles klar.“ Sam duckte sich unter dem gelben Absperrband durch und bahnte sich seinen Weg durch die gaffende Menge. Die Frau in dem Streifenwagen bewegte sich nicht, als er näher kam, sondern starrte wie eine Schaufensterpuppe in einem Brautausstattungsgeschäft geradeaus vor sich hin. Er beugte sich vor und klopfte an die Scheibe.

Jetzt wandte sie den Kopf. Große dunkle Augen schauten ihn durch das Glas an. Trotz der verschmierten Wimperntusche war das sanft gerundete Gesicht unbestreitbar hübsch. Sam forderte sie mit einer Handbewegung auf, das Fenster herunterzulassen. Sie gehorchte.

„Miss Cormier? Ich bin Detective Sam Navarro.“

„Ich will nach Hause“, sagte sie. „Ich habe doch schon mit so vielen Polizisten gesprochen. Bitte, kann ich nicht einfach nur nach Hause?“

„Vorher muss ich Ihnen noch ein paar Fragen stellen.“

„Nur ein paar?“

„Na ja, besser gesagt, eine ganze Menge.“

Sie seufzte. Erst jetzt sah er die Müdigkeit in ihrem Gesicht. „Und wenn ich alle Ihre Fragen beantwortet habe, darf ich dann nach Hause, Officer?“

„Versprochen.“

„Und halten Sie Ihre Versprechen auch?“

Er nickte ernst. „Immer.“

Sie schaute auf ihre Hände, die gefaltet in ihrem Schoß lagen. „Aber ganz bestimmt“, murmelte sie. „Männer und ihre Versprechungen.“

„Wie bitte?“

„Oh, nichts.“

Er ging um das Auto herum, öffnete die Tür und rutschte hinters Steuer. Die Frau neben ihm sagte nichts; sie saß einfach nur in sich zusammengesunken da. Sie schien fast in diesem wogenden Meer aus weißem Satin zu ertrinken. Nicht nur die Wimperntusche, sondern auch ihr Lippenstift war verschmiert, und das lange schwarze Haar fiel ihr zerzaust über die Schultern. Nicht gerade eine glückstrahlende Braut, dachte er. Sie wirkte wie betäubt und sehr einsam.

Wo, zum Teufel, war der Bräutigam?

Er unterdrückte sein Mitgefühl, griff nach seinem Notizbuch und schlug eine leere Seite auf. „Können Sie mir bitte Ihren vollen Namen und Ihre Adresse nennen?“

Die Antwort war nicht mehr als ein Flüstern. „Nina Margaret Cormier, 318 Ocean View Drive."

Er schrieb es auf. Dann schaute er sie an. Sie hielt den Blick immer noch gesenkt. „Schön, Miss Cormier", sagte er. „Warum erzählen Sie mir nicht einfach, was passiert ist?"

Sie wollte nach Hause. Sie saß nun schon seit anderthalb Stunden in diesem Streifenwagen und hatte mit drei verschiedenen Polizisten gesprochen, hatte alle ihre Fragen beantwortet. Ihre Hochzeit war ein Scherbenhaufen, sie war nur knapp mit dem Leben davongekommen, und diese Leute auf der Straße gafften sie an, als ob sie einem Monstrositätenkabinett entsprungen wäre.

Und dieser Mann, dieser Polizist mit der Wärme eines Stockfischs, erwartete von ihr, das alles noch einmal durchzumachen?

„Miss Cormier", seufzte er. „Je schneller wir es hinter uns bringen, desto schneller können Sie nach Hause. Was genau ist also passiert?"

„Sie ist hochgegangen", sagte sie. „Kann ich jetzt gehen?"

„Was meinen Sie mit hochgegangen?"

„Da war ein lauter Knall. Riesige Rauchschwaden und zerborstene Fensterscheiben. Ich würde sagen, es war eine typische Gebäudeexplosion."

„Sie haben Rauch erwähnt. Welche Farbe hatte der Rauch?"

„Was?"

„War er schwarz? Weiß?"

„Spielt das eine Rolle?"

„Beantworten Sie bitte einfach nur die Frage."

Sie stieß einen verzweifelten Seufzer aus. „Er war weiß, glaube ich wenigstens."

„Glauben Sie?"

„Also gut, ich bin sicher." Sie drehte sich zu ihm um. Zum ersten Mal schaute sie ihn richtig an. Wenn er gelächelt hätte, wenn da auch nur eine Spur von Wärme gewesen wäre, hätte es ein Vergnügen bedeutet, in dieses Gesicht zu schauen. Sie schätzte ihn auf Ende dreißig. Sein Haar, das wieder einmal einen Friseur brauchen konnte, war dunkelbraun, sein Gesicht schmal, die Zähne waren perfekt, und seine tief liegenden grünen Augen hatten den eindringlichen Blick eines Polizisten aus einem Romantikthriller. Nur dass dieser hier kein Polizist aus dem Kino war. Er war ein Polizist aus dem wahren Leben und kein bisschen charmant. Er musterte sie mit unbewegtem Gesichtsausdruck, als ob er versuche, ihre Glaubwürdigkeit als Zeugin einzuschätzen.

Sie erwiderte seinen Blick und dachte: Hier bin ich, die verschmähte Braut. Er fragt sich wahrscheinlich, was mit mir nicht stimmt. Was für schreckliche Mängel ich habe, dass man mich einfach vor dem Traualtar stehen lässt.

Sie vergrub ihre Fäuste in dem Berg aus weißem Satin, der sich auf ihrem Schoß türmte. „Ich bin mir sicher, dass der Rauch weiß war", sagte sie fest. „Worin auch immer der Unterschied bestehen mag."

„Es gibt einen Unterschied. Weißer Rauch bedeutet eine relative Abwesenheit von Karbon."

„Aha. Ich verstehe." Was immer das ihm auch sagen mochte.

„Haben Sie Flammen gesehen?"

„Nein. Keine Flammen."

„Haben Sie etwas gerochen?"

„Sie meinen Gas?"

„Irgendetwas?"

Sie überlegte. „Nicht, dass ich wüsste. Aber ich war ja auch außerhalb des Gebäudes."

„Wo genau?"

„Reverend Sullivan und ich saßen im Auto. Auf dem Parkplatz hinter der Kirche. Deshalb hätte ich das Gas wahrscheinlich ohnehin nicht gerochen. Aber davon abgesehen ist Erdgas doch sowieso geruchlos, oder?"

„Es kann schwierig sein, es zu identifizieren."

„Dann heißt es nichts. Dass ich es nicht gerochen habe."

„Haben Sie vor der Explosion irgendjemand in der Nähe der Kirche gesehen?"

„Nein, nur Reverend Sullivan."

„Was ist mit Fremden? Irgendjemand, den Sie nicht kannten?"

„Als es passierte, war niemand drin."

„Ich rede über die Zeit *vor* der Explosion, Miss Cormier."

„Davor?"

Sie starrte ihn an. Er starrte zurück, seine grünen Augen waren absolut ruhig. „Sie meinen … Sie denken …"

Er sagte nichts.

„Es war keine undichte Gasleitung?", fragte sie leise.

„Nein", gab er zurück. „Es war eine Bombe."

Sie sank mit einem entsetzten Keuchen zurück. Es war kein Zufall, dachte sie. Es war überhaupt kein Zufall …

„Miss Cormier?"

Wortlos schaute sie ihn an. Irgendetwas an der Art, wie er sie anschaute, dieser unbewegte Blick, jagte ihr Angst ein.

„Es tut mir leid, dass ich Ihnen die nächste Frage stellen muss“, sagte er. „Aber Sie müssen verstehen, dass es etwas ist, das ich verfolgen muss.“

Sie schluckte. „Was … was für eine Frage?“

„Wissen Sie von jemandem, der Ihren Tod will?“

2. KAPITEL

„Das ist verrückt“, sagte Nina. „Das ist Wahnsinn.“

„Ich muss dieser Möglichkeit nachgehen.“

„Was für einer Möglichkeit? Dass diese Bombe für mich bestimmt war?“

„Ihre Trauung war für zwei Uhr angesetzt. Die Bombe explodierte um 2:40. Sie war in der Nähe des Altars deponiert. Der Wucht der Explosion nach zu urteilen besteht kein Zweifel, dass Sie und Ihre sämtlichen Gäste getötet worden wären. Oder zumindest ernsthaft verletzt. Wir sprechen von einer *Bombe*, Miss Cormier. Nicht von einer undichten Gasleitung. Und auch nicht von einem Unfall. Eine Bombe. Sie war dafür bestimmt, jemanden zu töten. Was ich herausfinden muss, ist, wer das Ziel war.“

Sie sagte nichts. Dies alles war zu entsetzlich, um es sich auch nur auszumalen.

„Fangen wir mit Ihnen an“, sagte Sam.

Benommen schüttelte sie den Kopf. „Ich … ich war es nicht. Ich kann es nicht sein.“

„Warum nicht?“

„Es ist unmöglich.“

„Warum sind Sie sich so sicher?“

„Weil es niemand gibt, der mir den Tod wünscht!“

Ihr Ausbruch schien ihn zu überraschen. Für einen Moment schwieg er. Draußen auf der Straße wandte ein uniformierter Polizist den Kopf und schaute sie an. Sam winkte ihm beruhigend zu, und der Mann drehte sich wieder um.

Nina ballte den zerknitterten Stoff ihres Kleides im Schoß zusammen. Dieser Mann war schrecklich. Sam Spade ohne die geringste Spur menschlicher Wärme. Obwohl es im Auto zunehmend heißer wurde, merkte sie, dass sie fröstelte.

„Können wir das ein bisschen genauer untersuchen?“, fragte er eindringlich.

Sie sagte nichts.

„Haben Sie irgendwelche Exfreunde, Miss Cormier? Irgendwer, der über Ihre Heirat unglücklich sein könnte?“

„Nein“, flüsterte sie.

„Gar keine Exfreunde?“

„Nicht … nicht im letzten Jahr.“

„Sind Sie so lange mit Ihrem Verlobten zusammen? Ein Jahr?“

„Ja.“

„Geben Sie mir auch seinen vollen Namen und seine Adresse, bitte."
„Dr. Robert David Bledsoe, 318 Ocean View Drive."
„Dieselbe Adresse?"
„Wir leben zusammen."
„Warum wurde die Hochzeit abgesagt?"
„Das müssen Sie Robert fragen."
„Dann war es also seine Entscheidung? Die Hochzeit zu verschieben?"
„Wenn der Eindruck nicht täuscht, hat er mich vor dem Traualtar stehen gelassen."
„Wissen Sie, warum?"
Sie lachte bitter auf. „Ich bin inzwischen zu der bahnbrechenden Erkenntnis gelangt, dass mir Männer ein totales Rätsel sind, Detective Navarro."
„Er hat Sie in keiner Weise vorgewarnt?"
„Es war genauso unerwartet wie diese …", sie schluckte. „Wie diese Bombe. Genau das war es."
„Um welche Uhrzeit wurde die Hochzeit abgesagt?"
„Gegen halb zwei. Ich kam eben hier an, im Hochzeitskleid und allem. Dann tauchte Jeremy – Roberts Trauzeuge – mit dem Brief auf. Robert hatte nicht einmal genug Mumm, um es mir ins Gesicht zu sagen." Sie schüttelte angewidert den Kopf.
„Was stand in dem Brief?"
„Dass er mehr Zeit braucht. Und dass er für eine Weile wegfährt. Das ist alles."
„Ist es denkbar, dass Robert etwas …"
„Nein, das ist *nicht* denkbar!" Sie schaute ihm direkt in die Augen. „Sie glauben doch wohl nicht im Ernst, dass Robert etwas damit zu tun haben könnte?"
„Ich muss nun einmal alle Möglichkeiten in Betracht ziehen, Miss Cormier."
„Robert ist wirklich zu keiner Gewalt fähig. Er ist Arzt, um Himmels willen!"
„Na schön. Lassen wir das fürs Erste. Wenden wir uns anderen Möglichkeiten zu. Ich nehme an, Sie sind berufstätig?"
„Ich bin Krankenschwester im Maine Medical Center."
„Auf welcher Station?"
„In der Notaufnahme."
„Gab es dort irgendwelche Probleme? Konflikte mit Kollegen oder Vorgesetzten?"

„Nein. Wir kommen alle gut miteinander aus."

„Irgendwelche Drohungen? Von Patienten vielleicht?"

Sie gab einen Laut der Verzweiflung von sich. „Bitte, Detective, würde ich es nicht wissen, wenn ich Feinde hätte?"

„Nicht unbedingt."

„Sie tun Ihr Bestes, damit ich Verfolgungswahn bekomme."

„Ich bitte Sie nur, einen Schritt zurückzutreten und einen Blick auf Ihr Leben zu werfen. Denken Sie an alle Leute, die Sie nicht mögen könnten."

Nina sank in ihren Sitz zurück. *Alle Leute, die mich nicht mögen.* Sie dachte an ihre Familie. An ihre ältere Schwester Wendy, mit der sie nie viel verbunden hatte. An ihre Mutter Lydia, die mit einem reichen Snob verheiratet war. Ihren Vater George, der inzwischen bei seiner vierten Frau angelangt war, einer blonden Trophäe, die die Nachkommenschaft ihres Ehemanns als ein Ärgernis betrachtete. Es war eine große, kaputte Familie, aber es waren bestimmt keine Mörder darunter.

Sie schüttelte energisch den Kopf. „Nicht einer, Detective. Es gibt nicht einen."

Er schwieg, dann seufzte er und klappte sein Notizbuch zu. „Also gut, Miss Cormier. Ich schätze, das war's dann fürs Erste."

„Fürs Erste?"

„Ich habe vielleicht noch mehr Fragen. Nachdem ich mit dem Rest der Hochzeitsgesellschaft gesprochen habe." Er öffnete die Autotür, stieg aus und drückte sie zu. Durch das offene Fenster sagte er: „Wenn Ihnen noch irgendetwas einfällt, das Ihnen wichtig erscheint, rufen Sie mich an." Er schrieb etwas in sein Notizbuch und hielt ihr die herausgerissene Seite hin, auf der sein Name und seine Telefonnummer standen.

„Dann ... kann ich jetzt nach Hause?"

„Ja." Er wandte sich zum Gehen.

„Detective Navarro?"

Er drehte sich wieder zu ihr um. Bisher war ihr gar nicht aufgefallen, wie groß er war. Nachdem sie ihn jetzt in voller Größe sah, fragte sie sich, wie er je auf den Sitz neben ihr gepasst hatte. „Ist noch etwas, Miss Cormier?"

„Sie haben gesagt, dass ich gehen kann."

„Das ist richtig."

„Ich habe kein Auto dabei." Sie deutete mit dem Kopf auf die zerbombte Kirche. „Und ein Telefon gibt es hier auch nicht. Könnten Sie vielleicht meine Mutter anrufen? Damit sie mich abholt? Ich gebe Ihnen die Nummer."

„Ihre Mutter?“ Er schaute sich suchend um, dann ging er mit einem Ausdruck der Resignation um das Auto herum und öffnete die Beifahrertür. „Kommen Sie. Ich bringe Sie nach Hause.“

„Hören Sie, ich habe Sie nur darum gebeten, dass Sie meine Mutter anrufen.“

„Kein Problem.“ Er streckte ihr die Hand entgegen, um ihr beim Aussteigen zu helfen. „Ich muss ohnehin bei Ihrer Mutter vorbeifahren.“

„Bei meiner Mutter? Warum?“

„Sie war auf der Hochzeit. Ich muss mit ihr sprechen. Auf diese Weise schlage ich gleich zwei Fliegen mit einer Klappe.“

Wie galant, dachte sie.

Er streckte ihr immer noch die Hand hin. Sie übersah sie. Es war ein kleines Kunststück, aus dem Auto herauszukommen, weil sich ihre Schleppe um ihre Beine wickelte und sie sich freistrampeln musste. Als sie sich schließlich aus den Stofflagen herausmanövriert hatte, bemerkte sie, dass er sie amüsiert beobachtete. Sie griff nach ihrer Schleppe und rauschte mit einem wütenden Rascheln an ihm vorbei.

„Äh, Miss Cormier?“

„Was ist?“, fragte sie unfreundlich über die Schulter.

„Mein Auto steht in der anderen Richtung.“

Sie blieb stehen, ihre Wangen brannten. Mr Detective lächelte jetzt doch tatsächlich, ein voll erblühtes Habe-gerade-den-Kanarienvogel-gefressen-Grinsen.

„Der blaue Taurus dort.“ Er streckte die Hand aus und deutete in die Richtung. „Die Tür ist offen. Ich bin gleich bei Ihnen.“ Er drehte sich um und ging auf die Polizisten zu.

Nina stürmte zu dem blauen Taurus hinüber. Dort spähte sie angewidert durch die Scheibe. In diesem Auto sollte sie mitfahren? In diesem Saustall? Sie öffnete die Tür. Ein Pappbecher kullerte ihr entgegen. Auf dem Boden des Beifahrersitzes lagen eine zerknüllte McDonald's-Tüte, noch mehr Pappbecher und ein zwei Tage alter *Portlands Press Herald*. Der Rücksitz war unter noch mehr Zeitungen, Aktenordnern, einer Brieftasche, einer Anzugjacke und – zu allem Überfluss – einem alten Baseballhandschuh begraben.

Sie sammelte den Müll vom Boden des Beifahrersitzes ein, warf ihn auf den Rücksitz und stieg ein. Sie konnte nur hoffen, dass wenigstens der Sitz sauber war.

Detective Stockfisch kam auf das Auto zu. Er wirkte verschwitzt und mitgenommen. Die Hemdsärmel waren jetzt hochgekrempelt, seine Krawatte war gelockert. Selbst jetzt, wo er sich anschickte, den

Ort des Geschehens zu verlassen, zogen ihn immer wieder Polizeikollegen beiseite, weil sie noch irgendetwas wissen wollten.

Schließlich glitt er hinters Steuer und schlug die Tür zu. „Okay, wo wohnt Ihre Mutter?"

„Cape Elizabeth. Schauen Sie, Detective, ich sehe, dass Sie viel zu tun haben …"

„Mein Partner hält hier die Stellung. Ich setze Sie ab, spreche mit Ihrer Mutter und fahre dann gleich noch bei Reverend Sullivan im Krankenhaus vorbei."

„Na prächtig. Auf diese Weise schlagen Sie sogar drei Fliegen mit einer Klappe."

„Ich glaube an Effizienz."

Während der Fahrt hüllten sie sich in Schweigen. Sie sah keinen Grund, höflich Konversation zu machen. Höflichkeit würde über den Horizont des Mannes hinausgehen. Deshalb schaute sie aus dem Fenster und dachte mit Gram an die geplatzte Feier und das kalte Büfett, das immer noch auf die Gäste wartete. Sie würde eine Suppenküche anrufen und das Essen abholen lassen müssen, bevor es verdarb. Und dann die ganzen Geschenke, die sich zu Hause stapelten. Einspruch – die sich bei *Robert* zu Hause stapelten. Es war nie wirklich *ihr* Zuhause gewesen. Sie hatte nur dort gewohnt, als Untermieterin. Es war ihre Idee gewesen, die Hälfte der Miete zu übernehmen. Robert hatte wiederholt darauf hingewiesen, wie sehr er ihre Unabhängigkeit zu schätzen wusste. Sie hatten sich von Anfang an alle anfallenden Kosten geteilt, und das hatten sie die ganze Zeit über so gehalten. Tatsächlich war ihr immer daran gelegen gewesen, ihm zu zeigen, wie unabhängig sie war.

Jetzt erschien ihr das alles so dumm.

Ich war nie unabhängig, dachte sie. Ich habe immer nur davon geträumt, eines Tages Mrs Robert Bledsoe zu sein. Es war das, was sich ihre Familie für sie erhofft hatte, was ihre Mutter von ihr erwartet hatte: sich gut zu verheiraten. Sie hatten nie verstanden, dass Nina eine Ausbildung zur Krankenschwester gemacht hatte, sie hatten es immer nur als einen Weg betrachtet, wie sie eine gute Partie machen konnte. Einen Arzt heiraten. Gut, sie hatte einen kennengelernt.

Und alles, was ich davon habe, ist ein Berg Geschenke, den ich zurückgeben muss, ein Brautkleid, das ich nicht zurückgeben kann, und einen Tag, den ich nie, nie vergessen werde.

„Sie halten sich sehr gut", sagte er.

Überrascht darüber, dass Detective Stockfisch gesprochen hatte, schaute sie ihn an. „Wie bitte?"

„Sie nehmen das sehr gelassen. Gelassener, als es die meisten anderen tun würden."

„Ich weiß nicht, was ich anderes machen sollte."

„Nach einem Bombenanschlag wäre Hysterie nichts Außergewöhnliches."

„Ich arbeite in der Notaufnahme, Detective. Ich neige nicht zu hysterischen Anfällen."

„Trotzdem muss es ein Schock für Sie sein. Die Auswirkungen könnten noch kommen."

„Wollen Sie etwa damit sagen, das sei jetzt einfach nur die Ruhe vor dem Sturm?"

„Irgend so was." Er streifte sie mit einem kurzen Seitenblick. Genauso schnell schaute er wieder auf die Straße. „Warum war Ihre Familie nicht mit Ihnen in der Kirche? Ich hätte erwartet, dass sie Ihnen beistehen."

„Ich habe sie alle nach Hause geschickt."

„Eigentlich sollte man meinen, dass Sie sie in einem solchen Moment gern als Stütze um sich gehabt hätten. Das würde den meisten Menschen so gehen."

Sie schaute aus dem Fenster. „Meine Familie eignet sich nicht sonderlich gut als Stütze. Und ich nehme an, ich wollte … ich musste einfach allein sein. Wenn ein Tier verletzt ist, zieht es sich zurück und leckt seine Wunden, Detective. Das war es, was ich brauchte …" Sie blinzelte einen unerwarteten Tränenschleier weg und verfiel in Schweigen.

Eine Viertelstunde später klingelte sie an der Haustür ihrer Mutter Sturm und konnte es gar nicht erwarten, dass sich die Tür öffnete. Sie hatte das Gefühl, gleich auseinanderzufallen.

Die Tür ging auf. Lydia, noch immer elegant zurechtgemacht, starrte ihre derangierte Tochter an. „Nina? Oh, meine arme Nina!" Sie breitete die Arme aus.

Automatisch warf Nina sich hinein. Sie sehnte sich so nach einer Umarmung, dass ihr nicht auffiel, wie sich ihre Mutter ein bisschen zurückzog, damit ihr grünes Seidenkleid nicht verknitterte. Aber sie registrierte Lydias erste Frage.

„Hast du schon etwas von Robert gehört?"

Nina versteifte sich sofort. Oh, bitte, dachte sie. Bitte, tu mir das nicht an.

„Ich bin mir sicher, dass ihr das klären könnt", sagte Lydia. „Ihr müsst euch einfach nur zusammensetzen und offen darüber reden, was ihn stört, und dann …"

Nina löste sich aus der Umarmung. „Ich setze mich nicht mit Robert zusammen“, sagte sie. „Und was das Offen-darüber-Reden anbelangt, bin ich mir nicht sicher, ob wir überhaupt je offen miteinander gesprochen haben.“

„Also wirklich, Liebling, natürlich ist es ganz normal, dass du wütend bist, aber …“

„Und du bist nicht wütend, Mutter? Kannst du nicht für *mich* wütend sein?“

„Nun, ja … gewiss. Allerdings kann ich trotzdem keinen Grund dafür sehen, Robert jetzt einfach …“

Das plötzliche Räuspern veranlasste Lydia aufzuschauen. Erst jetzt sah sie Sam, der noch vor der Tür stand.

„Ich bin Detective Navarro, Polizei Portland“, sagte er. „Sie sind Mrs Cormier?“

„Jetzt Warrenton.“ Lydia schaute ihn mit gerunzelter Stirn an. „Was hat das zu bedeuten? Was hat die Polizei damit zu tun?“

„Es hat in der Kirche einen Vorfall gegeben, Ma'am. Wir stellen Ermittlungen an.“

„Einen Vorfall?“

„Auf die Kirche wurde ein Bombenanschlag verübt.“

Lydia starrte ihn an. „Das kann nicht Ihr Ernst sein. Das ist völlig unmöglich.“

„Doch, es ist mein voller Ernst. Die Bombe explodierte heute Nachmittag um Viertel vor drei. Glücklicherweise wurde niemand dabei verletzt. Aber wenn die Trauung tatsächlich wie geplant stattgefunden hätte …“

Lydia wurde ganz grau im Gesicht. Sie trat einen Schritt zurück, ihre Stimme versagte.

„Mrs Warrenton“, sagte Sam. „Ich muss Ihnen ein paar Fragen stellen.“

Nina blieb nicht, um zuzuhören. Sie hatte bereits zu viele Fragen über sich ergehen lassen müssen. Sie ging nach oben ins Gästezimmer, wo sie ihren Koffer zurückgelassen hatte – den Koffer, den sie für St. John Islands gepackt hatte. Alles, was sie für eine Woche im Paradies zu brauchen geglaubt hatte.

Sie zog das Brautkleid aus und legte es über einen Sessel, wo es weiß und leblos lag. Nutzlos. Sie schaute in ihren Koffer, auf die ordentlich in Seidenpapier eingeschlagenen zerbrochenen Träume. Da verließen sie die letzten Reste ihrer Selbstbeherrschung. Nur in Unterwäsche setzte sie sich aufs Bett und ließ ihren Tränen endlich freien Lauf.

Lydia Warrenton war ganz anders als ihre Tochter. Sam hatte es in demselben Moment gesehen, in dem die Frau die Tür geöffnet hatte. Mit ihrem makellosen Make-up, der kunstvollen Frisur und dem grünen Kleid, das ihre körperlichen Reize raffiniert zur Geltung brachte, hatte Lydia nichts mit der Braut gemein. Natürlich gab es eine äußerliche Ähnlichkeit. Sowohl Lydia wie auch Nina hatten das gleiche schwarze Haar, die gleichen dunklen, von langen dichten Wimpern umrahmten Augen. Aber während Nina etwas Weiches, Verletzliches an sich hatte, wirkte Lydia unnahbar, als wäre sie von einem schützenden Kraftfeld umgeben, an dem jeder, der sich ihr zu sehr näherte, abprallte. Natürlich sah sie sehr gut aus und war nicht nur gertenschlank, sondern – dem äußeren Eindruck nach zu urteilen – auch noch vermögend.

Das Haus war ein wahres Antiquitätenmuseum. In der Auffahrt hatte ein Mercedes geparkt. Und vom Wohnzimmer aus hatte man einen herrlichen Blick aufs Meer. Einen Eine-Million-Dollar-Blick. Lydia hatte auf dem Brokatsofa Platz genommen und deutete jetzt auf einen Sessel. Der Stoff wirkte so makellos, dass er den Drang hatte, erst seine Hose abzuklopfen, bevor er sich in die Polster sinken ließ.

„Eine Bombe", murmelte Lydia, den Kopf schüttelnd. „Ich fasse es einfach nicht. Wer kommt auf die Idee, eine Kirche zu zerbomben?"

„Wir versuchen es herauszufinden, Mrs Warrenton. Vielleicht können Sie uns ja helfen. Können Sie sich vielleicht denken, warum jemand auf die Good Shepherd Church ein Bombenattentat verüben könnte?"

„Ich weiß nichts über diese Kirche. Ich gehöre ihr nicht an. Es war meine Tochter, die dort heiraten wollte."

„Sie klingen nicht begeistert."

Sie zuckte die Schultern. „Meine Tochter hat ihren eigenen Kopf. Ich hätte eine … etabliertere Institution gewählt. Und eine längere Gästeliste. Aber so ist Nina nun mal. Sie wollte es klein und schlicht."

Schlicht ist Lydia Warrentons Stil definitiv nicht, dachte Sam, während er sich in dem Raum umschaute.

„Aber um Ihre Frage zu beantworten, Detective, nein, ich kann mir keinen Grund denken, warum jemand einen Bombenanschlag auf die Good Shepherd Church verüben sollte."

Er erkundigte sich als Nächstes, wann und mit wem sie die Kirche verlassen hatte.

„Mit Wendy, meiner anderen Tochter. Roberts Trauzeugen … ich erinnere mich nicht mehr an seinen Namen. Meinem Exmann George und seiner derzeitigen Frau."

„Derzeitigen."

Sie schnaubte. „Daniella. Seine vierte bis jetzt."
„Was war mit Ihrem Mann?"
Sie schwieg einen Moment. „Edward hatte sich verspätet. Seine Maschine aus Chicago flog erst zwei Stunden später ab."
„Dann ist er immer noch nicht da."
„Nein. Aber er hatte vor, an der Feier teilzunehmen."
Wieder schaute Sam sich in dem Zimmer um, ließ seinen Blick über die Antiquitäten schweifen. „Darf ich fragen, was Ihr Mann beruflich macht, Mrs Warrenton?"
„Er ist der Präsident von Ridley-Warrenton."
„Der Holzfirma?"
„Richtig."
Das erklärt natürlich das Haus und den Mercedes, dachte Sam. Ridley-Warrenton war einer der größten Großgrundbesitzer im nördlichen Maine. Die Holzprodukte der Firma wurden weltweit verkauft.
Seine nächste Frage war unvermeidlich. „Mrs Warrenton, hat Ihr Mann Feinde?"
Ihre Antwort überraschte ihn. Sie lachte. „Jeder, der Geld hat, hat Feinde, Detective."
„Können Sie mir einen Namen nennen?"
„Da müssen Sie schon Edward selbst fragen."
„Das werde ich", sagte Sam und stand auf. „Wären Sie so freundlich, mich anzurufen, sobald Ihr Mann zurück ist?"
„Mein Mann ist sehr beschäftigt."
„Ich habe ebenfalls viel zu tun, Ma'am", gab er zurück. Mit einem kurzen Nicken drehte er sich um und verließ das Haus.

„Glaubst du nicht, dass sich eure Beziehung noch kitten lässt?", fragte Lydia ihre Tochter eine halbe Stunde später, als diese ins Wohnzimmer kam, um sich zu verabschieden.
„Nach dem, was heute passiert ist?" Nina schüttelte den Kopf.
„Und wenn du dir Mühe gibst? Vielleicht ist es ja etwas, über das ihr reden könnt. Etwas, das du ändern kannst."
„Mutter. Bitte."
Lydia sank in die Brokatpolster zurück. „Du bist trotzdem zum Abendessen eingeladen."
„Vielleicht ein andermal", sagte Nina sanft. „Mach's gut, Mutter."
Sie hörte keine Antwort, als sie zur Eingangstür ging.
Sie hatte ihren Honda am Morgen hinter dem Haus geparkt. Am Morgen des Tages, der ihr Hochzeitstag hätte sein sollen. Wie stolz hatte Lydia sie angelächelt, als sie neben ihr in der Limousine ge-

sessen hatte! Genauso wie eine Mutter ihre Tochter anlächeln sollte. Nur dass Lydia es noch nie vorher getan hatte.

Und es vielleicht auch nie wieder tun würde.

Diese Fahrt zur Kirche, die lächelnden Gesichter, das übermütige Lachen schien ein Leben weit weg zu sein. Sie startete den Honda und lenkte ihn auf die Straße.

Betäubt fuhr sie nach Süden, in Richtung Hunts Point. Zu Robert nach Hause. Das bis jetzt auch ihr Zuhause gewesen war. Die Straße war kurvenreich. Was ist, wenn Robert die Stadt gar nicht wirklich verlassen hat? dachte sie. Was war, wenn er zu Hause war? Was würden sie zueinander sagen?

Also, tschüss dann.

Sie umklammerte das Lenkrad fester und dachte an all das, was sie ihm gern sagen würde. Wie benutzt und betrogen sie sich fühlte. *Ein ganzes Jahr. Ein ganzes verdammtes Jahr meines Lebens.*

Erst als sie an Smugglers Cove vorbei war, warf sie wieder einen zufälligen Blick in den Rückspiegel. Hinter ihr war ein schwarzer Ford. Derselbe Ford, der schon vor ein paar Meilen hinter ihr gewesen war, in der Nähe vom Delano Park. Zu jeder anderen Zeit hätte sie sich selbstverständlich nichts dabei gedacht. Aber heute, nach allem, was dieser Detective Navarro in Erwägung gezogen hatte …

Sie schüttelte eine vage Beklemmung ab, konzentrierte sich wieder auf die Straße und bog auf den Ocean House Drive ab.

Der Ford auch. Das war noch kein Grund, alarmiert zu sein. Der Ocean House Drive war schließlich eine viel befahrene Hauptstraße.

Nur um ihre Beklemmung loszuwerden, nahm sie die letzte Abfahrt, nach Pebbles Point. Es war eine wenig befahrene Straße. Hier würde der Ford ihr bestimmt nicht mehr folgen.

Der Ford nahm dieselbe Abfahrt.

Jetzt bekam sie wirklich Angst.

Sie drückte das Gaspedal durch. Der Honda gewann an Fahrt. Bei fünfzig Meilen pro Stunde würde sie die Kurven zu schnell nehmen, aber sie war entschlossen, den Ford abzuhängen. Nur dass sie es nicht schaffte. Er hatte seine Geschwindigkeit ebenfalls erhöht und war dicht hinter ihr. Jetzt beschleunigte er, scherte aus und fuhr neben ihr her. Kopf an Kopf nahmen sie die Kurven.

Er versucht mich von der Straße abzudrängen!

Sie schaute zur Seite, doch alles, was sie durch die getönten Scheiben des anderen Wagens erkennen konnte, war die Silhouette des Fahrers. *Warum tust du das?* wollte sie ihm zuschreien. *Warum, um alles in der Welt?*

Plötzlich riss der Fahrer des Fords das Steuer herum. Der Wagen kam auf sie zu. Ihr Ausweichmanöver bewirkte, dass der Honda bedenklich ins Schleudern kam. Nina setzte alles daran, die Spur zu halten.

Ihre Finger umklammerten das Lenkrad. Verdammter Irrer! Sie musste ihn abschütteln.

Sie trat auf die Bremse.

Der Ford schoss an ihr vorbei … doch nur für einen Moment. Sofort bremste er ebenfalls ab, bis er wieder neben ihr war, und setzte seine Versuche, sie von der Straße abzudrängen, fort.

Sie schaffte es, wieder einen Blick nach drüben zu werfen. Zu ihrer Überraschung hatte der Fahrer das Seitenfenster heruntergelassen. Sie erhaschte einen Blick auf ihn … ein Mann. Dunkles Haar. Sonnenbrille.

Im nächsten Moment schaute sie wieder vor sich auf die Straße, die etwas weiter vorn anstieg.

Ein anderes Auto hatte gerade den Bergrücken erklommen und kam direkt auf den Ford zu.

Reifen quietschten. Nina verspürte einen heftigen Stoß, Glasscherben spritzten ihr ins Gesicht. Dann wurde der Honda durch die Luft geschleudert.

Sie war noch nie ohnmächtig geworden. Und sie wurde es auch jetzt nicht, als der Honda abhob und sich am Straßenrand mehrmals überschlug.

Ein Ahorn hielt ihn auf, er blieb aufrecht stehen.

Obwohl sie voll bei Bewusstsein war, konnte sich Nina einen Moment lang nicht bewegen. Sie war zu entsetzt, um Schmerz oder Angst zu verspüren. Alles, was sie empfand, war Überraschung, dass sie noch am Leben war.

Doch nach und nach sickerte ein Gefühl von Unbehagen in sie ein. Ihre Brust schmerzte und ihre Schulter auch. Der Sicherheitsgurt. Er hatte ihr zwar das Leben gerettet, aber er hatte auch ihre Rippen in Mitleidenschaft gezogen.

„Hallo! Hallo, Lady!"

Nina wandte den Kopf und schaute in das Gesicht eines älteren Mannes, der sie beunruhigt ansah. Er rüttelte an ihrer Tür und bekam sie schließlich auf. „Ist alles in Ordnung mit Ihnen?", fragte er.

„Ich … ich denke schon."

3. KAPITEL

Gordon Gillis schaute von seinem Hamburger mit Pommes auf. „Irgendwas von Interesse?“, fragte er.

„Absolut nichts.“ Sam hängte seine Jacke an den Garderobenständer und ließ sich in den Stuhl hinter seinem Schreibtisch fallen, wo er sich müde das Gesicht rieb.

„Wie geht es dem Pfarrer?“

„Ganz gut. Die Ärzte glauben nicht, dass es ein Infarkt war. Aber sie wollen ihn doch noch einen Tag dabehalten, nur zur Sicherheit.“

„Und er hat natürlich keine Idee, wer es gewesen sein könnte.“

„Behauptet, dass er keine Feinde hat. Und alle, mit denen ich gesprochen habe, scheinen Reverend Sullivan für einen ausgemachten Heiligen zu halten.“ Sam lehnte sich mit einem Aufstöhnen zurück. „Und bei dir?“

Gillis biss herzhaft in seinen Hamburger. „Ich habe den Trauzeugen, die Brautführerin und die Floristin befragt. Keiner will etwas bemerkt haben.“

„Was ist mit dem Hausmeister?“

„Wir versuchen noch, ihn zu finden. Seine Frau sagt, dass er normalerweise gegen sechs nach Hause kommt. Ich habe Cooley hingeschickt.“

Gillis’ Telefon klingelte. Er nahm ab. „Ja, was ist?“

Sam sah, dass sein Partner etwas auf einen Notizblock schrieb, den er ihm hinschob. *Trundy Point Road* stand dort.

Einen Moment später sagte Gillis: „Wir sind schon unterwegs“ und legte auf.

„Was ist?“, fragte Sam.

„Der Anruf kam aus einem Streifenwagen. Es geht um die Braut von heute.“

„Nina Cormier?“

„Ihr Wagen ist in der Nähe von Trundy Point von der Straße abgekommen.“

Ninas Rippen schmerzten, ihre Schulter tat weh, und im Gesicht hatte sie ein paar Kratzer von umherfliegenden Glassplittern. Aber ihr Kopf war klar. Zumindest klar genug, um den Mann zu erkennen, der aus dem blauen Taurus stieg, der gerade am Unfallort vorgefahren war. Es war dieser mürrische Detective, Sam Navarro. Er warf nicht mal einen Blick in ihre Richtung, sondern wandte sich gleich der Unfallstelle zu.

In der hereinbrechenden Dämmerung beobachtete sie, wie er mit einem Streifenpolizisten sprach, der längere Zeit auf Navarro einredete. Als Sam anschließend langsam um den arg mitgenommenen Honda herumging, fühlte sich Nina an eine umherstreifende Wildkatze erinnert. Nachdem er den Boden untersucht hatte, richtete er sich wieder auf, wandte den Kopf und schaute in ihre Richtung.

Und begann auf sie zuzugehen.

Plötzlich spürte sie, dass sich ihr Puls beschleunigte. Irgendetwas an dem Mann faszinierte sie und flößte ihr gleichzeitig Unbehagen ein. Es war mehr als nur seine körperliche Präsenz, die schon allein eindrucksvoll genug war. Es war auch die Art, wie er sie anschaute, dieser nicht zu entziffernde Blick. Diese Unergründlichkeit machte sie nervös. Die meisten Männer schienen sie attraktiv zu finden, und sie würden zumindest versuchen, freundlich zu sein.

Doch dieser Mann schien in ihr nichts anderes als ein potenzielles Opfer zu sehen. Seiner intellektuellen Anstrengung wert, aber nicht mehr.

Als er herankam, straffte sie die Schultern und begegnete, ohne mit der Wimper zu zucken, seinem Blick.

„Sind Sie okay?“, fragte er.

„Nur ein paar Kratzer, das ist alles.“

„Sind Sie sicher, dass Sie sich nicht röntgen lassen wollen? Ich könnte Sie beim Krankenhaus absetzen.“

„Danke, aber das ist nicht nötig. Ich bin Krankenschwester. Ich wüsste es, wenn es etwas Ernstliches wäre, Detective, das können Sie mir glauben.“

„Es heißt, Ärzte und Krankenschwestern sind die schlimmsten Patienten. Ich werde Sie sofort ins Krankenhaus fahren. Nur zur Sicherheit.“

Sie lachte ungläubig. „Das klingt ja wie ein Befehl.“

„Offen gestanden ist es auch einer.“

„Wirklich, Detective, ich würde es wissen, wenn irgendetwas mit mir nicht …“

Sie sprach zu seinem Rücken. Der Mann hatte ihr doch tatsächlich den *Rücken* zugedreht! Er war schon unterwegs zu seinem Auto. „Detective!“, rief sie.

Er schaute über die Schulter. „Ja?“

„Ich werde nicht … das ist nicht …“ Sie seufzte. „Ach, vergessen Sie's“, murmelte sie schließlich und ging ihm nach. Es war sinnlos, mit diesem Mann zu argumentieren. Er würde ihr bloß wieder den Rücken zudrehen. Als sie neben ihn auf den Beifahrersitz glitt, verspürte sie einen Stich in der Brust. Sie wusste, dass es Stunden, ja Tage dauern konnte, bis sich Verletzungen bemerkbar machten. Sie hasste es, es zuzugeben, aber vielleicht hatte er ja doch recht mit seinem Vorschlag.

Sie fühlte sich zu unwohl, um während der Fahrt etwas zu sagen. So war es dann Sam, der schließlich das Schweigen brach.

„Und können Sie mir erzählen, was passiert ist?"

„Ich habe meine Aussage bereits zu Protokoll gegeben. Irgendwer hat mich von der Straße abgedrängt."

„Ja, ein schwarzer Ford, Fahrer männlich. Zugelassen in Maine."

„Dann wissen Sie ja schon alles."

„Der Zeuge des Unfallhergangs sagte aus, er hätte den Eindruck gehabt, dass es sich um einen Betrunkenen gehandelt habe. Er glaubt nicht, dass es Absicht war."

Sie schüttelte den Kopf. „Ich weiß überhaupt nicht mehr, was ich denken soll."

„Wann haben Sie den Ford das erste Mal gesehen?"

„Irgendwo bei Smugglers Cove, glaube ich. Dort fiel mir jedenfalls auf, dass er mir folgte."

„Hat er Ihnen etwa gewinkt? Hat er Ihnen irgendwelche Zeichen gegeben?"

„Nein. Er ist mir einfach nur … nachgefahren."

„Kann er schon früher hinter Ihnen gewesen sein?"

„Ich bin mir nicht sicher."

„Ist es möglich, dass er schon da war, als Sie vom Haus Ihrer Mutter wegfuhren?"

Sie schaute ihn mit gerunzelter Stirn an. Sein Blick war fest auf die Straße gerichtet. Der Tenor seiner Fragen hatte sich im Lauf des Gesprächs fast unmerklich verändert. Zuerst hatten sie nichtssagend geklungen. Vielleicht sogar skeptisch. Aber die letzte Frage verriet ihr, dass er andere Möglichkeiten in Betracht zog als einen betrunkenen Fahrer. Möglichkeiten, die ihr einen Schauer über den Rücken jagten.

„Wollen Sie damit sagen, dass er dort auf mich gewartet haben könnte?"

„Ich versuche nur, alles auszuloten."

„Der andere Polizist dachte auch, dass es bestimmt ein Betrunkener war."

„Das ist seine Meinung."

„Und was ist Ihre?"

Er antwortete nicht. Er fuhr einfach nur seelenruhig weiter. Zeigte dieser Mann jemals Gefühle? Ein Mal, nur ein einziges Mal würde sie gern etwas sehen, das ihm richtig unter sein dickes Fell ging.

„Detective Navarro“, sagte sie. „Ich zahle Steuern. Ich bezahle Ihr Gehalt. Ich denke, dass ich mehr verdiene, als einfach nur abgebürstet zu werden.“

„Oh. Die alte Leier vom Diener des Staates. Die habe ich schon so oft gehört …“

„Das ist mir egal, Hauptsache, ich bekomme endlich eine Antwort von Ihnen.“

„Ich bin mir nicht sicher, ob Sie meine Antwort hören wollen.“

„Warum sollte ich nicht?“

„Ich habe mir Ihr Auto angeschaut und außer schwarzen Lacksplittern, die beweisen, dass der andere Wagen Sie tatsächlich gerammt hat, noch etwas anderes gefunden.“

„Noch etwas anderes?“ Perplex schüttelte sie den Kopf. „Und was genau ist dieses andere?“

„Ein Einschussloch. In der Beifahrertür.“

Nina spürte, wie ihr alles Blut aus dem Gesicht wich. Sie bekam vor Schreck kein Wort heraus.

Er sprach in sachlichem Ton weiter. Erschreckend sachlich. Er ist kein Mensch, dachte sie. Er ist eine Maschine. Ein Roboter.

„Die Kugel hat Ihr Fenster durchschlagen. Darum ist die Scheibe auf der Fahrerseite zersplittert, noch ehe Sie von der Straße abgekommen sind und sich überschlagen haben. Die Kugel hat Ihren Hinterkopf nur knapp verfehlt und ein Loch in die Plastikverkleidung der Beifahrertür gerissen. Wahrscheinlich steckt sie immer noch drin. Heute Abend werden wir das Kaliber wissen. Und vielleicht auch die Marke der Pistole. Doch was ich noch immer nicht weiß und was Sie mir werden erzählen müssen, ist, warum jemand versucht, Sie zu töten.“

Sie schüttelte den Kopf. „Es muss eine Verwechslung sein“, sagte sie tonlos.

„Dieser Bursche macht sich eine Menge Mühe. Er jagt eine Kirche in die Luft. Verfolgt Sie. Schießt auf Sie. Das ist nicht nur eine Verwechslung.“

„Muss es aber!“

„Denken Sie ganz scharf nach, Nina. Überlegen Sie, wer Sie aus dem Weg räumen will.“

„Ich habe es Ihnen schon gesagt, ich habe keine Feinde!“

„Sie müssen welche haben.“

„Ich habe aber keine. Ich habe …“ Sie schluchzte trocken auf und hielt sich den Kopf. „Ich habe keine“, flüsterte sie schließlich.

Nach einem langen Schweigen sagte er behutsam: „Es tut mir leid. Ich weiß, dass es schwer fällt zu akzeptieren …“

„Sie haben keine Ahnung, wie ich mich fühle, Detective. Ich habe bis jetzt immer geglaubt, dass mich die Leute mögen. Oder … wenigstens … dass sie mich nicht hassen. Ich habe immer versucht, mit allen gut auszukommen. Und jetzt erzählen Sie mir, dass da draußen irgendwer ist … irgendwer, der mich …“ Sie schluckte und starrte durch die Windschutzscheibe auf die dunkler werdende Straße.

Während Nina im Krankenhaus untersucht wurde, lief Sam im Warteraum auf und ab. Ein paar Röntgenaufnahmen später kam sie noch blasser als vorher zurück. Sicher kam es daher, weil die Realität langsam in ihr Bewusstsein einsickerte. Sie konnte die Gefahr nicht mehr leugnen.

Als sie wieder in seinem Wagen saß, sagte sie nichts, sondern starrte nur wie betäubt vor sich hin. Sam streifte sie ab und zu mit einem Seitenblick und machte sich darauf gefasst, dass sie jeden Moment in Tränen ausbrechen konnte, aber sie rührte sich nicht. Es machte ihn nervös. Und besorgt. Es war nicht normal.

Er sagte: „Sie sollten heute Nacht nicht allein sein. Gibt es jemand, zu dem Sie gehen können?“

Ihre Antwort war ein fast unmerkliches Schulterzucken.

„Zu Ihrer Mutter?“, schlug er vor. „Ich fahre Sie nach Hause, dann können Sie sich ein paar Sachen zusammenpacken und …“

„Nein. Nicht zu meiner Mutter“, murmelte sie.

„Warum nicht?“

„Ich … ich will … ich will ihr keine Unannehmlichkeiten machen, darum nicht.“

„Unannehmlichkeiten? Ihrer Mutter?“ Er zog die Augenbrauen hoch. „Entschuldigen Sie, dass ich frage, aber sind Mütter nicht dazu da? Um uns aufzuheben, wenn wir hingefallen sind, und uns den Staub aus den Kleidern zu klopfen?“

„Die Ehe meiner Mutter ist nicht … na ja …“

„Sie kann ihre Tochter nicht in ihr eigenes Haus einladen?“

„Es ist nicht ihr Haus, Detective. Es gehört ihrem Mann. Und er hält nicht sehr viel von mir. Um die Wahrheit zu sagen, beruht dieses Gefühl auf Gegenseitigkeit.“ Sie schaute geradeaus, und in diesem Moment kam sie ihm sehr tapfer vor. Und sehr allein.

„Seit dem Tag ihrer Heirat kontrolliert Edward Warrenton jede Kleinigkeit im Leben meiner Mutter. Er drangsaliert sie, und sie lässt es sich, ohne mit der Wimper zu zucken, gefallen. Weil sein Geld sie für alles, was er ihr antut, entschädigt. Ich konnte es irgendwann einfach nicht mehr mit ansehen und bin ausgezogen.“

„Das war wahrscheinlich das Beste, was Sie tun konnten."

„Es hat aber zur Familienharmonie nicht das Geringste beigetragen. Ich bin mir sicher, dass Edward nur nach Chicago gefahren ist, weil er sich um die Teilnahme an meiner Hochzeit herumdrücken wollte." Sie seufzte. „Ich weiß, dass ich mich nicht über meine Mutter ärgern sollte, aber ich tue es trotzdem. Ich ärgere mich, dass sie sich nie gegen ihn wehrt."

„Schön. Dann also nicht zu Ihrer Mutter. Was ist mit dem lieben alten Dad? Kommen Sie mit ihm besser klar?"

Sie nickte. Nur andeutungsweise. „Ich nehme an, bei ihm könnte ich bleiben."

„Gut. Weil ich Sie nämlich heute Nacht unter keinen Umständen allein lasse." Er hatte den Satz eben ausgesprochen, als ihm klar wurde, dass er ihn nicht hätte sagen sollen. Das klang ja fast so, als ob er sich etwas aus ihr machte, als ob er seine persönlichen Gefühle mit seinem Beruf vermischte. Dabei war er ein viel zu guter Polizist, ein viel zu vorsichtiger Polizist, um so etwas jemals zuzulassen.

Er fühlte ihren überraschten Blick auf sich ruhen.

In einem Ton, der kälter war als beabsichtigt, sagte er: „Sie könnten mein einziges Verbindungsglied zu diesem Bombenanschlag sein. Ich brauche Sie für meine Untersuchung lebendig."

„Oh. Natürlich." Daraufhin verfiel sie in Schweigen, bis sie das Haus am Ocean View Drive erreicht hatten.

Sobald er geparkt hatte, machte sie Anstalten auszusteigen. Er packte sie am Arm und zog sie ins Wageninnere zurück. „Warten Sie einen Moment."

„Was ist?"

„Bleiben Sie noch eine Minute sitzen." Er stieg aus und schaute sich eingehend um, aber er konnte nichts Verdächtiges entdecken. Die Straße lag verlassen da.

„Okay", sagte er. „Packen Sie nur ein paar Sachen zusammen, mehr Zeit haben wir nicht."

„Ich hatte eigentlich auch nicht vor, meine ganzen Möbel mitzunehmen."

„Ich wollte damit nur sagen, dass Sie es kurz und schmerzlos machen sollen. Wenn wirklich jemand hinter Ihnen her ist, wird er hierherkommen. Deshalb ist es besser, wenn wir uns nicht allzu lange hier aufhalten, okay?"

Sie waren noch nicht länger als fünf Minuten in dem alten, aber großen, geschmackvoll eingerichteten Haus, als das Telefon klingelte. Sam spürte, wie ihm das Adrenalin sofort durch die Blutbahn schoss.

„Soll ich rangehen, Detective?“, fragte Nina aus dem Schlafzimmer. Jetzt erschien sie mit bleichem und angespanntem Gesicht auf der Schwelle.

Er nickte.

Er stellte sich hinter sie, als sie den Telefonhörer abnahm und „Hallo?“ sagte.

Niemand antwortete.

„Hallo?“, wiederholte Nina. „Wer ist da? Hallo? Nun melden Sie sich doch!“

Ein Klicken ertönte, dann, nach einem Moment der Stille, das Freizeichen.

Nina schaute Sam an. Sie stand so dicht bei ihm, dass ihr Haar, das wie schwarze Seide war, sein Gesicht streifte. Während er ihr in diese großen dunklen Augen schaute, ertappte er sich dabei, dass er auf ihre Nähe mit einer unerwarteten Welle von Verlangen reagierte.

Das darf nicht sein. Das darfst du nicht zulassen.

Hastig trat er einen Schritt zurück. Doch selbst jetzt, nachdem sie einen guten Meter voneinander entfernt standen, konnte er ihre Anziehungskraft immer noch spüren. Es ist noch nicht weit genug, dachte er. Diese Frau raubte ihm sein logisches Denkvermögen. Und das war gefährlich.

Er senkte den Blick und sah plötzlich, dass der Anrufbeantworter blinkte. Er sagte: „Sie haben Nachrichten.“

„Wie bitte?“

„Auf Ihrem Anrufbeantworter. Sie haben drei neue Nachrichten drauf.“

Benommen schaute sie auf den Apparat. Automatisch drückte sie die Wiedergabetaste.

Man hörte dreimal den Piepton, gefolgt von einer dreimaligen Stille und dann das Besetztzeichen.

Wie gelähmt starrte sie auf den Apparat. „Warum?“, flüsterte sie. „Warum rufen sie an und legen dann auf?“

„Um zu sehen, ob Sie zu Hause sind. Lassen Sie uns besser gehen.“

Sie entspannte sich erst wieder ein bisschen, als sie im Auto saßen. Er behielt während der Fahrt den Rückspiegel im Auge, aber er konnte keinen Hinweis darauf entdecken, dass sie verfolgt wurden.

„Gleich sind Sie im Haus Ihres Vaters, dann wird es Ihnen wieder gut gehen.“

„Und dann?“, fragte sie leise. „Wie lange muss ich mich dort verstecken? Wochen? Monate?“

„Bis wir diesen Fall aufgeklärt haben.“

Sie schüttelte unglücklich den Kopf. „Es macht einfach keinen Sinn. Nichts davon macht Sinn."

„Vielleicht kommt ja ein bisschen Licht in die Sache, wenn wir mit Ihrem Verlobten sprechen. Haben Sie denn eine Idee, wo er sein könnte?"

„Wie mir scheint, bin ich der letzte Mensch, den Robert in seine Pläne einweihen wollte ..." Sie schlang sich die Arme um die Taille. „In dem Brief stand, dass er für einige Zeit verreisen wollte. Wahrscheinlich wollte er einfach nur weg. Von mir ..."

„Von Ihnen? Oder von jemand anders?"

Sie schüttelte den Kopf. „Da ist so viel, was ich nicht weiß. So viel, was er mir nie erzählt hat. Gott, ich wünschte, ich würde es verstehen. Ich würde damit zurechtkommen. Ich komme mit allem zurecht. Ich will es nur verstehen."

„Dieser Anrufer könnte die Absicht haben, Ihrem Haus einen Besuch abzustatten", sagte er. „Wenn Sie nichts dagegen haben, würde ich es gern im Auge behalten. Nur um zu sehen, wer hier auftaucht."

Sie nickte. „Ja. Natürlich."

„Geben Sie mir Ihre Einwilligung?"

„Sie meinen ... reinzugehen?"

„Falls unser Verdächtiger einzubrechen versucht, könnte ich ihn drin erwarten."

Sie starrte ihn an. „Sie könnten dabei aber selbst zu Schaden kommen."

„Glauben Sie mir, Miss Cormier, ich bin kein heldenhafter Typ. Ich gehe kein Risiko ein."

„Aber wenn er auftaucht ..."

„Werde ich bereit sein." Um sie zu beruhigen, warf er ihr ein flüchtiges Grinsen zu. Sie wirkte jedoch ganz und gar nicht beruhigt, sondern nervöser denn je.

Ist es meinetwegen? dachte er. Bei diesem Gedanken hob sich aus unerfindlichem Grund seine Laune. Als Nächstes würde er wahrscheinlich seinen Hals in eine Schlinge stecken, und das alles wegen eines Paars großer brauner Augen. Das war genau die Art Situation, die ein Cop tunlichst vermeiden sollte; den Helden zu spielen, nur um bei einer Frau Eindruck zu schinden. Dabei konnte man ums Leben kommen.

Er konnte dabei ums Leben kommen.

„Sie sollten das nicht machen", sagte sie.

„Ich werde nicht allein sein. Ich rufe mir Verstärkung."

„Sicher?"

„Ganz sicher."
„Versprochen? Sie gehen kein Risiko ein?"
„Was sind Sie, meine Mutter?", brauste er auf.
Sie kramte ihren Schlüsselbund aus ihrer Handtasche und warf ihn auf die Ablage. „Nein, das bin ich nicht. Aber Sie sind mit dem Fall betraut, und ich brauche Sie bei guter Gesundheit, damit Sie ihn aufklären können."
Diese Ohrfeige hatte er verdient. Sie machte sich Gedanken um seine Sicherheit, und er reagierte mit Sarkasmus. Dabei wusste er nicht einmal, warum. Alles, was er wusste, war, dass er, immer wenn er ihr in die Augen schaute, den überwältigenden Drang verspürte, sich umzudrehen und wegzurennen. Bevor die Falle zuschnappte.
Nur wenig später passierten sie das schmiedeeiserne Tor zum Grundstück ihres Vaters. Nina wartete nicht ab, bis Sam ihr die Tür öffnete. Sie sprang aus dem Wagen und lief die Steintreppe hinauf. Sam folgte mit ihrem Koffer. Das Haus war riesig – sogar noch beeindruckender als Lydia Warrentons Zuhause – und war mit dem Rolls-Royce unter den Alarmanlagen ausgestattet. Heute Nacht zumindest sollte sie sicher sein.
Die Türklingel läutete wie eine Kirchenglocke; er konnte hören, wie sie durch gewiss Dutzende von Räumen hallte. Gleich darauf wurde die Tür von einer Blondine geöffnet – und was für eine Blondine das war! Sie war etwa dreißig und trug einen glänzenden Gymnastikanzug, der jede straffe Kurve ihres Körpers umspannte. Auf ihrem Gesicht lag ein feiner Schweißfilm, und aus irgendeinem Raum drang die stampfende Musik eines Trainingsvideos.
„Hallo, Daniella", sagte Nina leise.
Das Mitgefühl, das sich auf Daniellas Gesicht spiegelte, hatte für Sams Geschmack etwas Unechtes. „Oh Nina, was heute passiert ist, tut mir ja so schrecklich leid! Wendy hat uns angerufen und das mit der Bombe erzählt. Wurde jemand verletzt?"
„Nein. Gott sei Dank nicht." Nina zögerte einen Moment, dann fragte sie: „Glaubst du, ich könnte heute Nacht hier schlafen, Daniella?"
Der Ausdruck von Mitgefühl verblasste. Daniella streifte den Koffer, den Sam in der Hand hielt, mit einem misstrauischen Seitenblick. „Ich ... äh ... warte, ich rede nur kurz mit deinem Dad. Er sitzt gerade in der Badewanne ..."
„Nina hat keine andere Wahl. Sie muss heute Nacht hierbleiben", mischte sich Sam ein und schob sich unaufgefordert an Daniella vorbei ins Haus, um den Koffer abzustellen. „Allein ist sie nicht sicher."

Daniella schaute Sam an, und er sah, wie in diesen unbeteiligt blickenden blauen Augen für einen Moment Interesse aufblitzte. „Detective, ich fürchte, ich habe Ihren Namen vorhin nicht mitbekommen.“

„Das ist Detective Navarro“, sagte Nina. „Er ist vom Bombendezernat. Und das“, fuhr sie an Sam gewandt fort, „ist Daniella Cormier. Meine … äh, die Frau meines Vaters.“

Stiefmutter war die genaue Bezeichnung, aber diese atemberaubende Blondine sah nicht aus wie irgendjemandes Mutter. Und der Blick, den sie *ihm* zuwarf, war alles andere als mütterlich.

Daniella legte den Kopf schräg. „Dann sind Sie also Polizist?“

„Ja, Ma'am.“

„Vom Bombendezernat? Glauben Sie wirklich, dass in der Kirche eine Bombe hochgegangen ist?“

„Darüber darf ich keine Auskunft geben“, sagte er. „Nicht, solange die Ermittlungen andauern.“ Er wandte sich an Nina: „Wenn Sie für die Nacht versorgt sind, gehe ich jetzt. Achten Sie darauf, dass das Tor zu ist. Und vergessen Sie nicht, die Alarmanlage einzuschalten. Ich melde mich morgen früh bei Ihnen.“

Als er ihr zum Abschied kurz zunickte, begegneten sich ihre Blicke. Es war nur ein ganz kurzer Blickkontakt, aber wieder einmal war er überrascht über seine instinktive Reaktion auf diese Frau. Er fühlte sich so stark von ihr angezogen, dass er Mühe hatte, seinen Blick von ihr loszureißen.

Er machte es. Mit einem kurz angebundenen Gute Nacht ging er hinaus.

Er fuhr zurück zu Robert Bledsoes Haus am Ocean View Drive und ließ seinen Wagen in einer Seitenstraße stehen. Dann verschaffte er sich mit Ninas Schlüsseln Einlass in das still und dunkel daliegende Haus.

4. KAPITEL

Am Ocean View Drive brannte Licht. Irgendjemand war zu Hause. Die Cormier? Robert Bledsoe? Oder womöglich beide?

Er fuhr in seinem grünen Jeep Cherokee langsam vorbei und warf einen langen Blick auf das Haus. Er registrierte die dichten Büsche in der Nähe der Fenster, den Schatten der Fichten und Vogelbeerbäume, die das Grundstück von zwei Seiten einrahmten. Eine Menge Deckung.

Dann entdeckte er das Auto, das einen Häuserblock entfernt parkte. Unweit davon stand eine Straßenlaterne, und er konnte die schattenhaften Umrisse der beiden Männer darin erkennen. Polizei, dachte er. Sie observierten das Haus.

Heute Nacht war nicht der richtige Zeitpunkt.

Er bog um die Ecke und fuhr weiter.

Diese Sache konnte warten. Es waren ohnehin nur ein paar Aufräumungsarbeiten, ein loses Ende, dem er sich in seinen Mußestunden widmen konnte.

Er hatte anderes, Wichtigeres zu tun, und in nur einer Woche musste es erledigt sein.

Er fuhr weiter, in Richtung Innenstadt.

Um 9:00 morgens kamen die Wärter, um Billy Binford, der auch „der Schneemann" genannt wurde, aus seiner Zelle zu holen.

Albert Darien, sein Anwalt, erwartete ihn bereits. Billy konnte durch die Trennscheibe aus Plexiglas Dariens grimmigen Gesichtsausdruck sehen, und er wusste, dass die Neuigkeiten, die Darien mitgebracht hatte, nicht gut sein würden. Der Wärter stand nicht nah genug, um ihre Unterhaltung mitzuhören, aber Billy würde sich dennoch hüten, offen zu sprechen. Dieses ganze Gequatsche über die Vertraulichkeit zwischen Anwalt und Mandant konnten sie sich sonst wohin stecken. Wenn die Bullen vom FBI oder der Staatsanwalt es nur wollten, konnten sie jedem eine Wanze hinpflanzen, sogar einem Pfarrer. Es war zum Kotzen, wie sie die Bürgerrechte verletzten.

„Hallo Billy", sagte Darien laut in das Mikro. „Wie behandelt man Sie?"

„Wie einen Sultan. Was, zum Teufel, denken Sie denn? Aber Sie müssen mir noch ein paar Gefallen tun, Darien. Einen Fernseher. Ich möchte meinen eigenen Fernseher."

„Billy, wir haben Probleme."

Billy gefiel Dariens Tonfall nicht. „Was denn für Probleme?“, fragte er.

„Liddell lässt sich auf nichts ein. Er ist fest entschlossen, diesen Prozess zu führen. Jeder andere Staatsanwalt hätte sich den Ärger wahrscheinlich erspart, aber ich denke, Liddell benutzt Sie als Sprosse zu seiner Karriereleiter.“

„Tritt er zu den Gouverneurswahlen an oder warum hat er solches Interesse an mir?“

„Er hat seine Kandidatur noch nicht angemeldet. Aber wenn er Sie hinter Gitter bringt, hat er gute Chancen. Und um ehrlich zu sein, hat er mehr als genug Beweise, um Sie für viele Jahre hinter Gitter zu bringen, Billy.“

Billy lehnte sich vor und starrte seinen Anwalt durch die Plexiglasscheibe an. „Ich bezahle *Sie* dafür, dass das nicht passiert. Was also wollen Sie dagegen tun? Sie haben doch sicher schon einen Plan, was Sie unternehmen wollen?“

„Sie haben zu viel in der Hand. Hobart hat sich zum Kronzeugen machen lassen.“

„Hobart ist ein Schmierlappen. Es dürfte ein Klacks sein, seine Glaubwürdigkeit zu erschüttern. Ich erwarte von Ihnen, dass Sie das erledigen, und zwar schnell.“

„Sie haben die Frachtunterlagen. Da steht es alles schwarz auf weiß, Billy.“

„Okay, dann verhandeln Sie eben noch mal mit dem Richter. Was auch immer. Hauptsache, Sie sorgen dafür, dass ich so schnell wie möglich hier rauskomme.“

„Ich habe Ihnen gesagt, dass Liddell jede Art von Verhandlungen ablehnt.“

Billy überlegte einen Moment. Dann sagte er sanft: „Dem Mann kann geholfen werden.“

Darien starrte ihn an. „Was meinen Sie damit? Was wollen Sie damit sagen?“

„Sie veranlassen den Deal. Ich kümmere mich um Liddell.“

„Ich will davon nichts wissen.“ Darien lehnte sich zurück, seine Hände zitterten plötzlich. „Ich will davon kein Wort wissen, verstanden?“

„Das brauchen Sie auch nicht. Alles, was ich von Ihnen will, ist, dass Sie mir diesen Prozess vom Hals halten. Und mich schleunigst hier rausbringen. Alles klar?“

„Ja. Ja.“ Darien schaute sich nervös nach dem Wärter um, der sich nicht im Geringsten für ihre Unterhaltung interessierte. „Ich werde alles tun, was ich kann.“

Nina wurde von stampfenden Bässen geweckt. Sie stand auf und zog sich an. Sie ging nach unten und fand Daniella auf dem auf Hochglanz polierten Eichenparkett des Trainingsraums liegend. An diesem Morgen trug sie einen glänzenden pinkfarbenen Gymnastikanzug, und ihre schlanken Beine bewegten sich elegant im Takt der Musik. Nina schaute einen Moment lang zu, fasziniert vom Anblick dieser straffen Muskeln. Daniella arbeitete hart an ihrem Körper. Tatsächlich tat sie kaum etwas anderes. Seit ihrer Heirat mit George Cormier schien ein perfekter Körper ihr einziges Lebensziel zu sein.

Die Musik war zu Ende. Daniella sprang geschmeidig auf. Als sie sich umdrehte, um nach einem Handtuch zu greifen, sah sie Nina in der Tür stehen. „Oh, guten Morgen."

„Morgen", sagte Nina. „Schätze, ich habe verschlafen. Ist Dad schon im Büro?"

„Du weißt doch, er liebt es, in aller Herrgottsfrühe aufzustehen." Daniella wischte sich mit dem Handtuch den Schweiß von der Stirn. Zwischen den beiden Frauen breitete sich ein peinliches Schweigen aus. Das war immer so.

Daniella stieg auf ein Trainingsfahrrad und begann zu strampeln. Über das Surren hinweg sagte sie: „George hat irgendein Vorstandsmeeting. Er kommt erst zum Abendessen. Oh, und du hattest heute Morgen zwei Anrufe. Einer war von diesem niedlichen Polizisten."

„Detective Navarro?"

„Ja. Er wollte wissen, ob alles in Ordnung ist."

Dann macht er sich also Sorgen um mich, dachte Nina und spürte überrascht, dass sich ihre Laune hob. Er machte sich genug aus ihr, um sich davon zu überzeugen, dass sie wohlauf war. Aber vielleicht wollte er ja auch nur wissen, ob nicht wieder einmal eine Leiche auf ihn wartete.

Ja, wahrscheinlich war das der Grund seines Anrufs gewesen.

Plötzlich niedergeschlagen, drehte Nina sich um, um den Raum zu verlassen. „Und der zweite Anruf?", fragte sie. „Du hast gesagt, es wären zwei gewesen."

„Oh ja, richtig." Daniella strampelte noch immer. „Der zweite war von Robert."

Nina starrte sie sprachlos an. „Robert hat angerufen?"

„Er hat gefragt, ob ich weiß, wo du bist."

„Und wo ist *er*?"

„Zu Hause."

Nina schüttelte ungläubig den Kopf. „Du hättest es mir sagen sollen, Daniella."

„Du hast tief und fest geschlafen. Ich sah keinen Grund, dich deswegen aufzuwecken." Daniella legte sich mächtig ins Zeug und strampelte schneller. „Davon abgesehen hat er gesagt, dass er später noch mal anruft."

Ich will nicht bis später warten, dachte Nina. Ich will jetzt Antworten. Und ich will, dass er mir dabei ins Gesicht sieht.

Mit klopfendem Herzen verließ sie das Haus. Sie borgte sich den Mercedes ihres Vaters aus, um zum Ocean View Drive zu fahren. Er würde ihn nicht vermissen, schließlich hatte er auch noch einen Jaguar und einen BMW in der Garage stehen.

Am Ocean View Drive ging sie die Verandatreppe nach oben und klingelte. Ihre Hausschlüssel hatte Sam Navarro. Aber es war ohnehin nicht mehr ihr Haus. Das war es nie gewesen.

Die Tür ging auf, und Robert schaute sie überrascht an. Er trug Joggingshorts und ein T-Shirt, und sein Gesicht war von dem eben hinter ihm liegenden Training gesund gerötet.

„Ach, Nina", sagte er. „Ich ... ich habe mir schon Sorgen um dich gemacht."

„Irgendwie fällt es mir schwer, das zu glauben."

„Ich habe eben bei deinem Vater angerufen ..."

„Was ist passiert, Robert? Warum hast du mich einfach sitzen lassen? Sag es mir!"

Er wich ihrem Blick aus. Das allein sagte ihr, wie weit sie sich voneinander entfernt hatten. „Was soll ich denn sagen? Es ist nicht leicht zu erklären."

„Für mich war es auch nicht leicht. Alle wieder nach Hause schicken zu müssen. Und nicht zu wissen, was eigentlich los ist. Du hättest es mir sagen müssen. Eine Woche vorher. Von mir aus auch nur einen *Tag* vorher. Stattdessen lässt du mich mit diesem verdammten Brautstrauß vor dem Altar stehen! Und mir bleibt nichts anderes, als mich zu fragen, ob das alles *meine* Schuld ist. Ob ich etwas falsch gemacht habe."

„Es ist nicht deine Schuld, Nina."

„Was ist es denn?"

Er antwortete nicht. Er schaute sie immer noch nicht an, vielleicht wagte er es ja nicht.

„Ich habe ein ganzes Jahr lang mit dir gelebt", sagte sie mit trauriger Verwunderung in der Stimme. „Und ich habe keine blasse Ahnung, wer du überhaupt bist." Sie ging mit einem unterdrückten

Schluchzen an ihm vorbei ins Haus, direkt ins Schlafzimmer.

„Was machst du denn?“, rief er ihr nach.

„Meine restlichen Sachen packen. Und schleunigst von hier verschwinden.“

„Nina, es besteht kein Grund, dass wir uns unzivilisiert benehmen. Wir haben es versucht. Aber es hat nicht funktioniert. Warum können wir nicht wenigstens Freunde bleiben?“

„Sind wir das denn? Freunde?“

„Ich würde es gern glauben. Ich sehe nicht, warum wir es nicht sein könnten.“

Sie schüttelte den Kopf und lachte bitter auf. „Ein Freund sticht einem nicht blindlings ein Messer in den Rücken.“ Sie begann Schubladen aufzureißen, zerrte Kleidungsstücke heraus und warf sie aufs Bett. Es war ihr egal, ob sie Unordnung machte, sie wollte nur noch weg von hier und ihn nie wiedersehen. Vor einem Moment noch hatte sie daran geglaubt, dass es immer noch möglich sein könnte, ihre Beziehung zu retten, die Scherben einzusammeln und sie zu kitten. Doch jetzt wusste sie, dass es unmöglich war. Sie wollte ihn nicht einmal mehr. Sie konnte sich nicht einmal mehr erinnern, was ihr je an ihm gefallen hatte. Sein blendendes Aussehen, sein Doktortitel waren angenehme Begleiterscheinungen gewesen, aber nicht allzu wichtig. Nein, was sie bei Robert gesehen hatte – oder zu sehen *geglaubt* hatte, waren Intelligenz und Witz und Einfühlungsvermögen gewesen. All das hatte er ihr gezeigt.

Was für eine Schmierenkomödie.

Robert beobachtete sie mit vornehmer Verletztheit. Als ob das alles ihre Schuld wäre. Ohne ihn zu beachten, ging sie zum Schrank, riss einen Arm voll Kleider heraus und warf ihn aufs Bett. Der Kleiderstapel war so hoch, dass er fast umkippte.

„Musst du das alles unbedingt jetzt machen?“, fragte er.

„Ja.“

„Es gibt nicht genug Koffer.“

„Dann nehme ich eben Mülltüten. Und meine Bücher nehme ich auch mit!“

„Heute? Aber du hast Tonnen von Büchern!“

„Diese Woche habe ich Tonnen von Zeit. Weil meine Hochzeitsreise geplatzt ist.“

„Du bist unvernünftig. Hör zu, ich verstehe, dass du wütend bist. Du hast ein Recht, wütend zu sein. Aber deshalb brauchst du doch nicht gleich auszurasten.“

„Ich raste aus, wann es *mir* passt!“, schrie sie.

Ein Räuspern veranlasste sie beide, sich überrascht umzudrehen. Sam Navarro stand auf der Türschwelle und schaute sie mit einem Ausdruck leiser Belustigung an.

„Was wollen Sie denn schon wieder hier?“, brauste Robert auf. „Reicht es nicht, dass ich Sie gestern Nacht aufgefordert habe, mein Haus zu verlassen? Und wie kommen Sie überhaupt rein?“

„Ich habe geklopft“, sagte Sam. „Und Sie haben die Haustür sperrangelweit offen gelassen.“

„Sie betreten unbefugt ein fremdes Haus“, sagte Robert. „Und schon wieder ohne Durchsuchungsbefehl.“

„Er braucht keinen Durchsuchungsbefehl“, sagte Nina.

„Da ist das Gesetz anderer Meinung.“

„Nicht, wenn ich ihn hereinlasse.“

„Du hast ihn aber nicht hereingelassen. Er ist einfach hereingekommen.“

„Die Tür war offen“, stellte Sam klar. „Ich war beunruhigt.“ Er schaute Nina an. „Das war nicht klug, hier allein herzufahren, Miss Cormier. Sie hätten mir sagen sollen, dass Sie das Haus Ihres Vaters verlassen.“

„Was bin ich, eine Gefangene?“, murmelte sie und ging wieder zum Schrank, um eine weitere Ladung Kleider herauszuholen. „Woher wissen Sie überhaupt, dass ich hier bin?“

„Ich habe, kurz nachdem Sie das Haus verlassen hatten, Ihre Stiefmutter angerufen. Sie sagte mir, dass Sie hier sind.“

„Aha. Dürfte ich jetzt vielleicht weitermachen? Ich habe zu tun.“

„Richtig“, brummte Robert. „Sie hat immer zu tun. Das ist nichts Neues.“

Nina fuhr zu ihrem Exverlobten herum. „Was soll das denn jetzt heißen?“

„Ich lasse mir nicht die ganze Schuld zuschieben. Für eine kaputte Beziehung braucht es immer zwei.“

„*Ich* habe dich nicht in der Kirche stehen gelassen.“

„Nein, aber du warst ständig unterwegs. Jeden Abend, monatelang.“

„Was? *Was?*“

„Jeden verdammten Abend habe ich hier mutterseelenallein herumgehockt! Und dabei hätte ich so gern mit dir zu Abend gegessen. Aber du warst nie da.“

„Sie brauchten mich für die Spätschicht. Das war im Moment nicht zu ändern!“

„Du hättest kündigen können.“

„Meinen Job kündigen? Und um was zu tun, kannst du mir das vielleicht mal verraten? Um es einem Mann zu Hause gemütlich zu machen, der sich nicht einmal entscheiden kann, mich zu heiraten?"

„Hättest du mich geliebt, hättest du es getan."

„Oh, mein Gott. Ich kann es nicht glauben, dass jetzt alles meine Schuld sein soll. Ich habe dich also nicht genug geliebt."

Sam sagte: „Nina, ich möchte mit Ihnen sprechen."

„Nicht jetzt!", fuhren ihn Nina und Robert an.

Robert sagte zu ihr: „Ich finde nur, du solltest wissen, dass ich meine Gründe hatte. Irgendwann reißt jedem der Geduldsfaden. Und dann ist es nur natürlich, sich woanders umzuschauen."

„Woanders?" Sie starrte ihn an. Jetzt wurde ihr alles klar. „Dann gab es da also eine andere", sagte sie leise.

„Was glaubst du?"

„Kenne ich sie?"

„Das spielt jetzt wohl kaum noch eine Rolle."

„Für mich schon. Wann hast du sie kennengelernt?"

Er wich ihrem Blick aus. „Vor einer Weile."

„Wann?"

„Das ist doch jetzt egal, ich …"

„Seit sechs Monaten planen wir diese Hochzeit. Gemeinsam. Und du hast es nie für nötig gehalten, mir zu sagen, dass du dich mit einer anderen Frau triffst?"

„Ich sehe, dass du im Moment keinem vernünftigen Argument zugänglich bist. Und solange das so ist, weigere ich mich, darüber zu reden." Robert drehte sich um und verließ das Zimmer.

„Vernünftig?", schrie sie. „Ich bin jetzt vernünftiger, als ich es vor sechs Monaten war!"

Als Antwort erfolgte das Zuknallen der Haustür.

Eine andere Frau, dachte sie. Und ich wusste es nicht. Ich war völlig ahnungslos.

Als sie merkte, dass ihr plötzlich übel wurde, ließ sie sich aufs Bett sinken. Der Kleiderstapel purzelte zu Boden, aber sie registrierte es nicht. Genauso wenig wie sie registrierte, dass ihr die Tränen über die Wangen rollten und auf ihre Bluse tropften. Ihr war schlecht, und sie fühlte sich wie betäubt und nahm nichts wahr außer ihrem Schmerz.

Sie merkte kaum, dass Sam sich neben sie setzte. „Er ist es nicht wert, Nina", versuchte er sie zu trösten. „Er ist es nicht wert, dass man seinetwegen weint."

Erst als sich seine Hand über ihre legte, schaute sie auf. Sein Blick lag ruhig auf ihrem Gesicht. „Ich weine ja gar nicht“, sagte sie.

Sanft fuhr er ihr mit einem Finger über die Wange, die nass war von Tränen. „Ich denke schon.“

„Nein, ich weine nicht. Ich weine *nicht*.“ Sie schluchzte auf und sank an seine Brust. „Ich weine nicht“, wiederholte sie.

Sie spürte nur undeutlich, wie sich seine Arme um ihren Rücken legten und sie an seine Brust zogen. Er sagte kein Wort. Wie immer der lakonische Cop. Aber sie spürte seinen Atem warm auf ihrem Haar, fühlte seine Lippen auf ihrem Scheitel, und sie hörte, wie sich sein Herzschlag beschleunigte.

Genauso wie ihrer.

Es bedeutet nichts, dachte sie. Er war freundlich zu ihr. Er tröstete sie, so wie er jeden anderen Bürger oder jede andere Bürgerin auch getröstet hätte. Es war das, was sie jeden Tag in der Notaufnahme tat. Es war ihr Job. Es war sein Job.

Oh, aber es tat so gut.

Sie musste ihre ganze Willenskraft aufbringen, um sich aus seiner Umarmung zu lösen. Als sie aufschaute, war sein Gesicht unbewegt, seine grünen Augen gaben nichts preis. Keine Leidenschaft, kein Verlangen. Nur ein Staatsdiener, der seine Gefühle voll unter Kontrolle hatte.

Eilig wischte sie sich die Tränen ab. Plötzlich kam sie sich dumm vor, es war peinlich, dass er die Auseinandersetzung zwischen ihr und Robert mitbekommen hatte. Jetzt wusste er alles, jede demütigende Einzelheit, und sie konnte es kaum ertragen, ihm in die Augen zu schauen.

Sie stand auf und begann ihre Kleider vom Fußboden einzusammeln.

„Wollen Sie darüber reden?“, fragte er.

„Nein.“

„Ich denke, Sie müssen es. Der Mann, den Sie lieben, hat Sie wegen einer anderen Frau verlassen. Das muss sehr wehtun.“

„Okay, ich *muss* darüber reden!“ Sie warf eine Handvoll Kleider aufs Bett und schaute ihn an. „Aber nicht mit einem versteinerten Polizisten, dem nichts auf der Welt gleichgültiger ist!“

Ein langes Schweigen folgte. Obwohl er sie ungerührt anschaute, spürte sie, dass sie ihn getroffen hatte. Und er war zu stolz, es zu zeigen.

Sie schüttelte den Kopf. „Tut mir leid. Oh Gott, Mr Navarro. Es tut mir so leid. Das haben Sie nicht verdient.“

„Doch", widersprach er. „Ich denke schon."

„Sie machen doch nur Ihren Job. Und dann komme ich daher und prügle auf Sie ein." Angewidert von sich selbst, setzte sie sich neben ihn aufs Bett. „Ich habe es nur an Ihnen ausgelassen. Ich ... ich bin so wütend auf mich selbst, weil ich es zulasse, dass er mir Schuldgefühle macht."

„Warum denn Schuldgefühle?"

„Das ist ja das Verrückte daran. Ich weiß nicht, warum ich mich schuldig fühlen sollte. So wie er es gesagt hat, klingt es so, als ob ich ihn vernachlässigt hätte. Aber ich konnte doch nicht einfach kündigen. Ich liebe meinen Beruf."

„Er ist Arzt. Er muss sicher auch viel arbeiten. Nachtdienste, Wochenenddienste."

„Er arbeitet oft an den Wochenenden."

„Und? Haben Sie sich beklagt?"

„Natürlich nicht. Es ist sein Job."

„Nun?" Er betrachtete sie mit einer hochgezogenen Augenbraue.

„Oh." Sie seufzte. „Das alte zweierlei Maß."

„Richtig. Ich würde von meiner Frau nicht erwarten, dass sie einen Beruf aufgibt, den sie liebt, nur damit sie jeden Abend mit dem Essen auf mich wartet."

Sie schaute auf ihre Hände, die gefaltet in ihrem Schoß lagen. „Wirklich nicht?"

„Nein. Das ist keine Liebe, sondern Besitzdenken."

„Ihre Frau kann sich glücklich schätzen", sagte sie weich.

„Das war nur theoretisch."

Sie schaute ihn stirnrunzelnd an. „Sie meinen ... diese Frau gibt es gar nicht?"

Er nickte langsam.

Dann war er also nicht verheiratet. Diese Tatsache erfüllte sie mit einer unerwarteten Freude. Was, um alles in der Welt, war los mit ihr?

Sie schaute weg, weil sie befürchtete, dass er die Verwirrung in ihren Augen sehen könnte. „Sie ... äh ... Sie sagten, dass Sie mit mir sprechen müssten."

„Es geht um den Fall."

„Es muss sehr wichtig sein, weil Sie sich die Mühe gemacht haben, mich zu finden."

„Ich fürchte, wir haben eine neue Entwicklung. Keine sehr erfreuliche."

Sie saß sehr still. „Ist irgendetwas passiert?"

„Erzählen Sie mir, was Sie über den Hausmeister der Kirche wissen."

Sie schüttelte verständnislos den Kopf. „Ich kenne ihn überhaupt nicht. Ich weiß nicht einmal seinen Namen."

„Sein Name war Jimmy Brogan. Wir haben ihn gestern den ganzen Tag gesucht. Er hat am Morgen die Kirche aufgeschlossen und hatte dann den ganzen Vormittag in und außerhalb der Kirche zu tun. Aber niemand scheint zu wissen, wo er nach der Explosion hingegangen ist."

„Sie sagten *war*. Dass sein Name Jimmy Brogan *war*. Heißt das …"

Sam nickte. „Wir haben heute Morgen seine Leiche gefunden. Er saß mit einer Kugel im Kopf in seinem Wagen. Die Waffe lag neben ihm auf dem Sitz. Sie trug seine Fingerabdrücke."

„Selbstmord?", fragte sie leise.

„So scheint es."

Sie schwieg, zu entsetzt, um etwas zu sagen.

„Wir warten noch auf den Laborbericht. Es gibt eine ganze Reihe Fragen, die mich in diesem Zusammenhang beschäftigen. Mir kommt das alles zu glatt vor. Es bindet alle losen Enden zusammen, die wir haben."

„Einschließlich des Bombenanschlags."

„Einschließlich des Bombenanschlags. Im Kofferraum des Wagens waren verschiedene Gegenstände, die Brogan mit dem Anschlag in Verbindung zu bringen scheinen. Eine Zündschnur. Grünes Isolierband und noch einiges mehr. Alles sehr überzeugende Beweise."

„Aber Sie wirken nicht überzeugt."

„Das Problem ist, dass Brogan unseres Wissens keinerlei Kenntnisse auf diesem Gebiet hatte. Und ein Motiv für die Bombenanschläge hatte er auch nicht. Können Sie uns weiterhelfen?"

Sie schüttelte den Kopf. „Tut mir leid, ich weiß nichts über den Mann."

„Sagt Ihnen der Name Brogan etwas?"

„Nein."

„Aber *Ihr* Name sagte ihm etwas. In seinem Wagen war ein Zettel mit Ihrer Adresse."

Sie starrte ihn an. Es erschreckte sie, wie wenig sie in seinen Augen lesen konnte. „Was wollte er mit meiner Adresse?"

„Es muss irgendeine Verbindung zwischen Ihnen geben."

„Ich kenne aber niemand, der Brogan heißt."

„Warum sollte er dann versuchen, Sie zu töten? Von der Straße abzudrängen?“

„Woher wissen Sie, dass er es war?“

„Bei dem Wagen, in dem wir die Leiche fanden, handelte es sich um einen schwarzen Ford.“

5. KAPITEL

Sam fuhr mit Nina ins Leichenschauhaus, um sich noch einmal bestätigen zu lassen, was sie ihm bereits gesagt hatte: dass sie Jimmy Brogan nicht kannte. Dann fuhren sie wieder zum Ocean View Drive, wo er ihr half, ihre Bücher in den Mercedes zu laden, um anschließend hinter ihr her zum Haus ihres Vaters zu fahren, nur damit er sich sicher sein konnte, dass sie auch gut dort anlangte.

Um drei hielten sie auf der Polizeistation eine Lagebesprechung ab, an der Sam, Gillis, Takeda vom kriminaltechnischen Labor und ein dritter Detective des Bombendezernats, Francis Cooley, teilnahmen. Alle legten das, was sie hatten, auf den Tisch.

Cooley ergriff als Erster das Wort. „Ich habe mich über Jimmy Brogan schlau gemacht. Jimmy Brogan ist sein richtiger Name. Fünfundvierzig Jahre alt, geboren und aufgewachsen in South Portland, ein paar Gesetzesverstöße, aber unwesentlich. Seit zehn Jahren verheiratet, keine Kinder. Reverend Sullivan hat ihn vor acht Jahren eingestellt. Es gab nie irgendwelche Probleme, außer dass er ein paarmal zu spät zur Arbeit erschienen ist. Kein Militärdienst, keine Weiterbildung nach der elften Klasse. Seine Frau sagt, dass er Legastheniker war. Ich kann nicht sehen, wie es dieser Bursche geschafft haben soll, eine Bombe zu basteln."

„Hat Mrs Brogan irgendeine Idee, warum Nina Cormiers Adresse in seinem Auto war?", fragte Sam.

„Nein. Sie hat den Namen noch nie vorher gehört. Und sie sagt, dass es nicht die Handschrift ihres Mannes ist."

„Gab es Eheprobleme?"

„Glücklich wie Muscheln, nach dem, was sie sagte. Sie ist völlig am Boden zerstört."

„Dann haben wir also als Hauptverdächtigen einen glücklich verheirateten Hausmeister mit geringer Schulbildung und Leseschwäche."

„Ich fürchte."

Sam schüttelte den Kopf. „Das wird ja von Minute zu Minute mysteriöser." Er schaute auf Takeda. „Ernie, gib uns ein paar Antworten. Bitte."

Takeda, nervös wie immer, räusperte sich. „Was ich habe, wird dir nicht gefallen."

„Schlag mich trotzdem."

„Okay. Erstens, die Pistole in dem Wagen wurde vor einem Jahr von ihrem rechtmäßigen Besitzer in Miami als gestohlen gemeldet.

Wir wissen nicht, wie Brogan an die Waffe gekommen ist. Seine Frau sagte, dass er keine Ahnung von Schusswaffen hatte. Zweitens, Brogans Wagen war tatsächlich der schwarze Ford, der Miss Cormiers Honda von der Straße abgedrängt hat. Die Lacksplitter passen. Drittens, die Gegenstände in dem Kofferraum sind dieselben Elemente, die bei der Bombe in der Kirche verwendet wurden. Zwei Zoll breites grünes Isolierband. Identische Zündschnur."

„Das ist Victor Spectres Handschrift", sagte Gillis.

„Und hier ist noch etwas, das euch nicht gefallen wird. Bei der Obduktion wurde eine Schädelverletzung festgestellt."

„Was?", fragten Sam und Gillis gleichzeitig.

„Eine Fraktur. Wegen des Schadens, den die Kugel angerichtet hat, war sie nicht gleich zu erkennen. Aber die Röntgenbilder sprechen eine eindeutige Sprache. Jimmy Brogan hat zweifelsfrei einen Schlag auf den Kopf bekommen. Bevor er erschossen wurde, wurde er geschlagen."

Das war der Grund, weshalb Sam sofort nach der Besprechung ins Krankenhaus zu Reverend Sullivan fuhr, der trübselig dreinschauend im Bett saß. Er hatte bereits Besuch – Dick Yeats vom Morddezernat. Nicht unbedingt jemand von Sams Lieblingsleuten.

„Hallo Navarro", sagte Yeats in diesem schnöseligen Ton. „Sie brauchen sich nicht zu überschlagen. Wir haben den Fall Brogan bereits übernommen."

„Ich möchte trotzdem mit Reverend Sullivan sprechen."

„Er weiß nichts, was uns weiterhelfen könnte."

„Wie auch immer, ich möchte ihm gern selbst ein paar Fragen stellen."

„Tun Sie sich keinen Zwang an", sagte Yeats, während er zur Tür ging. „Obwohl mir scheint, dass ihr Jungs vom Bombendezernat eure Zeit besser nützen solltet."

Sam wandte sich dem Pfarrer zu, der alles andere als begeistert wirkte.

„Tut mir leid, Mr Sullivan", sagte Sam. „Aber ich fürchte, ich muss Ihnen noch ein paar Fragen stellen."

Reverend Sullivan seufzte, die Erschöpfung war ihm deutlich ins Gesicht geschrieben. „Ich kann Ihnen nicht mehr sagen, als ich bereits gesagt habe."

„Sie haben von Brogans Tod gehört?"

„Ja. Dieser Polizist vom Morddezernat ..."

„Detective Yeats."

„Seine Schilderung war weit anschaulicher als nötig. Ich brauche all diese ... Einzelheiten nicht."

Sam setzte sich. Der Pfarrer sah heute besser aus, aber er wirkte immer noch zerbrechlich. Die Ereignisse der vergangenen vierundzwanzig Stunden mussten für ihn verheerend gewesen sein. Unglücklicherweise konnte er dem, was er bereits gestern ausgesagt hatte, nichts hinzufügen. Reverend Sullivan wusste nichts über Jimmy Brogans Privatleben. Genauso wenig wie er sich auch nur einen einzigen Grund vorstellen konnte, warum Brogan oder jemand anders einen Bombenanschlag auf die Good Shepherd Church verüben sollte. Natürlich hatte es gelegentlich kleinere Vorfälle gegeben. Deshalb hatte er angefangen, die Kirchentüren nachts zuzuschließen, ein Schritt, den er zutiefst bedauerte, weil er der Meinung war, dass Kirchen Tag und Nacht zugänglich sein sollten, aber die Versicherung hatte darauf bestanden.

„Und seitdem ist nichts mehr vorgekommen?“, fragte Sam.

„Nein, nie mehr.“

Wieder eine Sackgasse, dachte Sam.

Als er im Begriff war zu gehen, klopfte es an der Tür, und gleich darauf trat eine mollige Frau ein.

Die Miene des Pfarrers hellte sich umgehend auf. „Helen! Ich bin so froh, dass Sie zurück sind. Haben Sie schon gehört, was passiert ist?“

„Heute Morgen in den Frühnachrichten. Ich habe umgehend meinen Koffer gepackt.“ Die Frau, die einen Nelkenstrauß in der Hand hielt, trat ans Bett und umarmte den Pfarrer mit Tränen in den Augen. „Ich war eben in der Kirche. Oh, was für ein Chaos.“

„Aber das Schlimmste wissen Sie noch nicht“, sagte Reverend Sullivan. Er schluckte. „Jimmy ist tot.“

„Guter Gott.“ Helen prallte entsetzt zurück. „War es … bei der Explosion?“

„Nein. Sie sagen, dass er sich erschossen hat. Ich wusste nicht einmal, dass er eine Waffe besitzt.“

Helen schwankte leicht. Sam, der es sah, ergriff ihren Arm und führte sie zu dem Stuhl, den er soeben frei gemacht hatte. Sie saß zitternd mit bleichem Gesicht da.

„Entschuldigen Sie, Ma'am“, sagte Sam behutsam und legte seine Hand auf ihre Schulter. „Ich bin Detective Navarro. Darf ich Ihren vollen Namen erfahren?“

Sie schluckte. „Helen Whipple.“

Es stellte sich heraus, dass Helen Whipple, die Gemeindesekretärin, Jimmy Brogan noch am Morgen vorher gesehen hatte.

„Kurz bevor ich wegfuhr.“ Sie begann in ihrer Handtasche nach einem Taschentuch zu kramen. „Ich habe nur schnell noch mal reingeschaut."

„Haben Sie beide miteinander gesprochen?"

„Natürlich. Jimmy ist so ein …" Sie schluchzte leise auf. „*War* so ein freundlicher Mann. Ich kam, um ihn zu bitten, ein paar Dinge für mich zu übernehmen."

„Was für Dinge?"

„Oh, es war so chaotisch. Wegen der Hochzeit, wissen Sie. Dauernd kam die Floristin, die die Kirche schmückte, herein, um zu telefonieren. Das Waschbecken in der Herrentoilette war undicht und wir brauchten dringend einen Klempner. Ich wollte Jimmy noch die Nummer heraussuchen und ihm sagen, wo er die Hochzeitsgeschenke hintun soll. Ich war richtig erleichtert, als schließlich Reverend Sullivan kam."

„Entschuldigen Sie, Ma'am", warf Sam ein. „Sie sagten etwas von Hochzeitsgeschenken."

„Ja. Manche Leute haben die ärgerliche Angewohnheit, die Hochzeitsgeschenke in die Kirche liefern zu lassen."

„Wie viele Geschenke trafen an diesem Tag ein?"

„Solange ich da war, nur eins. Jimmy … oh, armer Jimmy. Es ist so ungerecht. Eine Frau und alles …"

Sam rang um Geduld. „Was war mit dem Geschenk, das Sie gesehen haben?"

„Oh. Das. Jimmy sagte, ein Mann hätte es gebracht. Er zeigte es mir. Sehr hübsch verpackt, mit Silberglöckchen und Schleifen und allem."

„Mrs Whipple", fiel Sam ihr wieder geduldig ins Wort. „Was geschah mit diesem Geschenk?"

„Oh, ich weiß nicht. Ich habe Jimmy gesagt, dass er es der Brautmutter geben soll. Ich nehme an, dass er das getan hat."

„Aber die Brautmutter war doch sicher noch nicht da, richtig? Was also hat Jimmy damit gemacht?"

Helen Whipple zuckte hilflos die Schultern. „Ich nehme an, dass er es irgendwohin gelegt hat, wo er sicher sein konnte, dass sie es findet. Auf die erste Kirchenbank."

Die erste Kirchenbank. Das Zentrum der Explosion.

„An wen genau war das Geschenk denn adressiert?", fragte Sam.

„An Braut und Bräutigam natürlich."

„Dr. Bledsoe und Verlobte?"

„Ja. So stand es auf der Karte. Dr. und Mrs Robert Bledsoe."

Das Dunkel fängt langsam an, sich zu lichten, dachte Sam, als er wieder in sein Auto stieg. Immerhin wussten sie jetzt, wie und wann die Bombe in die Kirche gelangt war. Nur das Ziel war noch nicht ganz klar. Sollte Nina Cormier oder Robert Bledsoe sterben? Oder womöglich beide?

Da Nina keine Antworten auf seine Fragen hatte, fuhr Sam zu Robert Bledsoes Haus am Ocean View Drive, doch er sah schon von Weitem, dass dort irgendetwas nicht stimmte. Vor dem Haus standen Polizeiwagen mit Blaulicht, und auf den Gehsteigen hatten sich Schaulustige versammelt.

„Noch mal hallo, Navarro“, begrüßte ihn Yeats in seinem üblichen Ich-habe-hier-die-Verantwortung-Ton. „Wir haben alles im Griff.“

„Was haben Sie im Griff? Was ist passiert?“

Yeats deutete mit dem Kopf auf den BMW, der in der Einfahrt stand.

Sam ging langsam um das Heck des Wagens herum. Erst dann sah er das Blut auf dem Lenkrad und dem Fahrersitz. Eine kleine Lache war durch die Tür nach draußen auf den Asphalt gesickert.

„Robert Bledsoe“, sagte Yeats. „Kopfschuss. Der Krankenwagen ist gerade weg. Bledsoe lebte noch, aber ich kann mir nicht vorstellen, dass er durchkommt. Er wollte eben aussteigen und hatte schon die Tür aufgemacht. Eine Nachbarin sagte, dass sie einen grünen Jeep wegfahren sah, bevor sie den Verletzten bemerkte. Sie glaubt, dass ein Mann hinterm Steuer saß, aber das Gesicht hat sie nicht gesehen.“

Sam hob ruckartig den Kopf. „Ein Mann? Dunkelhaarig?“

„Ja.“

„Oh Gott.“ Sam wirbelte herum und eilte im Laufschritt zu seinem Wagen. Nina, dachte er, und plötzlich rannte er. Ein dunkelhaariger Mann hatte Nina von der Straße abgedrängt. Jetzt war Bledsoe tödlich verletzt. War Nina die Nächste?

Sam hörte Yeats noch „Navarro!“ brüllen, aber er war bereits in seinem Auto, wendete und fuhr mit quietschenden Reifen davon.

Er raste mit Blaulicht zu George Cormiers Haus.

Es schien eine Ewigkeit zu dauern, bis jemand öffnete. Endlich wurde die Tür aufgemacht, und auf Daniellas makellosem Gesicht zeigte sich ein Lächeln. „Na so was. Hallo Detective.“

„Wo ist Nina?“

„Oben. Warum?“

„Ich muss mit ihr sprechen. Sofort.“ Er schob sich an ihr vorbei ins Haus, wo er Nina, deren Haar schwarz und glänzend über ihre Schultern floss, auf dem ersten Treppenabsatz stehen sah.

Sie ist okay, dachte er erleichtert. *Sie lebt.*

Sie trug Jeans und ein T-Shirt und hatte eine Tasche über der Schulter hängen, als ob sie gerade im Begriff sei, das Haus zu verlassen.

Als sie die Treppe nach unten kam, brachte sie einen flüchtigen Duft nach Seife und Haarshampoo mit. Ninas Duft, dachte er, einen angenehmen Kitzel verspürend. Wann hatte er sich ihren Duft gemerkt?

„Ist etwas passiert?“, fragte sie.

„Dann hat Sie noch niemand angerufen?“

„Warum?“

„Wegen Robert.“

Sie erstarrte, und ihre dunklen Augen forschten mit plötzlicher Intensität in seinem Gesicht. Er griff nach ihrer Hand, die kalt war. „Sie sollten besser mitkommen.“

„Wohin?“

„Ins Krankenhaus. Dort hat man ihn hingebracht.“ Er führte sie aus dem Haus.

„Warten Sie!“, rief Daniella.

Sam warf einen Blick über die Schulter auf Daniella, die ihnen entsetzt nachstarrte. „Was ist mit Robert? Was ist passiert?“

„Auf ihn wurde geschossen, direkt vor seinem Haus. Ich fürchte, es sieht nicht gut aus für ihn.“

Daniella taumelte einen Schritt zurück. Das blanke Entsetzen in ihren Augen sagte Sam alles, was er wissen musste. Dann ist sie also die andere Frau, dachte er. Diese Blondine mit dem durchtrainierten Körper und dem makellosen Gesicht.

Er konnte spüren, wie Ninas Arm unter seiner Hand zitterte. Er wandte sich um und ging mit ihr zur Tür. „Wir sollten besser gehen“, sagte er. „Es könnte nicht mehr viel Zeit bleiben.“

6. KAPITEL

Die nächsten sechs Stunden verbrachten Sam und Nina in einem Krankenhauswartezimmer, dann kam der Neurologe herein und informierte sie, dass Robert auf dem Operationstisch gestorben war.

Nina nahm den Schlag in betäubtem Schweigen hin. Sie war zu entsetzt, um zu weinen und mehr zu sagen als: „Danke, dass Sie alles versucht haben." Sie registrierte kaum, dass Sam ihr den Arm um die Schultern legte. Erst als sie an seine Brust sank, spürte sie, dass er sie stützte.

„Hören Sie, ich denke, es ist das Beste, wenn ich Sie zunächst wieder zu Ihrem Vater bringe", schlug er vor.

Sie sagte nichts, sondern nickte nur und hüllte sich auch während der Fahrt in Schweigen, bis Sam schließlich sagte: „Das können wir nicht Jimmy Brogan anhängen. Ich denke, er hatte mit der ganzen Sache nichts zu tun. Er hat etwas gesehen, das er nicht sehen sollte, und musste deshalb aus dem Weg geräumt werden. Und dann hat man versucht, seinen Tod als Selbstmord erscheinen zu lassen, um uns auf eine falsche Spur zu lenken. Unser Mörder ist sehr schlau." Er warf ihr einen kurzen Blick von der Seite zu und fuhr sachlich fort: „Ich will ganz offen zu Ihnen sein, Nina, denn alles andere würde bedeuten, den Kopf in den Sand zu stecken. Robert ist bereits tot, und Sie könnten die Nächste sein."

Er machte eine Pause, doch als sie nichts sagte, fuhr er fort: „Ich habe heute noch etwas erfahren. Am Morgen Ihrer geplanten Trauung wurde in der Kirche ein Geschenk für Sie abgegeben. Es war an Sie und Robert adressiert."

Sie brachte kein Wort heraus.

„Helfen Sie mir, Nina", drängte er. „Nennen Sie mir einen Namen. Ein Motiv."

„Ich habe es Ihnen schon gesagt", gab sie erstickt zurück. „Ich weiß es nicht."

„Robert hat zugegeben, dass es da eine andere Frau gab. Wissen Sie, wer das sein könnte?"

Sie schlang die Arme um ihre Taille und verkroch sich in ihrem Sitz. „Nein."

„Ist Ihnen jemals aufgefallen, dass Daniella und Robert sich auffallend nah standen?"

Nina erstarrte. Daniella? Die Frau ihres Vaters? Sie dachte an die vergangenen sechs Monate zurück. Erinnerte sich an die Abende, die sie mit Robert im Haus ihres Vaters verbracht hatte. An all die Einladungen, die Abendessen. Sie hatte sich gefreut, dass Robert von ihrem Vater und Daniella so akzeptiert worden war, dass endlich auch in der Familie Cormier Harmonie eingekehrt war. Daniella hatte plötzlich angefangen, Nina und Robert in ihr Leben mit einzubeziehen und sie zu allen möglichen gesellschaftlichen Anlässen mitgeschleppt.

Daniella und Robert.

„Das ist unter anderem ein Grund, warum ich es für besser halte, wenn Sie die Nacht nicht dort verbringen. Vielleicht können Sie ja nur Ihre Sachen holen und woandershin gehen."

Sie schaute ihn an. „Sie denken, dass Daniella … Sie könnte etwas damit zu tun haben?"

„Wir werden sie eingehend befragen."

„Aber warum sollte sie Robert töten? Wenn sie ihn liebte?"

„Aus Eifersucht? Wenn sie ihn nicht bekommen konnte, sollte ihn keine bekommen?"

„Aber er hatte unsere Verlobung doch bereits gelöst! Es war aus zwischen uns!"

„War es das wirklich?"

Obwohl er die Frage in sanftem Ton stellte, hörte Nina die Anspannung, die darin mitschwang, heraus.

Sie sagte: „Sie waren da, Sam. Sie haben unseren Streit gehört. Er liebte mich nicht mehr. Manchmal denke ich, dass er mich nie geliebt hat." Sie ließ den Kopf hängen. „Für ihn war es definitiv aus."

„Und für Sie?"

In ihren Augen brannten Tränen. Die ganze Zeit hatte sie es geschafft, nicht zu weinen, nicht zusammenzubrechen. Sie hatte sich so vollständig in ihre Betäubung zurückgezogen, dass sie die Tatsache, dass Robert tot war, nur in einer entfernten Ecke ihres Kopfes registriert, nicht aber *gefühlt* hatte. Sie wusste, dass sie trauern sollte. Egal wie sehr Robert ihr auch wehgetan haben mochte, er war immer noch der Mann, mit dem sie ein Jahr ihres Lebens verbracht hatte.

Jetzt kam es ihr wie ein anderes Leben vor. Nicht das ihre. Nicht Roberts. Nur ein Traum, der mit der Wirklichkeit nichts zu tun hatte.

Sie begann leise in sich hineinzuweinen. Es waren keine Tränen der Trauer, sondern der Erschöpfung.

Sam sagte nichts. Er fuhr einfach nur weiter, während die Frau neben ihm stille Tränen vergoss. Dabei gab es eine ganze Menge, was er gern gesagt hätte, aber da sie Robert Bledsoe allem Anschein nach immer noch liebte, hatte es keinen Sinn, sie daran zu erinnern, wie der Mann sie behandelt hatte.

Als er von einer Welle der Frustration überschwemmt wurde, umklammerte er das Lenkrad fester. Die Robert Bledsoes dieser Welt verdienten es nicht, dass man ihnen auch nur eine einzige Träne nachweinte. Und doch schienen ausgerechnet sie es zu sein, über die Frauen ständig weinten. Die Goldjungen. Er schaute auf Nina, die sich in ihren Sitz kauerte, und spürte Mitgefühl in sich aufsteigen. Und noch etwas, etwas, das ihn überraschte. Verlangen.

Und wieder unterdrückte er das Gefühl. Es war ja nichts dagegen zu sagen, wenn ein Polizist mitfühlend war, aber sobald seine Gefühle diese unsichtbare Grenze überschritten, wurde es Zeit, den Rückzug anzutreten.

Aber ich kann den Rückzug nicht antreten. Nicht heute Abend. Nicht ehe ich dafür gesorgt habe, dass sie in Sicherheit ist.

Ohne sie anzuschauen, sagte er: „Sie können nicht bei Ihrem Vater übernachten. Und was Ihre Mutter angeht – das Haus ist nicht sicher. Keine Alarmanlage, kein Tor. Und es ist zu leicht für den Mörder, Sie zu finden."

„Ich ... ich habe heute einen Mietvertrag für eine Wohnung unterschrieben. Sie ist noch nicht möbliert, aber ..."

„Ich nehme an, Daniella weiß davon?"

Es dauerte einen Moment, bis sie antwortete: „Ja."

„Dann scheidet sie aus. Was ist mit Freunden?"

„Sie haben alle Kinder. Und wenn sie erfahren, dass irgendjemand hinter mir her ist ..." Sie holte tief Atem. „Ich werde wohl in ein Hotel gehen."

Er sah, dass sie versuchte, sich tapfer zu geben, aber es war nur Fassade. Gott, was sollte er jetzt bloß tun? Sie hatte Angst, und sie hatte allen Grund dazu. Sie waren beide hundemüde. Er konnte sie um diese Uhrzeit doch nicht einfach in irgendeinem Hotel absetzen. Wer auch immer hinter ihr her sein mochte, er hatte sowohl bei Jimmy Brogan als auch bei Robert Bledsoe ganze Arbeit geleistet. Für so einen Killer würde es ein Leichtes sein, sie zu finden.

Die Abfahrt von der Route 1 Nord lag direkt vor ihm. Er nahm sie.

Zwanzig Minuten später fuhren sie durch eine nur dünn besiedelte Waldgegend. Es war vor allem der Wald gewesen, von dem sich Sam, der in der Stadt zwischen Beton und Asphalt aufgewachsen war, angezogen gefühlt hatte, deshalb hatte er sich diese Hütte am See gebaut, in der er im Sommer jedes Wochenende verbrachte.

Er bog auf einen Waldweg ein, der sich kurze Zeit dahinschlängelte, bevor er sich zu seiner mit Kies bestreuten Einfahrt verbreiterte. Erst als Sam den Motor ausmachte und auf seine Hütte schaute, beschlichen ihn die ersten Zweifel. Es war nur eine Blockhütte mit zwei Schlafzimmern, die er sich vor drei Jahren aus rohen Holzbalken zusammengezimmert hatte. Und was das Innere anbelangte, so war er sich nicht sicher, in welchem Zustand er es verlassen hatte.

Na gut. Jetzt ließ sich nichts mehr daran ändern.

Er ging um das Auto herum, um ihr die Tür zu öffnen. Nina stieg aus und schaute erstaunt auf die Hütte.

„Wo sind wir?"

„An einem sicheren Ort. Sicherer als in einem Hotel jedenfalls." Er deutete auf die Vorderveranda. „Es ist nur für heute Nacht. Bis wir etwas anderes für Sie finden."

„Wer wohnt hier?"

„Ich."

Falls sie das beunruhigte, zeigte sie es nicht. Vielleicht war sie auch zu müde und zu verängstigt, um sich Gedanken darüber zu machen. Schweigend wartete sie, bis er die Tür aufgeschlossen hatte. Er ließ ihr den Vortritt und machte dann Licht.

Bei seinem ersten Blick ins Wohnzimmer atmete er erleichtert auf. Keine Kleider auf der Couch, keine benutzten Teller auf dem Kaffeetisch. Nicht, dass mustergültige Ordnung geherrscht hätte. Mit den überall herumliegenden Zeitungen und den Staubflusen in den Ecken erweckte der Raum den untrüglichen Eindruck einer Junggesellenbehausung. Aber zumindest herrschte keine richtige Unordnung.

Er schloss die Tür ab und schob den Riegel vor.

Nina stand immer noch auf demselben Fleck und schaute wie betäubt vor sich hin. Er berührte ihre Schulter, und sie zuckte ängstlich zusammen.

„Sind Sie okay?"

„Ja, mir geht es gut."

„Sie sehen aber nicht so gut aus."

In Wahrheit bot sie ein Bild des Jammers mit dem bleichen Gesicht und den vom Weinen geröteten Augen. Er verspürte den plötzlichen Drang, seine Hände um ihr Gesicht zu legen. Es war keine gute Idee.

Er drehte sich schnell um und ging ins Gästeschlafzimmer, doch dort sah es so wenig einladend aus, dass er sofort von der Idee Abstand nahm, sie darin unterzubringen. Es gab nur eine Lösung. Er würde auf der Couch schlafen und ihr sein Bett überlassen.

Bettwäsche. Gott, hatte er überhaupt frische Bettwäsche?

Panisch kramte er in einem Schrank und zog schließlich erleichtert eine saubere Garnitur heraus. Problem gelöst. Als er sich umdrehte, stand Nina direkt hinter ihm.

Sie streckte die Hand nach der Bettwäsche aus. „Ich mache mir mein Bett auf der Couch.“

„Die ist fürs Bett. Sie schlafen in meinem Zimmer.“

„Nein, Sam. Ich fühle mich so schon schuldig genug. Erlauben Sie bitte, dass ich auf der Couch schlafe.“

Irgendetwas in der Art, wie sie ihn anschaute – dieses trotzig vorgereckte Kinn –, sagte ihm, dass sie genug davon hatte, das Objekt seines Mitleids zu sein.

Er gab ihr die Bettwäsche und eine Wolldecke. „Die Couch ist nicht die allerbeste. Es macht Ihnen wirklich nichts aus?“

„Nein.“ Während sie das Bett machte, ging er in die Küche, um Gillis anzurufen und zu hören, ob es etwas Neues gab, aber es gab nichts.

Er ging zurück ins Wohnzimmer. Als sein Blick auf Nina fiel, die am Fenster stand, sagte er: „Ich würde mich besser fühlen, wenn Sie sich von diesem Fenster fernhielten.“ Hier im Wald hatte er nie die Notwendigkeit verspürt, vor den Fenstern Vorhänge anzubringen.

„Glauben Sie, dass uns jemand gefolgt ist?“

„Nein. Aber Sie sollten sich in nächster Zeit besser von allen Fenstern fernhalten.“

Erschauernd ging sie zur Couch und setzte sich. Sie hatte ihr Bett bereits gemacht, und er sah erst jetzt, wie schäbig die Wolldecke war. Schäbige Möblierung, schäbiges Bettzeug. Solche Nebensächlichkeiten hatten ihn früher nie gestört, aber jetzt störten sie ihn plötzlich aus unerfindlichen Gründen.

„Sie müssen hungrig sein“, sagte er.

Sie schüttelte den Kopf. „Ich kann nicht an Essen denken. Ich kann an nichts anderes denken, außer an …“

„Robert?“

Sie ließ den Kopf hängen und antwortete nicht. Weinte sie wieder? Sie hatte ein Recht dazu. Aber sie saß nur unbeweglich und schweigend da, als ob sie versuchte, ihre Gefühle unter Kontrolle zu bekommen.

Er setzte sich in den Sessel gegenüber. „Erzählen Sie mir von Robert“, forderte er sie auf. „Erzählen Sie mir alles, was Sie über ihn wissen.“

Sie holte zitternd Atem, dann begann sie: „Ich weiß nicht, was ich sagen soll. Wir haben ein Jahr zusammengelebt. Und jetzt kommt es mir so vor, als ob ich ihn überhaupt nicht gekannt hätte.“

„Haben Sie sich im Krankenhaus kennengelernt?“

Sie nickte. „Man konnte sich so gut mit ihm unterhalten. Er war schon überall, hatte alles gemacht. Ich erinnere mich noch, wie überrascht ich war, dass er nicht verheiratet war.“

„Nie?“

„Nie. Er sagte, dass er die Frau, mit der er sein Leben verbringen wollte, noch nicht gefunden hätte.“

„Dann muss er ja ganz schön wählerisch gewesen sein, immerhin war er schon einundvierzig. In seinem Alter sind viele Männer schon lange verheiratet.“

In ihrem Blick lag eine Spur von Belustigung. „Sie sind auch nicht verheiratet, Detective. Heißt das, dass Sie auch ganz schön wählerisch sind?“

„Schuldig. Obwohl ich dazu sagen muss, dass ich mich noch nicht wirklich umgeschaut habe.“

„Nicht interessiert?“

„Nicht genug Zeit für eine Romanze. Das liegt in der Natur meines Berufs.“

Sie stieß einen Seufzer aus. „Nein, es liegt wohl eher in der Natur des Mannes. Ich vermute, Männer wollen gar nicht wirklich heiraten.“

„Ich glaube nicht, dass solche Verallgemeinerungen zulässig sind. Aber kommen wir auf unser eigentliches Thema zurück. Sie sagen, dass Sie sich im Krankenhaus kennengelernt haben. War es Liebe auf den ersten Blick?“

Er sah, dass ein schmerzlicher Ausdruck über ihr Gesicht huschte. „Nein. Nein, das war es nicht. Zumindest nicht bei mir. Aber natürlich fand ich ihn attraktiv.“

Natürlich.

„Mom war entzückt“, fuhr sie fort. „Sie hatte wohl die Hoffnung schon aufgegeben, dass ich einen in ihren Augen angemessenen Mann kennenlernen würde, und plötzlich kam ich mit einem Arzt daher. Es war mehr, als sie je von mir erwartet hätte, und sie hörte bereits die Hochzeitsglocken läuten.“

„Und Ihr Vater?“

„Ich glaube, er war nur ziemlich erleichtert, dass ich mich mit jemandem traf, der mich bestimmt nicht *seines* Geldes wegen heiraten wollte. Das war immer so eine fixe Idee von Dad. Sein Geld. Und seine Frauen.“

Sam schüttelte den Kopf. „Es überrascht mich nach allem, was Ihnen Ihre Eltern vorgelebt haben, dass Sie sich in das Abenteuer der Ehe stürzen wollten.“

„Aber genau aus diesem Grund wollte ich doch heiraten!“ Sie schaute ihn an. „Ich wollte, dass es funktioniert. Ich habe als Kind nie Stabilität kennengelernt. Als meine Eltern sich scheiden ließen, war ich acht, und ich wollte nicht so leben wie sie.“ Seufzend schaute sie auf ihre unberingte linke Hand hinunter. „Jetzt frage ich mich allerdings, ob das ganze Gerede von einer glücklichen Ehe nicht nur ein modernes Märchen ist.“

„Meine Eltern waren aber sehr glücklich miteinander und sehr lange verheiratet.“

„Dann hatten Sie Glück. Mehr als ich. Ich glaube, meine Mutter war zum ersten Mal stolz auf mich, als ich ihr Robert vorstellte.“

„Aber das war doch wohl nicht der Grund, warum Sie Robert heiraten wollten, oder? Um Ihrer Mutter eine Freude zu machen?“

„Ich weiß es nicht.“ Sie schaute ihn verwirrt an. „Ich weiß überhaupt nichts mehr.“

„Sie müssen ihn doch geliebt haben.“

„Wie kann ich mir noch bei irgendetwas sicher sein? Ich habe gerade erst erfahren, dass er eine Affäre mit einer anderen Frau hatte. Mir kommt es so vor, als ob ich in einer Fantasiewelt gelebt hätte, verliebt in einen Mann, der gar nicht wirklich existierte.“ Sie lehnte sich zurück und schloss die Augen. „Ich will nicht mehr über ihn sprechen.“

„Es ist aber wichtig, dass Sie mir alles über ihn erzählen. Wir müssen herausfinden, warum jemand seinen Tod wollte. Kein Mensch wird einfach grundlos erschossen, oder jedenfalls nur sehr selten. Der Mörder muss einen Grund gehabt haben. Wir müssen unbedingt das Motiv finden.“

„Vielleicht ja doch nicht. Vielleicht war es ja ein Verrückter. Vielleicht war Robert ja einfach nur zur falschen Zeit am falschen Ort.“

„Das glauben Sie doch nicht wirklich, oder?“

Sie schwieg einen Moment. Dann sagte sie sanft: „Nein, vermutlich nicht.“

Er beobachtete sie einen Moment, wobei er dachte, wie verletzlich sie aussah. Wäre er ein anderer gewesen, wäre er jetzt aufgestanden und hätte sie in die Arme genommen.

Plötzlich war er angewidert von sich selbst. Es war der falsche Zeitpunkt, sie mit Fragen zu behelligen, der falsche Zeitpunkt, den Cop zu spielen. Und doch war es das einzige Mittel, um Abstand zu halten. Es schützte ihn, trennte ihn. Von ihr.

Er stand auf. „Ich denke, wir brauchen nun beide ein bisschen Schlaf.“

Sie nickte schweigend.

„Wenn Sie etwas benötigen, mein Zimmer liegt gegenüber. Und Sie sind wirklich ganz sicher, dass Sie nicht lieber mein Bett nehmen?“

„Ich werde gut schlafen hier. Gute Nacht.“

Das war sein Stichwort, um sich zurückzuziehen.

In seinem Zimmer lief er zwischen Schrank und Ankleidekommode hin und her, während er sein Hemd aufknöpfte. Er fühlte sich eher rastlos als müde, seine Gedanken wirbelten durcheinander. In den letzten zwei Tagen war ein Bombenanschlag auf eine Kirche verübt worden, ein Mann war erschlagen, ein zweiter erschossen und eine Frau war bei dem Versuch, sie umzubringen, von der Straße abgedrängt worden. Er war überzeugt, dass alles irgendwie zusammenhing und dass es überdies noch einen Zusammenhang mit dem Bombenanschlag auf das Kaufhaus vor zwei Wochen gab, aber er konnte ihn nicht erkennen. Vielleicht, weil er zu angespannt war. Vielleicht, weil seine Hormone verrückt spielten.

Es war alles ihre Schuld. Er brauchte diese Komplikationen nicht. Aber er schien über diesen Fall nicht nachdenken zu können, ohne dass er ständig an sie denken musste.

Morgen ist sie hier weg, dachte er.

Und ich habe mein Leben wieder im Griff.

7. KAPITEL

Sam Navarro stand vor ihr, schweigend und ohne zu lächeln. Sie sah kein Gefühl in seinen Augen, nur diesen ausdruckslosen, nicht zu entziffernden Blick eines Fremden. Er streckte den Arm aus, als ob er ihre Hand nehmen wollte, aber als sie nach unten schaute, sah sie, dass sie Handschellen umhatte.

„Sie sind schuldig“, sagte er. Und wiederholte das Wort immer wieder. *Schuldig. Schuldig.*

Mit Tränen in den Augen fuhr Nina aus dem Schlaf hoch. Noch nie hatte sie sich so allein gefühlt. Und sie war allein, reduziert auf den jämmerlichen Status einer Schutzsuchenden im Wochenendhaus eines Polizisten, der sich nicht das Geringste aus ihr machte. Der in ihr wenig mehr als eine zusätzliche Verantwortung sah.

Plötzlich erhaschte sie aus dem Augenwinkel eine Bewegung am Fenster. Ihr Herz begann zu hämmern. Sie starrte auf die vorhanglosen Rechtecke, durch die das Mondlicht fiel, und wartete darauf, dass sich die Bewegung wiederholte.

Da. Da war es. Ein vorbeiflitzender Schatten.

Im nächsten Moment schon war sie von der Couch aufgesprungen und rannte über den Flur zu Sams Zimmer. Sie blieb nicht davor stehen, um anzuklopfen, sondern ging direkt hinein.

„Sam?“, flüsterte sie. Er antwortete nicht. Verzweifelt rüttelte sie ihn an der Schulter, und ihre Finger trafen auf warmes, nacktes Fleisch. „Sam?“

Er schrak so abrupt hoch, dass sie zurücksprang. „Was?“, sagte er. „Was ist los?“

„Ich glaube, draußen ist jemand. Ich habe jedenfalls etwas am Fenster gesehen.“

Sofort war er hellwach. Er rollte sich aus dem Bett und schnappte sich seine Hose vom Stuhl. „Bleiben Sie hier“, flüsterte er. „Verlassen Sie das Zimmer nicht.“

„Was haben Sie vor?“

Ihre Frage wurde von einem metallischen Klicken beantwortet. Eine Pistole. Natürlich hatte er eine Pistole. Er war Polizist.

„Bleiben Sie einfach hier“, befahl er und schlüpfte aus dem Zimmer.

Sie lauschte einen Moment mit angehaltenem Atem. Er hatte doch nicht etwa das Haus verlassen? Er würde doch nicht nach draußen gehen, oder?

Als Dielenbretter knarrten, rannte sie um das Bett herum und versteckte sich. Bei dem ersten Blick auf die schwarze Gestalt, die das

Zimmer betrat, duckte sie sich noch tiefer. Erst als sie Sam ihren Namen sagen hörte, wagte sie es, den Kopf zu heben.

„Hier", flüsterte sie und kam sich plötzlich lächerlich vor, während sie aus ihrem Versteck hervorkam.

„Draußen ist niemand."

„Aber ich habe einen Schatten gesehen."

„Es kann ein Hirsch gewesen sein. Oder eine vorbeifliegende Eule." Er legte seine Pistole auf den Nachttisch. Das dumpfe Geräusch ließ sie zusammenzucken. Sie hasste Schusswaffen. Sie war sich nicht sicher, ob sie in der Nähe eines Mannes sein wollte, der eine besaß. Doch heute Nacht hatte sie keine Wahl.

„Nina, ich weiß, dass Sie Angst haben. Und es ist Ihr gutes Recht, Angst zu haben. Aber ich habe nachgeschaut, und da draußen ist niemand." Er streckte die Hand nach ihr aus. Als er ihren Arm berührte, murmelte er beunruhigt: „Sie sind ja ganz kalt."

„Ich habe Angst. Oh Gott, Sam, ich habe so Angst."

Er ergriff sie bei den Schultern. Inzwischen zitterte sie so, dass sie kaum sprechen konnte. Verlegen zog er sie an sich, und sie schmiegte sich, immer noch zitternd, an seine Brust. Wenn er sie nur halten würde. Wenn er nur seine Arme fest um sie legen würde. Als er es endlich tat, war es wie nach Hause zu kommen. An einen sicheren, warmen Ort. Das war nicht der Mann, von dem sie geträumt hatte, nicht der kalte, versteinert dreinschauende Cop. Dies war ein Mann, der sie festhielt und beruhigende Worte murmelte. Ein Mann, der für einen Moment sein Gesicht in ihr Haar presste und dessen Lippen nur wenig später auf ihre zukamen.

Der Kuss war sanft. Süß. Ein Kuss, den sie Sam Navarro nie zugetraut hätte. Und ganz bestimmt wäre sie nie auf die Idee gekommen, dass er sie umarmen, dass er sie trösten könnte. Und doch lag sie jetzt in seinen Armen, und sie hatte sich noch nie so beschützt gefühlt.

Da sie immer noch fror, zog er sie aufs Bett und breitete die Decke über sie beide. Wieder küsste er sie. Wieder war der Kuss sanft. Die Hitze des Bettes, ihrer beider Körper, machte, dass ihr warm wurde. Und plötzlich bemerkte sie so viele andere Dinge; den Duft seiner Haut, seine behaarte Brust. Und mehr noch als alles andere die Berührung seiner Lippen, die immer noch auf ihren lagen.

Jetzt hielten sie sich eng umschlungen. Der Kuss war nicht mehr süß und tröstlich, sondern lustvoll, ja, es war schlicht und ergreifend Lust, und sie erwiderte ihn mit einer Begierde, die sie erstaunte. Ihre Lippen öffneten sich seiner eindringenden Zunge. Trotz des Lakengewirrs zwischen ihnen und der Barriere ihrer Kleider spürte sie den Beweis seiner Begierde, der sich an sie drückte.

Sie hatte nicht gewollt, dass das passierte, hatte es nicht erwartet. Aber als sich ihr Kuss vertiefte, als seine Hand über ihre Taille, die Rundung ihrer Hüften glitt, wusste sie, dass es unausweichlich gewesen war. Trotz seiner kühlen, unnahbaren Ausstrahlung war Sam Navarro leidenschaftlicher als irgendein Mann, den sie je gekannt hatte.

Er erlangte seine Selbstkontrolle als Erster wieder. Ohne Vorwarnung beendete er den Kuss. Sie hörte in der Dunkelheit seinen keuchenden Atem.

„Sam?", flüsterte sie.

Er löste sich von ihr und setzte sich auf die Bettkante. Sie beobachtete seinen schattenhaften Umriss in der Dunkelheit, sah, wie er sich mit der Hand durchs Haar fuhr. „Gott", murmelte er. „Was mache ich da?"

Sie streckte die Hand nach seinem Rücken aus. Als ihre Finger seine Haut streiften, spürte sie, wie er erschauerte. Er begehrte sie, so viel stand fest. Aber er hatte recht, es war ein Fehler, und sie wussten es beide. Sie hatte Angst und brauchte jemanden, der sie beschützte. Er war allein und brauchte niemanden, aber er war immer noch ein Mann mit Bedürfnissen. Es war nur natürlich, dass sie in den Armen des anderen Trost gesucht hatten, wie vorübergehend es auch sein mochte.

Sie sagte: „Es ist nicht so schlimm, oder? Was gerade passiert ist, meine ich."

„Es darf nicht sein, es darf einfach nicht."

„Es muss nichts bedeuten, Sam. Nicht, wenn wir es nicht wollen."

Er stand auf und ging zur Tür. „Ich schlafe besser drüben auf der Couch."

Nach diesen schroffen Worten verließ er das Zimmer.

Nina lag allein in seinem Bett und versuchte, ihre wild durcheinander wirbelnden Gefühle zu ordnen. Nichts machte Sinn. Sie versuchte sich an eine Zeit zu erinnern, in der ihr Leben perfekt geordnet war. Es war die Zeit vor Robert gewesen. Bevor sie sich in diesen Luftschlössern von einer perfekten Ehe verlaufen hatte. Von diesem Zeitpunkt an war plötzlich alles falsch geworden. Weil sie an Luftschlösser geglaubt hatte.

In Wirklichkeit war sie in einem kaputten Zuhause aufgewachsen, mit gesichtslosen Stiefeltern und Eltern, die einander verabscheuten. Bis sie Robert kennengelernt hatte, hatte sie überhaupt nicht daran gedacht zu heiraten. Sie war zufrieden gewesen mit ihrem Leben, ihrem Beruf. Das war es, was sie immer getragen hatte: ihr Beruf.

Sie konnte wieder dorthin zurückgehen. Sie *würde* zurückgehen.

Der Traum von einer glücklichen Ehe war ausgeträumt.

Ich hätte auf Sam hören sollen. Ich hätte mir einen Anwalt nehmen sollen.

Dieser Gedanke schoss Nina durch den Kopf, als sie am nächsten Morgen auf der Polizeistation drei Beamten vom Morddezernat gegenübersaß. Sam hatte sie geweckt, nachdem ihn sein Vorgesetzter angerufen hatte. Die drei Polizisten waren zwar höflich, aber Nina spürte ihre nur schlecht gezügelte Ungeduld. Vor allem Detective Yeats erinnerte sie an einen bissigen Hund – an der Leine zwar, jedoch nur für den Moment.

In der Hoffnung auf moralische Unterstützung warf sie Sam einen Blick zu. Er erwiderte ihn nicht. Seit sie hier in diesem Raum waren, hatte er sie noch kein einziges Mal angeschaut. Er stand steif am Fenster und schaute hinaus. Er hatte sie hierhergebracht, und jetzt ließ er sie allein. Aber er war ja schließlich auch wieder in die Rolle des Polizisten geschlüpft.

„Ich habe Ihnen alles gesagt, was ich weiß“, sagte sie zu Yeats. „Mehr fällt mir dazu nicht ein.“

„Sie waren seine Verlobte. Sie haben ihn sehr gut gekannt. Sie müssen etwas wissen.“

„Ich weiß aber nichts. Ich war ja nicht einmal dort. Wenn Sie mit der Frau meines Vaters …“

„Wir haben bereits mit ihr gesprochen. Sie bestätigt Ihr Alibi“, sagte Yeats.

„Und warum stellen Sie mir dann all diese Fragen?“

„Weil ein Mord nicht persönlich ausgeführt werden muss“, sagte einer der anderen Polizisten.

Jetzt beugte sich Yeats vor und sagte mit einschmeichelnder Stimme: „Dass er Sie am Traualtar stehen gelassen hat, muss sehr demütigend für Sie gewesen sein. So wusste alle Welt, dass er Sie nicht wollte.“

Sie sagte nichts.

„Da ist ein Mann, dem Sie vertrauen. Ein Mann, den Sie lieben. Und seit Wochen, vielleicht Monaten betrog er Sie. Vielleicht hat er hinter Ihrem Rücken über Sie gelacht. So ein Mann verdient eine Frau wie Sie nicht. Aber Sie haben ihn trotzdem geliebt. Und alles, was Sie davon haben, ist Schmerz.“

Sie senkte den Kopf. Sie sagte noch immer nichts.

„Kommen Sie, Nina. Wollten Sie es ihm nicht heimzahlen? Nur ein bisschen?“

„Nicht … nicht auf diese Weise, nein“, flüsterte sie und sah zu Sam hinüber.

„Auch nicht, als Sie herausfanden, dass es da eine andere gab? Auch nicht, als Sie erfuhren, dass es sich bei dieser anderen um Ihre eigene Stiefmutter handelte?“

Sie hob ruckartig den Kopf.

„Es stimmt. Wir haben mit der Frau Ihres Vaters gesprochen, und sie hat es bestätigt. Das ging schon eine ganze Weile so. Die beiden haben sich immer heimlich getroffen, wenn Sie Nachtschicht hatten. Sie wussten es nicht?“

Nina schluckte. Sie schüttelte schweigend den Kopf.

„Aber vielleicht haben Sie es ja doch gewusst. Vielleicht haben Sie es irgendwie herausgefunden. Oder er hat es Ihnen erzählt.“

„Nein. Er hat mir nichts gesagt.“

„Vielleicht wollten Sie sich an ihm rächen und haben sich jemand gesucht, der es für Sie macht.“

„Ich wusste nichts davon!“

„Das fällt schwer zu glauben, Nina. Sie erwarten doch hoffentlich nicht von uns, dass wir Ihnen das abnehmen.“

„Es ist aber so!“

„Sie wussten es. Sie haben alles ganz genau …“

„Das reicht“, fiel ihm Sam scharf ins Wort. „Was, zum Teufel, machen Sie da eigentlich, Yeats?“

„Meinen Job“, schoss Yeats zurück.

„Sie setzen sie unter Druck. Verhören sie ohne Anwalt.“

„Warum sollte sie einen Anwalt brauchen? Sie behauptet, unschuldig zu sein.“

„Sie *ist* unschuldig.“

Yeats warf seinen Kollegen einen triumphierenden Blick zu. „Ich denke, es ist sehr offensichtlich, dass Sie sich aus dieser Ermittlung heraushalten sollten.“

„Darüber haben Sie nicht zu befinden.“

„Abe Coopersmith …“

Yeats wurde von Sams Piepser unterbrochen. Verärgert drückte Sam auf den Ausknopf. „Ich bin noch nicht fertig hier“, knurrte er, dann drehte er sich um und verließ den Raum.

Yeats richtete seine Aufmerksamkeit wieder auf Nina. „Nun, Miss Cormier“, sagte er mit dem lauernden Ausdruck eines Pitbulls. „Zurück zu unseren Fragen.“

Als Sam in Yeats' Büro zurückkam, war Nina fort. Yeats schäumte vor Wut und berichtete, dass sie einfach irgendwann aufgestanden und gegangen wäre. Sam setzte sich umgehend ins Auto und fuhr zu Ninas Vater, und als er sie dort nicht antraf, versuchte er es bei ihrer Mutter, aber dort war sie auch nicht.

Als er vor Ninas neuer Wohnung vorfuhr, war er wütend. Auf Lydia, Ninas Mutter, die ihm lange Geschichten über ihre vermeintlich missratene Tochter erzählt hatte, auf George Cormier und seine Parade von Ehefrauen, auf die ganze Familie Cormier, die Ninas Selbstvertrauen offenbar nachhaltig erschüttert hatte. Weil sie nicht so war wie sie.

Er klopfte lauter an die Wohnungstür, als nötig gewesen wäre.

Keine Antwort. Hier war sie auch nicht.

Wo bist du, Nina?

Bereits im Gehen legte er spontan die Hand auf den Türknopf. Er ließ sich drehen.

Sam stieß die Tür auf. „Nina?"

Dann fiel sein Blick auf den Draht. Er war fast unsichtbar, ein dünner Silberdraht, der um den Türrahmen herum zur Decke führte.

Oh, mein Gott ...

Er prallte zurück und warf sich zur Seite.

Die Wucht der Explosion riss ein Loch in die Flurwand. Halb taub von dem Krach lag Sam mit dem Gesicht auf dem Boden, während Bauschutt auf ihn herabregnete.

8. KAPITEL

Mann, oh Mann", sagte Gillis beeindruckt und sah sich um. „Das Haus hast du fast zum Einsturz gebracht."

Sie standen draußen hinter der gelben Polizeiabsperrung und warteten darauf, dass sich der Rest des Bombensuchtrupps sammelte. Sie hatten das restliche Apartmenthaus nach weiteren Bomben abgesucht, und jetzt war Ernie Takeda an der Reihe. Takeda teilte gerade seine Leute ein und reichte jedem eine Tüte für Beweismittel.

Sam wusste bereits, was sie finden würden. Rückstände von Dynamit. Zwei Zoll breites grünes Isolierband und eine prima Zündschnur. Dieselben drei Bauelemente wie bei der Bombe in der Kirche und im Kaufhaus.

Und jeder anderen Bombe, die der tote Victor Spectre gebastelt hatte.

Wer hat dein Erbe angetreten, Spectre? fragte sich Sam. An wen hast du deine Kenntnisse weitergegeben? Und warum ist Nina Cormier das Ziel?

Sam hatte eben beschlossen, sich noch einmal bei Ninas Eltern nach deren Verbleib zu erkundigen, als sein Blick auf den Rand der Menschenmenge, die sich vor dem Haus angesammelt hatte, fiel. Dort stand eine zierliche schwarzhaarige Frau. Selbst aus der Ferne konnte Sam die Angst und den Schock in ihrem blassen Gesicht erkennen.

„Nina", murmelte er und begann schon, sich durch die Zuschauermenge zu boxen. Jetzt fing sie ebenfalls an, sich ihren Weg zu bahnen. Nachdem sie einander gefunden hatten, fielen sie sich in die Arme. Und in diesem Augenblick gab es für Sam nichts anderes auf der Welt als die Frau, die er hielt. Sie fühlte sich so kostbar und unersetzlich an.

Plötzlich wurde er sich der Menge, in der sie standen, überdeutlich bewusst. All diese Leute, von denen sie eingekeilt waren. „Ich bringe Sie hier raus", sagte er. Er legte den Arm um ihre Schultern und führte sie zu seinem Auto, wobei er sich die ganze Zeit über wachsam umschaute und auf jede plötzliche Bewegung achtete.

Erst als er sie sicher im Taurus verfrachtet hatte, gestattete er sich ein erleichtertes Aufatmen.

„Gillis!", brüllte er. „Du hast die Verantwortung."

„Wohin fährst du?"

„Ich bringe sie in Sicherheit."

„Aber …"

Sam hörte schon nicht mehr zu, sondern lenkte den Wagen bereits aus der Menge und fuhr davon.

Nach Norden.

Nina starrte ihn an. Die Schramme an seiner Wange, den Kalkstaub in seinen Haaren. „Mein Gott, Sam", murmelte sie. „Sie sind ja verletzt ..."

„Ein bisschen taub auf einem Ohr, aber ansonsten bin ich okay." Er schaute sie an und sah, dass sie ihm nicht ganz glaubte. „Ich habe mich in letzter Sekunde in Sicherheit gebracht. Die Detonation erfolgte mit fünf Sekunden Verzögerung. Sie wurde durch das Öffnen der Tür ausgelöst." Er schwieg einen Moment, dann fügte er leise hinzu: „Sie war für Sie bestimmt."

Sie sagte nichts. Aber das war auch nicht nötig, er konnte ihr ansehen, dass sie verstanden hatte. Diese Bombe war kein Versehen. Sie, Nina, war das Ziel, das ließ sich jetzt nicht mehr länger leugnen.

„Wir verfolgen jede Spur", sagte er. „Yeats will Daniella noch einmal verhören, aber ich halte das für eine Sackgasse. Wir haben einen Fingerabdruck gefunden, der uns einen Hinweis geben könnte, und warten auf eine Identifizierung. Bis dahin müssen wir zusehen, dass Sie am Leben bleiben, und das heißt, dass Sie genau das tun, was ich Ihnen sage." Er stieß einen Seufzer aus und umklammerte das Lenkrad fester. „Das war nicht klug, Nina. Was Sie heute gemacht haben."

„Ich war sehr wütend. Ich wollte endlich von diesen Polizisten weg."

„Und deshalb stürmen Sie mir nichts, dir nichts aus dem Hauptquartier? Ohne mir zu sagen, wo Sie hingehen?"

„Sie haben mich den Wölfen zum Fraß vorgeworfen. Ich habe ständig damit gerechnet, dass Yeats die Handschellen zuschnappen lässt."

„Ich hatte keine andere Wahl. Er hätte Sie so oder so verhören können."

Sie schwieg eine ganze Weile, dann sagte sie weich: „Natürlich haben Sie recht." Sie schaute geradeaus auf die Straße. „Manchmal vergesse ich wohl einfach, dass Sie Polizist sind."

Er stand auf der anderen Seite der Polizeiabsperrung im Dickicht der Menschenmenge und beobachtete, wie die Sonderermittler des Bombendezernats mit ihren Beweismitteltüten und gezückten Notizbüchern durch die Gegend wimmelten. Aus dem Schaden an dem Gebäude ließ sich schließen, dass die Explosion ganz anständig gewesen war. Aber natürlich hatte er es nicht so geplant.

Zu dumm, dass Nina Cormier immer noch am Leben war.

Gerade eben hatte er gesehen, wie sie von Detective Sam Navarro durch die Menge geführt worden war. Er hatte Navarro auf Anhieb erkannt. Schon seit Jahren verfolgte er seinen Werdegang und las alles, was er über ihn in die Finger bekam. Und mit Gordon Gillis und Ernie Takeda verhielt es sich ebenso. Es war seine Aufgabe, sich zu informieren. Es gehörte zu seinem Geschäft. Sie waren der Feind, und ein guter Soldat musste seinen Feind genauestens kennen.

Navarro half der Frau ins Auto. Er wirkte außergewöhnlich fürsorglich, was gar nicht zu ihm passte.

Navarro und die Frau fuhren weg.

Es gab keinen Grund, ihnen nachzufahren; irgendwann würde sich wieder eine Gelegenheit bieten.

Im Moment hatte er einen Job zu erledigen. Und nur noch zwei Tage Zeit dafür.

Er zupfte an seinen Handschuhen. Und verschwand unbemerkt in der Menge.

Obwohl im Kamin ein Feuer knisterte, war Nina bis auf die Knochen durchgefroren. Draußen dämmerte es bereits, und das letzte Licht verschwand hinter den dunklen Silhouetten der Kiefern. Der Schrei eines Seetauchers hallte gespenstisch über den See. Sie war nicht besonders ängstlich, hatte sich noch nie im Wald gefürchtet oder vor der Dunkelheit oder davor, allein zu sein. Aber heute fürchtete sie sich, und sie wollte nicht, dass Sam sie allein ließ.

Wenngleich sie wusste, dass er es tun musste.

Er kam, beladen mit Holz, in die Hütte zurück und begann, die Scheite neben dem Kamin zu stapeln. „Das dürfte für ein paar Tage reichen“, sagte er. „Ich habe gerade mit Henry Pearl und seiner Frau gesprochen. Ihre Hütte liegt ein kleines Stück weiter oben an der Straße. Sie haben versprochen, ein paarmal am Tag nach Ihnen zu schauen. Ich kenne sie seit Jahren, deshalb weiß ich, dass man sich auf sie verlassen kann. Wenn Sie irgendetwas brauchen, gehen Sie einfach rüber zu ihnen.“

Er hatte das Feuerholz nun fertig aufgestapelt und klopfte sich jetzt den Staub von den Händen. „Sie sind hier sicher, Nina. Ich würde Sie nicht allein lassen, wenn ich auch nur den leisesten Zweifel daran hätte.“

Sie nickte. Und lächelte. „Es wird mir gut gehen hier. Sie können beruhigt sein.“

„Und nehmen Sie sich aus dem Schrank, was Sie brauchen. Es wird Ihnen zwar nichts passen, aber Sie werden wenigstens nicht frieren.“

„Ich komme schon zurecht, Sam. Machen Sie sich keine Sorgen.“

Dann herrschte lange Zeit Schweigen. Sie wussten beide, dass es nichts mehr zu sagen gab, aber er ging nicht. Er schaute sich in dem Raum um, als ob es ihm widerstrebte, zu gehen. Fast so sehr, wie es ihr widerstrebte, ihn gehen zu lassen.

„Es ist eine lange Fahrt zurück in die Stadt", sagte sie. „Sie sollten vorher noch etwas essen. Was halten Sie von einem Gourmetmahl aus Makkaroni und Käse?"

Er grinste. „Machen Sie etwas anderes, und ich sage Ja."

In der Küche kramten sie in den Einkäufen, die sie unterwegs im Supermarkt mitgenommen hatten. Bald standen Omelettes, Baguette und eine Flasche Wein auf dem Tisch. Da es an diesem Teil des Sees noch keinen Strom gab, aßen sie im Licht einer Sturmlaterne. Draußen machte die Dämmerung der Dunkelheit Platz, und die Grillen stimmten ihr Nachtkonzert an.

Sie schaute ihn an. Seine Augen glänzten im Schein der Laterne. Sie sah die Schürfwunden an seiner Wange und dachte daran, wie nah er heute Nachmittag dem Tod gewesen war. Aber es war genau die Art von Risiko, die er Tag für Tag auf sich nahm. Bomben. Tod. Es war gefährlich, und sie wusste nicht, warum ein Mensch, der bei Verstand war, so etwas machte. Verrückter Cop, dachte sie. *Und ich muss genauso verrückt sein, weil ich glaube, dass ich mich in diesen Typ verliebt habe.*

Sie nahm noch einen Schluck von ihrem Wein, wobei sie sich die ganze Zeit seiner Anwesenheit fast schmerzhaft deutlich bewusst war. Und der Tatsache, dass sie sich unwiderstehlich von ihm angezogen fühlte, so unwiderstehlich, dass sie fast zu essen vergaß.

Sie streckte den Arm aus, um ihm Wein nachzuschenken.

Er legte die Hand über sein Glas. „Ich muss noch fahren."

„Oh. Natürlich." Nervös stellte sie die Flasche ab. Sie faltete und entfaltete ihre Serviette. Eine ganze Minute lang sprachen sie kein einziges Wort und schauten sich auch nicht an. Zumindest schaute sie ihn nicht an.

Aber als sie schließlich den Blick hob, sah sie, dass er sie beobachtete. Allerdings nicht so, wie ein Polizist eine Zeugin beobachtete.

Er beobachtete sie, wie ein Mann die Frau beobachtet, die er begehrt.

Er sagte eilig: „Ich sollte jetzt gehen …"

„Ich weiß."

„… bevor es zu spät ist."

„Es ist noch früh."

„Sie brauchen mich in der Stadt."

Sie biss sich auf die Unterlippe und sagte nichts. Natürlich hatte er recht. Die Stadt brauchte ihn. Alle brauchten sie ihn. Sie war nur ein Teil dessen, worum er sich kümmern musste. Jetzt war sie versorgt, und er konnte wieder zu seiner Arbeit zurückkehren. Zu dem, was wirklich wichtig war.

Doch er machte immer noch keine Anstalten zu gehen. Er saß unbeweglich da und schaute sie an. Sie war diejenige, die zuerst wegschaute und nervös nach ihrem Weinglas langte.

Sie war überrascht, als er ihre Hand ergriff. Wortlos nahm er ihr das Glas weg und stellte es ab. Er drückte einen Kuss auf die Innenseite ihres Handgelenks. Die Berührung seiner Lippen, das Kitzeln seines Atems war eine süße Folter.

Sie schloss die Augen und seufzte leise auf. „Ich will nicht, dass du gehst“, flüsterte sie.

„Es ist eine schlechte Idee. Zu bleiben.“

„Weshalb?“

„Deshalb.“ Wieder küsste er sie aufs Handgelenk. „Und deshalb.“ Seine Lippen glitten flüchtig an ihrem Arm nach oben, seine Bartstoppeln fühlten sich köstlich rau an auf ihrer empfindsamen Haut. „Es ist ein Fehler. Du weißt es. Ich weiß es.“

„Ich mache ständig Fehler“, erwiderte sie. „Aber ich bereue sie nicht alle.“

Er suchte ihren Blick, sah ihre Furcht und ihre Furchtlosigkeit. Sie gab sich keine Mühe, ihre Gefühle vor ihm zu verbergen. Ihr Hunger war zu groß, als dass sie ihn hätte verbergen können.

Er stand vom Tisch auf. Sie ebenfalls.

Sam zog sie an sich, legte seine Handflächen an ihre Wangen und presste seine Lippen auf ihre. Bei dem Kuss, der süß schmeckte vom Wein und von seinem Begehren, wurden ihr die Knie weich. Sie schwankte und streckte die Hände nach seinen Schultern aus. Bevor sie Atem holen konnte, küsste er sie wieder, und so wie ihre Lippen fanden auch ihre Körper zueinander. Seine Hand glitt über ihre Hüfte. Es war nicht nötig, dass er sie noch enger an sich zog, sie konnte den harten Beweis seines Verlangens auch so spüren. Und das erregte sie noch mehr.

„Wenn wir nicht aufhören“, flüsterte er, „sollte es besser …“

Sie erstickte seine Worte mit einem Kuss, und dann wurde nichts mehr gesprochen. Ihre Körper übernahmen das Kommando.

Sie zerrten an den Kleidern des anderen, fiebernd nach der Berührung von nackter Haut. Zuerst musste ihr Pullover weichen, dann sein Hemd. Ohne voneinander abzulassen, gingen sie eng umschlungen ins Nebenzimmer, wo im Kamin die Holzscheite glühten. Während er sie noch immer küsste, zog Sam die Decke von der Couch und legte sie auf den Boden vor dem Kamin.

Sie ließen sich vor dem glimmenden Kaminfeuer auf die Knie nieder. Seine nackten Schultern glänzten in dem roten Licht. Sie konnte es kaum erwarten, von ihm berührt zu werden, aber er ließ sich Zeit und kostete es bis zur Neige aus, sie einfach nur anzuschauen. Er beobachtete voller Verlangen, wie sie ihren BH abstreifte. Als er die Hand auf ihre Brust legte und zärtlich über eine der Knospen strich, ließ Nina mit einem Aufstöhnen ihren Kopf in den Nacken fallen. Er drückte sie behutsam auf die Decke nieder.

Sie schmolz unter seiner Aufmerksamkeit dahin. Er machte ihren Reißverschluss auf und schob ihr die Jeans über die Hüften. Ihr Slip folgte mit einem leisen seidigen Rascheln. Dann lag sie da, ungeschützt seinen Blicken preisgegeben, mit einer Haut, die im Schein des Kaminfeuers rosig schimmerte.

„Ich habe so oft von dir geträumt", flüsterte er, während seine Hand über ihren Bauch glitt, hin zu dem Dreieck aus weichen schwarzen Haaren. „Letzte Nacht habe ich davon geträumt, dass ich dich in meinen Armen halte und dich genauso berühre, wie ich es jetzt tue. Aber als ich aufwachte, sagte ich mir, dass das nie passieren würde. Es war nur ein Traum. Und doch sind wir jetzt hier ..." Er beugte sich vor und gab ihr einen zärtlichen Kuss auf die Lippen. „Ich sollte das nicht tun."

„Ich will es aber. Ich will, dass wir es tun."

„Ich will es genauso, doch ich befürchte, dass wir es hinterher bereuen werden."

„Dann bereuen wir es später. Heute Nacht gibt es nur dich und mich. Wir tun einfach so, als ob es außer uns nichts gäbe."

Er küsste sie wieder. Und diesmal schlüpfte seine Hand zwischen ihre Schenkel, seine Finger tauchten in das feuchte, warme Versteck ihres Begehrens ein. Sie wimmerte vor Lust. Er ließ noch einen Finger in sie hineingleiten und spürte, wie sie erbebte. Sie war bereit, bereit für ihn.

Er zog seine Hand gerade lange genug zurück, um seine restlichen Kleider auszuziehen. Als er sich neben sie kniete, sog sie vor Bewunderung scharf den Atem ein. Was für ein schöner Mann er doch war. Nicht nur sein Körper, auch seine Seele, die sich in seinen Augen widerspiegelte: die Fürsorge, die Wärme. Alles, was er vorher hinter dieser harten Polizistenmaske verborgen hatte. Jetzt verbarg er nichts mehr vor ihr. Jetzt zeigte er ihr all seine Gefühle.

Und sie ihm ihre.

Sie ging viel zu sehr in ihrer Lust auf, um Scham zu verspüren. Wimmernd sank sie zurück, als seine Finger sie wiederfanden, sich zurückzogen, sie neckten und erneut in sie eintauchten. Nass von Schweiß und Verlangen hob sie ihm ihre Hüften entgegen.

„Bitte“, flüsterte sie. „Oh Sam. Ich …“

Er erstickte ihre Worte mit einem Kuss. Und setzte die süße Folter fort, bis sie so erregt war, dass sie glaubte, jeden Moment in Millionen Stücke zu zerbersten.

Erst dann, erst als sie ganz dicht am Rand stand, nahm er seine Hand weg, legte sich auf sie und drang in sie ein.

Sie grub stöhnend ihre Fingernägel in seine Schultern, während er sie und sich selbst dem Höhepunkt entgegentrieb. Und als dieser dann endlich kam, spürte sie, wie sie flog und dann in diesem herrlichen freien Fall in die Tiefe glitt, um irgendwann sanft, oh, so sanft zu landen.

Bald darauf schlief sie warm und sicher in seinen Armen ein.

Es war später, viel später, als Nina in der kältesten Stunde der Nacht erwachte.

Das Feuer im Kamin war ausgegangen. Obwohl sie zugedeckt war, merkte sie, dass ihr kalt war.

Und dass sie allein war.

In die Decke eingehüllt, ging sie in die Küche und spähte aus dem Fenster auf die von Mondlicht überflutete Lichtung. Sams Wagen war fort. Er war in die Stadt zurückgefahren.

Und sie vermisste ihn schon jetzt.

Es war ein Fehler gewesen. Ein idiotischer, hirnverbrannter Fehler.

Den ganzen Weg zurück nach Portland, auf der Fahrt über diesen langen dunklen Highway, fragte Sam sich, wie das hatte passieren können.

Nein, er wusste, wie es passiert war. Die Anziehungskraft zwischen ihnen war einfach zu stark, er hatte sie von Anfang an gespürt. Er hatte dagegen angekämpft, indem er nicht aufgehört hatte, sich daran zu erinnern, dass er Polizist war und dass sie Teil des Falls war, den er aufzuklären hatte. Ein guter Polizist ging nicht in diese Falle.

Er hatte sich immer für einen guten Polizisten gehalten.

Doch inzwischen war ihm klar geworden, dass Nina eine Versuchung für ihn darstellte, der er einfach nicht widerstehen konnte. Und dass womöglich die ganze Untersuchung darunter leiden würde.

Und das alles nur, weil sie ihm inzwischen zu viel bedeutete.

Er umklammerte das Lenkrad fester und zwang sich, sich auf die Straße zu konzentrieren. Auf den Fall.

„Schauen Sie sich die Schlagzeile an." Liddell wedelte wütend mit der Frühausgabe der *New York Times* herum. „‚Portland, Maine, das neue Hauptquartier der Bombenleger?' Das sagt New York über uns? Über *uns*?" Liddell warf die Zeitung auf den Tisch. „Was, zum Teufel, ist los in dieser Stadt? Wer ist dieser Bombenleger?"

„Wir können Ihnen ein ungefähres psychologisches Profil geben", sagte einer der AFT-Agenten. „Er ist männlich, weiß, intelligent ..."

„Dass er intelligent ist, weiß ich selbst", brauste Liddell auf. „Viel intelligenter als Sie alle zusammen. Ich will kein psychologisches Profil. Ich will wissen, wer er ist. Gibt es irgendwelche Hinweise auf seine Identität?"

Am Tisch herrschte Schweigen. Dann sagte Sam: „Wir wissen, wen er zu töten versucht."

„Sie meinen die Cormier?", schnaubte Liddell. „Soweit ich es sehe, gibt es keinen einzigen guten Grund dafür, warum sie das Ziel sein sollte."

„Aber wir wissen, dass sie es ist. Sie ist unser einziges Verbindungsglied zu dem Bombenleger."

„Und was ist mit dem Anschlag auf das Kaufhaus?", fragte Coopersmith. „Was hat der mit Nina Cormier zu tun?"

Sam sagte einen Moment nichts. „Das weiß ich nicht", räumte er schließlich ein.

„Ich wette zehn zu eins, dass Billy Binfords Leute diesen Anschlag auf das Kaufhaus veranlasst haben", sagte Liddell. „Es wäre ein logischer Schritt. Um eventuelle Zeugen der Anklage abzuschrecken. Gibt es zwischen dieser Cormier und Binford eine Verbindung?"

„Nein. Alles, was sie über ihn weiß, weiß sie aus den Zeitungen", sagte Sam.

„Was ist mit ihrer Familie? Gibt es da eine Verbindung zu Binford?"

„Absolut nichts", meldete sich Sam. „Wir haben alles überprüft. Und auch bei dem toten Exverlobten haben wir nichts gefunden."

Liddell lehnte sich zurück. „Herrgott noch mal", brummte er, dann dachte er einen Moment nach. „Ich werde den Verdacht nicht los, dass Binford irgendwas im Schilde führt. Ich wünschte nur, ich wüsste, was." Er schaute Sam an. „Wo haben Sie Nina Cormier versteckt?"

„An einem sicheren Ort", sagte Sam.

„Ist es ein Staatsgeheimnis oder was?"

„Unter den gegenwärtigen Umständen würde ich es vorziehen, wenn nur Gillis und ich es wissen. Falls Sie irgendwelche Fragen an sie haben, kann ich sie für Sie stellen."

„Ich werde es Sie beizeiten wissen lassen", sagte Liddell eingeschnappt und erhob sich. „Aber ich möchte Sie doch dringend ersuchen, diesem Bombenleger das Handwerk zu legen, bevor Portland als amerikanisches Beirut in die Schlagzeilen eingeht." Mit diesen Worten stolzierte er hinaus.

„Mann, ein Jahr Wahlkampf muss wohl wirklich die Hölle sein", brummte Gillis.

In diesem Moment flog die Tür des Besprechungsraums auf, und ein aufgeregter Ernie Takeda steckte seinen Kopf ins Zimmer. „Ihr werdet es nicht glauben", sagte er und schwenkte ein Blatt Papier durch die Luft.

„Was ist das?", fragte Coopersmith.

„Vom Labor. Sie haben gerade den Fingerabdruck identifiziert."

„Und?"

„Er stammt von Victor Spectre."

9. KAPITEL

Nina kletterte aus dem Kahn, mit dem sie am Spätnachmittag auf den See hinausgerudert war, um sich die Zeit zu vertreiben. Als sie wenig später Sam reglos am Ufer hatte stehen sehen, hatte ihr Herz sofort angefangen, wie verrückt zu hämmern. Sie hatte den ganzen Tag an kaum etwas anderes denken können, und selbst die Gefahr, in der sie schwebte, verblasste angesichts der Geschehnisse von letzter Nacht.

Sie warf Sam das Seil zu. Er zog den Kahn ans Ufer und half ihr beim Aussteigen. Allein der Druck seiner Hand auf ihrem Arm jagte ihr einen köstlichen Schauer über den Rücken. Aber ein Blick in sein Gesicht versetzte ihrer Hoffnung, dass er als ihr Liebhaber hier war, einen gehörigen Dämpfer. Das war der Cop, unpersönlich, routiniert, sachlich. Hunderte von Meilen entfernt von dem Mann, der sie letzte Nacht im Arm gehalten hatte.

„Es gibt eine neue Entwicklung“, sagte er, nachdem sie im Haus waren.

„Was denn für eine?“, fragte sie, immer noch darum bemüht, sich ihre Enttäuschung auf keinen Fall anmerken zu lassen.

„Wir glauben zu wissen, wer der Bombenleger ist. Ich möchte, dass du dir diese Fotos ansiehst.“

Nina saß auf der Couch vor dem Kamin – demselben Kamin, vor dem sie sich in der vergangenen Nacht geliebt hatten – und blätterte durch ein Verbrecheralbum. Der Kamin war ebenso erkaltet wie ihr Körper und ihr Herz. Sam saß gut einen Meter entfernt von ihr, schweigend und ohne sie zu berühren. Aber er schaute sie gespannt an und wartete auf ein Zeichen, dass sie ein Gesicht in diesem Album erkannte.

Sie zwang sich, sich auf die Fotos zu konzentrieren. Sie betrachtete die Gesichter eins nach dem anderen eingehend. Nachdem sie auf der letzten Seite angelangt war, klappte sie, den Kopf schüttelnd, den Deckel zu.

„Ich erkenne niemanden“, erklärte sie.

„Bist du sicher?“

„Ganz sicher. Warum? Wen hätte ich denn erkennen sollen?“

Seine Enttäuschung war offensichtlich. Er schlug das Album auf der vierten Seite auf und reichte es ihr. „Schau dir dieses Gesicht an. Das dritte von oben. Hast du diesen Mann je gesehen?“

Sie studierte das Foto lange, dann sagte sie: „Nein. Ich kenne ihn nicht.“

Sam ließ sich mit einem frustrierten Aufstöhnen zurücksinken. „Das macht einfach keinen Sinn.“

Nina schaute immer noch auf das Foto. Der Mann war in den Vierzigern, mit rötlich blondem Haar, blauen Augen und eingefallenen, fast ausgemergelten Wangen. Es waren jedoch die Augen, die ihre Aufmerksamkeit fesselten. Sie starrten sie so direkt und einschüchternd an, dass ihr unwillkürlich ein Schauer über den Rücken lief.

„Wer ist er?“, fragte sie.

„Sein Name ist – oder war – Victor Spectre. Er ist eins achtzig groß, 180 Pfund schwer und sechsundvierzig Jahre alt. Zumindest bald. Falls er noch lebt.“

„Du meinst, du weißt es nicht genau?“

„Wir sind bisher davon ausgegangen, dass er tot ist.“

„Ihr seid euch nicht sicher?“

„Jetzt leider nicht mehr.“ Sam stand auf. Es wurde kühl in der Hütte; er kniete sich vor den Kamin und begann Brennholz aufzuschichten.

„Spectre hat als Sprengstoffexperte bei der Armee gearbeitet. Irgendwann wurde er wegen Diebstahls unehrenhaft entlassen, doch er brauchte nicht lange, um sich eine zweite Karriere aufzubauen. Er wurde das, was wir einen Spezialisten nennen. Große Aufträge, eine Menge Kohle. Er verkaufte sich an jeden, der für seine Kenntnisse bezahlte. Er arbeitete für terroristische Regimes. Für Bandenchefs im ganzen Land.“

Sam riss ein Streichholz an und hielt es an den Anzünder, den er brennend auf die Holzscheite warf.

„Vor sechs Monaten explodierte eine Bombe in einem Kaufhaus. Aus den Trümmern wurde eine Leiche geborgen, von der man annahm, dass es sich um Spectre handelte. Jetzt scheint ziemlich sicher, dass es jemand anders war. Und dass Spectre immer noch am Leben ist.“

„Woher weißt du das?“

„Weil wir jetzt seinen Fingerabdruck gefunden haben.“

Sie starrte ihn an. „Ihr denkt, dass er auch den Sprengsatz in der Kirche gezündet hat?“

„Fast sicher. Victor Spectre versucht, dich zu töten.“

„Aber ich kenne ihn doch gar nicht! Ich habe seinen Namen vorher noch nie gehört.“

„Und du hast ihn auf dem Foto nicht erkannt.“

„Nein. Ich habe ihn noch nie gesehen.“

Sam stand auf. Hinter ihm knackten und loderten die Flammen. „Deiner Familie haben wir Spectres Foto ebenfalls gezeigt. Sie haben ihn auch nicht erkannt."

„Es muss ein Irrtum sein. Selbst wenn der Mann am Leben ist, hat er keinen Grund, mich umzubringen."

„Irgendwer könnte ihn angeheuert haben."

„Dieser Möglichkeit bist du bereits nachgegangen. Und alles, was dir dazu eingefallen ist, war Daniella."

„Es ist immer noch eine Möglichkeit, wenn auch eine unwahrscheinliche."

Sie schaute wieder auf das Foto von Victor Spectre. Sie konnte sich an das Gesicht nicht erinnern, und wenn sie noch so sehr in ihren Gedächtnisschubladen kramte. Nur die Augen kamen ihr vage bekannt vor. Diesen starren Blick hatte sie möglicherweise schon einmal gesehen. Aber nicht das Gesicht.

„Erzähl mir mehr von ihm", forderte sie ihn auf.

Sam ging zur Couch und setzte sich neben sie. Nicht nah genug, um Nina zu berühren, aber doch so nah, dass sie sich seiner Anwesenheit überdeutlich bewusst war.

„Spectre wuchs in Kalifornien auf und ging mit neunzehn zur Armee. Er war in Grenada und Panama, wo er bei einem Einsatz einen Finger verloren hat. Er hätte sich ..."

„Warte. Hast du eben gesagt, dass ihm ein Finger fehlt?"

„Richtig."

„An welcher Hand?"

„An der linken. Warum?"

Nina wurde plötzlich sehr still. Ein fehlender Finger. Warum kam ihr das so bekannt vor?

„War es der linke Mittelfinger?", fragte sie leise.

Sam holte mit gerunzelter Stirn aus seinem Aktenkoffer eine Akte heraus. Er blätterte sie durch und sagte schließlich: „Ja, es war der linke Mittelfinger."

„Ganz ohne Stumpf? Fehlte der Finger vollkommen?"

„Das ist richtig. Sie mussten ihn bis zum Knöchel amputieren." Er schaute sie wie elektrisiert an. „Dann kennst du ihn also doch, Nina."

„Ich ... ich bin mir nicht sicher. Aber da war ein Mann mit einem amputierten Finger ... dem linken Mittelfinger ..."

„Was? Wo?"

„In der Notaufnahme. Es war vor ein paar Wochen. Ich erinnere mich, dass er Handschuhe mit langen Stulpen trug, und er wollte sie nicht ausziehen. Aber ich musste seinen Puls fühlen. Deshalb zog ich ihm den Handschuh aus. Er hatte den Fingerling mit Watte ausgestopft."

„Warum war er in der Notaufnahme?"

„Weil … ich glaube, er hatte einen Unfall. Ach ja, jetzt erinnere ich mich wieder. Er war von einem Radfahrer umgefahren worden. Er hatte eine Platzwunde und musste genäht werden. Das Seltsamste war, wie er anschließend verschwand. Nachdem seine Wunde versorgt war, verließ ich den Raum kurz, nur um etwas zu holen. Als ich zurückkam, war er schon weg. Einfach verschwunden."

„Erinnerst du dich an seinen Namen?"

„Nein." Sie zuckte die Schultern. „Mein Namensgedächtnis ist erbärmlich. Aber wie auch immer, er sah anders aus. Das hier auf dem Foto ist er nicht."

„Spectre hat seine Möglichkeiten. Er kann einen Schönheitschirurgen dafür bezahlt haben, dass er ihm ein neues Gesicht verpasst."

„Na gut, nehmen wir an, es war tatsächlich Spectre, den ich an diesem Tag in der Notaufnahme sah. Aber warum sollte er mich deshalb umbringen wollen?"

„Weil du sein Gesicht gesehen hast. Du hättest ihn identifizieren können."

„Aber eine Menge Leute haben sein Gesicht gesehen, nicht nur ich kenne ihn."

„Aber du warst die Einzige, die dieses Gesicht mit einem Mann, dem der linke Mittelfinger fehlt, in Verbindung bringen konnte. Du hast erwähnt, dass er Handschuhe trug, die er nicht ausziehen wollte."

„Ja, aber sie waren Teil seiner Uniform. Vielleicht war der einzige Grund für die Handschuhe …"

„Was für eine Uniform?"

„So eine Jacke mit Goldknöpfen. Weiße Handschuhe. Hosen mit diesen glänzenden Streifen an der Seite. Du weißt schon, wie ein Liftboy. Oder ein Hotelpage."

„Trug er auf der Jacke ein Logo? Den Namen einer Firma oder eines Hotels?"

„Nein."

Sie schaute lange auf das Verbrecheralbum hinunter und versuchte sich an diesen Tag in der Notaufnahme zu erinnern. Sie arbeitete seit acht Jahren als Krankenschwester und hatte schon so viele Patienten verarztet, dass die Tage alle ineinander verschwammen, aber jetzt fiel ihr im Zusammenhang mit dem Mann mit den Handschuhen eine weitere Einzelheit ein. Eine Einzelheit, die ihr einen kalten Schauer über den Rücken jagte.

„Der Arzt", sagte sie leise. „Der Arzt, der ihn behandelt und die Wunde genäht hat …"

„Ja? Wer war es?"

„Robert. Es war Robert."

Sam starrte sie an. In diesem Moment wurde ihm alles klar. Ihnen beiden wurde alles klar. Robert war in demselben Raum gewesen. Er hatte ebenfalls das Gesicht des Patienten gesehen und seine linke Hand. Wie Nina hätte auch er Victor Spectre identifizieren können.

Und jetzt war Robert tot.

Sam griff nach ihrer Hand. „Komm schnell." Er zog Nina auf die Füße.

Sie standen sich dicht gegenüber, und sie spürte, wie ihr Körper umgehend auf seine Nähe reagierte, spürte, wie in ihrem Bauch Schmetterlinge aufflatterten.

„Ich fahre dich am besten nach Portland zurück", sagte er mit rauer Stimme.

„Heute Abend noch?"

„Ich will, dass du dich mit unserem Polizeizeichner triffst. Vielleicht bringt ihr ja ein Phantombild von Spectre zustande."

Ich erfülle dir jeden Wunsch, dachte sie. Wenn du bloß aufhörst, diesen harten, unnahbaren Cop zu spielen.

Noch während sie so dastanden und einander anschauten, glaubte sie, Verlangen in seinen Augen aufblitzen zu sehen, aber ganz sicher war sie sich nicht, weil er sich bereits umgedreht hatte, um eine Jacke aus dem Schrank zu holen. Er legte sie ihr um die Schultern, und als seine Finger sie streiften, bekam sie eine Gänsehaut.

Sie drehte sich zu ihm um. „Ist irgendetwas zwischen uns gewesen?", fragte sie weich.

„Was meinst du damit?"

„Letzte Nacht. Ich bilde es mir nicht ein, Sam. Wir haben uns geliebt, hier in diesem Raum. Und jetzt frage ich mich, was ich wohl falsch gemacht habe. Warum du so … unnahbar bist."

Er gab ein müdes Aufseufzen von sich. „Das mit letzter Nacht hätte nicht passieren dürfen. Es war ein Fehler."

„Ich finde nicht."

„Nina, es ist immer ein Fehler, sich in den ermittelnden Polizisten zu verlieben. Du hast Angst, du suchst einen Helden. Zufälligerweise fällt jetzt mir diese Rolle zu."

„Aber du spielst keine Rolle! Und ich auch nicht. Sam, du bedeutest mir etwas. Ich glaube, dass ich mich in dich verliebt habe."

Er schaute sie nur schweigend an.

Sie wandte sich ab, um diesen emotionslosen Blick nicht mehr sehen zu müssen. Sie lachte gezwungen und sagte: „Gott, ich fühle mich wie der letzte Idiot. Natürlich passiert dir so was ständig. Die Frauen werfen sich dir an den Hals."

„So ist es nicht."

„Ach nein? Der heldenhafte Cop. Welche Frau könnte da schon widerstehen?" Sie drehte sich wieder zu ihm um. „Und wie bin ich im Vergleich zu den anderen?"

„Es gibt keine anderen. Nina, ich will nicht so tun, als wäre nichts zwischen uns geschehen. Ich möchte nur, dass du verstehst, dass es die augenblickliche Situation ist, die uns zueinander zieht. Die Gefahr. Du idealisierst mich. Glaub mir, ich bin ganz bestimmt nicht der Richtige für dich. Du warst mit Robert Bledsoe verlobt. Eliteuniversität. Doktortitel. Haus am Wasser. Ich bin doch nur ein ganz gewöhnlicher Polizist, Herrgott noch mal, siehst du das denn nicht?"

Sie schüttelte, plötzlich mit Tränen in den Augen, den Kopf. „Glaubst du wirklich, dass dies das Einzige ist, was ich in dir sehe? Den Polizisten?"

„Das ist es, was ich bin."

„Oh Sam, du bist so viel mehr." Sie streckte den Arm aus und berührte sein Gesicht. Er zuckte zusammen, aber er wich nicht zurück, als sie mit dem Finger über sein Kinn strich. „Du bist freundlich. Und sanft. Und mutig. Ich habe noch nie einen Mann wie dich getroffen. Gut, du bist Polizist. Aber es ist nur ein Teil von dir. Du hast mich beschützt …"

„Das ist meine Aufgabe …"

„Ist das wirklich alles?"

Er antwortete nicht gleich. Er schaute sie nur an, als ob es ihm schwerfiele, die Wahrheit auszusprechen.

„War es denn für dich nur das, Sam? War es wirklich nur Teil deines Jobs?"

Er seufzte. „Nein", räumte er schließlich widerstrebend ein. „Es war mehr. Du bist mehr."

Reine Freude ließ ihr Gesicht erstrahlen. Letzte Nacht hatte sie es gespürt … dass sie ihm etwas bedeutete. Trotz all seiner Dementis verbarg sich hinter dieser Maske der Gleichgültigkeit ein Mann mit Gefühlen. Sie wollte so schrecklich gern einfach nur in seine Arme sinken und den wirklichen Sam Navarro aus seinem Versteck hervorlocken.

Er griff nach ihrer Hand und zog sie sanft, aber entschlossen von seinem Gesicht weg. „Bitte, Nina“, sagte er. „Mach es uns doch nicht so schwer. Ich muss meine Pflicht tun und darf mich nicht ablenken lassen. Es ist gefährlich. Für dich und für mich.“

„Aber ich bedeute dir etwas. Mehr brauche ich nicht zu wissen. Nur, dass ich dir etwas bedeute.“

Er nickte. Es war mehr, als sie sich erhofft hatte.

„Es ist schon spät. Wir sollten fahren“, brummte er. Dann ging er zur Tür. „Ich warte draußen im Auto auf dich.“

Sie brachten sein Phantombild in den Morgennachrichten.

Victor Spectre schaute auf den Bildschirm und lachte leise in sich hinein. Was für ein Witz. Das Phantombild sah ihm nicht im Geringsten ähnlich. Die Ohren waren zu groß, die Kinnpartie zu ausgeprägt, die Augen wirkten wie Knopfaugen. Er hatte nicht solche Knopfaugen. Was war los mit der Polizei? Wo hatte sie ihre Fähigkeiten gelassen?

„Ihr kriegt mich bestimmt nicht“, murmelte er. „Ich bin der Pfefferkuchenmann.“

Diese Cormier musste einem Polizeizeichner eine Beschreibung von ihm gegeben haben. Obwohl ihm das Phantombild kein sonderliches Kopfzerbrechen bereitete, wurde es höchste Zeit, dass er sich endlich um Nina Cormier kümmerte. Sie war die Einzige, die ihm noch in die Quere kommen konnte. Er musste sie unschädlich machen.

Er schaltete den Fernseher aus und ging ins Schlafzimmer, wo die Frau immer noch schlief. Er hatte Marilyn Dukoff vor drei Wochen im Stop Light Club kennengelernt, wo er sich zur Entspannung eine Oben-ohne-Show angeschaut hatte. Marilyn war die Blondine in dem blutroten Glitzer-G-String gewesen. Ihr Gesicht war grob, ihr IQ ein Witz, aber ihre Figur war ein Wunder aus Natur und Silikon. Wie so viele andere Frauen in dem Gewerbe brauchte sie verzweifelt Geld und Zärtlichkeit.

Von ihm bekam sie beides im Überfluss.

Sie hatte seine Geschenke mit aufrichtiger Dankbarkeit angenommen und war bereit, alles für ihn zu tun. Sie war wie ein junger Hund, der zu lange vernachlässigt worden war, loyal und hungrig nach Anerkennung. Das Beste an ihr war, dass sie nie Fragen stellte. Sie wusste, warum.

Er setzte sich neben sie aufs Bett und rüttelte sie wach. „Marilyn?“

Sie öffnete verschlafen ein Auge und lächelte ihn strahlend an. „Guten Morgen.“

Er erwiderte ihr Lächeln. Und ließ einen Kuss folgen. Wie üblich reagierte sie sofort. Dankbar. Er zog sich aus und kroch unter die Decke neben diesen architektonisch erstaunlichen Körper. Es brauchte nicht viel, um sie in Stimmung zu bringen.

Als sie fertig waren, lag sie lächelnd und befriedigt neben ihm, und er wusste, dass jetzt der richtige Zeitpunkt gekommen war.

Deshalb sagte er: „Ich möchte dich um einen Gefallen bitten."

10. KAPITEL

Sam wurde von Kaffeeduft und dem Aroma nach etwas anderem, Köstlichem geweckt. Es war Samstag. Er lag allein in seinem Bett, aber es bestand kein Zweifel daran, dass außer ihm noch jemand im Haus war. Er hörte Geräusche aus der Küche, das leise Klappern von Geschirr. Zum ersten Mal seit Monaten ertappte er sich dabei, dass er lächelte, als er aufstand, um unter die Dusche zu gehen. In seiner Küche werkelte eine Frau herum, eine Frau, die Frühstück machte. Erstaunlich, wie sich das ganze Haus dadurch veränderte. Es erschien ihm warm. Einladend.

Nachdem er sich geduscht, rasiert und angezogen hatte, ging er in die Küche. Nina, die am Herd stand, drehte sich um und lächelte ihm fröhlich entgegen.

„Guten Morgen", murmelte sie und zog ihn, als er näher kam, in eine süß duftende Umarmung. Gott, das war die Fantasie eines jeden Mannes. Oder zumindest war es *seine* Fantasie: eine tolle Frau in seiner Küche. Das Guten-Morgen-Lächeln. Pfannkuchen in der Pfanne.

Eine Frau im Haus.

Nicht irgendeine Frau. Nina.

Er legte ihr die Hände auf die Schultern und schob sie von sich weg. „Nina, wir müssen reden."

„Du meinst … über den Fall?"

„Nein. Ich meine über dich. Und mich. Wir müssen unbedingt einiges klären, Nina."

Ihr strahlendes Lächeln verblasste schlagartig. Sie hatte den Schlag schon kommen gespürt. Schweigend drehte sie sich um, hob mit einem Fleischwender den Pfannkuchen aus der Pfanne und ließ ihn auf einen Teller gleiten. Dann stand sie einfach nur da und schaute darauf.

Er hasste sich selbst in diesem Moment. Gleichzeitig wusste er jedoch, dass es keinen anderen Weg gab, damit umzugehen – nicht wenn sie ihm wirklich etwas bedeutete.

„Das mit letzter Nacht hätte nicht passieren dürfen", sagte er.

„Aber es ist doch gar nichts passiert. Ich habe dich nur nach Hause und ins Bett gebracht."

„Genau davon rede ich, Nina. Ich war so hundemüde, dass ich es nicht mal gemerkt hätte, wenn ein verdammter Zug durch mein Schlafzimmer gerast wäre. Wie soll ich dich beschützen, wenn ich es nicht mal schaffe, die Augen offen zu halten?"

„Oh Sam." Sie machte einen Schritt auf ihn zu und legte ihm die

Hände an die Wangen. „Ich erwarte nicht, dass du dich Tag und Nacht ununterbrochen um mich kümmerst. Letzte Nacht wollte ich mich um *dich* kümmern. Du warst so erschöpft, weil du die Nacht vorher kaum geschlafen hattest, und ich war glücklich, endlich einmal auch etwas für dich tun zu können."

„Ich bin der Polizist, Nina. Ich bin verantwortlich für deine Sicherheit."

„Kannst du nicht ein Mal aufhören, Polizist zu sein? Kannst du es nicht ein Mal zulassen, dass ich mich um *dich* kümmere? Ich bin nicht so hilflos, wie du glaubst. Und du bist nicht so hart, dass du nie jemand brauchst. Als ich Angst hatte, warst du für mich da. Und ich will auch für dich da sein."

„Ich bin es nicht, der in Lebensgefahr schwebt." Er zog entschlossen ihre Hände von seinem Gesicht weg. „Es ist keine gute Idee, in so einer Situation etwas miteinander anzufangen, und wir wissen es beide. Ich kann nicht so auf dich aufpassen, wie ich es sollte. Das könnte jeder andere Cop besser."

„Ich vertraue aber keinem anderen. Ich vertraue dir."

„Und das könnte ein tödlicher Fehler sein." Er musste einen Schritt zurücktreten, er brauchte dringend Luft zum Atmen. Er konnte nicht klar denken, wenn sie so nah war; ihr Duft, ihre Berührungen lenkten ihn zu sehr ab. Er drehte sich um und schenkte sich eine Tasse Kaffee ein, wobei er registrierte, dass seine Hand nicht ganz ruhig war. Ohne Nina anzuschauen, sagte er: „Es wird höchste Zeit, dass ich mich auf den Fall konzentriere. Darauf, Spectre zu finden. Anders kann ich für deine Sicherheit nicht garantieren. Ich muss meinen Job machen, und ich muss ihn richtig machen."

Sie sagte nichts.

Er drehte sich um und sah, dass sie teilnahmslos auf den Tisch starrte. Dieser war bereits mit Besteck und Servietten, Saftgläsern und einem kleinen Topf mit Ahornsirup gedeckt. Wieder verspürte er einen Stich des Bedauerns. *Jetzt habe ich endlich eine Frau gefunden, die mir etwas bedeutet, eine Frau, die ich lieben könnte, und ich tue mein Bestes, um sie wegzustoßen.*

„Was also schlägst du vor, Sam?", fragte sie leise.

„Ich denke, dass man besser jemand anders mit deinem Schutz beauftragen sollte. Jemanden, der nicht persönlich involviert ist."

„Ist es das, was wir sind? Persönlich involviert?"

„Wie würdest du es denn sonst nennen?"

Sie schüttelte den Kopf. „Ich fange langsam an zu denken, dass wir gar nichts miteinander haben."

„Um Gottes willen, Nina. Wir haben miteinander geschlafen! Was sollten zwei Leute wohl noch mehr miteinander haben?"

„Für manche Leute ist Sex nicht mehr als eine rein körperliche Angelegenheit." Sie hob das Kinn.

Verdammt, er weigerte sich, sich in dieser hoffnungslosen Diskussion zu verfransen. Sie versuchte ihn zu ködern, versuchte ihn dazu zu bringen, zuzugeben, dass ihr Liebesspiel mehr als Sex gewesen war. Er dachte aber gar nicht daran, ihr die Wahrheit zu sagen, er wollte ihr nicht sagen, wie sehr ihn der Gedanke, sie verlieren zu können, ängstigte.

Er wusste, was er zu tun hatte.

Er durchquerte die Küche und ging zum Telefon. Er wollte eben Coopersmiths Nummer wählen, als das Telefon klingelte.

Er meldete sich schroff.

„Sam, ich bin's."

„Morgen, Gillis."

„Morgen? Es ist fast Mittag. Ich habe bereits einen vollen Arbeitstag hinter mir."

„Ja, Asche auf mein Haupt."

„Das solltest du auch. Wir haben für ein Uhr diese Gegenüberstellung angesetzt. Hotelpagen von verschiedenen Hotels. Glaubst du, du könntest Nina Cormier herbringen, damit sie einen Blick auf sie wirft? Vorausgesetzt natürlich, sie ist bei dir."

„Sie ist hier."

„Das dachte ich mir. Also dann bis eins, okay?"

„Wir werden da sein." Er legte auf und fuhr sich mit den Fingern durch das feuchte Haar. Gott. Fast Mittag? Meine Güte, er hatte viel zu lange geschlafen. Er wurde faul. Nachlässig. Das ganze Hin und Her mit Nina, wegen einer Beziehung, die nirgendwohin führen würde, beeinträchtigte seine Effektivität als Cop. Wenn er seinen Job nicht richtig machte, würde *sie* darunter leiden.

„Was hat Gillis gesagt?", hörte er sie fragen.

Er drehte sich zu ihr um. „Sie haben für eins eine Gegenüberstellung anberaumt. Du sollst dir ein paar Hotelpagen anschauen. Bist du einverstanden?"

„Natürlich. Ich will schließlich genauso wie du, dass es schnell vorbei ist."

„Gut."

„Und du hast recht, es ist wirklich besser, wenn jemand anders die Sorge um meine Sicherheit übernimmt. Es ist auf jeden Fall für alle Beteiligten das Beste." Sie begegnete seinem Blick mit klarer Entschiedenheit. „Du hast Wichtigeres zu tun, als meinen Babysitter zu spielen."

Er versuchte nicht, ihr zu widersprechen. Tatsächlich sagte er gar nichts. Aber als sie aus der Küche ging und ihn allein vor diesem gemütlich gedeckten Frühstückstisch stehen ließ, dachte er: Du irrst dich. Nichts auf der Welt ist wichtiger für mich, als darauf aufzupassen, dass dir nichts geschieht.

Die Gegenüberstellung brachte kein Ergebnis. Vor dem Einwegspiegel standen acht Männer in Uniformen aufgereiht, aber Nina erkannte keine davon. Sie glaubte sich sicher erinnern zu können, dass die Uniform, die der Mann im Krankenhaus getragen hatte, grün gewesen war.

„Schön, das war reine Zeitverschwendung", brummte Norm Liddell, der Staatsanwalt, ungehalten. Sam bemühte sich, sein Pokergesicht beizubehalten.

„Wir wissen, dass Spectre eine Art Pagenuniform trug", sagte er. „Wir wollten nur, dass sie sich ein paar anschaut. Schließlich ist es bisher unser einziger Anhaltspunkt."

„Wir haben den Polizeibericht von dem Fahrradunfall herausgesucht", sagte Gillis. „Der Radfahrer hat ihn selbst angezeigt. Ich glaube, der Mann befürchtete, eine Anklage angehängt zu bekommen, deshalb hat er ausdrücklich darauf hingewiesen, dass ihm der Mann auf der Congress Street vors Fahrrad gelaufen ist."

„Auf der Congress?" Liddell legte die Stirn in Falten und sah Gillis prüfend an.

„In der Nähe des Pioneer Hotels", sagte Sam. „Wo unseren Informationen nach morgen der Gouverneur absteigen soll. Er ist Gastredner bei einer Veranstaltung von Geschäftsleuten. Wir haben das Pioneer gründlich durchsucht. Besonders das Zimmer des Gouverneurs."

„Wann kommt der Gouverneur morgen?", erkundigte sich Liddell.

„Irgendwann nachmittags", gab Gillis zurück.

Liddell warf einen Blick auf seine Uhr. „Wir haben noch volle vierundzwanzig Stunden. Wenn sich irgendetwas Neues ergibt, erwarte ich umgehend informiert zu werden. Ist das klar?"

„Ja, Sir, Euer Hoheit", murmelte Gillis.

Liddell schaute ihn scharf an, beschloss dann jedoch, die Unverschämtheit einfach zu überhören. „Ich bin heute Abend mit meiner Frau im Brant Theater. Ich habe meinen Pieper dabei, nur für alle Fälle."

„Sie werden der Erste sein, den wir anrufen", sagte Sam.

„Wir stehen im Rampenlicht. Also passen Sie auf, dass Sie es nicht wieder vermasseln." Das war Liddells Abschiedsschuss, und die beiden Polizisten nahmen ihn schweigend hin.

Nachdem der Staatsanwalt den Raum verlassen hatte, brummte Gillis: „Eines Tages breche ich diesem Typ das Genick. Ich schwöre es, ich breche ihm das Genick."

„Reg dich ab, Gillis. Er könnte schließlich irgendwann Gouverneur werden."

„In diesem Fall helfe ich Spectre höchstpersönlich, die verdammte Bombe zu deponieren."

Sam nahm Nina am Arm und führte sie aus dem Raum. „Komm mit. Ich habe heute alle Hände voll zu tun. Ich stelle dir deinen neuen Wachhund vor. Wir bringen dich fürs Erste in einem Hotel unter. Officer Pressler hat den Auftrag, auf dich aufzupassen. Er ist ein guter Polizist. Ich vertraue ihm."

Officer Leon Pressler war nicht sehr gesprächig. Tatsächlich stellte sich die Frage, ob er außer „Ja, Ma'am" und „Nein, Ma'am" überhaupt etwas sagen konnte. Seit drei Stunden lief der durchtrainierte junge Polizist in dem Hotelzimmer auf und ab und überprüfte abwechselnd die Tür und das Fenster. Er sprach nur, wenn Nina eine Frage an ihn richtete, und dann auf die knappste Art, die man sich vorstellen konnte. Sie begann sich zu fragen, ob diese extreme Wortkargheit etwas für Polizisten Typisches war. Oder hatte er Anweisung bekommen, nicht mit der Zeugin zu plaudern?

Sie versuchte ein Buch zu lesen, das sie in dem Souvenirshop des Hotels erstanden hatte, aber nach ein paar Kapiteln gab sie auf. Sein Schweigen machte sie zu nervös. Es war nur normal, dass man sich miteinander unterhielt, wenn man gezwungen war, den ganzen Tag mit einem anderen Menschen in einem Hotelzimmer zu verbringen.

„Sind Sie schon lange bei der Polizei, Leon?", fragte sie.

„Ja, Ma'am."

„Gefällt es Ihnen?"

„Ja, Ma'am."

„Haben Sie manchmal Angst?"

„Nein, Ma'am."

„Nie?"

„Manchmal."

Oh, ein winziger Fortschritt, dachte sie.

Aber dann durchquerte Officer Pressler das Zimmer und spähte, ohne sie zu beachten, aus dem Fenster.

Sie legte ihr Buch beiseite und nahm einen neuen Anlauf, ein Gespräch in Gang zu bringen.

„Langweilt Sie diese Art von Aufgabe?", fragte sie.

„Nein, Ma'am."

„Mich würde es langweilen. Den ganzen Tag in einem Hotelzimmer zu verbringen, wo nichts passiert."

„Es könnte etwas passieren."

„Und ich bin mir sicher, dass Sie dann bereit sind." Seufzend langte sie nach der Fernbedienung und schaltete den Fernseher an. Obwohl sie fünf Minuten durch die Kanäle blätterte, fand sie nichts, das von Interesse gewesen wäre. Sie schaltete wieder ab. „Kann ich einen Anruf machen?"

„Bedaure."

„Ich will nur meine Vorgesetzte im Maine Medical anrufen. Um ihr zu sagen, dass ich nächste Woche nicht komme."

„Detective Navarro hat gesagt, keine Anrufe. Es ist wichtig für Ihre Sicherheit. Er hat es mehrmals betont."

„Was hat der gute Detective denn sonst noch so gesagt?"

„Dass ich Sie nicht aus den Augen lassen soll. Nicht mal für eine Sekunde. Weil ..." Er unterbrach sich und hüstelte nervös.

„Weil was?"

„Weil ... äh ... er mir die Haut bei lebendigem Leib abziehen würde, falls Ihnen etwas zustoßen sollte."

„Na, das ist ja wirklich ein Ansporn."

„Er wollte nur, dass ich ganz besonders wachsam bin. Dass ich dafür sorge, dass keinesfalls etwas passiert. Und das werde ich tun, das bin ich ihm schuldig."

Sie schaute ihn erstaunt an. Er war wieder am Fenster und spähte auf die Straße hinunter. „Was meinen Sie damit, Sie sind es ihm schuldig?"

Officer Pressler bewegte sich nicht vom Fenster weg. Er schaute nach draußen, als ob er ihrem Blick nicht begegnen wollte. „Es war vor ein paar Jahren. Ich wurde zu diesem häuslichen Krach gerufen. Der Ehemann war wütend, dass ich meine Nase in seine Angelegenheiten steckte, und schoss auf mich."

„Mein Gott."

„Ich rief über Funk Verstärkung. Navarro war der Erste, der reagierte." Pressler drehte sich um und schaute sie an. „Wie Sie sehen, bin ich es ihm also wirklich schuldig." Ruhig drehte er sich wieder zum Fenster um.

„Wie gut kennen Sie ihn?", fragte sie leise.

Pressler zuckte die Schultern. „Er ist ein guter Polizist. Aber er redet nicht sehr viel. Ich glaube nicht, dass ihn irgendjemand sehr gut kennt."

Um halb acht brachte Officer Pressler Nina ins Hauptquartier zurück. In dem Gebäude war es ruhiger als am frühen Nachmittag, die meisten Schreibtische waren verwaist, und nur ab und zu war auf den Fluren ein Angestellter zu sehen. Pressler brachte Nina nach oben und führte sie in ein Büro.

Dort war Sam.

Er nickte ihr nur kurz zu, und sie nickte ebenso kurz zurück. Außer Sam und Pressler waren da noch Gillis und ein anderer Mann in unauffälliger Straßenkleidung, zweifellos ebenfalls ein Polizist. Vor so viel Publikum dachte sie gar nicht daran, ihre Gefühle zu zeigen. Und Sam offensichtlich auch nicht.

„Wir wollen, dass Sie einen Blick auf diese Uniformen werfen", sagte Gillis und deutete auf den langen Konferenztisch, auf dem ein halbes Dutzend Uniformjacken in verschiedenen Farben lagen. „Kommt Ihnen eine davon bekannt vor?"

Nina ging an den Tisch heran. Nachdenklich schaute sie sich jede Uniformjacke an, untersuchte den Stoff und betrachtete die Knöpfe. Manche davon trugen eingestickte Hotellogos. Einige waren mit Goldbordüren besetzt oder trugen Namensschilder.

Sie schüttelte den Kopf. „Nein."

„Was ist mit der grünen am Ende?"

„Sie hat eine Goldbordüre. Die Jacke, an die ich mich erinnere, hatte eine schwarze Kordel hier oben, an der Schulter."

„Du liebe Güte", sagte Gillis. „Frauen erinnern sich wirklich an die verrücktesten Dinge."

„Okay", sagte Sam mit einem Aufseufzen. „Das war's dann. Vielen Dank. Pressler, warum gehen Sie nicht eine Kleinigkeit essen? Ich bringe Miss Cormier in ihr Hotel zurück. Sie können in einer Stunde oder so wieder zu uns stoßen."

Der Raum leerte sich schnell. Sam und Nina waren die Einzigen, die zurückblieben.

Für einen Moment sprach keiner von ihnen. Sie schauten einander nicht einmal an. Nina wünschte sich fast den ernsten Officer Pressler zurück; bei ihm verspürte sie wenigstens nicht den Drang, sich auf dem Absatz umzudrehen und davonzulaufen.

„Ich hoffe, du bist mit deinem Hotelzimmer zufrieden", sagte er schließlich.

„Es ist ganz schön. Aber wenn ich noch einen Tag dort verbringen muss, bekomme ich Zustände. Ich muss mich frei bewegen können."

„Es ist noch nicht sicher."

„Wann ist es denn wieder sicher?"

„Wenn wir Spectre haben."

„Das kann nie sein." Sie schüttelte den Kopf. „Ich kann so nicht leben. Ich habe einen Beruf. Ich habe ein Leben. Ich kann nicht den ganzen Tag mit einem Polizisten, der mich an den Rand des Wahnsinns treibt, in einem Hotelzimmer verbringen."

Sam zog die Augenbrauen zusammen. „Was hat Pressler denn bloß gemacht?"

„Er kann nicht stillsitzen! Er rennt ständig zum Fenster und schaut nach draußen. Er erlaubt nicht, dass ich auch nur in die Nähe des Telefons komme. Und er ist nicht fähig, ein einigermaßen angemessenes Gespräch zu führen."

„Oh." Sams Gesicht glättete sich. „Das liegt nur daran, weil Leon seinen Job gut macht. Er ist gut."

„Kann sein. Er macht mich trotzdem verrückt." Seufzend machte sie einen Schritt auf ihn zu. „Sam, wirklich, das kann einfach nicht so weitergehen."

„Du musst aber noch ein bisschen Geduld haben, ich bitte dich, Nina."

„Wie wäre es, wenn ich die Stadt verlasse? Wenn ich für eine Weile wegfahre?"

„Wir brauchen dich hier, Nina."

„Ihr braucht mich nicht. Ihr habt seine Fingerabdrücke. Du weißt, dass ihm ein Finger fehlt. Du könntest ihn auf Anhieb …"

„Aber wir müssen ihn erst finden", unterbrach er sie. „Und du bist die Einzige, die sein Gesicht kennt." Er ergriff sie bei den Schultern. „Aber das ist nicht der einzige Grund, und das weißt du auch."

„Tue ich das?"

Sein Gesicht kam näher. Für einen atemberaubenden Moment glaubte sie, er würde sie küssen. Dann ließ sie ein Klopfen an der Tür auseinanderfahren.

Gillis stand übertrieben lässig im Türrahmen. „Äh … ich gehe nur schnell einen Hamburger essen. Soll ich euch etwas mitbringen, Sam?"

„Nein. Wir essen im Hotel eine Kleinigkeit."

„Okay." Gillis wedelte entschuldigend mit der Hand. „Ich bin in einer Stunde zurück." Er verzog sich und ließ Nina und Sam allein zurück.

Aber der Moment war vorbei. Falls Sam vorgehabt haben sollte, sie zu küssen, so sah sie jetzt jedenfalls kein Anzeichen mehr dafür in seinem Gesicht.

Er sagte nur: „Ich fahre dich jetzt zurück."

Während der Fahrt hüllten sich beide in Schweigen, und sie fühlte sich an den ersten Tag erinnert, an dem sie ihn kennengelernt hatte, als er der Polizist mit dem versteinerten Gesicht und sie die bestürzte Bürgerin gewesen war. Es war fast so, als ob die Ereignisse der hinter ihr liegenden Woche – die Nächte mit ihm, die Nacht, in der sie sich geliebt hatten – nie stattgefunden hätten. Er schien heute Abend entschlossen, jedem Gespräch über Gefühle aus dem Weg zu gehen, und sie war entschlossen, das Thema nicht von sich aus anzuschneiden.

Als sie das Schweigen nicht mehr aushalten konnte, bat sie ihn, ihre Schwester Wendy anrufen zu dürfen.

„Warum das denn? Ich dachte, ihr beide versteht euch nicht besonders."

„Wir verstehen uns auch nicht. Aber sie ist immer noch meine Schwester. Ich fühle mich von allem abgeschnitten, und sie könnte dem Rest der Familie immerhin sagen, dass es mir gut geht."

Er überlegte einen Moment, dann sagte er: „Also gut, ruf sie an. Du kannst das Autotelefon benutzen. Aber sag ihr nicht …"

„Ich weiß, ich weiß." Sie griff nach dem Hörer und wählte Wendys Nummer. Sie hörte es dreimal klingeln, dann meldete sich eine fremde weibliche Stimme.

„Bei Hayward."

„Hallo, hier ist Nina. Ich bin Wendys Schwester. Ist Wendy da?"

„Tut mir leid, aber Mr und Mrs Hayward sind ausgegangen. Ich bin der Babysitter."

So sorgt sie sich also um mich, dachte Nina und spürte ein irrationales Gefühl von Verlassenheit in sich aufsteigen.

„Soll sie zurückrufen?", fragte das Kindermädchen.

„Nein, ich … äh … ich bin im Augenblick nicht erreichbar. Aber vielleicht rufe ich später noch mal an. Wissen Sie, wann sie nach Hause kommt?"

„Sie sind bei einem Benefizkonzert im Brant Theater. Sie wollten gegen Mitternacht zurück sein."

„Oh, das ist zu spät. Na gut, dann rufe ich morgen an, danke." Sie legte auf und seufzte enttäuscht.

„Nicht zu Hause?"

„Nein. Ich hätte mir gleich denken können, dass sie ausgegangen sind. In Jakes Anwaltskanzlei endet der Arbeitstag nun mal nicht um fünf. An den Abenden muss man dann Beziehungen knüpfen."

„Dein Schwager ist Anwalt?"

„Mit Ambitionen zum Richter. Und dabei ist er gerade erst dreißig geworden."

„Klingt wie ein Leben auf der Überholspur."

„Stimmt. Und dazu braucht er eine Frau, die genauso ehrgeizig ist wie er. Wendy ist genau die Richtige für ihn." Sie warf Sam einen Blick zu und sah, dass er die Stirn in Falten gelegt hatte. „Ist irgendwas?", fragte sie.

„Was für ein Theater? Wo sind sie hingegangen?"

„Ins Brant Theater. Dort finden meistens die Benefizkonzerte statt. Es geht um Rechtskostenhilfe oder so etwas."

Sam starrte auf die Straße. „Das Brant Theater. Ist es nicht gerade wiedereröffnet worden?"

„Ja. Vor einem Monat."

„Verdammt noch mal. Warum habe ich nicht schon längst daran gedacht?"

Ohne Vorwarnung wendete er mit quietschenden Reifen und fuhr die Straße zurück, die sie gekommen waren.

„Wohin fährst du?", fragte sie.

„Ins Brant Theater. Ein Rechtskostenhilfe-Benefizkonzert. Wer, glaubst du, wird dort sein?"

„Ein Haufen Anwälte?"

„Richtig. Unter anderem der von uns so geschätzte Staatsanwalt Norm Liddell. Ich liebe Anwälte zwar nicht besonders, aber ich bin auch nicht scharf darauf, ihre Leichen einzusammeln."

Sie starrte ihn entsetzt an. „Du glaubst, das ist das Ziel? Das Brant Theater?"

„Sie brauchen heute Abend Türsteher. Denk darüber nach. Was trägt ein Türsteher?"

„Manchmal einfach nur eine schwarze Hose und darüber ein weißes Hemd."

„Aber in einem guten alten Theater wie dem Brant? Sie tragen wahrscheinlich grüne Jacken mit schwarzen Kordeln."

Eine knappe Viertelstunde später stand Sam bereits auf der Bühne des Brant Theaters und schnappte sich kurzerhand das Mikrofon.

Die Musiker hörten überrascht auf zu spielen.

„Ladys und Gentlemen", sagte er kurz angebunden. „Hier ist die Portland Police. Wir haben soeben eine Bombendrohung erhalten. Ich möchte Sie bitten, das Gebäude ruhig, aber zügig zu räumen. Ich wiederhole, bleiben Sie ruhig, aber räumen Sie bitte zügig das Gebäude."

Der Exodus setzte fast umgehend ein. Nina, die in einer der Eingangstüren stand, musste schnell beiseitetreten, weil die erste Menschenwoge bereits auf die Gänge schwappte. In dem Durcheinander verlor sie Sam aus den Augen, aber sie konnte immer noch seine Stimme über die Lautsprecher hören.

„Bitte bleiben Sie ruhig. Es droht keine unmittelbare Gefahr. Verlassen Sie das Gebäude in geordneter Form."

Er wird der Letzte sein, dachte sie. Derjenige, den es am wahrscheinlichsten trifft, wenn die Bombe hochgeht.

Der Aufbruch war jetzt in vollem Gange, ein Schwall verängstigter Männer und Frauen in Abendgarderobe drängte an die Tür. Der erste Hinweis auf eine Katastrophe geschah so schnell, dass Nina es nicht einmal bemerkte. Vielleicht war irgendjemand über einen langen Rock gestolpert, vielleicht stürmten auch einfach zu viele Menschen auf einmal in Richtung Ausgang. Plötzlich stolperten einige Leute und fielen hin. Eine Frau schrie. Im Saal brach schlagartig Panik aus.

11. KAPITEL

Nina beobachtete mit Entsetzen, wie eine Frau in einem langen Abendkleid unter dem wilden Ansturm hinfiel. In der Absicht, ihr aufzuhelfen, versuchte Nina sich durch die ihr entgegenkommende Menge zu schieben, aber sie wurde durch die Eingangstüren nach draußen auf die Straße geschwemmt, und ein Zurück war unmöglich.

Die Straße füllte sich bereits mit betäubt dreinschauenden Evakuierten. Zu ihrer Erleichterung entdeckte sie Wendy und Jake in der Menge; zumindest ihre Schwester war nun in Sicherheit. Die Menschenflut, die aus den Türen strömte, begann langsam abzuebben.

Aber wo war Sam? Hatte er es noch nicht geschafft, nach draußen zu kommen?

Dann erspähte sie ihn. Er hatte einem älteren Mann einen Arm um die Schultern gelegt und half ihm dabei, sich vor einem Laternenpfosten auf dem Gehsteig niederzulassen.

Als Nina auf ihn zuging, entdeckte Sam sie und rief ihr zu: „Komm her und kümmere dich um den Mann hier!“

„Wohin gehst du?“

„Rein. Da drin sind noch mehr, die Hilfe brauchen.“

„Ich kann dir helfen …“

„Du hilfst mir, indem du draußen bleibst. Und kümmere dich um den Mann.“

Sie fühlte dem Mann gerade den Puls und schaute sich verzweifelt nach einem Rettungswagen um, als Sam wieder herauskam, diesmal trug er die Frau in dem Abendkleid, die Nina hatte hinfallen sehen. Er bettete die Frau neben Nina, die vor dem alten Mann auf dem Boden kniete.

„Ich muss wieder rein“, sagte er, schon wieder im Gehen. „Sieh nach, was mit ihr ist.“

„Navarro!“, brüllte eine Stimme.

Sam schaute über die Schulter und sah einen Mann im Smoking herankommen.

„Was, zum Teufel, ist hier los?“

„Ich kann jetzt nicht reden, Liddell. Ich habe zu tun.“

„Gab es eine Bombendrohung oder nicht?“

„Keinen Anruf.“

„Und warum ordnen Sie dann die Räumung des Gebäudes an, Detective?“

„Die Türsteheruniform.“ Sam drehte sich wieder um.

„Navarro!“, brüllte Liddell. „Bleiben Sie gefälligst hier! Ich verlange auf der Stelle eine Erklärung! Wegen Ihrer Anordnung sind hier Leute zu Schaden gekommen! Wenn Sie mir nicht sofort einen triftigen …“

Sam war schon durch die Eingangstür verschwunden.

Liddell rannte auf dem Gehsteig hin und her und konnte es kaum abwarten, seine Tirade fortzusetzen. Schließlich brüllte er frustriert: „Das wird Sie den Kopf kosten, Navarro!“

Das waren die letzten Worte aus Liddells Mund, bevor die Bombe explodierte.

Nina wurde von der Wucht der Explosion zu Boden geschleudert. Sie landete hart und schürfte sich die Ellbogen auf, aber sie verspürte keinen Schmerz. Sie war zu entsetzt, um etwas anderes zu spüren als ein seltsames Gefühl von Unwirklichkeit. Sie sah Glassplitter auf die Autos am Straßenrand niederregnen. Sah Rauch, der sich in der Luft kräuselte, und Dutzende von Leuten, die ebenso entsetzt wie sie auf der Straße lagen. Und sie sah, dass die Eingangstür des Brant Theaters aus den Angeln gerissen war.

Durch die entsetzte Stille hörte sie das erste Stöhnen. Gleich darauf das nächste. Dann ertönte Schluchzen, Schreie von Verletzten. Langsam rappelte sie sich in eine sitzende Stellung auf. Erst jetzt spürte sie den Schmerz. Ihre Ellbogen bluteten. Ihr Kopf schmerzte so stark, dass sie Angst hatte, sich übergeben zu müssen. Aber so wie der Schmerz langsam in ihr Bewusstsein einsickerte, tat es auch die Erinnerung an das, was kurz vor der Explosion geschehen war.

Sam. Sam war in das Gebäude gegangen.

Wo war er? Sie suchte die Straße mit Blicken ab, aber ihr war so schwindlig, dass sie nicht richtig sehen konnte. Sie entdeckte Liddell, der an einen Laternenpfosten gelehnt auf dem Gehsteig hockte und laut stöhnte. Neben ihm saß der ältere Mann, den Sam aus dem Theater geschleppt hatte. Nur von Sam war weit und breit keine Spur.

Sie rappelte sich mühsam auf. Die Welle von Übelkeit, die über sie hinwegschwappte, ließ sie taumeln. Sie kämpfte dagegen an und zwang sich, sich in Bewegung zu setzen und auf diese Tür zuzugehen.

Im Innern des Gebäudes war es zu dunkel, um etwas sehen zu können. Das einzige Licht war ein schwacher Schimmer, der von der Straße hereinkam. Sie stolperte über Trümmer und landete auf ihren Knien. Schnell stand sie wieder auf, aber sie wusste, dass es hoffnungslos war. Es war absolut unmöglich, sich in der Dunkelheit zurechtzufinden, und noch unmöglicher war es, einen Menschen zu finden.

„Sam?“, rief sie, tiefer in die Dunkelheit hineingehend. „Sam? Wo bist du?“

Ihre eigene Stimme, die heiser war vor Verzweiflung, hallte von den Wänden wider.

Sie lauschte einen Moment, dann rief sie wieder: „Sam!“

Diesmal hörte sie eine schwache Antwort. „Nina?“ Sie kam nicht aus dem Innern des Gebäudes, sondern von außerhalb. Von der Straße.

Sie drehte sich um und tastete sich zum Ausgang zurück. Noch ehe sie diesen erreicht hatte, sah sie Sam dort stehen.

„Nina?“

„Ich bin hier. Ich bin hier …“ Sie stolperte durch die letzten Reste der Dunkelheit, die sie von ihm trennte, dann fühlte sie sich in seine Arme gerissen.

„Was, zum Teufel, machst du hier?“, fuhr er sie wütend an.

„Ich habe dich gesucht.“

„Du solltest draußen bleiben. Als ich dich nirgends entdeckte …“ Seine Arme schlangen sich fester um sie und zogen sie so eng an seine Brust, dass sie spürte, wie sein Herz hämmerte. „Nächstes Mal hörst du mir zu.“

„Ich dachte, du wärst drin …“

„Ich bin durch den anderen Ausgang rausgegangen.“

„Ich habe dich nicht gesehen!“

„Ich hatte eben den letzten Mann rausgeschafft, als die Bombe hochging. Wir wurden beide auf den Gehsteig geschleudert.“ Er zog sich etwas zurück und schaute sie an. Da erst sah sie das Blut, das an seiner Schläfe hinabrann.

„Sam, du brauchst einen Arzt …“

„Wir haben hier eine Menge Leute, die einen Arzt brauchen, denen es viel schlechter geht als mir.“ Er schaute auf die Straße. „Ich kann warten.“

Victor Spectre stand im schützenden Dunkel auf der anderen Straßenseite und fluchte lautlos in sich hinein. Sowohl Richter Stanley Dalton wie auch Norm Liddell waren noch am Leben. Spectre sah den jungen Staatsanwalt an den Laternenpfosten gelehnt dasitzen und sich den Kopf halten. Die blonde Frau neben ihm musste seine Frau sein. Sie waren von Dutzenden anderen verletzten Theaterbesuchern umringt. Spectre konnte nicht einfach über die Straße gehen, um ihn unschädlich zu machen. Sam Navarro stand nur ein paar Meter von Liddell entfernt, und er war mit Sicherheit bewaffnet.

Noch eine Demütigung. Das würde seinen Ruf ruinieren, ganz zu schweigen von seinem Bankkonto. Der Schneemann hatte ihm vierhunderttausend Dollar für den Tod von Liddell und Dalton versprochen. Spectre hatte eine elegante Lösung vorgeschwebt: sie beide auf einen Schlag auszuschalten. Bei so vielen anderen Opfern wäre nie klar gewesen, wer oder was das eigentliche Ziel des Anschlags war.

Aber diejenigen, um die es ging, waren noch am Leben, und das bedeutete, dass die Bezahlung ausbleiben würde.

Er fing an, bei diesem Job Kopf und Kragen zu riskieren, vor allem mit Navarro dicht auf den Fersen. Dank Navarro würde Spectre den Job sausen lassen und sich von dem Gedanken an vierhunderttausend Dollar verabschieden müssen.

Sein Blick erfasste eine andere Gestalt in der Menge. Es war diese Krankenschwester, Nina Cormier, die gerade einen der Verletzten verarztete. Dieses Fiasko war auch ihre Schuld; daran konnte es keinen Zweifel geben. Die Türsteheruniform war zweifellos der entscheidende Hinweis gewesen.

Sie war ein anderes Detail, um das er sich nicht ausreichend gekümmert hatte, und dies hier war jetzt das Ergebnis. Kein Treffer, kein Geld. Erschwerend hinzu kam noch, dass sie ihn identifizieren konnte. Obwohl dieses Phantombild hoffnungslos ungenau war, hatte Spectre den unangenehmen Verdacht, dass sie ihn wiedererkennen würde. Das machte sie zu einer Gefahr, die er nicht länger ignorieren konnte. Er würde sich etwas einfallen lassen müssen. Und zwar schnell.

„Klare Sache“, erklärte Gillis. „Dynamit.“

„Scheint so, als hätte der Anschlag den Leuten in der dritten Reihe gegolten“, sagte Sam. „Ich frage mich nur, wer hier wohl saß und das Opfer werden sollte.“

„Wir werden es herausfinden.“

„Der Suchtrupp kann jetzt reinkommen.“ Sam, der vor dem Loch, das die Bombe in den Boden gerissen hatte, gekniet hatte, stand auf, und plötzlich wurde ihm schwummerig. Die Nachwirkungen der Explosion. Er musste dringend an die frische Luft.

„Bist du okay?“, fragte Gillis.

„Ja. Ich muss nur kurz mal hier raus.“ Er stolperte den Gang hinauf durch die Eingangstüren nach draußen. Dort lehnte er sich gegen einen Laternenpfosten und sog gierig die frische klare Nachtluft in die Lungen. Sein Schwindel legte sich, und er schaute auf die Straße. Er sah, dass die Menschenmenge kleiner geworden war und dass die Verletzten alle abtransportiert waren. Auf der Straße parkte nur noch ein Rettungswagen.

Wo war Nina?

Dieser Gedanke bewirkte, dass sein Kopf schlagartig klar wurde.

Er suchte die Straße mit Blicken ab, aber er konnte sie nirgends entdecken. Wo steckte sie?

Ein junger Polizist, der die Absperrung bewachte, schaute auf, als Sam herankam. „Ja, Sir?"

„Da war eine Frau – eine Krankenschwester in Straßenkleidung –, die hier Erste Hilfe geleistet hat. Wohin ist sie gegangen?"

„Sie meinen diese dunkelhaarige Lady? Die hübsche?"

„Ja, genau die."

„Sie ist vor ungefähr zwanzig Minuten mit einem der Rettungswagen weggefahren."

„Danke." Sam wählte auf seinem Handy die Nummer des Krankenhauses. Er durfte kein Risiko eingehen; er musste sich davon überzeugen, dass sie in Sicherheit war.

Die Leitung war besetzt.

Frustriert sprang er in sein Auto und brüllte Gillis, der eben herankam, zu: „Ich fahre ins Krankenhaus. Bin gleich zurück."

Eine Viertelstunde später rannte er durch die Notaufnahme und steckte den Kopf in jede der Behandlungskabinen, die den Flur rechts und links säumten. Er sah entsetzte Gesichter, blutbefleckte Kleidung. Aber keine Nina.

Auf dem Rückweg blieb er vor einer geschlossenen Tür stehen, die er auf dem Hinweg bewusst ausgelassen hatte. Es war der Raum, in dem Schwerverletzte versorgt wurden. Hinter der Tür hörte man Stimmen, das Klappern von Schranktüren. Er wusste, dass sich der oder die Patientin hinter der Tür in einem kritischen Zustand befand, und es widerstrebte ihm, einfach hereinzuplatzen, aber er hatte nun einmal keine andere Wahl. Er musste sich davon überzeugen, dass Nina wohlbehalten im Krankenhaus angelangt war.

Er machte die Tür auf.

Ein Patient – ein Mann – lag auf dem Behandlungstisch, sein Körper wirkte weiß und schwammig unter dem grellen Licht. Eine Krankenschwester schloss ihn gerade an den Beatmungsapparat an, während andere mit Schläuchen, Verbandszeug und Spritzen herumhantierten. Sam blieb, für einen Moment entsetzt über das Grauen, das der Szene innewohnte, in der Tür stehen und versuchte sich wieder zu fangen.

„Sam?"

Erst jetzt registrierte er, dass Nina von der anderen Seite des Raums auf ihn zukam. Wie alle anderen Schwestern trug auch sie einen blauen Kittel, in dem er sie auf den ersten Blick nicht erkannt hatte.

Sie ergriff seinen Arm und zog ihn aus dem Raum. „Was machst du hier?", flüsterte sie.

„Du warst so plötzlich verschwunden. Ich wusste nicht, wo du bist.“

„Ich bin mit einem der Rettungswagen hierhergefahren. Ich dachte mir, dass sie mich brauchen. Und ich hatte recht.“

„Nina, du kannst doch nicht einfach so verschwinden! Ich wusste nicht, wo du warst, und ich hatte keine Ahnung, ob mit dir alles in Ordnung ist.“

Sie betrachtete ihn mit einem Ausdruck stiller Verwunderung, aber sie sagte nichts.

„Hörst du mir überhaupt zu?“

„Ja“, antwortete sie leise. „Aber ich wage meinen Ohren kaum zu trauen. Du klingst wirklich erschrocken.“

„Ich war nicht erschrocken. Ich war nur … ich meine …“ Er schüttelte frustriert den Kopf. „Okay, ich habe mir Sorgen um dich gemacht. Ich hatte große Angst, dass dir etwas zugestoßen sein könnte.“

„Weil ich deine Zeugin bin?“

Er schaute in ihre Augen, diese wunderschönen, nachdenklichen Augen. Nie in seinem Leben hatte er sich so verletzlich gefühlt. Das war ein neues Gefühl für ihn, und er mochte es nicht. Er war kein Mann, der sich so leicht aus dem Gleichgewicht bringen ließ, und die Tatsache, dass ihm der Gedanke, sie verlieren zu können, eine solche Angst eingejagt hatte, sagte ihm, dass er viel tiefer verstrickt war, als er zugeben wollte.

„Sam?“ Sie streckte die Hand aus und berührte sein Gesicht.

Er zog ihre Hand sanft weg und sagte: „Nächstes Mal will ich, dass du mir sagst, wo du hingehst. Es geht hier um *dein* Leben. Wenn du es aufs Spiel setzen willst, dann ist das deine Angelegenheit, aber bis Spectre hinter Gittern sitzt, bin ich für deine Sicherheit verantwortlich. Hast du mich verstanden?“

Sie entzog ihm ihre Hand. Es war mehr als nur ein körperlicher Rückzug; er spürte, dass sie sich ihm gefühlsmäßig ebenfalls entzog, und das tat ihm weh. Es war ein Schmerz, den er sich selbst zuzuschreiben hatte, und das machte es noch schlimmer.

Sie sagte schroff: „Ich verstehe sehr gut.“

„Gut. Und jetzt denke ich, dass du ins Hotel zurückfahren solltest, wo wir dich im Auge behalten können.“

„Ich kann jetzt hier nicht weg. Ich werde gebraucht.“

„Ich brauche dich auch. Lebend.“

„Schau dich um!“ Sie deutete auf den Warteraum, in dem sich die Verletzten drängten. „Diese Leute müssen alle untersucht und versorgt werden. Ich kann jetzt nicht einfach weg.“

„Nina, ich muss meinen Job machen. Und deine Sicherheit ist Teil meines Jobs."

„Ich habe auch einen Job!", erklärte sie.

Sie maßen sich einen Moment lang mit Blicken, und es war klar, dass keiner die Absicht hatte klein beizugeben.

Dann sagte Nina schroff: „Ich habe keine Zeit für so etwas" und wandte sich ab, um zu ihrem Patienten zurückzugehen.

„Nina!"

„Ich mache meinen Job und du deinen."

Nach diesen Worten machte sie ihm die Tür vor der Nase zu, und ihm blieb nur noch die Möglichkeit, einen Mann hier abzustellen, der sie nicht aus den Augen ließ.

Es war halb elf. Die Nacht hatte eben erst begonnen.

In den folgenden sieben Stunden lagen Ninas Nerven völlig blank. Nach der Auseinandersetzung mit Sam war sie wütend und verletzt, und sie musste sich zwingen, sich auf ihre Arbeit zu konzentrieren – auf die Dutzenden von Verletzten, die sich in dem Warteraum drängten. Aber immer wieder kehrten ihre Gedanken zu Sam zurück.

Ich muss meinen Job machen. Und deine Sicherheit ist Teil meines Jobs.

Ist das alles, was ich für dich bin? dachte sie unglücklich, während sie ihre Unterschrift unter ein weiteres Formular mit Patientenanweisungen setzte. Ein Job, eine Last? Aber was hatte sie eigentlich erwartet? Von Anfang an hatte er die Rolle des kühlen, unbeteiligten Polizisten gespielt. Mr Unnahbar. Gewiss, ab und zu war durch diese harte Schale ein bisschen Wärme gesickert, und manchmal war es ihr gelungen, einen Blick auf den Mann darunter zu erhaschen. Aber jedes Mal, wenn sie geglaubt hatte, den echten Sam Navarro zu berühren, war er zurückgezuckt, als ob er sich an ihr verbrannt hätte.

Was mache ich bloß mit dir, Sam? fragte sie sich traurig. Und was sollte sie mit ihren Gefühlen für ihn tun?

Um sechs Uhr morgens war sie so erschöpft, dass sie kaum mehr aufrecht stehen konnte, aber schließlich war der Warteraum leer. Der größte Teil des Krankenhauspersonals hatte sich im Aufenthaltsraum zu einer wohlverdienten Kaffeepause versammelt. Nina wollte sich eben dazugesellen, als sie hörte, wie jemand ihren Namen rief.

Sie drehte sich um und sah Sam, der im Warteraum stand und sie unsicher ansah.

Er wirkte genauso erschöpft, wie sie sich fühlte, seine Augen waren gerötet, und seine Kinnpartie war von Bartstoppeln verschattet.

Sobald ihr Blick auf ihn fiel, war ihre Wut auf ihn wie weggeblasen.

Mein armer, armer Sam, dachte sie ergriffen. Du gibst so viel, und was für einen Trost hält der Tag am Ende für dich bereit?

Sie ging zu ihm. Er sagte nichts; er schaute sie nur mit diesem Ausdruck von Müdigkeit an. Sie umarmte ihn. Einen Moment lang hielten sie einander fest, ihre Körper zitterten vor Erschöpfung. Dann hörte sie ihn leise sagen: „Komm, lass uns nach Hause gehen."

Sie fühlte sich so warm an, so perfekt, wie sie so neben ihm lag. Als ob sie hierher gehörte, hierher, in sein Bett.

Sam schaute auf Nina, die noch fest schlief. Es war bereits früher Nachmittag. Er hätte eigentlich längst auf sein müssen, aber die Erschöpfung hatte ihren Tribut gefordert.

Er wurde langsam zu alt für diesen Job. Seit mehr als achtzehn Jahren war er mit Haut und Haaren Polizist. Obwohl er in gewissen Momenten seine Arbeit durchaus gehasst hatte, hatte er doch nie daran gezweifelt, dass er zum Polizisten berufen war. Deshalb bestürzte es ihn jetzt umso mehr, dass es für ihn im Augenblick nichts Unwichtigeres gab als sein Dasein als Polizist.

Das Einzige, was er wirklich wollte, war, eine Ewigkeit in diesem Bett zu verbringen und diese Frau anzuschauen. Sich an ihrem Anblick zu ergötzen. Erst wenn Nina schlief, fühlte er sich sicher genug, um sie wirklich anschauen zu können. Wenn sie wach war, fühlte er sich zu verletzlich, als ob sie seine Gedanken lesen und hinter die Mauern schauen könnte, die er um sein Herz errichtet hatte. Die Gefühle, die dort lauerten, wagte er nicht einmal sich selbst einzugestehen.

Doch während er sie jetzt betrachtete, wurde ihm klar, dass es keinen Sinn hatte, sich noch länger etwas vorzumachen: Er konnte den Gedanken nicht ertragen, dass sie wieder aus seinem Leben verschwand. Hieß das, dass er sie liebte? Er wusste es nicht.

Er wusste nur, dass die Ereignisse nicht den erwarteten Verlauf genommen hatten.

Letzte Nacht, als er beobachtet hatte, wie sie sich der Verletzten annahm, war ihm klar geworden, dass es so leicht wäre, sich in sie zu verlieben. Es wäre so ein Fehler.

In einem Monat, in einem Jahr würde sie in ihm das sehen, was er war: kein Held, sondern ein ganz normaler Bursche, der seinen Job, so gut er konnte, machte. Und in ihrem Krankenhaus würde sie weiterhin Seite an Seite mit Männern wie Robert Bledsoe zusammenarbeiten. Männer mit Doktortiteln und einem Haus am Wasser.

Wie lange würde es dauern, bis sie des Cops, der sich zufälligerweise in sie verliebt hatte, müde wurde?

Er setzte sich auf und fuhr sich mit einer Hand durchs Haar, während er versuchte, die letzten Überreste des Schlafs abzuschütteln. Sein Gehirn funktionierte noch nicht richtig. Er brauchte Kaffee, irgendetwas, das ihn auf Trab brachte. Er hatte alle Hände voll zu tun, es gab so viele Spuren, denen man nachgehen musste.

Dann spürte er eine Berührung, weich wie Seide, an seinem Rücken. Und auf einmal war die Arbeit das Letzte, woran er dachte.

Er drehte sich um und begegnete ihrem Blick. Sie schaute ihn verschlafen an, ihr Lächeln war entspannt und zufrieden. „Wie spät ist es?", murmelte sie.

„Fast drei."

„Was, so lange haben wir geschlafen?"

„Wir hatten es nötig. Und wir sind sicher, Pressler hat draußen aufgepasst."

Sie reckte ihm die Arme entgegen. Dieser Einladungsgeste konnte er nicht widerstehen. Mit einem Aufstöhnen legte er sich neben sie und küsste sie auf den Mund. Sein Körper reagierte sofort, und der ihre ebenfalls. Sie hielten sich eng umschlungen, ihre Wärme vermischte sich. Er konnte nicht aufhören, konnte sich nicht zurückziehen: Er wollte sie so sehr. Er sehnte sich danach, sie zu spüren, genau wie beim ersten Mal. Wenn er sie schon nicht für den Rest seines Lebens haben konnte, so wollte er sie wenigstens für diesen Moment. Und als er schließlich in sie eindrang, wusste er, dass er sich immer an ihr Gesicht, ihr Lächeln, ihr süßes Stöhnen in diesem Moment erinnern würde.

Sie nahmen beide. Sie gaben beide.

Doch schon als er seinen Höhepunkt erreichte, als er die herrliche Erlösung herannahen spürte, dachte er: Es ist nicht genug. Es ist nie genug. Er wollte mehr von ihr kennenlernen, was ihn wirklich brennend interessierte, war nicht nur ihr Körper, sondern auch ihre Seele.

Sein Verlangen war vorübergehend gesättigt, und doch fühlte er sich niedergeschlagen, als er später neben ihr lag. So gar nicht wie sich ein unbeschwerter Junggeselle nach der Eroberung eigentlich fühlen sollte. Er war höchstens wütend auf sich selbst, weil er in diese Situation hineingeschlittert war. Weil er es zugelassen hatte, dass diese Frau so wichtig für ihn geworden war, dass er sie brauchte.

Und da lag sie und drängte sich mit einem Lächeln noch tiefer in sein Leben.

Seine Antwort bestand darin, aufzustehen und ins Bad zu gehen. Als er frisch geduscht und mit noch feuchtem Haar zurückkehrte, saß sie im Bett und schaute ihn verwirrt an.

„Ich muss weg“, sagte er, während er sich ein frisches Hemd anzog. „Ich werde Pressler sagen, dass er reinkommen soll.“

„Aber, Sam, ich habe geglaubt …“ Auf ihrem Gesicht spiegelte sich heftige Enttäuschung.

„Nina, bitte. Das hilft uns beiden nicht weiter.“

Sie senkte den Kopf. Der Anblick war mehr, als er ertragen konnte. Er nahm ihre Hände. „Du weißt, dass ich mich von dir angezogen fühle.“

Sie lachte leise auf. „Nun, das ist offensichtlich.“

„Und du weißt auch, dass ich dich für eine wunderbare Frau halte. Wenn ich jemals mit dem Rettungswagen ins Krankenhaus eingeliefert werden sollte, hoffe ich nur, dass du die Krankenschwester bist, die sich meiner annimmt.“

„Aber?“

„Aber …“ Er seufzte. „Ich sehe uns einfach nicht zusammen. Nicht auf lange Sicht.“

Sie schaute ihn wieder an, und er sah, wie sie mühsam um Fassung rang. Er hatte sie verletzt, und er hasste sich dafür, hasste sich für seine Feigheit. Denn natürlich war es das. Er glaubte nicht fest genug daran, dass sie eine Chance hatten. Er glaubte nicht an *sie*.

Alles, was er mit Sicherheit wusste, war, dass er nie, nie über sie hinwegkommen würde.

Er stand auf. Sie reagierte nicht, sondern saß nur traurig da und starrte auf die Bettdecke. „Es liegt nicht an dir, Nina“, sagte er. „Es liegt an mir. Es hat etwas damit zu tun, was mir vor Jahren passiert ist. Es hat mich davon überzeugt, dass so etwas … dass es einfach nicht hält. Es ist zu überfrachtet. Eine verängstigte Frau. Und ein Polizist. Da können ja nur völlig unrealistische Erwartungen herauskommen.“

„Komm mir jetzt nicht mit dieser alten Psycholeier, Sam. Ich möchte nichts von Übertragungsphänomenen und deplatzierter Zuneigung hören.“

„Du musst es dir aber anhören, weil du es erst dann richtig verstehst. Weil du erst dann …“

„Du hast eben gesagt, es ist etwas, das dir passiert ist. Vor Jahren“, wandte sie ein. „War es … eine andere Frau?“

Er nickte.

„Dieselbe Situation? Eine verängstigte Frau, der Cop als Retter in der Not?“

Wieder nickte er.

„Oh." Sie schüttelte leicht den Kopf und murmelte in einem Tonfall der Selbstverachtung: „Ich schätze, in dieses Schema passe ich genau rein."

„Wir beide."

„Und wer hat wen verlassen, Sam? Das letzte Mal, als es dir passierte?"

„Es ist mir nur einmal passiert. Außer mit dir." Er wandte sich ab und begann in dem Zimmer auf und ab zu gehen. „Ich war damals noch ein Grünschnabel, ein Streifenpolizist von zweiundzwanzig Jahren. Ich sollte aufpassen, dass einer Frau, die verfolgt wurde, nichts passierte. Sie war achtundzwanzig und ungeheuer weltgewandt, deshalb ist es wohl kein Wunder, dass ich mich in sie verknallte. Überraschend daran war nur, dass sie meine Gefühle zu erwidern schien. Zumindest solange die Krise andauerte. Als es vorbei war, entschied sie, dass ich eigentlich doch nicht so beeindruckend wäre. Und sie hatte recht." Er blieb stehen und schaute sie an. „Es ist dieses verdammte Ding, das man Realität nennt. Sie zieht uns ab einem bestimmten Moment alle nackt aus, bis nur noch übrig bleibt, was wir wirklich sind. Und in meinem Fall ist das ein hart arbeitender Cop. Größtenteils aufrichtig. Intelligenter als manche, weniger intelligent als andere. Kurz gesagt, ich bin kein Held. Ich bin nur ein normaler Polizist. Und als ihr das schließlich dämmerte, machte sie auf dem Absatz kehrt und ließ einen kreuzunglücklichen, aber weiser gewordenen Grünschnabel zurück."

„Und du denkst jetzt, eines Tages mache ich auch auf dem Absatz kehrt."

„Auf jeden Fall ist es das, was du tun solltest. Weil du so viel mehr verdienst, Nina. Viel mehr, als ich dir je geben kann."

Sie schüttelte den Kopf. „Was ich will, hat nichts damit zu tun, was ein Mann mir *geben* kann."

„Denk an Robert. Was du mit ihm hättest haben können."

„Robert ist das perfekte Beispiel! Er hatte alles. Alles, bis auf das, was ich von ihm wollte."

„Was wolltest du denn, Nina?"

„Liebe. Loyalität." Sie begegnete mutig seinem Blick. „Aufrichtigkeit."

Er schloss die Augen und zählte bis zehn. Das, was sie eben genannt hatte, waren Dinge, die er ihr geben konnte. Dinge, die er jedoch nicht wagte, ihr zu geben.

„Im Augenblick denkst du, es ist genug", wandte er ein. „Aber du würdest sicher bald herausfinden, dass es eben doch nicht reicht."

„Es ist mehr, als ich von Robert je bekommen habe.“ Und mehr, als ich von dir je bekommen werde, sagten ihre Augen.

Er versuchte sie nicht vom Gegenteil zu überzeugen, sondern drehte sich um und ging zur Tür.

„Ich sage jetzt Pressler Bescheid, dass er reinkommen soll. Er wird den Tag über hierbleiben.“

„Das ist nicht nötig.“

„Du solltest nicht allein bleiben, Nina.“

„Ich werde nicht allein sein.“ Sie schaute zu ihm auf. „Ich kann zu meinem Vater gehen. Er hat diese tolle Alarmanlage. Ganz zu schweigen von den Hunden. Jetzt, wo wir wissen, dass es nicht Daniella ist, die herumrennt und Bomben legt, sollte ich dort eigentlich sicher sein.“

Er konnte ihr nicht in die Augen schauen, es tat einfach zu weh. Deshalb sagte er nur kurz angebunden: „Ich fahre dich hin.“

12. KAPITEL

„Wir glauben zu wissen, wem der Anschlag galt", berichtete Sam. „Es war unser wundervoller Staatsanwalt Liddell."

Chief Coopersmith starrte Sam und Gillis über den Konferenztisch hinweg an. „Sind Sie sicher?"

„Alles deutet darauf hin. Die Bombe lag unter seinem Sitz. Seine Frau und er wären auf der Stelle tot gewesen. Und die Karten waren eine Woche im Voraus bestellt."

„Wer saß sonst noch in der Reihe?"

„Richter Dalton saß sechs Sitzplätze weiter", gab Gillis zurück. „Die Chancen stehen gut, dass er ebenfalls getötet worden wäre. Oder zumindest schwer verletzt."

„Und die anderen Leute in dieser Reihe?"

„Scheiden unserer Meinung nach aus, weil sie zu unbedeutend sind. Ach ja, Ernie Takeda hat heute Nachmittag angerufen und die Untersuchungsergebnisse durchgegeben. Die Machart der Bombe deutet zweifelsfrei auf Spectre hin."

Coopersmith lehnte sich zurück und seufzte müde. Sie waren alle müde, die letzte Nacht hatte die gesamte Mannschaft schwer in Atem gehalten.

„Wissen wir, wer ihn angeheuert hat?"

Sam und Gillis schauten sich an. „Wir können nur wilde Spekulationen anstellen", sagte Gillis.

„Billy Binford?"

Sam nickte. „Nächsten Monat ist sein Prozess. Und Liddell hat sich vehement gegen jeden Kuhhandel ausgesprochen. Es kursieren Gerüchte, dass er eine Verurteilung als Sprungbrett für eine politische Kampagne nutzen will. Ich denke, der Schneemann weiß, dass er eine lange Zeit hinter Gittern verbringen muss. Vermutlich will er Liddell loswerden. Für alle Zeit."

Als die Besprechung um halb sechs zu Ende war, sprintete Sam zur Kaffeemaschine. Er hatte gerade den ersten Schluck genommen, als Liddell zur Tür hereinkam. Beim Anblick der Schürfwunden im Gesicht des Staatsanwalts verspürte er unwillkürlich ein Gefühl der Befriedigung. Obwohl die Verletzungen nur geringfügig waren, hatte Liddell letzte Nacht am lautesten nach einem Arzt geschrien. Seine Frau, die sich den Arm gebrochen hatte, hatte ihren Gatten schließlich mit der Bemerkung zurechtgewiesen, dass er endlich den Mund halten und sich wie ein Mann benehmen sollte.

Und jetzt war er mit ein paar hässlichen Kratzern im Gesicht hier und schaute – unfassbar – zerknirscht drein.

„Tag Navarro“, sagte Liddell mit gedämpfter Stimme.

„Tag.“

„Ich … äh …“ Liddell räusperte sich und schaute sich um, als ob er sich versichern wollte, dass niemand zuhörte.

„Wie geht es Ihrer Frau?“, fragte Sam.

„Gut. Sie wird für eine Weile einen Gips tragen müssen. Glücklicherweise ist es kein komplizierter Bruch.“

„Sie hat sich letzte Nacht prima gehalten“, bemerkte Sam. *Im Gegensatz zu dir.*

„Tja, meine Frau hat ein Rückgrat aus Stahl. Tatsächlich ist das etwas, worüber ich mit Ihnen reden wollte.“

„Ach ja?“

„Schauen Sie, Navarro. Letzte Nacht … nun, vermutlich war ich ein bisschen voreilig. Ich meine, ich wusste ja nicht, dass Sie Informationen über die Bombe hatten.“

Sam sagte kein Wort. Er wollte diese erfreuliche Darbietung nicht unterbrechen.

„Im Grunde hätte mir natürlich klar sein müssen, dass Sie schon Ihre Gründe haben werden, wenn Sie das Gebäude räumen lassen. Aber verdammt noch mal, Navarro, ich habe einfach nur gesehen, dass bei dem wilden Ansturm Leute verletzt wurden. Ich dachte, Sie hätten wegen nichts und wieder nichts eine Panik ausgelöst, und ich …“ Er unterbrach sich, offenbar hatte er Mühe, das, was ihm auf der Zunge lag, hinunterzuschlucken. „Na egal, jedenfalls entschuldige ich mich.“

„Entschuldigung angenommen.“

Liddell nickte erleichtert.

„Jetzt können Sie Ihrer Frau gleich sagen, dass Sie aus dem Schneider sind.“

Liddells Gesichtsausdruck verriet Sam, dass er richtig vermutet hatte. Diese Entschuldigung war Mrs Liddells Idee, gepriesen sei ihr stählernes Rückgrat.

„He, Sam!“ Gillis kam auf ihn zugerannt und packte ihn am Arm. „Los, komm mit.“

„Wohin?“

„Das Gefängnis hat ein Überwachungsvideo, das sie uns zeigen wollen. Der Schneemann hatte vor ein paar Tagen unbekannten Besuch.“

Sam verspürte einen Adrenalinstoß. „Spectre?“

„Nein, eine Frau.“

Das Essen war hervorragend. Die Gesellschaft war deprimierend.

Daniella, die über ihrem glänzenden grünen Gymnastikanzug einen aufreizenden Wickelrock trug, stocherte mürrisch in ihrem Salat herum, ohne die Platte mit gerösteter Entenbrust und wildem Reis zu beachten. Sie sprach nicht mit ihrem Gatten, und ihr Gatte sprach nicht mit ihr, und Nina fühlte sich zu unbehaglich, um mit einem von beiden zu sprechen.

Nach all den Fragen der Polizei war Daniellas Affäre mit Robert schließlich ans Licht gekommen. Doch obwohl Nina Daniella diesen Verrat nie verzeihen würde, konnte sie mit der Frau zumindest zivilisiert zu Abend essen.

Ninas Vater konnte das nicht. Er war immer noch schockiert über die Enthüllung. Seine Vorzeigeehefrau hatte sich nicht damit zufrieden geben wollen, reich geheiratet zu haben. Sie hatte auch noch einen jüngeren Mann gewollt. Nach drei gescheiterten Ehen hatte George Cormier es immer noch nicht verstanden, die richtige Ehefrau zu wählen.

Jetzt riecht es stark nach einer vierten Scheidung, dachte Nina. Sie schaute erst auf ihren Vater, dann auf Daniella. Obwohl sie ihren Vater liebte, konnte sie sich doch des Gefühls nicht erwehren, dass er und Daniella einander verdienten. Auf die schlimmstmögliche Weise.

Daniella legte ihre Gabel hin. „Bitte entschuldigt mich“, sagte sie. „Ich habe wirklich keinen Appetit. Ich glaube, ich gehe jetzt ins Kino.“

„Und was ist mit mir?“, brauste George auf. „Ich weiß, dass ich nur dein Mann bin, aber ein paar Abende in der Woche mit deinem langweiligen alten Gatten sind doch wohl nicht zu viel verlangt, oder? Wenn man an den Nutzen denkt, den du aus ihm ziehst.“

„Nutzen? *Nutzen?*“ Daniella sprang wütend auf. „Kein Geld der Welt kann einen dafür entschädigen, mit einem alten Bock wie dir verheiratet zu sein.“

„Bock?“

„Alter Bock. Hast du mich gehört? *Alt.*“ Sie lehnte sich über den Tisch. „In jedem Sinn des Wortes.“

Jetzt sprang er ebenfalls auf. „Was erlaubst du dir, du Miststück … ah …“

„Na los! Gib mir Schimpfnamen. Ich hab für dich genauso viele auf Lager.“ Sie warf ihr blondes Haar zurück, drehte sich um und fegte aus dem Esszimmer.

George starrte ihr einen Moment fassungslos nach. Langsam sank er wieder auf seinen Stuhl. „Gott“, flüsterte er. „Was habe ich mir bloß damals dabei gedacht, sie zu heiraten?“

Gar nichts, hätte Nina ihm am liebsten geantwortet. Sie berührte ihren Vater am Arm. „Scheint so, als ob wir beide kein besonderes Talent hätten, uns einen Partner zu wählen. Oder was meinst du, Dad?"

Wieder ertappte sie sich dabei, dass sie sich fragte, was Sam wohl gerade machte. Was ihn gerade umtrieb. Sie würde es ganz bestimmt nicht sein, dafür war er viel zu sehr Polizist. Und doch konnte sie, als jetzt das Telefon klingelte, die plötzliche Hoffnung, dass er es sein könnte, nicht unterdrücken.

Einen Moment später steckte Daniella den Kopf zur Tür rein und sagte: „Es ist für dich, Nina. Das Krankenhaus."

Enttäuscht stand sie auf, um den Anruf entgegenzunehmen.

„Hallo?"

„Hallo, hier ist Gladys Power, die diensthabende Oberschwester. Entschuldigen Sie, dass wir Sie stören, aber wir haben heute Abend eine Menge Krankmeldungen und wollten Sie fragen, ob Sie nicht vielleicht einspringen könnten."

Es war halb elf, als Sam sein Haus betrat. Das Erste, was er registrierte, war die Stille. Die Leere. Es war ein Haus, dem irgendwie seine Seele abhandengekommen war.

Er knipste das Licht an, aber selbst der Schein aller Lampen konnte die Schatten nicht vertreiben. Seit fast drei Jahren war dies das Haus, das er sein Heim nannte, das Haus, in das er jeden Tag nach Feierabend zurückkehrte. Jetzt kam es ihm kalt vor, wie das Haus eines Fremden. Gar nicht wie sein Heim.

Er goss sich ein Glas Milch ein und trank durstig. Das reichte zum Abendessen, er hatte nicht die Energie zu kochen. Er goss sich ein zweites Glas ein und trug es zum Telefon. Den ganzen Abend juckte es ihn schon in den Fingerspitzen, dieses Telefonat zu führen, aber er war bisher noch nicht dazu gekommen. Jetzt hatte er endlich die nötige Ruhe, um Nina anzurufen. Er wollte ihr das sagen, was er nicht zu sagen gewagt hatte, was er jedoch jetzt nicht länger ableugnen konnte, weder vor ihr noch vor sich selbst.

Nina hatte ihm neue Möglichkeiten eröffnet. Ja, er hatte Angst. Ja, er wusste, wie tief er verletzt sein würde, falls sie ihn je verließ. Doch die Vorstellung, dass er sich selbst und ihr nicht einmal eine Chance gab, war einfach zu deprimierend.

Er war eben ein Feigling gewesen. Aber das war nun ein für alle Mal vorbei.

Er griff nach dem Hörer und wählte die Nummer von Ninas Vater.

Nachdem es am anderen Ende der Leitung einige Male geklingelt hatte, wurde abgenommen. „Hallo?“ Es war nicht Nina, sondern Daniella, der Fitnessfreak.

„Hier ist Sam Navarro“, sagte er. „Entschuldigen Sie, dass ich so spät anrufe. Könnte ich wohl Nina sprechen?“

„Sie ist nicht da.“

Der Stich der Enttäuschung, den er verspürte, verwandelte sich gleich darauf in Bestürzung. Warum war sie nicht da? Sie sollte die Nacht an einem sicheren Ort verbringen und nicht ungeschützt in der Gegend herumrennen.

„Darf ich fragen, wo sie ist?“

„Im Krankenhaus. Man hat sie vorhin gebeten, die Nachtschicht zu übernehmen.“

„In der Notaufnahme?“

„Anzunehmen.“

„Danke vielmals.“ Seine Enttäuschung legte sich wie ein schweres Gewicht auf seine Schultern. Ach, zum Teufel. Er würde es nicht noch länger vor sich herschieben. Er würde es ihr sagen. Und zwar noch heute.

Die Tiefgarage des Krankenhauses lag verlassen da, eine Tatsache, die Nina nicht sonderlich beunruhigte, als sie durch die Schranke fuhr. Wenn sie Nachtschicht hatte, war sie oft in dieser Garage, und es hatte noch nie irgendwelche Probleme gegeben. Schließlich gehörte Portland immer noch zu den sichersten Städten in ganz Amerika.

Vorausgesetzt, man steht nicht auf irgendjemandes Abschussliste, erinnerte sie sich.

Sie fuhr in eine Parklücke und saß noch einen Moment lang in der Absicht, ihre aufgescheuchten Nerven zu beruhigen, da. Sie wollte mit klarem Kopf an die Arbeit gehen. Ohne an Todesdrohungen zu denken. Oder an Sam Navarro. Sobald sie durch diese Tür ging, war sie nur noch Krankenschwester. Davon hingen Menschenleben ab.

Sie öffnete die Wagentür und stieg aus.

Ihre reguläre Schicht begann erst in einer Stunde. Um Mitternacht bei Schichtwechsel herrschte in dieser Garage Hochbetrieb, aber im Augenblick war niemand hier. Sie beschleunigte ihre Schritte. Der Aufzug lag direkt gegenüber, der Weg war klar. Nicht mehr als ein Dutzend Schritte.

Sie sah den Mann nicht, der hinter ihr aus einem Auto stieg und nun neben ihr auftauchte.

Aber sie spürte die Hand, die plötzlich ihren Arm umklammerte, spürte den Lauf einer Pistole, der sich schmerzhaft in ihre Schläfe bohrte. Ihr Schrei blieb ihr bei den ersten Worten, die er hervorstieß, im Hals stecken.

„Kein Ton, oder Sie sind tot.“ Die Pistole an ihrer Schläfe ließ es ihr ratsam erscheinen, seinen Befehl zu befolgen.

Er riss sie vom Aufzug weg und zerrte sie zu einer Reihe geparkter Autos. Als sie herumgewirbelt wurde, erhaschte sie einen flüchtigen Blick auf sein Gesicht. *Spectre.*

Jetzt bringt er mich um, hier, wo niemand es sieht …

Ihr Blut rauschte so laut in ihren Ohren, dass sie das leise Reifenquietschen zuerst gar nicht hörte.

Aber ihr Angreifer hörte es. Spectre, der noch immer ihren Arm umklammerte, erstarrte.

Jetzt hörte Nina es auch deutlich: Autoreifen, die über die Rampe rollten.

Spectre zerrte sie zur Seite, um hinter einem parkenden Auto in Deckung zu gehen. Das ist meine einzige Chance zu entkommen, dachte sie.

Sie versuchte sich loszureißen. Oh nein, kampflos aufgeben würde sie nicht. Sie trat mit den Füßen um sich, schlug mit den Fäusten auf ihn ein und zerkratzte ihm das Gesicht.

Er holte aus und versetzte ihr einen Kinnhaken. Schmerz blendete sie. Sie taumelte, spürte, wie sie fiel. Er packte ihren Arm und zerrte sie über den Asphalt. Jetzt war sie vor Entsetzen wie gelähmt und unfähig zu jeder Gegenwehr.

Plötzlich wurde sie von einem Lichtstrahl geblendet, der so grell war, dass sie hinter ihren Schläfen einen scharfen Schmerz verspürte. Sie hörte Reifenquietschen und merkte, dass sie in zwei aufgeblendete Autoscheinwerfer schaute.

Eine Stimme brüllte: „Stehen bleiben!“

Sam. Es war Sam.

„Lassen Sie sie los, Spectre!“, befahl Sam scharf.

Der Pistolenlauf bohrte sich härter als je zuvor in ihre Schläfe. „Was für ein erstklassiges Timing, Navarro“, sagte Spectre ohne einen Anflug von Panik in der Stimme.

„Ich sagte, Sie sollen sie loslassen.“

„Ist das ein Befehl, Detective? Ich hoffe nicht. Ich könnte es als eine Provokation auffassen, und das würde der jungen Frau …“, er packte Nina am Kinn und riss ihren Kopf zu Sam herum, „… gar nicht gut bekommen. Machen Sie den Weg frei, Navarro.“

„Inzwischen kennen noch mehr Leute Ihr Gesicht. Sie ist wertlos für Sie.“

„Aber nicht für Sie.“

Nina erhaschte einen Blick auf Sams Gesicht und sah die hilflose Panik, die sich darin spiegelte. Er hielt seine Pistole jetzt mit beiden Händen, aber er wagte es nicht zu schießen. Nicht mit ihr in der Schusslinie.

„Zurück!“, brüllte Spectre.

„Sie brauchen sie nicht!“

„Treten Sie sofort zurück, oder ich puste ihr das Gehirn aus dem Kopf.“

Sam trat einen Schritt zurück, dann noch einen. Obwohl er seine Waffe immer noch erhoben hatte, nützte sie ihm nichts. In diesem Moment, in dem Ninas Blick sich mit dem seinen verhakte, sah sie mehr als Angst, mehr als Panik in seinen Augen. Sie sah Verzweiflung.

„Nina“, sagte er. „Nina …“

Es war das Letzte, was sie von Sam sah, bevor Spectre sie in Sams Auto stieß, dann sprang er selbst hinein und legte krachend den Rückwärtsgang ein. Gleich darauf schossen sie mit quietschenden Reifen rückwärts über die Rampe. Draußen flogen parkende Autos und Betonpfeiler vorbei, dann durchbrachen sie die Schranke.

Spectre wendete und trat das Gaspedal durch. Sie rasten aus der Einfahrt auf die Straße. Einen Moment später bohrte sich der Pistolenlauf wieder gegen ihre Schläfe.

„Ich habe nichts zu verlieren, wenn ich Sie töte“, sagte er.

„Warum tun Sie es dann nicht?“, flüsterte sie.

„Weil ich Sie noch brauche.“

„Wofür?“

In seinem Lachen schwang Belustigung mit. „Das werden Sie schon noch sehen. Ich liebe ein aufsehenerregendes Ende, Sie nicht?“ Er lächelte sie an.

In diesem Moment wurde ihr klar, wen sie da anschaute. Was sie da anschaute.

Ein Ungeheuer.

13. KAPITEL

Sam sprintete die Rampe hinauf. Er kam gerade rechtzeitig, um zu sehen, wie sein Wagen mit Spectre am Steuer wendete und auf die Straße fuhr.

Ich habe sie verloren, dachte er, als die Rücklichter in der Nacht verschwanden. *Mein Gott, Nina …*

Das Auto war fort.

Sein Aufschrei war eine Mischung aus Wut und Verzweiflung, er hörte, wie sich das Echo in der Dunkelheit brach. Zu spät. Es war zu spät.

Ein Lichtstrahl veranlasste ihn, sich hastig umzudrehen. Noch ein Auto … eins, das er kannte.

„Gillis!", schrie er.

Das Auto hielt am Bordstein an. Sam riss die Beifahrertür auf und sprang hinein.

„Fahr. *Fahr!*", brüllte er.

Ein perplexer Gillis starrte ihn an. „Was?"

„Spectre hat Nina! Jetzt fahr doch schon!"

Gillis gab Gas, dass die Reifen quietschten. „Wohin?"

„Links. Hier!"

Gillis bog ab.

Sam erhaschte zwei Häuserblocks vor ihnen einen Blick auf seinen Wagen, der an einer Kreuzung rechts abbog.

„Dort!"

„Ich sehe es", sagte Gillis und bog ebenfalls ab.

Spectre schien sie entdeckt zu haben, denn einen Moment später beschleunigte er und raste bei Rot über die Kreuzung. Autos hielten schleudernd an.

Während Gillis sich durch die haltenden Fahrzeuge schlängelte, rief Sam übers Autotelefon Verstärkung. Er bat, dass man ihnen alle verfügbaren Streifenwagen schickte. Mit einem bisschen Hilfe konnten sie Spectre vielleicht einkesseln.

Im Moment durften sie ihn nur nicht aus den Augen verlieren.

„Ein Irrer", brummte Gillis.

„Verlier sie nicht."

„Er wird uns noch alle umbringen. Da schau!"

Spectre startete ein höchst riskantes Überholmanöver und fuhr dann ganz knapp vor einem entgegenkommenden Truck wieder nach rechts rüber.

„Bleib ihm dicht auf den Fersen", befahl Sam und beugte sich voller Anspannung nach vorn.

„Ich tue, was ich kann.“ Gillis fuhr ebenfalls auf die linke Spur, aber der Gegenverkehr war zu dicht zum Überholen, deshalb blieb ihm nichts anderes übrig, als sich gleich wieder rechts einzuordnen.

Wertvolle Sekunden waren verloren.

Gillis versuchte es erneut, und diesmal schaffte er es, ganz knapp vor einem entgegenkommenden Kleinbus auf seine Spur zurückzukommen.

Spectre war nirgends in Sicht.

„Was soll das, zum Teufel“, knurrte Gillis.

Sie schauten sich um, aber Sams Auto mit Nina und Spectre war wie vom Erdboden verschluckt. Sie fuhren über mehrere Kreuzungen und schauten in die Seitenstraßen. Mit jedem Häuserblock, den sie hinter sich ließen, wuchs Sams Panik.

Eine halbe Meile später sah er sich gezwungen, das Offensichtliche zur Kenntnis zu nehmen. Sie hatten Spectre verloren.

Er hatte Nina verloren.

Gillis fuhr jetzt in grimmigem Schweigen, nicht minder verzweifelt als Sam. Keiner von ihnen sprach es aus, aber sie wussten es beide. Nina war so gut wie tot.

„Es tut mir leid, Sam“, murmelte Gillis. „Gott, es tut mir wirklich so leid.“

Sam konnte nur schweigend mit tränenverschleiertem Blick vor sich auf die Straße starren. Die Zeit verrann. Eine Ewigkeit verging, und er hatte keine Hoffnung mehr.

Streifenwagen erstatteten über Funk Meldung. Keine Spur von dem gesuchten Auto. Oder von Spectre.

Um Mitternacht hielt Gillis am Straßenrand an. Beide Männer saßen schweigend da.

Gillis sagte: „Eine Chance haben wir noch.“

Sam ließ den Kopf in die Hände fallen. *Eine Chance.* Spectre konnte inzwischen fünfzig Meilen weit weg sein. Oder direkt hinter der nächsten Ecke. *Was würde ich für eine einzige winzig kleine Chance geben …*

Sein Blick fiel auf Gillis’ Autotelefon.

Eine winzig kleine Chance.

Er griff nach dem Hörer und wählte.

„Wen rufst du an?“, fragte Gillis.

„Spectre.“

„Was?“

„Ich rufe mein Autotelefon an.“ Er lauschte, während es klingelte. Fünf-, sechsmal.

Spectre meldete sich mit einer bizarren Piepsstimme. „Hallo, Sie sind mit dem Sprengstoffdezernat Portland verbunden. Ihr Anruf kann im Moment leider nicht entgegengenommen werden, da wir unser verdammtes Telefon verlegt haben."

„Hier ist Navarro", knurrte Sam.

„Ach, hallo Detective Navarro. Wie *geht* es Ihnen? Ich hoffe doch, es geht Ihnen gut."

„Ist sie okay?"

„Wer?"

„Ist sie okay?"

„Ah, Sie meinen die junge Dame, die mich freundlicherweise begleitet. Vielleicht lasse ich Sie sogar mit ihr sprechen, falls sie das möchte."

Es folgte eine Pause. Er hörte gedämpfte Stimmen, ein schabendes Geräusch. Ein entferntes Heulen. Dann Ninas leise, verängstigte Stimme. „Sam?"

„Bist du verletzt?"

„Nein. Nein, mir geht es gut."

„Wo bist du? Wo bringt er dich hin?"

„Hoppla", mischte sich Spectre ein. „Das ist das falsche Thema, Detective. Bedaure sehr, aber ich muss das Gespräch unterbrechen."

„Warten Sie. Warten Sie!", schrie Sam.

„Noch ein paar Abschiedsworte?"

„Wenn Sie ihr auch nur ein Haar krümmen, Spectre ... wenn ihr irgendetwas passiert, dann bringe ich Sie um, das schwöre ich."

„Spreche ich mit einem Polizeibeamten?"

„Ich meine es ernst. Wenn Nina irgendetwas passiert ... ich bringe Sie um."

„Ich bin schockiert. Absolut schockiert."

„Spectre!"

Er antwortete mit einem spöttischen Lachen. Und dann war die Leitung tot.

Verzweifelt wählte Sam erneut und bekam das Besetztzeichen. Er legte auf, zählte bis zehn und wählte wieder.

Wieder nur das Besetztzeichen. Spectre hatte den Hörer danebengelegt.

Sam knallte den Hörer hin. „Sie lebt noch."

„Wo sind sie?"

„Sie konnte es mir nicht sagen."

„Es ist jetzt eine Stunde her. Sie können überall im Umkreis von fünfzig Meilen sein."

„Ich weiß, ich weiß.“ Sam lehnte sich zurück und versuchte Ordnung in seine wild durcheinander wirbelnden Gedanken zu bringen. Bisher hatte er es in jeder Situation geschafft, Ruhe zu bewahren, aber heute Nacht fühlte er sich zum ersten Mal in der ganzen Zeit seiner Laufbahn vor Angst wie gelähmt. Von dem Wissen, dass jeder Augenblick, der ungenutzt verstrich, die Chancen auf Ninas Überleben verringerte.

„Warum hat er sie noch nicht umgebracht?“, murmelte Gillis. „Warum ist sie immer noch am Leben?“

Sam schaute seinen Partner an. Wenigstens funktionierte Gillis' Gehirn noch. Und er überlegte. Grübelte über eine Antwort nach, die eigentlich für sie beide auf der Hand liegen sollte.

„Er behält sie als Trumpfkarte“, sagte Sam. „Als Rückversicherung für den Fall, dass er geschnappt werden sollte.“

„Nein, er ist bereits aus dem Schneider. Im Moment ist sie für ihn eher ein Hindernis als eine Hilfe. Mit einer Geisel kommt man langsamer vorwärts. Sie verkompliziert die Dinge. Aber er lässt sie trotzdem am Leben.“

Noch, dachte Sam, während eine Welle hilfloser Wut über ihn hinwegschwappte. *Ich habe verloren, ich habe meine Fähigkeit klar zu denken verloren. Ihr Leben liegt in meinen Händen. Ich kann es mir nicht leisten, es zu vermasseln.*

Er schaute wieder auf das Autotelefon, und plötzlich fiel ihm etwas ein. Etwas, das er während dieser kurzen Gesprächspause gehört hatte. Das entfernte an- und abschwellende Heulen.

Eine Sirene.

Er griff wieder nach dem Hörer und wählte 911.

„Notrufzentrale“, antwortete eine Stimme.

„Hier ist Detective Sam Navarro. Ich muss wissen, was in den letzten zwanzig Minuten für Einsätze gefahren wurden. Im gesamten Umkreis von Portland und South Portland.“

„Welche Fahrzeuge, Sir?“

„Alles. Rettungswagen, Feuerwehr, Polizei. Alles. Ich brauche die Informationen.“

Eine kurze Stille folgte, dann meldete sich eine andere Stimme. Sam hatte bereits sein Notizbuch gezückt.

„Hier ist die Leiterin der Notrufzentrale, Detective Navarro. Ich habe gerade mit der Notrufzentrale von South Portland gesprochen. Zusammen hatten wir in den letzten zwanzig Minuten drei Einsätze. Um 23:55 wurde ein Krankenwagen in die 2203 Green Street in Portland gerufen. Um 00:10 fuhr die Polizei zu einem Einbruch in der 751 Bickford Street in South Portland. Und um 00:13 wurde ein

Streifenwagen wegen Ruhestörung in die Nähe von Munjoy Hill gerufen. Feuerwehreinsätze hatten wir im fraglichen Zeitraum keine."

„Okay, danke." Sam legte auf und suchte im Handschuhfach nach einer Straßenkarte. Er kreiste mit einem Stift die drei fraglichen Gegenden ein.

„Was jetzt?", fragte Gillis.

„Bei dem Gespräch eben habe ich im Hintergrund eine Sirene gehört. Das bedeutet, dass er sich in Hörweite von irgendeinem Einsatzfahrzeug aufhielt. Und das sind die einzigen drei Gegenden, wo zur fraglichen Zeit Einsätze stattfanden."

Gillis schaute auf die Karte und schüttelte den Kopf. „Unmöglich, das ist ja wie eine Stecknadel im Heuhaufen suchen."

„Es sind zumindest Anhaltspunkte."

„Ja, wie ein Heuhaufen ein Anhaltspunkt ist."

„Es ist alles, was wir haben. Los, fangen wir sofort mit Munjoy Hill an."

„Bescheuerte Idee, wenn du mich fragst. Der Suchbefehl für dein Auto ist raus. Uns würde nur unnötig die Zunge zum Hals raushängen, wenn wir versuchen, hinter Sirenen herzujagen."

„Nach Munjoy Hill, Gillis. Mach zu."

„Du bist geschlaucht. Ich bin geschlaucht. Wir sollten ins Hauptquartier zurückfahren und abwarten, wie sich die Dinge entwickeln."

„Du willst, dass ich fahre? Dann lass mich ans Steuer, verdammt noch mal."

„Sam, *hörst* du mich?"

„Ja, verdammt!", schrie Sam in plötzlicher Wut. Dann ließ er mit einem Aufstöhnen seinen Kopf in seine Hände fallen und sagte leise: „Es ist alles meine Schuld. Es ist meine Schuld, wenn sie stirbt. Sie waren direkt vor mir. Und mir fiel nichts ein, wie ich sie retten könnte."

Gillis seufzte verstehend. „So viel bedeutet sie dir?"

„Und Spectre weiß es. Irgendwie weiß er es. Das ist der Grund, warum er sie am Leben lässt. Um mich fertigzumachen. Um mich zu manipulieren. Er ist auf der Gewinnerstraße und nützt es aus." Er schaute Gillis an. „Wir müssen sie finden. Bevor es zu spät ist."

„Im Moment ist er im Vorteil. Er hat jemanden in seiner Gewalt, an dem dir sehr viel liegt. Und du bist der Cop, an dem er sich festgebissen hat. Der Cop, dem er es heimzahlen will." Er schaute auf das Autotelefon. Es läutete.

Er nahm ab. „Gillis hier." Er lauschte kurz, sagte dann: „Jackman Avenue, alles klar" und legte auf. Dann startete er den Wagen und fuhr los. „Es könnte unser Durchbruch sein."

„Was ist in der Jackman Avenue?"

„Eine Wohnung, Nr. 338-D. Sie haben dort gerade eine weibliche Leiche gefunden."

Sam wurde sehr still, während er an die blonde Frau, die sie auf dem Gefängnisvideo gesehen und als die Nachtclubtänzerin Marilyn Dukoff identifiziert hatten, dachte. Seine Brust fühlte sich vor Angst wie zusammengeschnürt an, sodass er kaum Luft bekam. Er fragte leise: „Wessen Leiche?"

„Die von Marilyn Dukoff."

Er sang grölend, während er die bunten Kabel über dem Boden spannte. Nina, die an Händen und Füßen an einen Stuhl gefesselt war, konnte nur dasitzen und hilflos zuschauen. Neben Spectre befanden sich eine Werkzeugkiste, ein Lötkolben und zwei Dutzend Dynamitstangen.

Spectre hatte die Kabel fertig gespannt und wandte seine Aufmerksamkeit jetzt dem Dynamit zu. Er bündelte die Stangen zu Dreierpäckchen und deponierte sie in einem Karton.

Seine Stimme hallte in dem verlassenen Lagerhaus wider. Dann drehte er sich zu Nina um und deutete mit dem Kopf eine leichte Verbeugung an.

„Sie sind wahnsinnig", flüsterte Nina.

„Aber was ist Wahnsinn? Wer kann das schon mit Sicherheit sagen?" Spectre umwickelte das letzte Bündel Dynamit mit grünem Isolierband. „Nun, ich bin auf jeden Fall nicht wahnsinnig, sondern weiß sehr genau, was ich tue."

Er hob den Karton mit dem Dynamit auf und kam damit zu Nina herüber. Kurz bevor er bei ihr angelangt war, stolperte er. Nina blieb fast das Herz stehen, als sie den Karton mit dem hochexplosiven Material fallen sah. Auf sie zu.

Spectre gab ein lautes entsetztes Keuchen von sich, bevor er den Karton auffing. Zu Ninas Überraschung fing er plötzlich an zu lachen. „Nur ein kleiner Scherz", bekannte er. „Auch wenn er schon alt ist, verfehlt er doch nie seine Wirkung."

Er ist wirklich verrückt, dachte sie.

Er ging mit dem Karton auf dem Arm durch die Lagerhalle und legte überall Sprengstoffpäckchen aus. „Es ist eine Schande, wirklich", sagte er. „Derart hochwertiges Dynamit an so ein Gebäude zu verschwenden. Aber ich möchte einen guten Eindruck hinterlassen. Einen bleibenden Eindruck. Und ich habe wirklich genug von Sam Navarro und seinen neun Leben."

„Sie versuchen, ihn in eine Falle zu locken."
„Sie sind ja so klug."
„Warum? Warum wollen Sie ihn töten?"
„Darum."
„Er ist doch nur ein Polizist, der seinen Job macht."
„Nur ein Polizist?" Spectre drehte sich zu ihr um, aber sein Gesicht blieb im Schatten. „Navarro ist mehr als das. Er ist eine Herausforderung. Wenn ich mir vorstelle, dass ich nach all meinen Erfolgen in Städten wie Boston und Miami jetzt ausgerechnet in einem Nest wie diesem einen so starken Gegenspieler finde. Nicht mal Portland, Oregon, sondern Portland, *Maine*. Es endet hier, in dieser Lagerhalle. Zwischen Navarro und mir."

Spectre kam mit dem letzten Bündel Dynamit auf sie zu. Er kniete sich neben den Stuhl, an den er Nina gefesselt hatte. „Die letzte Explosion habe ich für Sie aufgespart, Miss Cormier", sagte er, während er das Päckchen unter Ninas Stuhl deponierte. „Sie werden nichts spüren", versicherte er ihr. „Es wird ganz schnell gehen, so schnell, dass Sie nur noch merken, wie Sie Ihre Flügel ausbreiten. Und bei Navarro auch. Falls ihm welche wachsen."

„Er ist nicht dumm. Er wird nicht in Ihre Falle gehen."

Spectre begann nun, noch mehr Kabel zu spannen, Meter um Meter. „Ja, und weil er nicht dumm ist, wird ihm sehr schnell klar werden, dass es sich hier nicht um eine normale Bombe handelt. Diese Kabel werden ihm schwer zu schaffen machen. Er wird sich den Kopf zerbrechen, was das Gewirr zu bedeuten hat." Er lötete zwei Kabelenden zusammen. „Und die Zeit verstreicht gnadenlos. Minuten, dann Sekunden. Welches Kabel ist das entscheidende? Welches soll er durchschneiden? Wenn er das falsche erwischt, geht alles in Rauch auf. Die Lagerhalle. Sie. Und er selbst … falls seine Nerven gut genug sind, um es bis zum Ende durchzustehen. Es ist ein hoffnungsloses Dilemma, wie Sie sehen. Wenn er bleibt, um die Bombe zu entschärfen, könnten Sie beide sterben, wenn er feige ist und wegrennt, sterben *Sie*, und er hat sein ganzes Leben an seinen Schuldgefühlen zu tragen. So oder so, Sam Navarro wird leiden. Und ich werde gewinnen."

„Sie können nicht gewinnen."

„Ersparen Sie mir Ihre moralinsauren Warnungen. Ich habe zu tun. Und nicht mehr viel Zeit." Er vernetzte die Kabel mit den anderen Dynamitpäckchen.

Nicht mehr viel Zeit, hatte er gesagt. Aber von wie viel Zeit sprach er?

Sie schaute auf die Gegenstände auf dem Boden. Ein digitaler Zeitschalter. Ein Sender, der den Countdown auslöste, wie sie wusste.

Spectre würde sich längst in Sicherheit gebracht haben, wenn die Sprengladungen hochgingen.

Bleib weg, Sam. Bitte, bleib weg und sieh zu, dass du am Leben bleibst.

Spectre erhob sich und schaute auf seine Armbanduhr. „Noch eine Stunde, dann müsste ich eigentlich so weit sein, um anrufen zu können.“ Er schaute sie an und lächelte. „Drei Uhr morgens, Miss Cormier. Eine ebenso gute Uhrzeit wie jede andere auch, um zu sterben, meinen Sie nicht?“

Die Frau war von der Taille abwärts nackt, sie lag zusammengekrümmt auf dem Holzfußboden. Auf sie war geschossen worden, in den Kopf.

„Die Meldung kam um 22:45 rein“, sagte Yeats vom Morddezernat. „Der Mieter einen Stock tiefer entdeckte, dass Blut durch die Decke sickerte, und rief die Vermieterin an. Sie öffnete mit einem Zweitschlüssel die Tür, sah die Leiche und benachrichtigte uns. Wir haben die Ausweispapiere des Opfers in der Handtasche gefunden. Deshalb haben wir Sie angerufen.“

„Irgendwelche Zeugen? Hat irgendjemand etwas gesehen oder gehört?“, fragte Gillis.

„Nein. Er muss einen Schalldämpfer benutzt haben und dann unbemerkt verschwunden sein.“

Sam schaute sich in dem kärglich möblierten Zimmer um. Die Wände waren nackt, die Schränke halb leer, und auf dem Boden standen Kleiderkartons, alles Anzeichen dafür, dass Marilyn Dukoff hier noch nicht lange wohnte.

Yeats bestätigte es. „Sie ist erst einen Tag vorher eingezogen, unter dem Namen Marilyn Brown. Die Kaution und die erste Monatsmiete hat sie in bar bezahlt. Mehr konnte mir die Vermieterin nicht sagen.“

„Der Nachbar hat gestern einen Mann sprechen hören, aber er hat ihn nicht gesehen.“

„Spectre“, sagte Sam und ließ seinen Blick erneut über die Leiche wandern. Die Leute von der Spurensicherung waren dabei, den Raum durchzukämmen. Sam wusste bereits, dass sie nichts finden würden, dafür hatte Spectre gewiss gesorgt. Er hatte alles sehr gut geplant.

Es hatte keinen Zweck, hier noch herumzustehen. Als er sich zum Gehen wandte, hörte er einen der Detectives sagen: „In der Handtasche ist nicht viel. Eine Geldbörse, Schlüssel, ein paar Rechnungen …“

„Was für Rechnungen?“, fragte Sam.

„Strom, Telefon, Wasser. Sieht aus, als wären sie aus der alten Wohnung. Sie sind auf den Namen Dukoff ausgestellt. Adressiert an ein Postfach."

„Kann ich die Telefonrechnung mal sehen?"

Beim ersten Blick auf die Rechnung unterdrückte Sam nur mit Mühe ein frustriertes Aufstöhnen. Sie war zwei Seiten lang und wies fast nur Ferngespräche auf, die meisten davon nach Bangor, ein paar nach Massachusetts und Florida. Es würde Stunden dauern, all diese Nummern zurückzuverfolgen, und es gab gute Chancen, dass es sich bei den Teilnehmern nur um Bekannte oder Verwandte von Marilyn Dukoff handelte.

Dann erfasste sein Blick eine Nummer ziemlich weit unten auf der ersten Seite. Sie hatte die Vorwahl von South Portland, trug das Datum von vor anderthalb Wochen und die Uhrzeit 22:17. Irgendjemand hatte angerufen, und Marilyn Dukoff hatte die Kosten übernommen.

„Das könnte etwas sein", sagte Sam. „Ich muss wissen, auf welchen Namen der Anschluss läuft."

Zwanzig Minuten später waren er und Gillis an der Ecke Hardwick und Calderwood, einer Industriegegend. Verlassene Parkplätze, eine Möbelfabrik, ein Holzhändler, eine Fabrik für Schiffsteile. Alles war geschlossen, die Gebäude waren dunkel. Sie bogen auf die Calderwood ab.

Ein paar Hundert Meter weiter entdeckte Sam das Licht. Es war schwach, nicht mehr als ein gelblicher Schein aus einem kleinen Fenster – das einzige in dem Gebäude. Als sie näher kamen, machte Gillis die Scheinwerfer aus. Sie fuhren vorbei und hielten einen halben Häuserblock weiter an.

„Das ist die alte Stimson-Lagerhalle", sagte Sam.

„Keine Autos auf dem Parkplatz", bemerkte Gillis. „Aber es sieht aus, als wäre jemand da."

In diesem Moment klingelte das Autotelefon.

Spectre legte auf und lächelte Nina an. „Zeit, dass ich gehe. So wie ich Ihren Liebhaber einschätze, müsste er eigentlich jeden Moment hier sein." Er griff nach seiner Werkzeugkiste.

Er geht. Und lässt mich als Köder zurück.

In der Lagerhalle war es kalt, aber sie spürte einen Schweißtropfen langsam an ihrer Schläfe hinabrinnen, während sie sah, wie Spectre nach der Fernzündung griff. Er brauchte nur den Schalter umzulegen, dann war die Bombe scharf, und der Countdown begann.

Zehn Minuten später würde sie explodieren.
Ihr Herz hämmerte schmerzhaft gegen ihre Brust, als sie sah, dass sein Finger den Schalter berührte. Dann lächelte er sie an.
„Noch nicht, nur die Ruhe", sagte er. „Ich möchte nichts überstürzen."
Gleich darauf hob er zum Abschied die Hand und sagte lächelnd zu Nina: „Sagen Sie Navarro noch einen schönen Gruß von mir. Er wird mir fehlen." Er schob den Riegel an der stählernen Hintertür zurück. Die Tür ging knirschend auf. Sie war fast offen, als Spectre plötzlich erstarrte. Zwei Scheinwerfer kamen direkt auf ihn zu.
„Stehen bleiben, Spectre!", kam es von irgendwo aus der Dunkelheit. „Hände hoch!"
Sam, du hast mich gefunden …
„Hände hoch!", schrie Sam.
Spectre, der im Lichtkegel der Scheinwerfer stand, schien ein paar Sekunden zu zögern. Dann hob er langsam die Hände über den Kopf.
Er hielt immer noch die Fernzündung in der Hand.
„Sam!", schrie Nina gellend. „Da ist eine Bombe. Er hat eine Fernzündung."
„Legen Sie sie hin", befahl Sam. „Legen Sie sie hin, oder ich schieße!"
„Gewiss", stimmte Spectre zu. Langsam ging er in die Knie und legte die Fernzündung auf den Boden. Doch während er sie hinlegte, hörte man ein unverkennbares Klicken.
Mein Gott, jetzt ist sie scharf, dachte Nina.
In diesem Moment tauchte Spectre blitzschnell hinter einem Kistenstapel ab.
Er war nicht schnell genug. Sam schoss fast umgehend zweimal. Beide Kugeln fanden ihr Ziel.
Spectre kam ins Straucheln. Er ging in die Knie und kroch weiter, aber seine Bewegungen wirkten unkoordiniert. Jetzt gab er gurgelnde Geräusche von sich und stieß mit seinen letzten Atemzügen gemurmelte Flüche aus.
„Tot", keuchte Spectre, und es war fast ein Lachen. „Ihr seid alle tot …"
Sam stieg über Spectres reglosen Körper und rannte auf Nina zu.
„Nein!", schrie sie verzweifelt. „Um Himmels willen, bleib weg!"
Er blieb abrupt stehen und starrte sie bestürzt an. „Was ist denn?"
„Unter meinem Stuhl ist eine Sprengladung befestigt", schluchzte Nina. „Wenn du mich loszumachen versuchst, wird sie hochgehen."

Erst jetzt sah Sam das Kabelgewirr, von dem ihr Stuhl umgeben war, dann folgte sein Blick dem Kabel zu der Wand der Lagerhalle, zu dem ersten Dynamitpäckchen, das offen dalag.

„Er hat achtzehn Stangen in der ganzen Lagerhalle deponiert", sagte sie. „Drei davon unter meinem Stuhl. Sie gehen in zehn Minuten hoch. Weniger, jetzt."

Ihre Blicke begegneten sich. Sie sah die Panik in seinen Augen aufflackern, die er jedoch schnell wieder unterdrückte. Er stieg über die Kabel und kniete sich neben ihrem Stuhl nieder.

„Ich bringe dich hier raus", versprach er.

„Dafür reicht die Zeit nicht."

„Zehn Minuten?" Er lachte angestrengt. „Das ist eine Menge Zeit." Er spähte unter den Stuhl. Er sagte nichts, aber als er sich wieder erhob, war sein Gesicht grimmig. Er drehte sich um und rief: „Gillis?"

„Hier." Gillis stieg vorsichtig über das Kabelgewirr. „Ich habe die Werkzeugkiste dabei. Was haben wir denn? Kannst du mir das schon sagen, Sam?"

„Drei Stangen unter dem Stuhl und einen Zeitzünder. Es sieht wie eine simple Serienparallelschaltung aus, aber ich brauche Zeit, um es zu analysieren."

„Wie viel haben wir?"

„Acht Minuten und fünfundvierzig Sekunden."

Gillis fluchte. „Keine Zeit, um den Bombentruck zu benachrichtigen."

Plötzlich heulten Sirenen durch die Nacht. Vor der Hintertür fuhren zwei Streifenwagen vor.

„Die Verstärkung ist da", sagte Gillis. Er rannte zu den Türen hinüber und schwenkte die Arme durch die Luft. „Bleibt draußen!", schrie er. „Wir haben hier eine Bombe! Räumt das Gelände! Sofort! Und benachrichtigt für alle Fälle einen Rettungswagen."

Ich werde keinen Rettungswagen mehr brauchen, dachte Nina verzweifelt.

Sie versuchte ihr rasendes Herz zu beruhigen, versuchte zu verhindern, dass sie in die Hysterie hineinglitt, aber ihre nackte Angst machte ihr das Atmen schwer. Sie konnte nichts tun, um sich zu retten. Sie war an den Stuhl gefesselt, und wenn sie sich zu sehr bewegte, bestand die Gefahr, dass die Bombe hochging.

Jetzt hing alles von Sam ab.

14. KAPITEL

Sam starrte mit zusammengepressten Kiefern auf das Kabelgewirr. Er würde eine Stunde brauchen, um jedes einzelne Kabel zu identifizieren. Aber sie hatten nur noch Minuten. Nina sah, dass sich auf seiner Stirn die ersten Schweißtropfen bildeten.

Gillis kehrte zurück. „Spectre hat in der Halle mindestens fünfzehn Sprengladungen verteilt. Das Gehirn dazu hältst du in der Hand."

„Es ist zu einfach", brummte Sam und schaute auf das Schaltsystem. „Er *will*, dass ich diesen Draht durchschneide."

„Könnte es nicht eine doppelte Finte sein? Er wusste, dass wir misstrauisch sein würden. Deshalb hat er es einfach gemacht ... nur um uns eins auszuwischen."

Sam schluckte. „Das hier sieht aus wie der Schalter, mit dem man die Bombe scharf macht. Aber hier ist eine Lötstelle. Er könnte drin noch einen Schalter eingebaut haben. Wenn ich diese Kappe hier abziehe, könnte das Ding hochgehen."

Gillis schaute auf den Timer. „Noch fünf Minuten."

„Ich weiß, ich weiß." Sams Stimme war heiser vor Anspannung, aber seine Hände waren absolut ruhig, als er an dem Schaltsystem entlangfuhr. Ein falscher Griff, und sie würden alle drei in die Luft fliegen.

Draußen hielten noch mehr Streifenwagen mit kreischenden Sirenen. Nina hörte Stimmengewirr.

Aber hier drin war alles still.

Sam atmete tief durch und schaute sie an. „Bist du okay?"

Sie nickte steif. Und dann sah sie in seinem Gesicht das erste Anzeichen von Panik. *Diesmal schafft er es nicht, und er weiß es.*

Das war genau das, was Spectre geplant hatte. Das hoffnungslose Dilemma. Die tödliche Alternative. Welche Kabel sollte er durchschneiden? Eins? Keins? Setzte er sein Leben aufs Spiel? Oder traf er die rationale Entscheidung, das Gebäude zu verlassen ... und sie?

Sie wusste, welche Entscheidung er treffen würde. Sie sah es in seinen Augen.

Sie würden beide sterben.

„Zweieinhalb Minuten", sagte Gillis.

„Los, zieh Leine", befahl Sam.

„Du brauchst noch zwei Hände."

„Und deine Kinder brauchen einen Vater. Hau endlich ab. Verschwinde."

Gillis rührte sich nicht.

Sam griff wieder nach der Kneifzange und zog ein weißes Kabel heraus.

„Du rätst nur, Sam. Du weißt es nicht."

„Instinkt, Kumpel. Ich hatte schon immer einen guten Instinkt. Trotzdem besser, du gehst. Wir haben noch zwei Minuten. Und du kannst mir nicht helfen."

Gillis, der am Boden gehockt hatte, erhob sich, aber er zögerte noch immer. „Sam …"

„Beweg dich."

Gillis sagte leise: „Ich warte draußen mit einer Flasche Scotch auf dich, Kumpel."

„Tu das. Aber verschwinde jetzt endlich."

Ohne ein weiteres Wort verließ Gillis die Lagerhalle.

Sam und Nina blieben allein zurück. *Er muss nicht bleiben. Er muss nicht sterben.*

„Sam", flüsterte sie.

Er schien sie nicht zu hören, so sehr war er auf die Schalttafel konzentriert. Die Kneifzange verharrte zwischen der Wahl von Leben und Tod.

„Geh, Sam", flehte sie.

„Es ist mein Job, Nina."

„Es ist nicht dein Job zu sterben!"

„Wir werden nicht sterben."

„Du hast recht. *Wir* werden nicht sterben. *Du* wirst nicht sterben. Wenn du jetzt gehst …"

„Ich gehe nicht. Hast du verstanden? Ich gehe *nicht*." Er hob den Blick und schaute sie an. Und sie sah in diesen ruhigen Augen, dass er seine endgültige Wahl getroffen hatte. Er hatte beschlossen, mit ihr zu leben – oder zu sterben. Das war nicht der Polizist, der sie da anschaute, das war der Mann, der sie liebte. Der Mann, den sie liebte.

Sie spürte Tränen über ihr Gesicht rinnen. Da erst merkte sie, dass sie weinte.

„Wir haben noch eine Minute", sagte er. „Ich kann nur raten. Wenn ich mich irre …" Er atmete laut aus. „Aber wir werden es sehr schnell wissen." Er erfasste mit der Kneifzange den weißen Draht. „Okay, ich tippe auf diesen hier."

„Warte."

„Was ist?"

„Als Spectre es zusammengebaut hat, habe ich gesehen, wie er einen weißen Draht mit einem roten zusammengelötet hat und das ganz mit grünem Isolierband umwickelt hat. Spielt das irgendeine Rolle?"

Sam starrte auf das weiße Kabel, das er sich gerade anschickte durchzuschneiden. „Oh ja“, sagte er leise. „Und was für eine.“

„Sam!“, kam Gillis’ Schrei durch ein Megafon. „Du hast noch zehn Sekunden!“

Zehn Sekunden, um wegzurennen.

Sam rannte nicht weg. Er zog ein Kabel heraus und setzte die Zange an. Dann hielt er inne und schaute Nina an.

Sie blickten sich ein letztes Mal tief in die Augen.

„Ich liebe dich“, sagte er.

Sie nickte mit tränenüberströmtem Gesicht. „Ich liebe dich auch“, flüsterte sie.

Sie schauten sich immer noch an, als er langsam zudrückte. Auch als die Zange sich in die Plastikumhüllung grub, ließen sich ihre Blicke nicht los.

Das Kabel fiel in zwei Teile auseinander.

Einen Moment lang bewegte sich keiner von beiden. Sie waren immer noch erstarrt, wie gelähmt von dem Gedanken an den sicheren Tod.

Dann schrie Gillis von draußen: „Sam? Der Countdown ist abgelaufen. *Sam!*“

Sam zerschnitt vorsichtig Ninas Fesseln. Ihre Fußgelenke waren zu taub, als dass sie hätte stehen können, aber das war auch nicht nötig. Sam hob sie hoch und trug sie aus der Lagerhalle, hinaus in die Nacht.

Die Straße draußen war hell erleuchtet von den kreisenden Warnlichtern der Einsatzfahrzeuge; Polizeiautos, Rettungswagen und Feuerwehr. Sam duckte sich mit ihr unter der gelben Polizeiabsperrung hindurch und stellte sie dann auf die Füße.

Sofort waren sie von einer Menge umringt, darunter Chief Coopersmith und Staatsanwalt Liddell, die alle wissen wollten, was mit der Bombe war. Sam nahm keine Notiz von ihnen. Er hatte Nina die Arme um die Schultern gelegt und versuchte, sie von dem Chaos abzuschirmen.

„Alle zurücktreten!“, brüllte Gillis. „Macht doch mal Platz!“ Er drehte sich zu Sam um. „Was ist mit der Bombe? Was ist passiert, um Gottes Willen?“

„Entschärft“, sagte Sam. „Aber sei vorsichtig. Spectre könnte uns noch eine letzte Überraschung hinterlassen haben.“

„Ich kümmere mich darum.“ Gillis ging auf die Lagerhalle zu, dann drehte er sich noch einmal um. „He, Sam?“

„Ja?“

„Ich würde sagen, du hast dir deinen Pensionsanspruch redlich verdient." Gillis grinste. Und dann ging er weg.

Nina schaute zu Sam auf. Obwohl die Gefahr vorüber war, spürte sie noch immer sein Herz hämmern, und ihr eigenes hämmerte genauso wild.

„Du bist bei mir geblieben", flüsterte sie, während ihr die Tränen übers Gesicht strömten. „Du hättest weggehen können ..."

„Nein, das hätte ich nicht."

„Ich habe dir mehrmals gesagt, dass du gehen sollst. Ich wollte, dass du gehst."

„Und ich wollte bleiben." Er umrahmte ihr Gesicht mit den Händen. Fest. Innig. „Es gab keinen anderen Ort, wo ich in diesem Moment hätte sein wollen, Nina. Ich will nie wieder woanders sein als bei dir."

Sie wusste, dass unzählige Augenpaare sie beobachteten. Mittlerweile waren die Medienberichterstatter eingetroffen, Kameras surrten, Blitzlichter flammten auf, und alle schrien ihre Fragen wild durcheinander. Die Nachtluft war mit Stimmengewirr erfüllt, und bunte Lichter zerschnitten die Dunkelheit. Aber in diesem Moment, in dem er sie hielt und küsste, als sie sich küssten, existierte für sie nichts auf der Welt außer Sam.

Und als der Tag anbrach, hielt er sie noch immer.

– ENDE –

Tess Gerritsen

Sag niemals STIRB

Roman

Aus dem Nordamerikanischen von
M. R. Heinze

mtb

PROLOG

1970
GRENZE ZWISCHEN LAOS UND NORDVIETNAM

Dreißig Meilen außerhalb von Muong Sam sahen sie die ersten Rauchspurgeschosse den Himmel zerschneiden.

Pilot William „Wild Bill“ Maitland fühlte, wie die DeHavilland Twin Otter gleich einem Fohlen bockte, als sie irgendwo hinten am Rumpf getroffen wurde. Er ging in den Steigflug und suchte instinktiv die Sicherheit der Höhe. Während die nebelverhangenen Berge unter ihnen zurückblieben, zischte eine neue Salve von Rauchspurgeschossen an ihnen vorbei. Flakgeschosse durchlöcherten das Cockpit.

„Verdammt, Kozy, du bringst Pech“, sagte Maitland zu seinem Copiloten. „Jedes Mal, wenn wir zusammen aufsteigen, kriege ich Blei zu kosten.“

Kozlowski kaute ungerührt weiter auf seinem Kaugummi herum. „Was regst du dich auf?“ Er deutete mit einem Kopfnicken auf die durchsiebte Windschutzscheibe. „Die haben dich um gut fünf Zentimeter verfehlt.“

„Höchstens um drei.“

„Na, großer Unterschied.“

„Zwei Zentimeter können einen verdammt großen Unterschied ausmachen!“

Kozy lachte. „Ja, das sagt mir meine Frau auch immer.“

Die Tür zum Cockpit schwang auf. Valdez, der für die Fracht zuständige Mann, steckte, einen Fallschirm auf den Rücken geschnallt, den Kopf herein. „Zum Teufel, was geht hier …“ Er erstarrte, als ein weiteres Rauchspurgeschoss vorbeizischte.

„Verdammt große Moskitos da draußen“, sagte Kozlowski und blies seinen Kaugummi zu einer gewaltigen rosa Blase auf.

„Was war das?“, fragte Valdez. „AK-47?“

„Sieht mehr nach 57-Millimeter-Kaliber aus“, antwortete Maitland.

„Die haben uns nichts über 57er gesagt. Was haben wir denn überhaupt für Informationen gekriegt?“

Kozlowski zuckte die Schultern. „Nur die besten, die man mit unseren Steuergeldern kaufen kann.“

„Wie hält sich unsere ‚Ladung‘?“, fragte Maitland. „Ist die Hose noch trocken?“

Valdez beugte sich vertraulich vor. „Mann, wir haben da hinten vielleicht einen komischen Passagier.“

„Was ist daran schon neu?“, fragte Kozlowski.

„Ich meine, der ist wirklich komisch. Uns fliegt überall Flak um die Ohren, und er zuckt nicht mal mit der Wimper. Sitzt einfach da, als würde er auf einem Lilienteich dahintreiben. Ihr solltet das Medaillon sehen, das er um den Hals hängen hat. Das wiegt mindestens ein Kilo.“

„Ach, komm schon“, sagte Kozlowski.

„Ich sage dir, Kozy, der hat ein Kilo Gold um seinen fetten kleinen Hals hängen. Wer ist das?“

„Irgendein VIP aus Laos“, sagte Maitland.

„Mehr haben sie dir nicht gesagt?“

„Ich bin nur der Botenjunge. Ich muss nicht mehr wissen.“ Maitland brachte die DeHavilland bei achttausend Fuß in die Waagerechte und warf durch die offene Cockpittür einen Blick auf ihren einzigen Passagier, der gelassen zwischen den Nachschubkisten saß. In der halb dunklen Kabine schimmerte das Gesicht des Laoten wie poliertes Mahagoni. Seine Augen waren geschlossen, seine Lippen bewegten sich lautlos. In einem Gebet? fragte sich Maitland. Ja, der Mann war eindeutig eine hoch interessante Ladung.

Dabei war es nicht so, als hätte Maitland nicht schon früher sonderbare Passagiere befördert. Schäferhunde und Generäle, Schimpansen und Girls. Und er flog sie überall dahin, wohin sie mussten. Hätte die Hölle eine Landepiste, pflegte er zu sagen, würde er sie auch dahin bringen – solange sie ein Ticket hatten. Alles jederzeit an jeden Ort, das war die Regel bei Air America.

„Der Song Ma River“, sagte Kozlowski und blickte durch die Nebelstreifen zu dem üppigen Dschungel hinunter. „Jede Menge Deckung. Wenn die noch mehr 57er in Stellung haben, steht uns eine harte Landung bevor.“

„Das wird auf jeden Fall eine harte Landung.“ Maitland schätzte die samtig grünen Hügelketten zu beiden Seiten ein. Das Tal war schmal. Er musste schnell und niedrig einfliegen. Es war eine höllisch kurze Landepiste, nicht viel mehr als ein Streifen im Dschungel, und nicht gemeldete Maschinengewehrnester konnte es überall geben. Doch der Befehl lautete, den laotischen VIP, wer immer das nun war, gleich hinter der Grenze auf nordvietnamesischem Gebiet abzusetzen. Eine Abholung war nicht vereinbart. Für Maitland klang das nach einer Einbahnstraße in die Vergessenheit. „Wir gehen in einer Minute runter!“, rief er über die Schulter zu Valdez. „Bereite den Passagier vor. Er muss im Laufen aussteigen.“

„Er sagt, dass er diese Kiste mitnimmt.“

„Was? Ich habe nichts von einer Kiste gehört."

„Die haben sie in letzter Minute eingeladen. Gleich nachdem wir Nachschub für Nam Tha aufgenommen hatten. Ziemlich schweres Ding. Ich könnte Hilfe brauchen."

Kozlowski schnallte sich resigniert los. „Okay." Er seufzte. „Aber denk daran, ich werde nicht für's Kistenschleppen bezahlt."

Maitland lachte. „Zum Teufel, wofür werden wir eigentlich bezahlt?"

„Oh, für eine ganze Menge", antwortete Kozlowski träge und schob sich an Valdez vorbei durch die Cockpittür. „Essen, schlafen, dreckige Witze ..."

Seine letzten Worte wurden von einem ohrenbetäubenden Knall abgeschnitten, der Maitlands Trommelfelle platzen ließ. Die Explosion schleuderte Kozlowski ins Cockpit zurück. Blut spritzte auf die Instrumentenanzeigen und bedeckte den Höhenmesser. Aber Maitland brauchte keinen Höhenmesser, um zu wissen, dass sie schnell runtergingen.

„Kozy!", schrie Valdez. „Kozy!"

Seine Stimme ging fast in dem Heulen des Windes unter. Die DeHavilland erschauerte wie ein verletzter Vogel, der darum ringt, in der Luft zu bleiben. Maitland kämpfte mit den Kontrollen. Er wusste sofort, dass er die Hydraulik verloren hatte. Bestenfalls konnte er auf eine Bauchlandung auf dem Blätterdach des Dschungels hoffen.

Er blickte nach hinten, um den Schaden einzustufen, und sah durch herumwirbelnde Trümmerstücke den blutigen Körper des laotischen Passagiers, der gegen die Kisten geschleudert worden war. Er sah auch Sonnenschein, der durch einen seltsam verformten Stahl hereinfiel, und erblickte blauen Himmel und Wolken, wo die Frachttür hätte sein sollen. Zum Teufel, war die Explosion vom Inneren der Maschine ausgegangen?

„Hau ab!", schrie er Valdez zu.

Der Frachtmann reagierte nicht. Er starrte noch immer entsetzt auf den toten Kozlowski.

Maitland versetzte ihm einen Stoß. „Verdammt, raus hier!"

Endlich taumelte Valdez aus dem Cockpit in das Chaos von geborstenen Kisten und verbogenem Metall. An der klaffenden Frachttür stockte er. „Maitland?", schrie er über dem Kreischen des Windes.

Ihre Blicke trafen sich, und in diesem Sekundenbruchteil wussten sie es. Sie wussten es beide. Dies war der Moment, in dem sie einander zum letzten Mal lebend sahen.

„Ich komm schon raus!", brüllte Maitland. „Spring!"

Valdez wich ein paar Schritte zurück. Dann schnellte er sich zur Frachttür hinaus.

Maitland überzeugte sich nicht davon, ob sich Valdez' Fallschirm öffnete. Er musste sich um andere Dinge kümmern.

Die Maschine ging stotternd runter.

Noch während er nach seinem Gurtschloss tastete, wusste er, dass er kein Glück hatte. Ihm blieben weder die Zeit noch die Höhe, um seinen Fallschirm anzulegen. Er hatte nie etwas davon gehalten, einen zu tragen. Es hätte so ausgesehen, als würde er seinen Fähigkeiten als Pilot nicht vertrauen, und Maitland wusste – jedermann wusste –, dass er der Beste war.

Gelassen befestigte er wieder seinen Gurt und packte die Kontrollen. Durch die zerschmetterte Windschutzscheibe beobachtete er den Dschungelboden, üppig und grün und unbeschreiblich schön, wie er ihm entgegenraste. Irgendwie hatte er immer geahnt, dass es so enden würde … mit dem Wind, der durch die zerfetzte Maschine pfeift, dem Erdboden, der ihm entgegenjagt, seinen Händen, die den Steuerknüppel umkrallen. Diesmal würde er nicht mehr davonkommen …

Sie war erschreckend, diese plötzliche Erkenntnis seiner eigenen Sterblichkeit. Ein erstaunlicher Gedanke. Ich werde sterben.

Und es war auch Erstaunen, was er empfand, als die DeHavilland in die Baumwipfel einschlug.

VIETNAM, LAOS

Um 19.00 Uhr wurde gemeldet, dass der Air America Flug 5078 verschwunden war.

Im Kommandoraum der U.S. Army-Einsatzzentrale empfingen Colonel Joseph Kistner und seine Kameraden vom Central and Defense Intelligence, dem militärischen Geheimdienst, die Neuigkeit mit geschocktem Schweigen. War ihre Operation, die so sorgfältig geplant und für amerikanische Interessen so wichtig war, in einer Katastrophe untergegangen?

Colonel Kistner verlangte sofort eine Bestätigung.

Das Kommando bei Air America lieferte die Details. Flug 5078 hätte um 15.00 Uhr in Nam Tha landen sollen, war jedoch nicht eingetroffen. Eine Suche entlang der vermutlichen Flugroute – ausgeführt bis zum Einbruch der Dunkelheit – hatte keine Anzeichen eines Absturzes enthüllt. Aber nahe der Grenze war heftiger Flakbeschuss gemeldet worden, und Stellungen mit 57-Millimeter-Geschützen wurden unmittelbar außerhalb von Muong Sam gesichtet. Zu allem

Überfluss war das Gelände gebirgig, das Wetter unberechenbar und die Zahl nicht feindlicher Landebahnen begrenzt.

Es war anzunehmen, dass Flug 5078 abgeschossen worden war.

Mit grimmigen Gesichtern akzeptierten die Männer an dem Tisch die Fakten. Ihre höchsten Hoffnungen waren soeben an Bord einer Maschine vernichtet worden. Sie sahen Kistner an und warteten auf seine Entscheidung.

„Nehmen Sie die Suche bei Tagesanbruch wieder auf", sagte er.

„Damit würden wir nur lebende Männer den toten hinterherschicken", sagte der CIA-Offizier. „Kommen Sie, meine Herren. Wir alle wissen, dass die Besatzung nicht mehr lebt."

Kaltblütiger Bastard, dachte Kistner. Aber er hatte wie immer recht. Der Colonel sammelte die Papiere ein und stand auf. „Wir suchen nicht nach den Männern", sagte er. „Es geht um das Wrack. Ich will die Absturzstelle wissen."

„Und was dann?"

Kistner ließ seinen Aktenkoffer zuschnappen. „Dann schmelzen wir das Wrack ein."

Der CIA-Offizier nickte zustimmend. Niemand widersprach. Die Operation hatte in der Katastrophe geendet. Es gab nichts mehr zu tun.

Außer die Beweise zu zerstören.

1. KAPITEL

GEGENWART
BANGKOK, THAILAND

General Joe Kistner schwitzte nicht, eine Tatsache, die Willy Jane Maitland äußerst erstaunte, schwitzte sie doch durch ihre Baumwollunterwäsche, die ärmellose Bluse und den verknitterten Rock. Kistner sah wie der Typ Mann aus, der in dieser Hitze vor Schweiß zerfließen müsste. Er besaß eine rötliche Gesichtsfarbe, Hängebacken, eine rot geränderte Nase und einen dicken Hals, der den militärischen steifen Kragen zu sprengen drohte. Jeder Zoll ein geradliniger, harter, alter Soldat, dachte sie. Abgesehen von den Augen. Die sind unsicher und weichen aus.

Diese hellen eisblauen Augen blickten jetzt über die Veranda. In der Ferne dampften die Thai-Berge in der Hitze des Nachmittags. „Sie bemühen sich völlig umsonst, Miss Maitland“, sagte er. „Es ist zwanzig Jahre her. Sie sind doch sicher meiner Meinung, dass Ihr Vater tot ist.“

„Meine Mutter hat das nie akzeptiert. Sie braucht einen Toten, den sie begraben kann.“

Kistner seufzte. „Natürlich. Die Ehefrauen! Es sind immer die Ehefrauen. Es gab so viele Witwen, dass man dazu neigt zu vergessen …“

„Sie hat nicht vergessen.“

„Ich weiß nicht, was ich Ihnen sagen kann. Was ich Ihnen sagen sollte.“ Er wandte sich ihr zu, und seine hellen Augen richteten sich auf ihr Gesicht. „Und wirklich, Miss Maitland, wozu soll das gut sein? Abgesehen davon, dass es Ihre Neugier befriedigt?“

Das ärgerte sie. Es ließ ihre Mission unbedeutend wirken, und es gab nur wenig, das Willy mehr ärgerte, als wenn man sie als unbedeutend betrachtete. Besonders wenn das ein aufgeblasener, alberner Kriegshetzer tat. Sein Rang beeindruckte sie nicht, ganz sicher nicht nach all den steifen Militärschädeln, denen sie in den letzten Monaten begegnet war. Alle hatten ihr Mitgefühl ausgedrückt und ihr versichert, sie könnten nicht helfen, und hatten ihre Fragen abgewehrt. Aber Willy war keine Frau, gegen die man mauern konnte. Sie wollte an dieser Mauer aus Schweigen herumhacken, bis jemand antwortete oder bis man sie hinauswarf.

In letzter Zeit war sie aus ziemlich vielen Büros hinausgeworfen worden.

„Das ist ein Fall für die Vermisstenstelle“, sagte Kistner.

„Dort hat man mir gesagt, dass man mir nicht helfen kann.“

„Ich kann es auch nicht."
„Wir beide wissen, dass Sie es können."
Es entstand eine Pause. Dann fragte er leise: „Wissen wir das?"
Sie beugte sich vor und war gewillt, ihren Vorteil zu nutzen. „Ich habe meine Hausaufgaben gemacht, General. Ich habe Briefe geschrieben, mit Dutzenden von Leuten gesprochen – mit jedem, der irgendetwas mit dieser letzten Mission zu tun hatte. Und wann immer ich Laos erwähne oder Air America oder Flug 5078, taucht Ihr Name auf."
Er lächelte schwach. „Wie nett, dass man sich an mich erinnert."
„Ich habe gehört, dass Sie der Militärattaché in Vientiane waren. Dass Ihre Dienststelle den letzten Flug meines Vaters in Auftrag gab. Und dass Sie persönlich diese letzte Mission befohlen haben."
„Wo haben Sie denn dieses Gerücht gehört?"
„Von meinen Kontaktleuten bei Air America. Von Dads alten Kameraden. Ich würde sie eine verlässliche Quelle nennen."
Kistner antwortete nicht gleich. Er betrachtete sie so sorgfältig wie einen Schlachtplan. „Ich könnte einen solchen Befehl erteilt haben", räumte er ein.
„Soll das heißen, dass Sie sich nicht erinnern?"
„Es soll heißen, dass ich nicht befugt bin, darüber zu sprechen. Es handelt sich um geheime Informationen. Was in Laos geschah, ist ein äußerst heikles Thema."
„Wir sprechen hier nicht über militärische Geheimnisse. Der Krieg ist seit fünfzehn Jahren vorbei!"
Kistner schwieg, von ihrer Heftigkeit überrascht, die angesichts ihrer wenig beeindruckenden Größe besonders verblüffend war. Offenbar konnte Willy Maitland mit ihren einsfünfundfünfzig genauso raubeinig sein wie jeder Marine von einsachtzig, und sie scheute keinen Kampf. Von dem Moment an, als sie seine Veranda betreten hatte, die Schultern gestrafft, das Kinn starrsinnig hochgereckt, hatte er gewusst, dass man diese Frau nicht ignorieren konnte. Kistner unterschätzte Wild Bill Maitlands Tochter nicht.
Er lenkte den Blick über die breite Veranda zu den schimmernden grünen Bergen. In einem verschnörkelten Käfig kreischte ein Makao protestierend.
Endlich begann Kistner zu sprechen. „Flug 5078 startete in Vientiane mit drei Besatzungsmitgliedern – ihrem Vater, einem Frachtmann und einem Copiloten. Unterwegs schwenkten sie auf nordvietnamesisches Gebiet ab, wo sie vermutlich durch feindliches Feuer abgeschossen wurden. Nur der Frachtmann, Luis Valdez, konnte

aussteigen. Er wurde sofort von den Nordvietnamesen gefangen genommen. Ihr Vater wurde nicht gefunden."

„Das bedeutet nicht, dass er tot ist. Valdez überlebte ..."

Sie schwiegen im Andenken an Valdez, der fünf Jahre Kriegsgefangenschaft überlebt hatte und bei seiner Rückkehr in die Zivilisation ein zerstörter Mann war. Luis Valdez war an einem Samstag heimgekommen und hatte sich am Sonntag erschossen.

„Sie haben etwas ausgelassen, General", sagte Willy. „Ich habe gehört, dass es einen Passagier gab ..."

„Oh ja", antwortete Kistner blitzartig. „Das hatte ich vergessen."

„Wer war das?"

Kistner zuckte die Schultern. „Ein Laote. Sein Name ist nicht wichtig."

„War er beim Geheimdienst?"

„Diese Information, Miss Maitland, ist geheim." Er blickte weg. „Nach dem Absturz starteten wir eine Suche, aber das Bodenfeuer war äußerst heftig. Und es wurde klar, dass sich jeder Überlebende in Feindeshand befinden musste."

„Und Sie haben die Leute da gelassen."

„Wir halten nichts davon, Menschenleben wegzuwerfen. Und darauf wäre eine Rettungsaktion hinausgelaufen."

Ja, sie verstand seine Überlegungen. Er war ein militärischer Taktiker, der sich keine Sentimentalität leistete. Selbst jetzt saß er kerzengerade auf seinem Stuhl, und seine Augen betrachteten ruhig die grünen Hügel, die sein Haus umringten, als wäre er ewig auf der Suche nach irgendeinem Feind.

„Wir haben die Absturzstelle nicht gefunden", fuhr er fort. „Dieser Dschungel kann alles verschlingen. Dieser ganze Nebel und der Rauch, der über den Tälern hängt. Die Bäume sind so dicht, dass kein Tageslicht bis zum Erdboden dringt. Aber Sie werden selbst bald dafür ein Gefühl bekommen. Wann reisen Sie nach Saigon ab?"

„Morgen früh."

„Und die Vietnamesen sind einverstanden, über diese Sache zu sprechen?"

„Ich habe ihnen nicht den Grund für mein Kommen genannt. Ich hatte Angst, dann kein Visum zu bekommen."

„Ein kluger Schritt. Diese Leute mögen keine Konflikte. Was haben Sie ihnen denn gesagt?"

„Dass ich eine schlichte, gewöhnliche Touristin bin." Sie schüttelte lachend den Kopf. „Ich befinde mich auf einer exklusiven Privattour. Sechs Städte in zwei Wochen."

„So muss man in Asien vorgehen. Man präsentiert kein Thema direkt. Man tänzelt drum herum.“ Er sah auf seine Uhr als deutliches Zeichen, dass die Unterhaltung zu Ende war.

Sie standen auf und gaben sich die Hände.

„Viel Glück, Miss Maitland“, sagte er und nickte zum Abschied. „Ich hoffe, Sie finden, wonach Sie suchen.“

Er wandte sich ab und blickte zu den Bergen. Und da sah sie zum ersten Mal, dass winzige Schweißtropfen auf seiner Stirn wie Diamanten glitzerten.

General Kistner beobachtete die Frau, die in Begleitung eines Dieners ins Haus ging. Er fühlte sich unbehaglich. Er erinnerte sich an Wild Bill Maitland nur zu deutlich, und die Tochter war ihm sehr ähnlich. Es würde Ärger geben.

Er ging zu dem Teetisch und griff nach der silbernen Glocke. Das Klingeln tönte über die Veranda, und Sekunden später erschien Kistners Sekretär.

„Ist Mr Barnard hier?“, fragte Kistner.

„Er wartet seit einer halben Stunde“, antwortete der Mann. „Und Miss Maitlands Fahrer?“

„Ich habe ihn weggeschickt, wie Sie es wünschten.“

„Gut.“ Kistner nickte. „Gut.“

„Soll ich Mr Barnard zu Ihnen bringen?“

„Nein. Sagen Sie ihm, ich hätte meine Termine abgesagt. Auch für morgen.“

Der Sekretär runzelte die Stirn. „Er wird ziemlich verärgert sein.“

„Ja, das kann ich mir gut vorstellen.“ Kistner drehte sich um und ging zu seinem Büro. „Aber das ist sein Problem.“

Ein Thai-Diener in einem gestärkten weißen Jackett geleitete Willy durch einen hallenden, an eine Kathedrale erinnernden Korridor in den Empfangsraum. Dort blieb er stehen und sah sie höflich fragend an. „Möchten Sie, dass ich Ihnen einen Wagen rufe?“, fragte er.

„Nein, danke. Mein Fahrer bringt mich zurück.“

Der Diener wirkte verwirrt. „Aber Ihr Fahrer ist vor einiger Zeit weggefahren.“

„Das gibt es nicht!“ Sie blickte verärgert aus dem Fenster. „Er sollte auf mich warten.“

„Vielleicht parkt er im Schatten hinter den Bäumen. Ich gehe nachsehen.“

Durch die bis zum Boden reichenden Fenster beobachtete Willy, wie der Diener anmutig die Stufen zur Straße hinunterlief. Der Besitz war riesig und üppig bepflanzt. Ein Wagen konnte sich leicht in diesem Dschungel verstecken. Gleich hinter der Zufahrt beschnitt ein Gärtner eine Jasminhecke. Ein sauberer Kiesweg führte über den Rasen zu einem schattigen Garten mit Blumen und Steinbänken. In der Ferne hing ein märchenhafter blauer Dunst über Bangkok.

Der Klang eines männlichen Räusperns erregte ihre Aufmerksamkeit. Sie drehte sich um und bemerkte erst jetzt den Mann, der in der entgegengesetzten Ecke des Empfangsraums stand. Er neigte den Kopf, womit er ihre Gegenwart lässig zur Kenntnis nahm. Sie erhaschte einen Blick auf ein schiefes Lächeln, eine braune Locke, die in eine gebräunte Stirn hing. Dann wandte er seine Aufmerksamkeit wieder dem antiken Wandteppich zu.

Seltsam. Er wirkte nicht wie ein Mann, der sich für eine mottenzerfressene Stickerei interessierte. Auf dem Rücken seines Khakihemdes hatte sich ein Schweißfleck gebildet, seine Ärmel waren achtlos bis zu den Ellbogen hochgerollt. Seine Hose sah aus, als hätte er eine Woche darin geschlafen. Auf dem Boden neben ihm stand ein Aktenkoffer mit der Aufschrift U.S. ARMEELABOR, aber er wirkte auf Willy nicht wie ein militärischer Typ. In seiner Haltung lag absolut keine Disziplin. Er hätte viel besser in eine Bar gepasst als in General Kistners marmornen Empfangsraum.

„Miss Maitland?“ Der Diener war zurück und schüttelte entschuldigend den Kopf. „Es muss ein Missverständnis gegeben haben. Der Gärtner sagt, Ihr Fahrer sei in die Stadt zurückgekehrt.“

„Oh nein.“ Sie blickte frustriert aus dem Fenster. „Wie komme ich jetzt nach Bangkok zurück?“

„Vielleicht kann General Kistners Fahrer Sie zurückbringen. Er ist für eine Besorgung weggefahren, sollte aber sehr bald zurückkommen. Wenn Sie es wünschen, können Sie sich in der Zwischenzeit den Garten ansehen.“

„Ja. Ja, das wäre schön.“

Der Diener öffnete ihr stolz lächelnd die Tür. „Es ist ein sehr berühmter Garten. General Kistner ist bekannt für seine Lianen-Sammlung. Sie finden sie am Ende des Weges, nahe dem Karpfenteich.“

Willy trat in das Dampfbad des Spätnachmittags hinaus und ging den Kiesweg entlang. Abgesehen von dem Klack-Klack der Heckenschere des Gärtners war es völlig still. Sie steuerte auf eine Baumgruppe zu, blieb jedoch auf halbem Weg plötzlich stehen und blickte zu dem Haus zurück.

Zuerst sah sie nichts außer dem Sonnenschein, der auf der Marmorfassade glühte. Dann konzentrierte sie sich auf das Erdgeschoss und bemerkte die Gestalt eines Mannes an einem der Fenster. Vielleicht der Diener?

Sie setzte ihren Weg fort, war sich jedoch bei jedem Schritt sehr bewusst, dass jemand sie beobachtete.

Guy Barnard stand an der Verandatür und beobachtete, wie die Frau über den Rasen zu dem Garten ging. Es gefiel ihm, wie das Sonnenlicht auf ihren kurzen honigfarbenen Haaren tanzte. Es gefiel ihm auch, wie sie sich bewegte, das ungebärdige Schwingen ihres Gangs. Sein Blick glitt über ihre ärmellose Bluse und den Rock mit dem bedauerlich tief angesetzten Saum. Schmale Taille. Süße Hüften. Nette Waden. Nette Knöchel. Nette …

Widerstrebend unterbrach er diese Gedanken. Jetzt war kein guter Zeitpunkt, um sich ablenken zu lassen. Dennoch konnte er einen letzten Blick auf die kleine Gestalt nicht unterlassen. Na schön, sie war ein wenig hager, aber sie hatte tolle Beine. Eindeutig tolle Beine.

Schritte näherten sich auf dem Marmorboden. Guy drehte sich um und sah Kistners Sekretär, einen nie lächelnden Thai.

„Mr Barnard? Entschuldigen Sie die Verzögerung, aber eine dringende Angelegenheit ist dazwischengekommen."

„Empfängt er mich jetzt? Ich warte seit drei."

„Ja, ich weiß, aber es gibt ein Problem. General Kistner kann nicht wie geplant mit Ihnen sprechen."

„Darf ich Sie daran erinnern, dass nicht ich um dieses Treffen gebeten habe. Das hat General Kistner getan."

„Ja, aber …"

„Ich habe mir trotz meines vollen Terminkalenders die Zeit genommen …" Guy nahm sich die Freiheit der Übertreibung. „… um hier herauszufahren und …"

„Ich weiß, aber …"

„Sagen Sie mir wenigstens, warum er auf dieser Unterredung bestand."

„Das müssen Sie ihn fragen."

Guy hatte bis jetzt seinen Ärger im Zaum gehalten, aber nun richtete er sich hoch auf. Obwohl er nicht besonders groß war, überragte er den Sekretär um eine Kopflänge. „Betreibt der General für gewöhnlich so seine Geschäfte?"

Der Sekretär zuckte bloß die Schultern. „Es tut mir leid, Mr Barnard. Diese Änderung trat völlig unerwartet ein …" Sein Blick richtete sich auf etwas jenseits des Fensters.

Guy folgte dem Blick des Mannes. Durch das Glas sah er, was der Mann betrachtete – die Frau mit den honigfarbenen Haaren.

„Ich versichere Ihnen, Mr Barnard“, erklärte der Sekretär, „wenn Sie in ein paar Tagen anrufen, vereinbaren wir einen anderen Termin.“

Guy schnappte sich seinen Aktenkoffer und ging zur Tür. „In ein paar Tagen werde ich in Saigon sein.“

Ein ganzer Nachmittag verschwendet, dachte er verärgert, während er die Stufen vor dem Haus hinunterging. Er fluchte, als er die leere Zufahrt erreichte. Sein Wagen parkte hundert Meter weiter im Schatten. Der Fahrer war nirgendwo zu sehen. Wie er Puapong kannte, flirtete der Mann wahrscheinlich mit der Tochter des Gärtners.

Resigniert trottete Guy auf den Wagen zu. Die Sonne war wie ein Grill, und Hitzewellen strahlten von der gekiesten Straße ab. Auf halbem Weg zu dem Wagen warf Guy einen Blick zu dem Garten und entdeckte die Frau mit den honigfarbenen Haaren. Sie saß auf einer Steinbank und wirkte niedergeschlagen. Kein Wunder. Es war eine lange Fahrt zurück in die Stadt, und nur der Himmel wusste, wann sie eine Fahrgelegenheit hatte.

Ach, was soll's, dachte er und ging auf sie zu. Er konnte Gesellschaft gebrauchen.

Sie war wohl tief in Gedanken versunken, dass sie erst hochblickte, als er direkt neben ihr stand.

„Hallo“, sagte Guy.

Sie blinzelte zu ihm hoch. „Hallo.“ Ihr Gruß war neutral, weder freundlich noch unfreundlich.

„Habe ich nicht gehört, dass Sie eine Fahrt in die Stadt brauchen?“

„Ich habe eine Fahrgelegenheit, danke.“

„Unter Umständen müssen Sie lange warten, und ich fahre ohnedies die Strecke.“ Als sie nicht antwortete, fügte er hinzu: „Es macht mir wirklich nichts aus.“

Sie betrachtete ihn mit einem prüfenden Blick. Sie hatte silbergraue Augen und einen direkten und unverwandten Blick. Sie sah zum Haus und sagte: „Kistners Fahrer sollte mich in die Stadt bringen …“

„Ich bin hier, er nicht.“

Erneut musterte sie ihn mit diesem stummen Blick. Sie fand wohl, dass er in Ordnung war, weil sie endlich aufstand. „Danke, ich freue mich darüber.“

Gemeinsam gingen sie den Kiesweg zu seinem Wagen. Im Näherkommen bemerkte Guy, dass eine der hinteren Türen weit offen stand und ein Paar schmutziger brauner Füße herausragte. Sein Fahrer lag quer auf dem Sitz wie eine Leiche.

Die Frau stockte und starrte auf die leblose Gestalt. „Oh Himmel, er ist doch nicht …"

Ein genüssliches Schnarchen ertönte aus dem Wagen.

„Er ist nicht", sagte Guy. „Hey, Puapong!" Er schlug auf das Wagendach.

Das Schnarchen des Mannes hätte Donner übertönt.

„Hallo, Dornröschen!" Guy schlug erneut auf den Wagen. „Wachst du auf, oder muss ich dich zuerst küssen?"

„Was? Was?", stöhnte eine Stimme. Puapong regte sich und öffnete ein blutunterlaufenes Auge. „Hey, Boss. Sind Sie schon wieder da?"

„Schön geschlafen?", fragte Guy freundlich.

„Nicht schlecht."

Guy gab Puapong einen Wink, die Rückseite zu räumen. „Sieh mal, ich bin ungern lästig, aber ich habe dieser Lady versprochen, sie mitzunehmen."

Puapong kroch heraus, wankte schläfrig zum Fahrersitz und sank hinter das Steuer. Er schüttelte ein paarmal den Kopf und fischte auf dem Wagenboden nach den Schlüsseln.

Die Frau sah immer skeptischer drein. „Sind Sie sicher, dass er fahren kann?", murmelte sie.

„Dieser Mann", erklärte Guy, „besitzt die Reflexe einer Katze. Wenn er nüchtern ist."

„Ist er denn nüchtern?"

„Puapong! Bist du nüchtern?"

Mit verletztem Stolz fragte der Fahrer: „Sehe ich nicht nüchtern aus?"

„Da haben Sie Ihre Antwort", sagte Guy.

Die Frau seufzte. „Da fühle ich mich ja gleich so viel besser." Sie blickte sehnsüchtig zu dem Haus zurück. Der Thai-Diener war auf den Stufen erschienen und winkte zum Abschied.

Guy gab der Frau einen Wink, sie solle einsteigen. Sie schwieg, während sie die gewundene Bergstraße hinunterfuhren. Obwohl sie beide hinten saßen und höchstens einen halben Meter voneinander getrennt waren, wirkte die Frau Millionen Meilen entfernt. Sie hielt den Blick auf die Landstraße gerichtet.

„Sie waren eine ganze Weile bei dem General", bemerkte Guy.

Sie nickte. „Ich hatte viele Fragen."

„Sind Sie Reporterin?"

„Was?" Sie sah ihn an. „Oh nein. Es ist nur … eine alte Familienangelegenheit."

Er wartete darauf, dass sie es genauer erklärte, doch sie wandte sich wieder dem Fenster zu.

„Muss eine ziemlich wichtige Familienangelegenheit gewesen sein“, bemerkte er.

„Wieso sagen Sie das?“

„Weil er sofort, nachdem Sie ihn verlassen haben, alle seine Termine absagte. Meinen eingeschlossen.“

„Sie konnten nicht mit ihm sprechen?“

„Ich bin nicht einmal an dem Sekretär vorbeigekommen. Und dabei war Kistner derjenige, der mich sehen wollte.“

Sie runzelte sichtlich verwirrt die Stirn. Dann zuckte sie die Schultern. „Ich hatte sicher nichts damit zu tun.“

Und ich bin sicher, dass du es doch hattest, dachte er plötzlich gereizt. Himmel, beunruhigte ihn diese Frau! Sie saß ganz still, aber er hatte das Gefühl, dass in ihrem hübschen Kopf ein Hurrikan tobte. Sie war hübsch auf eine direkte Art. Es war klug von ihr, kein Make-up zu verwenden. Sie hatte rauchgraue Augen, ein eckiges Kinn und eine kleine Boxernase mit leichten Sommersprossen. Sie hatte auch einen Mund, den man in der richtigen Situation durchaus küssen konnte.

Automatisch fragte er: „Wie lange bleiben Sie in Bangkok?“

„Ich bin schon seit zwei Tagen hier. Morgen reise ich ab.“

Verdammt, dachte er.

„Nach Saigon.“

Er hob überrascht den Kopf. „Saigon?“

„Oder Ho Chi Minh Stadt. Wie immer es heute auch heißen mag.“

„Das ist aber ein Zufall“, murmelte er.

„Was?“

„In zwei Tagen reise ich nach Saigon ab.“

„Tatsächlich?“ Sie blickte auf seinen Aktenkoffer mit dem Aufdruck der U.S. Army. „Regierungsangelegenheiten?“

Er nickte. „Was ist mit Ihnen?“

Sie blickte geradeaus. „Familienangelegenheiten.“

„Richtig. Waren Sie jemals in Saigon?“

„Einmal, aber ich war erst zehn.“

„Dad beim Militär?“

„So ungefähr.“ Ihr Blick war auf einen weit entrückten Punkt vor ihnen gerichtet. „Ich erinnere mich kaum an die Stadt. Eine Menge Staub und Hitze und Wagen. Ein einziges Verkehrschaos. Und die schönen Frauen ...“

„Seither hat sich viel geändert. Die meisten Wagen sind weg.“

„Und die schönen Frauen?“

Er lachte. „Oh, die sind noch da. Zusammen mit der Hitze und dem Staub. Aber alles andere hat sich verändert." Er schwieg einen Moment und fügte hinzu: „Wenn Sie dableiben, könnte ich Sie herumführen."

Sie zögerte, weil seine Einladung sie offenbar reizte. Komm schon, nimm mich beim Wort, dachte er. Dann sah er, wie Puapong ihm im Rückspiegel zugrinste und mutwillig zublinzelte.

Er hoffte nur, dass die Frau es nicht bemerkt hatte.

Doch Willy hatte ganz sicher Puapongs Blinzeln und Grinsen gesehen und augenblicklich die Bedeutung erfasst. Jetzt geht es wieder los, dachte sie matt. Jetzt fragt er mich gleich, ob er mich zum Dinner einladen darf, und ich antworte, dass ich nicht kann, und dann wird er fragen, wie es mit einem Drink wäre, und ich werde nachgeben und Ja sagen, weil er ein verdammt gut aussehender Mann ist …

„Hören Sie, ich bin heute Abend zufällig frei", sagte er. „Möchten Sie mit mir zum Dinner ausgehen?"

„Ich kann nicht", antwortete sie und fragte sich, wer dieses ermüdende Drehbuch geschrieben hatte und wie man da jemals ausbrechen konnte.

„Wie wäre es dann mit einem Drink?" Er warf ihr ein leichtes Lächeln zu, und sie fühlte, wie sie an der Kante einer sehr hohen Klippe entlangbalancierte. Das Verrückte dabei war, dass er so gut nun auch wieder nicht aussah. Seine Nase war schief, als hätte er sie sich gebrochen und sie nicht wieder einrichten lassen. Sein Haar brauchte einen Friseur oder zumindest einen Kamm. Sie schätzte ihn auf Ende dreißig, obwohl sich die Jahre kaum zeigten, ausgenommen um die Augen, wo tiefe Lachfalten von den Winkeln ausstrahlten. Nein, sie hatte viel besser aussehende Männer gekannt. Männer, die mehr anboten als nur eine verschwitzte Nacht in einem fremden Hotelzimmer.

Warum geht mir dann dieser Kerl unter die Haut?

„Nur ein Drink?", bot er erneut an.

„Danke", erwiderte sie. „Nein."

Zu ihrer Erleichterung verfolgte er das Thema nicht weiter. Er nickte, lehnte sich zurück und blickte aus dem Fenster. Seine Finger trommelten auf den Aktenkoffer. Der sinnlose Rhythmus trieb sie zum Wahnsinn. Sie versuchte, den Mann zu ignorieren, genau wie er sie ignorierte, doch es war hoffnungslos. Dafür war er zu präsent.

Als sie vor dem Oriental Hotel hielten, war Willy so weit, dass sie aus dem Wagen springen wollte. Was sie auch praktisch tat.

„Danke für die Fahrt", sagte sie und knallte die Tür zu.

„Hey, warten Sie!", rief der Mann durch das offene Fenster. „Ich weiß Ihren Namen gar nicht!"

„Willy."

„Haben Sie auch einen Nachnamen?"

Sie drehte sich um und ging die Stufen zum Hotel hinauf. „Maitland!", rief sie über die Schulter zurück.

„Bis zum nächsten Mal, Willy Maitland!", rief der Mann.

Wohl kaum, dachte sie. Doch als sie die Eingangstür erreichte, konnte sie nicht anders, als dem Wagen nachzublicken, wie er um die Ecke verschwand. Und da fiel ihr erst ein, dass sie nicht einmal den Namen des Mannes kannte.

Guy saß auf seinem Bett im Liberty Hotel und fragte sich, was ihn dazu getrieben hatte, in diesem Saustall abzusteigen. Nostalgie vielleicht. Plus geringe Spesen von der Regierung. Seit dem Krieg war er immer hier auf seinen Reisen nach Bangkok abgestiegen, und bis jetzt hatte er keinen Grund zu einer Veränderung gesehen.

Das Haus barg eindeutig eine Menge Erinnerungen. Er würde nie diese heißen, lustvollen Nächte von 1973 vergessen. Er war ein zwanzigjähriger Soldat auf Urlaub gewesen, sie eine dreißigjährige Krankenschwester der Army. Darlene. Ja, so hieß sie. Als er sie das letzte Mal sah, war sie eine kettenrauchende Mutter von drei Kindern mit fünfzig Pfund Übergewicht gewesen. Was für ein Jammer! Die Frau hatte sich, genau wie das Hotel, eindeutig verschlechtert.

Vielleicht ich auch, dachte er, während er aus dem schmutzigen Fenster auf die Straße von Bangkok blickte. Wie hatte er diese Stadt geliebt, hatte die Tage geliebt, an denen er über die Märkte geschlendert war, auf denen die Farben so leuchteten, dass es in den Augen schmerzte, hatte die Nächte geliebt, in denen er durch die Seitenstraßen von Pat Pong gestreift war, wo Musik und Mädchen nie zu enden schienen. Nichts hatte ihn in jenen Tagen gestört – weder Lärm noch die Hitze oder die Gerüche.

Nicht einmal die Kugeln. Er hatte sich immun gefühlt, unsterblich. Es war immer ein anderer, der sich eine Kugel einfing, immer ein anderer, der in einer Kiste heimgeschickt wurde. Dachte man anders, sorgte man sich zu lange und zu sehr um seine eigene Sterblichkeit, gab man einen lausigen Soldaten ab.

Am Ende war er ein lausiger Soldat geworden.

Es erstaunte ihn jetzt noch, dass er überlebt hatte. Das war etwas, das er nie ganz verstehen würde … die schlichte Tatsache, dass er es lebend nach Hause geschafft hatte.

Besonders, wenn er an all die anderen Männer in dieser Transportmaschine aus Da Nang dachte, in diesem Zaubervogel, der sie von all dem Wahnsinn wegbringen sollte.

Er hatte noch die Narben von dem Absturz. Und er hatte noch immer tödliche Angst vor dem Fliegen.

Er weigerte sich, an den bevorstehenden Flug nach Saigon zu denken. Luftreisen waren unglücklicherweise Teil seines Jobs, und dies war ein weiterer Flug, den er nicht vermeiden konnte.

Er öffnete seinen Aktenkoffer, holte einen Stapel Akten heraus und legte sich auf das Bett. Die erste Akte war eine von einem Dutzend, die er aus Honolulu mitgebracht hatte. Jede Akte enthielt einen Namen, Rang, Erkennungsnummer, Foto und eine detaillierte Darstellung – so detailliert wie möglich – der Umstände des Verschwindens. Dies hier war ein Navylotse, Lieutenant Commander Eugene Stoddard, zuletzt gesehen beim Aussteigen aus seinem getroffenen Seekreuzer, vierzig Meilen westlich von Hanoi. Eingeschlossen waren ein Zahnbild und ein alter Röntgenbericht über einen Armbruch, den er als Teenager erlitten hatte. Was die Akte ausließ, waren die Nebensächlichkeiten: die Ehefrau, die er hinterlassen hatte, die Kinder, die Fragen.

Es gab immer Fragen, wenn ein Soldat im Kampf vermisst wurde.

Guy überflog die Seiten, machte sich im Geist ein paar Notizen und griff nach einer anderen Akte. Dies hier waren die wahrscheinlichsten Fälle, die Männer, deren Story am besten zu der neuesten Sammlung von Überresten passte. Die vietnamesische Regierung gab drei Tote frei, und Guys Aufgabe war es zu bestätigen, dass die Skelette zu Nichtvietnamesen gehörten, und jedem einen Namen, einen Rang und eine Erkennungsnummer zu geben. Es war kein besonders angenehmer Job, aber einer, der getan werden musste.

Er legte die zweite Akte beiseite und griff nach der nächsten.

Diese enthielt kein Foto. Es war eine zusätzliche Akte, die er zögernd in letzter Minute in seinen Aktenkoffer gesteckt hatte. Auf den Umschlag war VERTRAULICH gestempelt. Vor einem Jahr war NICHT GEHEIM darauf gestempelt worden. Er öffnete die Akte und betrachtete stirnrunzelnd die erste Seite.

Codename: Bruder Tuck
Status: Offen (November 1985)
Inhalt der Akte:
1. Zusammenfassung von Zeugenaussagen
2. Mögliche Identitäten
3. Suchstatus

Bruder Tuck. Eine Legende, die jeder Soldat kannte, der in Vietnam gekämpft hatte. Während des Krieges hatte Guy die Geschichten von einem bösen amerikanischen Piloten, der für den Feind flog, für pure Fantasie gehalten.

Vor ein paar Wochen war er eines Besseren belehrt worden.

Er war an seinem Schreibtisch im Armeelabor gewesen, als zwei Männer, Vertreter einer Organisation, die sich die Ariel Group nannte, in seinem Büro erschienen waren. „Wir haben einen Vorschlag“, sagten sie. „Wir wissen, dass Sie bald Vietnam besuchen, und wir möchten, dass Sie einen Kriegsverbrecher aufspüren.“ Der Mann, den sie haben wollten, war Bruder Tuck.

„Sie machen Scherze.“ Guy hatte gelacht. „Ich bin kein Militärpolizist. Und diesen Mann gibt es nicht. Das ist ein Märchen.“

Als Antwort hatten sie ihm einen Scheck über zwanzigtausend Dollar überreicht ... „für Spesen“, wie sie sagten. Es sollte noch mehr geben, wenn er den Verräter zurückbrachte und der Gerechtigkeit übergab.

„Und wenn ich den Job nicht will?“, hatte er gefragt.

„Sie können kaum ablehnen“, lautete die Antwort. Dann hatten sie Guy exakt geschildert, was sie über ihn wussten, über seine Vergangenheit, darüber, was er im Krieg getan hatte. Ein brutales Geheimnis, das ihn zerstören konnte, ein Geheimnis, das er hinter einer Mauer aus Angst und Selbstverachtung versteckt hatte. Sie sagten ihm genau, was er zu erwarten hätte, wenn es ans Licht kam. Das volle Rampenlicht der Öffentlichkeit. Die Gerichtsverhandlung. Die Gefängniszelle.

Sie hatten ihn in die Ecke getrieben. Er hatte den Scheck genommen und auf die nächste Kontaktaufnahme gewartet.

Am Tag vor seiner Abreise aus Honolulu war diese Akte per Eilpost aus Washington eingetroffen. Ohne sie anzusehen, hatte er sie in seinen Aktenkoffer geschoben.

Jetzt las er sie zum ersten Mal und verharrte bei der Seite mit möglichen Identitäten. Mehrere Namen erkannte er von seinem Stapel mit Vermisstenakten, und diese Liste erschien ihm unfair. Diese Männer waren im Kampf vermisst gemeldet worden und waren wahrscheinlich tot. Sie als mögliche Verräter zu brandmarken, war eine Beleidigung ihres Andenkens.

Er ging die Namen dieser Piloten, die sich nicht mehr wehren konnten, einen nach dem anderen durch. Nach der Hälfte der Liste stockte er und konzentrierte sich auf die Eintragung. „William T. Maitland, Pilot, Air America“. Daneben befand sich ein Sternchen und darunter eine Fußnote: „Bezugnahme auf Akte M-70-4163, Militärischer Geheimdienst. (Geheim).“

Dann fiel ihm die Frau aus Kistners Villa, die kleine Blonde mit den großartigen Beinen, ein. Ich bin in Familienangelegenheiten hier, hatte sie gesagt. Deshalb hatte sie sich mit General Joe Kistner getroffen, dessen Verbindungen zum Militärischen Geheimdienst unbestreitbar waren.

Bis zum nächsten Mal, Willy Maitland.

Es war ein zu großer Zufall. Und doch …

Er blätterte zur ersten Seite zurück und las die Akte von Bruder Tuck vom Anfang bis zum Ende. Den Abschnitt Suchstatus las er zweimal. Dann stand er vom Bett auf und begann, im Zimmer auf und ab zu gehen, während er seine Möglichkeiten überdachte. Wobei er keine von ihnen mochte.

Er hielt nichts davon, Menschen zu benützen. Aber es stand enorm viel auf dem Spiel. Zutiefst persönliche Dinge. Wie viele Männer haben ihr eigenes kleines Geheimnis aus dem Krieg? fragte er sich. Geheimnisse, über die wir nicht sprechen können. Geheimnisse, die uns vernichten könnten.

Er schloss die Akte. Die Information in dieser Akte reichte nicht. Er brauchte die Hilfe der Frau.

Aber bin ich kaltblütig genug, um sie zu benützen?

Kann ich es mir leisten, sie nicht zu benützen? flüsterte die Stimme der Notwendigkeit. Es war eine schreckliche Entscheidung. Aber er hatte keine Wahl.

Es war fünf Uhr nachmittags, und im Bong Bong Club herrschte noch nicht Hochbetrieb. Auf der Bühne wanden sich drei Frauen mit schimmernden, eingeölten Körpern wie ein Schlangentrio. Musik plärrte aus alten Stereoanlagen, ein unermüdlicher primitiver Beat, der die Dunkelheit zum Erschauern brachte.

Von seinem Lieblingsecktisch aus beobachtete Siang die Action – die Männer, die Drinks schlürften, die Kellnerinnen, die hinter Trinkgeldern her waren. Dann konzentrierte er sich auf die Bühne, auf das Girl in der Mitte. Sie war etwas Besonderes. Üppige Hüften, fleischige Schenkel, eine gierige rosa Zunge. Er konnte nicht definieren, was an ihren Augen dran war, aber sie hatte diesen bewussten Blick. Die Nummer sieben war an ihrer letzten Hülle befestigt. Er musste sich später nach Nummer sieben erkundigen.

„Guten Tag, Mr Siang.“

Siang blickte hoch und sah den Mann in der Dunkelheit stehen. Die Größe dieses Mannes beeindruckte ihn unweigerlich. Selbst jetzt, zwanzig Jahre nach ihrem ersten Zusammentreffen, kam Siang sich in der Gegenwart dieses Riesen wie ein Kind vor.

Der Mann bestellte ein Bier und setzte sich an den Tisch. Er beobachtete einen Moment die Bühne. „Eine neue Nummer?“

„Die in der Mitte ist neu.“

„Ach ja, sehr hübsch. Ihr Typ, nicht wahr?“

„Das werde ich herausfinden.“ Siang nahm einen Schluck Whisky, ohne seinen Blick von der Bühne abzuwenden. „Sie sagten, dass Sie einen Job für mich haben?“

„Eine kleine Sache.“

„Ich hoffe, das bedeutet nicht eine kleine Belohnung.“

Der Mann lachte leise. „Nein, nein. War ich jemals nicht großzügig?“

„Wie ist der Name?“

„Eine Frau.“ Der Mann schob ein Foto über den Tisch. „Ihr Name ist Willy Jane Maitland. Zweiundzwanzig. Einsfünfundfünfzig, dunkelblonde kurze Haare, graue Augen. Sie wohnt im Oriental Hotel.“

„Amerikanerin?“

„Ja.“

Siang schwieg einen Moment. „Ein ungewöhnliches Ansuchen.“

„Es ist etwas … eilig.“

Ah, der Preis geht hoch, dachte Siang. „Warum?“

„Sie reist morgen früh nach Saigon ab. Somit haben Sie nur heute Nacht.“

Siang nickte und blickte wieder zu der Bühne. Er war erfreut zu sehen, dass ihn das Mädchen in der Mitte, die Nummer sieben, direkt ansah. „Die Zeit sollte reichen“, sagte er.

Willy Maitland stand am Flussufer und starrte in das wirbelnde Wasser hinunter.

Von der Restaurantterrasse aus entdeckte Guy sie, eine kleine Gestalt, die am Geländer lehnte. Er ging über die Terrasse zu ihr, wich leeren Tischen und Stühlen aus und lehnte sich neben ihr an das Geländer. Ihr Haar schien die roten und goldenen Funken des Sonnenuntergangs zu reflektieren.

„Hübscher Ausblick“, sagte er.

Sie sah ihn an. Ein äußerst uninteressierter Blick war alles, was sie für ihn übrig hatte. Dann wandte sie sich ab.

Er stellte sein Bier auf das Geländer. „Ich wollte sehen, ob Sie Ihre Meinung wegen des Drinks geändert haben.“

Sie starrte nur in das Wasser.

„Ich weiß, wie das in einer fremden Stadt ist. Niemand, der mit einem seine Frustrationen teilt. Ich dachte, Sie würden sich ein wenig …"

„Verschonen Sie mich", unterbrach sie ihn und ging weg.

Ich verliere meine Ausstrahlung, dachte er und folgte ihr. „Wir sollten miteinander essen und vielleicht reden."

„Worüber?"

„Ach, wir könnten mit dem Wetter beginnen. Dann zur Politik übergehen. Religion. Meine Familie, Ihre Familie."

„Ich nehme an, das alles läuft auf etwas hinaus?"

„Nun ja, allerdings."

„Lassen Sie mich raten. Auf eine Einladung in Ihr Zimmer?"

„Sie denken, dass ich das versuche?", fragte er in verletztem Tonfall. „Dass ich Sie aufreißen will?"

„Wollen Sie das nicht?" Damit wandte sie sich erneut ab.

Diesmal folgte er ihr nicht. Sie setzte sich an einen der Tische, eine harte Nuss zu knacken für eine Lady, die ihm kaum bis zur Schulter reichte. Eine Maus mit Zähnen.

Er brauchte noch ein Bier, ging die Stufen hinauf zur Bar und blickte noch einmal zu der Frau zurück. Durch seine Unachtsamkeit prallte er mit einem gut gekleideten Thai zusammen, der in die entgegengesetzte Richtung ging. Guy murmelte automatisch eine Entschuldigung. Der Mann antwortete nicht. Er ging einfach weiter, den Blick auf etwas vor ihm fixiert.

Guy tat zwei Schritte, bevor ein innerer Alarm in seinem Kopf losging. Es war purer Instinkt, die soldatische Vorahnung einer Katastrophe. Es hatte etwas mit den Augen des Mannes zu tun, der soeben vorbeigegangen war.

Er hatte diesen tödlichen, ruhigen Blick schon einmal gesehen, in den Augen eines Vietnamesen. Sie waren aneinander vorbeigegangen, als Guy einen beliebten Nachtclub in Da Nang verließ. Für den Bruchteil einer Sekunde waren sich ihre Blicke begegnet. Selbst jetzt noch, Jahre später, erinnerte Guy sich an die Kälte, die er beim Blick in die Augen dieses Mannes verspürt hatte. Während Guy auf der Straße auf seine Kameraden wartete, hatte zwei Minuten später eine Bombe das Gebäude zerfetzt. Siebzehn Amerikaner waren getötet worden.

Jetzt beobachtete er mit wachsender Bestürzung, wie der Thai stehen blieb und seine Umgebung musterte. Der Mann schien entdeckt zu haben, wonach er suchte, und strebte der Terrasse zu. Nur zwei Tische waren besetzt. An einem saßen Italiener, am anderen Willy Jane Maitland. Am Rand der Terrasse blieb der Thai stehen und fasste unter sein Jackett.

In einem Reflex tat Guy ein paar Schritte vorwärts. Noch bevor seine Augen die Gefahr registrierten, reagierte sein Körper bereits. Etwas schimmerte in der Hand des Mannes, ein Gegenstand, der das blutrote Leuchten des Sonnenuntergangs einfing. Erst in diesem Moment konnte Guy verstandesmäßig begreifen, wovor sein Instinkt ihn bereits gewarnt hatte.

„Willy!", schrie er. „Achtung!"

Dann warf er sich auf den Mörder.

2. KAPITEL

Als der Schrei eines Mannes ertönte, senkte Willy ihre Speisekarte und drehte sich um. Zu ihrem Erstaunen sah sie, dass es der verrückte Amerikaner war, der Stühle umwarf, während er an einem Kellner vorbeischnellte und sich auf einen anderen Mann warf, einen gut gekleideten Thai. Die beiden Körper prallten zusammen. Im selben Moment hörte sie etwas durch die Luft zischen und fühlte einen unerwarteten Schmerz in ihrem Arm. Sie sprang von ihrem Stuhl auf, als die beiden Männer in ihrer Nähe auf dem Boden aufschlugen.

Am nächsten Tisch schnellten auch die Italiener hoch, gestikulierten und riefen. Die Körper auf dem Boden rollten weiter und weiter, warfen Tische um, ließen Zuckerschalen auf der Steinterrasse zerschellen. Willy war total verwirrt. Was ging da vor sich? Warum kämpfte dieser Idiot gegen einen thailändischen Geschäftsmann?

Beide Männer kamen schwankend hoch. Der Thai trat zu. Seine Ferse knallte hart in den Bauch seines Gegners. Der Amerikaner krümmte sich, stöhnte und prallte mit seinem Rücken gegen die Mauer der Terrasse.

Der Thai verschwand.

Die Italiener waren bereits hysterisch.

Willy kämpfte sich zwischen umgestürzten Stühlen und zerschlagenem Geschirr zu dem Mann vor. Ein Bluterguss von der Größe eines Golfballs schwoll bereits auf seiner Wange an. Blut sickerte alarmierend von seiner eingerissenen Lippe. „Sind Sie in Ordnung?“, schrie sie.

Er fasste sich an die Wange und zuckte zusammen. „Ich habe wahrscheinlich schon schlimmer ausgesehen.“

Sie warf einen Blick auf die umgestürzten Stühle und Tische.

„Sehen Sie sich das an! Hoffentlich haben Sie eine gute Begründung für … Was machen Sie da?“, fragte sie, als er plötzlich ihren Arm packte. „Nehmen Sie Ihre Hände von mir!“

„Sie bluten!“

„Was?“ Sie folgte seinem Blick und entdeckte einen schockierend roten Fleck auf ihrem Ärmel. Tropfen platschten auf die Steinplatten.

Sie schwankte benommen und setzte sich direkt neben ihm platt auf den Boden. Durch einen wattigen Nebel hindurch fühlte sie, wie ihr Kopf zwischen ihre Knie gedrückt wurde, und hörte, wie ihr Ärmel aufgerissen wurde. Hände betasteten sanft ihren Arm.

„Ganz ruhig“, murmelte er. „Es ist nicht schlimm. Sie müssen ein wenig genäht werden. Atmen Sie ganz langsam.“

„Nehmen Sie Ihre Hände von mir“, murmelte sie, aber sobald sie den Kopf anhob, verschwamm die Terrasse.

Mittlerweile war der Hotelmanager eingetroffen, ein Engländer in einem makellosen Anzug. Die Kellner deuteten anklagend auf Guy. Der Manager schnalzte mit der Zunge und schüttelte den Kopf, während er den Schaden betrachtete.

„Das ist schrecklich“, murmelte er. „Ein solches Verhalten ist nicht zu dulden. Nicht auf meiner Terrasse. Sind Sie ein Gast? Sie sind es nicht.“ Er wandte sich an einen der Kellner. „Rufen Sie die Polizei. Ich wünsche, dass dieser Mann festgenommen wird.“

„Seid ihr alle blind?“, brüllte Guy. „Hat denn keiner von euch gesehen, dass er versucht hat, sie zu töten?“

„Was? Was? Wer?“

Guy wühlte in dem zerbrochenen Geschirr herum und fischte ein Messer heraus. „Nicht die übliche Art Ihres Bestecks“, sagte er und hielt die tödlich aussehende Waffe hoch. Der Griff bestand aus Elfenbein mit Perlmutteinlage. Die Klinge war rasiermesserscharf. „Das ist ein Wurfmesser.“

„Oh, welch ein Unsinn“, stieß der Engländer hervor.

„Sehen Sie sich ihren Arm an!“

Der Manager lenkte den Blick zu Willys blutgetränktem Ärmel. Entsetzt taumelte er einen Schritt zurück. „Gütiger Himmel! Ich … ich rufe einen Arzt.“

„Machen Sie sich keine Mühe.“ Guy hob Willy auf seine Arme. „Es geht schneller, wenn ich sie direkt ins Krankenhaus bringe.“

Als er sie über die Terrasse trug, klagte sie: „Das ist beschämend. Mir geht es gut. Setzen Sie mich ab!“

„Dann werden Sie ohnmächtig.“

„Ich war noch nie in meinem Leben ohnmächtig!“

„Jetzt ist kein guter Zeitpunkt, um damit anzufangen.“ Er schaffte sie in ein wartendes Taxi, wo sie sich auf dem Rücksitz wie ein verletztes Tier zusammenrollte.

Der Arzt in der Notaufnahme glaubte nicht an Betäubungsmittel. Willy glaubte nicht an Schreien. Während die gebogene Nadel immer wieder in ihren Arm stach, biss sie die Zähne zusammen und wünschte sich, der irre Amerikaner würde ihre Hand halten. Hätte sie doch bloß nicht auf hart gemacht und ihn in den Warteraum geschickt! Und sie kannte noch immer nicht seinen Namen!

Der Arzt, der vermutlich sadistische Neigungen besaß, führte einen letzten Stich aus, verknotete den Faden und schnitt ihn ab. „Sehen Sie?“, sagte er höflich. „Das war doch gar nicht so schlimm.“

Ihr war danach, ihm die Faust in die Zähne zu schlagen und zu sagen: Sehen Sie? Das war auch nicht so schlimm.

Er verband die Wunde, versetzte ihr einen fröhlichen Klaps – natürlich auf ihren verletzten Arm – und schickte sie in den Warteraum hinaus.

Er war noch immer da, sah mit seinen blauen Flecken und Risswunden wie ein Stadtstreicher aus, der von der Straße hereingekommen war, blickte ihr jedoch besorgt entgegen. „Wie geht's Ihrem Arm?"

Sie berührte vorsichtig ihre Schulter. „Hält man in diesem Land nichts von Schmerzmitteln?"

„Nur für Schwächlinge, was Sie offenbar nicht sind."

Draußen dampfte die Nacht. Es gab keine Taxis, weshalb sie ein Tuk-Tuk mieteten, eine von einem Motorroller angetriebene Rikscha, die von einem zahnlosen Thai gefahren wurde.

„Sie haben mir Ihren Namen noch nicht genannt!", rief sie über dem Dröhnen des Motors.

„Ich dachte, er würde Sie nicht interessieren."

„Ist das mein Stichwort, um auf die Knie zu sinken und um eine Vorstellung zu bitten?"

Grinsend streckte er die Hand aus. „Guy Barnard. Erfahre ich jetzt, wofür Willy die Abkürzung ist?"

Sie schüttelte seine Hand. „Wilone."

„Ungewöhnlich. Hübsch."

„Abgesehen von Wilhelmina kommt so eine Tochter William Maitland Junior am nahesten."

Er gab keinen Kommentar ab, aber sie sah ein sonderbares Flackern in seinen Augen, einen plötzlich interessierten Blick. Sie fragte sich warum. Das Tuk-Tuk ratterte an einem Klong entlang, einem Kanal, dessen stehendes Wasser unter den Straßenlampen schimmerte.

„Maitland", bemerkte er lässig. „An den Namen erinnere ich mich aus dem Krieg. Es gab einen Piloten, Wild Bill Maitland. Flog für Air America. Irgendeine Beziehung zu ihm?"

Sie blickte weg. „Nur mein Vater."

„Im Ernst? Sie sind Wild Bill Maitlands Tochter?"

„Sie haben die Geschichten über ihn gehört, nicht wahr?"

„Wer hat das nicht? Er war eine lebende Legende. So wie Erdbeben-Magon."

„Das war er für mich auch", murmelte sie. „Nichts als eine Legende."

In ihrer Unterhaltung trat eine Pause ein, und Willy fragte sich, ob Guy Barnard von der Bitterkeit in ihrer letzten Bemerkung schockiert war. Wenn ja, zeigte er es nicht.

„Ich habe Ihren Vater nie kennengelernt", fuhr er fort. „Aber ich habe ihn einmal auf der Piste von Da Nang gesehen. Ich war bei der Bodenmannschaft."

„Bei Air America?"

„Nein. Army Air Cav. Ihr alter Herr brachte eine C-46 herunter. Der Motor hat gebrannt, der Treibstoff war alle, der Rumpf so zerschossen, dass man hindurchsehen konnte. Er setzte die Maschine so schön auf die Piste, wie man sich das nur wünschen konnte. Dann stieg er aus und sah sich alle Kugeleinschläge an. Jeder andere Pilot wäre auf die Knie gefallen und hätte den Erdboden geküsst. Aber Ihr Dad hat nur die Schultern gezuckt, ist zu einem Baum gegangen und hat ein Nickerchen gemacht." Guy schüttelte den Kopf. „Ihr Vater war schon so einer."

Willy wünschte sich, er würde aufhören, über ihren Vater zu sprechen. So war es immer gewesen. In ihrer Kindheit in Vientiane erzählten die Piloten auf jeder Party neue Geschichten über Wild Bill, bis sie schreien wollte. Alle diese Geschichten unterstrichen nur, wie unwichtig sie und ihre Mutter im Leben ihres Vaters gewesen waren.

Vielleicht fing Guy Barnard deshalb an, sie zu ärgern.

Aber es war mehr als sein Gerede über Bill Maitland. Auf eine undefinierbare Art erinnerte Guy sie zu sehr an ihren Vater.

Das Tuk-Tuk holperte über eine Bodenwelle und warf sie gegen Guys Schulter. Schmerz schoss durch ihren Arm, und ihr ganzer Körper verkrampfte sich.

Er sah sie alarmiert an. „Alles in Ordnung?"

„Ich bin ..." Sie biss sich auf die Unterlippe und kämpfte die Tränen zurück. „Es fängt wirklich an, wehzutun."

Er rief dem Fahrer zu, langsamer zu fahren. Dann hielt er Willys Hand. „Wir sind fast schon da ..."

Es war eine lange Fahrt zu dem Hotel.

In ihrem Zimmer setzte Guy sie auf das Bett und strich ihr sanft das Haar aus dem Gesicht. „Haben Sie Schmerztabletten?"

„Im ... im Bad ist Aspirin." Sie wollte aufstehen.

„Bleiben Sie sitzen." Er ging ins Bad und kam mit einem Glas Wasser und dem Fläschchen mit den Tabletten wieder. Sie war sich bewusst, wie er sie beobachtete, während sie die Tabletten schluckte. Danach ging er an den Kühlschrank. „Was suchen Sie?"

Er kam mit einem Portionsfläschchen Whisky zurück. „Ein altmodisches Mittel, aber es wirkt."

„Ich mag keinen Whisky."

„Medizin muss nicht gut schmecken."

Sie schaffte einen Schluck, der in ihrem Hals brannte. „Danke."

Vom Chaophya River unterhalb des Balkons drang das Tuckern von Motorbooten, die das Wasser durchpflügten. „Hübsches Zimmer", stellte er fest. „Schlägt meine Unterkunft, das Liberty Hotel. Was machen Sie übrigens beruflich?"

Sie nahm noch einen Schluck Whisky und hustete. „Ich bin Pilotin."

„Genau wie Ihr Vater?"

„Nicht direkt. Ich fliege für den Gehaltsscheck, nicht für den Nervenkitzel. Nicht dass die Bezahlung großartig wäre. Kein Geld im Frachtverkehr zu machen."

„Kann nicht so schlecht sein, wenn Sie hier absteigen."

„Ich bezahle das hier nicht."

Er zog die Augenbrauen in die Höhle. „Wer denn?"

„Meine Mutter."

Er betrachtete sie neugierig. „Was bezahlt sie noch?"

Sie blickte ihm in die Augen. „Ihr eigenes Begräbnis."

„Wie meinen Sie das? Ist Ihre Mutter tot?"

„Nein, aber sie stirbt." Willy blickte aus dem Fenster auf die Laternen entlang des Flussufers. Seufzend fuhr sie sich durch die Haare. „Meine Güte, was mache ich hier?"

„Ich nehme an, es handelt sich um einen Urlaub."

„Nein, um eine sinnlose Jagd." Sie schluckte den restlichen Whisky und stellte das Fläschchen auf den Nachttisch. „Aber es ist Moms letzter Wunsch."

Er sank in einen Sessel. „Sie sagten, Sie wären in einer Familienangelegenheit hier. Hat es mit Ihrem Vater zu tun?"

Sie nickte.

„Und deshalb waren Sie heute bei Kistner? Die Aufklärung von Todesfällen ist nicht sein Job."

„Aber der Militärische Geheimdienst. 1970 war Kistner in Laos stationiert. Er gehörte zu denen, die den letzten Flug meines Vaters in Auftrag gaben."

„Und hat Kistner Ihnen irgendetwas Neues erzählt?"

„Nur, was ich erwartet habe."

„Muss schwer sein, dass Sie so weit umsonst gereist sind."

„Es wird schwer für meine Mutter sein."

„Für Sie nicht?"

„Eigentlich nicht." Sie stand vom Bett auf, trat auf den Balkon hinaus und starrte auf das Wasser hinunter. „Sehen Sie, mein Vater ist mir verdammt gleichgültig."

Sie fühlte mehr, als dass sie hörte, wie er näher kam. Er lehnte sich neben ihr an das Geländer. Die Flusslaternen gaben so wenig Licht, dass sein Gesicht in Dunkelheit getaucht war.

Sie blickte auf das schimmernde Wasser hinunter. „Sie wissen nicht, wie es ist, die Tochter einer Legende zu sein. Mein ganzes Leben lang haben mir die Leute erzählt, wie tapfer er war, was für ein Held er war. Himmel, muss er den Ruhm geliebt haben!"

„Viele Männer tun das."

„Und viele Frauen leiden darunter."

„Hat Ihre Mutter gelitten?"

Sie blickte zum Himmel hinauf. „Meine Mutter …" Sie schüttelte den Kopf und lachte. „Sie war Nachtclubsängerin. Nur die besten Clubs von New York. Ein Kritiker hat über sie geschrieben: ‚Ihre Stimme spinnt ein Netz, das jedes Publikum mit seiner Magie einfängt!'. Dann hat sie geheiratet. Vom Star wurde sie zur Fußnote im Leben eines Mannes. Wir lebten ein paar Jahre in Vientiane. Sie wollte unbedingt heim, und sie suchte Läden nach anständigen Lebensmitteln ab und tat die Handgranaten mit einem Lachen ab. Dad hat den Ruhm eingeheimst, aber sie hat mich großgezogen." Willy sah Guy an. „So ist die Welt, nicht wahr?"

Er antwortete nicht.

Sie lenkte ihren Blick wieder auf den Fluss. „Nachdem Dads Vertrag mit Air America endete, versuchten wir es eine Weile in San Francisco. Er arbeitete für eine Zubringerfluglinie. Mom und ich, also, wir genossen es, in einer Stadt zu leben, in der es keine Mörder und Granaten gab. Aber …" Sie seufzte. „Es war nicht von Dauer. Dad langweilte sich. Er ging zurück."

„Ihre Eltern ließen sich scheiden?"

„Er hat nie um die Scheidung gebeten, und Mom wollte nichts davon wissen. Sie liebte ihn." Willys Stimme sank ab. „Sie liebt ihn noch immer."

„Er kehrte allein nach Laos zurück?"

„Er verpflichtete sich für weitere zwei Jahre. Er liebte die Gesellschaft von Leuten, die nach Gefahr süchtig waren. Sie waren alle so, diese A.A.-Piloten – alles Freiwillige, keine Wehrpflichtigen. Fliegen war wohl das Einzige, was ihnen ein Hochgefühl gab, wo sie sich lebendig fühlten. Muss für Dad das absolute *High* gewesen sein, als er starb."

„Und jetzt sind Sie hier, mehr als zwanzig Jahre später, und suchen einen Mann, der Ihnen egal ist. Kistner hat Ihnen das offizielle Urteil gegeben. Ihr Vater ist tot. Reicht das?"

„Nicht nach all den Lügen, die man uns aufgetischt hat."

„Wer hat Sie belogen?"

Sie lachte. „Wer hat es nicht getan? Wir haben mit dem Vermisstensuchdienst gesprochen, mit dem Militärischen Geheimdienst, mit der CIA. Alle gaben uns denselben Rat – aufzugeben."

„Vielleicht haben sie recht."

„Vielleicht verbergen sie die Wahrheit."

„Und die wäre?"

„Dass Dad den Absturz überlebte."

„Welchen Beweis haben Sie dafür?"

Sie betrachtete Guy einen Moment und überlegte, wieweit sie sich ihm anvertrauen konnte. Überlegte, warum sie sich ihm schon so weit anvertraut hatte. Sie wusste nichts über ihn, außer dass er schnelle Reflexe und Sinn für Humor hatte. Dass seine Augen braun und sein Lächeln übermütig war. Und dass er auf seine etwas schlampige Art der attraktivste Mann war, der ihr je begegnet war.

Der letzte Gedanke traf sie wie ein Blitz aus heiterem Himmel. Aber er war wirklich attraktiv. Sie konnte nichts Besonderes benennen, das ihn so machte. Vielleicht war es seine Selbstsicherheit. Oder vielleicht ist es der verdammte Whisky, dachte sie. „Meine Mutter und ich, wir hatten … also, es gab Hinweise, dass uns Geheimnisse vorenthalten wurden."

„Etwas Konkretes?"

„Nachdem die Maschine heruntergegangen war", erklärte sie, „druckten Dads Kameraden Flugblätter, in denen sie zwei Kilo Gold demjenigen als Belohnung versprachen, der den Beweis für den Absturz erbrachte. Die Flugblätter wurden entlang der Grenze und über dem Gebiet der Pathet Lao abgeworfen. Ein paar Wochen später kam ein Dorfbewohner aus dem Dschungel und verlangte die Belohnung. Er sagte, er habe das Wrack eines Flugzeugs unmittelbar hinter der vietnamesischen Grenze gefunden. Er beschrieb es bis hin zur Nummer am Heck. Und er schwor, dass es an Bord nur zwei Leichen gab, eine im Frachtraum, eine zweite im Cockpit. Die Maschine hatte eine Besatzung von drei Mann."

„Was sagten die Ermittler dazu?"

„Das haben wir nicht von ihnen erfahren. Der Geheimbericht wurde in unseren Briefkasten gesteckt mit der Aufschrift ‚Von einem Freund'. Ich denke, einer von Dads alten Kameraden bei Air America bekam Wind von der Vertuschungsaktion und wollte die Angehörigen informieren. Meine Mutter ging der Sache nach. Sie hat CIA und Air America bekniet, aber nichts herausgefunden. Aber sie bekam ein paar anonyme Anrufe, sie solle den Mund halten, sonst würde sie Dinge über Dad erfahren, die sie nicht wissen wolle. Peinliche Dinge."

„Andere Frauen?"

Das war der Teil, der Willy wütend machte. Sie konnte kaum darüber sprechen. „Man hat angedeutet ... dass er für die andere Seite arbeitete. Dass er ein Verräter war."

Es entstand eine Pause. „Und Sie glauben das nicht."

Ihr Kinn ruckte hoch. „Zum Teufel, nein! Wir sollten nur abgeschreckt werden. Als wir weiter Fragen stellten, stoppten sie die noch ausständigen Zahlungen für Dad, und dabei ging es so etwa um zehntausend Dollar. Dann war der Krieg aus, und wir dachten, wir würden endlich Antworten bekommen. Und dann hörten wir, dass einer von Dads Bordmannschaft zurückgekommen war."

Guy richtete sich überrascht auf. „Also gab es doch einen Überlebenden?"

„Luis Valdez, der Frachtmann. Er sprang ab, als die Maschine runterging. Er wurde am Boden gefangen und verbrachte die nächsten fünf Jahre in einem nordvietnamesischen Gefangenenlager."

„Erklärt das nicht die fehlende Leiche? Wenn Valdez absprang ..."

„Da kommt noch mehr. Sobald Valdez in den Staaten eintraf, rief er uns an. Ich war am Telefon. Ich hörte, dass er Angst hatte, aber er dachte, er sei es Dad schuldig. Er sagte mir, auf diesem Flug hätten sie einen Passagier gehabt, einen Laoten, der bereits tot war, als die Maschine abschmierte. Und dass die Leiche im Cockpit wahrscheinlich Kozlowski, der Copilot, war. Also fehlt noch einer."

„Ihr Vater."

Sie nickte. „Wir gingen wieder zur CIA, aber sie sagten, es habe keinen Passagier gegeben. Und Air America behauptete, es gebe keine Unterlagen über einen Passagier."

„Aber Sie hatten Valdez' Aussage."

Sie schüttelte den Kopf. „Am Tag nach seinem Anruf sollte er uns besuchen, aber er schoss sich in den Kopf. Selbstmord. Steht zumindest im Polizeibericht."

An Guys langem Schweigen erkannte sie, dass er geschockt war. „Wie praktisch", murmelte er.

„Zum ersten Mal in meinem Leben hatte meine Mutter Angst. Um mich. Also ließ sie die Sache fallen. Bis ..."

„Da war noch etwas?"

Sie nickte. „Etwa ein Jahr nach Valdez' Tod – ich schätze, es war so 1976 – kamen auf einmal fünfzehntausend Dollar auf das Bankkonto meiner Mutter. Die Bank konnte ihr nur sagen, dass das Geld in

Bangkok eingezahlt worden wäre. Ein Jahr später passierte es wieder, diesmal ungefähr zehntausend."

„So viel Geld, und sie hat nie herausgefunden, wo es herkam?"

„Nein. Sie hat sich gefragt, ob von einem von Dads Kameraden oder vielleicht von Dad selbst ..." Willy schüttelte seufzend den Kopf. „Nun, vor ein paar Monaten erfuhr sie, dass sie Krebs hat. Und plötzlich war ihr die Wahrheit wichtig. Sie ist zu krank, um diese Reise selbst zu unternehmen. Also hat sie mich gebeten. Und ich laufe gegen dieselbe Wand wie sie vor zwanzig Jahren."

„Vielleicht sind Sie nicht zu den richtigen Leuten gegangen."

„Wer sind denn die richtigen Leute?"

Guy schob sich näher. „Ich habe Verbindungen. Ich könnte es für Sie herausfinden."

Ihre Hände berührten sich auf dem Geländer. Willy fühlte einen köstlichen Schock durch ihren Arm laufen. Sie zog ihre Hand zurück.

„Was für Verbindungen?"

„Freunde in der Branche."

„Was ist denn Ihre Branche?"

„Leichenzählung. Hundemarken. Ich arbeite im Armeelabor für Identifizierung."

„Verstehe. Sie sind beim Militär."

Er lachte und lehnte sich seitlich gegen das Geländer. „Absolut nicht. Nach Vietnam habe ich meinen Abschied genommen, bin zurück ans College und habe sozusagen ein Diplom in Steinen und Gebeinen gemacht. Anthropologe mit Schwerpunkt Südostasien. Ich arbeitete eine Weile in einem Museum und stellte dann fest, dass die Army besser bezahlt. Also habe ich mich als ziviler Mitarbeiter verpflichtet. Ich sortiere noch immer Gebeine, aber jetzt haben sie Namen, Dienstrang und Erkennungsnummer."

„Und deshalb reisen Sie nach Vietnam?"

„Ja, es sind neue Überreste in Saigon und Hanoi abzuholen."

Überreste. So ein klinisches Wort für etwas, das einst ein menschliches Wesen war.

„Ich kenne ein paar Leute", sagte er. „Ich könnte Ihnen helfen."

„Warum?"

„Sie haben mich neugierig gemacht."

„Ist das alles? Neugierde?"

Er strich ihr kurzes Haar zurück. Die flüchtige Berührung seiner Finger ließ ihren ganzen Hals prickeln. Sie erstarrte und konnte nicht auf den unerwarteten, vertraulichen Kontakt reagieren.

„Vielleicht bin ich einfach ein netter Kerl", flüsterte er.

Oh, verdammt, gleich küsst er mich, dachte sie. Und ich werde es zulassen, und was dann kommt, weiß jeder …

Sie schlug seine Hand weg und wich hastig zurück. „Ich glaube nicht an nette Kerle."

„Angst vor Männern?"

„Nein, aber ich vertraue ihnen auch nicht."

„Trotzdem haben Sie mich in Ihr Zimmer gelassen." In seiner Stimme schwang offen Lachen mit.

„Vielleicht ist es Zeit, Sie hinauszulassen." Sie durchquerte den Raum und riss die Tür auf. „Oder wollen Sie Schwierigkeiten machen?"

„Ich?" Zu ihrer Überraschung folgte er ihr an die Tür. „Ich mache nie Schwierigkeiten. Außerdem kann ich heute Abend nicht hierbleiben. Ich habe etwas Wichtigeres zu erledigen."

„Tatsächlich?"

„Tatsächlich." Er betrachtete das Schloss an ihrer Tür. „Sie haben einen Sicherheitsriegel. Benützen Sie ihn! Und machen Sie heute Abend keinen Zug durch die Gemeinde."

„Verdammt! Genau das hatte ich vor."

„Ach ja, falls Sie mich brauchen …", er drehte sich um und lächelte ihr von der Türöffnung her zu, „… ich bin im Liberty Hotel. Sie können jederzeit anrufen."

Sie wollte schon antworten, dass er gar nicht darauf zu warten brauche, aber bevor sie die Worte herausbrachte, war er schon gegangen.

Sie starrte auf eine geschlossene Tür.

3. KAPITEL

Tobias Wolff drehte seinen Rollstuhl vorm Barschrank herum und sah seinen alten Freund an. „An deiner Stelle, Guy, würde ich die Finger von der Sache lassen."

Es war fünf Jahre her, dass sie einander zum letzten Mal gesehen hatten. Toby sah so muskulös wie immer aus – zumindest von der Taille aufwärts. Fünfzehn Jahre im Rollstuhl hatten diese Schultern und Arme entwickelt. Dennoch hatten die Jahre ihren unvermeidlichen Tribut verlangt. Toby war jetzt fast fünfzig und sah auch danach aus. Sein buschiges Haar, im Beethoven-Stil geschnitten, war fast vollständig grau. Sein Gesicht war gerötet und verschwitzt von der tropischen Hitze. Aber die dunklen Augen waren so scharf wie eh und je.

„Nimm einen Rat von einem alten Geheimdienstmann an", sagte er und reichte Guy ein Glas Scotch. „Es gibt kein zufälliges Zusammentreffen. Es gibt nur geplante Begegnungen."

„Zufall oder nicht", sagte Guy. „Willy Maitland könnte die Chance sein, auf die ich gewartet habe."

„Oder sie könnte nichts als Ärger sein."

„Was habe ich zu verlieren?"

„Dein Leben."

„Komm schon, Toby! Du bist der Einzige, bei dem ich auf eine ehrliche Antwort vertrauen kann."

„Es ist lange her. Ich war mit dem Fall nicht direkt befasst."

„Aber du warst in Vientiane, als es passierte. Du musst dich an irgendetwas über die Maitland-Akte erinnern."

„Nur, was ich aufgeschnappt habe."

„Erinnerst du dich, wer den Maitland-Fall bearbeitete?"

„Das muss Mike Micklewait gewesen sein. Er hat diesen Dorfbewohner vernommen – den, der wegen der Belohnung gekommen war."

„Hat Micklewait dem Mann die Geschichte abgenommen?"

„Wahrscheinlich nicht. Ich weiß, dass der Dorfbewohner die Belohnung nicht bekommen hat."

„Warum hat Maitlands Familie nichts davon erfahren?"

„Hey, Maitland war nicht irgendein armseliger Wehrpflichtiger. Er hat für Air America gearbeitet, also für die CIA. Über einen solchen Job spricht man nicht. Maitland kannte die Risiken. Außerdem lief da ein geheimer Krieg. Wir sollten nicht einmal in Laos sein."

„Welchen Grund gab es noch, dass es vertuscht wurde? Hatte das etwas mit dem Passagier zu tun?"

Tobys Augenbrauen schnellten hoch. „Wo hast du das Gerücht gehört?"

„Willy Maitland. Sie hat gehört, dass ein Laote an Bord war. Alle streiten seine Existenz ab. Daher vermute ich, dass er eine sehr wichtige Person war. Wer war er?"

„Ich weiß es nicht." Toby drehte sich herum und blickte aus dem offenen Fenster seines Apartments. Aus der Dunkelheit kamen die Geräusche und Gerüche der Straßen Bangkoks. Fleisch brutzelte auf einem offenen Grill. Frauen lachten. Ein Tuk-Tuk knatterte vorbei. „Damals hat sich viel abgespielt, über das wir nicht gesprochen haben. Bei all den Agenten und Gegenagenten und Generälen und Glücksrittern wusste man nie mit Sicherheit, wer das Kommando hatte. Jeder zog an Fäden und versuchte, schnell reich zu werden. Ich konnte es nicht erwarten, von dort abzuhauen." Er schlug ärgerlich auf seinen Rollstuhl. „Und hier bin ich gelandet." Er seufzte. „Lass es, Guy", sagte er leise. „Wenn jemand Maitlands Tochter erledigen will, ist die Sache zu heiß."

„Toby, das ist der springende Punkt. Warum ist der Fall so heiß? Warum macht nach so vielen Jahren Maitlands Kleine jemanden nervös? Was kann sie herausfinden?"

„Weiß sie, worauf sie sich einlässt?"

„Das bezweifle ich, aber nichts hält diese Lady auf."

„Also bringt sie Ärger. Wie kriegst du sie zur Zusammenarbeit?"

„Das weiß ich noch nicht."

„Es gibt immer die Romeo-Methode."

Guy grinste. „Ich werde daran denken."

„Du könntest ihr auch die Wahrheit sagen. Dass du nicht hinter ihr her bist, sondern hinter einer Prämie von drei Millionen."

„Zwei Millionen."

„Zwei Millionen, drei Millionen, wo ist da der Unterschied? Das ist eine Menge Kies."

„Und ich könnte eine Menge Hilfe gebrauchen."

Toby drehte den Rollstuhl seufzend zu ihm herum. „Also schön, du willst einen Namen. Ich gebe dir einen. Alain Gérard, ein Franzose. Lebt heute in Saigon. Hatte enge Beziehungen zur CIA, kannte den ganzen Mist in Vientiane."

„Ex-CIA und lebt in Saigon? Warum haben ihn die Vietnamesen nicht hinausgeworfen?"

„Er ist ihnen nützlich. Während des Krieges hat er sein Geld damit gemacht, dass er, sagen wir mal, pharmazeutisches Rohmaterial exportiert hat. Jetzt im Alter ist er zum Menschenfreund geworden.

Das US-Handelsembargo schneidet die Vietnamesen von westlichen Märkten ab. Gérard bringt medizinische Güter aus Frankreich ins Land, Antibiotika, Röntgenfilme. Dafür lassen sie ihn im Land bleiben."

„Kann ich ihm vertrauen?"

„Er ist ein Exmitarbeiter der CIA."

„Also kann ich ihm nicht vertrauen."

Toby brummte. „Du scheinst mir zu vertrauen."

„Du bist anders."

„Nur, weil ich dir etwas schulde, Barnard. Obwohl ich oft denke, dass du mich in dieser Maschine hättest verbrennen lassen sollen." Toby knetete seine nutzlosen Schenkel. „Niemand hat viel Verwendung für einen halben Mann."

„Die Beine machen nicht einen Mann, Toby."

„Ha! Sag das Onkel Sam." Mit seinen kraftvollen Armen verlagerte Toby sein Gewicht im Rollstuhl. „Wann reist du nach Saigon?"

„Morgen früh. Ich habe meinen Flug ein paar Tage vorverlegt." Guys Hände schwitzten jetzt schon bei dem Gedanken, an Bord dieser Air-France-Maschine zu gehen. Er kippte einen betäubenden Schluck Scotch. „Ich wünschte, ich könnte ein Schiff nehmen."

Toby lachte. „Du wärst von den Boat People der Erste, der nach Vietnam zurückkehrte. Noch immer Angst vorm Fliegen, wie?"

„Weiße Knöchel und all das Zeug." Er stellte sein Glas ab und ging zur Tür. „Danke für den Drink. Und den Tipp."

„Ich werde sehen, was ich noch für dich tun kann", rief Toby ihm nach. „Ich habe vielleicht noch ein paar Kontakte im Land. Vielleicht kriege ich die dazu, auf dich aufzupassen. Und auf die Frau. Übrigens, behält sie heute Nacht jemand im Auge?"

„Ein paar Freunde von Puapong. Die lassen keinen in ihre Nähe. Sie sollte in einem Stück zum Flughafen gelangen."

„Und was passiert dann?"

Guy blieb in der Tür stehen. „Dann werden wir in Saigon sein. Dort ist es sicherer."

„In Saigon?" Toby schüttelte den Kopf. „Rechne nicht damit."

Die Menge im Bong Club war aufgeheizt. Die Männer schrien betrunken und grapschten nach der Bühne, während die Mädchen mit leeren Augen weitertanzten. Niemand achtete auf die beiden Männer, die sich an einem dunklen Ecktisch zusammendrängten.

„Ich bin enttäuscht, Mr Siang. Sie sind ein Profi. Das dachte ich wenigstens."

Siang war nicht an Kritik gewöhnt. Er war froh, dass die Dunkelheit seine glühenden Wangen verbarg. „Es gab eine Störung."

„Ja, einen Amerikaner. Einen Mr Barnard."

Siang war betroffen. „Sie kennen seinen Namen?"

„Ich lege Wert darauf, alles zu wissen."

Siang berührte sein zerschlagenes Gesicht und zuckte zusammen. Dieser Mr Barnard hatte einen harten Schlag.

„Die Frau reist morgen nach Saigon ab", sagte der Mann. „Sie haben noch die heutige Nacht."

„Heute Nacht? Unmöglich." Siang hatte schon in den letzten Stunden versucht, in die Nähe der Frau zu gelangen, aber der Rezeptionist im Oriental hatte die Schlüssel wie ein Wachhund behütet, der Sicherheitsmann des Hotels verließ seinen Posten an den Aufzügen nicht, und ein Page ging auf dem Korridor auf und ab. Die Frau war unerreichbar gewesen. Siang hatte erwogen, zu ihrem Balkon hinaufzuklettern, aber zwei Obdachlose hatten sich unter ihrem Fenster niedergelassen und ihn feindselig betrachtet.

„Dann machen Sie es in Saigon", sagte der Mann.

Siang war betroffen. „Aber ich kann nicht zurück ..."

„Wir schicken Sie in der Tarnung eines thailändischen Diplomaten. Vielleicht ein Kulturattaché. Ich werde die entsprechenden Papiere besorgen."

„Die Vietnamesen passen scharf auf. Ich kann keine Waffe ..."

„Der Diplomatensack wird zweimal die Woche befördert. Nächste Lieferung ist in drei Tagen. Ich werde sehen, welche Waffen ich durchschmuggeln kann. Bis dahin müssen Sie improvisieren."

Siang fragte sich, wie es sein würde, wieder durch die Straßen von Saigon zu gehen. Ob Chantal ihn noch dafür hasste, dass er sie zurückgelassen hatte? Natürlich, sie vergaß nie.

„Noch etwas", sagte der Mann, als er aufstand. „Andere ... Gruppen scheinen verwickelt zu sein. Zum Beispiel die CIA. Ich möchte nicht diesen speziellen Tiger am Schwanz ziehen. Halten Sie das Blutvergießen auf ein Minimum reduziert. Nur die Frau stirbt, sonst niemand."

„Ich verstehe."

SAIGON

Vom Dachgarten des Rex Hotels beobachtete Willy die Fahrräder, die über die Kreuzung Le Loi und Nguyen Hue strömten. Ein Zusammenstoß schien nur eine Frage der Zeit zu sein. Die Fahrer jagten mit halsbrecherischer Geschwindigkeit durch die Straßen und ignorierten fröhlich den einzigen Fußgänger, der sich waghalsig über die Straße schob. Willy war so damit beschäftigt, in Gedanken den Mann anzufeuern, dass sie kaum die monotone Stimme ihres Regierungsbegleiters wahrnahm.

„… und morgen bringen wir Sie mit dem Wagen zum Nationalpalast, in dem die Marionettenregierung in Luxus herrschte, und dann zum Historischen Museum, wo Sie mehr über unseren Kampf gegen die chinesischen und französischen Imperialisten erfahren werden. Am nächsten Tag werden Sie unsere Lackarbeitenfabrik besichtigen, wo Sie viele schöne Geschenke für daheim kaufen können. Und dann …"

„Mr Ainh." Willy wandte sich endlich seufzend ihrem Führer zu. „Das klingt alles sehr faszinierend, aber haben Sie sich um meine andere Angelegenheit gekümmert?"

Ainh blinzelte. Obwohl seine Gestalt dünn wie ein Stock war, besaß er ein Engelsgesicht, das wegen der dicken Brillengläser etwas Eulenhaftes hatte. „Miss Maitland", sagte er verletzt, „ich habe für ein Privatbüro gesorgt! Und für viele wundervolle Mahlzeiten."

„Ja, ich bin Ihnen dafür dankbar, aber …"

„Sind Sie mit der Tour nicht zufrieden?"

„Um ganz ehrlich zu sein, mir liegt nichts an einer Tour. Ich möchte etwas über meinen Vater erfahren."

„Aber Sie haben für eine Tour bezahlt! Wir müssen Ihnen eine bieten."

„Ich habe für die Tour bezahlt, um ein Visum zu bekommen. Jetzt bin ich hier und muss mit den richtigen Leuten sprechen. Das können Sie doch für mich arrangieren, oder?"

Ainh bewegte sich nervös. „Das ist eine … eine Komplikation. Ich weiß nicht, ob ich … das heißt …" Er verstummte hilflos.

„Vor einigen Monaten habe ich wegen meines Vaters an Ihr Außenministerium geschrieben. Ich habe keine Antwort erhalten. Wenn Sie einen Termin vereinbaren könnten …"

„Vor wie vielen Monaten haben Sie geschrieben?"

„Mindestens sechs."

„Sie sind ungeduldig. Sie können nicht sofortige Ergebnisse erwarten."

Sie seufzte. „Offenbar nicht."

„Noch dazu haben Sie an das Außenministerium geschrieben. Damit habe ich nichts zu tun. Ich bin vom Tourismusministerium."

„Und die stehen miteinander nicht in Verbindung?"

„Das Außenministerium ist in einem anderen Gebäude untergebracht.“

„Dann – falls es nicht zu viel Mühe bereitet – könnten Sie mich vielleicht zu diesem Gebäude bringen?“

Er sah sie mit ausdruckslosem Gesicht an. „Und wer macht dann die Tour?“

„Mr Ainh.“ Willy biss die Zähne zusammen. „Streichen Sie die Tour!“

Ainh machte den Eindruck eines Mannes mit schrecklichen Kopfschmerzen. Willy bedauerte ihn beinahe, während er sich über den Dachgarten zurückzog. Sie konnte sich den bürokratischen Treibsand vorstellen, durch den er waten musste, um ihre Bitte zu erfüllen. Sie hatte bereits erlebt, wie das System funktionierte – oder besser, wie es nicht funktionierte. An diesem Nachmittag hatte es auf dem Ton Son Nhut Airport drei Stunden in stickiger Hitze gedauert, um die Einreiseformalitäten geregelt zu bekommen.

Ein Lufthauch strich über die Terrasse, der erste an diesem Nachmittag. Obwohl Willy vor einer Stunde geduscht hatte, war ihre Kleidung bereits schweißgetränkt. Sie sank auf einen Stuhl und blickte auf die Skyline von Saigon, die jetzt vom Sonnenuntergang golden überpudert war. Einst musste dies eine herrliche Stadt gewesen sein mit baumbestandenen Boulevards und Straßencafés, in denen man die Nachmittage verbringen konnte.

Doch Saigon war, nachdem es an den Norden gefallen war, in die Resignation der Armut geglitten. Die Zeichen des Zerfalls waren überall, von der abblätternden Farbe an den alten französischen Kolonialhäusern bis zu den Skeletten der Gebäude, die wohl immer unvollendet bleiben würden. Selbst das Rex Hotel, nach örtlichem Standard luxuriös, schien an den Nähten auszufransen. Die Terrassenplatten waren gesprungen. Im Fischteich trieben drei lustlose Karpfen wie tote Blätter dahin. Der Swimmingpool auf der Dachterrasse war furchtbar gewesen und zeigte ein ungesundes Grün. Ein einzelner russischer Tourist saß am Beckenrand und ließ seine Füße in das trübe Wasser hängen, als würde er die Risiken beim Schwimmen abwägen.

„Also, da ist eine Lady, der das Glück ausgegangen zu sein scheint“, sagte eine Stimme.

Sie blickte auf und erkannte Guy Barnards gebräuntes Gesicht vor dem Hintergrund des Sonnenuntergangs. Die sofortige Freude darüber, einen Bekannten – selbst ihn – zu sehen, bestätigte nur die tiefsten Tiefen der Verzweiflung, in die sie gesunken war.

Er schenkte ihr ein Lächeln, das eine Nonne ihrer Tracht beraubt hätte. „Willkommen in Saigon, der Stadt der zerplatzten Träume. Wie läuft es, Kleines?"

Sie seufzte. „Müssen Sie das fragen?"

„Nein. Ich habe das schon durchgemacht und bin wie ein kopfloses Huhn herumgelaufen, um für jeden winzigen Papierfetzen einen Stempel zu besorgen. Dieses Land hat die Bürokratie zur Kunstform entwickelt."

„Ich könnte ohne Ihre anfeuernde Rede auskommen, danke."

„Kann ich Sie auf ein Bier einladen?"

Sie betrachtete sein Lächeln, fragte sich, was dahintersteckte, und vermutete das Schlimmste.

Er sah, wie sie schwach wurde, verlangte zwei Bier und ließ sich auf einen Stuhl fallen, während er sie munter betrachtete.

„Ich dachte, Sie wollten erst am Mittwoch nach Saigon kommen", bemerkte sie.

„Ich habe meine Pläne geändert."

„Ziemlich plötzlich, wie?"

„Flexibilität ist eine meiner Tugenden. Vielleicht meine einzige", fügte er schuldbewusst hinzu.

Der Barkeeper brachte zwei eiskalte Heineken. Guy wartete, bis der Mann wieder gegangen war.

„Man hat einige neue Überreste aus Dak To gebracht", sagte er.

„Vermisste?"

„Das muss ich herausfinden. Ich wusste, dass ich ein paar Tage mehr brauchen würde, um die Gebeine zu untersuchen. Außerdem ...", er nahm einen Schluck Bier, „... habe ich angefangen, mich in Bangkok zu langweilen."

„Aber sicher."

„Nein wirklich. Ich war reif für einen Szenenwechsel."

„Sie haben den Fleischtopf des Ostens verlassen, um hierherzukommen und ein paar tote Soldaten zu überprüfen?"

„Ob Sie es glauben oder nicht, ich nehme meinen Job ernst." Er stellte die Flasche auf den Tisch. „Da ich schon in der Stadt bin, könnte ich Ihnen vielleicht helfen. Was Sie wahrscheinlich nötig haben."

Etwas daran, wie er sie äußerst selbstsicher betrachtete, ärgerte sie. „Ich komme gut voran", behauptete sie.

„Tatsächlich? Wann ist denn Ihr erster amtlicher Termin?"

„Die Dinge werden arrangiert."

„Was für Dinge?"

„Ich weiß es nicht. Mr Ainh kümmert sich um die Details …"
„Mr Ainh? Sie meinen doch nicht Ihren Fremdenführer?" Er brach in Gelächter aus.
„Warum ist das denn so lustig?", fragte sie.
„Sie haben recht." Guy unterdrückte sein Lachen. „Es ist nicht lustig. Es ist mitleiderregend. Wollen Sie in meiner Kristallkugel einen Blick in die Zukunft tun? Ich kann Ihnen nämlich genau sagen, was geschehen wird. Gleich morgen früh wird Ihr Führer mit einer entschuldigenden Miene auftauchen."
„Wieso entschuldigend?"
„Weil er Ihnen sagen wird, dass das Ministerium geschlossen ist. Immerhin ist morgen der große und ruhmreiche Feiertag des 18. Juli."
„Feiertag? Was für ein Feiertag?"
„Ganz egal. Er wird irgendetwas erfinden. Dann wird er Sie fragen, ob Sie nicht die Lackarbeitenfabrik besichtigen wollen, wo Sie viele schöne Geschenke für daheim kaufen können …"
Jetzt lachte sie. Genau das waren Mr Ainhs Worte gewesen.
„Am nächsten Tag wird er mit einem anderen Grund aufwarten, warum Sie das Ministerium nicht betreten können. Sagen wir, alle haben die Schweinepest, oder es gibt eine kritische Knappheit an Radiergummi. Aber – Sie können den Nationalpark besuchen!"
Sie hörte zu lachen auf. „Allmählich verstehe ich, was Sie meinen."
„Es ist nicht so, dass der Mann absichtlich Ihre Pläne sabotiert. Er weiß nur einfach, wie hoffnungslos es ist, diese Bürokratie zu entflechten."
„Ich kann jederzeit selbst an ein paar Türen anklopfen."
„Ja, aber an welche Türen? Und wo sind sie verborgen? Und kennen Sie das geheime Passwort?" Er deutete auf die Straße hinunter, wo Fußgänger und Radfahrer in Massen herumschwärmten. „Sehen Sie das? So arbeitet die Regierung. Jeder für sich. Ministerien liegen mit Ministerien im Konkurrenzkampf, Provinzen mit Provinzen. Jeder kleine Beamte verteidigt sein Revier. Jeder hat Angst, sich auch nur einen Zentimeter zu bewegen, ohne dass die Mächtigen zustimmend nicken." Er schüttelte den Kopf. „Nichts für zaghafte Herzen."
„Das war ich noch nie."
„Warten Sie, bis Sie in einem Schwitzkasten von ‚Rezeption' fünf Stunden sitzen. Sie haben Bauchschmerzen von dem schlechten Wasser. Und die nächste Toilette besteht nur aus einem Loch im …"
„Ich habe verstanden. Was schlagen Sie mir vor?"

Lächelnd lehnte er sich zurück. „Halten Sie sich an mich. Ich habe hier und da einen Kontakt. Nicht im Außenministerium, das gebe ich zu, aber meine Leute könnten Ihnen unter Umständen helfen."

Er will etwas, dachte sie. Aber was? „Sie sind schrecklich hilfsbereit. Warum?"

Er zuckte die Schultern. „Warum nicht?"

„Das ist kaum eine Antwort."

„Vielleicht bin ich im Herzen noch immer der Pfadfinder, der alten Damen über die Straße hilft. Vielleicht bin ich ein netter Kerl."

„Vielleicht könnten Sie mir die Wahrheit sagen."

„Hatten Sie immer dieses Problem mit Vertrauen zu Männern?"

„Ja, und wechseln Sie nicht das Thema."

Einen Moment trommelte er mit den Fingern gegen die Flasche. „Na schön, ich habe geschwindelt. Ich war nie Pfadfinder. Aber mein Hilfsangebot steht." Ihr misstrauischer Blick sagte ihm alles. „Also schön, ich mache das nicht aus Herzensgüte."

Sie wirkte nicht überrascht, was ihn ärgerte. „Was erwarten Sie als Gegenleistung?", fragte sie mit einem harten Blick. „Geld?" Sie machte eine Pause. „Sex?"

Das letzte, so lässig hingeworfene Wort ließ seinen Magen einen kleinen Salto rückwärts machen. Nicht dass er nicht schon an dieses Thema gedacht hätte. Er hatte sogar sehr viel daran gedacht, seit er sie kennengelernt hatte. Flüchtig hatte er überlegt, ein wenig Sex in den Handel mit aufzunehmen, aber er fühlte sich schon mies genug, wie die Dinge standen.

Er griff nach dem Bier. „Nein, Sex ist kein Teil des Handels."

„Verstehe." Sie biss sich auf die Lippe. „Also Geld."

Er nickte.

„Sie sollten wissen, dass ich keines habe. Zumindest nicht für Sie."

„Es ist nicht Ihr Geld, hinter dem ich her bin."

„Wessen dann?"

Seine Stimme sank zu einem Murmeln. „Haben Sie jemals von der Ariel Group gehört?"

„Nie."

„Ich auch nicht. Bis vor zwei Wochen zwei Repräsentanten zu mir kamen. Es ist eine Veteranenorganisation, die es sich zur Aufgabe gemacht hat, unsere Vermissten heimzubringen – lebend. Selbst wenn dafür eine Rambo-Operation nötig ist."

„Verstehe." Ihre Lippen wurden schmal. „Wir sprechen über paramilitärische Sonderlinge."

„Das dachte ich – anfangs. Dann gaben sie mir einen Scheck über zwanzigtausend für Spesen. Ich sollte eine kleine private Suche nach Vermissten durchführen. Aber sie sind nicht an Skeletten und Hundemarken interessiert. Sie sind hinter Fleisch und Blut her."

„Lebende Vermisste? Sie glauben doch nicht wirklich, dass es welche gibt?"

„Die Leute von der Ariel Group glauben es. Und sie brauchen nur einen einzigen vorzuweisen, um ihr Vorhaben zu unterstützen. Bei dem öffentlichen Aufsehen wäre Washington zum Handeln gezwungen."

Nachdem der Kellner die leeren Bierflaschen abgeräumt hatte, fragte Willy leise: „Und wie passe ich ins Spiel?"

„Es geht nicht um Sie, sondern um Ihren Vater. Es besteht eine winzige Chance, dass er noch lebt. Ich könnte Ihnen helfen, ihn nach Hause zu bringen."

„Was haben Sie davon?", fragte sie.

„Sie meinen, abgesehen von dem Vergnügen Ihrer Gesellschaft?"

„Bezahlt Ihnen die Ariel Group mehr als die Spesen?"

„Für einen lebendigen Rückkehrer – zwei Millionen."

„Zwei Millionen Dollar?"

Er drückte fest ihre Hand. „Leise! Das ist keine öffentliche Information."

Sie senkte ihre Stimme zu einem Flüstern. „Meinen Sie das im Ernst? Zwei Millionen?"

„Das ist deren Angebot. Jetzt überdenken Sie mein Angebot. Arbeiten Sie mit mir zusammen. Sie bekommen Ihren Vater zurück, und ich kassiere mein hübsches kleines Ruhegeld. Ich denke, Sie nehmen an. Diese Verbindung ist im Himmel geschlossen."

„Oder in der Hölle", murmelte sie düster. Sie lehnte sich zurück und warf ihm einen stahlharten Blick zu. „Sie sind nichts weiter als ein Prämienjäger."

„Wenn Sie mich so nennen wollen."

„Ich nenne Sie eine Menge Dinge, und nichts davon ist schmeichelhaft."

„Bevor Sie mich beschimpfen, sollten Sie über Ihre Möglichkeiten nachdenken. Und die sind ziemlich begrenzt. Sie können allein marschieren, was Sie bisher noch nicht weit gebracht hat. Oder …", er beugte sich vor und ließ sein überzeugendstes Lächeln erstrahlen, „… Sie arbeiten mit mir zusammen."

Ihre Lippen wurden schmal. „Ich arbeite nicht mit Söldnern."

„Was haben Sie gegen Söldner?"

„Nur eine Kleinigkeit – das Prinzip."

„Das Geld stört Sie, richtig? Die Tatsache, dass ich es für Bares mache und nicht aus Herzensgüte."

„Das ist keine Großwildjagd. Wir sprechen über Menschen. Über Männer, deren Familien ihre Ersparnisse für wertlose kleine Rambos wie Sie verbrauchten! Ich kenne diese Familien. Manche von ihnen klammern sich noch immer an diesen winzigen Fetzen Hoffnung. Und Sie wissen genauso gut wie ich, dass diese Soldaten nicht in irgendeinem Gefangenenlager herumsitzen und auf ihre Rettung warten. Sie sind tot."

„Und Sie denken, dass Ihr Vater lebt."

„Bei ihm ist es etwas anderes."

„Richtig. Und bei jedem dieser fünfhundert anderen Vermissten könnte es etwas anderes sein."

„Ich habe aber zufällig Beweise!"

„Aber Sie haben nicht die Fähigkeiten, die nötig sind, um Ihren Vater zu finden." Guy beugte sich vor. Im letzten Licht des Sonnenuntergangs schien ihr Gesicht von Feuer angestrahlt zu werden. Ihre Wangen schimmerten in einem abendlichen Rot. „Wenn er lebte, können Sie es sich nicht leisten, diese Chance zu verderben. Und Sie bekommen wahrscheinlich nur diese eine Chance, ihn zu finden. Denn ich sage Ihnen, dass die Vietnamesen Sie nicht noch einmal ins Land zu einer weiteren De-luxe-Tour lassen werden. Geben Sie es zu, Willy. Sie brauchen mich."

„Nein", schoss sie zurück. „Sie brauchen mich. Wie wollen Sie ohne meine Hilfe Geld für einen lebenden Heimkehrer kassieren?"

„Wie wollen Sie ihn finden?"

Sie schnellte so abrupt vor, dass er beinahe überrascht zurückgewichen wäre. „Unterschätzen Sie mich nicht, Sie Widerling!"

„Und überschätzen Sie sich nicht, Junior. Es ist nicht leicht in diesem Land, Antworten zu finden. Hier ist nichts und niemand, wie es scheint. Ein Aufleuchten im Auge, ein Brechen der Stimme kann einen himmelweiten Unterschied machen. Sie brauchen einen Partner. Und ich bin sogar bereit, die Belohnung mit Ihnen zu teilen. Sagen wir, zehn Prozent. Das ist Geld, das Sie …"

„Das Geld ist mir egal!" Sie stand auf. „Ziehen Sie los und werden Sie mit dem Vater von jemand anderem reich." Sie wirbelte herum und marschierte davon.

„Möchten Sie nicht noch einmal darüber nachdenken?", rief er hinterher.

Sie überquerte den Dachgarten, ohne die neugierigen Blicke wahrzunehmen, die auf sie gerichtet waren.

„Glauben Sie mir, Willy! Sie brauchen mich!“

Drei russische Touristen, die Gesichter von ein paar Runden Wodka gerötet, blickten hoch, als sie vorbeiging. Einer der Männer hob sein Glas. „Vielleicht du mögen russische Mann lieber?“

Sie ging einfach weiter, aber jeder Gast auf dem Dachgarten hörte ihre mit entwaffnender Lieblichkeit zurückschwebende Antwort. „Vielleicht du fahren in Hölle …“

4. KAPITEL

Guy sah ihr nach, wie sie davonstürmte, und so verärgert er auch war, musste er über ihre Antwort auf den Russen lachen. Er lachte auch noch, als er sich an der Bar ein Bier holte.

„Für einen Knaben, der soeben gewaltig abgeblitzt ist“, sagte eine Stimme mit britischem Akzent, „sind Sie in guter Laune.“

Guy betrachtete den gesetzten Gentleman, der neben ihm an der Bar saß. Mit diesen beiden Haarbüscheln auf seinem kahlen Kopf sah er wie eine gehörnte Eule aus. Himmelblaue Augen funkelten unter struppigen Augenbrauen.

Guy zuckte die Schultern. „Mal gewinnt man, mal verliert man.“

„Vernünftige Haltung, wenn man den Zustand der holden Weiblichkeit heutzutage bedenkt.“ Der Mann hob ein Glas Scotch an seine Lippen. „Ich habe vorausgesehen, dass sie ablehnt.“

„Klingt, als würde hier ein Experte sprechen.“

„Nein, ich saß hinter ihr im Flugzeug. Habe zugehört, wie ein öliger Franzose sein ganzes Repertoire bei ihr abgespult hat. Sagenhafte Phrasen, muss ich schon zugeben, aber sie ist nicht darauf angesprungen.“ Er blinzelte Guy zu. „Waren Sie nicht auch auf diesem Flug von Bangkok?“

Guy nickte. Er erinnerte sich nicht an den Mann, aber schließlich hatte er sich während des ganzen Fluges an seinen Armstützen festgekrallt und Whisky in sich hineingeschüttet. Flugzeuge hatten nun einmal diese Wirkung auf ihn. Selbst hübsch große Jumbos mit netten französischen Stewardessen. Es erstaunte ihn immer wieder, dass die Tragflächen nicht abfielen.

Am anderen Ende des Dachgartens hatte das russische Trio zu singen begonnen. Unglücklicherweise nicht alle in derselben Tonart. Vielleicht nicht einmal dasselbe Lied. Schwer zu sagen.

„Das hätte ich mir nie träumen lassen“, sagte der Engländer mit einem Blick zu den Russen. „Ich erinnere mich noch an die Amis, die genau an diesem Tisch getrunken haben.“

„Wann waren Sie hier?“

„1968 bis 1975.“ Er streckte eine pummelige Hand aus. „Dodge Hamilton, London Post.“

„Guy Barnard, Exsoldat.“ Er schüttelte die Hand des Mannes. „Reporter? Sind Sie wegen einer Story hier?“

„Ich war.“ Hamilton blickte trübe in seinen Scotch. „Aber die Sache ist ins Wasser gefallen.“

„Was? Ohne Interviews?“

„Nein, das Konzept. Ich nannte es eine sentimentale Reise. Besuch bei alten Freunden in Saigon." Er nahm einen Schluck Scotch. „Besonders bei einer Freundin, aber sie ist nicht mehr."

„Oh, eine Frau."

„Richtig, eine Frau. Die Hälfte der menschlichen Rasse, aber sie könnten genauso gut vom Mars sein, soviel ich von diesem Geschlecht verstehe." Er knallte das Glas auf die Bar und winkte nach einem neuen Drink. Der Barmixer schob Hamilton resigniert die ganze Flasche Scotch zu. „Sehen Sie, ich dachte an die Story der Suche nach einer verlorenen Liebe. So was verkauft sich. Mein Herausgeber war wild darauf." Er füllte sein Glas bis zum Rand. „Ha! Verlorene Liebe! Ich war heute bei ihrem alten Haus in der Rue Catinat. Ihr Bruder wohnt noch da. Aber meine alte Liebe ist mit einer neuen Liebe davongelaufen. Mit einem Sergeanten. Aus Memphis noch dazu!"

Guy schüttelte mitfühlend den Kopf. „Eine Frau hat das Recht, ihre Meinung zu ändern."

„Einen Tag, nachdem ich das Land verlassen habe?"

Guy konnte der Frau keinen Vorwurf machen. Er erinnerte sich an den Fall der Stadt, an die Verzweiflung auf den Gesichtern der Vietnamesen, die an Bord der letzten nach draußen fliegenden Hubschrauber geklettert waren.

„Sie könnten trotzdem darüber schreiben", sagte Guy. „Versuchen Sie einen anderen Gesichtspunkt. Wie eine Frau dem Irrsinn entkam. Der Preis des Überlebens."

„Mein Herz ist nicht mehr bei der Sache." Hamilton sah sich traurig auf dem Dachgarten um. „Oder in dieser Stadt. Es hat mir früher hier gefallen! Der Lärm, die Gerüche. Selbst das Donnern der Granatwerfersalven. Aber Saigon hat sich verändert. Der Geist der Stadt hat sich verflüchtigt. Das Komische daran ist, dass dieses Hotel noch genauso aussieht wie früher. Ich stand immer hier an der Bar und hörte Ihre Generäle flüstern: ‚Was machen wir hier eigentlich, verdammt?' Ich schätze, sie haben es nie ganz herausgefunden." Er lachte und nahm noch einen Schluck Scotch. „Memphis. Warum wollte sie ausgerechnet nach Memphis?"

Er brabbelte jetzt vor sich hin, irgendeinen privaten Monolog über Frauen, die das ganze Elend der Welt verursachten. Eine Meinung, der Guy fast zustimmen konnte. Er brauchte nur an sein eigenes miserables Liebesleben zu denken, um ebenfalls von dem plötzlichen Drang gepackt zu werden, sich gründlich zu besaufen.

Frauen. Alle gleich. Und doch irgendwie alle anders.

Ich sollte einfach meinen Job machen, dachte er. Nach Hanoi fliegen, ein paar tote Soldaten abholen und heimfliegen.

Und Willy Maitland vergessen.

Andererseits ...

Er bestellte noch ein Bier und trank, während er überlegte. Er dachte alle Möglichkeiten durch, wie er ihr helfen konnte, nicht weil er dazu gezwungen wurde, sondern weil er es wollte. Aus Herzensgüte? Das war neu. Nein, er war nie Pfadfinder gewesen. Etwas an diesen Uniformen und dieser ernsthaften Güte und Frömmigkeit war ihm leicht albern vorgekommen. Aber hier war er nun, Pfadfinder Barnard, bereit, seine Dienste ohne Gegenleistung anzubieten.

Na ja, vielleicht mit ein paar Gegenleistungen. Er konnte nicht vermeiden, dass er sich die Möglichkeiten ausmalte ... wie es wäre, Willy Maitland mit auf sein Zimmer zu nehmen. Sie auszuziehen. Zu fühlen, wie sie unter ihm schmolz. Er schluckte schwer und griff automatisch nach dem Bier.

„Kein Zweifel", murmelte Hamilton. „Ich sage Ihnen, sie sind an allem schuld."

„Hm?" Guy drehte sich zu ihm. „Wer ist schuld?"

„Frauen natürlich. Sie machen mehr Ärger, als sie wert sind."

„Sie sagen es, Freund." Guy seufzte und hob das Bier an seine Lippen. „Sie sagen es."

Männer. Sie verursachen mehr Ärger, als sie wert sind, dachte Willy, während sie heftig ihren Wecker aufzog.

Ein Prämienjäger. Sie hätte es wissen müssen, sobald er seine Hilfe anbot!

Sie warf sich auf das Bett. Die Matratze war erbärmlich, das Kopfkissen mit Beton gefüllt. Nicht dass es eine Rolle spielte. Wie sollte sie überhaupt Ruhe finden bei dieser verdammten Discomusik, die durch die Wände dröhnte? Um acht Uhr hatten die ersten Trommelschläge die Eröffnung der Tanznacht im Rex Hotel angekündigt. Himmel, dachte sie, wozu ist Kommunismus gut, wenn er nicht einmal Discos auslöschen kann?

Es kam ihr in den Sinn, dass in diesem Moment Guy Barnard wahrscheinlich unten in diesem Tanzlokal war, um nachzusehen, was so lief. Manchmal dachte sie, dass dies der wahre Grund war, warum Männer Kriege anfingen ... es war eine Entschuldigung, um sich auf und davon zu machen und nachzusehen, was so läuft.

Jemand klopfte an die Tür. Sie setzte sich auf und rief: „Wer ist da?"

„Zimmerservice."

„Das muss ein Fehler sein. Ich habe nichts bestellt.“

Es kam keine Antwort. Seufzend zog sie einen Morgenmantel an und tappte zur Tür.

Guy grinste ihr aus der Dunkelheit entgegen. „Na, haben Sie es sich überlegt?“

„Was überlegt?“, fuhr sie ihn an.

„Sie und ich. Zusammenarbeit.“

Sie lachte ungläubig. „Entweder sind Sie schwerhörig, oder ich habe mich nicht klar ausgedrückt.“

„Das war vor zwei Stunden. Ich dachte, Sie hätten Ihre Meinung geändert.“

„Ich werde nie meine Meinung ändern. Gute Nacht!“ Sie knallte die Tür zu, schob den Riegel vor und wich wütend zurück.

Es klopfte an ihrem Fenster. Sie riss den Vorhang beiseite. Guy lächelte ihr durch die Scheibe entgegen.

„Nur noch eine Frage!“, rief er.

„Was?“

„Ist diese Antwort endgültig?“

Sie schloss den Vorhang ruckartig, stand da und wartete, was er als Nächstes machen würde. Von der Decke fallen? Wie ein Springteufel durch den Fußboden schnellen?

Was war das für ein Rascheln?

Ein Stück Papier glitt unter der Tür durch. „Rufen Sie mich an, wenn Sie mich brauchen!“

Ha! dachte sie und zerfetzte die Nachricht. „Der Tag, an dem ich Sie brauche, ist der Tag, an dem die Hölle einfriert!“, schrie sie.

Es kam keine Antwort. Ohne nachzudenken, wusste sie, dass er schon gegangen war.

Chantal starrte auf die Flasche Champagner, die Dosen mit Kaviar und Gänseleberpastete und die Schachtel Pralinen. Sie leckte sich über die Lippen. „Wie kannst du es wagen, nach all diesen Jahren hier wieder aufzukreuzen?“

Siang lächelte bloß. „Hast du deine Vorliebe für Champagner verloren? Wie schade. Dann muss ich ihn wohl allein trinken.“ Er griff nach der Flasche und löste langsam den Draht. Der Flug von Bangkok hatte den Inhalt durchgeschüttelt. Der Korken schoss heraus, goldgelbe Flüssigkeit schäumte auf den Fußboden. Chantal stieß einen kleinen Schluchzer aus. Sie schien bereit zu sein, auf die Knie zu sinken und die kostbare Flüssigkeit aufzulecken. Siang schenkte Champagner in einen der Kelche, die er die ganze Strecke von Bangkok mitgebracht hatte, nahm einen Schluck und seufzte glücklich. „Taittinger. Köstlich."

„Taittinger?", flüsterte sie.

Er füllte das zweite Glas und stellte es auf den wackligen Tisch. „Ich brauche Hilfe."

Sie griff nach dem Glas, setzte es an ihre bebenden Lippen, kostete erst vom Rand, dann mehr. Er konnte förmlich sehen, wie die Schaumbläschen über ihre Zunge und ihren feinen, langen Hals hinunterglitten. Auch wenn alles andere an ihr schlaff geworden war, besaß sie noch immer diesen schönen Hals, schlank wie ein Grashalm. Ein Erbe ihrer vietnamesischen Mutter. Ihre asiatische Hälfte hatte sich über die Jahre gehalten, die französische Hälfte nicht so gut. Er sah die Hautflecken und die feinen Falten in den Winkeln ihrer grünlichen Augen.

Sie kostete den Champagner nicht mehr, sie stürzte ihn hinunter. Gierig trank sie den letzten Tropfen aus ihrem Glas und griff nach der Flasche.

Er schob sie außer Reichweite. „Ich sagte, ich brauche Hilfe."

Sie wischte sich mit dem Handrücken über das Kinn. „Was für eine Hilfe?"

„Es ist nicht viel."

„Ha! Das sagst du immer."

„Eine Pistole. Automatik. Dazu mehrere Magazine Munition."

„Und wenn ich keine Pistole habe?"

„Dann wirst du eine für mich finden."

Sie schüttelte den Kopf. „Hier herrschen nicht mehr die alten Zeiten. Du weißt nicht, wie es hier ist. Die Dinge sind schwierig." Sie blickte auf ihre leicht runzeligen Hände hinunter. „Saigon ist eine Hölle."

„Selbst die Hölle kann man sich komfortabel machen. Ich kann dafür sorgen."

Sie schwieg. Starrte auf die Schätze, die er aus Bangkok mitgebracht hatte. Endlich sagte sie: „Die Pistole. Wofür willst du sie?"

„Für einen Job."

„Vietnamese?"

„Amerikanerin."

Ein Funke flackerte in Chantals Augen. Neugierde. Vielleicht Eifersucht. Sie hob ihr Kinn. „Deine Geliebte?"

Er schüttelte den Kopf.

„Warum willst du dann, dass sie stirbt?"

Er zuckte die Schultern. „Geschäft. Mein Klient hat eine großzügige Belohnung geboten. Ich teile mit dir."

„So wie damals?“, schoss sie zurück.

Er schnalzte mit der Zunge und schüttelte den Kopf. „Chantal, Chantal.“ Er seufzte. „Du weißt, ich hatte keine Wahl. Es war der letzte Flug aus Saigon.“ Er berührte ihr Gesicht. Es hatte die frühere Seidigkeit verloren. Wieder das französische Blut. Es vertrug nicht gut die Jahre gnadenlosen Sonnenscheins. „Ich verspreche dir, diesmal bekommst du deine Bezahlung.“

Sie saß da, sah ihn an, sah den Champagner an. „Wenn es nun dauert, bis ich eine Pistole finde?“

„Dann werde ich improvisieren. Und ich brauche einen Helfer. Jemanden, dem ich vertrauen kann, der diskret ist.“ Er machte eine Pause. „Dein Cousin, braucht er noch immer Geld?“

Ihre Blicke trafen sich. Er schenkte ihr ein träges, bedeutungsschwangeres Lächeln. Dann füllte er ihr Glas mit Champagner.

„Mach den Kaviar auf“, sagte sie.

„Ich brauche Ihre Hilfe“, sagte Willy.

Guy stand halb schlafend in der Tür, war ungekämmt und unrasiert und trug nur ein Handtuch – ein winziges. Willy versuchte, sich auf sein Gesicht zu konzentrieren, aber ihr Blick fiel auf seine Brust, auf diese Matte krauser brauner Haare, auf die Narbe am Oberbauch.

Er schüttelte ungläubig den Kopf. „Hätten Sie mir das nicht gestern Abend sagen können? Mussten Sie bis zur Morgendämmerung warten?“

„Guy, es ist acht Uhr.“

Er gähnte. „Im Ernst?“

„Vielleicht sollten Sie versuchen, zu einer anständigen Zeit ins Bett zu gehen.“

„Wer sagt, dass ich es nicht getan habe?“ Er lehnte sich lässig gegen den Türrahmen und grinste. „Vielleicht hatte ich aber noch nicht vor zu schlafen.“

Lieber Himmel, hatte er eine Frau bei sich im Zimmer? Automatisch blickte Willy an ihm vorbei in den abgedunkelten Raum. Das Bett war zerwühlt, aber leer.

„Reingelegt“, sagte er lachend.

„Ich sehe schon, Sie sind keine Hilfe.“ Sie wandte sich ab.

„Willy!“ Er zog sie am Arm herum. „Wollen Sie meine Hilfe?“

„Vergessen Sie es. Es war eine Fehleinschätzung.“

„Gestern Abend musste erst die Hölle einfrieren, bevor Sie zu mir kommen, und jetzt sind Sie hier. Wieso?“

Sie antwortete nicht gleich. Sie war zu sehr damit beschäftigt, nicht zu bemerken, dass sein Handtuch rutschte. Zu ihrer Erleichterung packte er es gerade noch rechtzeitig und schlang es sicherer um seine Hüften.

Endlich schüttelte sie den Kopf und seufzte. „Sie hatten recht. Kein Offizieller will mit mir sprechen. Niemand beantwortet meine Anrufe. Sobald sie hören, dass ich komme, tauchen sie unter ihre Schreibtische!"

„Sie könnten noch eine Woche warten."

„Nächste Woche ist Ho Chi Minhs Geburtstag."

Guy blickte zum Himmel. „Wie konnte ich das vergessen!"

„Also, was soll ich machen?"

Einen Moment stand er da und rieb sich nachdenklich das unrasierte Kinn. Dann nickte er. „Lassen Sie uns das besprechen."

In seinem Zimmer setzte sie sich unbehaglich auf die Bettkante, während er sich im Bad anzog. Ihr Blick fiel auf einen Stapel Akten auf dem Nachttisch. Auf der obersten stand OPERATION BRUDER TUCK. Neugierig klappte Willy sie auf.

„Es ist die Art, wie in diesem Land alles funktioniert", hörte sie ihn im Bad sagen. „Wenn Sie von Punkt A nach Punkt B wollen, gehen Sie nicht in einer geraden Linie. Sie machen zwei Schritte nach links, zwei nach rechts, drehen sich um und gehen rückwärts."

„Was soll ich jetzt machen?"

„Die zwei Schritte. Seitlich." Er kam angezogen und frisch rasiert aus dem Bad, sah die offene Akte und schloss ruhig den Deckel. „Tut mir leid, nicht für die Öffentlichkeit bestimmt." Er schob den Stapel in seinen Aktenkoffer. „Also, was gibt es noch?"

„Was meinen Sie?"

„Ich habe das Gefühl, dass da noch mehr ist. Es ist acht Uhr morgens. Sie können so zeitig noch nicht mit der Bürokratie gekämpft haben. Weshalb haben Sie wirklich Ihre Meinung über mich geändert?"

Zögernd holte sie ein Stück Papier aus ihrer Handtasche. „Das habe ich heute Morgen unter meiner Tür gefunden."

Er faltete das Blatt auseinander. In krakeliger Schrift stand darauf STIRB, YANKEE. Er gab ihr das Blatt zurück. „Und?"

„Und?" Sie starrte ihn an. „Ich bekomme eine Todesdrohung, die gesamte vietnamesische Regierung versteckt sich bei der Erwähnung meines Namens, Ainh befiehlt mir praktisch die Besichtigung dieser albernen Lackarbeitenfabrik, und Sie können nichts anderes sagen als ‚Und?'!"

Er setzte sich neben sie. „Erstens ist das nicht unbedingt eine persönliche Todesdrohung. Es könnte bloß eine politische Aussage sein."

„Ach, mehr nicht?“, sagte sie tonlos.

„Und betrachten Sie den Besuch in der Lackarbeitenfabrik wie einen Besuch beim Zahnarzt. Sie wollen nicht hingehen, aber alle finden, Sie sollten. Und was das nicht zu erreichende Außenministerium angeht, würden Sie von diesen Bürokraten ohnedies nichts erfahren. Da wir von Bürokraten sprechen, wo ist Ihr Babysitter?“

„Sie meinen Mr Ainh?“ Sie seufzte. „Er wartet auf mich in der Hotelhalle.“

„Sie müssen ihn loswerden.“

„Liebend gern.“

Guy stand auf und zog sie hoch. „Wir können ihn nicht gebrauchen, wo wir hinfahren.“

„Wohin fahren wir denn?“, fragte sie und folgte ihm zur Tür hinaus.

„Wir besuchen einen Freund … denke ich.“

„Heißt das, er will uns vielleicht nicht sehen?“

„Es heißt, dass er vielleicht kein Freund ist.“

Sie stöhnte, als sie den Aufzug betraten. „Großartig.“

In der Halle fanden sie Ainh an der Rezeption. „Miss Maitland!“, rief er. „Bitte, beeilen Sie sich. Wir haben heute viel vor.“

Willy warf Guy einen fragenden Blick zu. Er zuckte und blickte in eine andere Richtung. Zum Teufel mit dem Mann! Er überließ es ihr. „Mr Ainh“, sagte sie, „wegen dieser kleinen Tour zu der Lackarbeitenfabrik …“

„Es wird ganz faszinierend werden. Wenn Sie …“

„Ich fürchte, mir ist nicht danach“, murmelte sie.

Ainh blinzelte überrascht. „Sind Sie krank?“

„Ja, ich …“ Sie bemerkte plötzlich, dass Guy den Kopf schüttelte. „Äh … nein. Ich meine …“

„Sie meint“, warf Guy ein, „dass ich ihr angeboten habe, sie herumzuführen. Sie wissen schon …“ Er zwinkerte Ainh zu. „… eine kleine persönliche Tour.“

„P-persönlich?“ Errötend blickte Ainh zu Willy. „Aber was ist mit meiner Tour? Es ist alles arrangiert! Der Wagen, die Besichtigung, ein besonderes Mittagessen …“

„Ich sage Ihnen was, Kamerad.“ Guy beugte sich verschwörerisch zu ihm vor. „Warum machen nicht Sie die Tour?“

„Ich habe diese Tour schon gemacht“, antwortete Ainh düster.

„Ach, das war doch Arbeit. Diesmal nehmen Sie und der Fahrer sich frei. Besichtigen Sie alle Sehenswürdigkeiten von Saigon. Und genießen Sie Miss Maitlands Mittagessen. Immerhin ist es schon bezahlt.“

Ainh wirkte plötzlich interessiert. „Freies Mittagessen?“

„Und ein Bier." Guy schob dem Mann ein paar Dollar in die Brusttasche und klopfte sie flach. „Auf meine Kosten."

Ainh folgte ihnen nach draußen, in die Mauer der Morgenhitze, die so dick war, dass Willy überrascht nach Luft rang. „Miss Maitland!", rief er verzweifelt. „So sollte es aber nicht laufen!"

Guy gab dem Mann einen feierlichen Klaps auf die Schulter. „Das, Mr Ainh, ist doch die ganze Idee."

Sie ließen den armen Mann allein auf den Stufen stehen.

„Was meinen Sie, was er machen wird?", flüsterte Willy.

„Ich meine", sagte Guy, während er sie den überlaufenen Bürgersteig entlangschob, „dass er das Gratisessen genießen wird."

Sie blickte zurück und sah, dass Mr Ainh tatsächlich im Hotel verschwunden war. Sie bemerkte auch, dass sie verfolgt wurden. Ein Straßenjunge, nicht älter als zwölf, holte sie ein und tanzte auf dem heißen Pflaster herum.

„Lien-xo?", zirpte er. Dunkle Augen schimmerten in einem schmutzigen Gesicht. Sie versuchten, ihn zu ignorieren, aber der Junge hüpfte neben ihnen her und plapperte die ganze Zeit. Sein Hemd hing in Fetzen, seine Füße waren mit braunen Flecken bedeckt. Er deutete auf Guy. „Lien-xo?"

„Nein, kein Russe", sagte Guy. „Amerikanski."

Der Junge grinste. „Amerikanski? Ja?" Er streckte seine schmutzige Hand aus und jauchzte. „Hallo, Daddy!"

Resigniert schüttelte Guy dem Jungen die Hand. „Ja, freut mich auch, dich kennenzulernen."

„Daddy reich?"

„Tut mir leid. Daddy arm."

Der Junge lachte und hielt das offensichtlich für einen tollen Scherz. Während Guy und Willy weiter die Straße entlanggingen, hüpfte der Junge neben ihnen her und scheuchte die anderen Straßenjungen weg, die sich der Prozession angeschlossen hatten. Es war eine heruntergekommene kleine Parade, die durch das Durcheinander der Straßen marschierte. Fahrräder fegten vorbei, ein Meer wirbelnder Räder. Und auf den Bürgersteigen hockten Händler neben ihrem mageren Warenangebot.

Der Junge zupfte Guy am Ärmel. „Hey, Daddy, du Zigarette?"

„Nein", sagte Guy.

„Komm, Daddy. Ich tue Gefallen. Halte Bettler weg."

„Na gut." Guy fischte eine Packung aus seiner Hemdtasche und reichte dem Jungen eine Zigarette.

„Guy, wie können Sie?", protestierte Willy. „Er ist noch ein Kind."

„Oh, die raucht er nicht", sagte Guy. „Die tauscht er gegen etwas ein. Essen, zum Beispiel. Sehen Sie?" Er deutete mit einem Kopfnicken auf den Jungen, der seinen Schatz eifrig in einen schmutzigen Stofffetzen einwickelte. „Deshalb nehme ich immer ein paar Stangen mit, wenn ich herkomme. Sie sind praktisch, wenn man einen Gefallen braucht." Er drehte sich um und betrachtete stirnrunzelnd ein Straßenschild. „Den wir jetzt brauchen." Er winkte den Jungen zu sich. „Hey, Kleiner, wie heißt du?"

Der Junge zuckte die Schultern.

„Irgendwie muss man dich doch rufen."

„Anderer Amerikanski, er sagt, ich sehe aus wie Oliver."

Guy lachte. „Wahrscheinlich hat er Oliver Twist gemeint. Oliver, wir machen ein Geschäft. Du tust uns einen Gefallen."

„Sicher, Daddy."

„Ich suche eine Straße namens Rue des Voiles. Das ist der alte Name, und der steht nicht auf der Karte. Weißt du, wo das ist?"

„Heißt jetzt Binh Tan. Warum du willst hingehen? Keine Läden."

Guy holte eine Tausend-Dong-Note hervor. „Bring uns hin."

Der Junge schnappte sich das Geld. „Okay, Daddy. Du warten." Der Junge trabte los und drehte sich an der Ecke um. „Du warten!" Eine Minute später kam er wieder, gefolgt von zwei von Fahrrädern gezogenen Rikschas. „Ich finde dir die besten. Sehr schnell", sagte Oliver.

Guy und Willy starrten betroffen auf die beiden Fahrer. Der eine lächelte zahnlos zurück, der andere keuchte wie ein Güterzug.

Guy schüttelte den Kopf. „Wo, um alles in der Welt, hat er denn diese Fossilien ausgegraben?", murmelte er.

Oliver deutete stolz grinsend auf die beiden alten Männer. „Meine Onkel!"

Eine Stimme hinter der Tür sagte: „Geht weg!"

„Mr Gérard?", rief Guy und griff nach dem altmodischen Türklopfer, entweder einem gehörnten Löwen oder einer Ziege mit Zähnen. Er klopfte ein paarmal. „Mr Gérard!"

Keine Antwort.

„Es ist wichtig! Wir müssen mit Ihnen sprechen!"

„Ich habe gesagt, geht weg!"

Willy murmelte: „Meinen Sie, es wäre einfach möglich, dass er nicht mit uns sprechen will?"

„Oh, er wird mit uns sprechen." Guy hämmerte wieder an die Tür. „Ich heiße Guy Barnard! Ich bin ein Freund von Toby Wolff!"

Der Riegel glitt zurück. Ein helles Auge spähte durch den Türspalt. Das Auge zuckte zwischen Guy und Willy hin und her. Die zu dem Auge gehörige Stimme zischte: „Toby Wolff ist ein Idiot."

„Toby Wolff fordert auch Gefallen ein."

Das Auge blinzelte. Die Tür öffnete sich eine Handbreit weiter und enthüllte einen kahlen, krabbenartigen kleinen Mann. „Na", schnappte er, „wollt ihr da stehen bleiben?"

Drinnen war das Haus dunkel wie eine Höhle. Alle Vorhänge waren fest vor den Fenstern zugezogen. Guy und Willy folgten dem Franzosen durch einen schmalen Korridor in ein großes Wohnzimmer. In der erstickenden Dunkelheit waren die Formen massiger Möbel kaum zu erkennen.

„Setzt euch, setzt euch", befahl Gérard. Guy und Willy näherten sich einer Couch, aber Gérard schnappte: „Doch nicht da! Seht ihr nicht, dass das original Queen Anne ist?" Er zeigte auf zwei massive Holzstühle. „Setzt euch dorthin." Er ließ sich in einen Brokatsessel am Fenster sinken. „Was will Toby von mir?"

„Er sagte, Sie können uns Informationen liefern."

Gérard schnaubte. „Ich bin nicht im Geschäft."

„Sie waren es."

„Nicht mehr. Das Risiko war zu groß."

Willy sah sich um. In der Dunkelheit schimmerte Elfenbein, glänzte feines altes Porzellan. Sie waren von Antiquitäten umgeben. Selbst das Haus war eine Antiquität, eines von Saigons schönen, alten französischen Kolonialhäusern, das von Weinranken überwuchert war. Laut Gesetz gehörte es dem Staat. Sie fragte sich, was der Franzose getan hatte, um ein solches Zuhause zu behalten.

„Es geht um eine alte Sache", teilte ihm Guy mit. „Aus dem Krieg."

Gérard lachte. „Die Leute hier sind ständig im Krieg. Welcher Feind? Die Chinesen? Die Franzosen? Die Roten Khmer?"

„Sie wissen, welcher Krieg", erwiderte Guy.

Gérard lehnte sich zurück. „Der Krieg ist vorüber."

„Für einige von uns nicht", warf Willy ein.

Der Franzose wandte sich zu ihr. „Was hat das Mädchen damit zu tun?"

„Sie ist wegen ihres Vaters hier. Vermisst seit 1970."

Gérard zuckte die Schultern. „Mein Geschäft sind Importe. Ich weiß nichts über vermisste Soldaten."

„Mein Vater war kein Soldat", sagte Willy. „Er war Pilot bei Air America."

„Wild Bill Maitland", fügte Guy hinzu.

Die plötzliche Stille im Raum war so dick, dass man sie hätte schneiden können. Nach einer Pause sagte Gérard leise: „Air America.“

Willy nickte. „Sie erinnern sich an ihn?“

Die knotigen Finger des Franzosen tappten auf der Armlehne. „Die Piloten haben ab und zu für Geld Waren für mich befördert.“

„Waren?“

„Pharmazeutika“, sagte Guy.

Gérard schlug gereizt auf die Armlehne. „Kommen Sie, Mr Barnard, wir wissen beide, wovon wir sprechen! Opium. Ich leugne es nicht. Hier tobte ein Krieg, und man konnte Geld verdienen. Also habe ich es verdient. Air America bot den zuverlässigsten Transportdienst. Die Piloten haben nie Fragen gestellt. Darin waren sie gut. Ich habe sie für das bezahlt, was sie wert waren. In Gold.“

Wieder trat Stille ein. Willy brauchte ihren ganzen Mut, um die nächste Frage zu stellen. „Und mein Vater? War er einer der Piloten, die Sie in Gold bezahlt haben?“

Alain Gérard zuckte die Schultern. „Würde es Sie überraschen?“

Irgendwie nicht, aber Willy versuchte sich vorzustellen, was all die alten Freunde der Familie sagen würden, die ihren Vater für einen Helden hielten.

„Er war einer der Besten“, sagte Gérard.

Sie blickte hoch. „Der Besten?“ Ihr war nach Lachen zumute. „In was? Drogenschmuggel?“

„Fliegen. Es war seine Berufung.“

„Die Berufung meines Vaters war es“, sagte sie bitter, „zu tun, was immer er wollte, ohne an andere zu denken.“

„Trotzdem“, beharrte Gérard, „er war einer der Besten.“

„Als seine Maschine abstürzte“, sagte Guy. „Hatte er da etwas von Ihnen bei sich?“

Der Franzose antwortete nicht. Er rutschte in seinem Sessel herum, stand dann auf und ging an das Fenster.

„Gérard?“, drängte Guy.

Gérard drehte sich um und sah sie beide an. „Warum seid ihr hier? Was sollen diese Fragen?“

„Ich muss wissen, was mit ihm passiert ist“, sagte Willy. Gérard drehte sich zum Fenster und spähte durch einen Spalt in den Vorhängen hinaus. „Fahren Sie heim, Miss Maitland, bevor Sie Dinge erfahren, die Sie nicht wissen wollen.“

„Was für Dinge?“

„Unangenehme Dinge.“

„Er war mein Vater! Ich habe ein Recht …“

„Ein Recht?“ Gérard lachte. „Er war in einem Kriegsgebiet. Er kannte die Risiken. Er war einfach einer von den Männern, die nicht lebend wiedergekommen sind.“

„Ich will wissen, warum. Ich will wissen, was er in Laos gemacht hat.“

„Seit wann weiß irgendjemand, was die wirklich in Laos gemacht haben?“ Er ging durch den Raum und berührte seine Schätze. „Sie können sich nicht vorstellen, was damals vor sich gegangen ist. Unser geheimer Krieg. Laos war das Land, über das wir nicht sprachen. Aber wir alle waren dort. Russen, Chinesen, Amerikaner, Franzosen. Freunde und Feinde in denselben schmierigen Bars von Vientiane. Alles gute Soldaten, die was verdienen wollten.“ Er blieb stehen und sah Willy an. „Ich verstehe diesen Krieg noch immer nicht.“

„Aber Sie wussten mehr als die meisten“, sagte Guy. „Sie haben für den Geheimdienst gearbeitet. Sie haben an der Untersuchung des Absturzes mitgewirkt. Die Leitung hatte ein amerikanischer Colonel namens Kistner, später zum General befördert. Er bezeichnete sich selbst als Militärattaché.“

„Was bedeutet, dass er bei der CIA war“, sagte Willy.

„Was eine ganze Menge bedeutet. Ich war Verbindungsmann zum französischen Geheimdienst. Mir hat man nur das Minimum erzählt.“

„Was wissen Sie über den Absturz?“

Gérard zuckte die Schultern. „Sie nannten es einen ‚Routineverlust‘. Feindliches Feuer. Auf Drängen der anderen Piloten wurde eine Suche eingeleitet, aber kein Überlebender gefunden. Nach einem Tag gab Colonel Kistner den Befehl, das Wrack einzuschmelzen. Ich weiß nicht, ob der Befehl ausgeführt wurde.“

Willy schüttelte den Kopf. „Das Wrack einzuschmelzen?“

„Das ist der Jargon für Zerstörung“, erklärte Guy. „Das machen sie immer, wenn eine Maschine während einer Geheimmission abstürzt. Um die Beweise zu vernichten.“

„Aber mein Vater war auf einem routinemäßigen Nachschubflug.“

„Diese Flüge wurden alle als routinemäßige Nachschubflüge geführt“, entgegnete Gérard.

„Auf der Frachtliste stehen Flugzeugteile“, sagte Guy. „Kein Grund, die Maschine einzuschmelzen. Was war also wirklich an Bord?“

Gérard antwortete nicht.

„Es gab einen Passagier“, sagte Willy.

Gérards Blick zuckte zu ihr. „Wer hat Ihnen das gesagt?“

„Luis Valdez. Dads Frachtmann. Er stieg aus, als die Maschine abstürzte.“

„Sie haben mit diesem Valdez gesprochen?"
„Es war nur ein kurzer Anruf, gleich nachdem er aus dem Kriegsgefangenenlager entlassen worden war."
„Dann … lebt er noch?"
Sie schüttelte den Kopf. „Er hat sich einen Tag nach seiner Rückkehr in die Staaten erschossen."
Gérard begann wieder, im Raum herumzugehen und jeden Einrichtungsgegenstand zu berühren. Er erinnerte Willy an einen gierigen Gnom, der seine Schätze befingerte.
„Wer war der Passagier, Gérard?", fragte Guy.
Gérard griff nach einer Lackdose, stellte sie wieder weg.
„Militär? Geheimdienst? Was denn nun?"
Gérard blieb stehen. „Er war ein Phantom, Mr Barnard."
„Was heißen soll, dass Sie seinen Namen nicht kennen?", wollte Guy wissen.
„Oh, er hatte viele Namen, viele Gesichter. So ist das immer bei einem Gerücht. Manche sagten, er wäre ein General. Oder ein Prinz. Oder ein Drogenkönig. Wer immer er war, er bedeutete eine Bedrohung für jemanden an einer hohen Stelle."
Jemand an einer hohen Stelle, dachte Willy. Wer konnte sich von diesem namenlosen Laoten bedroht gefühlt haben?
„Was glauben Sie, wer er war, Mr Gérard?", fragte sie.
Die Silhouette am Fenster zuckte die Schultern. „Das spielt keine Rolle mehr. Er ist tot. Jeder aus diesem Flugzeug ist tot."
„Vielleicht nicht alle. Mein Vater …"
„Ihr Vater wurde seit zwanzig Jahren nicht mehr gesehen. An ihrer Stelle würde ich die Sache ruhen lassen."
„Aber wenn er lebt …"
„Wenn er lebt, will er vielleicht nicht gefunden werden." Gérard drehte sich um und sah sie an. „Ein Mann, auf dessen Kopf ein Preis ausgesetzt ist, hat einen guten Grund, tot zu bleiben."

5. KAPITEL

Willy starrte Gérard an. „Ein Preis? Ich verstehe nicht."

„Sie meinen, niemand hat Ihnen von der Prämie erzählt?"

„Prämie wofür?"

„Für die Verhaftung von Bruder Tuck."

Sie verstummte. Worte auf einer Aktenmappe tauchten in ihren Gedanken auf. OPERATION BRUDER TUCK. Sie wandte sich an Guy. „Sie wissen, wovon er spricht, nicht wahr? Wer ist Bruder Tuck?"

Guys Miene wirkte wie eine Maske. „Nur eine Geschichte."

„Aber Sie hatten seine Akte in Ihrem Zimmer."

„Es ist ein Spitzname für einen abtrünnigen Piloten. Eine Legende …"

„Nicht nur eine Legende", behauptete Gérard. „Er war real. Ein Verräter. Der Geheimdienst bietet keine Zwei-Millionen-Dollar-Prämie für eine bloße Legende."

Willys Blick schoss zu Guy. Du hast es gewusst, dachte sie. Wut schnürte ihr die Kehle zu. Sie brachte kaum ihre nächste Frage an Alain Gérard hervor. „Sie glauben, dieser … dieser abtrünnige Pilot war mein Vater?"

„Der Geheimdienst glaubte es."

„Auf Grund welcher Beweise?"

„Auf Grund der Zeitpunkte und der Umstände. Im Juli 1970 verschwand William Maitland. Im August desselben Jahres hörten wir zum ersten Mal von einem ausländischen Piloten, der für den Feind Waffen und Gold flog."

„Aber es gab Hunderte von ausländischen Piloten in Laos! Bruder Tuck hätte Franzose sein können, Russe …"

„So viel wussten wir – er war Amerikaner."

Sie hob ihr Kinn an. „Sie behaupten, mein Vater sei ein Verräter gewesen."

„Ich sage Ihnen das nur, weil Sie es wissen sollten. Falls er lebt, ist dies der Grund, warum er nicht gefunden werden will. Sie denken, dass Sie ein Rettungsunternehmen durchführen, Miss Maitland, aber Sie könnten sich gewaltig irren. Ihr Vater könnte in eine Gefängniszelle heimkehren."

Willy konnte den Anblick von Guy nicht ertragen. Sie stand auf. „Danke, Mr Gérard. Sie haben mir Dinge erzählt, die ich nicht erwartet habe."

„Dann stimmen Sie mir zu, dass man diese Sache ruhen lassen sollte?"

„Ich stimme Ihnen nicht zu. Sie halten meinen Vater für einen Verräter. Offenbar sind Sie nicht der Einzige, der so denkt. Aber alle irren sich."

„Und wie wollen Sie das beweisen?" Gérard schnaubte. „Sagen Sie mir, Miss Maitland, wie wollen Sie nach zwanzig Jahren das große Wunder vollbringen?"

Darauf hatte sie keine Antwort. Sie wusste nur, dass sie allein weitermachen musste.

Keiner sagte ein Wort, bis sie die Haustür erreichten. Dann blieb Gérard stehen. „Mr Barnard, richten Sie Toby eine Botschaft aus?"

Guy nickte. „Sicher. Wie lautet die Botschaft?"

„Sagen Sie ihm, er habe soeben seinen letzten Gefallen bei mir eingefordert." Gérard öffnete die Haustür. Der Sonnenschein war blendend. „Von mir wird nichts mehr kommen."

Willy hatte noch keine fünf Schritte getan, als die Wut aus ihr hervorbrach.

„Sie haben mich belogen! Sie Abschaum haben mich benützt!" In seinem Gesicht stand deutlich seine Schuld. „Sie wussten von Bruder Tuck. Von der Prämie. Sie waren nur hinter einem lebendigen Heimkehrer her? Sie waren hinter einem bestimmten Mann her – meinem Vater!"

Guy zuckte die Schultern.

„Wie sollte es denn laufen?", drängte sie. „Wollten Sie mir, nachdem wir ihn gefunden hätten, eine Chance geben, meinen Vater heimzubringen, bevor er auf amerikanischem Boden verhaftet würde? Wie war denn der Plan, Guy?"

„Es gab keinen Plan."

Sie starrte ihn an. „Sie hatten auch sicher einen Plan für jeden Cent dieser zwei Millionen Dollar! Sie Bastard!" Sie hätte ihn schlagen sollen. Stattdessen marschierte sie davon.

Er holte sie mit ein paar schnellen Schritten ein. „Verdammt, Willy, wollen Sie zuhören?"

„Wobei? Noch mehr Lügen?"

„Nein, bei der Wahrheit."

„Wahrheit?" Sie lachte. „Seit wann bedeutet denn Ihnen die Wahrheit etwas?"

Er zog sie am Arm herum. „Seit jetzt."

„Lassen Sie mich los!"

„Nur, wenn Sie mir zuhören."

„Warum sollte ich Ihnen irgendetwas glauben?"

„Sehen Sie, ich gebe es zu. Ich wusste von Bruder Tuck. Von der Belohnung."

„Warum haben Sie es mir nicht erzählt?"

„Ich hätte es getan."

„Sie sind mies, Guy. Sie sind wirklich der letzte Dreck. Bedeutet Ihnen Geld so viel?"

„Ich habe es nicht für Geld gemacht. Ich hatte keine Wahl. Man hat mich dazu gezwungen."

„Wer?"

„Die Ariel Group. Sie sucht einen alten Kriegsverbrecher."

„Bruder Tuck."

Er nickte. „Ich sagte, ich sei nicht interessiert. Sie haben mir viel Geld geboten. Ich wurde ein wenig interessiert. Dann haben sie mir Schweigen geboten."

Sie erkannte in seinen Augen einen tiefen, dunklen Schmerz. „Das ist es also", flüsterte sie endlich. „Erpressung. Was haben die über Sie, Guy? Was verbergen Sie?"

„Es ist nichts ...", er schluckte, „... über das ich sprechen kann."

„Verstehe. Muss verdammt schockierend sein. Was vermutlich keine große Überraschung ist. Aber das rechtfertigt noch immer nicht, was Sie mir antun wollten." Damit ging sie angewidert weg.

Die Straße schimmerte in der vormittäglichen Hitze. Guy war ihr direkt auf den Fersen wie ein streunender Hund, der sich nicht abschütteln ließ. Und er war nicht der einzige Streuner, der ihr folgte. Das Klatschen von nackten Füßen kündigte die Rückkehr von Oliver an, der neben ihnen herhüpfte. „Ihr wollt Rikscha? Es ist heißer Tag! Tausend Dong."

Sie hörte das Quietschen von Rädern, das Keuchen eines kurzatmigen Fahrers. Olivers Onkel hatten sich der Prozession angeschlossen.

„Geht weg", sagte sie. „Ich will keine Rikscha."

„Sonne heute sehr heiß, sehr stark. Vielleicht du ohnmächtig. Einmal ich sehe russische Lady ohnmächtig." Oliver schüttelte bei der Erinnerung den Kopf. „War böser Anblick."

„Geh weg!"

Ungerührt wandte Oliver sich an Guy. „Was ist mit dir, Daddy?"

Guy klatschte ein paar Geldscheine in Olivers schmutzige Hand. „Da sind tausend. Und jetzt hau ab."

Oliver verschwand. Unglücklicherweise ließ Guy sich nicht so leicht abweisen. Er folgte Willy auf den Marktplatz, vorbei an Ständen, auf denen sich Melonen und Mangos türmten und frisches Fleisch Fliegen anzog.

„Ich wollte Ihnen das von Ihrem Vater erzählen", sagte Guy. „Ich wusste nur nicht, wie Sie es aufnehmen."

„Ich habe keine Angst vor der Wahrheit."

„Sicher haben Sie die. Sie versuchen, ihn zu beschützen."

„Er war kein Verräter!"

„Sie lieben ihn noch immer, nicht wahr?"

„Warum sollte er mir etwas bedeuten? Er hat uns verlassen."

„Und Sie haben deshalb noch immer Schuldgefühle."

„Schuldgefühle?" Sie blieb stehen. „Ich?"

„Richtig. Vielleicht hatten Sie Streit, wie Kinder und Väter immer haben, und dann stürzte er ab. Und zwanzig Jahre später wollen Sie es noch immer an ihm gutmachen."

„Praktizieren Sie jetzt als Psychiater ohne Lizenz?"

„Man braucht kein Psychiater zu sein, um zu wissen, was im Kopf eines Kindes vor sich geht. Ich war vierzehn, als mein alter Herr abhaute. Ich bin auch nie darüber hinweggekommen, dass ich verlassen wurde. Jetzt sorge ich mich um mein eigenes Kind, und das tut weh."

Sie starrte ihn erstaunt an. „Sie haben ein Kind?"

„Sozusagen." Er blickte zu Boden. „Die Mutter des Jungen und ich, wir waren nicht verheiratet. Es ist nichts, worauf ich besonders stolz bin."

„Oh."

„Ja."

Du hast die beiden sitzen lassen, dachte sie. Dein Vater hat dich verlassen. Du hast deinen Sohn verlassen. Die Welt ändert sich nie.

„Er war kein Verräter", behauptete sie und kehrte zu dem aktuellen Thema zurück. „Er war vieles – verantwortungslos, sorglos, unsensibel. Aber er hätte sich nie gegen sein eigenes Land gestellt."

„Aber er steht auf der Liste der Verdächtigen. Wenn er nicht selbst Bruder Tuck ist, hat er wahrscheinlich irgendeine Verbindung zu ihm. Und es muss eine gefährliche Verbindung sein. Das ist der Grund, warum jemand versucht, Sie aufzuhalten. Deshalb treffen Sie auf eine Mauer, wohin Sie sich auch wenden. Deshalb werden Sie bei jedem Schritt verfolgt."

„Was?" In einem Reflex sah sie sich um.

„Nicht so offen." Guy packte sie am Arm und zog sie zu dem Schaufenster einer Apotheke. „Mann bei zwei Uhr", murmelte er und deutete mit einem Kopfnicken auf die Reflexion im Glas. „Blaues Hemd, schwarze Hose."

„Er sieht vietnamesisch aus."

„Aber er könnte für die Russen oder die Chinesen arbeiten."

Während sie auf das Spiegelbild starrte, verschwand der Mann in der Menge. „Wie soll ich ihn abschütteln, Guy?"

„Das können Sie nicht. Denken Sie nur daran, dass er da ist. Dass Sie unter ständiger Beobachtung stehen. Wir scheinen sogar unter Beobachtung einer ganzen verdammten Armee zu stehen." Mindestens ein Dutzend Gesichter spiegelten sich jetzt, kamen näher und betrachteten neugierig die beiden Fremden. Im Hintergrund hüpfte eine bekannte Gestalt auf und ab und winkte ihnen im Glas zu.

„Hallo, Daddy!", kam ein Schrei.

Guy seufzte. „Wir werden nicht einmal ihn los."

Willy starrte auf Guys Spiegelbild. Aber dich kann ich loswerden, dachte sie.

Major Nathan Donnell von der Vermisstenstelle hatte feuerrotes Haar, eine dröhnende Stimme und eine Zigarre, die zum Himmel stank. Guy wusste nicht, was schlimmer war – der Gestank der Zigarre oder der Geruch des Verfalls, der von den vier Skeletten auf dem Tisch ausströmte. Vielleicht rauchte Nate deshalb diese scheußlichen Zigarren. Sie verdeckten den Geruch von Tod.

Jedes Skelett besaß eine Identifizierungsnummer und lag auf einer separaten Zeltbahn. Ebenfalls auf dem Tisch befanden sich vier Plastiktüten mit den persönlichen Gegenständen und anderen Dingen, die bei den Skeletten gefunden worden waren. Nach zwanzig und mehr Jahren in diesem Klima blieb von den Leichen nicht viel außer schmutzverkrusteten Gebeinen und Zähnen. Wenigstens war das noch vorhanden. Manchmal mussten sie mit Bruchstücken arbeiten.

Nate las laut aus den Begleitberichten vor. „Nummer 784-A, gefunden im Dschungel, westlich von Camp Hawthorne. Hundemarke der Army in der Nähe – Name Elmore Stukey, Private First Class."

„Die Marke lag in der Nähe?", fragte Guy. „Nicht um seinen Hals?"

Nate sah den vietnamesischen Verbindungsoffizier an, der daneben stand. „Ist das richtig? Sie war nicht um seinen Hals?"

Der Vietnamese nickte. „So steht es in dem Bericht."

„Elmore Stukey", murmelte Guy und öffnete die medizinische Militärakte des Mannes. „Einsfünfundachtzig, Weißer, perfekte Zähne." Er betrachtete das Skelett. Schon ein Blick sagte ihm, dass der Mann nicht größer als einssiebzig gewesen sein konnte. „Falscher Knabe."

„Stukey durchstreichen?"

„Stukey durchstreichen. Aber notieren Sie, dass jemand mit seiner Hundemarke abgehauen ist."

Nate ließ ein morbides Lachen hören. „Kein gutes Zeichen."

„Was ist mit diesen drei anderen?"

Nate griff nach einem anderen Bericht. „Die wurden zusammen nördlich von LZ Bird gefunden. Dieser Helm der Army lag in der Nähe. Sonst gibt es nicht viel."

Guy konzentrierte sich automatisch auf die wesentlichen Details Beckenform, Stellung von Schneidezähnen. „Diese beiden sind Frauen, wahrscheinlich Asiatinnen", bemerkte er. „Aber dies hier ..." Er holte ein Bandmaß hervor. „Männlich, etwa einsfünfundsiebzig. Hmm. Silberfüllungen an Nummer eins und zwei." Er nickte. „Möglich."

Nate sah den vietnamesischen Verbindungsoffizier an. „Nummer 786-A. Ich fliege ihn zu weiteren Untersuchungen zurück."

„Was ist mit den anderen?"

„Was meinen Sie, Guy?"

Guy zuckte die Schultern. „Wir nehmen auch 784-A. Nur zur Sicherheit. Aber die beiden Frauen gehören Ihnen."

Der Vietnamese nickte. „Wir werden alles in die Wege leiten", sagte er und zog sich leise zurück.

Nate zündete sich eine neue Zigarre an, während sie ins Freie traten. „Sie sind früher hier als erwartet, Guy."

„Es hat sich etwas ergeben."

„Ja? Etwas, wobei ich helfen kann?"

„Vielleicht." Stacheldraht zog sich auf den Mauern des alten Militärgeländes hin. „Sie waren doch 1973 bei dem Heimkehrerteam."

„73 bis 75. Aber ich hatte nicht viel zu tun. Nur viel lächeln und Rasierapparate und Zahnbürsten austeilen. Sie wissen schon, bloß ein Händedruck für heimkehrende Kriegsgefangene."

„Haben Sie auch die Hände von Kriegsgefangenen aus Tuyen Quan geschüttelt?"

„Ein paar. Das war ein ziemlich mieses Lager. Gegen Ende grassierte Typhus. Viele starben in Gefangenschaft."

„Aber nicht alle. Einer von ihnen hieß Luis Valdez. Erinnern Sie sich an ihn?"

„Nur an den Namen. Und auch nur, weil ich hörte, dass er sich einen Tag nach seiner Heimkehr erschoss. War ein Jammer."

„Dann haben Sie ihn nie getroffen?"

„Nein, er wurde separat abgefertigt. Keinerlei Kontakte."

Guy runzelte die Stirn. „Was war mit den anderen Kriegsgefangenen aus Tuyen Quan? Hat einer über Valdez gesprochen? Erwähnt, warum er separat gehalten wurde?"

„Eigentlich nicht. Hey, die konnten von nichts anderem reden als davon, dass es nach Hause ging. Ich glaube auch nicht, dass einer von ihnen Valdez kannte. Im Lager wurden die Gefangenen zu zweit in Zellen gehalten, und Valdez' Zellengefährte war nicht in der Gruppe."

„Tot?"

„Nein. Er weigerte sich, an Bord der Maschine zu gehen."

„Er wollte nicht fliegen?"

„Er wollte nicht nach Hause."

„Erinnern Sie sich an seinen Namen?"

„Verdammt, ja. Ich musste einen zehnseitigen Bericht über den Kerl schreiben. Lassiter. Sam Lassiter. Der Vorfall hat mir einen Tadel eingetragen."

„Was ist passiert?"

„Wir versuchten, ihn an Bord zu zerren. Er schrie, dass er in Vietnam bleiben wolle. Und er war ein großer blonder Wikinger, einsneunzig, und hat getreten und geschrien wie ein Zweijähriger. Sie hätten die Vietnamesen sehen sollen, die über das alles gelacht haben. Jedenfalls, der Kerl hat sich losgerissen und ist in der Menge verschwunden. Da sagten wir uns, was soll's? Soll der Idiot doch bleiben, wenn er will."

„Er kehrte nicht heim?"

„Nie. Eine Weile haben wir ihn im Auge behalten. Zuletzt wurde er in Cantho gesehen, aber das war vor ein paar Jahren. Verrückt, dass er in diesem von aller Welt verlassenen Land bleiben wollte."

Vielleicht nicht, dachte Guy. Vielleicht hatte er keine andere Wahl.

Die Russen sangen wieder. Ansonsten war es ein angenehmer Abend für Guy an der Bar des Dachgartens. Das rhythmische Dröhnen der Discomusik trieb von unten herauf. Guy überlegte, ob er sich eine Tanzpartnerin suchen und ein paar Zehen zertrampeln sollte. Er nahm noch einen Schluck Bier, als sich Willy an einen Tisch am Geländer setzte. Ob sie ihm bei einem Drink Gesellschaft leistete? Offenbar nicht. Sie ignorierte ihn.

Zum Teufel, er wollte es noch einmal versuchen.

Willy fühlte seine Annäherung, blickte jedoch nicht hoch, als er sich einen Stuhl schnappte und sich setzte.

„Ich glaube noch immer, dass wir zusammenarbeiten können", sagte er.

Sie schniefte. „Das bezweifle ich."

„Können wir nicht wenigstens darüber reden?"

„Ich habe Ihnen nichts zu sagen, Mr Barnard."

„Also sind wir wieder bei Mr Barnard angelangt."

Ihr eisiger Blick traf ihn über den Tisch hinweg. „Ich könnte Sie auch etwas anderes nennen. Ich könnte …"

„Können wir nicht die Freundlichkeiten überspringen? Sehen Sie, ich habe einen Freund von mir gesprochen …"

„Sie haben Freunde? Erstaunlich."

„Nate war Teil des Begrüßungsteams im Jahr 1975. Er hat viele zurückkehrende Kriegsgefangene getroffen. Einschließlich der Männer aus Tuyen Quan."

Plötzlich wirkte sie interessiert. „Er kannte Luis Valdez?"

„Nein, Valdez wurde geheim abgefertigt. Niemand kam in seine Nähe. Aber Valdez hatte einen Zellengefährten in Tuyen Quan, einen Mann namens Lassiter. Nate sagte, Lassiter wäre nicht nach Hause geflogen."

„Er starb?"

„Er hat das Land nicht verlassen."

Sie beugte sich vor. „Er ist noch in Vietnam?"

„Zumindest war er es vor ein paar Jahren. In Cantho. Das ist eine Stadt im Delta, ungefähr hundertfünfzig Kilometer südwestlich von hier."

„Nicht sehr weit." Ihre Gedanken wirbelten im Kopf herum. „Ich könnte morgen früh abfahren … am Nachmittag dort sein …"

„Und wie wollen Sie hinkommen?"

„Was meinen Sie, wie? Mit dem Auto natürlich."

„Denken Sie, Mr Ainh lässt Sie auf eigene Faust losziehen?"

„Dafür gibt es Bestechungsgelder. Manche Leute tun doch alles für Geld, oder?"

Er begegnete ihrem harten Blick ähnlich hart. „Vergessen Sie das verdammte Geld. Sehen Sie denn nicht, dass jemand versucht, uns beide zu benützen? Ich möchte wissen warum." Seine Stimme wurde sanft lockend. „Ich habe für morgen früh einen Fahrer nach Cantho aufgetrieben. Wir können Ainh erzählen, ich hätte Sie zu der Fahrt eingeladen. Einfach ein Tourist, der …"

Sie lachte. „Sie müssen glauben, ich hätte den Intelligenzquotienten einer Steckrübe. Warum sollte ich Ihnen vertrauen? Kopfgeldjäger! Opportunist! Kretin!"

„Schöner Abend, nicht wahr?", fiel eine heitere Stimme ein.

Dodge Hamilton, einen Drink in der Hand, strahlte auf sie beide herunter. Er wurde von tödlicher Stille begrüßt.

„Ach, du liebe Güte. Störe ich?"

„Gar nicht." Seufzend zog Willy dem Engländer einen Stuhl zurecht.

„Nein, wirklich, ich würde nicht im Traum daran denken …“

„Ich bestehe darauf.“ Willy warf Guy einen tödlichen Blick zu. „Mr Barnard wollte gerade gehen.“

Hamiltons Blick wanderte von Guy zu dem angebotenen Stuhl. „Nun, wenn Sie darauf bestehen.“ Er setzte sich unbehaglich und blickte zu Willy. „Ich wollte Sie fragen, Miss Maitland, ob Sie zu einem Interview bereit wären.“

„Ich? Warum, um alles auf der Welt?“

„Ich habe eine neue Idee für meine Saigon-Story. Eine Tochter auf der Suche nach ihrem Vater. Das ist so anrührend. Eine sentimentale Reise in die …“

„Schlechte Idee“, warf Guy ein.

„Warum?“, fragte Hamilton.

„Da … da gibt es keine Leidenschaft“, improvisierte er. „Keine Liebesgeschichte. Keine Spannung.“

„Natürlich gibt es Spannung. Ein vermisster Vater …“

„Hamilton.“ Guy beugte sich vor. „Nein.“

„Er hat mich gefragt“, mischte Willy sich ein. „Immerhin geht es um meinen Vater.“

Guy lenkte den Blick auf sie. „Willy, überlegen Sie.“

„Ich finde, etwas öffentliches Interesse könnte ein paar Türen öffnen.“

„Eher schließen. Die Vietnamesen hassen es, wenn ihre Schmutzwäsche ausgebreitet wird. Wenn sie nun wissen, was aus Ihrem Vater wurde, und es ist kein Happy End? Dann wollen Sie nicht die Details in den Londoner Zeitungen finden. Es wäre viel einfacher, Sie aus dem Land zu werfen.“

„Glauben Sie mir“, versicherte Hamilton, „ich kann diskret sein.“

„Ein diskreter Reporter“, murmelte Guy. „Aber sicher!“

„Bevor sie nicht das Land verlassen hat, wird kein einziges Wort veröffentlicht werden.“

„Die Vietnamesen sind nicht dumm. Sie würden herausfinden, woran wir arbeiten.“

„Dann präsentiere ich ihnen eine Tarngeschichte.“

Willy stand auf. „Ich gebe es auf. Ich gehe schlafen.“

Guy blickte hoch. „Sie können nicht schlafen gehen. Wir haben noch nicht fertig geredet.“

„Sie und ich, wir haben eindeutig fertig geredet.“

„Was ist mit morgen?“

„Was ist mit meinem Interview?“

„Hamilton“, sagte sie, „wenn Sie Schmutzwäsche suchen, warum interviewen Sie nicht ihn?“ Sie deutete auf Guy. Damit drehte sie sich um und ging davon.

Hamilton sah Guy an. „Was haben Sie für Schmutzwäsche?“

Guy lächelte bloß.

Er lächelte auch noch, als er seine Bierdose in der bloßen Hand zerquetschte.

Herr, erlöse mich von den Kretins dieser Welt, dachte Willy ermattet, als sie den Aufzug betrat. Die Türen schlossen sich. Vor allem erlöse mich von Guy Barnard.

Sie lehnte sich zurück, schloss die Augen und wartete darauf, dass der Aufzug im Schneckentempo zum vierten Stock hinunterkroch. Er roch nach Alkohol und Schweiß. Durch das Knarren von Kabeln hörte sie ein schwaches Fiepen hoch oben im Aufzugsschacht. Fledermäuse. Sie hatte sie in der letzten Nacht über den Innenhof flattern gesehen. Wundervoll! Fledermäuse und Guy Barnard. Konnte ein Mädchen sich mehr wünschen?

Schade, dass sie dem Mann nicht vertrauen konnte. Allerdings fragte sie sich, wie es wäre, Seite an Seite mit dem Mann zu arbeiten, bei dem ihr Magen vor Erregung eine kleine Pirouette tanzte. Der Mann ging ihr unter die Haut.

Oh, sie war schon früher verliebt gewesen und wusste, wie unvernünftig Hormone sein konnten. Sie wollte nicht an ihn denken.

Der Aufzug hielt stöhnend und ächzend, die Türen öffneten sich zu der verlassenen Balustrade, die um den Innenhof führte. Die Nacht erbebte unter dem fernen Discobeat, während Willy durch die Dunkelheit zu ihrem Zimmer eilte.

Sie wirbelte erschrocken herum, als ein kreischender Chor von den Mauern zurückgeworfen wurde. Fledermäuse flatterten wie Fantome über den Innenhof.

Ihre Hände zitterten noch, als sie ihre Tür erreichte. Sie suchte in ihrer Tasche nach dem Schlüssel, als eine Gestalt in ihr Blickfeld glitt. Ein sechster Sinn brachte sie dazu, sich umzudrehen.

Am Ende der Balustrade tauchte ein Mann aus den Schatten auf. Als er unter eine Außenbeleuchtung geriet, sah sie glatte schwarze Haare und ein wächsern unbewegliches Gesicht. Dann zog etwas anderes ihren Blick an. Etwas in seiner Hand. Er hielt ein Messer.

Sie ließ ihre Handtasche fallen und rannte los.

Direkt vor ihr bog die Balustrade um eine Ecke, vorbei an einem riesigen Lüftungsschacht. Dahinter würde sie die Sicherheit des Treppenhauses erreichen.

Der Mann war ein paar Meter hinter ihr. Bestimmt wollte er nur ihre Handtasche. Doch als sie um die Ecke hetzte, hörte sie, wie ihr seine Schritte folgten. Allmächtiger, er war nicht hinter ihrem Geld her.

Er war hinter ihr her!

Das Treppenhaus lag am Ende der Balustrade vor ihr. Nur ein Stockwerk tiefer lag die Disco. Dort fand sie Menschen. Sicherheit.

Verzweifelt jagte sie vorwärts. Dann sah sie durch einen Nebel von Panik, dass ihr der Fluchtweg abgeschnitten war.

Ein zweiter Mann war aufgetaucht. Er stand in der Dunkelheit am Ende der Balustrade. Sie konnte nur das leichte Schimmern seines Gesichts sehen.

Sie stockte, wirbelte herum. Als sie das tat, zischte etwas an ihrer Wange vorbei und fiel klappernd auf den Boden. Ein Messer. Automatisch riss sie es an sich und schwang es vor sich hin und her.

Ihr Blick zuckte zu dem ersten Mann, dann zu dem anderen. Die beiden rückten näher. Sie schrie. Ihr Schrei mischte sich mit der Tanzmusik, hallte von den Gebäuden zurück, stieg in die Nacht hoch. Eine Welle aufgescheuchter Fledermäuse flatterte durch die Dunkelheit. Hört mich denn niemand? dachte sie verzweifelt.

Sie warf einen hektischen Blick um sich und suchte nach einem Ausweg. Vor ihr hinter dem Geländer war es ein Sturz in die Tiefe über drei Stockwerke. Hinter ihr befand sich auf einer gekiesten Dachfläche der gewaltige Lüftungsschacht. Unter dem verrosteten Abdeckgitter drehten sich die großen Rotorblätter wie der Propeller eines Flugzeugs. Der warme Luftstrom war so kräftig, dass er Willys Rock bauschte.

Die Männer stürzten sich auf sie.

6. KAPITEL

Willy hatte keine andere Wahl. Sie kletterte über das Geländer und ließ sich auf das Abdeckgitter fallen. Es sackte unter ihrem Gewicht durch und brachte sie atemberaubend nahe an die tödlichen Rotorblätter heran. Ein rostiges Stück brach ab und fiel in den Ventilator. Das Klappern von Metall war ohrenbetäubend.

Sie schob sich zentimeterweise über das Abdeckgitter, der Sicherheit der Dachfläche entgegen. Es war nur eine Entfernung von ein paar Schritten, aber es fühlte sich wie Meilen auf einem Hochseil an. Ihre Beine zitterten, als sie endlich von dem Abdeckgitter herunterkletterte. Es war eine Sackgasse. Dahinter lag ein Abgrund. Und ein brüchiges Abdeckgitter war alles, was sie von den Killern trennte.

Die beiden Männer sahen sich nach einem sicheren Weg zu ihr um, aber es gab keinen. Sie mussten den Ventilator überqueren. Doch das Abdeckgitter hätte kaum ihr Gewicht getragen. Diese Männer waren viel schwerer. Willy starrte auf die tödlich wirbelnden Rotorblätter. Das riskieren die nie, dachte sie.

Zu ihrem ungläubigen Entsetzen kletterte einer der Männer über das Geländer und ließ sich auf den Luftschacht sinken. Das Gitter sackte durch, hielt jedoch. Über die wirbelnden Blätter hinweg sah er sie an, in den Augen den leidenschaftslosen Ausdruck eines Mannes, der bloß gekommen war, um seinen Job zu erledigen.

Gefangen, dachte sie. Lieber Himmel, ich sitze in der Falle!

Sie schrie wieder, aber ihr Entsetzensschrei ging in dem Dröhnen des Ventilators unter.

Er hatte die halbe Strecke hinter sich, hielt sein Messer bereit. Sie umklammerte ihr Messer und schob sich bis an die Dachkante zurück. Sie hatte zwei Möglichkeiten: einen Sturz über drei Stockwerke auf das Pflaster unter ihr oder einen Kampf mit einem erfahrenen Mörder. Beides hoffnungslos.

Sie duckte sich, das Messer in der zitternden Hand, bereit zuzustechen und sich mit Zähnen und Krallen zu verteidigen. Der Mann tat noch einen Schritt. Die Klinge kam näher.

Der Schuss zerfetzte die Nacht.

Willy starrte verstört auf den Killer, der sich den Bauch hielt und verwirrt auf seine blutige Hand blickte. Wie eine Marionette, deren Fäden durchschnitten worden waren, sank er in sich zusammen. Als totes Gewicht auf das geschwächte Abdeckgitter prallte, schloss Willy die Augen und krümmte sich zusammen.

Sie sah nicht, wie der Körper fiel. Aber sie hörte das Kreischen von Metall, fühlte das heftige Rucken der Rotorblätter. Sie fiel auf die Knie und würgte in die Dunkelheit unter ihr.

Als das Würgen endlich aufhörte, zwang sie ihren Kopf hoch.

Der zweite Angreifer war verschwunden.

Auf der anderen Seite des Innenhofs auf der Balustrade schimmerte etwas. Der Lauf eines Revolvers, der gesenkt wurde. Ein kleines Gesicht spähte über das Geländer. Willy versuchte zu begreifen, wieso der Junge dort war, wieso er ihr gerade das Leben gerettet hatte. Taumelnd kam sie auf die Beine und flüsterte: „Oliver?“

Der Junge legte bloß seinen Finger an die Lippen. Dann glitt er wie ein Geist in die Dunkelheit.

Benommen hörte sie Rufe und das Donnern von Schritten.

„Willy! Sind Sie in Ordnung?“

Sie drehte sich um und sah Guy. Und sie hörte die Panik in seiner Stimme.

„Bewegen Sie sich nicht! Ich hole Sie!“

„Nein!“, schrie sie. „Das Abdeckgitter … ist gebrochen …“

Einen Moment betrachtete er die wirbelnden Metallblätter. Dann sah er sich um und entdeckte eine Leiter, die unter einem zerbrochenen Fenster lehnte. Er zog sie zu dem Geländer, hievte sie darüber und schob sie waagerecht über das zerbrochene Abdeckgitter. Dann schwang er sich selbst über das Geländer, trat vorsichtig auf eine Sprosse und streckte Willy die Hand entgegen. „Ich bin hier“, sagte er. „Stellen Sie den linken Fuß auf die Leiter und packen Sie meine Hand. Ich lasse Sie nicht fallen, ich schwöre es. Kommen Sie schon, Süße! Greifen Sie einfach nach meiner Hand.“

Sie konnte nicht auf die Ventilatorblätter hinunterblicken. Sie sah in Guys Gesicht, angespannt und schweißüberströmt. Auf seine Hand, die sich ihr entgegenstreckte. Und in diesem Moment wusste sie ohne den geringsten Zweifel, dass er sie fangen würde. Dass sie ihm ihr Leben anvertrauen konnte.

Sie holte tief Luft, um Mut zu sammeln, und tat dann einen Schritt vorwärts über die wirbelnden Rotorblätter.

Augenblicklich schloss sich Guys Hand um die ihre. Für einen Sekundenbruchteil schwankte sie. Guys harter Griff stabilisierte sie. Langsam und ruckend schob sie sich zu der Sprosse vor, auf der er balancierte.

„Ich habe Sie!“, schrie er und riss sie in die Arme, weg von dem gähnenden Lüftungsschacht. Er schwenkte sie mühelos über das Geländer auf die Balustrade, ließ sich neben sie sinken und zog sie in die Sicherheit seiner Arme. „Alles in Ordnung", murmelte er immer wieder in ihr Haar. „Alles ist in Ordnung."

Erst als sie jetzt sein Herz hämmern fühlte, erkannte sie, welche Angst er um sie ausgestanden hatte.

Sie zitterte so heftig, dass sie kaum auf ihren eigenen Beinen stehen konnte. Es spielte keine Rolle. Die Arme, die sich um sie schlangen, würden sie nie fallen lassen.

Sie erstarrten beide, als ein scharfer Befehl auf Vietnamesisch erteilt wurde. Die Leute, die sich um sie versammelt hatten, wichen rasch beiseite und ließen einen Polizisten durch. Willy blinzelte, als grelles Licht in ihre Augen fiel. Der Strahl der Taschenlampe wanderte und stockte auf dem Lüftungsschacht. Die Schaulustigen ließen gemeinsam einen Schreckensschrei ertönen.

„Gütiger Himmel", hörte sie Dodge Hamilton wispern. „Was für eine blutige Angelegenheit."

Mr Ainh schwitzte.

„Wir waren sorglos, Genosse." Die Stimme des Ministers war leise. Seine Augen schimmerten wie Flusskiesel. „Der Tod einer amerikanischen Touristin wäre höchst unangenehm gewesen."

Ainh konnte bloß schwach nicken.

„Sind Sie sicher, dass Miss Maitland unverletzt ist?"

Ainh räusperte sich. Nickte erneut.

Die Stimme des Ministers wurde rasiermesserscharf. „Dieser Barnard – er hat einen internationalen Zwischenfall vermieden, etwas, zu dem unsere Leute unfähig waren."

„Aber wir hatten keinen Hinweis darauf, dass dies passieren würde."

„Der Angriff in Bangkok … war das keine Warnung?"

„Ein versuchter Raubüberfall! Das stand in dem Bericht …"

„Und Berichte sind nie falsch, wie? Zuerst Bangkok, dann heute Abend. Ich frage mich, in was unsere kleine amerikanische Touristin da hineingeraten ist. Und was ist mit Mr Barnard? Sind er und Miss Maitland …" Der Minister lächelte süffisant. „… miteinander verbunden?"

„Ich glaube nicht. Sie nannte ihn einen Kretin."

Der Minister lachte. „Ah, Mr Barnard hat Probleme mit den Damen!" Ein Beamter brachte dem Minister einen Bericht. „Ein Fortschritt. Man hat Fragmente des Personalausweises des Toten zusammengesetzt. Er war der Polizei bereits gut bekannt. Er hatte Verbindungen zu dem alten Regime."

Ainh überflog die Seite. „Hier wird nur eine Cousine erwähnt, eine Fabrikarbeiterin." Er machte eine Pause. „Ein Mischling."

Der Minister nickte. „Sie wird gerade verhört. Wollen wir sie uns ansehen?"

Chantal schoss tödliche Blicke auf den verhörenden Polizisten. „Ich habe nichts getan!", fauchte sie. „Ich war den ganzen Abend zu Hause."

„Sie sind eine Konterrevolutionärin", sagte der Polizist. „Sie und Ihr Cousin!"

„Ich kenne meinen Cousin kaum."

„Sie haben zusammengearbeitet."

Chantal machte ein verächtliches Geräusch. „Ich arbeite in einer Fabrik. Ich habe nichts mit ihm zu tun."

Der Polizist stellte eine Tasche auf den Tisch und holte einzelne Gegenstände heraus. „Kaviar. Champagner. Gänseleberpastete. Das haben wir in Ihren Schränken gefunden. Wie kann eine Fabrikarbeiterin sich solche Dinge leisten?"

Chantal presste die Lippen zusammen, schwieg.

Der Polizist gab einem Wächter einen Wink, und Chantal wurde aus dem Raum geführt. Dann wandte er sich an den Minister.

„Lasst sie laufen", sagte der Minister. „Dann wartet ihr darauf, dass die Fliege wieder zu dem Honigtopf zurückkehrt." Der Polizist verließ den Raum, und Minister Tranh, der seine Erfahrungen während des Krieges in der Spionage gesammelt hatte, griff nach der Flasche Champagner. „Ah, Taittinger." Er seufzte. „Meine Lieblingsmarke aus meinen Tagen in Paris." Er warf einen Blick zu Ainh. „Ich fühle, dass Miss Maitland in etwas Gefährliches hineingestolpert ist. Vielleicht stellt sie zu viele Fragen. Weckt Drachen der Vergangenheit."

„Sie meinen ihren Vater?" Ainh schüttelte den Kopf. „Das ist ein sehr alter Drache."

„Aber vielleicht ist er noch nicht besiegt", entgegnete der Minister darauf leise.

Eine große schwarze Kakerlake kroch über den Tisch. Einer der Wächter schlug sie mit einer Zeitung tot, fegte sie auf den Boden und schrieb gelassen weiter. Über ihm wirbelte ein Deckenventilator in der Hitze und ließ die Papiere auf dem Schreibtisch flattern.

„Noch einmal, Miss Maitland", sagte der Polizist, der die Untersuchung leitete. „Erzählen Sie mir, was passiert ist."

„Ich habe Ihnen alles erzählt."

„Und wir wissen beide, dass Sie lügen. Es wurde geschossen. Wir haben einen Zeugen. Warum lügen Sie?"

„Lassen Sie sie in Ruhe", fiel Guy dazwischen. „Sie verhören sie schon seit zwei Stunden. Sehen Sie nicht, dass sie erschöpft ist?"

Der Polizist blickte zu Willy, dann zu Guy. Er zuckte lässig die Schultern. „Sie wird entlassen werden."

„Wann?"

„Sobald sie die Wahrheit gesagt hat." Damit ging er hinaus.

„Halten Sie durch", murmelte Guy, folgte dem Polizisten in den nächsten Raum und stritt während der nächsten zehn Minuten mit ihm.

Als Guy endlich zurückkam, sah sie an seiner verärgerten Miene, dass er nichts erreicht hatte. Er ließ sich neben ihr auf die Bank fallen und rieb sich die Augen.

„Was wollen die von mir?", fragte sie.

„Ich glaube, die warten auf irgendeine Genehmigung …"

„Wessen?"

„Der Teufel soll mich holen, wenn ich das wüsste."

Eine zusammengerollte Zeitung klatschte auf den Tisch. Der Wächter fegte eine zweite Kakerlake auf den Boden.

Es war Mitternacht.

Um ein Uhr nachts erschien Mr Ainh. Er war so blass wie ein altes Bettlaken. „Wir bedauern die Unannehmlichkeit …"

„Unannehmlichkeit?", fauchte Guy. „Miss Maitland wurde heute Abend fast umgebracht, und sie wird jetzt seit drei Stunden festgehalten. Was geht hier vor sich, zum Teufel?"

„Ein Raubüberfall … auf eine Fremde …"

Guy war fassungslos. „Das nennen Sie einen versuchten Raub?", fragte er.

„Wie würden Sie es nennen?"

„Eine Vertuschungsaktion."

Ainh verbeugte sich vor Willy. „Die Polizei sagt, dass Sie gehen können. Im Namen der vietnamesischen Regierung entschuldige ich mich. Morgen früh können Sie Ihre Tour fortsetzen."

„Mit welchen Einschränkungen?", fragte Guy.

„Ohne Einschränkung." Ainh räusperte sich. „Im Gegensatz zu der Propaganda Ihrer Regierung, Mr Barnard, sind wir ein vernünftiges Volk. Wir haben nichts zu verbergen."

Worauf Guy tonlos antwortete: „Scheinbar."

Im Hotel fragte Guy gar nicht, ob Willy allein sein wollte. Er führte sie in sein Zimmer und setzte sie auf sein Bett. Dann holte er einen Waschlappen und säuberte ihr schmutziges Gesicht. Ihre Wangen waren bleich. Er verspürte den irren Drang, sie zu küssen.

„So", murmelte er. „Jetzt ist schon alles besser."

Sie blickte mit benommenen Augen hoch. „Danke."

„Wofür?"

„Dafür …" Sie suchte nach den richtigen Worten. „Dafür, dass Sie hier sind."

Er berührte ihr Gesicht. „Ich werde die ganze Nacht hier sein. Ich lasse Sie nicht allein, wenn Sie das wollen."

Sie nickte. Es schmerzte ihn, sie so müde, so geschlagen zu sehen. Er legte den Arm um ihre Schultern.

„Sie werden sicher sein, Willy", flüsterte er an ihrem weichen Haar. „Gleich morgen fliegen Sie nach Hause und wenn ich Sie auf Ihrem Sitz festschnallen muss."

Sie schüttelte den Kopf. „Ich kann nicht."

„Was heißt, Sie können nicht?"

„Mein Vater …"

„Vergessen Sie ihn. Er ist es nicht wert."

„Ich habe ein Versprechen gegeben …"

„Sie haben Ihrer Mutter nur eine Antwort versprochen, keine Leiche, keinen offiziellen Bericht mit Brief und Siegel. Nur eine einfache Antwort. Geben Sie ihr eine. Sagen Sie, er ist tot, starb beim Absturz. Das ist wahrscheinlich die Wahrheit."

„Ich kann sie nicht belügen."

„Sie müssen." Er ergriff sie an den Schultern. „Willy, jemand will Sie töten. Er hat zweimal versagt. Was ist beim nächsten Mal?", fragte er eindringlich.

Sie schüttelte den Kopf. „Es lohnt sich nicht, mich zu töten. Ich weiß nichts."

„Vielleicht geht es nicht darum, was Sie wissen, sondern was Sie herausfinden könnten." Er seufzte matt. „Wenn wir doch mit Oliver reden könnten, um herauszufinden, für wen er arbeitet!"

„Er ist nur ein Kind!"

„Offenbar nicht. Er könnte sechzehn, siebzehn sein. Alt genug, um ein Agent zu sein."

„Für die Vietnamesen?"

„Nein. Wäre er einer der ihren, warum wäre er verschwunden?"

Ihre Verwirrung steigerte sich. „Er hat mir das Leben gerettet, und ich weiß nicht einmal, warum."

Da war sie wieder, diese Verletzbarkeit in ihren Augen. Sie mochte Wild Bill Maitlands Kind sein, aber sie war auch eine Frau, und Guy hatte Schwierigkeiten, sich auf das brennende Problem zu konzentrieren. Warum versuchte jemand, sie zu töten?

Er war zu müde zum Nachdenken. Es war spät, sie war ihm so nahe, und da wartete das Bett.

Er streichelte sanft über ihr Gesicht. Sie schien sofort zu fühlen, was gleich passieren würde. Obwohl ihr ganzer Körper starr blieb, wehrte sie sich nicht gegen ihn. Sobald ihre Lippen sich berührten, fühlte er, wie sie und ihn ein Schock durchlief, als wären sie beide von irgendeinem herrlichen Blitz getroffen worden.

Er hörte sie an seinem Mund „nein" murmeln, aber er wusste, dass sie es nicht meinte, und so küsste er sie weiter.

Sie legte ihre Hand an seine Brust und murmelte noch einmal „nein", diesmal schwächer. Er hätte auch das ignoriert, wäre nicht der Ausdruck in ihren Augen gewesen. Sie waren groß und verwirrt, die Augen einer Frau, die von Angst und Erschöpfung an die Grenze getrieben worden war. So wollte er sie nicht. So ärgerlich sie auch sein konnte, er wollte die lebendige, atmende, echte Willy Maitland in seinen Armen.

Er ließ sie los. Schweigend saßen sie auf dem Bett und sahen einander nur in stummem Erstaunen an.

„Warum … warum haben Sie das gemacht?", fragte sie schwach.

„Sie haben so ausgesehen, als würden Sie einen Kuss brauchen."

„Nicht von Ihnen."

„Dann von irgendjemandem. Es ist eine Weile her, dass Sie geküsst wurden, nicht wahr?"

Willy blickte in sein grinsendes Gesicht. Nicht nur war sie lange nicht geküsst worden. So war sie noch nie geküsst worden. Aus einem verrückten Grund hasste sie jede Frau, die er vor ihr geküsst hatte, hasste noch mehr jede Frau, die er nach ihr küssen würde.

Sie warf sich auf das Bett und wandte ihm den Rücken zu. „Ach, lassen Sie mich in Ruhe!", rief sie. „Ich will nur schlafen!"

Er sagte nichts, strich ihr über das Haar, stand vom Bett auf und schaltete die Lampe aus. Sie lag still in der Dunkelheit, hörte, wie er Fenster und Tür kontrollierte, ins Bad ging und Wasser laufen ließ.

Sie war noch wach, als er zurückkam und sich neben ihr ausstreckte. Sie lag da, sorgte sich, dass er sie wieder küssen könnte, hoffte verzweifelt, dass er es tat.

„Guy?", flüsterte sie.

„Ja?"

„Ich habe Angst."

Er griff in der Dunkelheit nach ihr. Willig ließ sie sich gegen seine nackte Brust ziehen. Er roch nach Shampoo und Sicherheit. Ja, das war es. Sicherheit.

„Ist schon in Ordnung, Angst zu haben", flüsterte er. „Selbst wenn Sie das Kind von Wild Bill Maitland sind."

Siang kauerte reglos in einer stinkenden Schlammpfütze und starrte die Straße entlang zu Chantals Gebäude. Zwei Stunden waren vergangen, und der Mann war da noch immer am Straßenrand. Siang sah ihn in der Dunkelheit dort kauern. Ein Polizeiagent, kein Zweifel, und kein guter. War das Schnarchen? Ja, eindeutig.

Siang zog sein Messer. Lautlos glitt er von Schatten zu Schatten. Kaum fünf Meter von seinem Ziel entfernt erstarrte er, als das Schnarchen des Mannes schauderte und aufhörte. Der Kopf des Schattens hob sich, schüttelte den Schlaf ab.

Siang schnellte vor, riss den Kopf des Mannes an den Haaren hoch und schnitt ihm die Kehle durch.

Es gab keinen Schrei, nur ein Gurgeln und dann das Zischen eines letzten Atemzugs aus den Lungen des Toten. Siang schleppte die Leiche um das Gebäude herum und rollte sie in einen Abflussgraben. Dann schlüpfte er durch ein offenes Fenster in Chantals Wohnung.

Er fand sie schlafend vor. Sie erwachte augenblicklich, als er seine Hand auf ihren Mund drückte.

„Du!", presste sie zwischen seinen Fingern hervor. „Zum Teufel mit dir, du hast mich in Schwierigkeiten gebracht!"

„Was hast du der Polizei erzählt?"

Sie schlug seine Hand weg. „Nichts. Meinst du, ich bin so dumm und erzähle, dass ich Freunde bei der CIA habe?"

Er ließ sie los, und sie stand auf und zog einen Morgenmantel an. „Mach kein Licht", warnte er.

„Da draußen war ein Polizist. Was hast du mit ihm gemacht?"

„Ihn erledigt."

„Und die Leiche?"

„Im Abwassergraben auf der Hinterseite."

„Oh, hübsch, Siang. Sehr hübsch. Jetzt werden sie mir das auch anlasten." Sie steckte sich eine Zigarette an.

„Was war auf dem Polizeirevier?", fragte er.

Sie stieß den Rauch aus. „Sie haben mich nach meinem Cousin gefragt. Sie sagen, er ist tot. Stimmt das?"

Siang zögerte. „Es war nicht zu verhindern."

Chantal lachte, leise zuerst, dann wild. „Sie war das, ja? Dieses amerikanische Biest? Du kannst nicht einmal eine Frau erledigen? Oh, Siang, du lässt nach. Ich habe auch noch andere auf dem Revier gesehen, Parteimitglieder, glaube ich. In was hast du mich da hineingezogen, Siang?"

Er zuckte die Schultern. „Gib mir eine Zigarette."

Sie wirbelte wütend zu ihm herum. „Besorg dir selbst Zigaretten! Glaubst du, ich habe Geld, das ich für dich verschwenden kann?"

„Du bekommst das Geld. So viel du willst."

„Du weißt nicht, wie viel ich will."

„Ich brauche eine Pistole. Die Sache muss erledigt werden ..."

Sie erstarrten beide, als sich die Tür knarrend öffnete. Die Polizei, dachte Siang und griff automatisch nach seinem Messer.

„Sie haben ja so recht, Mr Siang", sagte eine Stimme in der Dunkelheit. Perfektes Englisch. „Es muss erledigt werden. Aber noch nicht jetzt."

Der Eindringling schob sich träge in den Raum, ließ ein Streichholz aufflammen und zündete eine Kerosinlampe auf dem Tisch an.

Chantal riss die Augen weit vor Erstaunen auf. Und vor Angst. „Sie sind es", flüsterte sie. „Sie sind zurückgekommen ..."

Der Eindringling lächelte. Er legte eine Pistole und eine Schachtel mit 38er-Munition auf den Tisch. Dann blickte er zu Siang. „Es hat eine kleine Änderung der Pläne gegeben."

7. KAPITEL

Willy erwachte mit einem Schrei.

„Ich bin es“, sagte eine Stimme.

Sie starrte wild in das Gesicht. „Daddy!“

Der Mann lächelte freundlich auf sie herab. „Nicht ganz.“

Sie blinzelte, erkannte Guys Gesicht, das zerzauste Haar, das unrasierte Kinn. Schweiß schimmerte auf seinen nackten Schultern. Durch die Vorhänge hinter ihm drang Tageslicht.

„Albtraum?“, fragte er.

Stöhnend setzte sie sich auf. „Sonst habe ich keine.“

„Nach gestern Abend würde es mich überraschen, wenn Sie keine hätten.“

Gestern Abend. Sie sah, dass sie noch immer das gleiche blutbespritzte Kleid trug, das jetzt feucht an ihrem Rücken klebte.

„Stromausfall.“ Guy tappte auf die schweigende Klimaanlage.

Im selben Moment klopfte es an der Tür. „Mr Barnard, es ist acht Uhr. Der Wagen ist bereit.“

„Das ist mein Partner.“ Guy öffnete die Tür.

Ein lächelnder Vietnamese stand draußen. „Guten Morgen! Möchten Sie noch immer heute Vormittag nach Cantho fahren?“

„Nein.“ Guy senkte seine Stimme. „Ich möchte Miss Maitland heute Nachmittag zum Flughafen bringen. Vielleicht …“

„Ich fahre nach Cantho“, sagte Willy.

Guy schüttelte den Kopf. „Die Dinge haben sich geändert.“ Er wandte sich an den Fahrer. „Entschuldigen Sie mich, während …“

Doch Willy war bereits aufgestanden. „Geben Sie sich keine Mühe!“, rief sie, ging ins Bad und schloss die Tür. „Ich bin Wild Bill Maitlands Tochter, schon vergessen?“, schrie sie.

Der Fahrer sah Guy mitfühlend an. „Ich hole den Wagen.“

Die Straße aus Saigon hinaus war mit Lastwagen verstopft. Die meisten davon waren alt und stießen schwarze Wolken aus dem Auspuff. Durch die offenen Fenster des Wagens kamen die Gerüche von Rauch und sonnendurchglühtem Pflaster und verfaulenden Früchten. Werktätige trabten neben der Straße her, eine auf und ab wippende Reihe konischer Hüte vor dem hellen Grün der Reisfelder.

Fünf Stunden und zwei Flussüberquerungen mit Fähren später standen Guy und Willy auf einem Pier von Cantho und beobachteten die Vielzahl von Booten, die über den schlammigen Mekong glitten. Flussfrauen schwankten vor und zurück, während sie ruderten, ein fremdartiger und anmutiger Tanz an den Riemen. Und am Flussufer wirbelten der Lärm und das Durcheinander eines lebhaften Marktortes. Schulmädchen, deren Zöpfe im Sonnenschein schimmerten, flitzten auf Fahrrädern vorbei. Hafenarbeiter wuchteten Säcke mit Reis und Kisten mit Melonen und Ananas auf kleine Boote, die Sampans.

Überwältigt von dem Chaos, fragte Willy tonlos: „Wie sollen wir ihn da jemals finden?"

Guy zuckte nur die Schultern.

Es wurde sehr schwierig. Alle Nachfragen erbrachten dieselben Antworten. „Ein großer Mann?", sagten die Leute. „Und blond?" Dann kam unvermeidlich ein Kopfschütteln.

Guys Einfall führte sie letztlich zu einer Reihe von Schneidern. „Vielleicht ist Lassiter nicht mehr blond, aber sicher noch groß. Bei einsneunzig braucht ein Mann in diesem Land maßgeschneiderte Sachen."

Die ersten drei Schneider erbrachten gar nichts. Der vierte Laden war in einer Seitenstraße in einer der Hütten mit Blechdächern untergebracht. In der höhlenartigen Dunkelheit kauerte eine alte Näherin über einem Ballen Kunstseide.

Zuerst schien sie Guys Frage nicht zu verstehen. Dann blickte sie zu Guy hoch. Bei ihrem klagenden Blick nickte er, fasste in seine Tasche und legte einen Zwanzig-Dollar-Schein vor sie auf den Tisch. Sie starrte staunend auf den Geldschein. Amerikanische Dollars. Für sie war es ein Vermögen.

Endlich schrieb sie etwas. Guy schob das Papier sofort in seine Tasche. „Gehen wir", flüsterte er Willy zu.

„Was schreibt sie?", wisperte Willy, als sie an der Reihe von Hütten entlangeilten.

Guy antwortete nicht, sondern beschleunigte seinen Schritt. In der Stille der Nebenstraße wurde Willy sich plötzlich der Augen gewahr, die sie beide von überall her beobachteten, aus Fenstern und Toreingängen.

Willy zog an Guys Arm. „Guy ..."

„Es ist eine Adresse. Am Markt."

„Lassiters Adresse?"

„Reden Sie nicht, gehen Sie. Wir werden verfolgt."

„Was?"

Er packte sie am Arm, bevor sie sich umdrehen konnte. „Ruhe bewahren. Tun Sie, als wäre er gar nicht hier."

Wie konnte Guy so ruhig bleiben? Jetzt pfiff er sogar! Sie erreichten das Ende der Seitenstraße, und ein Gewirr von Straßen lag vor ihnen. Zu Willys Überraschung blieb Guy stehen und begann eine fröhliche Unterhaltung mit einem Jungen, der an der Ecke Zigaretten verkaufte. Das Geplauder dauerte endlos.

„Was machen Sie da?", stieß Willy hervor.

„Vertrauen Sie mir." Guy kaufte ein Päckchen Winston und zahlte zwei amerikanische Dollar. Der Junge strahlte. Guy ergriff Willys Hand. „Machen Sie sich bereit."

Die Worte waren kaum ausgesprochen, als er sie um die Ecke und durch eine andere Seitenstraße zerrte. Sie bogen scharf links ab, dann rechts, vorbei an einer Reihe Wellblechhütten, und duckten sich in eine offene Tür.

Drinnen war es zu dunkel, um die Umgebung zu erkennen. Eine Ewigkeit kauerten sie da und lauschten auf Schritte. In der Ferne hörten sie Kinder lachen und ein Auto unaufhörlich hupen. Aber direkt draußen in der Seitenstraße herrschte Stille.

„Sieht so aus, als hätte der Junge seinen Job erledigt", flüsterte Guy.

„Sie meinen den Zigarettenjungen?"

Guy spähte nach draußen. „Kommen Sie, wir gehen."

Sie schlüpften auf die Seitenstraße hinaus. Noch bevor sie den Marktplatz sahen, konnten sie ihn hören – die Rufe der Händler, das hektische Grunzen von Schweinen. Sie eilten am Außenrand entlang, lasen die Straßennamen und bogen endlich in eine Seitenstraße, die nicht viel mehr als ein Durchgang zwischen zerfallenen Apartmenthäusern war. Die Hausnummern waren kaum noch lesbar.

Endlich blieben sie vor einem Haus in verblasstem Grün stehen. Guy nickte. „Das ist es." Er klopfte.

Die Tür öffnete sich. Ein schwarzes Auge spähte heraus. Mehr sahen sie nicht von dem Gesicht der Frau, aber es verriet, dass sie Angst hatte. Guy sprach mit ihr auf Vietnamesisch. Die Frau schüttelte den Kopf und versuchte, die Tür zu schließen. Er legte die Hand dagegen und sagte wieder etwas. „Sam Lassiter."

In Panik drehte sich die Frau um und schrie etwas auf Vietnamesisch.

Irgendwo im Haus polterten Schritte davon, gefolgt von dem Splittern von Glas.

„Lassiter!", schrie Guy, schob sich an der Frau vorbei und raste mit Willy auf den Fersen durch die Wohnung. Im hinteren Zimmer fanden sie ein zerbrochenes Fenster. Auf der Straße hinter dem Haus hetzte ein Mann davon. Guy kletterte hinaus, ließ sich in die Glasscherben hinunterfallen und jagte hinter dem Flüchtigen her.

Willy wollte ihm aus dem Fenster folgen, als die Vietnamesin sie hektisch am Arm packte.

„Bitte! Nicht ihm wehtun!“, schrie sie. „Bitte!“

Ihre Blicke trafen sich. „Wir werden ihm nichts tun“, sagte Willy und machte sich sanft los.

Dann zog sie sich auf das Fensterbrett und sprang in die Seitenstraße.

Guy rückte näher. Er sah sein Opfer Richtung Marktplatz hetzen. Es musste Lassiter sein. Obwohl sein Haar von einem schmutzigen Braun war, konnte er seine Größe nicht tarnen. Er überragte die Menge. Er duckte sich unter den Baldachin des Marktplatzes und verschwand im Schatten.

Verdammt, dachte Guy und kämpfte sich durch die Menge. Ich werde ihn verlieren.

Er drängte sich in das zentrale Marktzelt. Das Gleißen der Sonne wich abrupt einem abgeschlossenen, heißen Halbdunkel. Er taumelte blindlings voran, während seine Augen sich langsam an den Lichtwechsel gewöhnten. Er konnte verstopfte Gänge erkennen und von Früchten und Gemüse überquellende Theken, das fröhliche Leuchten von Windrädern, die sich auf dem Wagen eines Spielzeugverkäufers drehten. Eine hohe Silhouette schnellte sich plötzlich zur Seite. Guy wirbelte herum und sah, wie Lassiter sich hinter einen Stapel von schimmerndem Kochgeschirr duckte.

Guy drängte sich hinter ihm her. Der Mann sprang auf und jagte davon. Töpfe und Pfannen flogen durch die Luft.

Guys Beute sprang in die Lebensmittelabteilung. Guy wandte sich scharf links, sprang über eine Kiste Mangos und rannte einen Parallelgang entlang. „Lassiter!“, schrie er. „Ich will nur mit Ihnen reden! Das ist alles! Nur reden!“

Der Mann wirbelte nach rechts, rollte sich über einen Obststand und taumelte davon. Wassermelonen klatschten auf den Boden, explodierten in einem schimmernden Regen von Fruchtfleisch. Guy glitt fast auf der Schmiere aus.

„Lassiter!“, schrie er.

Sie erreichten die Fleischabteilung. Lassiter stieß in seiner Verzweiflung eine Kiste mit Enten in Guys Weg. Eine Wolke von Federn stieg auf, als die aus ihrem Gefängnis befreiten Tiere hochflatterten. Guy wich der Kiste aus, sprang über eine fliehende Ente und rannte weiter. Vor ihm lagen die Theken der Metzger, auf denen sich die Fleischstücke türmten. Ein Verkäufer spritzte den Betonboden ab und ließ einen Schwall blutigen Wassers in den Rinnstein schwappen. Lassiter rutschte in vollem Lauf aus und fiel zwischen den Fleischabfällen auf die Knie. Er versuchte, sofort wieder auf die Beine zu kommen, doch da hatte Guy ihn schon am Hemdkragen gepackt.

„Nur ... nur reden", stieß Guy zwischen keuchenden Atemzügen hervor. „Das ist alles ... reden ..."

Lassiter schlug um sich und kämpfte darum freizukommen.

„Hören Sie mich doch an!", schrie Guy und zerrte ihn zu Boden.

Lassiter rammte seine Schultern gegen Guys Knie und warf ihn auf den Rücken. Im nächsten Moment sprang Lassiter hoch, doch als er sich zur Flucht wandte, packte Guy ihn am Knöchel, Lassiter stürzte nach vorne und landete kopfüber in einem Bottich mit sich windenden Aalen.

Das Wasser schien von schlüpfrigen Leibern zu kochen, die sich in Panik schlängelten. Guy zog den Kopf des Mannes aus dem Bottich. Keuchend brachen sie beide auf dem Betonboden zusammen.

„Nicht!", schluchzte Lassiter. „Bitte ..."

„Ich habe Ihnen doch gesagt, ich ... will nur ... reden ..."

„Ich werde nichts sagen! Ich schwöre es. Richten Sie ihnen das aus. Sagen Sie ihnen, ich habe alles vergessen ..."

„Wer?" Guy packte den Mann an den Schultern. „Wer sind die Leute? Vor wem haben Sie Angst?"

Lassiter holte bebend Atem, sah ihn an und schien eine Entscheidung zu treffen. „Die CIA."

„Warum will die CIA Ihren Tod?", fragte Willy.

Sie saßen an einem Tisch an Deck einer alten Flussbarke. Neutrales Gebiet, hatte Lassiter von diesem schwimmenden Café gesagt. Während des Krieges hatten auf Grund einer unausgesprochenen Abmachung auf diesem Deck Vietkong und südvietnamesische Soldaten zusammengesessen und einen kleinen Flecken Frieden genossen. Ein paar Hundert Meter weiter mochte der Krieg toben, aber hier wurden keine Waffen gezogen.

Lassiter, hager und nervös, nahm einen Schluck Bier. Hinter ihm floss jenseits der Reling der Mekong, belebt mit den Rufen der Flussmänner, dem Tuckern von Booten. Im letzten Licht des Sonnenuntergangs kräuselte sich das Wasser golden. Lassiter sagte: „Sie wollen mich aus demselben Grund aus dem Weg räumen, weswegen sie Luis Valdez aus dem Weg haben wollten. Ich weiß zu viel."

„Worüber?"

„Laos. Die Bombardierungen, die Waffenabwürfe. Über den Krieg, von dem der durchschnittliche Soldat nichts wusste." Er sah Guy an. „Wussten Sie es?"

Guy schüttelte den Kopf. „Wir waren alle so damit beschäftigt, am Leben zu bleiben, dass wir uns nicht darum kümmerten, was jenseits der Grenze vor sich ging."

„Valdez wusste Bescheid. Jeder, der in Laos runterging, wurde einer Erziehung unterworfen. Falls er überlebte. Und das war ein großes Fragezeichen."

„Sie haben Valdez in Tuyen Quan kennengelernt?", fragte Guy.

„Ja, im Ferienlager." Er lachte. „Drei Jahre steckten wir in derselben Zelle." Sein Blick wanderte auf den Fluss hinaus. „Ich war bei der Hundertsten, als ich gefangen wurde. War während eines Gefechts von der Truppe getrennt worden. Sie wissen, wie das in diesen Tälern ist. Der Dschungel ist so dicht, dass man nicht weiß, wo oben und unten ist. Sie haben mich geschnappt und nach Norden gebracht. Meine Kameraden hatten sie mit Hueys, Helikoptern, herausgeholt, aber mich haben sie zurückgelassen. So landete ich in Tuyen Quan."

„Wo Sie Valdez trafen", sagte Willy.

„Er wurde ein Jahr später gebracht. Sie verlegten ihn von irgendeinem Lager in Laos. Da war ich schon ein Oldtimer. Wusste, wie alles läuft. Arbeitete auf meinem eigenen Gemüsebeet. Mir ging es gut, Valdez nicht. Gelbsucht und ein gebrochener Arm, der nicht heilen wollte. Dauerte Monate, bis er überhaupt im Garten arbeiten konnte. Ja, nur er und ich in dieser Zelle. Drei Jahre. Wir haben viel geredet. Ich habe alle seine Geschichten gehört. Er sagte viel, was ich nicht glauben wollte, über Laos, darüber, was wir dort machten ..."

Willy beugte sich vor und fragte leise: „Hat er jemals über meinen Vater gesprochen?"

Lassiters Augen wirkten vor dem Sonnenuntergang dunkel. „Als Valdez ihn zuletzt sah, lebte Ihr Vater noch. Und versuchte, die Maschine zu fliegen."

„Und was passierte dann?"

„Luis stieg sofort aus, nachdem die Maschine hochgegangen war. Er konnte also nicht wissen ..."

„Warten Sie", unterbrach ihn Guy. „Was meinen Sie mit ‚hochgegangen'?"

„Genau, was ich sagte. Im Laderaum ging was hoch."

„Aber die Maschine wurde abgeschossen."

„Es war nicht feindliches Feuer, was sie heruntergeholt hat. Valdez war da ganz sicher. Sie mögen zu dem Zeitpunkt durch Flakfeuer geflogen sein, aber das war etwas anderes, etwas, das die Ladetür sauber rauspustete. Er ging immer wieder durch, was sie geladen hatten, aber er erinnerte sich nur daran, dass Flugzeugersatzteile aufgelistet waren."

„Und ein Passagier", sagte Willy.

Lassiter nickte. „Valdez hat ihn erwähnt. Sagte, es sei ein sonderbarer kleiner Bursche gewesen, ruhig, irgendwie beinahe heilig. Allein danach, was er um seinen Hals trug, konnten sie erkennen, dass er ein VIP war."

„Sie meinen Gold? Ketten?", fragte Guy.

„So eine Art Medaillon. Vielleicht ein religiöses Symbol."

„Wo sollte dieser Passagier abgesetzt werden?"

„Hinter den Linien. Vietkong-Gebiet. Es war ein Rein-raus-Job, strengstens geheim."

„Aber Valdez hat es Ihnen erzählt", sagte Willy.

„Und ich wünschte, er hätte es nie getan." Lassiter nahm noch einen Schluck Bier. Seine Hand bebte wieder. „Komisch. Damals fühlten wir uns fast … nun ja, beschützt in diesem Lager. Vielleicht war es einfach nur eine Menge Gehirnwäsche, aber die Wächter sagten Valdez immer wieder, er habe Glück, dass er Gefangener sei. Dass er Dinge wisse, die ihn in Schwierigkeiten bringen könnten. Dass die CIA ihn umbringen würde."

„Klingt wie Propaganda."

„Das dachte ich auch. Kommunistenlügen, die ihn zum Zusammenbruch treiben sollten. Aber sie haben Valdez Angst gemacht. Er wachte oft nachts auf und schrie, die Maschine stürze ab …" Lassiter starrte auf das Wasser. „Nach dem Krieg ließen sie uns jedenfalls frei. Valdez und die anderen flogen nach Hause. Er schrieb mir von Bangkok, schickte den Brief über eine Rotkreuzschwester, die wir gleich nach unserer Entlassung in Hanoi kennengelernt hatten. Ein Mädchen aus England, ein wenig antiamerikanisch, aber wirklich nett. Als ich diesen Brief las, dachte ich, jetzt ist der arme Bastard wirklich übergeschnappt. Er schrieb verrückte Sachen, dass er nicht ausgehen dürfe und dass seine Telefongespräche abgehört wurden. Ich dachte, er würde sich fangen, sobald er heimkommt. Dann erhielt ich einen Anruf von Nora Walker, der Rotkreuzschwester. Sie sagte, er sei tot. Er habe sich selbst in den Kopf geschossen."

„Glauben Sie, dass es Selbstmord war?", fragte Willy.

Zuerst herrschte Stille. Dann sagte Guy leise: „Sie glauben, dass es ein CIA-Mann war?"

„Ich frage mich noch immer, ob es einer war. Ob er mich auch finden wird. Ich will nicht wie Luis Valdez enden. Mit einer Kugel im Kopf."

Auf dem Fluss glitten Boote wie Geister durch die Schatten. Ein Angestellter des Cafés machte stumm an Deck die Runde und entzündete eine Kette aus Papierlaternen.

„Ich habe mich unauffällig verhalten", sagte Lassiter. „Nie viel Aufsehen gemacht. Sehen Sie, ich habe mein Haar verändert." Er lächelte schwach, als er sich an dem Pferdeschwanz zog. „Die Farbe habe ich mir von einer örtlichen Kräuterfrau machen lassen. Ein Extrakt von Tintenfisch und weiß der Himmel von was noch. Stinkt wie die Hölle, aber ich bin nicht mehr blond. Ich hatte gehofft, die CIA würde das Interesse an mir verlieren. Dann sind Sie an meiner Tür aufgetaucht, und ich … ich denke, ich habe vor Angst die Nerven verloren."

Der Barmixer legte eine Schallplatte auf, und die Nadel kratzte ein vietnamesisches Liebeslied, eine Melodie, die wie Nebel über dem Fluss davontrieb.

Lassiter bestellte sein sechstes Bier. „Es dauert eine gewisse Zeit, aber man gewöhnt sich an den Rhythmus des Lebens hier. An die Menschen, an ihre Denkweise. Man jammert nicht viel bei einem Missgeschick. Die Leute akzeptieren das Leben, wie es ist. Ich mag das. Und nach einer Weile bekam ich das Gefühl, dass hier der einzige Ort ist, an den ich je gehört habe, der einzige Ort, an dem ich mich jemals sicher gefühlt habe." Er sah Willy an. „Es könnte auch der einzige Ort sein, an dem Sie sicher sind."

„Aber ich bin nicht wie Sie", sagte Willy. „Ich kann nicht den Rest meines Lebens hier bleiben."

„Ich möchte sie in die nächste Maschine nach Bangkok stecken", sagte Guy.

„Bangkok?" Lassiter schnaubte verächtlich. „Der einfachste Ort der Welt, um sich umbringen zu lassen. Und es wäre auch nicht sicherer, wenn sie zurückfliegt. Sehen Sie sich nur an, was mit Valdez passiert ist."

„Aber warum?", fragte Willy frustriert. „Warum wollten sie Valdez töten? Oder mich? Ich weiß nichts!"

„Sie sind Bill Maitlands Tochter. Sie sind ein direktes Bindeglied …"

„Zu was? Zu einem toten Mann?"

Das Liebeslied endete in dem Kratzen der Nadel.

Lassiter stellte sein Bier weg. „Ich weiß es nicht. Ich weiß nicht, warum Sie so eine Bedrohung für diese Leute sind. Ich weiß nur, dass auf diesem Flug etwas schiefging. Und die CIA versucht noch immer, es zu vertuschen …" Er starrte auf die vor ihm aufgereihten leeren Bierflaschen. „Und wenn eine Kugel nötig ist, um Schweigen zu erkaufen, dann werden sie eine Kugel benützen."

Es war schon nach Mitternacht, als der Wagen in die Straße zum Hotel einbog. Guy erstarrte und murmelte: „Was ist das denn?"

Willy folgte seinem Blick. Eine surreale Szene lag vor ihnen: das mitternächtliche Leuchten der Straßenlampen, eine Armee von Polizisten, die die Türen der Hotelhalle blockierten, das Schimmern der Ak-47er im Anschlag.

Ihr Fahrer murmelte etwas auf Vietnamesisch. Willy sah sein Gesicht im Rückspiegel. Er schwitzte.

Sobald sie am Straßenrand hielten, wurde ihr Wagen umringt. Ein Polizist riss die Tür auf.

„Bleiben Sie im Wagen", sagte Guy zu Willy. „Ich kümmere mich um die Sache."

Doch als er aus dem Wagen stieg, fasste ein uniformierter Arm hinein und zog Willy ebenfalls heraus. Sie klammerte sich verwirrt an Guys Arm. Stimmen riefen durcheinander, Männer schoben sie weiter.

„Barnard!" Dodge Hamilton kämpfte sich die Stufen vor dem Hotel zu ihnen hinunter. „Was, zur Hölle, geht hier vor sich?"

„Fragen Sie mich nicht! Wir sind gerade erst zurückgekommen."

„Verdammt, wo ist dieser Ainh?" Hamilton sah sich um. „Eben war er noch hier …"

„Ich bin hier", kam die Antwort mit einer zittrigen Stimme. Ainh, die Brille schief im Gesicht und nervös blinzelnd, stand oben auf den Stufen. Er wurde rasch von einem Polizisten durch die Menge eskortiert. Er deutete auf eine Limousine und sagte zu Guy: „Bitte, Sie und Miss Maitland kommen mit mir."

„Warum werden wir verhaftet?", fragte Guy.

„Sie sind nicht verhaftet."

Guy entzog seinen Arm einem Polizisten. „Das hätte mich leicht täuschen können."

„Die Polizisten sind nur als Vorsichtsmaßnahme hier", sagte Ainh, während er sie zu dem Wagen führte. „Bitte, steigen Sie schnell ein."

Es war dieses Drängen in seiner Stimme, das Willy verriet, dass etwas Schreckliches passiert war. „Was ist los?", fragte sie. „Was ist geschehen?"

Ainh rückte nervös seine Brille zurecht. „Wir haben vor zwei Stunden einen Anruf von der Polizei in Cantho erhalten."

„Dort waren wir gerade.“

„Das hat man uns gesagt. Man hat uns auch gesagt, dass man eine Leiche gefunden hat. Im Fluss treibend …“

Willy starrte ihn an, hatte Angst zu fragen, wusste bereits die Antwort.

„Sam Lassiter?“, fragte Guy tonlos.

Ainh nickte. „Man hat ihm die Kehle durchgeschnitten.“

8. KAPITEL

Der alte Mann, der in dem geschnitzten Rosenholzstuhl saß, wirkte gebrechlich genug, um von einem Windstoß umgeworfen zu werden. Seine Arme waren wie zwei Zweige in seinem Schoß gekreuzt. Sein dünner weißer Bart bebte in dem Hauch des Deckenventilators. Doch seine Augen schimmerten wie Quecksilber. Durch die offenen Fenster kam das Singen der Zikaden in dem ummauerten Garten. An der Decke drehte sich der Ventilator langsam in der mitternächtlichen Hitze.

Der Blick des alten Mannes richtete sich auf Willy. „Wo immer Sie hingehen, Miss Maitland", sagte er, „hinterlassen Sie eine Blutspur."

„Wir hatten nichts mit Lassiters Tod zu tun", sagte Guy. „Als wir Cantho verließen, lebte er noch."

„Ich glaube, Sie missverstehen mich, Mr Barnard." Der Mann wandte sich an Guy. „Ich beschuldige Sie nicht."

„Wen beschuldigen Sie dann?"

„Dieses Detail überlasse ich unseren Leuten in Cantho."

„Sie meinen diese Polizeiagenten, die Sie hinter uns hergeschickt haben?"

Minister Tranh lächelte. „Sie haben diesen Einsatz schwierig gemacht. Dieser Junge an der Straßenecke – ein genialer Schachzug. Nein, es ist uns bekannt, dass Mr Lassiter lebte, als Sie ihn verließen."

„Und nachdem wir ihn verlassen hatten?"

„Wir wissen, dass er noch zwanzig Minuten in dem Café auf dem Fluss saß. Er trank insgesamt acht Bier. Und dann ging er. Unglücklicherweise kam er nicht zu Hause an."

„Haben Ihre Leute ihn denn nicht verfolgt?"

„Mr Lassiter war ein Freund. Wir verfolgen nicht unsere Freunde."

„Aber Sie haben uns verfolgt", sagte Willy.

Minister Tranhs gelassener Blick wanderte zu ihr. „Sind Sie unser Freund, Miss Maitland?"

„Was denken Sie?"

„Ich denke, dass das nicht leicht zu sagen ist. Ich denke, nicht einmal Sie können Ihre Freunde von Ihren Feinden unterscheiden. Es handelt sich um eine gefährliche Konstellation, die bereits zu drei Morden geführt hat."

Willy schüttelte verwirrt den Kopf. „Drei? Lassiter ist der Einzige, von dem ich gehört habe."

„Wer wurde noch getötet?", fragte Guy.

„Ein Saigoner Polizist", sagte der Minister. „Ermordet letzte Nacht bei einem routineartigen Überwachungsauftrag."

„Ich sehe keine Verbindung."

„Ebenfalls letzte Nacht wurde einem anderen Mann die Kehle durchgeschnitten."

„Sie können uns nicht für jeden Mord in Saigon verantwortlich machen", sagte Willy. „Wir kennen nicht einmal diese anderen Opfer …"

„Aber gestern haben Sie das eine Opfer besucht. Oder haben Sie das vergessen?"

Guy starrte über den Tisch. „Gérard."

In der Dunkelheit im Garten schwoll die schrille Musik der Zikaden zu einem Schrei an. Dann wurde die Nacht im nächsten Moment vollkommen still.

Minister Tranh betrachtete versunken die gegenüberliegende Wand. „Sind Sie mit dem vietnamesischen Kalender vertraut, Miss Maitland?", fragte er ruhig.

„Mit Ihrem Kalender? Er entspricht dem chinesischen."

„Letztes Jahr war das Jahr des Drachen. Ein glückliches Jahr, sagt man. Ein gutes Jahr für Babys und Hochzeiten. Aber dieses Jahr …" Er schüttelte den Kopf.

„Die Schlange", sagte Guy.

Minister Tranh nickte. „Ein gefährliches Symbol für Katastrophen und Tod." Eine Weile saß er schweigend da. Dann hob er langsam den Kopf. „Fahren Sie heim, Miss Maitland. Dies ist nicht das richtige Jahr für Sie, hier ist nicht der richtige Ort."

„Ich kann nicht nach Hause", sagte sie.

Der Minister hob eine Augenbraue. „Sie können nicht oder wollen nicht? Sie müssen verstehen, Sie sind ein Gast unseres Landes. Wir Vietnamesen ehren unsere Gäste. Würde man Sie, einen Gast, ermordet auffinden, wäre das … nicht gastfreundlich."

„Mein Visum ist noch immer gültig. Ich möchte bleiben. Ich wollte nach Hanoi reisen."

„Wir können nicht für Ihre Sicherheit garantieren."

„Das erwarte ich auch nicht von Ihnen."

Der Minister sah zu Guy. „Mr Barnard, Sie werden sie doch sicher überreden?"

„Sie hat recht", sagte Guy.

Willy blickte zu ihm und sah die Sorge in seinen Augen. Es machte ihr Angst, dass nicht einmal er eine Antwort hatte.

Minister Tranh und Mr Ainh saßen noch lange beisammen.

„Wenn sie zu Schaden kommt, haben wir einen internationalen Zwischenfall", sagte Ainh. „Wir könnten etwas arrangieren, dass sie Angst bekommt und abreist."

„Wie Ihre Botschaft STIRB, YANKEE?", Minister Tranh lachte, als er zur Tür ging. „Nein, diese Person lässt sich nicht einschüchtern. Sehen wir lieber, wohin sie uns führt. Vielleicht erfahren wir auch ein paar Geheimnisse."

„Sie brauchen nicht nach Hanoi zu reisen", sagte Guy und sah zu, wie Willy ihren Koffer packte. „Sie können in Saigon bleiben und auf mich warten."

„Während Sie was machen?"

„Während ich im Norden die Laufereien erledige." Er blickte aus dem Fenster auf die beiden Polizisten. „Sie wären hier sicher."

Sie schloss den Koffer. „Ich brauche keinen Helden, danke."

„Ich versuche nicht, ein Held zu sein."

„Warum spielen Sie dann die Rolle?"

Er zuckte die Schultern und hatte keine Antwort.

„Es ist das Preisgeld für Bruder Tuck, nicht wahr?"

„Es ist nicht das Geld."

„Dann ist es dieses Skelett, das in Ihrem Schrank herumtanzt." Er antwortete nicht. „Was verbergen Sie? Was hat die Ariel Group gegen Sie?" Sie versperrte die Schlösser ihres Koffers. „Schon gut, ich will es nicht wissen."

Er setzte sich auf das Bett und stützte den Kopf in seine Hände. „Ich habe einen Mann getötet."

Sie starrte ihn an. Er wirkte erschöpft wie ein Mann, der seine letzten Kraftreserven aufgebraucht hatte. Sie verspürte den unerwarteten Impuls, sich neben ihn zu setzen und ihn in die Arme zu nehmen, aber sie konnte ihre Beine nicht bewegen.

„Es geschah hier. In Vietnam. 1972. Ausgerechnet am amerikanischen Unabhängigkeitstag, dem 4. Juli."

„Es war Krieg. Viele Menschen wurden getötet."

„Das war anders." Er hob den Kopf und sah sie an. „Der Mann war Amerikaner."

Langsam ließ sie sich neben ihm auf das Bett sinken. „War es … ein Versehen?"

Er schüttelte den Kopf. „Nein, kein Versehen. Es war etwas, das ich tat, ohne nachzudenken. Sie können es einen Reflex nennen. Es ist einfach passiert."

Sie sagte nichts, sondern wartete, dass er weitersprach.

„Ich war an dem Tag in Da Nang, um Nachschub zu holen", sagte er. „Ich hatte mich verfahren und war in einer winzigen Seitenstraße gelandet mit ein paar alten Hütten. Ich stieg aus dem Jeep, um nach dem Weg zu fragen, und ich hörte dieses ... dieses Schreien ..." Er stockte und betrachtete seine Hände. „Sie war noch ein Kind. Fünfzehn, vielleicht sechzehn. Ein kleines Mädchen, nicht mehr als neunzig Pfund. Sie hätte ihn niemals abwehren können. Ich ... ich reagierte einfach. Ich zog ihn von ihr und stieß ihn zu Boden. Er sprang auf und schlug nach mir. Ich musste zurückschlagen. Als ich aufhörte, ihn zu schlagen, rührte er sich nicht. Ich drehte mich um und sah, was er mit dem Mädchen getan hatte. All das Blut ..." Er rieb sich die Stirn. „Dann tauchten andere Leute auf. Vietnamesen. Eine der Frauen kam zu mir, flüsterte, ich solle gehen. Sie würden die Leiche für mich beseitigen. Da begriff ich, dass der Mann tot war."

Lange saßen sie nebeneinander, berührten einander nicht, sprachen nicht. Er hatte gerade gestanden, einen Mann getötet zu haben, doch sie konnte ihn nicht verdammen. Sie empfand nur Traurigkeit wegen des Mädchens, wegen all der stummen, namenlosen Opfer des Krieges.

„Was passierte dann?", fragte sie sanft.

Er zuckte die Schultern. „Ich ging. Ich sagte kein Wort zu irgendjemandem. Ein paar Tage später hörte ich, dass die Leiche eines Soldaten auf der anderen Seite der Stadt gefunden worden war. Sein Tod wurde als Tat unbekannter Ortsansässiger geführt. Und das war das Ende der Geschichte. Dachte ich."

„Wie hat die Ariel Group es herausgefunden?"

„Ich weiß es nicht." Ruhelos stand er und trat an das Fenster, blickte auf den schwach erleuchteten Rundgang hinaus. „Es gab ein halbes Dutzend Zeugen, alles Vietnamesen. Es muss sich herumgesprochen haben. Und irgendwie hat die Ariel Group Wind davon bekommen. Ich verstehe nur nicht, warum sie so lange gewartet haben."

„Oder vielleicht haben sie auf die richtige Gelegenheit gewartet, um es zu benützen." Er drehte sich zu ihr um. „Fällt Ihnen nicht auf, wie wir beide zusammengekommen sind? Dass wir uns rein zufällig in Kistners Villa getroffen haben? Dass Sie rein zufällig eine Mitfahrgelegenheit in die Stadt brauchten?"

„Und dass der Mann, den Sie suchen sollten, rein zufällig mein Vater war."

Er nickte.

„Sie benützen uns", sagte sie und stand auf. „Sie benützen mich."

„Willkommen im Club."
Sie blickte hoch. „Was tun wir dagegen?"
„Am Morgen fliege ich nach Hanoi und stelle Fragen."
„Was ist mit mir?"
„Sie bleiben da, wo Ainh auf Sie aufpassen kann."
„Klingt nach einem lausigen Plan."
„Haben Sie einen besseren?"
„Ja. Ich komme mit Ihnen."
„Sie würden alles nur komplizieren. Falls Ihr Vater lebt, finde ich ihn."
„Und was passiert, falls Sie ihn finden? Werden Sie ihn ausliefern? Gegen Stillschweigen eintauschen?"
„Ich habe das Stillschweigen aufgegeben", sagte Guy ruhig. „Ich bin jetzt auf Antworten aus."
Sie hob ihren gepackten Koffer vom Bett und stellte ihn an die Tür. „Wieso diskutiere ich mit Ihnen? Ich brauche Ihre Erlaubnis nicht. Ich brauche von keinem Mann die Erlaubnis. Er ist mein Vater. Ich kenne sein Gesicht. Seine Stimme. Nach zwanzig Jahren werde ich diejenige sein, die ihn erkennt."
„Sie sind auch diejenige, die umgebracht werden könnte. Oder ist das ein Teil des Vergnügens, Junior? Der Nervenkitzel? Verdammt." Er lachte. „Es liegt wahrscheinlich an Ihren Genen. Sie sind so irre wie Ihr Vater. Er liebte es, wenn auf ihn geschossen wurde, nicht wahr? Er war süchtig nach Spannung, und Sie sind es auch. Geben Sie es zu! Sie haben die tollste Zeit Ihres Lebens!"
„Sieh mal an, wer da spricht!"
„Ich mache das nicht wegen der Spannung. Ich mache das, weil ich muss. Weil ich keine andere Wahl hatte."
„Keiner von uns hat eine andere Wahl." Sie wandte sich ab, aber er packte sie am Arm und zog sie zu sich herum. Er stand so nahe, dass es ihrem Nacken schmerzte, zu ihm hochzublicken.
„Bleiben Sie in Saigon", drängte er.
„Sie müssen mich ja wirklich aus dem Weg haben wollen."
„Ich will Sie in Sicherheit haben."
„Warum?"
„Weil ich … Sie …" Er stockte. Sie sahen einander an, atmeten beide so heftig, dass sie nicht sprechen konnten. Ohne ein weiteres Wort zog er sie in die Arme.
Es war nur ein Kuss, aber er traf sie mit solcher Wucht, dass ihre Beine wackelig wurden. Alles an Guy war rau – stoppelbärtiges Kinn und schwielige Hände und ausgefranstes Hemd. Automatisch schlang

sie die Arme um seinen Nacken und zog ihn hart an ihren Mund. Er brauchte keine Ermutigung. Wenn sie es zuließ, würde es hier und jetzt passieren. Er schob sie schon Richtung Bett, und sie wusste, wenn sie auf die Matratze fielen, würde er sie nehmen, und sie würde es zulassen, und das war es dann. Ganz egal, was einen Sinn ergab, was gut für sie war. Sie wollte ihn.

Selbst wenn es der schlimmste Fehler ist, den ich je in meinem Leben machen könnte?

Der Stoß, mit dem ihre Beine gegen die Bettkante prallten, brachte sie in die Wirklichkeit zurück. Sie entwand sich ihm und schob ihn auf Armeslänge von sich.

„Das sollte nicht passieren!“, sagte sie.

„Ich denke schon.“

„Wir sind durcheinander und …“

Sie ging zur Tür und riss sie auf. „Sie sollten gehen.“

„Ich gehe nicht.“

„Sie bleiben nicht.“

Doch seine Haltung verriet ihr, dass er ganz sicher blieb. „Haben Sie schon vergessen, dass jemand Sie tot sehen will?“

„Aber Sie sind derjenige, der mich bedroht.“

„Es war nur ein Kuss. Ist es schon so lange her, Willy? Rüttelt es Sie dermaßen auf, geküsst zu werden?“

Ja! wollte sie schreien. Es rüttelt mich auf, weil ich noch nie so geküsst worden bin!

„Ich bleibe heute Nacht“, sagte er ruhig. „Sie brauchen mich. Und ich brauche Sie, das gebe ich zu. Sie sind mein Bindeglied zu Bill Maitland. Ich werde Sie nicht anrühren, wenn Sie das wollen, aber ich werde nicht gehen.“

Sie ließ die Tür zufallen, ging zum Bett und setzte sich. „Himmel, bin ich müde“, murmelte sie. „Zu müde, um mich gegen Sie zu wehren. Ich bin sogar zu müde, um Angst zu haben.“

„Und das ist der Punkt, wo es gefährlich wird. Wenn das ganze Adrenalin verbraucht ist. Wenn man zu müde ist, um gerade zu denken.“

„Ich gebe auf.“ Sie ließ sich auf das Bett sinken. „Ich will nur noch schlafen.“ In Wahrheit war sie sogar froh, dass er da war und auf sie aufpasste.

Guy war da, als sie einschlief. Sie sah so zerbrechlich aus. Er wusste nicht, was er ihr gegenüber empfand. Teilweise war es gute altmodische Lust. Doch da war noch mehr, ein ursprünglicher, männlicher Instinkt, sie an einen Ort zu bringen, wo ihr niemand etwas antun konnte.

Er blickte aus dem Fenster. Die beiden Polizisten hielten sich noch immer in der Nähe der Treppe auf. Ihre Zigaretten glühten in der Dunkelheit.

Guy setzte sich in einen Sessel und versuchte zu schlafen.

Zwanzig Minuten später gab er auf und ging zum Bett. Er streckte sich neben Willy aus. Sie stöhnte und rollte sich wie ein Kätzchen an seiner Brust zusammen. Der süße Duft ihres Haars machte ihn trunken. Gefährlich, gefährlich.

Willy seufzte und drückte sie fester an seine Brust. Das zauberte ein Lächeln auf sein Gesicht. Du verrücktes Mädchen, dachte er und drückte einen Kuss auf ihren Kopf. Du verrücktes, verrücktes Mädchen. Er versenkte sein Gesicht in ihr Haar.

Es war beschlossene Sache. Im Guten wie im Schlechten, er kam von ihr nicht los.

9. KAPITEL

Die Stewardess wanderte durch den Mittelgang der zweimotorigen Iljuschin und scheuchte halbherzig die um ihren Kopf schwärmenden Fliegen weg. Wolken kalten Nebels stiegen aus den Düsen der Lüftungsanlage und wirbelten durch den Passagierraum. Die Frau schien auf Wolken zu schweben. Durch den Nebel konnte Willy kaum das Notfallschild über dem Ausgang erkennen: FLUCHTSEIL. Also, das war nun eine Sicherheitsvorrichtung, über die sie nach Hause schreiben konnte. Sie hatte Visionen von der Maschine, die ihre Bahn durch den blauen Himmel zog und Passagiere an einem dreitausend Meter langen Seil hinter sich herschleppte.

Eine Tüte Sahnebonbons landete in ihrem Schoß, eine Aufmerksamkeit der abgeschlafften Stewardess. „Schnallen Sie sich an", kam die unnachgiebige Bitte.

„Ich bin angeschnallt", sagte Willy. Dann erkannte sie, dass die Frau mit Guy sprach. Willy stieß ihn an. „Guy, Ihr Gurt."

„Was? Oh ja." Er schnallte sich an und schaffte ein knappes Lächeln.

Da bemerkte sie, dass er sich an der Armlehne festkrallte. Sie berührte seine Hand. „Alles in Ordnung?"

„Es geht mir bestens."

„Sie sehen nicht bestens aus."

„Das ist ein altes Problem. Wirklich nichts ..." Er starrte aus dem Fenster und schluckte schwer.

Sie konnte nicht anders, sie lachte los. „Guy Barnard, sagen Sie bloß, Sie haben Angst vor dem Fliegen!"

Die Maschine ruckte und holperte über das Rollfeld. Ein Schwall Vietnamesisch krächzte aus den Lautsprechern, gefolgt von Russisch und sehr gebrochenem Englisch.

„Hören Sie", protestierte er. „Manche Leute haben etwas gegen große Höhen oder geschlossene Räume oder Schlangen. Ich habe eben eine Phobie gegen Flugzeuge. Seit dem Krieg."

„Ist etwas passiert?"

„Am Ende meines Dienstes." Er starrte zur Decke und lachte. „Das ist die Ironie. Ich schaffe es lebend durch Vietnam. Dann gehe ich an Bord dieses großen, schönen Freiheitsvogels. Da habe ich Toby Wolff kennengelernt. Er saß direkt neben mir. Wir waren beide in Hochstimmung, als wir die Rollbahn entlangjagten. Wir flogen heim." Er schüttelte den Kopf. „Wir waren zwei von den Glücklichen, die in der letzten Reihe saßen. Das Heck brach bei dem Aufprall ab."

Sie ergriff seine Hand. „Sie müssen nicht darüber sprechen, Guy."

Er sah sie mit offener Bewunderung an. „Sie sind nicht im Geringsten nervös, wie?“

„Nein. Ich war mein ganzes Leben in Flugzeugen. Ich fühle mich im Flugzeug wie zu Hause.“

„Müssen Sie von Ihrem Vater geerbt haben. Pilotengene.“

„Nicht nur Gene. Statistik.“

Die Maschinen der lljuschin heulten los. Die Kabine erbebte, als sie die Startbahn entlangjagten. Der Boden blieb plötzlich unter ihnen zurück, und die Maschine hob sich wackelnd in den Himmel.

„Ich weiß, dass Fliegen eine absolut sichere Reisemethode ist“, fügte sie hinzu.

„Sicher?“, schrie Guy über dem Dröhnen der Motoren. „Offenbar sind Sie noch nie mit der Air Vietnam geflogen!“

In Hanoi wurden sie von einer vietnamesischen Begleiterin empfangen, die sich als Miss Hu vorstellte, schön, ohne Lächeln, Parteikader durch und durch. Ihre Begrüßung war rein geschäftsmäßig, ihr Händedruck strengstens regierungskonform. Anders als Mr Ainh, der ein Quell freundlichen Geplauders gewesen war, glaubte Miss Hu offensichtlich an Schweigen. Und an die Revolution. Nur einmal auf der Fahrt in die Stadt steuerte die Frau freiwillig eine Bemerkung bei. Sie lenkte die Aufmerksamkeit auf die Ruine einer Brücke und sagte: „Sehen Sie den Schaden? Amerikanische Bomben.“ So viel zu Small Talk. Willy blickte auf die starren Schultern der Frau und erkannte, dass für manche Menschen auf beiden Seiten der Krieg nie vorüber sein würde.

Sie war so über Miss Hus Kommentar verärgert, dass sie Guys besorgten Blick erst bemerkte, als er zum dritten Mal aus dem Heckfenster auf einen Mercedes mit dunkel getönten Scheiben blickte, der direkt hinter ihnen fuhr.

Der Mercedes folgte ihnen bis in die Stadt. Erst als sie vor dem Hotel hielten, fuhr er an ihnen vorbei.

Willys Tür wurde geöffnet. Hitze strömte betäubend herein.

Miss Hu wartete im Freien. Ihr Gesicht war bereits schweißbedeckt. „Das Hotel hat eine Klimaanlage“, sagte sie und fügte mit einem verächtlichen Unterton hinzu: „Für die Bequemlichkeit von Fremden.“

Wie sich herausstellte, funktionierte die sogenannte Klimaanlage so gut wie nicht. Das ganze Hotel schleppte sich mit nicht viel mehr als seinem alten französischen Kolonialruhm dahin. Der Teppich am Eingang war schäbig und verblasst, die Möbel der Lobby stellten eine traurige Mischung aus abgeschrammtem Rosenholz und fadenscheinigen Sitzkissen dar. Während Guy an der Rezeption eincheckte, postierte Willy sich bei ihrem Gepäck und beobachtete den Hoteleingang.

Sie war nicht überrascht, als Sekunden später zwei Vietnamesen mit dunklen Brillen zur Tür hereinkamen. Sie sahen sie sofort und zogen sich in eine Nische zurück, wo sie hinter einem riesigen Farn rauchten.

„Wir haben Zimmer 308", sagte Guy. „Mit Blick auf die Stadt."

Willy berührte seinen Arm. „Zwei Männer bei drei Uhr …"

„Ich sehe sie."

„Was machen wir jetzt?"

„Sie ignorieren."

„Aber …"

„Mr Barnard?", rief Miss Hu. Sie drehten sich beide um. Die Frau winkte mit einem Blatt. „Der Rezeptionist sagt, hier ist ein Telegramm für Sie."

Guy runzelte die Stirn. „Ich habe kein Telegramm erwartet."

„Es traf heute Vormittag in Saigon ein, aber Sie waren gerade abgereist. Das Hotel hat die Nachricht hierher durchtelefoniert." Sie reichte Guy den Notizzettel und beobachtete ihn scharf.

Falls die Botschaft wichtig war, zeigte Guy es nicht. Er steckte sie lässig in seine Jackentasche, griff nach den Koffern und schob Willy in einen wartenden Aufzug.

„Keine schlechten Nachrichten?", rief Miss Hu.

Guy lächelte ihr zu. „Nur eine Nachricht von einem Freund", antwortete er und drückte den Knopf des Aufzugs.

Willy erhaschte einen letzten Blick auf die beiden Vietnamesen, die hinter dem Farn zu ihnen herüberspähten, dann schloss sich die Tür. Sofort drückte Guy ihre Hand. Kein Wort! las sie in seinen Augen. Es war eine stumme Fahrt zur dritten Etage.

In ihrem Zimmer machte Guy die Runde, strich mit den Fingern unter Lampenschirmen und Schubladen entlang, öffnete den Schrank, durchsuchte die Nachttische. Hinter dem Kopfteil des Bettes fand er endlich, was er suchte. Ein drahtloses Mikrofon, nicht größer als eine Briefmarke. Er ließ es, wo es war. Dann trat er ans Fenster und starrte auf die Straße hinunter.

„Wie schmeichelhaft", murmelte er. „Wir haben Babysitter."

Sie trat neben ihn und sah den schwarzen Mercedes auf der Straße unter ihnen. „Was ist mit dem Telegramm?", flüsterte sie.

Er reichte ihr das Blatt. Sie las es zweimal, aber es ergab keinen Sinn.

Onkel Sy fragt nach Dir. Plant Tour mit Führer durch Vietnam. Gute Reise. Bobbo.

Guy ging im Zimmer auf und ab und blieb plötzlich stehen. „Wollen Sie etwas für Ihren Magen? Legen Sie sich lieber hin. Diese alte Verdauungsgeschichte kann ziemlich unangenehm werden."

„Verdauungsgeschichte?" Sie sah ihn hilflos an.

Er suchte am Schreibtisch nach einem Stück Papier. „Ich wette, es waren die Meeresfrüchte gestern Abend. Fühlen Sie sich noch immer schlecht?" Er hielt ein Blatt hoch, auf das er JA gekritzelt hatte.

„Ja", sagte sie. „Sehr schlecht. Ich … sollte mich hinlegen."

Er schrieb wieder. SIE WOLLEN INS KRANKENHAUS!

Sie nickte und ging ins Bad, wo sie ein paarmal laut stöhnte und die Toilette abzog. „Ich fühle mich wirklich schlecht. Vielleicht sollte ich zu einem Arzt gehen …" In dem Moment begriff sie, worauf er hinauswollte. Der Mann ist ein Genie, dachte sie bewundernd. „Meinen Sie, wir finden einen, der Englisch spricht?"

Sie wurde mit dem Zeichen des hochgereckten Daumens belohnt.

„Wir könnten es im Krankenhaus versuchen", sagte er. „Vielleicht ist es kein Arzt, aber irgendjemanden sollten sie dort haben, der Sie versteht."

Sie setzte sich auf das Bett und sprang ein paarmal auf und ab, um die Federn quietschen zu lassen. „Himmel, ich fühle mich schrecklich."

Er setzte sich neben sie und legte seine Hand an ihre Stirn. Seine Augen funkelten. „Lady, Sie fühlen sich wirklich heiß an."

„Ich weiß", sagte sie todernst.

Sie konnten das Lachen kaum zurückhalten.

„Vor einer Stunde wirkte sie nicht krank", sagte Miss Hu, als sie zehn Minuten später die beiden zu der Limousine führte.

„Die Krämpfe kamen plötzlich", erklärte Guy.

„Ich würde sagen sehr plötzlich", bemerkte Miss Hu trocken.

„Ich glaube, es waren die Meeresfrüchte", jammerte Willy von den Rücksitzen her.

„Ihr Amerikaner." Miss Hu schniefte. „So zarte Mägen."

Der Warteraum des Krankenhauses war heiß wie ein Ofen und quoll von Patienten über. Als Willy und Guy eintraten, senkte sich sofort Stille über die Menge. Die einzigen Geräusche waren das rhythmische Klacken des Deckenventilators und das Schreien eines Babys. Jedes Auge war auf die beiden Amerikaner gerichtet, die zu der Anmeldung gingen.

Die vietnamesische Krankenschwester hinter dem Pult starrte ihnen in stummem Erstaunen entgegen. Erst als Miss Hu eine Frage bellte, antwortete die Schwester mit einem nervösen Kopfschütteln und einer hastigen Antwort.

„Wir haben hier nur vietnamesische Ärzte“, übersetzte Miss Hu. „Keine Europäer.“

„Sie haben niemanden, der im Westen ausgebildet wurde?“, fragte Guy.

„Warum? Meinen Sie, Ihre westliche Medizin wäre überlegen?“

„Ich bin nicht hier, um über den Osten kontra den Westen zu diskutieren. Finden Sie einfach jemanden, der Englisch spricht. Eine Krankenschwester reicht. Sie haben doch Englisch sprechende Krankenschwestern, oder?“

Finster wandte Miss Hu sich an die Schwester hinter der Anmeldung, die ein paar Anrufe erledigte. Schließlich wurde Willy in einen kleinen Untersuchungsraum geführt. Er war nur mit dem Nötigsten ausgestattet – Untersuchungstisch, Spüle, ein Instrumentenwagen. Die Schwester reichte Willy einen geflickten Umhang und gab ihr ein Zeichen sich auszuziehen.

Willy hatte nicht die Absicht, sich auszuziehen, während Miss Hu in der Ecke stand und zusah.

„Ich wäre gern ungestört“, sagte Willy.

Miss Hu rührte sich nicht. „Mr Barnard bleibt auch hier.“

„Nein.“ Willy blickte zu Guy. „Mr Barnard geht.“

Guy wandte sich zur Tür und sagte zu Miss Hu: „Wissen Sie, Genossin, in Amerika gilt es als unhöflich zuzusehen, wie sich jemand auszieht.“

„Ich wollte nur bestätigt haben, was ich über die Unterwäsche von westlichen Frauen gehört habe“, behauptete Miss Hu, als sie und die Schwester Guy zur Tür hinaus folgten.

„Was genau haben Sie gehört?“, fragte Guy.

„Dass sie zu dem einzigen Zweck entworfen ist, um unzüchtiges Interesse des männlichen Geschlechts zu wecken.“

„Genossin“, sagte Guy grinsend, „ich würde liebend gern mein Wissen über das Thema Damenunterwäsche mit Ihnen teilen …“

Die Tür schloss sich. Willy blieb allein im Zimmer. Sie zog den Umhang an und setzte sich auf den Tisch.

Kurz darauf kam eine große Frau in den Vierzigern in einem weißen Kittel herein. Das Namensschild an ihrem Revers bestätigte, dass sie Nora Walker war. Sie nickte Willy knapp zu und überflog die Notizen auf dem Klemmbrett. Graue Strähnen durchzogen ihre braune Haarmähne. Ihre Augen waren von einem tiefen Grün.

„Ich habe gehört, Sie sind Amerikanerin“, sagte die Frau mit britischem Akzent. „Wir sehen nicht viele Amerikaner hier. Was ist das Problem?“

„Mein Magen. Mir war übel.“

„Wie lange schon?“

„Einen Tag.“

„Fieber?“

„Kein Fieber, aber Krämpfe.“

Die Frau nickte. „Nicht ungewöhnlich für westliche Touristen. Es ist das Wasser. Andere Bakterien als die gewohnten. Es dauert ein paar Tage, um das zu überstehen. Ich muss Sie untersuchen. Wenn Sie sich hinlegen, Miss …“ Sie sah auf den Namen auf dem Klemmbrett. Sofort verstummte sie.

„Maitland“, sagte Willy leise. „Mein Name ist Willy Maitland.“

Nora räusperte sich. „Bitte, legen Sie sich hin.“

Gehorsam legte Willy sich zurück. Die Hände an ihrem Bauch waren eiskalt. „Sam Lassiter sagte, Sie könnten uns helfen“, flüsterte Willy.

„Sie haben mit Sam gesprochen?“

„In Cantho. Wegen meines Vaters.“

Nora nickte und sagte plötzlich professionell: „Tut das weh, wenn ich drücke?“

„Nein.“

„Und hier?“

„Ein bisschen.“

Flüsternd fragte Nora: „Wie geht es Sam jetzt?“

Willy machte eine Pause. „Er ist tot“, murmelte sie.

Die Hände auf ihrem Bauch erstarrten. „Lieber Himmel … Wie …“ Nora fing sich, schluckte. „Ich meine, wie sehr tut das weh?“

Willy fuhr mit dem Finger wie mit einem Messer über ihre Kehle.

Nora holte Atem. „Verstehe.“ Ihre Hände zitterten. Einen Moment stand sie mit gesenktem Kopf da. Dann drehte sie sich um und ging an einen Medizinschrank. „Sie brauchen Antibiotika. Sind Sie allergisch?“

„Ich glaube nicht.“

Nora griff nach einem Arzneiaufkleber und begann ihn auszufüllen. „Kann ich irgendeinen Ausweis sehen, Miss Maitland?“

Willy reichte Nora einen kalifornischen Führerschein.

„Das genügt.“ Nora steckte den Führerschein ein und befestigte den Arzneiaufkleber auf einem Fläschchen, das sie Willy reichte. Etwa zwei Dutzend Tabletten befanden sich darin. Auf dem Aufkleber standen der Name des Medikaments und die Anweisungen für die Einnahme. Keine verborgenen Botschaften.

Willy blickte erwartungsvoll hoch, aber Nora hatte sich bereits abgewandt. Auf halbem Weg zur Tür blieb sie stehen. „Ein Mann ist bei Ihnen, ein Amerikaner. Wer ist das? Ein Verwandter?“

„Ein Freund.“

„Verstehe.“ Nora warf ihr einen besorgten Blick zu. „Hoffentlich sind Sie absolut sicher wegen einer Medikamentenallergie, Miss Maitland. Wenn Sie sich nämlich irren, kann dieses Medikament sehr, sehr gefährlich sein.“ Sie öffnete die Tür und fand Miss Hu direkt davor.

Die Vietnamesin straffte sich sofort. „Miss Maitland geht es gut?“

„Sie hat eine leichte Darminfektion. Ich habe ihr Antibiotika gegeben. Morgen sollte sie sich schon viel besser fühlen.“

„Ich fühle mich jetzt schon etwas besser“, sagte Willy und kletterte von dem Tisch. „Mit frischer Luft ...“

„Ausgezeichnete Idee“, sagte Nora. „Frische Luft. Und nur leichte Kost. Keine Milch.“ Sie ging zur Tür hinaus. „Schönen Aufenthalt in Hanoi, Miss Maitland.“

Miss Hu lächelte Willy selbstzufrieden zu. „Sehen Sie, sogar hier in Vietnam findet man die beste medizinische Versorgung.“

Willy nickte und griff nach ihren Kleidern. „Ich gebe Ihnen absolut recht.“

Fünfzehn Minuten später verließ Nora Walker das Krankenhaus, stieg auf ihr Fahrrad und fuhr zur Straße der Tuchhändler. An einem Nudelstand kaufte sie eine Limonade und eine Schale mit Pho, wofür sie dem Verkäufer eine sorgfältig an entgegengesetzten Ecken gefaltete Tausend-Dong-Note zahlte. Sie aß ihre Nudeln, während sie neben all den anderen Kunden auf dem Bürgersteig kauerte. Nachdem sie den Rest der nach Pfeffer schmeckenden Brühe gegessen hatte, schlenderte sie in den Laden eines Schneiders. Der Laden wirkte verlassen. Sie glitt durch einen Perlenvorhang in ein schwach erleuchtetes Hinterzimmer. Dort wartete sie zwischen staubigen Ballen Seide und Baumwolle und Brokat.

Das Rasseln des Perlenvorhangs kündigte ihren Kontaktmann an. Nora wandte sich ihm zu.

„Ich habe vorhin Bill Maitlands Tochter gesehen“, sagte sie auf Vietnamesisch und überreichte Willys Führerschein.

Der Mann betrachtete das Foto und lächelte. „Ich sehe die Ähnlichkeit.“

„Es gibt auch ein Problem“, sagte Nora. „Sie reist mit einem Mann ...“

„Sie meinen Mr Barnard? Wir wissen von ihm.“

„Ist er von der CIA?"
„Wir glauben nicht. Er scheint ein Unabhängiger zu sein."
„Dann haben Sie die beiden beschattet."
Der Mann zuckte die Schultern. „Nicht gerade schwierig. Bei so vielen Kindern auf den Straßen fällt ihnen kaum ein herumstreunender Junge hier und dort auf."
Nora schluckte und hatte Angst davor, die nächste Frage zu stellen. „Maitlands Tochter sagte, Sam ist tot. Stimmt das?"
Das Lächeln des Mannes verschwand. „Es tut mir leid. Trotz der langen Zeit dazwischen scheint es nicht sicherer geworden zu sein."
Sie wandte sich ab, räusperte sich, aber der Schmerz blieb. Sie presste ihre Stirn gegen einen Ballen Seide. „Sie haben recht. Nichts hat sich geändert. Zum Teufel mit ihnen."
„Was wollen sie von uns, Nora?"
„Ich weiß es nicht." Sie holte brüchig Atem und drehte sich zu ihm. „Ich denke … ich denke, wir sollten eine Botschaft schicken."
„Ich werde Kontakt zu Dr. Andersen aufnehmen."
„Ich brauche bis morgen eine Antwort."
Der Mann schüttelte den Kopf. „Es gibt Komplikationen. Die Partei ist jetzt interessiert. Die CIA auch. Vielleicht auch noch andere."
Andere, dachte Nora. Damit waren jene gemeint, von denen sie nichts wussten. Die gefährlichste Gruppe von allen …

„Wir haben den ersten Schritt getan", sagte Guy. „Den nächsten müssen die anderen tun."
„Und wenn wir nichts hören?"
„Dann sind wir in einer Sackgasse gelandet." Wie eines von vielen Paaren schlenderten sie durch den Park, um unbelauscht zu bleiben.
„Sie haben mir das Telegramm nicht erklärt. Wer ist Bobbo?"
Er lachte. „Ein Spitzname für Toby Wolff."
„Und wer ist Uncle Sy?"
Guy sah sich um. Zwei Vietnamesen standen im Schatten eines Baumes, wahrscheinlich Polizisten, die sie schützen oder isolieren sollten. „Onkel Sy war unsere Bezeichnung für die CIA. Das Telegramm war eine Warnung. Die CIA weiß über uns Bescheid und ist im Land. Beobachtet uns vielleicht in diesem Moment."
Besorgt sah Willy sich an dem See und im Park um. Ein heiteres Mädchen mit einem konischen Hut fuhr auf einem Fahrrad vorbei. Auf der Wiese drängten sich zwei Verliebte flüsternd aneinander. Es erschien Willy zu perfekt, dieser silbrige See und die blühenden Bäume – abgesehen von den zwei Polizisten, die sie beobachteten.

„Wenn er recht hat", sagte sie, „wenn die CIA hinter uns her ist, wie werden wir ihre Agenten erkennen?"

„Das ist das Problem." Guy wandte sich zu ihr, und das Unbehagen in seinen Augen machte ihr Angst. „Gar nicht."

Siang kauerte im Schatten und beobachtete die Amerikaner auf der anderen Seite des Sees. Wie leicht wären sie doch im Fadenkreuz eines Gewehrs einzufangen gewesen. Der Mord wäre so einfach gewesen. Was für ein Jammer, dass das nicht mehr der Plan war.

Die Amerikaner kehrten zu ihrem Wagen zurück, und Siang folgte ihnen auf seinem Fahrrad zum Hotel. Eine Querstraße davor stieg er ab und beobachtete, wie die Amerikaner das Hotel betraten. Sekunden später kam ein schwarzer Mercedes. Die zwei Agenten stiegen aus und folgten den Amerikanern ins Hotel.

Siang holte ein zusammengebundenes Tuch aus seinem Fahrradkorb, wählte eine schattige Stelle auf dem Bürgersteig und breitete sein mageres Warenangebot aus: Zigaretten, Seife und Grußkarten. Wie alle anderen Händler kauerte er sich auf seine Strohmatte.

In den nächsten zwei Stunden verkaufte er nur ein einziges Seifenstück, aber das spielte keine Rolle. Er war nur da, um zu beobachten. Und um zu warten.

Wie jeder gute Jäger verstand Siang es zu warten.

10. KAPITEL

Jetzt ist es schon einen Tag her", flüsterte Willy über den mit einem Öltuch bedeckten Tisch des Cafés. „Warum hat niemand Kontakt mit uns aufgenommen?"

„Vielleicht kommen sie nicht an uns heran", antwortete Guy. „Oder vielleicht nehmen sie uns noch unter die Lupe." Er beugte sich zu ihr vor. „Etwas stört mich noch mehr, hat mich von Anfang an gestört. Unser sogenanntes zufälliges Zusammentreffen in Bangkok. Zusätzlich zu einer leichten Paranoia habe ich auch dieses Gefühl von ..."

„Zufall?"

„Schicksal."

Willy schüttelte den Kopf. „Ich glaube nicht an Schicksal."

„Du wirst es noch." Er starrte in den Zigarettenrauch, der um den Deckenventilator wirbelte. „Es ist dieses Land. Es verändert einen, nimmt einem den Sinn für Realität. Man beginnt zu glauben, Ereignisse sind dazu bestimmt, dass sie eintreten, ganz gleich wie sehr man sich auch dagegen wehrt. Als wäre unser aller Leben vorgezeichnet, und wir könnten das Buch nicht umändern."

Ihre Blicke trafen sich über den Tisch hinweg. „Ich habe nie an Schicksal geglaubt, Guy", sagte sie leise. „Ich glaube nicht daran, dass wir beide füreinander bestimmt sind. Es hat sich einfach so ergeben."

„Aber irgendetwas – Glück, Schicksal, Verschwörung, wie immer du es nennen willst – hat uns zusammengebracht." Er blickte ihr in die Augen. „Von allen verrückten Orten auf der Welt sind wir hier, an demselben Tisch, in demselben schmutzigen vietnamesischen Café. Und ..." Er unterbrach sich. Seine braunen Augen waren warm. Sein schiefes Lächeln schimmerte durch seine Ernsthaftigkeit durch. „Und ich denke, es wird Zeit, dass wir nachgeben und diesem verrückten Drehbuch folgen. Es wird Zeit, dass wir unseren Instinkten folgen."

Sie blickten einander durch den Rauchschleier an. Und Willy dachte: Ich täte nichts lieber, als meinem Instinkt zu folgen, mit dir ins Hotel zu gehen und mich von dir lieben zu lassen. Ich weiß, ich werde es bereuen. Aber ich will es.

Er griff über den Tisch. Ihre Hände berührten sich. Und als sich ihre Finger ineinanderschoben, schien sich ein magischer Kreis zu schließen.

„Gehen wir auf unser Zimmer", flüsterte er.

Sie nickte lächelnd. Ihr Lächeln war wissend und voll von Versprechungen. Schon jetzt trieben Bilder durch Willys Kopf: Hemden, die langsam aufgeknöpft wurden, Gürtel, die geöffnet wurden. Schweiß, der auf Rücken und Schultern schimmerte. Langsam schob sie ihren Stuhl vom Tisch zurück.

Doch als sie beide aufstanden, hörten sie quer durch den Raum eine erschreckend vertraute Stimme.

Dodge Hamilton schob sich zwischen den Tischen zu ihnen. Blass und verschwitzt sank er auf einen Stuhl neben ihnen.

„Was machen Sie hier?“, fragte Guy erstaunt.

„Ich habe verdammt viel Glück gehabt, dass ich überhaupt hier bin.“ Hamilton wischte sich mit einem Taschentuch über die Stirn. „Einer von unseren Motoren hat die ganze Strecke von Da Nang bis hierher eine Rauchfahne hinter sich hergezogen. Ich sage Ihnen, es hat mir gar nicht gefallen, mich schon überall auf einem Berggipfel verstreut zu sehen.“

„Aber ich dachte, Sie wollten in Saigon bleiben“, sagte Willy.

Hamilton schob das Taschentuch in die Brusttasche seines Jacketts zurück. „Wäre ich doch bloß! Aber gestern habe ich ein Telex vom Finanzminister erhalten. Er hat endlich einem Interview zugestimmt. Himmel, ich brauche einen Drink!“ Er deutete auf Willys Glas. „Was haben Sie da?“

„Limonade.“ Willy beobachtete ihn, während er bestellte. „Wie haben Sie uns gefunden?“

„Was? Oh, ganz einfach. Der Mann im Hotel hat mich hergeschickt.“

„Woher wusste er es?“

Guy seufzte. „Offenbar können wir keinen Schritt tun, ohne dass alle es wissen.“

Hamilton runzelte misstrauisch die Stirn, als der Kellner ein Glas Limonade auf den Tisch stellte. „Wahrscheinlich schwimmen irgendwelche tödlichen Bakterien darin herum.“ Er hob das Glas und seufzte. „Warum sollte ich nicht gefährlich leben? Also, auf alle vertrauenswürdigen Iljuschins am Himmel! Mögen sie nie abstürzen. Zumindest nicht mit mir an Bord.“

Guy hob sein Glas. „So sei es! Ich würde sagen, von jetzt an halten wir uns alle an Schiffe.“

„Oder Fahrradrikschas“, sagte Hamilton. „Stellen Sie sich vor, Barnard, wir könnten uns quer durch China radeln lassen!“

„Ich glaube, ihr wärt in einem Flugzeug sicherer“, sagte Willy und griff nach ihrem Glas. Als sie es anhob, sah sie einen dunklen Tropfen von ihrer Serviette auf das Tischtuch fallen. Sie brauchte ein paar Sekunden, um zu erkennen, was es war. Tinte. Irgendetwas war auf die andere Seite ihrer Serviette geschrieben.

„Kommt ganz auf die Maschine an", sagte Hamilton. „Von heute an für mich keine russischen Maschinen mehr. Entschuldigen Sie den Scherz, aber ich bin gründlich des-lljuschioniert."

Guys Lachen scheuchte Willy aus ihren Spekulationen hoch. Sie blickte auf und fand, dass Hamilton sie betrachtete. Dodge Hamilton, dachte sie. Er war immer in der Nähe. Beobachtete ständig.

Sie zerknüllte die Serviette in ihrer Hand. „Ich gehe ins Hotel. Ich bin müde." Sie stand auf. „Und ich habe ein flaues Gefühl im Magen."

Hamilton schob sofort seine Limonade von sich. „Ich wusste, dass ich mich an Whisky hätte halten sollen. Kann ich was für Sie tun?"

„Ich kümmere mich schon um sie", sagte Guy.

Hitze und Chaos auf der Straße waren überwältigend. Willy klammerte sich an Guys Arm, während er sie zum Hotel führte.

In ihrem Zimmer angekommen, verschloss Guy die Tür und zog die Vorhänge zu. Willy faltete die Serviette auseinander. Im Licht einer Nachttischlampe entzifferten sie die Botschaft.

„2.00. Straße hinter Hotel. Achtet auf Rückendeckung."

Guy zerriss die Serviette und verschwand im Bad. Willy hörte die Toilettenspülung. Als er wieder aus dem Bad kam, war seine Miene undurchdringlich.

„Warum legst du dich nicht hin?", schlug er vor. „Nichts hilft bei einem verdorbenen Magen besser als Schlaf." Er schaltete die Lampe aus. Es war erst halb acht. Es sollte eine lange Wartezeit sein.

Sie schliefen kaum. Draußen wurde es still. Sie zogen sich nicht aus, lagen angespannt auf ihren Betten, wagten nicht zu sprechen.

Es musste schon nach Mitternacht sein, als Willy endlich in einen traumlosen Schlaf fiel. Nur Sekunden schienen vergangen zu sein, als Guys Lippen über ihre Stirn strichen.

Sie setzte sich auf, war sofort hellwach. Mit den Schuhen in den Händen schlich sie hinter ihm zur Tür.

Der Korridor war verlassen. Sie liefen zur Treppe und spähten vom ersten Stock in die Halle hinunter. Die Rezeption war verlassen. Der Angestellte schnarchte auf einer Couch.

Guy lächelte Willy zu und führte sie durch eine Servicetür. Kisten waren entlang eines dunklen Korridors aufgereiht. Am anderen Ende gab es wieder eine Tür. Sie schlüpften ins Freie.

Draußen war die Dunkelheit so dicht, dass Willy nach einem Halt tastete. Guy bot ihr seine Hand. Es war eine Hand, der zu vertrauen sie gelernt hatte. Gemeinsam schoben sie sich in die schmale Straße hinter dem Hotel. Und warteten.

Es war 2.01 Uhr.

Um 2.07 Uhr fühlten sie mehr eine Bewegung in der Dunkelheit, als dass sie sie hörten. Sie sahen die Frau erst, als sie direkt neben ihnen stand.

„Kommt mit mir“, sagte sie. Willy erkannte die Stimme. Es war Nora Walker.

Sie folgten ihr durch eine Reihe von Straßen und Nebenstraßen und tauchten immer tiefer in das Gewirr ein, das Hanoi darstellte. Nora sagte nichts. Von Zeit zu Zeit erhaschten sie einen Blick auf sie im Schein einer Straßenlampe. Ihr Haar war unter einem konischen Hut verborgen, ihre dunkle Bluse war schäbig.

Endlich hielten sie in einer Gasse mit Pfützen an. In der Dunkelheit konnte Willy gerade drei an einer Wand lehnende Fahrräder erkennen. Ein Bündel wurde ihr in die Hand gedrückt. Es enthielt eine pyjamaartige Hose und eine Bluse sowie einen Kegelhut, der nach frischem Stroh roch. Auch Guy erhielt Kleidung.

Schweigend zogen sie sich an.

Auf Fahrrädern folgten sie Nora meilenweit durch Seitenstraßen. In dieser Umgebung aus Schatten bekam alles ein Eigenleben. Zweige der Bäume griffen nach ihnen, um sie festzuhalten. Die Straße wand sich wie eine Schlange. Willy verlor jeglichen Richtungssinn. Automatisch folgte sie den schwachen Umrissen von Noras Hut, der vor ihr durch die Dunkelheit trieb.

Die befestigten Straßen wurden von Schotterstraßen abgelöst, die Gebäude von Hütten und Gemüsefeldern. Endlich stiegen sie am Stadtrand ab. Ein alter Lastwagen stand neben der Straße. Durch das Fenster des Fahrers sah man eine glühende Zigarette. Die Tür öffnete sich quietschend, ein Vietnamese sprang heraus.

„Steigt ein“, sagte Nora. „Er nimmt euch mit.“

„Wohin fahren wir?“, fragte Willy.

Nora schlug die Plane des Lastwagens zurück und bedeutete ihnen, dass sie hinaufklettern sollten. „Keine Zeit für Fragen. Schnell!“

„Kommen Sie nicht mit uns?“

„Ich kann nicht, sonst würden sie es merken.“

„Wer würde es merken?“

Noras Stimme bekam einen Unterton von Panik. „Bitte, steigen Sie sofort ein!“

Guy und Willy kletterten auf die hintere Stoßstange und ließen sich zwischen Reissäcke fallen.

„Geduld“, sagte Nora. „Es ist eine lange Fahrt. Essen und Wasser sind da, genug zum Durchhalten.“

„Wer ist der Fahrer?“, fragte Guy.

„Keine Namen. Das ist sicherer."

„Aber können wir ihm vertrauen?"

Nora schwieg einen Moment. „Können wir irgendjemandem vertrauen?", fragte sie und riss an der Plane. Die Abdeckung klappte herunter und schloss sie von der Nacht ab.

Es war eine lange Fahrt zurück zu ihrer Wohnung. Nora stellte ihr Fahrrad im Gemeinschaftsschuppen ab und kletterte die wackelige Treppe zu ihrem Apartment hinauf.

Die Tür war unversperrt. Die Bedeutung dieser Tatsache traf sie jedoch erst, als sie schon einen Schritt über die Schwelle getan hatte. Und da war es bereits zu spät.

Die Tür schloss sich hinter ihr. Sie wirbelte herum, als ein Licht aufflammte und ihr voll ins Gesicht schien. Geblendet trat sie in Panik einen Schritt zurück. „Wer … was …"

Von hinten wurde sie brutal von Händen gepackt. Eine Messerklinge glitt leicht über ihren Hals.

„Kein Wort", wisperte eine Stimme an ihrem Ohr.

Die Person mit dem Licht kam näher. Es war ein großer Mann, so groß, dass sein Schatten die Wand auslöschte. „Wir haben auf Sie gewartet, Miss Walker", sagte er. „Wo haben Sie sie hingebracht?"

Sie schluckte. „Wen?"

„Sie sind zum Hotel gegangen, um sich mit ihnen zu treffen. Wohin sind Sie von da aus?"

„Ich habe nicht …" Sie rang nach Luft, als die Klinge plötzlich in ihrer Haut brannte. Sie fühlte, wie ein Blutstropfen warm an ihrem Hals hinunterlief.

„Ganz ruhig, Mr Siang", sagte der große Mann. „Wir haben doch die ganze Nacht Zeit."

Nora begann zu weinen. „Bitte! Bitte, ich weiß nichts …"

„Aber natürlich wissen Sie es. Und Sie werden es uns erzählen, nicht wahr?" Der Mann zog sich einen Stuhl heran und setzte sich.

Sie sah seine Zähne wie Elfenbein in den Schatten schimmern. „Es ist nur eine Frage der Zeit."

Um die Mittagszeit begann die Straße, auf der der Lastwagen fuhr, anzusteigen.

„Wohin fahren wir?", fragte Willy.

„Ich glaube, nach Westen. In die Berge. Vielleicht die Straße nach Dien Bien Phu."

„Richtung Laos?"

„Wo die Maschine deines Vaters abgestürzt ist.“ Guy zog sein schweißgetränktes Hemd aus und warf es beiseite. Die Narbe auf seinem nackten Bauch faszinierte Willy. Sie streckte die Hand aus, überlegte es sich jedoch.

„Schon gut“, sagte er leise und führte ihre Hand zu der Narbe. „Es tut nicht weh.“

„Es muss schrecklich wehgetan haben, als du sie bekommen hast.“

„Ich erinnere mich nicht.“ Bei ihrem verwirrten Blick fügte er hinzu: „Zumindest nicht bewusst. Komisch, wie genau ich mich erinnere, was passiert ist, bevor die Maschine runterkam. Toby saß neben mir und erzählte Witze. Etwas in der Art, dass der Pilot wie ein alter Kamerad von den Anonymen Alkoholikern aussieht. In der Flugschule hatte er gehört, dass die besten Militärpiloten immer die betrunkenen waren. Ein nüchterner Mann würde nicht im Traum einen solchen Schrotthaufen fliegen. Ich lachte, während wir die Rollbahn entlangjagten. Dann …“ Er schüttelte den Kopf. „Es heißt, dass ich ihn aus dem Wrack gezogen habe. Dass ich ihn losgeschnallt und herausgeschleift habe, bevor das ganze Ding in die Luft flog. Sie haben mich sogar einen Helden genannt.“ Er nahm einen Schluck aus der Wasserflasche. „Was für ein Witz!“

„Klingt danach, als hättest du diese Bezeichnung verdient.“

„Klingt mehr danach, als hätte ich einen Schlag auf den Kopf bekommen und wusste nicht, was ich da tat.“

„Die besten Helden der Welt sind die zögerlichen. Mut ist nicht Furchtlosigkeit. Es ist Handeln angesichts der Angst.“

„Ja?“ Er lachte. „Dann macht mich das zum Besten der Besten.“ Er erstarrte, als der Lastwagen plötzlich langsamer wurde und hielt. Eine Stimme bellte Befehle. Sie starrten einander alarmiert an.

„Was ist das?“, flüsterte Willy. „Was sagen sie?“

„Etwas von einer Straßensperre … Soldaten halten jeden an. Eine Inspektion …“

„Gütiger Himmel! Was machen wir …“

Er hob den Finger an seine Lippen. „Vor uns scheint viel Verkehr zu sein. Könnte eine Weile dauern, bevor sie zu uns kommen.“

„Können wir zurück? Umkehren?“

Er kletterte zur Rückseite des Lastwagens und spähte durch einen Spalt in der Plane. „Ausgeschlossen. Wir sitzen fest. Lastwagen auf beiden Seiten.“

Willy sah sich hektisch in dem Halbdunkel nach leeren Jutesäcken oder einer Kiste um, nach irgendetwas, das groß genug war, um sie beide zu verbergen.

Die Stimmen der Soldaten kamen näher.

Jetzt waren sie direkt am Wagen – zwei Mann, nach dem Klang der Stimmen zu urteilen. Der Lastwagenfahrer versuchte, mit Lachen und Anbieten von Zigaretten die Kontrolle zu umgehen. Der Mann musste Nerven aus Stahl haben. Keine Spur von Sorge floss in seine Stimme ein.

Seine Bestechungsversuche schlugen fehl. Schritte näherten sich auf dem Kiesstreifen neben der Straße dem Heck des Lastwagens.

Guy schob instinktiv Willy gegen die Reissäcke und schirmte sie hinter sich ab.

Eine Hand schob sich durch den Spalt und packte die Abdeckung …

Und stockte. In der Ferne gellte eine Hupe. Reifen kreischten, gefolgt von einem metallischen Aufprall, den wütenden Schreien von Fahrern.

Die Hand an der Abdeckung zog sich zurück. Die Klappe schloss sich wieder ganz. Unter den Soldaten wurden ein paar knappe Worte ausgetauscht, dann entfernten sich Schritte.

Ihr Fahrer brauchte nur Sekunden, um wieder auf den Sitz zu klettern und loszufahren. Der Lastwagen ruckte vorwärts und warf Guy von den Füßen. Er landete neben Willy auf den Reissäcken. Während ihr Lastwagen mit voller Geschwindigkeit um die anderen Wagen herum und die Straße entlangfuhr, lagen sie der Länge nach nebeneinander, zu verblüfft von ihrem knappen Entkommen, um auch nur ein Wort zu sagen. Plötzlich lachten sie beide und rollten sich auf den Säcken herum, beschwipst vor Erleichterung.

Guy zog sie in seine Arme und küsste sie hart auf den Mund.

„Wofür war das?“, fragte sie und zog sich überrascht zurück.

„Das“, flüsterte er, „war purer Instinkt.“

„Folgst du immer deinen Instinkten?“

„Wann immer ich damit durchkomme.“

„Und du denkst, ich lasse dich damit durchkommen?“

Als Antwort packte er ihr Haar, hielt ihren Kopf an den Säcken gefangen und küsste sie wieder – länger, tiefer. Lust entflammte in ihr, so plötzlich und so heftig, dass sie sprachlos war.

„Ich glaube“, murmelte er, „du willst das genau wie ich.“

Empört stieß sie ihn auf den Rücken, kletterte auf ihn und nagelte ihn unter sich fest. „Guy Barnard, du elender Kerl! Ich gebe dir jetzt, was du verdienst!“

Er lachte. „Tatsächlich?“

„Allerdings.“

„Und was genau verdiene ich?“

Einen Moment blickte sie durch den Staub und das Halbdunkel auf ihn herunter. Dann senkte sie langsam ihr Gesicht zu dem seinen. „Das“, sagte sie leise.

Diesmal war der Kuss anders. Wärmer. Hungriger. Sie war eine ebenbürtige und bereitwillige Partnerin. Er wusste es und reagierte. Sie brauchte nicht gewarnt zu werden, dass sie ein gefährliches Spiel spielte, dass sie beide sich dem Punkt ohne Umkehr näherten. Sie konnte ihn bereits unter sich anschwellen fühlen, konnte fühlen, wie ihr eigener Körper sich danach sehnte, sich dieser neuen Härte anzupassen. Und die ganze Zeit küsste sie ihn, pressten ihre Körper sich aneinander, während sie dachte: Ich werde das bereuen, so sicher wie ich atme, aber es fühlt sich so richtig an …

Sie zog sich zurück und rang nach Atem.

„Na, so was!“ Guy grinste zu ihr hoch. „Miss Willy Jane Maitland, jetzt bin ich aber wirklich überrascht.“

Sie setzte sich auf und schob ihr Haar nervös zurück. „Das hatte ich überhaupt nicht vor.“

„Doch, das hattest du.“

„Es war dumm von mir.“

„Warum hast du es dann getan?“

„Es war …“ Sie sah ihm in die Augen. „Purer Instinkt“, lautete ihre Antwort.

Er lachte. Er fiel sogar lachend nach hinten und rollte sich auf den Reissäcken herum. Der Lastwagen traf ein Schlagloch und schleuderte Willy so hart rauf und runter, dass sie neben ihm auf den Boden fiel.

Und er lachte noch immer.

„Du bist verrückt“, sagte sie.

Er schlang einen Arm um ihren Hals und zog sie zärtlich an sich. „Nur nach dir.“

Siang saß am Steuer einer schwarzen Limousine mit getönten Scheiben und fluchte auf den Highway … oder was dieses Land einen Highway nannte. Er hatte nie verstanden, wieso Kommunismus und anständige Straßen einander ausschlossen. Und dann die Sorge an der Straßensperre. Aber ein paar Worte von dem Mann auf dem Rücksitz, ein Wink mit einem russischen Diplomaten, und sie durften ohne Zwischenfall weiterfahren.

Sie fuhren gen Westen. Ein Straßenschild bestätigte, dass es die Straße nach Dien Bien Phu war. Ein seltsames Omen, dachte Siang, dass sie zu der Stadt fuhren, in der die Franzosen ihre Niederlage erlebt hatten, wo der Osten über den Westen triumphiert hatte. Vor Jahrhunderten hatte ein asiatischer Schriftgelehrter prophetische Worte geschrieben.

Im Süden liegen die Berge,
Das Land der Viets.
Derjenige, der gegen sie marschiert
Ist zum Untergang verurteilt.

Siang blickte im Rückspiegel auf den Mann auf dem Rücksitz. Er dachte nicht in Begriffen von Osten gegen Westen. Er kümmerte sich nicht um Nationen oder Vaterland oder Patriotismus. Wahre Macht, hatte er einmal zu Siang gesagt, lag in den Händen von Individuen, von besonderen Leuten, die es verstanden, sie zu gebrauchen und zu behalten, und er würde sie behalten.

Daran hatte Siang nicht den geringsten Zweifel.

Er erinnerte sich an den Tag, an dem sie einander zum ersten Mal im Happy Valley gesehen hatten, auf einer amerikanischen Basis, die die GIs aus einer Laune heraus „den Golfplatz" getauft hatten. Es war 1967. Siang hatte damals einen anderen Namen. Er war ein schlanker Junge von dreizehn, barfuß, und er rang um eine Existenz zwischen all den anderen hungrigen Waisenkindern. Als er den Amerikaner das erste Mal sah, war sein Haupteindruck der von Riesenhaftigkeit. Ein gewaltiges fleischiges Gesicht, alarmierend rot in der Hitze ... Stiefel eines Riesen ... Hände, die so stark wirkten, als könnten sie einen Kinderarm entzweibrechen. Der Tag war heiß, und Siang verkaufte Softdrinks. Der Mann kaufte eine Cola, trank sie in ein paar Schlucken und gab ihm die leere Flasche zurück. Als Siang sie nahm, fühlte er den forschenden und einschätzenden Blick des Mannes. Dann ging der Mann weg.

Eine Woche lang kam der Amerikaner jeden Tag aus dem Gelände der GIs heraus, um eine Cola zu kaufen. Obwohl ein Dutzend anderer Kinder sich um das Geschäft mit ihm drängten und jedes mit einem Softdrink winkte, kaufte der Mann nur bei Siang.

Am Ende der Woche schenkte der Mann Siang ein brandneues Hemd, drei Büchsen Cornedbeef und eine erstaunliche Geldsumme. Er sagte, er werde das Tal zeitig am nächsten Morgen verlassen, und er bat den Jungen, das hübscheste Mädchen, das er finden konnte, zu mieten und ihm für die Nacht zu bringen.

Es war nur ein Test, wie Siang später herausfand. Siang bestand. Der Amerikaner wirkte überrascht, als Siang an diesem Abend am Lagertor mit einem außerordentlich schönen Mädchen erschien. Offenbar hatte der Mann erwartet, dass Siang das Geld nahm und verschwand.

Zu Siangs Erstaunen schickte der Mann das Mädchen weg, ohne es überhaupt zu berühren. Stattdessen bat er den Jungen zu bleiben – nicht als Liebhaber, wie Siang zuerst vermutete, sondern als Assistent. „Ich brauche jemanden, dem ich vertrauen kann“, sagte der Mann. „Jemanden, den ich trainieren kann …“

Selbst jetzt nach all diesen Jahren verspürte Siang noch immer diese jungenhafte Ehrfurcht, wann immer er den Amerikaner ansah. Er blickte im Rückspiegel auf das Gesicht, das sich so wenig verändert hatte seit jenem Tag, an dem sie einander im Happy Valley begegnet waren. Die Wangen mochten voller und rötlicher geworden sein, aber die Augen waren dieselben, scharf und allwissend. Genau wie sein Verstand. Diese Augen machten ihm beinahe Angst.

Siang lenkte seine Aufmerksamkeit zurück auf die Straße. Der Mann auf dem Rücksitz summte eine Melodie: „Yankee Doodle“. Eine absonderliche Wahl, wenn man den russischen Pass bedachte, den er bei sich führte. Siang lächelte über die Ironie der ganzen Angelegenheit. Nichts an diesem Mann war jemals ganz das, was es zu sein schien.

11. KAPITEL

Als Willy erwachte, gaben die Signale, die ihr Körper aussandte, dem Wort „Elend" eine neue Bedeutung. Jeder Muskel schmerzte, jeder Knochen fühlte sich zerschmettert an. Der Lastwagen hielt, der Motor erstarb. In der Stille surrten Moskitos.

„Bist du wach?", kam ein Flüstern. Guys schweißglänzendes Gesicht erschien über ihr.

„Wie spät ist es?"

„Später Nachmittag. Fünf oder so. Meine Uhr ist stehen geblieben."

Sie setzte sich auf, und ihr Kopf drehte sich in der Hitze. „Wo sind wir?"

„Weiß ich nicht sicher. Nahe der Grenze, schätze ich …" Guy erstarrte, als sich Schritte näherten. Männerstimmen sprachen vietnamesisch.

Die Abdeckplane wurde aufgerissen. Gegen das helle Tageslicht waren die Gesichter der beiden Männer schwarz und ohne Konturen.

Einer der Männer gab ihnen ein Zeichen zum Aussteigen. „Ihr folgen", befahl er. „Nicht sprechen."

Willy ließ sich sofort auf den schwammigen Dschungelboden fallen. Guy folgte ihr. Sie schwankten einen Moment, blinzelten benommen und atmeten die erste frische Luft seit Stunden. Flecken des nachmittäglichen Sonnenlichts bedeckten den Boden zu ihren Füßen. In den Zweigen über ihnen kreischten unsichtbare Vögel eine Warnung.

Der Vietnamese winkte ihnen zu, sie sollten sich bewegen. Sie waren kaum losmarschiert, als der Lastwagen ohne sie weiterfuhr. Willy blickte zu Guy und sah in seinen Augen denselben Gedanken, der ihr durch den Kopf schoss: Jetzt gibt es kein Zurück mehr!

„Nicht stehen bleiben. Vorwärts, vorwärts!", sagte der Vietnamese.

Sie drangen in den Wald ein.

Der Mann wusste offenbar, wohin er ging. Er führte sie durch ein Gewirr aus Schlingpflanzen und Bäumen zu einer einzelnen Hütte. Eine löcherige U.S. Army-Decke hing vor dem Eingang. Drinnen bedeckten Strohmatten den Lehmboden, und ein Moskitonetz war über eine Pritsche gebreitet. Auf einem niedrigen Tisch stand eine bescheidene Mahlzeit aus Bananen, aufgebrochenen Kokosnüssen und kaltem Tee.

„Ihr wartet hier", sagte der Mann. „Lange Zeit, vielleicht."

„Auf wen warten wir?", fragte Guy.

Der Mann antwortete nicht, wandte sich ab und glitt wie ein Geist in den Wald.

Sie machten sich über das Essen her und krochen schließlich Seite an Seite unter das Moskitonetz und schliefen ein.

In der Abenddämmerung begann es zu regnen. Es war ein herrlich wilder Wolkenbruch, brachte jedoch keine Erlösung von der Hitze. Willy lag wach in der Dunkelheit. Die Kleider waren schweißgetränkt. Über ihr bauschte sich das Moskitonetz und fiel wieder in sich zusammen wie ein flatternder Geist.

Sie kroch unter dem Netz hervor. Wenn sie nicht etwas Luft bekam, würde sie ersticken.

Sie ließ Guy auf der Pritsche schlafen, trat in die Tür und atmete die regengeschwängerte Luft ein. Der wirbelnde kühle Nebel war unwiderstehlich. Willy trat in den Wolkenbruch hinaus.

Um sie herum klapperte der Dschungel wie tausend Trommeln. Sie erschauerte in der dröhnenden Dunkelheit, während Wasser über ihr Gesicht lief.

„Was machst du, zum Teufel?“, rief eine schläfrige Stimme. Sie drehte sich um und sah Guy in der Tür.

Sie lachte. „Ich nehme eine Dusche!“

„In deinen Kleidern?“

„Es ist schön hier draußen! Komm, bevor es aufhört!“

Er zögerte, ehe er ihr ins Freie folgte.

„Fühlt sich das nicht wundervoll an?“, rief sie und breitete ihre Arme aus. „Himmel, ich konnte den Geruch meiner eigenen Kleider nicht mehr ertragen.“

„Das hast du schlimm gefunden? Warte ab, bis der Moder einsetzt.“ Er wandte sein Gesicht dem Himmel zu und gab ein zufriedenes Grollen von sich. „Wir sollten wie die Kinder duschen. Als ich im Krieg hier war, hat es mir Spaß gemacht, ihnen zuzusehen, wie sie ohne ihre Kleider herumlaufen. Es gibt nichts Niedlicheres als alle diese kleinen braunen Körper, die im Regen herumtanzen. Keine Scham, keine Befangenheit.“

„So sollte es sein.“

„Richtig“, sagte er und fügte leise hinzu: „So sollte es sein.“

Unvermittelt fühlte Willy, wie er sie betrachtete. Sie drehte sich um und erwiderte seinen Blick. Die Palmen klapperten, und der Regen trommelte auf den Blättern. Wortlos kam Guy zu ihr und blieb so nahe stehen, dass sie die Hitzewelle zwischen ihnen fühlte. Doch sie bewegte sich nicht, sprach nicht. Der über ihr Gesicht strömende Regen war so warm wie Tränen.

„Warum hast du dann noch deine Kleider an?“, murmelte er.

Sie schüttelte den Kopf. „Das sollte nicht passieren.“

„Vielleicht doch.“

„Eine Affäre für eine Nacht – mehr wäre es nicht …"
„Besser einmal als nie."
„Und dann wirst du fort sein."
„Das weißt du nicht. Ich weiß es nicht."
„Ich weiß es. Du wirst fort sein …"
Sie wollte sich abwenden, aber er zog sie wieder zu sich herum. Bei der ersten Berührung ihrer Lippen wusste sie, dass es vorüber war, dass sie den Kampf verloren hatte.

Besser einmal als nie, dachte sie, als der letzte Funke ihres Widerstandes schwand. Besser, dich einmal zu haben und dich zu verlieren, als sich immer zu fragen, wie es gewesen wäre.

Sie schlang die Arme um seinen Nacken und kam seinem Kuss genauso hungrig, genauso wild entgegen. Ihre Körper pressten sich so fest aneinander, dass sich ihre Fieberhitze durch die nassen Kleider hindurch mischte.

Er tastete bereits nach den Knöpfen ihrer Bluse. Sie bebte, als die Bluse herunterglitt und Regen an ihren nackten Schultern hinunterlief. Dann schloss sich die Wärme seiner Hand um ihre Brust, und sie schauderte nicht vor Kälte, sondern vor Verlangen.

Gemeinsam taumelten sie in die Dunkelheit der Hütte. Jetzt zerrten sie verzweifelt an den Kleidern des anderen und schleuderten nasse Kleidungsstücke einfach beiseite. Als sie einander endlich ohne Barrieren, ohne Deckung gegenüberstanden, hob er ihr Gesicht an und drückte seine Lippen sanft auf ihren Mund. Kein Kuss war jemals so direkt in ihre Seele eingedrungen. Die Dunkelheit drehte sich um sie herum, die Erde gab nach. Sie ließ sich von ihm auf die Pritsche legen und fühlte, wie das Moskitonetz um sie herum wisperte.

Wie Liebe in den Wolken, dachte sie, als sich weißer Stoff über ihnen bauschte. Dann schloss sie die Augen und verlor jegliches Gefühl dafür, wo sie war. Es gab nur noch das Hämmern des Regens und die magische Berührung von Guys Händen, von seinen Lippen. Es war so lange her, dass ein Mann sie geliebt hatte, so lange, seit sie sich dieser Lust ausgesetzt hatte. Diesem Schmerz. Und es würde Schmerz geben, wenn es vorüber war, wenn Guy aus ihrem Leben verschwunden war. Bei einem Mann wie ihm war das Ende unvermeidlich.

Sie ignorierte diese warnenden Stimmen. Sie war schon zu weit getrieben, um gerettet zu werden. Sie zog ihn auf sich herunter und flüsterte: „Jetzt, bitte."

Er kämpfte bereits gegen sein eigenes Verlangen, gegen sein eigenes Drängen. Ihre ruhige Bitte zerschnitt den letzten Faden seiner Beherrschung.

„Ich gebe auf", stöhnte er, packte ihre Hände, hielt ihre Arme über ihrem Kopf fest, nahm sie als seine willige Gefangene unter sich.

Seine Härte füllte sie so vollständig aus, dass sie vor Erstaunen den Atem anhielt. Doch ihre Überraschung ging schnell in Lust über. Sie bewegte sich jetzt ihm entgegen, er bewegte sich ihr entgegen, und gemeinsam trieben sie diese herrliche Pein zu neuen Höhen der Qual.

Die Welt wich zurück. Die Nacht war von Nebel und Magie erfüllt. Sie brachten sich gegenseitig an den Abgrund, verharrten da zwischen Lust und Folter, wollten sich nicht dem Unvermeidlichen ausliefern. Dann fügten sich den Dschungellauten des trommelnden Regens und der stöhnenden Bäume ihre Schreie hinzu, als sie über die Kante hinausstürzten.

Selbst als sie zur Erde zurückfiel, trieb sie noch immer dahin. In der Dunkelheit über ihr bauschte sich das Netz wie Fallschirmseide, die durch den leeren Raum sank.

Sie brauchten nicht zu sprechen. Es genügte ganz einfach, mit verschlungenen Gliedmaßen dazuliegen und auf den Rhythmus der Nacht zu lauschen.

Sachte strich Guy eine Locke ihres zerzausten Haars von ihrer Wange. „Warum hast du das gesagt?", fragte er.

„Was gesagt?"

„Dass ich fort sein würde. Dass ich dich verlassen würde."

Sie zog sich zurück und rollte sich auf den Rücken. „Weil du es tun wirst."

„Willst du es denn?"

Sie antwortete nicht. Welchen Unterschied machte es schon, wenn sie ihre Seele entblößte? Und wollte er wirklich die Wahrheit hören? Dass sie nach dieser Nacht wahrscheinlich alles tun würde, um ihn zu behalten und dazu zu bringen, sie zu lieben?

„Willy?"

Sie wandte sich ab. „Warum sprechen wir darüber?"

„Weil ich darüber sprechen will."

„Nun, ich will es nicht." Sie setzte sich auf und zog schützend ihre Knie gegen ihre Brust. „Es hilft niemandem, dieses ganze Gebrabbel darüber, was als Nächstes kommt. Das habe ich schon alles durchgemacht."

„Du vertraust Männern wirklich nicht, oder?"

Sie lachte. „Sollte ich?"

„Und alles nur, weil dein Vater von dir weggegangen ist? Oder war es etwas anderes? Eine schlimme Liebesaffäre?", wollte er von ihr wissen.

„Man könnte sagen, alles zusammen."

„Verstehe." Eine lange Stille trat ein. Willy erschauerte, als seine Hand ihren nackten Rücken streichelte. „Wer hat dich noch verlassen? Außer deinem Vater?"

„Nur ein Mann, den ich liebte. Jemand, der sagte, dass er mich liebt."

„Und er hat dich nicht geliebt."

„Oh, ich nehme an, auf seine Art hat er es getan." Sie zuckte die Schultern. „Nicht gerade auf eine sehr dauerhafte Art."

„Wenn es nur vorübergehend ist, dann ist es keine Liebe."

„Das klingt wie der Titel eines Songs." Sie lachte.

„Ein lausiger Song."

Sie verstummte und presste ihre Stirn gegen ihre Knie. „Du hast recht. Ein lausiger Song."

„Andere Leute kommen über schlechte Liebesaffären hinweg ..."

„Oh, ich bin darüber hinweggekommen." Sie hob den Kopf und starrte in das Netz hinauf. „Hat nur einen Monat gedauert, mich in ihn zu verlieben. Und über ein Jahr, ihn weggehen zu sehen. Ich habe gelernt, dass es nicht an einem Tag zerbricht. Die meisten Liebhaber stehen nicht einfach auf und gehen zur Tür hinaus. Sie machen es zentimeterweise, Schritt um Schritt, und jeder einzelne Schritt schmerzt. Zuerst fangen sie an mit: ‚Wer muss schon verheiratet sein? Ist doch nur ein Stück Papier.' Und dann am Ende sagen sie: ‚Ich brauche mehr Freiraum.' Und dann: ‚Wie kann irgendjemand etwas für immer versprechen?' Vielleicht war es besser, wie mein Vater das gemacht hat. Keine Entschuldigung. Er ist einfach zur Tür hinausgegangen."

„Es gibt keine gute Methode, um jemanden zu verlassen."

„Du hast recht." Sie schob das Netz beiseite und schwang ihre Beine hinaus. „Deshalb lasse ich nicht zu, dass mir das noch einmal passiert."

„Wie vermeidest du es?"

„Ich gebe keinem Mann die Chance, mich zu verlassen."

„Was heißt, dass du zuerst weggehst?"

„Männer tun das ständig."

„Manche Männer."

Du eingeschlossen, dachte sie bitter. „Wie hast du denn deine kleine Freundin verlassen, Guy? Hast du sie verlassen, bevor du herausgefunden hast, dass sie schwanger war, oder danach?"

„Das war eine ungewöhnliche Situation."

„Das ist es immer."

„Wir hatten uns vor Monaten getrennt. Ich hörte von dem Kind erst, als es schon auf der Welt war. Da konnte ich nichts mehr ändern. Ginny hatte bereits einen anderen Mann geheiratet."

„Oh ... das hat es einfach gemacht."

„Einfach?" Zum ersten Mal hörte sie seinen Ärger, und sie wollte ihre schrecklichen Worte zurücknehmen. „Du hast vielleicht eine verrückte Vorstellung von uns Männern, wie wir alle versuchen, uns um unsere Verantwortung zu drücken."

„Das hätte ich nicht sagen sollen." Sie berührte sanft seine Hand. „Tut mir leid." Sie tastete nach ihren Kleidern. „Ein kleiner Rat, Guy. Gib deinen Sohn nie auf. Lass dir das von einem Kind sagen, das verlassen wurde. Väter sind kostbar."

„Ich weiß", flüsterte er.

Dann hörten sie beide die klatschenden Schritte im Schlamm.

Guy rollte sich von der Pritsche und sprang neben Willy auf. Schuhe schrammten über die Schwelle, und der Schatten eines Mannes erfüllte die Tür.

Der Eindringling hielt eine Laterne hoch. „Die Verzögerung tut mir leid", sagte er, während sein Gesicht im Schatten eines grünen Ponchos verborgen blieb. Er stellte die Laterne auf den Tisch. „Die Straße ist heute Nacht sehr schlecht." Er warf ein Stoffbündel neben die Laterne. „Entspannen Sie sich, Mr Barnard. Wollte ich Sie töten, wären Sie schon tot." Er machte eine Pause. „Alle beide."

„Wer sind Sie, zum Teufel?", fragte Guy.

Der Mann schob seine Kapuze zurück. Sein Haar war blond, fast weiß. Er hatte blasse Augen in einem Mondgesicht. „Dr. Gunnel Andersen. Nora hat Ihr Kommen angekündigt." Regentropfen flogen, als er den Poncho ausschüttelte und zum Trocknen aufhängte. Dann setzte er sich an den Tisch. „Bitte, ziehen Sie sich ruhig an."

„Wie hat Nora Sie erreicht?", fragte Guy und zog seine Hose an.

„Wir haben ein Funkgerät für medizinische Notfälle. Nicht alle Frequenzen werden von der Regierung abgehört."

„Sind Sie bei der schwedischen Gesandtschaft?"

„Nein, ich arbeite für die UN." Andersens leidenschaftsloser Blick wanderte zu Willy, die sich verlegen in ihre feuchten Kleider kämpfte. „Wir bieten medizinische Versorgung in den Dörfern." Er wickelte das Bündel auf. „Vermutlich haben Sie nichts gegessen." In dem Bündel befand sich ein Bambusbehälter mit kaltem Reis, eingelegtem Gemüse und winzigen Fleischstücken.

Guy setzte sich sofort an den Tisch.

Willy zögerte. „Welche Verbindung haben Sie zu Nora? Zu meinem Vater?"

Dr. Andersens Augen waren so durchschneidend wie Wasser. „Sie haben zwanzig Jahre auf eine Antwort gewartet. Sie können sicher noch ein paar Minuten länger warten."

„Willy, du musst etwas essen", sagte Guy.

Endlich aß sie und fühlte die ganze Zeit die Augen des Schweden auf sich gerichtet.

„Ich sehe, dass Sie mir nicht vertrauen", sagte er.

„Ich vertraue überhaupt niemandem mehr."

Er nickte und lächelte. „Dann haben Sie in ein paar kurzen Tagen gelernt, wozu ich Monate brauchte."

„Misstrauen?"

„Zweifel. Angst." Er sah sich in der Hütte um, blickte auf die tanzenden Schatten an den Wänden. „Was ich schleichendes Unbehagen nenne. Das Gefühl, dass die Dinge hier nicht richtig sind. Dass unter der Oberfläche etwas … Geheimes liegt, etwas … Schreckliches."

Die Laterne flackerte und erlosch fast. Er blickte auf, als der Regen auf das Dach hämmerte. Ein Windstoß brachte durch die Tür die Gerüche des Dschungels herein.

„Sie fühlen es auch", sagte er.

„Ich weiß nur, dass es zu viele Zufälle gegeben hat", sagte Guy. „Zu viele kleine schicksalhafte Dinge. Als wären für uns Pfade vorbereitet worden, denen wir nur gefolgt sind."

Andersen nickte. „Es war ein Risiko, Sie hierherzubringen, aber Nora hielt die Zeit für richtig."

„Dann war es ihre Entscheidung?"

Er nickte. „Sie dachte, es könnte die letzte Chance für ein Wiedersehen sein."

Willy erstarrte und sah ihn an. „Sagten … sagten Sie Wiedersehen?"

Dr. Andersen nickte langsam.

Sie versuchte zu sprechen, fand jedoch ihre Stimme nicht.

Ihr Vater lebte!

Guy fragte endlich: „Wo ist er?"

„In einem Dorf nordwestlich von hier."

„Als Gefangener?"

„Nein, nein. Als Gast. Als Freund."

„Er wird nicht gegen seinen Willen festgehalten?"

„Nicht seit dem Krieg." Andersen sah Willy an, die ihre Stimme noch nicht wieder gefunden hatte. „Es mag für Sie schwer zu akzeptieren sein, Miss Maitland, aber es gibt tatsächlich Amerikaner, die in diesem Land ihr Glück finden."

Sie sah ihn verwirrt an. „Ich verstehe nicht. All diese Jahre war er am Leben … er hätte heimkommen können …"

„Viele Männer sind nicht heimgekehrt."

„Er hatte aber die Wahl!“
„Er hatte auch seine Gründe.“
„Gründe? Er hatte alle Gründe, um nach Hause zu kommen!“
Andersen stand auf und ging zur Tür. „Ihr Vater muss für sich selbst sprechen.“
„Warum ist er nicht hier? Wann werde ich ihn sehen?“
Der Arzt zögerte. „Das hängt davon ab.“
„Wovon?“
Er sah noch einmal zurück. „Davon, ob Ihr Vater Sie sehen will.“

Lange, nachdem Andersen gegangen war, stand Willy in der Tür und starrte in den Regenvorhang hinaus.
„Warum sollte er mich nicht sehen wollen?“, schrie sie.
Guy schob von hinten seine Arme um sie.
„Warum sollte er mich nicht sehen wollen?“
„Willy, hör auf.“
Sie drehte sich um und presste ihr Gesicht an seine Brust. „Denkst du, es war so schrecklich?“, schluchzte sie. „Mein Vater zu sein?“
„Natürlich nicht.“
„Das muss es aber gewesen sein.“
„Du warst doch ein Kind, Willy! Du kannst dir nicht die Schuld geben.“
Er führte sie zu der Pritsche und hielt sie in den Armen. In den Armen eines Freundes.
Der Gedanke schmerzte über alle Maßen, dass auch er eines Tages sie verlassen würde. Dass sie nur vorübergehend ihre Körper, ihre Wärme und ihre Seelen miteinander verbanden.
Draußen klatschte der Wolkenbruch auf die Blätter.
Es regnete die ganze Nacht.

In der Morgendämmerung kam ein Jeep. Der vietnamesische Fahrer bestand darauf, dass nur Willy mitfahren dürfe. Guy blieb erst nach langem Zureden zurück.
Der Fahrer beantwortete keine Fragen, während sie eine schlammige Piste entlangfuhren, die durch den Wald führte und nach ein paar Meilen vor einer soliden Wand aus Dschungel endete.
Der Jeep blieb zurück, der Fahrer bahnte mit einer Machete einen Weg durch das undurchdringliche Gewirr von Zweigen, und Willy stolperte hinter ihm her, wobei sie kaum seinen Rücken vor sich erkennen konnte.
Als sie endlich anhielten, wankte Willy vor Erschöpfung.

„Hier“, sagte der Mann, drehte sich um und wanderte in den Dschungel hinein.

„Warten Sie!“, rief sie. „Sie können mich doch nicht hier zurücklassen!“

Der Mann ging weiter.

„Bitte, wo bin ich?“, schrie sie. Er blieb stehen und sah zurück. „Was ist das hier für ein Ort?“

„Ort, an dem wir ihn finden“, war die Antwort. Danach verschwand er im Wald.

Willy wirbelte herum, suchte den Dschungel ab, hielt Ausschau nach irgendeinem Erretter. Sie sah keinen. Die letzten Worte des Mannes echoten in ihrem Kopf.

Was ist das hier für ein Ort?

Ort, an dem wir ihn finden …

„Wen?“, rief sie.

Verzweifelt starrte sie zu den Ästen hinauf, die sich über ihr spannten. Und dann sah sie die gewaltige Silhouette, die wie eine Haiflosse zwischen den Bäumen hochragte.

Es war das Heck eines Flugzeugs.

12. KAPITEL

Willy ging näher heran. Allmählich erkannte sie unter der Tarnung von Bäumen und Unterholz die Überreste eines Flugzeugs. Ranken schlängelten sich über zerfetztes Metall. Rumpfverstrebungen streckten sich vom Dschungelboden aus dem Himmel entgegen, nackt und bloß wie die gebleichten Rippen eines toten Tieres. Willy blieb stehen, und ihr Blick wurde zu dem Heck in den Ästen über ihr gezogen. Rost und tropischer Verfall hatten die Markierungen ausgelöscht, aber Willy konnte noch die Seriennummer ausmachen: 5410. Dies war Air America Flug 5078. Abflugort: Vientiane, Laos. Endpunkt: eine zerrissene Baumkrone in einem nordvietnamesischen Dschungel.

In der Stille des Waldes senkte sie den Kopf. Ein dünner Sonnenstrahl schnitt durch die Zweige und tanzte zu ihren Füßen. Und um sie herum erhoben sich die Bäume wie die Mauern einer Kathedrale. Wie passend, dass dieser rostige Altar des Krieges an einem Ort von solch ungetrübtem Frieden zur Ruhe gekommen war.

Tränen standen in ihren Augen, als sie sich endlich dazu zwang, den Rumpf zu betrachten – was davon noch vorhanden war. Das meiste der Verschalung war verbrannt oder verrottet, sodass nur etwas Boden und einige brüchige Verstrebungen übrig geblieben waren. Die Tragflächen fehlten vollständig ... wahrscheinlich bei dem Aufprall abgerissen. Sie schob sich zu den Überresten des Cockpits vor.

Sonnenlicht funkelte durch die zerbrochene Windschutzscheibe. Die Fluginstrumente waren ausgeweidet. Verkohlte Drähte hingen aus Löchern im Instrumentenbrett. Willys Blick wanderte zu der Kuppel, die von Kugellöchern durchsiebt war. Sie strich mit den Fingern über das zerstörte Metall und zog sich dann zurück.

Als sie einen Schritt zurück tat, hörte sie eine Stimme sagen: „Es ist nicht viel übrig geblieben. Aber das Gleiche könnte man wahrscheinlich auch von mir sagen."

Willy wirbelte herum. Und erstarrte.

Er kam aus dem Wald. Ein Mann in Lumpen, der auf sie zuging. Es war der Gang, den sie erkannte, nicht der Körper, der völlig abgezehrt war. Schon gar nicht das Gesicht.

Ganz sicher nicht das Gesicht.

Er hatte keine Ohren, keine Augenbrauen. Was von seinen Haaren übrig war, wuchs in gequälten Büscheln. Er kam bis auf ein paar Meter an sie heran und blieb stehen, als hätte er Angst, ihr zu nahe zu kommen.

Sie sahen einander an, sprachen nicht, wagten es vielleicht nicht zu sprechen.

„Du bist erwachsen“, sagte er endlich.

„Ja.“ Sie räusperte sich. „Das bin ich wohl.“

„Du siehst gut aus, Willy. Wirklich gut. Bist du schon verheiratet?“

„Nein.“

„Du solltest es sein.“

„Ich bin es nicht.“

Eine Pause. Beide blickten zu Boden, blickten wieder hoch, Fremde, die nach einem Stück Gemeinsamkeit suchten.

Leise fragte er: „Wie geht es deiner Mutter?“

Willy blinzelte gegen eine neue Woge Tränen. „Sie ... stirbt.“ Sie verspürte eine nicht tröstliche Vergeltung bei dem geschockten Schweigen ihres Vaters. „Krebs“, fuhr sie fort. „Ich wollte vor Monaten, dass sie zu einem Arzt geht, aber du weißt, wie sie ist. Denkt nie an sich selbst. Nimmt sich nie die Zeit ...“ Ihre Stimme brach, erstarb.

„Ich hatte keine Ahnung“, flüsterte er.

„Wie denn auch? Du warst ja tot.“ Sie blickte zum Himmel hinauf und lachte plötzlich, ein hässlicher Laut in diesem stillen Kreis von Bäumen. „Es ist dir nie in den Sinn gekommen, uns zu schreiben? Ein Brief aus dem Grab?“

„Es hätte alles nur schwerer gemacht.“

„Schwerer als was? Als es schon war?“

„Wenn ich tot war, war Ann frei und konnte weitermachen“, sagte er. „Sie konnte einen anderen finden. Einen, der besser war für sie.“

„Aber sie hat es nicht getan! Sie hat es nie verstanden! Sie konnte immer nur an dich denken.“

„Ich dachte, sie würde vergessen. Ich dachte, sie würde über mich hinwegkommen.“

„Du hast falsch gedacht.“

Er senkte den Kopf. „Es tut mir leid, Wilone.“

Nach einer Pause sagte sie: „Mir tut es auch leid.“

Ein Vogel sang in den Bäumen. Seine süßen Töne zerschnitten die Stille zwischen ihnen.

Sie fragte: „Was ist mit dir passiert?“

„Du meinst das?“ Er deutete vage auf sein Gesicht.

„Ich meine ... alles.“

„Alles“, wiederholte er. Dann blickte er lachend zu den Zweigen hinauf. „Wo soll ich anfangen, zum Teufel?“ Er begann, in einem Kreis zu gehen, sich zwischen den Bäumen wie ein Verirrter zu bewegen. Endlich blieb er neben dem Rumpf stehen. Er betrachtete die zerrissenen Überreste und sagte: „Es ist komisch. Ich habe nie das Bewusstsein verloren. Selbst als ich auf die Bäume prallte, als alles um mich herum auseinandergerissen wurde, blieb ich die ganze Zeit bei Besinnung. Ich erinnere mich, dass ich dachte: ‚Wann bekomme ich denn den Himmel zu sehen?' Oder die Hölle. Dann ging alles in Flammen auf. Und ich dachte: Da ist meine Antwort, meine Ewigkeit …"

Er blieb stehen und stieß einen tiefen Seufzer aus.

„Sie fanden mich ein Stück von hier entfernt, wie ich unter den Bäumen herumtaumelte. Das meiste von meinem Gesicht war weggebrannt. Aber ich erinnere mich nicht, dass ich viel gespürt habe." Er blickte auf seine narbigen Hände hinunter. „Der Schmerz kam später. Als sie versuchten, die Verbrennungen zu reinigen. Als die Nerven nachwuchsen. Ich schrie sie an, sie sollten mich sterben lassen, aber sie taten es nicht. Wahrscheinlich war ich zu wertvoll."

„Weil du Amerikaner warst?"

„Weil ich Pilot war. Jemanden, von dem man Informationen bekommen, den man eintauschen konnte. Vielleicht jemand, der daheim die Linie der Partei verbreiten konnte …"

„Haben sie … dir wehgetan?"

Er schüttelte den Kopf. „Wahrscheinlich dachten sie, ich hätte genug Schmerzen gelitten. Es war eine stillere Art der Überredung. Endlose Diskussionen. Unermüdliche Streitgespräche, während ich mich erholte. Ich schwor, ich würde mir nicht vom Feind den Kopf verdrehen lassen. Aber ich war schwach. Ich war weit weg von zu Hause. Und sie sagten Dinge … so viele Dinge … ich konnte nicht widersprechen. Und nach einer Weile … nach einer Weile ergab es … nun ja, einen Sinn. Dass dieses Land ihr Haus ist, dass wir die Diebe im Haus sind. Und würde nicht jeder, der Diebe im Haus hat, sich wehren?"

Er stieß einen Seufzer aus.

„Ich weiß es nicht mehr. Jetzt klingt es so schwach, aber ich wurde einfach müde. Zu müde, um zu widersprechen. Zu müde, um zu erklären, was ich in ihrem Land tat. Zu müde, um der Himmel weiß was zu verteidigen. Es war einfacher, ihnen einfach zuzustimmen. Und nach einer Weile begann ich tatsächlich zu glauben, was sie mir erzählten." Er blickte zu Boden. „Für einige Leute machte mich das zum Verräter."

„Für einige Leute. Nicht für mich."

Er schwieg.

„Warum bist du nicht heimgekommen?", fragte sie.

„Sieh mich an, Willy. Wer wollte mich zurückhaben?"

„Wir wollten dich zurückhaben."

„Nein. Nicht den Mann, der ich geworden war." Er lachte hohl. „Jeder hätte auf mich gezeigt, hinter meinem Rücken geflüstert, über mein Gesicht geredet. Ist das der Vater, den du wolltest? Der Ehemann, den deine Mutter wollte? Zu Hause erwarten die Leute, dass man eine Nase und Ohren und Augenbrauen hat." Er schüttelte den Kopf. „Ann … Ann war so schön. Ich … ich konnte nicht zurück."

„Aber was hast du hier? Sieh dich an, was du trägst, wie dünn du bist. Du bist am Verhungern, am Dahinsiechen."

„Ich esse, was auch der Rest des Dorfes isst. Es ist genug zum Leben." Er zupfte an dem Fetzen, der ihm als Hemd diente. „Kleider … darum habe ich mich nie gekümmert."

„Du hast eine Familie aufgegeben!"

„Ich … ich habe eine andere Familie gefunden, Willy. Hier."

Sie starrte ihn benommen an.

„Ich habe eine Frau. Ihr Name ist Lan. Und wir haben Kinder. Ein kleines Mädchen und zwei Jungen … acht und zehn. Sie können Englisch und ein wenig Französisch …", sagte er hilflos.

„Wir waren zu Hause!"

„Aber ich war hier. Und Lan war hier. Sie rettete mir das Leben, Willy. Sie war diejenige, die mich am Leben erhalten hat während der Infektion, des Fiebers, der endlosen Schmerzen."

„Du hast gesagt, du hättest darum gebeten, sterben zu können."

„Lan hat mich dazu gebracht, wieder leben zu wollen."

Willy starrte diesen Mann mit dem zerstörten Gesicht an, den Mann, den sie einst ihren Vater genannt hatte. Die wimpernlosen Augen erwiderten unverwandt ihren Blick. Erwarteten das Urteil.

Ich habe noch ein Gesicht, ein normales Leben, dachte sie. Welches Recht habe ich, ihn zu verdammen?

Sie blickte weg. „Nun, was sage ich Mom?"

„Ich weiß es nicht. Vielleicht gar nichts."

„Sie hat ein Recht, Bescheid zu wissen."

„Vielleicht wäre es gnädiger, sie weiß nichts."

„Gnädiger für wen? Für dich oder sie?"

Er blickte auf seine Füße in schmutzigen Pantoffeln. „Ich habe das wahrscheinlich verdient. Was immer du zu sagen hast, ich habe es verdient. Aber ich wollte es an ihr wiedergutmachen. Und an dir. Ich habe Geld geschickt – zwanzig-, vielleicht dreißigtausend Dollar. Ihr habt es doch bekommen?"

„Wir wussten nicht, wer es geschickt hat."

„Ihr solltet es nicht wissen. Nora Walker hat das über eine Bank in Bangkok arrangiert. Es war alles, was ich hatte. Alles, was von dem Gold übrig war."

Sie warf ihm einen verwirrten Blick zu. „Du hattest Gold?"

„Ich wusste es damals nicht. Es war unsere kleine Regel bei Air America. Nie Fragen nach der Ladung stellen. Bloß fliegen. Aber nachdem die Maschine heruntergegangen war, nachdem ich aus dem Wrack gekrochen war, sah ich es. Goldbarren waren überall auf der Erde verstreut. Es war verrückt. Da war ich, hatte das halbe Gesicht weggebrannt, und ich dachte: Ich bin reich. Wenn ich das überlebe, verflucht noch mal, bin ich reich!" Er lachte über seinen eigenen Irrsinn, über die Absurdität eines Sterbenden, der sich inmitten der Trümmer freute. „Ich vergrub einen Teil des Goldes, warf einiges ins Buschwerk. Ich dachte, das wäre meine Fahrkarte nach draußen. Dass ich es für den Fall einer Gefangenschaft benützen konnte, um meine Freiheit zu erkaufen."

„Was passierte?"

Er blickte zu den Bäumen hoch. „Sie fanden mich. Soldaten der nordvietnamesischen Armee. Und sie fanden das meiste Gold." Er zuckte die Schultern. „Sie haben beides behalten."

„Aber nicht für immer. Du musstest nicht bleiben …" Sie unterbrach sich. „Hast du denn nie an uns gedacht?"

„Ich habe nie aufgehört, an euch zu denken. Nach dem Krieg, nachdem all dieser … dieser Irrsinn vorüber war, kam ich hierher zurück, grub das Gold aus, das sie nicht gefunden hatten. Ich bat Nora, es euch zu schicken." Er sah Willy an. „Verstehst du denn nicht? Ich habe euch nie vergessen. Ich …" Seine Stimme sank zu einem Flüstern. „Ich konnte nur einfach nicht zurück."

In den Bäumen über ihnen raschelten die Zweige im Wind. Blätter trieben in einem weichen grünen Regen herunter.

Er wandte sich ab. „Ich nehme an, du willst zurück nach Hanoi. Ich werde dafür sorgen, dass dich jemand …"

„Dad?"

Er blieb stehen, wagte nicht, zu ihr zurückzublicken.

„Deine kleinen Jungen. Du … sagst, sie verstehen Englisch?"

Er nickte.

Sie machte eine Pause. „Dann sollten wir uns verstehen, die Jungen und ich. Ich meine, falls sie mich kennenlernen wollen …"

Ihr Vater fuhr sich rasch mit der Hand über die Augen. Aber als er sich umdrehte und sie ansah, erkannte sie noch die Tränen. Er lächelte … und streckte ihr die Hand entgegen.

Sie war schon zu lange weg.

Drei Stunden waren vergangen, und Guy war mehr als besorgt. Er verlor fast den Verstand. Irgendetwas war nicht in Ordnung. Es war sein alter Instinkt, diese Vorahnung eines Verhängnisses. Als er endlich den Jeep hörte, war er einer Panik nahe.

„Guten Morgen, Mr Barnard!", rief Dr. Andersen fröhlich.

„Wo ist sie?"

„In Sicherheit."

„Beweisen Sie es!"

Andersen stieß die Beifahrertür auf. „Ich bringe Sie zu ihr."

Guy stieg ein und knallte die Tür zu. „Wohin fahren wir?"

„Es ist eine lange Fahrt. Seien Sie geduldig."

Der nächtliche Regen hatte den Pfad in Schlamm verwandelt, und auf beiden Seiten drängte der Dschungel heran und rückte erstickend näher. Sie mochten einige Meilen oder Dutzende von Meilen gefahren sein. Auf einer vom Dschungel abgeschlossenen Straße konnte man unmöglich Entfernungen schätzen. Als Andersen endlich auf die Seite fuhr, sah Guy keinen erkennbaren Grund. Erst als er ausgestiegen war und zwischen den Bäumen stand, entdeckte er den schmalen Fußweg, der in das Dickicht führte. Er konnte nicht sehen, was vor ihnen lag. Der Wald verbarg alles.

„Von hier an gehen wir", sagte Andersen, während er lose Zweige suchte.

„Wozu die Tarnung?", fragte Guy und sah zu, wie Andersen die Zweige über dem Jeep ausbreitete.

„Schutz für das Dorf."

„Wovor haben die Leute Angst?"

Andersen griff unter die Plane auf den Rücksitz und zog eine AK-47 hervor. Lässig hängte er sie über seine Schulter. „Vor allem", antwortete er und betrat den Dschungel.

Der Fußweg führte in eine schattige Welt von dreißig Meter hohen Bäumen und verflochtenen Schlingpflanzen. Die Gerüche von verfaulender Vegetation und Schlamm waren nur zu vertraut. „Der ganze verdammte Dschungel riecht nach Tod", pflegten die GIs zu sagen. Guy fühlte, wie sein Gang sich zu einem lautlosen Gleiten wandelte, wie seine Reflexe auf vollen Touren anliefen.

Er hörte das Dorf, bevor er es sah. Irgendwo tief im Wald lachten Kinder. Und dann hörte er Wasser fließen und ein Baby schreien.

Andersen ging voran, und als sich der letzte Vorhang aus Zweigen teilte, sah Guy unter hoch aufragenden Bäumen den Kreis der Hütten. Auf der zentralen Fläche traten Kinder einen Kieselstein mit ihren Füßen hin und her. Sie erstarrten, als Guy und Anderson aus dem Wald traten. Eines der Mädchen stieß einen Schrei aus. Sofort kamen ein Dutzend Erwachsene aus den Hütten. Schweigend betrachteten alle Guy.

Dann erschien in der Tür einer Hütte eine vertraute Gestalt. Als Willy auf Guy zuging, verspürte er plötzlich das Verlangen, sie auf der Stelle zu küssen, vor dem ganzen Dorf, der ganzen Welt. Aber er konnte sich nicht bewegen. Er konnte nur in ihr lächelndes Gesicht blicken.

„Ich habe ihn gefunden“, sagte Willy.

Er schüttelte den Kopf. „Was?“

„Meinen Vater. Er ist hier.“

Guy drehte sich um und sah, dass noch jemand aus der Hütte getreten war. Ein Mann ohne Ohren, ohne Augenbrauen. Die erschreckende Erscheinung streckte die Hand aus. Eine Fingerspitze fehlte.

William Maitland lächelte. „Willkommen in Na Co, Mr Barnard.“

Dr. Andersens Jeep war trotz der Tarnung leicht zu finden. Wie gut, dass Siang den Spuren im Schlamm so leicht folgen konnte. Er ging ein Stück in den Dschungel, fand den Weg und die Fußspuren. Das Dorf Na Co musste noch ein Stück weiter sein.

Er kehrte zu der Limousine zurück. „Da ist ein Weg zu einem Dorf.“

„Ist es der richtige Weg?“, fragte der Mann.

Siang zuckte die Schultern. „In diesen Bergen gibt es viele Dörfer, aber der Jeep gehört Dr. Andersen.“

„Dann ist es das richtige Dorf.“ Der Mann lehnte sich zufrieden zurück. „Ich will unsere Leute heute Nacht hierhaben.“

Das Söldnerteam wartete schon seit zwei Tagen auf das Signal. Fünfzehn Mann hatten sich in Thailand versammelt, ausgerüstet mit den raffiniertesten Waffen.

„Sagen Sie ihnen, wir brauchen auch die Hunde“, sagte der Mann. „Zum Aufräumen. Das ganze Dorf verschwindet.“

Siang stockte. „Die Kinder?“

„Man sollte keine Waisenkinder zurücklassen.“

Das störte Siang ein wenig, aber er sagte nichts.

„Gibt es ein Funkgerät im Jeep?“, fragte der Mann.

„Ja“, sagte Siang.

„Reißen Sie es heraus.“

„Andersen wird sehen …“

„Andersen wird nichts sehen."
Siang nickte verstehend.

„Begreift sie die Gefahr?", fragte Maitland.
„Ich weiß nicht." Guy stand in der Tür und sah den Dorfkindern zu, die Willy bedrängten. Er drehte sich um und betrachtete die Ansammlung von Narben, die Bill Maitlands Gesicht bildeten. „Ich weiß nicht, ob ich selbst die Gefahr begreife."
„Sie sagte, es wären einige Dinge passiert."
„Dinge? Links und rechts von uns purzelten die Leichen. Wir wurden verfolgt."
„Von wem?"
„Polizei. Vielleicht auch von anderen."
„CIA?"
„Ich weiß nicht, sie haben sich nicht vorgestellt."
Maitland ging plötzlich aufgeregt in der Hütte hin und her. „Wenn sie euch hierher gefolgt sind …"
„Vor wem verstecken Sie sich?"
„Vor allen."
„Das schränkt die Auswahl beträchtlich ein." Guy betrachtete Maitland. „Zwanzig Jahre sind vergangen, und Sie haben noch immer Angst. Warum? Was haben Sie gemacht?"
„Ich habe nur Flugzeuge geflogen."
„Was hattet ihr geladen? Drogen? Waffen?"
„Manchmal."
„Was denn nun?"
„Beides."
Guys Stimme wurde hart. „Und welche Seite hat die Sendung erhalten?", wollte er wissen.
Maitland warf ihm einen scharfen Blick zu. „Ich habe nie Geschäfte mit dem Feind gemacht! Ich habe nur Befehle ausgeführt!"
„Wie lauteten die Befehle auf diesem letzten Flug?"
„Wir sollten einen Passagier absetzen."
„Interessante Fracht. Wer war er?"
„Sein Name tauchte nicht auf. Ich hielt ihn für einen laotischen VIP. Aber er war zum Sterben bestimmt." Er schluckte. „Es war nicht das feindliche Feuer, das uns heruntergeholt hat. Eine Bombe ging in unserem Laderaum hoch. Von unserer Seite gelegt. Wir sollten sterben."
„Aber warum?"
Maitland starrte in den Kreis der Hütten. „Es ist an der Zeit, dass wir mit den Ältesten sprechen."

Lans Baby weinte in einer Ecke der Hütte. Sie legte es an ihre Brust und wiegte es vor und zurück, lauschte jedoch aufmerksam den in den Schatten wispernden Stimmen.

Sie alle lauschten – die Kinder, die Familien. Willy konnte nicht verstehen, was gesagt wurde, aber sie erkannte, dass die Besprechung eine erschreckende Bedeutung besaß.

In der Mitte der Hütte saßen drei Dorfälteste – zwei Männer und eine Frau. Ihre greisenhaften Gesichter waren von den wirbelnden Schwaden der Räucherstäbchen verhüllt. Die Frau paffte an einer Zigarette, während sie auf Vietnamesisch murmelte. Sie deutete zum Himmel, dann auf Maitland.

Guy wisperte Willy zu: „Sie sagt, es war nicht die Zeit deines Vaters zu sterben. Aber die zwei anderen Männer, der Amerikaner und der Laote, sie starben, weil das der Tod war, der ihnen ihr ganzes Leben lang vorherbestimmt war …“ Er verstummte, wie hypnotisiert von der Stimme der alten Frau, die wie Weihrauch durch die Schatten trieb.

Einer der alten Männer sprach so leise, dass seine Stimme fast im Wispern und Rascheln der Zuhörer unterging.

„Er widerspricht“, übersetzte Guy. „Er sagt, es war nicht das Schicksal, das den Laoten tötete.“

Die alte Frau schüttelte heftig den Kopf. Jetzt brach eine allgemeine Debatte darüber los, wieso der Laote wirklich gestorben war. Der alte Mann, der anderer Meinung war, stand endlich auf und schob sich zu der hinteren Ecke der Hütte. Dort legte er die Matten beiseite, die den Lehmboden bedeckten, entfernte eine Schicht Erde und holte ein in Stoff gewickeltes Bündel hervor. Mit zitternden Händen zog er die ausgefransten Ränder auseinander. Ehrfurchtsvoll hob er den darin verborgenen Gegenstand hoch.

Selbst in dem schwachen Licht der Hütte war das Schimmern von Gold unverkennbar.

„Es ist das Medaillon“, wisperte Willy. „Von dem Lassiter uns erzählt hat.“

„Der Laote hat es getragen“, sagte ihr Vater.

Der alte Mann reichte Guy das Bündel. Vorsichtig hob Guy das Medaillon aus seinem Bett aus alten Tüchern. Obwohl die Oberfläche von der Explosion verschrammt war, konnte man das Muster noch erkennen: einen dreiköpfigen Drachen, die Zähne gefletscht, die Klauen kampfbereit.

Der alte Mann flüsterte Worte der Verehrung und Bewunderung.

„Er sah einmal ein Medaillon genau wie dieses“, sagte Maitland. „Vor Jahren in Laos. Es hing um den Hals von Prinz Souvanna.“

Guy holte scharf Luft. „Es ist das königliche Wappen. Dieser Passagier …"

„… war der Halbbruder des Königs", sagte Maitland. „Prinz Lo Van."

Ein unbehagliches Murmeln durchlief die Versammlung.

„Ich verstehe nicht", sagte Willy. „Warum sollte die CIA seinen Tod wollen?"

„Es ergibt keinen Sinn", sagte Guy. „Lo Van war neutral mit Neigung zu unserer Seite. Und er war ein aufrechter, ein anständiger Anführer. Mit unserer Rückendeckung hätte er uns ein Trittbrett in Laos ermöglicht. Das hätte die Waage in unsere Richtung ausschlagen lassen."

„Das sollte er auch machen", sagte Maitland. „Diese Kiste mit Gold gehörte ihm. Sie sollte in Laos ausgeladen werden."

„Um eine Armee zu kaufen?", fragte Willy.

„Genau."

„Warum ihn dann ermorden? Er war auf unserer Seite …"

„Aber die Typen, die die Maschine hochgejagt haben, waren es nicht", sagte Guy.

„Du meinst, die Kommunisten haben diese Bombe gelegt?"

„Nein, jemand, der noch gefährlicher war. Einer der unseren."

Die Ältesten waren verstummt. Sie betrachteten ihre Gäste wie Lehrer, die einen Schüler beobachteten, der sich eine Antwort abringt.

Erneut begann die alte Frau zu sprechen. Maitland übersetzte.

„Während des Krieges lebten einige von uns bei den Pathet Lao, den Kommunisten in Laos. Es gab nur wenige Verstecke, weshalb wir in Höhlen schliefen. Aber wir hatten Gärten und Hühner und Schweine, alles, was wir zum Überleben brauchten. Einmal, als ich in der Höhle noch neu war, hörte ich ein Flugzeug. Ich dachte, es wäre der Feind, die Amerikaner, und ich nahm mein Gewehr und ging ins Freie, um die Maschine abzuschießen. Aber mein Zellenkommandant hielt mich zurück. Ich konnte nicht verstehen, warum er die Maschine landen ließ. Sie hatte die Markierung des Feindes, die amerikanische Flagge. Unser Zellenkommandant befahl uns, die Maschine auszuladen. Wir trugen kistenweise Waffen und Munition weg. Dann beluden wir das Flugzeug mit Opium, Beutel um Beutel. Ein Warenaustausch, dachte ich. Das muss ein gestohlenes Flugzeug sein. Aber dann stieg der Pilot aus, und ich sah sein Gesicht. Er war weder Laote noch Vietnamese. Er war wie ihr. Ein Amerikaner."

„Bruder Tuck", sagte Guy leise.

Die Frau sah sie mit dunklen Augen an, in denen man nicht lesen konnte.

„Ich habe ihn auch gesehen", sagte Maitland. „Ich wurde in einem Lager westlich von hier gefangen gehalten, als er für einen Austausch landete. Ich sage euch, das ganze verdammte Land war eine einzige Opiumfabrik, und auf beiden Seiten war überall Geld zu verdienen. Alles unter der Tarnung des Krieges. Ich glaube, deshalb wurde Lo Van getötet. Um das Land in Aufruhr zu halten. Es gibt nichts Besseres als einen schmutzigen Krieg, um Profite zu verschleiern."

„Wer hat noch das Gesicht des Piloten gesehen?", fragte Guy auf Vietnamesisch und blickte sich im Raum um. „Wer erinnert sich daran, wie er aussieht?"

Ein Mann und eine Frau, die in einer Ecke kauerten, hoben langsam die Hand. Vielleicht gab es noch andere, die jedoch zu ängstlich waren, um sich zu bekennen.

„Es gab außer mir noch vier andere Kriegsgefangene in diesem Lager", sagte Maitland. „Sie haben das Gesicht des Piloten gesehen. Soviel ich weiß, ist kein einziger lebend heimgekommen."

Die Räucherstäbchen waren zu Asche verbrannt, aber der Rauch hing noch immer in der Dunkelheit. Niemand gab einen Laut von sich, nicht einmal die Kinder.

Deshalb also habt ihr Angst, dachte Willy und betrachtete den Kreis aus Gesichtern. Selbst jetzt, nach all diesen Jahren, wirft der Krieg noch einen Schatten auf euer Leben. Und auf meines.

„Kommen Sie mit uns, Maitland", sagte Guy. „Erzählen Sie Ihre Geschichte. Nur so können Sie frei sein."

Maitland stand in der Tür seiner Hütte und starrte auf die spielenden Kinder im Garten.

„Guy hat recht", sagte Willy.

Ihr Vater sah sie an. „Was ist mit Lan? Den Kindern? Woher soll ich wissen, dass mich die Vietnamesen jemals wieder ins Land lassen?"

„Dieses Risiko müssen wir eingehen", sagte Guy.

„Ich soll ein Held sein, wollen Sie das sagen?" Maitland schüttelte den Kopf. „Ich sage Ihnen etwas, Barnard. Die wahren Helden dieser Welt sind nicht die Kerle, die losziehen und alberne Risiken auf sich nehmen. Nein, es sind diejenigen, die dort aushalten, wo sie gebraucht werden, wo sie hingehören. Vielleicht wird das Leben ein wenig stumpf. Vielleicht treiben Frau und Kinder sie zum Wahnsinn. Aber sie halten durch." Er sah bedeutungsvoll zu Willy und dann wieder zu Guy. „Glauben Sie mir, ich habe genug Fehler gemacht, um es zu wissen." Maitland sah wieder seine Tochter an. „Heute Abend fährst du zurück nach Hanoi. Du musst heimkehren und mit deinem Leben weitermachen."

„Sofern sie heimkommt", sagte Guy.

Maitland schwieg.

„Wie schätzen Sie ihre Chancen ein?", drängte Guy gnadenlos. „Denken Sie nach. Glauben Sie, die lassen sie in Ruhe bei allem, was sie weiß? Glauben Sie, die lassen sie am Leben?"

„Dann nennen Sie mich einen Feigling!", fuhr Maitland auf. „Nennen Sie mich, was Sie wollen. Es wird nichts ändern. Ich kann jetzt nicht weg." Er floh aus der Hütte.

Durch die Tür sahen sie, wie er über den Platz zu Lan ging, die unter den Bäumen saß. Lan lächelte und reichte ihr Baby ihrem Mann. Lange saß er da, wiegte seine Tochter und hielt sie so fest an seine Brust gedrückt, als fürchtete er, jemand könne sie ihm entreißen.

Du hältst die Welt in deinen Armen, dachte Willy, während sie ihn beobachtete. Du wärst verrückt, sie loszulassen.

„Wir müssen ihn umstimmen", sagte Guy.

In diesem Moment blickte Lan hoch und sah Willy an. „Er kommt nicht zurück, Guy", sagte Willy. „Er gehört hierher."

„Du bist auch seine Familie", protestierte Guy.

„Aber nicht die Familie, die ihn jetzt braucht." Sie lehnte den Kopf gegen den Türrahmen. Ein Blatt flatterte von den Bäumen und tanzte über den Platz. Ein nacktes Baby tappte hinterher. „Zwanzig Jahre lang habe ich diesen Mann gehasst ..." Sie seufzte. „Es wird Zeit, dass ich endlich erwachsen werde."

„Etwas stimmt nicht. Andersen sollte schon zurück sein."

Maitland stand am Rand des Dschungels und blickte die Lehmstraße entlang. Spuren führten nach Norden. Die Zweige, die der Arzt als Tarnung benützt hatte, lagen am Straßenrand. Aber von dem Wagen fehlte jede Spur.

Willy und Guy betraten die Straße, standen da und wunderten sich über Andersens Verzögerung.

„Er weiß, dass ihr auf ihn wartet", sagte Maitland. „Er ist schon eine Stunde überfällig."

Guy versetzte einem Stein einen Tritt. „Wir fahren wohl heute nicht mehr nach Hanoi zurück." Er blickte zu dem dunkler werdenden Himmel. „Fast schon Sonnenuntergang."

Maitland starrte weiterhin die Straße entlang.

„Vielleicht hat er eine Reifenpanne“, sagte Willy. „Oder kein Benzin. Wie auch immer, Dad, heute Nacht sitzen wir bei dir fest.“ Sie hakte sich bei ihm unter. „Gehen wir zurück.“

„Noch nicht.“ Er blickte wieder die Straße entlang. „Irgendetwas stimmt hier nicht.“

Willy teilte plötzlich sein Unbehagen. „Du rechnest mit Ärger?“

„Und wir sind nicht darauf vorbereit“, sagte er grimmig.

„Wie meinen Sie das?“ Guy wandte sich zu ihm. „Das Dorf muss doch etwas zur Verteidigung haben.“

„Wir haben vielleicht eine funktionierende Pistole und ein paar Überbleibsel vom Krieg, die seit Jahrzehnten nicht benützt wurden. Dazu Andersens Gewehr. Er hat es heute zurückgelassen.“

„Wie viel Munition?“

„Nicht genug, um ...“ Maitlands Kopf ruckte hoch. Er wirbelte bei dem Geräusch eines näher kommenden Wagens herum.

„Deckung!“, befahl Guy.

Willy sprang bereits in die Deckung des nächsten Busches. Im selben Moment sprangen Guy und Maitland in die andere Richtung, in das Blätterwerk auf der anderen Straßenseite.

Willy schaffte es gerade noch. Als sie im Schlamm landete, kam ein Jeep um die Kurve. Durch das Unterholz sah sie, dass er voll Soldaten war. Während er näher heran dröhnte, tauchte sie hektisch unter die Zweige, ohne sich um die Dornen zu kümmern, die ihr das Gesicht zerkratzten, und rollte sich zwischen den Blättern zusammen, um die Vorbeifahrt des Jeeps abzuwarten.

Etwas lief über ihre Hand. Instinktiv zuckte sie und sah einen fetten schwarzen Käfer, der von ihrer Hand fiel und in der Dunkelheit verschwand. Erst als ihr Blick dem Insekt folgte, bemerkte sie das seltsame Rascheln in den Zweigen und sah, dass die Erde unter ständiger Bewegung zu erschauern schien.

Allgütiger, sie lag in einem ganzen Nest!

Sie würgte einen Schrei zurück und warf sich zur Seite.

Und starrte auf eine menschliche Hand. Keine zwanzig Zentimeter von ihrer Nase entfernt. Die Finger kalkweiß und zu winkenden Klauen erstarrt.

Selbst wenn sie hätte schreien wollen, hätte sie keinen Laut hervorgebracht. Ihre Kehle war zugeschnürt.

Langsam wanderte ihr Blick an dem Arm entlang, folgte ihm zum Rumpf und dann unausweichlich zu dem Gesicht.

Gunnel Andersens leblose Augen starrten sie an.

13. KAPITEL

Der Jeep mit den Soldaten röhrte vorbei.

Willy erstickte ihren Schrei mit ihrer Faust und kämpfte verzweifelt die Entsetzensschreie zurück, die in ihr zu explodieren drohten. Kaum war der Jeep vorbei, als sie aufsprang und zurücktaumelte. „Er ist tot!“, schrie sie.

Guy und ihr Vater tauchten neben ihr auf. Guy stützte sie.

„Andersen!“ Sie deutete wild auf die Büsche.

Ihr Vater schob die Zweige beiseite. „Gütiger Himmel“, flüsterte er und starrte auf die Leiche.

Willy brach in die Knie und übergab sich.

„Seine Kehle ist durchgeschnitten worden“, hörte sie ihren Vater sagen.

„Saubere Arbeit, sehr professionell“, murmelte Guy.

Willy hob den Kopf. „Warum haben sie ihn getötet?“

Ihr Vater ließ die Büsche über die Leiche zurückgleiten. „Um ihn am Reden zu hindern. Um uns abzuschneiden von …“ Er sprang plötzlich auf. „Das Dorf! Ich muss zurück!“

Sie folgten ihm laufend und stolpernd. Die Sonne ging bereits unter. Durch die Zweige glühte der Himmel in einem furchterregenden Blutrot.

Vor ihnen hörte sie ihren Vater „Lan! Lan!“ rufen. Als sie aus dem Dschungel kamen, sah ein Dutzend Dorfbewohner zu, wie Maitland seine Frau in die Arme zog und sie festhielt.

„Diese Leute müssen weg von hier!“, rief Guy. „Maitland!“

Maitland ließ seine Frau los. „Wohin sollen wir gehen? Das nächste Dorf ist zwanzig Meilen entfernt! Wir haben alte Menschen und Babys.“ Er deutete auf eine Schwangere.

„Wir alle müssen weg!“ Guy hielt Maitland fest. „Denken Sie doch nach! Die haben Andersen getötet. Sie sind der Nächste. Dann alle hier, alle wissen, dass Sie leben. Wir müssen uns irgendwo verstecken können!“

Maitland wandte sich an einen der Dorfältesten. Der alte Mann runzelte die Stirn und deutete nach Nordosten zu den Bergen.

„Was sagt er?“, fragte Willy.

„Er sagt, fünf Kilometer von hier gibt es eine alte Höhle in den Bergen. Die haben sie schon in anderen Kriegen benützt …“ Er blickte zum Himmel. „Fast Sonnenuntergang. Wir müssen sofort los.“

Die Dorfbewohner suchten bereits ihre Habseligkeiten zusammen. Jahrhunderte von Krieg hatten sie gelehrt, dass Überleben Eile bedeutete.

Fünf Minuten brauchte die Maitland-Familie zum Packen. Lan verschwendete keine Zeit für Worte oder Tränen. Erst im Freien bei einem letzten Blick zurück zu der Hütte wurden ihre Augen feucht. Sie wischte schnell die Tränen weg.

Willy zählte vierundzwanzig Erwachsene, elf Kinder und drei Babys. Sie bewegten sich lautlos, wie Geister, die zwischen den Bäumen dahinglitten. Am Ufer eines schnell fließenden Flusses hielten sie. Die Kinder mussten hinübergetragen werden. Nass und schlammig setzten sie alle ihren Weg zu den Bergen fort.

Die Nacht brach herein. Im Licht des Vollmondes wanderten sie weiter. Die Kinder waren erschöpft und taumelten. Dennoch brauchte niemand sie anzutreiben. Die Angst vor Verfolgung reichte aus.

Am Fuß der Felsen hielten sie an. Eine gewaltige Steinwand schimmerte silbrig im Mondlicht. Die Dorfältesten berieten sich leise, dann führte die alte Frau sie durch die Dunkelheit zu Steinstufen, die in den Berg geschlagen waren. Sie stiegen hinauf, bis sie in der Felswand scheinbar ein Dickicht von Büschen erreichten.

Einer der Dorfbewohner schob die Zweige beiseite und hielt eine brennende Kerze hoch. Dahinter lag Dunkelheit, die das schwache Licht der Flamme verschluckte. Sie befanden sich am Eingang einer gewaltigen Höhle.

Der Mann kroch hinein und schob sich hastig wieder heraus, als flappende Flügel an ihm vorbeifegten. Nervöses Lachen zog sich durch die Gruppe.

Fledermäuse, dachte Willy schaudernd.

Der Mann holte tief Luft und betrat die Höhle. Einen Moment später rief er den anderen zu, sie sollten ihm folgen.

Guy stieß Willy an. „Los, hinein mit dir."

Sie schluckte. „Habe ich eine Wahl?"

Seine Antwort kam auf der Stelle. „Absolut keine."

Das Dorf war verlassen.

Siang untersuchte eine Hütte nach der anderen und fand die Tunnel, die es in jedem Dorf gab. In Friedenszeiten wurden sie zur Lagerung benützt, im Krieg zur Flucht oder als Verstecke. Sie waren alle leer.

Auf dem Platz standen fünfzehn Männer mit geschwärzten Gesichtern. Profis. Raue Amerikaner, die ihn überragten. Wie erwartet, hatte die laotische Flugabwehr dank ihrer Lücken nichts unternehmen können, als sie einflogen. Die ganze Operation war glatt gelaufen.

Bis jetzt.

„Sieht so aus, als wären wir zu spät gekommen“, sagte eine Stimme,

Siang sah seinen Klienten aus den Schatten treten. „Sie haben nur ein paar Stunden Vorsprung“, sagte Siang.

„Dann sind sie nicht weit mit Frauen und Kindern.“ Der Mann wandte sich an einen seiner Söldner. „Hat der Gefangene gesprochen?“

„Kein Wort.“ Der Mann stieß einen Dorfbewohner auf die Erde, den sie zehn Meilen von hier an der Straße nach Ban Dan gefangen hatten.

„Bringt ihn zum Reden!“

„Zeitverschwendung“, sagte Siang. „Diese Nordvietnamesen sind stur. Er wird euch nichts sagen.“

Einer der Söldner versetzte dem Dorfbewohner einen Tritt. Selbst während der Mann sich am Boden wand, stieß er eine Reihe von Flüchen hervor.

„Was hat er gesagt?“, fragte der Söldner.

Siang sah sich unbehaglich um. „Er sagt, wir sind verflucht. Wir sind tote Männer.“

Der Söldner lachte. „Abergläubisches Zeug!“

Siangs Klient wandte sich an einen seiner Männer und erteilte einen Befehl. „Jetzt sind die Hunde an der Reihe.“

Ein Dutzend Kerzen flackerten in der Höhle. Im Freien heulte der Wind. Kinder sammelten Steine oder flochten Lianen zu Seilen. Frauen spitzten Bambusstäbe an. Nur die Babys schliefen. In der Dunkelheit draußen gruben die Männer die gleichen tödlichen Fallen, die ihr Heimatland während der Jahrhunderte verteidigt hatten. Guy blickte in den Lauf einer alten Pistole. „Nur ein Schuss. Wertlos, außer für Selbstmord.“ Er reichte Maitland die Waffe.

Maitland wog die Pistole in seiner Hand, wandte sich an seine Frau und sprach leise mit ihr.

Lan starrte auf die Waffe, nahm sie zögernd und glitt in die Schatten der Höhle davon.

Guy griff nach Andersens Sturmgewehr. „Wenigstens funktioniert dieses Baby.“ Er blickte hoch, als Willy näher kam. „Wie ist es?“

Sie sank erschöpft neben ihn. „Wir haben genug Stäbe gemacht, um eine ganze Armee aufzuspießen.“

Ihr Vater blickte zum Eingang der Höhle. „Ich muss graben …“

„Alle Fallgruben sind fertig“, sagte Guy.

„Dann brauchen sie Hilfe bei den anderen Fallen …“

„Die wissen schon, was sie tun.“

„Es ist kaum zu glauben", sagte Willy. „Dass wir eine ganze Armee mit Lianen und Bambus aufhalten können."

„Es hat schon gegen größere Armeen funktioniert", sagte Maitland. „Und wir brauchen nur durchzuhalten, bis unsere Läufer durchkommen. Wenn es im nächsten Dorf ein Funkgerät gibt, bekommen wir am Vormittag Hilfe." Er nahm das Gewehr. „Minh und ich übernehmen die erste Wache. Schlafen Sie."

Guy nickte. „Ich löse Sie in ein paar Stunden ab."

Nachdem ihr Vater gegangen war, blickte Willy zu ihren schlafenden Halbbrüdern. Was wird aus ihnen, fragte sie sich. Aus uns allen? In einer Ecke der Höhle schärften zwei alte Frauen Bambusstäbe. Willy schauderte bei dem Schaben der Klingen auf dem Holz.

„Ich habe Angst", flüsterte sie.

Guy nickte. „Wir alle."

„Es ist mein Fehler. Hätte ich alles auf sich beruhen lassen …"

Er berührte ihre Wange. „Ich sollte mich verantwortlich fühlen, weil ich dich benützen wollte. Wenn dir jetzt etwas passiert …"

„Oder dir", sagte sie. „Lass mich nie an deiner Leiche weinen, Guy Barnard. Ich würde es nicht ertragen. Versprich es mir!"

Er drückte ihre Hand an seine Lippen. „Ich verspreche es." Er lächelte. „Wenn wir hier herauskommen, will ich noch eine Menge mehr von dir sehen. Wenn du mich lässt."

Sie erwiderte sein Lächeln. „Ich bestehe darauf."

Guy sah sich in der Dunkelheit um. „Es heißt, diese Höhle ist gesegnet. Sie ist ein altes Heiligtum. Folgt man dem Tunnel da hinten, kommt man auf der Ostseite des Berges heraus. Sie sind klug, diese Menschen. Sie lassen sich nie in eine Ecke drängen. Sie lassen sich immer einen Fluchtweg."

Draußen heulte der Wind. Bäume ächzten, Büsche kratzten an den Felsen. Eines der Kinder schrie im Schlaf. Das ängstliche Schluchzen wurde sofort von der Umarmung seiner Mutter unterdrückt.

Die Kleinen verstehen es noch nicht, dachte Willy, aber sie wissen genug, um Angst zu haben.

Guy nahm sie in die Arme. Und in den Schatten schärften die beiden alten Frauen Bambusstangen.

Willy schlief, als Guy aufstand und sie zudeckte. Er glitt in die Nacht hinaus. Der Himmel war ein Meer von Sternen.

Maitland kauerte auf einem Felsvorsprung oberhalb der Höhle. „Alles ruhig", sagte er. „Haben Sie geschlafen?"

Guy schüttelte den Kopf. „Früher konnte ich immer schlafen."

Maitland reichte Guy das Gewehr. „Ja, es ist ein ganz anderer Krieg, wenn es um Menschen geht, die man liebt, nicht wahr?“ Er stand auf und verschwand in der Dunkelheit.

Menschen, die man liebt? Der Gedanke, verliebt zu sein, erfüllte Guy mit Verwunderung. Obwohl es ihn nicht überraschen sollte. Irgendwie hatte er es die ganze Zeit gewusst. Er hatte sich schwer in Bill Maitlands Tochter verliebt.

Irgendwo in der Nacht schrie ein Tier.

Guy verstärkte seinen Griff an dem Gewehr.

Noch vier Stunden bis zur Morgendämmerung.

Der Angriff erfolgte beim ersten Tageslicht.

Guy hatte das Sturmgewehr bereits dem nächsten Mann übergeben und stieg den Felsen hinunter, als ein Schuss fiel. In einem puren Reflex warf er sich in Deckung. Während er hinter ein Gebüsch kroch, hörte er Feuer aus Automatikwaffen und einen Schrei von dem Felsvorsprung über ihm. Der Mann war getroffen worden. Er spähte nach oben, um zu sehen, wie schwer der Mann verletzt war. Ein blutiger Arm baumelte leblos über der Kante. Das einzige Gewehr des Dorfes lag jetzt in den Händen eines Toten.

Dieses wertvolle AK-47 konnte den Unterschied zwischen Überleben und Gemetzel darstellen.

Guy erspähte einen Felsen und ein paar Büsche als Deckung und spannte sich an.

Als Willy die Schüsse hörte, wollte sie nach draußen laufen, aber ihr Vater hielt sie zurück und übergab sie Lan. Die anderen Frauen trieben die Kinder bereits zu dem Fluchttunnel. Willy konnte nur hilflos zusehen, wie die Männer ihre primitiven Waffen packten und hinaushasteten.

Wo bleibt unser Antwortfeuer? dachte sie.

Dann rutschte etwas über den Erdboden und zerplatzte, und ein Rauchfinger trieb in die Höhle. Der Dampf war so übel riechend, dass Willy nach Luft ringend zurückprallte.

„In den Tunnel!“, rief ihr Vater. „Alle!“

„Was ist mit Guy?“

„Er kann auf sich selbst aufpassen! Bring die Kinder weg von hier!“ Er versetzte ihr einen harten Stoß. „Beweg dich!“

Sie hatte keine andere Wahl, aber als sie sich zur Flucht wandte und erneut Salven hörte, fühlte sie, dass sie einen Teil von sich selbst auf diesem umkämpften Felsen zurückließ.

Die alte Frau übernahm die Führung, hastete im Schein einer Kerze voran, bis sie nach einer scheinbar endlosen Wanderung plötzlich im grellen Tageslicht standen.

Schüsse ratterten in der Ferne.

Die alte Frau drängte sie alle vorwärts in den Dschungel. Zuerst verstand Willy nicht die Eile. Dann hörte sie es.

Hunde!

Panik trieb die anderen in den Wald, bis auf Lan. Sie befahl ihren Söhnen zu fliehen. Die Jungen schüttelten die Köpfe. Sie wollten nicht ohne ihre Mutter gehen. Lan gab das Baby ihrem ältesten Sohn, versetzte beiden Jungen einen Stoß. Der Jüngere klammerte sich weinend an ihren Ärmel, aber der Befehl seiner Mutter musste befolgt werden. Er wurde von seinem älteren Bruder weggeführt, um mit den anderen Kindern zu fliehen.

„Was machen Sie?“, schrie Willy.

Ruhig wandte Lan sich dem Geräusch der Hunde zu, schlurfte zielstrebig durch den Schlamm und beschrieb einen Bogen auf die Hunde zu. Plötzlich verstand Willy, dass Lan ihren Geruch für die Hunde hinterließ, um sie von den Kindern wegzuführen. Die Frau bot sich als Opfer an.

Das Bellen wurde lauter. Jeder Instinkt befahl Willy zu laufen, doch die Kinder brauchten mehr Vorsprung.

Sie begann ebenfalls, im Schlamm herumzustampfen.

Lan blickte überrascht zurück. Sie sprachen kein Wort. Dieser Blick, dieses traurige und wissende Lächeln zwischen Frauen genügte.

Willy lief nach Süden, weg von den Kindern. Lan wandte sich ebenfalls von dem Fluchtweg der Dorfleute weg.

Willy beeilte sich nicht mehr. Sie brauchte eine Waffe, hob einen Ast auf, brach die Zweige ab, schwang ihn ein paarmal. Sie mochte eine Beute sein, aber sie wollte sich wehren.

Das Bellen wurde lauter, ein teuflisches Geräusch. Aber jetzt mischte sich etwas darunter, rhythmisch, monoton. Es wurde lauter, ließ die Erde erzittern. Keine Schüsse …

Ein Hubschrauber!

Voll Hoffnung blickte sie zum Himmel und sah zwei schwarze Punkte in dem morgendlichen Blau. Waren das die erwarteten Retter?

Sie kletterte auf einen Hügel und begann zu winken. Ihre ganze Aufmerksamkeit war auf diese beiden schwarzen Punkte gerichtet. Sie sah die Hunde erst, als es zu spät war.

Etwas Braunes tauchte am Rand ihres Blickfeldes auf. Sie fuhr herum, als Zahnreihen nach ihrer Kehle schnappten. Ihre Reaktion war reiner Reflex. Sie zuckte zurück, und hundert Pfund Fell und Zähne prallten gegen ihre Schulter. Auf dem Boden liegend konnte sie lediglich aufschreien, als sich ein kraftvolles Gebiss um ihren Arm schloss.

Schritte ertönten. Eine Stimme rief: „Zurück!“

Der Hund ließ sie los und wich knurrend zurück.

Langsam hob Willy den Kopf und sah zwei Männer in Tarnanzügen über ihr stehen. Amerikaner, dachte sie verwirrt.

Raue Hände zogen sie auf die Beine. „Wo sind die anderen?“, fragte einer der Männer.

„Sie tun mir weh …“

„Wo sind die anderen?“

„Es gibt keine anderen!“, schrie sie.

Sein heftiger Schlag schleuderte sie wieder zu Boden. Hilflos lag sie vor den Männern und kämpfte um einen klaren Kopf.

„Erledige sie!“

Nein, dachte sie, bitte nicht … Sie lag da, wartete auf das Ende.

Dann sagte der andere Söldner: „Noch nicht. Sie könnte nützlich sein.“

Sie wurde wieder auf die Beine gezogen und stand schwankend vor ihnen.

Ein ausdrucksloses, mit schwarzer Schmiere getarntes Gesicht, starrte ihr entgegen. „Mal sehen, was Bruder Tuck dazu sagt.“

14. KAPITEL

Guy lag flach hinter einem Felsblock und spähte zu dem Sturmgewehr, dessen Lauf über die Felskante ragte. Er konnte praktisch darauf spucken, aber es nicht erreichen.

Langsam spannte er sich für das letzte Stück.

Schüsse schlugen in den Felsen. Sofort ließ er sich wieder flach zu Boden fallen. Maitland gab ihm Zeichen zu warten.

Guy entdeckte Männer in Tarnanzügen, die sich dem Felsen näherten. Der ersten Fallgrube.

Das erste Opfer stürzte in die Falle. Der Schrei hallte von den Felsen wider. Der Schrei eines Mannes, der soeben in ein Bett aus Pfählen geglitten war. Noch mehr Schreie, Flüche, wirre Geräusche, während die Söldner ihren verletzten Kameraden bargen.

Nur ein Vorgeschmack, Freunde, dachte Guy mit grimmiger Befriedigung. Wartet, was als Nächstes kommt.

Die Angreifer warteten nicht lange. Ein Befehl, und ein halbes Dutzend Söldner kletterten den Felsenpfad hinauf, näher an die zweite Falle heran – einen Stolperdraht, der einen umstürzenden Baumstamm auslöste. Doch jetzt waren die Angreifer gewarnt. Sie wussten, dass jeder Schritt ein Glücksspiel war, und suchten jeden Stein, jedes Gebüsch mit den erfahrenen Augen von Männern ab, die den Dschungelkampf kannten.

Dann hörten sie es. Das vertraute Dröhnen. Hubschrauber.

In dem Moment, wo sich alle Augen zum Himmel richteten, rannte Guy los. Das überrumpelte die Söldner, ließ ihnen nur einen Sekundenbruchteil zur Reaktion. Dann brach die Hölle los, als Kugeln sich in die Erde bissen und eine Staubwolke hochschleuderten. Da war er schon halb am Ziel, kroch durch das letzte Dickicht. Die Zeit schien langsamer zu verstreichen. Jeder Schritt dauerte eine Ewigkeit. Er sah Staubwölkchen neben seinen Füßen explodieren, hörte das entfernte Kreischen und Donnern des präparierten Baumstamms, der zweiten Falle, der auf die Söldner auf dem Weg krachte.

Er schnellte durch die Luft und taumelte auf den Felsvorsprung, riss die AK-47 aus dem Griff des Toten, zielte und feuerte.

Ein Söldner ging sofort zu Boden. Die anderen flohen in den Dschungel. Zwei lagen tot auf dem Pfad, Opfer der letzten Falle.

Guy stellte sein Feuer ein, blickte zum Himmel. Die Hubschrauber entfernten sich, waren nur noch Punkte im endlosen Blau.

Dann hörte er von unten Rufe auf Vietnamesisch und sah Rauch am Felsen hochsteigen, den schwärzesten, herrlichsten Rauch, den er in seinem ganzen verdammten Leben je gesehen hatte. Die Dorfbewohner hatten den Berghang in Brand gesetzt!

Rasch suchte er den Himmel ab, hoffte, betete. Sekunden später entdeckte er die Hubschrauber, die wie zwei Fliegen am Horizont hingen. Wunschdenken, oder kamen sie wirklich näher?

Bewegung am Fuß des Felsens zog seine Aufmerksamkeit an. Zwei Gestalten kamen aus dem Wald. Er wollte schon abdrücken, als er die Gefangene erkannte.

„Fallen lassen, Barnard!" Der Befehl eines zwischen den Bäumen verborgenen Mannes hallte vom Berghang zurück. Die Stimme war irritierend vertraut.

Guy zermarterte sein Gehirn nach einem Plan, um Willy zu retten. Sein Leben gegen ihres?

„Ich sagte fallen lassen!", rief die körperlose Stimme.

Der Söldner drückte die Mündung seiner Pistole an Willys Kopf.

Guy ließ die AK-47 zu Boden fallen.

„Wegstoßen! Na, los!"

Guy versetzte dem Gewehr einen Tritt. Es kippte über die Kante und prallte auf die Felsen darunter.

„Herauskommen! Los, los!"

Guy erhob sich langsam zu seiner vollen Größe und erwartete einen Kugelhagel.

„Herunterkommen! Sie auch, Maitland! Bewegt euch!"

Guy schob sich den Pfad hinunter. Maitland wartete schon, Arme hinter den Kopf gelegt. Guy sah, dass Willy verletzt war. Ihre Bluse war zerrissen und blutig, ihr Gesicht erschreckend weiß. Aber ihr Blick sprach von herzzerreißendem Mut, sagte: Ich bin okay. Und ich liebe dich.

Guy erkannte den Mann, der sie festhielt. Es war der Mann, den er auf der Hotelterrasse in Bangkok angegriffen hatte. Der Thai-Mörder ... oder war er Vietnamese?

„Hallo, Guy", sagte eine erschreckend vertraute Stimme.

Ein Mann trat in den Sonnenschein, ein Mann, dessen gewaltige Schultern den Stoff seines Tarnanzugs spannten.

Maitland sog die Luft ein. „Bruder Tuck", murmelte er.

„Toby?", sagte Guy.

„Beides", sagte Tobias Wolff lächelnd. In seiner Miene mischten sich Triumph und Bedauern. „Ich wollte dich nicht töten, Guy. Ich habe tatsächlich alles getan, um es zu vermeiden."

Guy lachte bitter auf. „Warum?"

„Ich war es dir schuldig. Schon vergessen?"

Guy starrte auf Tobys Beine. „Du kannst gehen."

Toby zuckte die Schultern. „Ihr wisst, wie das mit Lazaretten ist. Die Ärzte brachten mir die schlimme Nachricht bei, sagten, sie könnten nichts machen, und gingen weg. Vergaßen mich. Aber ich war kein hoffnungsloser Fall. Zuerst bekam ich wieder Gefühl in den Zehen, dann konnte ich sie bewegen. Oh, ich habe es Onkel Sam nicht gesagt. Das ist das Hübsche an einem Gelähmten – niemand verdächtigt einen." Er blickte zu Maitland. „Er war das einzige Detail, das mich störte. Der letzte Zeuge von Flug 5078. Ich hatte gehört, dass er lebt, aber ich wusste nicht, wie ich ihn finden sollte." Er blinzelte zu den näher kommenden Hubschraubern und wandte sich an seine Männer. „Abrücken!"

Die Söldner verschwanden in einem ruhigen, aber schnellen Rückzug in den Wäldern.

Toby nickte dem Killer zu. „Mr Siang, Sie wissen, was zu tun ist."

Siang stieß Willy vorwärts. Guy fing sie in seinen Armen auf. Gemeinsam sanken sie auf die Knie. Es blieb keine Zeit für letzte Worte für einen Abschied. Guy schob sich in einem vergeblichen Versuch, sie vor den Kugeln zu schützen, vor sie.

„Bringen Sie es zu Ende", sagte Toby.

Guy blickte zu ihm hoch. „Auf dich wartet noch die Hölle!"

Siang hob die Pistole. Die Mündung zielte direkt auf Guys Kopf. Guy hielt Willy fest, wartete auf die Explosion. Auf die Dunkelheit.

Der Knall der Pistole ließ sie beide zusammenzucken.

Verwundert erkannte Guy, dass er noch immer kniete, noch immer atmete. Er blickte hoch, sah Siang mit Blut am Hemd zusammenbrechen.

„Dort! Dort ist sie!", schrie Toby und deutete zu den Bäumen.

Sie sahen sie in den Schatten des Waldes, wie sie die alte Pistole mit beiden Händen hielt. Lan stand ganz still, als wäre sie von dem geschockt, was sie gerade getan hatte.

Einer der Söldner zielte auf sie.

„Nein!", brüllte Maitland und warf sich auf den Söldner.

Der Schuss ging fehl. Maitland und der Söldner prallten kämpfend auf die Erde.

Vom Felsen über ihnen gellten Schreie. Guy und Willy warfen sich zu Boden, als es Pfeile herunterregnete. Toby schrie auf und stürzte. Was von seiner Armee noch übrig war, zerstreute sich.

Guy und Willy krochen in Deckung, aber Willy erkannte plötzlich, dass ihr Vater ihnen nicht folgte.

„Dad!", schrie sie.

Zehn Meter entfernt lag Maitland in seinem Blut. Willy wollte zu ihm, doch Guy zerrte sie zurück.

„Aber er ist verletzt!“

„Du kannst nichts für ihn tun!“

Sie schluckte und wehrte sich, aber ihre Proteste wurden von dem Peitschen der Rotorblätter der Hubschrauber erstickt. Ein Armeehubschrauber hing direkt über ihnen. Der Pilot senkte die Maschine zwischen den Bäumen ab. Ein halbes Dutzend vietnamesischer Soldaten sprangen heraus, gefolgt von einem Offizier. Er deutete auf Maitland und bellte Befehle. Zwei Soldaten liefen zu dem Verwundeten.

„Lass mich los!“ Willy riss sich von Guy los und lief zu ihrem Vater. Die Soldaten brachten einen Erste-Hilfe-Koffer und eine Bahre.

Guy blickte zu dem Hubschrauber zurück, aus dem ein letzter Passagier ausstieg. Der alte Mann kam auf Guy zu. Die beiden Männer sahen einander an.

„Ein beeindruckendes Signalfeuer“, sagte Minister Tranh.

Guy nickte. „Wir haben einige Leute verloren. Die Kinder ... ich weiß nicht, wie es ihnen geht. Aber ich denke ...“

Er sah, wie Willy der Bahre mit ihrem Vater zu dem Hubschrauber folgte. An der Luke blickte sie zu Guy zurück.

Er wollte zu ihr, wollte ihr alles sagen, wovor er bisher Angst gehabt hatte, alles, was er nie zu einer Frau gesagt hatte. Er musste es ihr jetzt sagen, während er noch die Gelegenheit dazu hatte, während er sie noch berühren konnte.

Ein Soldat schnitt Guy den Weg ab. „Zurück!“

Staub kratzte in Guys Augen, als sich die Rotorblätter zu drehen begannen. Durch die tornadoartig wirbelnden Blätter sah Guy, wie Willy an Bord kletterte. Die Zeit war abgelaufen. Noch lange, nachdem der Hubschrauber in den Himmel gestiegen war, starrte Guy in dieses wolkenlose Blau.

Als er sich an Minister Tranh wandte, sah er, dass noch jemand genauso trostlos wie er hinter dem Hubschrauber herblickte. Lan stand am Waldrand. Wenigstens hatte sie überlebt.

„Wir sind froh, Sie lebend vorzufinden“, sagte Minister Tranh.

„Wie haben Sie uns gefunden?“, fragte Guy.

„Einer der Männer aus dem Dorf erreichte Nao Khoang am frühen Morgen.“ Minister Tranh schüttelte den Kopf. „Sie haben das Talent, die Dinge zu komplizieren, Mr Barnard. Für uns zumindest.“

„Ich wusste nicht, wem ich vertrauen konnte.“ Guy betrachtete den alten Mann. „Ich weiß es noch immer nicht.“

Minister Tranh überlegte, dann sagte er ruhig: „Wissen wir das jemals?"

„Einen Toast!", sagte Dodge Hamilton und lehnte sich gegen die Hotelbar.

Guy war nicht nach einer Feier. Es fiel ihm verdammt schwer, sich an Willys Abwesenheit zu gewöhnen. Er wollte noch eine Chance bei ihr haben.

Er stellte sein Whiskyglas weg. „Jedenfalls, Hamilton", sagte er, „haben Sie Ihre Story für die Titelseite."

„In der Tat, aber …" Hamilton seufzte. „Wahrscheinlich landet die Story auf der letzten Seite, um Platz für einen saftigen Skandal im Königshaus zu machen. Als ob das Geschick der Welt davon abhinge, wer was mit wem im Buckingham Palace macht!"

Guy schüttelte lachend den Kopf.

„Maitland kommt doch wieder in Ordnung?"

Guy blickte hoch. „Willy hat mich vor ein paar Stunden aus Bangkok angerufen. Maitland ist stabil genug, um verlegt zu werden. Sie bringen ihn heute Abend in die Staaten." Sie hatten am Telefon schreien müssen, so schlecht war die Verbindung gewesen. Aber er wäre bereit gewesen, ihr alles zu sagen, hätte sie ihm nur einen Hinweis gegeben, dass sie es hören wollte. Hinterher hatte er gewusst, dass sie endgültig fort war. Vielleicht war das so am besten. Jeder Idiot wusste, dass Kriegsromanzen nicht hielten. Wenn man gemeinsam im Schützengraben kauerte und die Kugeln über den Köpfen pfiffen, war es leicht, sich zu verlieben. Aber jetzt brauchte sie ihn nicht mehr.

Er trank seinen Whisky. „Wie auch immer, Hamilton, ich werde den Jungs daheim eine tolle Geschichte erzählen können. Wie ich wieder in Vietnam gekämpft habe, diesmal auf der anderen Seite."

„Keiner wird Ihnen glauben."

„Wahrscheinlich nicht." Guy betrachtete das Gemälde an der Wand – Ho Chi Minh, lächelnd wie jedermanns fröhlicher Onkel. „Ich muss Ihnen etwas gestehen. Ich war schon so paranoid, dass ich Sie für einen CIA-Agenten gehalten habe!"

Hamilton lachte laut auf.

Guy lachte ebenfalls. „Ausgerechnet Sie!"

Hamilton stellte grinsend sein Glas auf die Theke. „Ich bin tatsächlich einer."

Es gab eine lange Pause. „Was?", sagte Guy.

„General Kistner lässt Sie grüßen. Er freut sich, dass Sie gesund und wohlauf sind."

„Kistner hat Sie geschickt?“

„Nein, er hat Sie geschickt. Sonderbarer Zufall, meinen Sie nicht, dieses Treffen zwischen Ihnen und Miss Maitland in Kistners Haus. Verdammt seltsam, dass Miss Maitlands Fahrer einfach so verschwand, gerade als Sie in die Stadt zurückfuhren.“

Guy blickte in sein Glas. „Ich wurde reingelegt ...“

„Miss Maitland brauchte Hilfe. Sie war schon in gefährliches Wasser geraten. Aber es musste jemand sein, der nichts mit der CIA zu tun hatte, gegen den die Vietnamesen keinen Verdacht hegen würden.“

Guy ballte die Fäuste. „Ich habe Ihre Schmutzarbeit getan ...“

„Sie haben Onkel Sam einen Gefallen getan. Und Sie hatten einen ... sagen wir, wunden Punkt in Ihrer Vergangenheit ...“

Langsam sagte Guy: „Dieser Besuch von der Ariel Group ...“

„Ach ja, Ariel. Hübscher Name. Zufällig heißt General Kistners jüngste Enkelin so.“ Hamilton lächelte. „Keine Sorge, Guy, wir sind diskret. Sie bekommen als Belohnung das Schweigen, nach dem Sie sich so sehnen. Ich fürchte allerdings, das Prämiengeld steht nicht zur Debatte. Budgetdefizit. Aber Sie haben die Freude zu wissen, dass Sie Ihrem Land gut gedient haben.“

Daraufhin platzte Guy mit einem Gelächter heraus, das er nicht mehr zurückhalten konnte. Er lachte so heftig, dass ihm Tränen in die Augen schossen. So laut, dass sich ein Dutzend Köpfe nach ihm umdrehten.

„Habe ich den Scherz nicht verstanden?“, fragte Hamilton höflich.

„Der Scherz“, sagte Guy, „geht auf meine Kosten.“

Er lachte auf dem ganzen Weg nach draußen.

15. KAPITEL

Ihr Vater reiste wieder ab.

An einem regnerischen Morgen stand Willy in der Schlafzimmertür und sah zu, wie er packte. Er war seit seiner Entlassung aus dem Krankenhaus nur ein paar Tage daheim gewesen. Und die ganze Zeit hatte er sich nach seiner Familie gesehnt – seiner anderen Familie.

Sie ging in das Wohnzimmer, setzte sich an das Fenster und starrte in den Regen. Ein ganzes Leben voll Kummer schien in diese letzten zwei Wochen gepresst worden zu sein. Während ihr Vater sich in einem Militärkrankenhaus erholte, hatte ihre Mutter ein paar Meilen entfernt in einem zivilen Krankenhaus im Sterben gelegen. Anns Tod war schneller als erwartet gekommen. Es war, als hätte sie nur so lange durchgehalten, bis sie ihren Mann ein letztes Mal sehen konnte.

Sie hatte ihm verziehen. Natürlich.

Genau wie Willy ihm verziehen hatte.

Warum sind es immer die Frauen, die verzeihen müssen? fragte sie sich.

Ihr Vater trug seinen Koffer ins Wohnzimmer. „Ich habe ein Taxi gerufen."

„Hast du alles? Das Kinderspielzeug? Die Bücher?"

„Alles. Sie werden mich für den Weihnachtsmann halten."

„Du wirst nicht wiederkommen, nicht wahr?", fragte sie.

„Willy, du kannst mich mit Guy besuchen. Das nächste Mal wird es nett und ruhig und langweilig sein." Er lachte. „Guy wird das zu schätzen wissen."

Sie sprang auf. „Ach, Dad, es ist vorbei!"

„Hat Guy das gesagt?"

Sie blickte aus dem Fenster. „Das war nicht nötig."

Ihr Vater schwieg dazu. Nach einer Weile hörte sie ihn in sein Schlafzimmer gehen. Sie starrte weiterhin in den Regen und dachte an Guy. Fragte sich zum ersten Mal, ob vielleicht sie diejenige war, die weggelaufen war.

Sie fühlte sich fast gegen ihren Willen zum Telefon gezogen. Sie wählte seine Nummer. Sie ließ es zwölfmal klingeln. Es war vier Uhr morgens in Honolulu. Er sollte zu Hause sein. Tränen standen in ihren Augen, als sie endlich auflegte.

Bei dem Zischen von Reifen auf der nassen Straße blickte sie aus dem Fenster. Durch den strömenden Regen sah sie ein Taxi an den Straßenrand fahren.

„Dad!", rief sie. „Dein Taxi ist hier!"

„Schon?“ Er sah sich noch einmal um. „Na schön, das war es dann wohl.“

Es klingelte an der Tür. Willy sah nicht, wie er öffnete, aber sie hörte ihn sagen. „Ich glaube es nicht.“

„Hallo, Maitland“, sagte Guy und schüttelte Regentropfen aus seinem Haar. „Haben Sie etwas dagegen, wenn ich reinkomme?“

„Fragen Sie lieber den Boss.“ Maitland wandte sich an seine Tochter. „Was meinst du? Kann der Mann reinkommen?“

Willy war zu benommen, um ein Wort herauszubekommen.

„Schätze, das heißt Ja“, sagte ihr Vater.

Guy trat über die Schwelle und stellte seinen Koffer ab. Regen hatte sein Haar gegen seine Stirn geklebt, Erschöpfung zeichnete sein Gesicht, aber kein Mann hatte jemals so wunderbar ausgesehen.

„Ich … äh … habe etwas vergessen“, murmelte Maitland und verschwand diskret im Schlafzimmer.

Einen Moment war nur das Fallen der Wassertropfen von Guys Regenmantel auf den Holzfußboden zu hören.

„Wie geht es deiner Mutter?“, fragte Guy.

„Sie ist vor fünf Tagen gestorben.“

Er schüttelte den Kopf. „Willy, es tut mir leid.“

„Mir tut es auch leid.“

„Wie geht es dir?“

„Gut.“ Sie blickte weg. Ich liebe dich, dachte sie. „Ja, gut.“

„Du siehst wirklich gut aus, wenn man bedenkt …“

Sie zuckte die Schultern. „Du siehst schrecklich aus.“

„Kein Wunder. Ich habe im Flugzeug kein Auge zugetan.“

Wieder entstand eine Pause. Willy fühlte, wie er sie beobachtete und wartete.

„Du hättest mich anrufen können“, sagte sie.

„Ich wollte es.“

„Aber du hast nie eine Gelegenheit gefunden, richtig?“

„Ich hatte eine Menge Gelegenheiten.“

„Aber du hast dir nicht die Mühe gemacht?“ Sie blickte hoch. Schmerz und Zorn kamen plötzlich an die Oberfläche. „Zwei Wochen ohne ein Wort von dir! Und dann hast du den Nerv, ohne Anmeldung zu meiner Tür hereinzukommen und deinen verdammten Koffer in meinem Wohnzimmer …“

Das letzte Wort erreichte ihre Lippen nicht. Aber Guy tat es. Sie wurde in eine regennasse Umarmung gezogen, und alles, was sie sagen wollte, aller Schmerz und aller Zorn wurden von diesem einen Kuss weggefegt. Sie brachte nur ein erstauntes Murmeln zustande, und dann wurde sie von einem wilden Strom des Verlangens mitgerissen. Sie wusste in diesem Moment nur, dass er sie nie wirklich verlassen hatte, dass er zeit ihres Lebens ein Teil von ihr sein würde. Selbst als er sich zurückzog, um sie anzusehen, war sie noch von seinem Geschmack berauscht.

„Ich wollte dich anrufen, aber ich wusste nicht, was ich sagen sollte …“, murmelte Guy.

„Ich habe auf deinen Anruf gewartet. Die ganze Zeit …“

„Vielleicht hatte ich … ich weiß nicht … Angst.“

„Wovor?“

„Zu hören, dass es vorbei ist. Dass du entschieden hast, ich wäre nicht das Risiko wert. Aber nichts ist mehr wie früher ohne dich.“ Er seufzte.

„Das hast du mir nie gesagt. Du bist einfach aus meinem Leben verschwunden.“

„Es war nie der … der richtige Zeitpunkt.“

„Der richtige Zeitpunkt wofür?“

„Du weißt schon.“

„Nein, ich weiß es nicht.“

Er schüttelte gereizt den Kopf. „Du machst es einem nie leicht, nicht wahr?“

Sie trat einen Schritt zurück und lächelte. „Das hatte ich nie vor.“

„Oh, Willy.“ Er schlang die Arme um sie. „Ich sehe schon, wir beide müssen eine Menge regeln.“

„Was zum Beispiel?“

„Zum Beispiel …“ Er senkte seinen Mund auf den ihren und flüsterte: „Zum Beispiel, wer im Bett rechts schläft …“

„Oh“, murmelte sie, als ihre Lippen sich berührten. „Du.“

„Und wer den Namen für das Erstgeborene aussucht …“

Sie schmiegte sich seufzend in seine Arme. „Ich.“

„Und wer als Erster ‚Ich liebe dich!‘ sagt.“

Es entstand eine Pause. „Darüber“, sagte sie lächelnd, „kann man verhandeln.“

„Nein, kann man nicht.“

Sie starrten einander an, sehnten sich beide danach, die Worte zu hören, warteten jedoch stur darauf, dass der andere zuerst nachgab.

Sie gaben gleichzeitig nach.

„Ich liebe dich“, hörte Willy ihn sagen, während die gleichen drei Worte von ihren Lippen kamen.

Auch ihr Lachen erfolgte gleichzeitig, freudig und hoffnungsvoll.

Der Kuss war warm und suchend, aber viel zu kurz. Er erzeugte Sehnsucht nach mehr.

„Es wird besser mit der Übung", flüsterte er.

„‚Ich liebe dich' sagen?"

„Nein. Küssen."

„Oh", murmelte sie. „Können wir es dann noch einmal probieren?"

Eine Hupe vor dem Haus holte beide in die Realität zurück. Durch das Fenster sahen sie ein anderes Taxi am Straßenrand.

Widerstrebend löste Willy sich aus Guys Armen. „Dad!", rief sie.

„Ich komme, ich komme!" Ihr Vater trat aus dem Schlafzimmer und zog wieder seinen Regenmantel an. Er blieb stehen und sah Willy an.

„Ah ... verabschiedet euch", sagte Guy diplomatisch und wandte sich zur Haustür. „Ich bringe den Koffer zum Wagen."

Willy und ihr Vater blieben allein im Raum zurück. Sie sahen einander an und wussten, dass dies womöglich der letzte Abschied war.

„Ist alles zwischen dir und Guy in Ordnung?", fragte Maitland.

Willy nickte.

Wieder trat Stille ein. Dann fragte ihr Vater leise: „Und zwischen dir und mir?"

Sie lächelte. „Auch da." Sie ging zu ihm, und sie umarmten einander. „Ja", murmelte sie an seiner Brust. „Zwischen dir und mir ist eindeutig alles in Ordnung."

Ein wenig zögernd wandte er sich zum Gehen. In der Tür schüttelten er und Guy sich die Hände.

„Gute Reise zurück, Maitland."

„Danke. Kümmern Sie sich um alles, ja? Und, Guy – vielen Dank."

„Wofür?"

Maitland blickte zurück zu Willy. Es war ein Blick des Bedauerns. Und der Erlösung. „Dass Sie mir meine Tochter wiedergegeben haben", sagte er.

Als Wild Bill Maitland zur Tür hinausging, kam Guy herein. Er sagte nichts. Er nahm einfach Willy in seine Arme und drückte sie an sich.

Als das Taxi wegfuhr, dachte sie: Mein Vater hat mich verlassen. Wieder.

Sie blickte zu Guy auf. Und was ist mit dir?

Er beantwortete ihre unausgesprochene Frage, indem er seine Hände an ihr Gesicht legte und sie küsste. Dann versetzte er der Tür einen kleinen Tritt. Mit einem endgültigen Knall fiel sie zu.

Und Willy wusste, dass der Mann diesmal bei ihr blieb.

– ENDE –

Tess Gerritsen

Gefährliche Begierde

Roman

Aus dem Nordamerikanischen von
Barbara Minden

mtb

1. KAPITEL

Es war zehn Uhr, als er anrief. Wie immer. Noch bevor Miranda ans Telefon ging, wusste sie, dass er es war. Ebenso wie sie wusste, dass das Telefon, wenn sie es ignorierte, immer weiter läuten und sie wahnsinnig machen würde. Miranda lief nervös im Schlafzimmer auf und ab. Ich muss nicht drangehen, dachte sie. Ich muss nicht mit ihm reden. Ich schulde ihm nichts; verdammt noch mal, gar nichts.

Doch dann hörte das Klingeln plötzlich auf, und es war unerwartet still. Sie hielt den Atem an und hoffte, dass er dieses Mal nachgegeben, dieses Mal verstanden hatte, dass sie ernst meinte, was sie zu ihm gesagt hatte. Als das Telefon erneut zu läuten begann, schreckte sie zusammen. Mit jedem Klingelton kam es ihr so vor, als ob jemand ihre Nerven mit Sandpapier bearbeiten würde.

Miranda hielt es nicht länger aus. Doch schon, als sie den Hörer in die Hand nahm, wusste sie, dass es ein Fehler war. „Hallo?"

„Ich vermisse dich", sagte er in dem vertrauten Flüsterton gemeinsam genossener Zweisamkeit.

„Ich will nicht, dass du mich noch einmal anrufst", entgegnete sie.

„Ich kann nicht anders. Den ganzen Tag schon dachte ich an nichts anderes. Miranda, es war die Hölle ohne dich."

Tränen schossen ihr in die Augen. Sie versuchte, sie zurückzuhalten, und holte einmal tief Luft.

„Können wir es nicht noch einmal probieren?", bat er fast flehentlich.

„Nein, Richard."

„Bitte. Diesmal wird alles anders."

„Nichts wird sich ändern!"

„Doch, es wird."

„Es war von Anfang an ein Fehler."

„Du liebst mich immer noch. Ich weiß, dass du mich liebst. Mein Gott, Miranda, dir seit Wochen täglich zu begegnen, ohne dich berühren zu dürfen … oder wenigstens einmal alleine mit dir sein zu können."

„Das wirst du nicht mehr länger ertragen müssen, Richard. Du hast meine Kündigung. Ich meine es ernst."

Als hatten ihre Worte die Wirkung nicht verfehlt, folgte eine lange Pause. Das gab Miranda eine gewisse Genugtuung. Gleichzeitig quälte sie das schlechte Gewissen, weil sie es gewagt hatte, sich zu befreien, endlich wieder sie selbst zu sein.

Da sagte er leise: „Ich habe es ihr gestanden."

Miranda reagierte nicht.

„Hast du gehört?", fragte er, „ich habe ihr alles über uns erzählt, und ich war schon bei meinem Anwalt. Ich habe die Bedingungen meines ..."

„Richard", unterbrach sie ihn leise, „es macht keinen Unterschied. Egal, ob verheiratet oder geschieden. Ich möchte dich nicht sehen."

„Nur noch einmal."

„Nein."

„Ich komme vorbei. Jetzt gleich ..."

„Nein!"

„Wir müssen uns sehen, Miranda!"

„Ich muss gar nichts", schrie sie.

„Ich bin in fünfzehn Minuten da."

Miranda starrte ungläubig auf das Telefon. Er hatte aufgelegt. Dieser verdammte Kerl hatte einfach aufgelegt, und in einer Viertelstunde würde er an ihre Tür klopfen. Dabei hatte sie in den vergangenen drei Wochen tapfer durchgehalten. Sie hatte es geschafft, Seite an Seite mit ihm zu arbeiten und dabei höflich zu lächeln und ihrer Stimme einen neutralen Tonfall zu verleihen. Und nun war er auf dem Weg zu ihr, würde ihre mühsam aufgebaute Fassade der Selbstbeherrschung einreißen und dann wären sie wieder am selben Punkt, trudelten in dieselbe gemeine Falle, aus der sie sich gerade befreit hatte. Sie rannte zum Schrank und zerrte einen Pullover heraus. Sie musste weg hier. Irgendwohin, wo er sie nicht finden konnte. Irgendwohin, wo sie alleine war. Sie floh durch die Haustür, die Verandatreppen hinunter und begann schnell und entschlossen, die Willow Street entlangzulaufen. Es war erst halb elf. Doch die Nachbarn hatten sich bereits in ihre Häuser zurückgezogen. Durch die Fenster, an denen sie vorbeiging, schimmerte Licht. Sie sah die Silhouetten häuslicher Idylle und das Flackern eines Kaminfeuers. Da stieg das altbekannte Gefühl des Neids in ihr hoch und die Sehnsucht, ein Teil dieser heilen Welt zu sein und in der Glut des eigenen Kaminfeuers zu stochern. Alberne Träumerei!

Fröstelnd verschränkte sie die Arme vor der Brust, dabei war es nicht einmal besonders kühl für diese Jahreszeit in Maine. Sie war wütend. Wütend, dass ihr kalt war, und wütend, weil sie sich hatte aus ihrem Haus vertreiben lassen. Wütend auf ihn. Dennoch eilte sie weiter. Bei der Bayview Street schlug sie den Weg nach rechts zum Meer ein. Nebel zog von der Bucht herein. Er verdeckte die Sterne und kroch in düsteren Schwaden die Straße entlang. Sie lenkte ihre Schritte geradewegs in die aufziehenden Nebelschleier. Von der Straße bog sie in einen Pfad ein, dem sie bis zu einer Reihe von Granitstufen folgte, die vom Nebel glitschig geworden waren. Am steinigen Strand am Ende der Stufen stand eine hölzerne Bank, die sie insgeheim als ihre betrachtete. Da setzte sie sich hin, zog die Beine an die Brust und starrte aufs Meer. Irgendwo in der Bucht erklangen die Töne einer Heulboje. Durch den Nebel konnte sie das schwache grünliche Licht einer auf den Wellen tanzenden Fahrwassertonne ausmachen.

Inzwischen würde er ihr Haus wohl erreicht haben. Sie fragte sich, wie lange er an die Tür klopft, ob er so lange dagegen pochen würde, bis ihr Nachbar, Herr Lanzo, sich darüber beschwerte. Oder ob er aufgeben und nach Hause fahren würde; zu seiner Frau, seiner Tochter und seinem Sohn.

Sie lehnte sich mit dem Gesicht gegen die Knie und versuchte, das Bild der glücklichen, kleinen Tremain-Familie aus ihren Gedanken zu verbannen. Er hatte seine Ehe nicht als glücklich bezeichnet, eher als an der Grenze der Belastbarkeit. Doch es war die Liebe zu seinen Kindern, Phillip und Cassie, die ihn davon abgehalten hatte, sich schon vor Jahren von Evelyn zu trennen. Inzwischen waren die Zwillinge alt genug, um die Wahrheit über die Ehe ihrer Eltern zu verkraften. Nun war es die Sorge um seine Frau, die ihn daran hinderte, sich von Evelyn scheiden zu lassen. Sie brauche Zeit, sich an die Situation zu gewöhnen, und, wenn Miranda nur geduldig genug wäre, ihn nur genügend liebte, so wie er sie liebte, dann würde alles gut werden …

Oh, ja. Lief nicht alles wunderbar?

Miranda stieß ein Lachen aus. Sie hob den Kopf, sah aufs Meer hinaus und lachte noch einmal. Es klang nicht hysterisch, sondern erleichtert. Sie fühlte sich, als sei sie von einer langen Krankheit genesen, und stellte fest, dass ihr Verstand wieder scharf und klar war. Der Nebel tat gut auf ihrer Haut. Die kühle Berührung reinigte ihre Seele. Wie sehr sie diese Reinigung gebraucht hatte! Ihr schlechtes Gewissen hatte sich monatelang wie Schichten aus Dreck auf ihre Seele gelegt, bis sie ihr wirkliches Ich unter all dem Unrat kaum selbst mehr hatte erkennen können. Nun war es vorbei. Diesmal war es wirklich und wahrhaftig vorbei. Sie lächelte dem Meer zu. Meine Seele gehört wieder mir, dachte sie, von Ruhe und Gelassenheit durchströmt, einem Gefühl, das sie seit Monaten nicht mehr gespürt hatte. Sie erhob sich und machte sich auf den Heimweg.

Zwei Wohnblocks von ihrem Haus entfernt entdeckte sie den blauen Peugeot, der in der Nähe der Kreuzung Willow und Spring Street parkte. Er wartete also immer noch auf sie. Sie blieb bei dem Wagen stehen und blickte auf die ihr nur allzu bekannten schwarzen

Lederpolster mit den Sitzbezügen aus Schaffell. Der Schauplatz des Verbrechens, dachte sie. Der erste Kuss. Ich habe schmerzhaft dafür büßen müssen. Jetzt ist er an der Reihe.

Miranda entfernte sich von dem Wagen und steuerte entschlossen auf ihr Haus zu. Sie stieg die Stufen der Verandatreppe hinauf und fand die Tür unverschlossen, so wie sie sie verlassen hatte. Drinnen brannten noch immer die Lichter. Er war nicht im Wohnzimmer.

„Richard?", rief sie.

Keine Antwort.

Der Geruch frisch aufgesetzten Kaffees lockte sie in die Küche. Auf dem Herd stand ein Topf, und auf dem Küchenregal sah sie einen halb vollen Kaffeebecher. Eine der Türen des Küchenschranks stand offen. Sie knallte sie zu.

„Gut. Du bist also reingekommen und hast es dir gemütlich gemacht, was?" Sie griff nach dem Becher und schüttete den Inhalt in die Spüle. Der Kaffee, der ihr dabei auf die Hand spritzte, war kaum noch lauwarm. Dann ging sie in die Diele, am Badezimmer vorbei, wo Licht brannte und ein Rinnsal Wasser aus dem Hahn lief. Sie drehte es ab.

„Du hast kein Recht, hier einfach reinzukommen!", brüllte sie. „Das ist mein Haus. Ich könnte die Polizei rufen und dich wegen Hausfriedensbruch festnehmen lassen." Dann wandte sie sich dem Schlafzimmer zu. Noch bevor sie die Tür erreichte, wusste sie, was sie erwartete. Er würde ausgestreckt auf ihrem Bett liegen, nackt und mit einem Grinsen im Gesicht. So hatte er sie das letzte Mal begrüßt. Diesmal würde sie ihn hinauswerfen, ob mit Klamotten oder ohne. Diesmal würde sie ihn überraschen.

Im Schlafzimmer war es dunkel. Sie machte das Licht an. Er lag ausgestreckt auf ihrem Bett, wie sie es vorhergesehen hatte. Seine Arme waren ausgebreitet, seine Beine im Betttuch verheddert und er war nackt. Doch da lag kein Grinsen auf seinem Gesicht, nur der Ausdruck blanken Entsetzens. Sein Mund war zu einem lautlosen Schrei geformt, und die aufgerissenen Augen starrten auf ein schreckliches Bild jenseits der Ewigkeit. Ein Zipfel des Lakens hing blutdurchtränkt an der Seite des Bettes herunter. Es war still, bis auf das stetige Tröpfeln der purpurroten Flüssigkeit, die sich langsam auf dem Boden sammelte. Miranda schaffte kaum mehr als zwei Schritte ins Schlafzimmer, als die Übelkeit sie übermannte. Sie fiel auf die Knie, schnappte nach Luft und würgte. Erst als es ihr wieder gelang, den Kopf zu heben, entdeckte sie das Küchenmesser, das in der Nähe auf dem Boden lag. Sie brauchte nicht zweimal hinzusehen, um den Griff und die zwölf Zentimeter lange Stahlklinge zu erkennen. Sie wusste genau, woher es war. Es stammte aus dem Küchenschrank. Es war ihr Messer, und es würden ihre Fingerabdrücke darauf zu sehen sein. Und jetzt war es blutverschmiert.

Chase Tremain fuhr durch die Nacht in die Morgendämmerung hinein. Der Rhythmus der Straße unter den Rädern, das Schimmern des beleuchteten Armaturenbretts, das Radio, das leise, kratzende Melodien von Muzak spielte – all das verband sich in der Ferne zu etwas mehr als dem verschwommenen Hintergrund eines Traums, eines sehr schlechten Traums. Es gab nur eine Wahrheit, und das war die, die er ständig vor sich hin sagte, während er fuhr. Was er immer wieder in seinem Kopf wiederholte, während er den dunklen Highway hinunterraste.

Richard ist tot. Richard ist tot.

Er war bestürzt, sich diese Worte laut sagen zu hören. Lautstärke und Klang dieser in der Dunkelheit seines Wagens geäußerten Worte holten ihn kurzfristig aus seinem tranceähnlichen Zustand heraus. Er blickte auf die Uhr. Es war vier Uhr morgens. Er saß nun bereits seit vier Stunden in seinem Wagen. Die Grenze New Hampshire-Maine lag hinter ihm. Wie viele Stunden waren es noch? Wie viele Kilometer? Er fragte sich, ob es wohl kalt draußen war und ob man das Meer riechen konnte. Das Auto nahm den Sinnen jede Möglichkeit der Wahrnehmung. Es war zu einer verschlossenen Hölle aus grünen Lichtern und Fahrstuhlmusik geworden. Er schaltete das Radio aus.

Richard ist tot.

Er hatte diese Worte ständig im Ohr und spulte sie in Gedanken zurück bis zu der verschwommenen Erinnerung an den Anruf. Evelyn hatte sich nicht einmal damit aufgehalten, es ihm schonend beizubringen. Er hatte kaum begriffen, dass seine Schwägerin am Telefon war, als sie ihn auch schon mit der Nachricht konfrontierte. Ohne Vorrede und ohne Setz-dich-erst-einmal-hin-Warnung. Nur die kalten Fakten, präsentiert in Evelyns gewohntem Flüsterton. „Richard ist tot", sagte sie zu ihm, „ermordet worden. Von einer Frau …"

Und dann im nächsten Atemzug: Ich brauche dich, Chase. Diesen Teil der Nachricht hatte er nicht erwartet. Chase war der Außenseiter, der Tremain, den anzurufen man sich nicht die Mühe machte. Er war derjenige, der seine Sachen gepackt und der Stadt und Familie für immer verlassen hatte. Der Bruder mit der peinlichen Vergangenheit. Chase, der Ausgestoßene. Chase, das schwarze Schaf.

Chase, der Erschöpfte, dachte er, während er den Schlaf abwehrte, der seine Fäden wie eine Spinne um ihn spann. Er öffnete ein Fenster und inhalierte die kalte Luft, die von draußen hereinströmte, den Geruch von Pinien und Meer. Der Geruch von Maine, der ihm, wie nichts sonst auf der Welt, die Erinnerungen seiner Kindheit zurückbrachte, als er über die Felsen am Strand kletterte und bis zu den Knöcheln im Seegras stand. Frisch gesammelte Muscheln klapperten im Eimer gegeneinander. Das Geräusch des Nebelhorns. All das kam mit diesem Lufthauch zurück, dem Duft seiner Kindheit, gute Zeiten, die frühen Jahre, als er noch gedacht hatte, Richard sei der mutigste, cleverste und der allerbeste Bruder, den man nur haben konnte. Die Tage, bevor er Richards wahre Natur begriffen hatte.

Ermordet. Von einer Frau.

Der letzte Teil dieser Nachricht überraschte Chase nicht. Er fragte sich, wer sie war und was sie so zur Weißglut gebracht hatte, dass sie seinem Bruder ein Messer in die Brust gestoßen hatte. Oh, eigentlich war das leicht zu erraten. Eine unglückliche Liebesbeziehung. Das Verhältnis hatte sich getrübt. Eifersucht auf eine neue Geliebte. Die unvermeidliche Trennung. Gefolgt von der Wut, benutzt und betrogen worden zu sein. Eine Wut, die jegliche Logik, jeglichen Selbstschutz außer Kraft gesetzt hatte. Chase konnte sich das ganze Szenario vorstellen. Es fiel ihm sogar leicht, sich die Frau auszumalen, eine Frau wie alle anderen in Richards Leben. Sie war von einer natürlichen Attraktivität. Darauf hatte sein Bruder bestimmt geachtet. Doch da gab es sicher auch einen Haken an der Sache, etwas, das mit ihr nicht stimmte. Vielleicht war ihr Lachen zu laut oder ihr Lächeln zu künstlich oder die Fältchen um ihre Augen verrieten, dass es sich um eine Frau handelte, die kurz vor dem Verblühen war. Ja, er konnte sich ein klares Bild von ihr machen. Ein Bild, das gleichzeitig Mitleid und Ablehnung in ihm hervorrief. Und Wut. Egal, wie groß seine eigene Abneigung gegenüber Richard war, es änderte nichts daran, dass sie immerhin Brüder waren. Sie teilten dieselben Erinnerungen an Nachmittage im Meer, Spaziergänge an der Hafenmole, Streifzüge in der Nacht. Ihr letzter Streit war sehr heftig gewesen, aber Chase hatte immer im Hinterkopf behalten, dass sie ihn beilegen konnten. Da war noch Zeit dafür gewesen, die Dinge ins rechte Licht zu rücken, um wieder Freunde zu sein. Das hatte er gedacht, bis Evelyns Anruf kam. Sein Ärger wuchs und überflutete ihn wie die Springtide bei Vollmond. Eine verlorene Chance. Keine Möglichkeit mehr, ihm zu sagen: *Ich mag dich.* Nie wieder: *Weißt du noch?* Die Straße verschwamm vor seinen Augen. Er blinzelte und klammerte sich ans Lenkrad. So fuhr er weiter in den Morgen hinein.

Gegen zehn hatte er Bass Harbour erreicht. Um elf war er an Bord der *Jenny B.* Sein Gesicht im Wind, umklammerte er die Reling der Fähre. In der Ferne erschien Shephard's Island als niedriger grüner Hügel im Nebel. *Jenny B.'s* Bug hob sich über den Wellenkamm, und Chase fühlte die ihm bekannte Übelkeit aus dem Magen aufsteigen und den bitteren Geschmack in seinem Mund. Seekrank wie immer, dachte er. In einer Familie von Seglern war Chase die Landratte, derjenige, der festen Boden unter den Füßen bevorzugte. Die Regattatrophäen gingen alle an Richard. Egal in welcher Bootsklasse, ob Katamaran oder Sloop, Richard gewann alles. Und das hier war das Gewässer, in dem er seine Fähigkeiten trainiert hatte, wenden, halsen, Segelwechsel, Befehle brüllen. Spinnaker hoch, Spinnaker runter. Für Chase war das alles ein Haufen Unsinn – und dann immer diese schreckliche Übelkeit ...

Chase inhalierte eine ordentliche Brise salziger Meeresluft und bemerkte, wie sich sein Magen beruhigte, als *Jenny B.* an der Pier anlegte. Er kehrte zu seinem Wagen zurück und wartete, bis die Reihe an ihm war, seinen Wagen die Rampe hinunterzufahren. Es waren acht Wagen vor ihm dran. Jeder von ihnen mit einem Nummernschild von außerhalb. Halb Massachusetts schien im Sommer nach Norden unterwegs zu sein. Man konnte fast schon hören, wie Maine unter dem Gewicht dieser verdammten Karossen ächzte.

Der Fährmann winkte ihn heraus. Chase legte den Gang ein und fuhr über die Rampe auf Shepherd's Island.

Es begeisterte ihn, wie wenig sich der Ort in all den Jahren verändert hatte. Dieselben alten Gebäudefassaden mit Blick zur See: die Insel-Bäckerei, die Bank, Fitz Geralds Café, der Billige Jakob, Lappin's Kaufhaus. Ein paar neue Namen tauchten an alten Plätzen auf. Der Vogue-Schönheitssalon hieß jetzt Gordon's Buchhandlung. Country Antiquitäten und ein Immobilienbüro ersetzten den alten Haushaltswarenladen. Gott, welche Veränderungen der Tourismus doch mit sich brachte. Er bog um die Ecke und fuhr die Limmerick Street hinauf. Auf der linken Seite befand sich immer noch im selben geklinkerten Gebäude der *Island Herald.* Er fragte sich, ob sich im Inneren irgendetwas verändert hatte. Chase konnte sich noch gut an alles erinnern: die dekorative Blechdecke, die ramponierten Tische, die Porträts der Verleger an den Wänden; jeder von ihnen ein Tremain. Er sah alles genau vor sich, bis hin zur Remington-Schreibmaschine auf dem alten Schreibtisch seines Vaters. Natürlich war die Zeit der Remingtons lange vorbei. Jetzt gab es überall Computer, elegant, effizient und unpersönlich. So jedenfalls hatte Richard die Zeitung geleitet. Weg mit den alten Sachen und her mit den neuen.

Her mit dem nächsten Tremain.

Chase gab Gas und fuhr den Chestnut Hill hinauf. Nach einem halben Kilometer erreichte er den höchsten Punkt der Insel, von dem aus er das Anwesen der Tremains sehen konnte, das ihn wegen der viktorianischen ingwerplätzchenfarbenen Türmchen immer an eine monströse Hochzeitstorte erinnert hatte. Das Haus war inzwischen in einem edlen Grau-Weiß gestrichen. Es wirkte nun dezenter und unauffälliger, wie eine verblasste Schönheit. Fast sehnte Chase sich nach dem alten Hochzeitstortengelb.

Er parkte seinen Wagen, nahm seinen Koffer aus dem Kofferraum und ging die Auffahrt hinauf. Noch bevor er die Verandatreppe erreicht hatte, wurde die Tür von innen geöffnet, und Evelyn eilte ihm entgegen.

„Chase!", rief sie. „Oh, Chase, du bist da. Gott sei Dank, dass du da bist."

Sie fiel ihm in die Arme. Er drückte sie automatisch an sich und fühlte ihren zitternden Körper und die Wärme ihres Atems an seinem Hals. Sollte sie sich ruhig so lange an ihn klammern, wie es ihr guttat.

Schließlich löste sie sich von ihm, um ihn anzusehen. Ihre leuchtenden grünen Augen waren noch immer bemerkenswert. Das schulterlange honigblonde Haar hatte sie zu einem Pferdeschwanz zusammengebunden. Ihre Nase stach rot aus ihrem verquollenen Gesicht hervor. Sie hatte wohl versucht, sie mit Make-up abzudecken. An ihren Nasenflügeln klebten Reste eines pinkfarbenen Puders, und auf ihren Wangen hatte die Wimperntusche schmutzige Spuren hinterlassen. Er konnte es kaum fassen, dass das seine sonst immer so makellos zurechtgemachte Schwägerin sein sollte. War es denn möglich, dass sie wirklich in Trauer war?

„Ich wusste, dass du kommen würdest", flüsterte sie.

„Ich bin gleich losgefahren, nachdem du angerufen hast."

„Danke, Chase. Ich wusste nicht, an wen ich mich sonst hätte wenden sollen …" Sie trat einen Schritt zurück und betrachtete ihn. „Armer Kerl, du musst erschöpft sein. Komm rein, ich bringe dir einen Kaffee."

Als sie die Eingangshalle betraten, war es, als ob er in seine Kindheit zurückgekehrt wäre, so wenig hatte sich verändert. Dieselben Eichenholzböden, dasselbe Licht, dieselben Gerüche. Er dachte fast, dass er, falls er sich umgedreht und durch die Tür ins Wohnzimmer hineingesehen hätte, seine Mutter konzentriert arbeitend an ihrem Schreibtisch erblickt hätte. Die alte Dame benutzte keine Schreibmaschine; sie hatte zu Recht geglaubt, dass, wenn eine Kolumne nur saftig genug war, der Verleger sie auch auf Suaheli akzeptiert hätte. Und dann kam heraus, dass der Verleger nicht nur ihre Kolumnen genommen hatte, sondern sie gleich mit dazu. Alles in allem war es eine sehr pragmatische Ehe. Und das Maschinenschreiben hatte seine Mutter nie gelernt.

„Hallo, Onkel Chase."

Chase schaute auf und sah einen jungen Mann und eine junge Frau am oberen Ende der Treppe stehen. Das konnten unmöglich die Zwillinge sein! Erstaunt betrachtete er das Pärchen, das die Stufen hinunterkam. Phillip ging voran. Das letzte Mal, als er seinen Neffen und seine Nichte gesehen hatte, waren sie linkische Halbwüchsige gewesen, zu denen die großen Füße noch nicht so richtig passten. Jetzt waren beide groß, blond und schlank, aber da endete ihre Ähnlichkeit auch schon. Phillip bewegte sich mit der geschmeidigen Sicherheit eines Tänzers, ein eleganter Fred Astaire mit seiner Partnerin – wenngleich die junge Frau nichts von einer Ginger Rogers hatte. Die, die da hinter seinem Neffen herunterkam, hatte mehr Ähnlichkeit mit einem Pferd.

„Ich kann nicht glauben, dass das Cassie und Phillip sein sollen", rief Chase.

„Du warst zu lange weg", erwiderte Evelyn.

Phillip ging auf Chase zu und schüttelte ihm die Hand, distanziert, wie ein Fremder. Seine Hand war schmal und fein wie die eines Gentlemans. Er besaß die aristokratische Prägung seiner Mutter – gerade Nase, fein gemeißelte Wangenknochen, grüne Augen. „Onkel Chase", sagte er düster. „Das ist ein furchtbarer Anlass, nach Hause zurückzukommen, aber ich bin froh, dass du da bist."

Chase heftete seinen Blick auf Cassie. Als er seine Nichte zum letzten Mal gesehen hatte, war sie ein lebhaftes kleines Äffchen mit einem schier unendlichen Vorrat an Fragen gewesen. Er konnte kaum glauben, dass sie zu dieser verdrießlichen jungen Frau herangewachsen war. Konnte die Trauer diese Veränderung verursacht haben? Ihr schlaffes Haar war so straff nach hinten gebunden, dass es schien, als ob ihr Gesicht aus einer Ansammlung hervorspringender Kanten bestand; einer großen Nase, Hasenzähnen und einer quadratischen Stirn, die sie nicht mal unter einem Pony versteckte. Nur in ihren Augen fanden sich noch Spuren der Zehnjährigen. Sie schauten ihn direkt an und zeigten ihre scharfe Intelligenz.

„Hallo, Onkel Chase", begrüßte sie ihn in einem auffallend geschäftlichen Ton, der gar nicht zu einem Mädchen passte, das gerade seinen Vater verloren hatte.

„Cassie“, sagte Evelyn. „Kannst du deinem Onkel keinen Kuss geben? Er hat den ganzen Weg auf sich genommen, um bei uns zu sein.“

Cassie ging auf ihn zu und küsste ihn spitz und flüchtig auf die Wange, zog sich jedoch schnell wieder von ihm zurück, offenbar verlegen wegen dieser falschen Demonstration von Zuneigung.

„Du bist wirklich groß geworden“, meinte Chase, und das war das schmeichelhafteste Zugeständnis, was er ihr machen konnte.

„Ja, das soll vorkommen.“

„Wie alt bist du jetzt?“

„Fast zwanzig.“

„Also geht ihr beide aufs College.“

Cassie nickte. Auf ihren Lippen lag das erste Anzeichen eines Lächelns.

„Ich bin an der Universität von Southern Maine und studiere Journalismus. Es kann sein, dass der *Herald* demnächst jemanden benötigen wird, der …“

„Phillip ist in Harvard“, unterbrach Evelyn sie. „So wie sein Vater.“

„Cassie, wo gehst du hin?“

„Ich muss meine Wäsche waschen.“

„Aber dein Onkel ist gerade erst angekommen. Komm zurück und setz dich zu uns.“

„Warum denn, Mama?“, fauchte sie über die Schulter zurück. „Du kannst ihn wunderbar allein unterhalten.“

„Cassie!“

Das Mädchen drehte sich um und starrte sie verächtlich an. „Was?“

„Du verhältst dich unmöglich.“

„Das ist ja nichts Neues.“

Den Tränen nahe wandte Evelyn sich an Chase. „Siehst du, wie die Dinge stehen? Ich kann nicht einmal mit meinen eigenen Kindern rechnen. Chase, ich komme mit dem Ganzen nicht zurecht. Ich kann einfach nicht mehr …“ Sie unterdrückte ihr Schluchzen und verschwand im Wohnzimmer.

Die Zwillinge sahen sich an.

„Du hast es wieder einmal geschafft“, sagte Phillip. „Ein unpassender Zeitpunkt, um mit ihr zu streiten, Cassie. Tut sie dir denn gar nicht leid? Kannst du denn nicht einmal versuchen, mit ihr auszukommen? Wenigstens für die nächsten Tage?“

„Es ist ja nicht *so*, als würde ich mich nicht bemühen. Aber sie bringt mich auf die Palme.“

„Okay, aber arbeite wenigstens an deinem Ton.“ Er machte eine Pause, bevor er ergänzte: „Du weißt, dass Vater es so gewollt hätte.“

Cassie seufzte. Resigniert stieg sie die Stufen hinunter, um ihrer Mutter ins Wohnzimmer zu folgen. „Ja, das bin ich ihm wohl schuldig …“

Phillip schüttelte den Kopf, während er Chase ansah. „Das ist nur eine weitere Episode aus dem Leben der wundervollen Tremains.“

„Geht das schon länger so?“

„Seit Jahren. Die Vorstellung eben war typisch. Vielleicht denkst du, dass wir nach letzter Nacht … nach Vaters Tod zusammenhalten müssten. Aber stattdessen scheint es uns erst recht auseinanderzubringen.“

Sie gingen gemeinsam ins Wohnzimmer, wo sie Mutter und Tochter in den entgegengesetzten Enden des Sofas vorfanden. Beide Frauen schienen ihre Fassung zurückgewonnen zu haben. Phillip setzte sich zwischen sie und bestätigte so seine Rolle als menschliche Pufferzone. Chase nahm auf einem Sessel in der Ecke Platz, was seiner Vorstellung von einem neutralen Territorium schon eher entsprach.

Die Sonne schien von der Meerseite hell durchs Fenster auf den glänzenden Holzboden. Die Stille wurde nur durch das Ticken der Uhr auf dem Kaminsims unterbrochen. Auch hier sieht alles noch genauso aus wie früher, dachte Chase. Dieselben Tischchen und dieselben Queen-Anne-Stühle. Es war genauso, wie er es aus seiner Kindheit erinnerte. Evelyn hatte nicht das Geringste verändert. Dafür war er ihr dankbar. Dann wagte er einen Vorstoß, um die angespannte Stille zu unterbrechen. „Ich bin auf meinem Weg durch die Stadt am Verlag vorbeigekommen“, sagte er. „Es hat sich nichts verändert.“

„Genauso wenig wie die Stadt“, erwiderte Phillip.

„Ja, alles so aufregend wie immer“, ergänzte seine Schwester sarkastisch.

„Gibt es schon Pläne für den *Herald*?“, fragte Chase.

„Phillip wird ihn nun übernehmen“, sagte Evelyn. „Es wird sowieso Zeit. Ich brauche ihn zu Hause, jetzt wo Richard …“ Sie schluckte und blickte zu Boden. „Er ist bereit für den Job.“

„Ich bin nicht sicher, Mama“, warf Phillip ein. „Ich bin erst im zweiten Semester, und da gibt’s auch noch ein paar andere Dinge, die ich gerne …“

„Dein Vater war zwanzig, als dein Großvater ihn zum Redakteur machte. Stimmt’s, Chase?“

Chase nickte.

„Also gibt es gar keinen Grund, weshalb du nicht gleich an die Spitze rücken könntest.“

Phillip zuckte mit den Achseln. „Jill Vickery macht ihre Sache doch gut."

„Sie ist nur eine Angestellte, Phillip. Der *Herald* braucht einen echten Kapitän."

Cassie beugte sich nach vorne, ihre Augen blitzten. „Es gibt auch noch andere, die den Job übernehmen könnten", sagte sie. „Warum muss es ausgerechnet Phil sein?"

„Dein Vater wollte Phillip. Und Richard wusste immer, was für den *Herald* am besten war."

In der Pause, die darauf entstand, war nur noch das Ticken der Uhr auf dem Kaminsims zu hören.

Evelyn stieß einen kleinen Seufzer aus und stützte den Kopf in ihre Hände. „Oh Gott, es wirkt so kaltschnäuzig. Ich kann nicht glauben, dass wir darüber sprechen, wer seinen Platz einnehmen wird ..."

„Früher oder später müssen wir sowieso darüber sprechen", erklärte Cassie, „wir müssen über viele Dinge sprechen."

Evelyn nickte und wandte ihren Blick ab.

Im Nebenzimmer läutete das Telefon.

„Ich geh ran", sagte Phillip und verließ den Raum.

„Ich kann einfach nicht klar denken", klagte Evelyn, während sie die Hände gegen ihre Schläfen presste. „Wenn doch nur mein Verstand wieder richtig arbeiten würde ..."

„Es ist erst gestern passiert", versuchte Chase sie zu beruhigen. „Es braucht Zeit, um diesen Schock zu überwinden."

„Und dann muss ich auch noch an die Beerdigung denken. Sie wollten mir nicht einmal sagen, wann sie ihn ..." Sie zuckte zusammen. „Ich weiß nicht, weshalb das so lange dauert. Wieso müssen sie ihn überhaupt so gründlich untersuchen? Ich meine, *können sie* denn nicht auch so sehen, was passiert ist? Ist es denn nicht offensichtlich?"

„Das Offensichtliche entspricht nicht immer der Wahrheit", sagte Cassie.

Evelyn blickte auf ihre Tochter. „Was soll das heißen?"

Da kam Phillip ins Wohnzimmer zurück. „Mama, das war Lorne Tibbetts."

Evelyn erhob sich unsicher. „Und?"

„Er will dich sehen."

Sie erstarrte. „Jetzt sofort? Hat das nicht Zeit?"

„Du könntest es hinter dich bringen, Mama. Früher oder später wird er sowieso mit dir sprechen wollen."

Evelyn sah sich hilfesuchend nach Chase um. „Ich kann das nicht alleine. Willst du nicht mitkommen?"

Chase hatte keine Ahnung, um was es hier ging, noch wusste er, wer Lorne Tibbetts war. Zudem sehnte er sich ohnehin nur noch nach einer heißen Dusche und einem Bett, auf das er sich hätte legen können. Aber beides musste offenbar warten.

„Aber natürlich, Evelyn“, antwortete er, wobei er sich widerstrebend erhob und seine von der langen Fahrt von Greenwich steif gewordenen Beine schüttelte.

Evelyn griff bereits nach ihrer Handtasche. Sie holte die Autoschlüssel heraus und gab sie Chase. „I...Ich bin zu nervös zum Fahren. Würdest du ...?“

Er nahm die Schlüssel. „Wo müssen wir hin?“

Evelyn setzte sich mit zittrigen Händen die Sonnenbrille auf, um ihre vom Weinen verquollenen Augen hinter den dunklen Gläsern zu verstecken. „Zur Polizei“, sagte sie.

2. KAPITEL

Die Polizeistation von Shepherd's Island befand sich in einem umgebauten ehemaligen Kaufhaus, das im Laufe der Jahre in eine Reihe von Räumen und Büros in der Größe von Kaninchenställen verwandelt worden war. In Chases Erinnerung erschien das Gebäude früher einmal imposanter, aber es war schließlich Jahre her, seitdem er es das letzte Mal von innen gesehen hatte. Doch damals hatte die Polizeistation für ihn, den wilden Jungen, den Schlingel, eine schlichte Bedrohung bedeutet. An dem Tag, an dem sie ihn damals hierhergeschleppt hatten, weil er – völlig unabsichtlich – Mrs Gordimers Rosenbeete zertrampelt hatte, wirkten die Decken höher, die Räume größer und jede Tür wie das Tor zu einer unbekannten Hölle.

Jetzt sah er es so, wie es war – ein müdes altes Gebäude, das dringend einen neuen Anstrich benötigte.

Lorne Tibbetts, der neue Polizeichef, war für diese klaustrophobischen Hasenställe genau richtig gebaut. Falls eine Mindestgröße für den Polizeidienst vorgeschrieben war, dann hatte Tibbetts sie irgendwie knapp unterlaufen. Er war ein Gnom, der in einem ordentlichen, seiner Position angemessenen khakifarbenen Anzug steckte, den eine gestärkte Kappe vervollständigte, unter der Chase eine kahle Stelle vermutete. Er erinnerte Chase an einen kleinen Napoleon in voller Montur.

Obwohl er äußerlich etwas zu kurz geraten war, verfügte er dafür über großartige Manieren. Er bahnte sich seinen Weg durch die zusammengewürfelten Tische und Aktenschränke und begrüßte Evelyn mit der übertriebenen Fürsorge, die man einer Frau mit Evelyns sozialem Status schuldete.

„Evelyn! Es tut mir sehr leid, dass ich Sie hierherbestellen musste." Er nahm freundschaftlich ihren Arm und drückte ihn mit einer beabsichtigt beruhigenden Geste, die Evelyn zusammenfahren ließ. „Es war sicher eine furchtbare Nacht für Sie, nicht wahr? Einfach schrecklich."

Evelyn zuckte mit den Achseln. Einerseits, um damit seine Frage zu beantworten, und andererseits, um sich aus seinem Griff zu befreien.

„Ich weiß, dass es schwer ist, mit so etwas zurechtzukommen. Und ich wollte Sie auch nicht damit behelligen, zumindest nicht heute. Aber Sie wissen ja, wie es ist. Die ganzen Berichte, die geschrieben werden müssen." Er warf einen auffällig beifälligen Blick auf Chase. Wie Chase bemerkte, entging den scharfen Augen dieses kleinen Napoleons nichts.

„Das ist Chase“, sagte Evelyn, während sie an ihrem Blusenärmel herumrieb, als wollte sie den Abdruck der Hand des Polizeichefs wegwischen. „Richards Bruder, er kam heute Morgen aus Connecticut.“

„Ach ja“, meinte Tibbetts. Seine Augen verrieten, dass er sich sofort an diesen Namen erinnerte. „Ich habe in der Turnhalle der Highschool ein Foto von Ihnen gesehen.“ Er streckte Chase seine Hand entgegen. Sein Händedruck war beeindruckend fest und wirkte wie der Versuch eines Mannes, seine Körpergröße zu kompensieren. „Wissen Sie? Das im Baseballtrikot.“

Chase schaute überrascht. „Das hängt immer noch da?“

„Es ist die hiesige Hall of Fame. Warten Sie mal, Sie gehörten zum 1971er-Jahrgang. Mittelfeld, Uni-Basketball, ist das richtig?“

„Ich bin überrascht, dass Sie das alles wissen.“

„Ich habe selbst Basketball gespielt. Madison Highschool, Wisconsin. Rekordhalter im Freiwurf. Und nach Punktzahl.“

Ja, jetzt sah Chase klar. Lorne Tibbetts, randalierender Zwerg auf dem Basketballfeld. Das hätte zu seinem knochenbrecherischen Handschlag gepasst.

Plötzlich ging die Tür der Polizeistation auf. Eine Frau rief: „Hey, Lorne?“

Tibbetts drehte sich um und wandte sich müde der Besucherin zu, die aussah, als sei sie gerade von der Straße hereingeweht worden. „Wieder zurück, Annie?“

„Wie der sprichwörtliche Bumerang.“ Die Frau packte ihre schäbige Tasche von einer Seite auf die andere. „Also, wann bekomme ich meine Erklärung, hm?“

„Wenn ich etwas zu erklären habe. Nun hau ab.“

Die Frau wandte sich unbeeindruckt an Evelyn. Die beiden hätten ein feines Paar für die Fotostrecke eines Modemagazins abgegeben. Das Vorher/Nachher-Modell. Mit den ungepflegten Haaren, im lumpigen Sweatshirt hätte unter Annies Fotos ganz sicher „Vorher“ gestanden. „Mrs Tremain?“, sagte sie höflich. „Ich weiß, dass das jetzt nicht der richtige Augenblick ist, aber ich muss den Redaktionsschluss einhalten und würde gerne ein paar kurze Worte …“

„Um Himmels willen, Annie!“, schnauzte Tibbetts. Er wandte sich an den diensthabenden Polizisten am Empfangstisch. „Ellis, schaff sie hier raus!“

Ellis sprang auf wie ein Stehaufmännchen. „Komm Annie, beweg dich, es sei denn, du willst deine Story im Knast schreiben.“

„Ich geh ja schon. Ich geh ja schon.“ Annie riss die Tür auf. Im

Rausgehen hörte man sie meckern: „Jesus, die lassen ein Mädchen nicht mal seinen Job machen …"

Evelyn schaute auf Chase. „Das war Annie Berenger. Eine von Richards Starreporterinnen. Jetzt allerdings Star-Nervensäge."

„Man kann ihr nichts vorwerfen", mischte sich Tibbetts ein, „dafür bezahlen sie sie, oder nicht?" Er nahm Evelyns Arm. „Kommen Sie, wir fangen an. Ich führe sie in mein Büro, das ist der einzige ruhige Ort in diesem Affenkäfig."

Lornes Büro lag am Ende eines Ganges hinter einer Reihe von Räumen, die nicht größer waren als ein kleines Badezimmer. Fast jeder Quadratzentimeter war mit Möbeln vollgestellt: einem Tisch, zwei Stühlen, einem Bücherregal und Aktenschränken. In der Ecke wucherte unbeobachtet ein Farn. Trotz der vollgestopften Enge war alles sauber, die Regale abgestaubt und alle Papiere fein säuberlich im Ausgangskörbchen aufeinandergestapelt. An einer prominenten Stelle an der Wand hing ein Plakat mit folgendem Spruch: *Je kleiner der Hund, desto größer der Kampf.*

Tibbetts und Evelyn saßen auf den beiden Stühlen. Ein dritter Stuhl wurde für die Sekretärin, die alles protokollieren sollte, gebracht. Chase stand an der Seite. Es tat gut zu stehen, gut, die verkrampften Beine auszustrecken.

Zumindest für zehn Minuten fühlte es sich gut an. Dann sackte er in sich zusammen und war kaum in der Lage, dem Gespräch zu folgen. Er fühlte sich wie dieser unglückliche Farn, der in der Ecke vor sich hin welkte.

Tibbetts stellte die Fragen, und Evelyn antwortete in ihrer üblichen Flüsterstimme, die auf Chase noch einschläfernder wirkte. Sie gab eine detaillierte Zusammenfassung des nächtlichen Geschehens ab. Ein typischer Abend, sagte sie. Abendbrot um sechs für die ganze Familie. Lammkeule mit Spargel, Zitronensoufflé zum Dessert. Richard trank ein Glas Wein, wie immer. Die Unterhaltung drehte sich um das Übliche, Gerüchte bei der Zeitung. Verkaufszahlen runter, Druckkosten hoch. Sorgen wegen eines möglichen Verleumdungsprozesses. Tony Graffam über einen Artikel verärgert. Und dann Gespräche über Phillips Examen, Cassies Noten. Der Flieder, der in diesem Jahr wunderbar blühte. Dass die Auffahrt neu gepflastert werden sollte. Ein typischer Dialog am Abendbrottisch einer Familie.

Um neun verließ Richard das Haus, um noch ein paar Arbeiten im Büro zu erledigen; zumindest behauptete er das. Und Evelyn?

„Ich ging nach oben, ins Bett."

„Und Cassie und Phillip?"

„Sie gingen aus. Ich glaube, ins Kino."

„Also ging jeder seiner eigenen Wege?"

„Ja." Evelyn guckte auf ihren Schoß hinunter. „Und das war es. Bis halb eins, als der Anruf kam …"

„Lassen Sie uns noch einmal auf das Gespräch am Abendbrottisch zurückkommen."

Dann folgte noch einmal eine Wiederholung. Hier und da kamen ein paar ergänzende Details dazu, doch im Großen und Ganzen blieb es bei derselben Geschichte. Chase, dessen letzte Wachsamkeitsreserven schwanden, driftete in einen halben Dämmerzustand. Seine Beine schliefen ein, während er kurz davor war, im lang ersehnten Schlaf zu versinken. Der Boden begann ziemlich gemütlich auszusehen. Horizontal. Man hätte sich auf ihn legen können. Und dann spürte er, wie er wegrutschte …

Plötzlich schreckte er auf und stellte fest, dass alle ihn ansahen.

„Bist du in Ordnung, Chase?", fragte Evelyn.

„Entschuldigung", murmelte er. „Ich schätze, ich bin müder, als ich dachte." Er schüttelte den Kopf. „Könnte ich, äh, vielleicht irgendwo eine Tasse Kaffee bekommen?"

„Unten in der Halle", erklärte Tibbetts. „Da steht eine ganze Kanne voll und ein Sofa, falls Sie es benötigen. Warum warten Sie nicht da?"

„Geh schon", sagte Evelyn, „ich bin gleich fertig."

Mit einem Gefühl der Erleichterung floh Chase aus dem Büro und begab sich auf die Suche nach der erwähnten Kaffeekanne. Als er sich erneut im Korridor wiederfand, steckte er seinen Kopf durch die erste Tür in einen Waschraum. Die nächste Tür war verschlossen. Er ging weiter und schaute in einen dritten, unbeleuchteten Raum. Chase erkannte die Umrisse eines Sofas, ein paar Stühle, und in der Ecke standen alle möglichen Möbel durcheinander. In der Seitenwand gab es ein Fenster. Es erregte seine Aufmerksamkeit, weil es nicht, wie ein normales Fenster, nach draußen ging, sondern in einen angrenzenden Raum. Durch die Glasscheibe beobachtete er eine Frau, die ganz alleine an einem schmalen Tisch saß.

Sie war sich seiner Anwesenheit nicht bewusst. Ihr Blick war nach unten auf die Tischplatte gerichtet. Aus irgendwelchen Gründen fühlte er sich magisch angezogen. Es lag etwas Rätselhaftes in ihrer tiefen Ruhe und Unbeweglichkeit. Er fühlte sich wie ein Jäger, der unerwartet auf junges Wild gestoßen war.

Er schlüpfte leise in den dunklen Raum hinein und schloss die Tür. Dann ging er zum Fenster, das – natürlich! – in Wirklichkeit ein Einwegspiegel war, durch das er sehr wohl, sie jedoch nicht hindurchsehen konnte. Sie hatte keine Ahnung, dass er da stand, obwohl nur ein halber Zentimeter Glas sie voneinander trennte. Er fühlte sich abscheulich, wie er dort so stand und sie heimlich beobachtete, aber er konnte nicht anders. Der alte Traum, sich unsichtbar machen zu können, nahm ihn vollständig gefangen. Und die Frau.

Eigentlich war sie nicht besonders hübsch. Weder Kleidung noch Frisur unterstrichen die Vorzüge, die sie besaß. Sie trug verwaschene Jeans und ein Boston-Red-Sox-T-Shirt, das ihr ein paar Nummern zu groß war. Ihr haselnussbraunes Haar hatte sie nachlässig zu einem Zopf zusammengebunden. An den Schläfen hingen ein paar widerspenstige Strähnen hinunter. Sie trug wenig oder gar kein Make-up, aber sie besaß auch die Art von Gesicht, die so etwas nicht nötig hatte. Genauso wenig wie die Fotomodelle aus dem Katalog für ländliche Mode, die mit gesunden, von der Sonne geröteten Gesichtern Blätter zusammenharkten oder kleine Lämmer liebkosten. Ihre hellen graublauen Augen passten nicht recht zum Rest ihrer Erscheinung, und ihre geschwollenen Lider verrieten ihm, dass sie geweint hatte. Sogar jetzt wischte sie sich eine Träne von der Wange. Suchend blickte sie sich um. Schließlich griff sie frustriert nach einem Zipfel ihres T-Shirts, um sich das Gesicht damit abzuwischen. Eine hilflose Geste, wie etwas, das ein Kind tun würde. So wirkte sie noch verwundbarer. Er fragte sich, warum sie wohl so alleine in diesem Raum saß und trotzdem auf alle Welt wie eine verlorene Seele wirkte. War sie Zeugin oder Opfer?

Dann blickte sie auf einmal genau in seine Richtung, aber er wusste, dass sie ihn nicht sehen konnte. Sie sah nur ihr eigenes Spiegelbild, das ihr entgegenstarrte. Sie schien ihr Bild mit ziemlicher Gleichgültigkeit hinzunehmen, so als ob sie dächte: *Da bin ich, ich sehe schrecklich aus, und es könnte mir nicht weniger egal sein.*

Plötzlich drehte sich ein Schlüssel im Schloss, und die Frau richtete sich auf. Ihr Körper sah angespannt aus. Sie wischte sich noch einmal über das Gesicht und reckte kampflustig das Kinn in die Höhe. Mochten ihre Augen auch verquollen, ihr T-Shirt von Tränen feucht sein, so versuchte sie trotzdem, die Aura der Verwundbarkeit abzuschütteln. Sie erinnerte Chase an einen Soldaten, der sich zwar für den Kampf rüstete, aber in Wirklichkeit eine wahnsinnige Angst davor hatte.

Die Tür ging auf. Ein Mann in einem grauen Anzug trat ein. Er trug zwar keine Krawatte, hatte aber dennoch etwas Offizielles an sich. Er nahm den Stuhl. Chase war erstaunt über das laute Geräusch, das die über den Boden schabenden Beine verursachten, bis er feststellte, dass es ein Mikro in diesem Raum geben musste und der Krach aus einem schmalen Lautsprecher am Fenster kam.

„Ms Wood?“, sagte der Mann fragend. „Entschuldigen Sie, dass ich Sie habe warten lassen. Ich bin Leutnant Merrifield von der Staatspolizei.“ Er streckte ihr seine Hand hin und lächelte ein vielsagendes Lächeln, das wohl so viel bedeuten sollte wie: *Ich bin dein Freund. Dein bester Freund. Ich bin hier, um alles in Ordnung zu bringen.*

Die Frau zögerte, bevor sie die ausgestreckte Hand schüttelte.

Leutnant Merrifield machte es sich auf dem Stuhl bequem und schenkte ihr einen langen und wohlwollenden Blick. „Sie müssen völlig erledigt sein“, meinte er in seinem Ich-bin-dein-bester-Freund-Tonfall. „Fühlen Sie sich wohl? Sind sie bereit anzufangen?“

Sie nickte.

„Hat man Ihnen Ihre Rechte vorgelesen?“

Wieder ein Nicken.

„So wie ich verstanden habe, verzichten Sie auf das Recht, Ihren Anwalt zu rufen.“

„Ich habe keinen Anwalt“, erwiderte sie.

Ihre Stimme klang anders, als Chase es erwartet hatte. Sie war sanft und heiser. Eine Schlafzimmerstimme, die traurig erbebte.

„Wir können Ihnen einen besorgen“, schlug Merrifield vor. „Es könnte eine Weile dauern, das heißt, sie müssten Geduld haben.“

„Bitte, ich möchte Ihnen erzählen, was passiert ist …“

Über Merrifields Lippen huschte ein schnelles triumphierendes Lächeln.

„In Ordnung“, meinte er, „dann lassen Sie uns beginnen.“ Er stellte einen Kassettenrekorder auf dem Tisch auf und drückte eine Taste. „Sagen Sie mir Ihren Namen, Adresse und Beruf.“

Die Frau holte tief Luft, so, als nähme sie ihren ganzen Mut zusammen. „Ich heiße Miranda Wood. Ich lebe in der Willow Street Nummer 18 und ich arbeite als Redakteurin beim *Island Herald*.“

„Das ist Mr Tremains Zeitung?“

„Ja.“

„Lassen Sie uns gleich auf die letzte Nacht zurückkommen. Auf die Ereignisse, die zum Tod von Mr Richard Tremain führten.“

Chase hatte plötzlich das Gefühl, sein ganzer Körper würde taub. *Der Tod von Mr Richard Tremain.* Er drückte sich gegen das kalte Glas, seinen Blick auf Miranda Woods Gesicht geheftet, wo er nichts als sanfte Unschuld erblickte. Eine perfekte Maske?

Das ist die Geliebte meines Bruders, fuhr es Chase durch den Kopf. Die Mörderin meines Bruders.

Mit einer schrecklichen Faszination belauschte er das Geständnis.

„Lassen Sie uns ein paar Monate zurückgehen, Ms Wood, zu dem Zeitpunkt, als sie Mr Tremain zum ersten Mal begegneten. Schildern Sie mir ihr Verhältnis zu ihm."

Miranda starrte auf ihre ineinander verschlungenen Hände auf dem Tisch, ein typisches, hässliches Behördenmöbelstück. Sie bemerkte, dass jemand die Initialen JMK in die Oberfläche geritzt hatte, und fragte sich, was JMK bedeutete und ob er oder sie unter denselben Umständen hier gesessen hatte und ob er oder sie ebenfalls unschuldig gewesen war. Plötzlich fühlte sie sich sehr verbunden mit ihrem unbekannten Vorgänger, der auf demselben heißen Stuhl um sein Leben gekämpft hatte.

„Ms Wood. Antworten Sie bitte auf meine Frage."

Sie blickte hoch auf Leutnant Merrifield, den lächelnden Zerstörer. „Tut mir leid", sagte sie, „ich habe nicht zugehört."

„Mr Tremain. Wie haben Sie ihn kennengelernt?"

„Beim *Herald*. Er hat mich vor ungefähr einem Jahr dort eingestellt. Wir haben uns bei der Arbeit kennengelernt."

„Und?"

„Und …" Sie holte tief Luft, „wir haben etwas miteinander angefangen."

„Wer hat damit begonnen?"

„Er war es. Er fing an, mich zum Essen einzuladen. Geschäftlich, sagte er, um mit mir über den *Herald* zu reden, über Änderungen im Format."

„Ist es nicht eher unüblich für einen Verleger, so eng mit den Redakteuren zusammenzuarbeiten?"

„Bei einer großen Zeitung vielleicht, aber der *Herald* ist eine kleine Lokalzeitung. Jeder im Team macht ein bisschen etwas von allem."

„Also, Sie haben Mr Tremain bei der Arbeit kennengelernt?"

„Ja."

„Wann begannen Sie, mit ihm zu schlafen?"

Diese Frage traf sie wie ein Schlag ins Gesicht. Sie richtete sich auf. „So war es nicht."

„Haben Sie nicht mit ihm geschlafen?"

„Ich habe nicht … ich meine, ja, ich habe, aber es passierte im Laufe von Monaten. Es war nicht so, als ob wir … wir zum Essen gegangen und dann gleich miteinander ins Bett gefallen wären!"

„Aha, dann war es wohl eher, ähm, eine romantische Angelegenheit. Ist es das, was Sie mir zu sagen versuchen?"

Sie schluckte und nickte leise. So wie er es formulierte, hörte sich alles so dumm an. *Eine eher romantische Angelegenheit.* Jetzt, wo es jemand in dieser Umgebung laut aussprach, ging ihr auf, wie töricht alles gewesen war; die ganze schreckliche Affäre.

„Ich dachte, ich liebe ihn“, flüsterte Miranda.

„Bitte? Ms Wood?“

Sie wiederholte es noch einmal lauter. „Ich dachte, ich liebe ihn. Ich hätte nicht mit ihm geschlafen, wenn es anders gewesen wäre. Ich bin keine Frau für eine Nacht. Ich habe keine Affären.“

„Sie hatten diese Affäre.“

„Richard war anders.“

„Anders als was?“

„Anders als andere Männer. Er interessierte sich nicht bloß für ... Autos und Fußball. Er mochte dieselben Dinge wie ich. Diese Insel, zum Beispiel. Schauen Sie sich die Artikel an, die er schrieb ... Sie werden merken, wie sehr er diesen Ort mochte. Wir sprachen stundenlang darüber, und es schien die natürlichste Sache der Welt zu sein, mit ihm ...“ Sie erschauderte vor Kummer und blickte zu Boden, bevor sie leise sagte: „Ich dachte, er sei anders. Wenigstens schien es so ...“

„Er war aber auch verheiratet, und das wussten Sie.“

Sie ließ ihre Schultern hängen. „Ja.“

„Und Sie wussten, dass er zwei Kinder hatte?“

Sie nickte.

„Und trotzdem hatten Sie ein Verhältnis mit ihm. Bedeutete es Ihnen denn so wenig, Ms Wood, dass drei unschuldige Menschen ...“

„Glauben Sie nicht, dass ich jeden Augenblick daran dachte?“ Ihr Kinn schoss wütend in die Höhe. „Glauben Sie nicht, dass ich mich selbst dafür hasste? Ich habe *niemals* aufgehört, an diese Familie zu denken. An Evelyn und die Zwillinge. Ich fühlte mich schmutzig und böse. Ich fühlte mich ... ich weiß nicht.“ Sie machte eine hilflose Geste. „Gefangen.“

„Von was?“

„Von meiner Liebe zu ihm. Oder dem, was ich für Liebe hielt.“ Sie zögerte. „Doch vielleicht ... vielleicht liebte ich ihn niemals wirklich. Zumindest nicht den wahren Richard.“

„Und was führte Sie letztendlich zu dieser verblüffenden Erkenntnis?“

„Dinge, die ich über ihn erfahren habe.“

„Welche Dinge?“

„Die Art und Weise, wie er Menschen benutzte, seine Angestellten, zum Beispiel. Wie er sie behandelte.“

„Also, nachdem Sie den echten Richard Tremain erkannt hatten, entliebten Sie sich wieder?"

„Ja. Und ich habe Schluss mit ihm gemacht." Sie atmete erleichtert auf. Der schmerzhafteste Teil ihrer Aussage war vorbei. „Schon vor einem Monat."

„Waren Sie wütend auf ihn?"

„Eigentlich fühlte ich mich eher ... betrogen von all den falschen Eindrücken."

„Also, dann müssen Sie doch wütend gewesen sein?"

„Vermutlich war ich das."

„Und Sie sind einen Monat lang wütend auf Mr Tremain herumgelaufen."

„Manchmal. Meist kam ich mir nur dumm und einfältig vor. Aber dann ließ er mich nie in Ruhe. Er rief laufend an, weil er wieder mit mir zusammen sein wollte."

„Und das hat sie ebenfalls wütend gemacht?"

„Ja, natürlich."

„Wütend genug, um ihn zu töten?"

Sie sah ihn scharf an. „Nein."

„Waren Sie wütend genug, um ein Messer aus der Küchenschublade zu holen?"

„Nein!"

„Wütend genug, um ins Schlafzimmer zu gehen – Ihr Schlafzimmer, wo er nackt auf dem Bett lag – und ihm das Messer in die Brust zu stoßen?"

„Nein! Nein, nein, nein." Schluchzend schrie sie die Worte hinaus. Der Klang ihrer Stimme hallte wie der Schrei einer Außerirdischen von den Wänden dieses öden Raumes wider. Sie verbarg das Gesicht in den Händen und lehnte sich gegen den Tisch. „Nein", flüsterte sie. Sie musste weg von diesem schrecklichen Mann mit seinen furchtbaren Fragen; deshalb erhob sie sich von ihrem Stuhl.

„Setzen Sie sich hin, Ms Wood. Wir sind noch nicht fertig."

Gehorsam ließ sie sich wieder auf dem Stuhl nieder. „Ich habe ihn nicht getötet", weinte sie. „Ich habe Ihnen doch schon gesagt, dass ich ihn auf meinem Bett fand. Ich kam nach Hause, und er lag da ..."

„Ms Wood."

„Ich war am Strand, als es passierte. Ich saß am Strand. Doch das erzähle ich Ihnen allen schon die ganze Zeit, aber mir hört ja niemand zu. Niemand glaubt mir ..."

„Ms Wood, ich habe noch mehr Fragen."

Sie antwortete nicht. Nur ihr Schluchzen war zu hören.

Schließlich schaltete Merrifield den Rekorder aus. „In Ordnung. Wir machen eine Pause. Eine Stunde, und dann fassen wir noch einmal alles zusammen."

Miranda bewegte sich nicht. Sie hörte, wie er seinen Stuhl zurückschob, hörte, wie Merrifield den Raum verließ und die Tür hinter sich schloss, die ein paar Minuten später wieder geöffnet wurde.

„Ms Wood, ich werde Sie nun wieder in Ihre Zelle zurückbringen."

Miranda erhob sich langsam und drehte sich dann zur Tür, wo ein junger Polizist mit einem freundlichen Lächeln in einem netten Gesicht auf sie wartete. Officer Snipe las sie auf seinem Namensschild. Sie erinnerte sich vage an ihn. Oh ja. An Weihnachten, in einer anderen Zeit, in ihrem Leben vor dem Gefängnis, hatte er einmal ihren Strafzettel zerrissen. Das war eine nette Geste gewesen, eine galante Geste für eine Dame. Sie fragte sich, was er nun wohl von dieser Dame halten mochte und ob er das Wort Mörderin in ihrem Gesicht geschrieben sah.

Sie ließ sich von ihm in den Korridor führen. An einem Ende entdeckte sie Lieutnant Merrifield, der in ein Gespräch mit Polizeichef Tibbetts vertieft war. Der höfliche Officer Snipe führte sie in die entgegengesetzte Richtung, weg von den beiden. Miranda war erst ein kurzes Stück gegangen, als sie plötzlich ins Stocken geriet.

Am anderen Ende des Flurs stand ein Mann, der sie beobachtete. Sie hatte ihn noch nie zuvor gesehen, denn falls sie ihm schon einmal begegnet wäre, dann hätte sie sich bestimmt an ihn erinnert. Er wirkte wie eine unüberwindliche Hürde, wie er da in dem engen Gang stand, die Hände in den Taschen vergraben und mit bedrohlich breiten Schultern. Er sah nicht aus wie ein Polizist. Bei der Polizei gab es Standards, was das Erscheinungsbild betraf, und davon war dieser Mann mit seinem unrasierten Gesicht, den ungekämmten Haaren und dem zerknitterten Hemd weit entfernt. Am meisten jedoch störte sie die Art, wie er sie ansah. Das war nicht der Blick eines unbeteiligten Zuschauers. Nein. Sein Blick enthielt etwas Feindseliges. Diese dunklen Augen urteilten, prüften und befanden sie für schuldig.

„Gehen Sie weiter, Ms Wood", sagte Officer Snipe. „Es ist gleich um die Ecke."

Miranda zwang sich dazu, direkt auf die Furcht einflößende, menschliche Barriere zuzugehen. Der Mann trat einen Schritt zur Seite, um sie vorbeizulassen. Als sie ihn passierte, spürte sie seinen brennenden Blick und hörte, wie er durch die Zähne scharf einatmete, als wollte er nicht dieselbe Luft atmen wie sie, weil ihre Gegenwart die Atmosphäre irgendwie vergiftete.

In den letzten zwölf Stunden hatte man sie wie eine Kriminelle behandelt, sie in Handschellen abgeführt, ihre Fingerabdrücke genommen und mit Demütigungen überhäuft. Doch nicht ein Mal hatte sie sich so elend gefühlt wie in diesem Moment; wie eine Kreatur, die nichts anderes verdiente, als mit Misstrauen und Abneigung betrachtet zu werden. Plötzlich flammte Wut in ihr auf, eine Wut, die sie ganz und gar zu verzehren drohte.

Sie blieb stehen und starrte ihn an. Ihre Blicke trafen sich. Hol dich der Teufel! dachte sie. Wer auch immer du bist, sieh mich gut an! Sieh dir die Mörderin ganz genau an! Zufrieden?

Die Augen, die auf sie hinabstarrten, waren dunkel wie die Hölle und hart vor Missbilligung. Doch als sie sich in die Augen blickten, sah Miranda noch etwas anderes darin aufflackern; eine Spur von Ungewissheit, beinahe Verwirrung. So als ob das, was er sah, falsch war, als ob das Bild, das er sich gemacht hatte, nicht zu der Bildunterschrift passte.

Weiter hinten im Korridor schwang eine Tür auf. Man hörte Schritte, bis es auf einmal wieder still war.

„Oh Gott!“, flüsterte eine Stimme.

Miranda drehte sich um.

Evelyn Tremain stand wie erstarrt in der Tür, die zu den Waschräumen führte.

„Chase“, flüsterte sie. „Das ist sie …“

Sofort war er bei ihr und reichte ihr seinen stützenden Arm. Evelyn umklammerte ihn mit beiden Händen, als sei er ihr einziger Strohhalm. „Oh, bitte“, murmelte sie hilflos. „Ich kann es nicht ertragen, sie anzusehen.“

Miranda bewegte sich nicht. Ihr schlechtes Gewissen lähmte sie. Was hatte sie dieser Frau und ihrer Familie bloß angetan? Auch wenn ihr Verbrechen nicht aus einem Mord bestand, so hatte sie sich doch immerhin gegen Evelyn versündigt, und das würde sie ewig büßen.

„Mrs Tremain“, sagte sie leise. „Es tut mir leid …“

Evelyn vergrub ihr Gesicht an der Schulter des Mannes.

„Chase, bitte. Lass uns hier weg.“

„Er liebte Sie“, erklärte Miranda. „Ich möchte, dass Sie das wissen. Ich will, dass Sie wissen, dass er nie aufgehört hat, Sie zu lieben …“

„Bringen Sie sie weg!“, brüllte Evelyn.

„Officer“, sagte Chase ruhig. „Bitte bringen Sie sie weg.“

Officer Snipe packte Miranda am Arm. „Gehen wir.“

Während man sie abführte, rief Miranda über ihre Schulter zurück: „Ich habe ihn nicht umgebracht, Mrs Tremain! Das müssen Sie mir glauben …“

„Du Flittchen!“, schrie Evelyn. „Du dreckige Hure! Du hast mein Leben ruiniert.“

Als Miranda sich umdrehte, sah sie, dass die andere Frau sich losgemacht hatte und ihr hinterherblickte wie ein Racheengel. Ein paar blonde Strähnen hatten sich gelöst und fielen ihr über das immer schon blasse Gesicht, das nun kreidebleich geworden war.

„Du hast mein Leben zerstört!“, brüllte Evelyn.

Ihr anklagender Schrei hallte Miranda den ganzen Weg bis zur Gefängniszelle in den Ohren.

Widerstandslos betrat sie ihre Zelle. Als die Tür hinter ihr ins Schloss fiel, stand sie da wie zur Salzsäule erstarrt. Die Schritte des Officers entfernten sich. Sie war alleine und gefangen in diesem Käfig. Plötzlich hatte Miranda das Gefühl, ersticken zu müssen, wenn sie nicht sofort frische Luft atmen könnte. Sie kroch zu dem schmalen Fenster und versuchte, sich an den Gitterstäben hochzuziehen, aber es war zu hoch. Sie rannte zur Liege, schleifte sie quer durch die Zelle und stellte sich schließlich drauf. Doch auch so war sie kaum groß genug, um über das Fensterbrett zu gucken und einen tiefen Atemzug vom verlockenden Geschmack der Freiheit zu nehmen. Draußen schien die Sonne. Jenseits des Gefängnishofs entdeckte sie Ahornbäume, Dächer und ein paar am Himmel schwebende Möwen. Wenn sie tief genug inhalierte, konnte sie fast das Meer riechen. Wie schön das war! Wie unerreichbar! Sie umklammerte die Gitterstäbe fest, bis sie sich in die Handflächen gruben. Dann presste sie ihr Gesicht gegen das Fensterbrett und versuchte mit geschlossenen Augen, die Fassung zu bewahren und ihre Panik unter Kontrolle zu halten.

Ich bin unschuldig. Sie müssen mir glauben, dachte sie. Und dann: Was, wenn sie es nicht tun?

Nein, verdammt! Denk nicht daran.

Sie zwang sich, sich auf andere Gedanken zu bringen. Sie dachte an den Mann im Korridor, den Mann bei Evelyn Tremain. Wie hatte Evelyn ihn genannt? Chase. Der Name erinnerte sie an etwas; Miranda hatte ihn schon einmal gehört. Voller Hoffnung hielt sie sich an dieser irrelevanten Gedankenübung fest und konzentrierte sich darauf, ihre Erinnerung zu durchforsten. Hauptsache, sie vertrieb die Ängste aus ihrem Kopf. Chase. Chase. Irgendwer hatte ihn schon einmal neulich erwähnt. Sie versuchte, sich die Stimme vorzustellen, um sie mit der Äußerung des Namens in Verbindung zu bringen.

Die Erkenntnis traf sie wie ein Schlag. Es war Richard, der ihn erwähnt hatte. *Ich habe meinen Bruder seit Jahren nicht mehr gesehen.*

Wir hatten einen heftigen Streit, als mein Vater starb. Aber Chase war schon immer das Problemkind der Familie gewesen …

Verwirrt blinzelte Miranda in das Sonnenlicht. War das möglich? Es gab keine Ähnlichkeit zwischen ihnen, nicht den kleinsten Hinweis auf eine familiäre Bindung. Richard hatte blaue Augen, hellbraunes Haar und ein vom Wetter gegerbtes, ständig sonnengebräuntes Gesicht. Und dieser Chase war nur dunkel, nur Schatten. Es fiel schwer zu glauben, dass die beiden Brüder sein sollten. Doch das erklärte seine kalte Art und den verächtlichen Blick. Er dachte, sie hätte Richard umgebracht, und als er der Mörderin seines Bruders Auge in Auge gegenüberstand, fühlte er nur Ablehnung.

Miranda sank langsam auf die Liege zurück, und während sie dort lag, sah sie ein Stückchen blauen Himmel und Wolken. August. Es war ein heißer Tag. Ihr T-Shirt klebte feucht vor Schweiß an ihrer Haut.

Sie schloss die Augen und versuchte sich vorzustellen, eine am Himmel schwebende Möwe zu sein und die Insel weit unter sich zu sehen.

Doch stattdessen sah sie nur die anklagenden Augen von Chase.

3. KAPITEL

Er war bestimmt der hässlichste Hund der Welt.

Miss Lila St. John betrachtete ihr Haustier mit einer Mischung aus Liebe und Mitleid. Sir Oscar Henry San Angelo III, auch als Ozzie bekannt, gehörte zu der seltenen Rasse der Portugiesischen Wasserhunde. Miss St. John war sich über die Attribute dieser besonderen Rasse nicht ganz im Klaren. Sie vermutete, dass es sich um eine Art genetischen Witz handelte. Ihre Nichte hatte ihr diesen Hund geschenkt – damit er dir Gesellschaft leistet, Tantchen – und angepriesen. Seitdem grübelte Miss St. John darüber nach, was ihre Nichte gegen sie hatte. Nicht, dass Ozzie gar keine Werte besessen hätte. Er biss niemanden und ließ die Katze in Ruhe. Außerdem war er ein ganz passabler Wachhund. Doch er fraß so viel wie ein Pferd, war quirlig wie eine Maus, und er verzieh es einem nicht, wenn man nicht wenigstens viermal täglich mit ihm rausgehen wollte. Dann stand er an der Tür und heulte. So wie jetzt.

Oh, Miss St. John kannte diesen Blick. Selbst wenn sie die Augen des Biestes nicht hätte sehen können, hätte sie trotzdem gewusst, was dieser Blick bedeutete. Seufzend öffnete sie die Tür. Das schwarze Fellbündel schoss an ihr vorbei die Verandatreppen hinunter und verschwand in Richtung Wald. Miss St. John blieb keine andere Wahl, als ihm zu folgen, und so ging sie ebenfalls in den Wald.

Es war einer dieser warmen, ruhigen Abende, wo die Dämmerung von der Mittsommernacht verzaubert schien. Sie wäre nicht überrascht gewesen, wenn sie in dieser Nacht etwas Besonderes entdeckt hätte; zum Beispiel ein Reh oder ein Rehkitz, vielleicht auch ein Fuchsjunges oder sogar eine Eule.

Festen Schrittes folgte sie ihrem Hund zwischen den Bäumen hindurch und stellte fest, dass sie sich auf dem direkten Weg zum Rose Hill Cottage, dem Sommerwohnsitz der Tremains, befanden. Welch eine Tragödie der Tod Richard Tremains doch war! Sie hatte den Mann zwar nicht besonders gemocht, aber ihre Häuser waren die letzten beiden Cottages an dieser verlassenen Straße, und sie hatte ihn bei ihren gelegentlichen Spaziergängen oft hinter dem Fenster mit konzentriertem Blick an seinem Schreibtisch sitzen sehen. Er war immer freundlich zu ihr gewesen, und er war ihr respektvoll begegnet, auch, wenn sie dahinter eher Höflichkeit als echten Respekt vermutete. Er mochte mit älteren Damen nicht allzu viel anfangen können, aber er behandelte sie wenigstens anständig.

Soviel sie gehört hatte, war das bei jüngeren Damen etwas anders.

Die neuesten Enthüllungen um seinen Tod beunruhigten sie. Damit meinte sie nicht einmal seine Ermordung, sondern die Identität der Frau, die man verdächtigte. Miss St. John war Miranda Wood ein paarmal begegnet. Sie hatten sogar miteinander gesprochen. Auf dieser kleinen Insel begaben sich im Winter nur Fanatiker von der Grünen-Daumen-Fraktion auf die eisige Straße, um an den Treffen des lokalen Kleingartenvereins teilzunehmen. Dort war Miss St. John auch Miranda begegnet. Sie hatten während eines Vortrags über triploide Ringelblumen zusammengesessen und dann noch einmal bei einer Diskussion über die Kultivierung von Gloxinien. Miranda benahm sich freundlich und respektvoll, aber sie war wirklich so. Ein nettes Mädchen. Nicht die Spur von Unehrlichkeit in ihren Augen. Es schien Miss St. John, dass eine Frau, die sich so leidenschaftlich für Blumen und das Leben und Wachstum von Pflanzen einsetzte, einfach keine Mörderin sein konnte.

Das üble Gerede, das in diesen Tagen in der Stadt kursierte, störte sie. Miranda Wood, eine Mörderin? Miss St. Johns Instinkt sagte ihr, dass das nicht passte, und ihr Instinkt hatte sie noch nie betrogen.

Ozzie brach zwischen den letzten Bäumen hindurch und schoss ab in Richtung Rose Hill Cottage. Miss St. John folgte ihm resigniert. Dann sah sie ein Licht hinter den Bäumen flackern. Es kam aus dem Tremain Cottage. Doch genauso schnell, wie es aufgetaucht war, verschwand es auch wieder.

Sie erstarrte, weil ihr auf einmal ein unheimlicher Gedanke durch den Kopf ging. Gespenster? Richard war der Einzige, der dieses Cottage überhaupt nutzte. *Aber er ist tot.*

Da übernahm der vernünftige Teil ihres Gehirns die Kontrolle, der Miss St. John normalerweise durch den Tag führte. Da war jemand aus der Familie. Natürlich. Vielleicht Evelyn, um die Sachen ihres Mannes einzupacken.

Dennoch gelang es Miss St. John nicht, das ungute Gefühl abzuschütteln.

Sie überquerte die Straße und ging die Verandastufen hinauf. „Hallo?“, rief sie. „Evelyn? Cassie?“ Doch niemand antwortete auf ihr Klopfen.

Sie versuchte, durch das Fenster zu schauen, aber drinnen blieb es dunkel. „Hallo?“, rief sie noch einmal lauter. Sie glaubte ein dumpfes Geräusch irgendwo im Cottage zu hören. Dann folgte Stille.

Ozzie begann zu bellen. Er tanzte auf der Veranda herum. Seine Krallen klickten auf dem Holz.

„Schscht, sei doch ruhig!“, zischte Miss St. John. „Sitz!“

Der Hund winselte, machte Platz und bedachte sie mit einem deutlich beleidigten Blick.

Miss St. John stand noch einen Moment lang da und lauschte, doch sie hörte nichts, außer dem Flap-Flap von Ozzies Schwanz, der gegen die Verandabrüstung schlug.

Vielleicht sollte sie die Polizei rufen. Den ganzen Weg bis zu ihrem Cottage zurück, dachte sie darüber nach. Doch dort in ihrer behaglichen kleinen Küche erschien ihr diese Idee auf einmal verrückt und alarmierend. Es war eine gut halbstündige Fahrt bis zur Nordseite raus. Die örtliche Polizei würde ungern jemanden nur wegen eines Hirngespinsts so weit nach draußen schicken. Außerdem, was konnte es denn im Rose Hill Cottage schon so Interessantes für Räuber und Einbrecher geben?

„Es ist nur eine Einbildung. Oder meine nachlassende Sehfähigkeit. Schließlich muss man mit 74 schon einmal damit rechnen, dass das Denkvermögen seltsame Züge annimmt.“

Ozzie drehte sich einmal um sich selbst, bevor er sich hinlegte und prompt einschlief.

„Na großartig“, sagte Miss St. John, „jetzt rede ich schon mit meinem Hund. Ich verhalte mich ja immer mehr wie ein kauziges, altes Weib. Welcher Teil meines Verstands wird wohl als Nächstes aussetzen?“

Doch wie gewöhnlich kam von Ozzie keine Antwort.

Der Gerichtssaal war voll besetzt. Bereits ein Dutzend Menschen waren schon vor der Tür abgewiesen worden. Dabei ging es noch nicht einmal um die Verhandlung, sondern erst um die Anhörung, eine Formalität, die das Gesetz vorschrieb, damit man jemanden achtundvierzig Stunden lang einsperren durfte.

Chase, der mit Evelyn und deren Vater in der zweiten Reihe saß, vermutete, dass es sich um eine kurze Angelegenheit handeln würde. Die Fakten waren eindeutig und die Schuld der Verdächtigen unbestreitbar. Ein paar Worte des Richters, dann würde der Hammer fallen, und sie wären alle wieder draußen. Die Mörderin würde in ihre Zelle zurückschleichen, wo sie auch hingehörte.

„Das ist ja ein verdammtes Affentheater“, schimpfte Evelyns Vater, Noah DeBolt. Mit seinem silbernen Haar und dem Stiernacken war er für seine vierundsechzig Jahre eine noch immer imposante Erscheinung. Chase spürte den automatischen Drang, aufrecht zu sitzen und auf seine Manieren zu achten. In der Gegenwart von Noah DeBolt ließ man sich nicht gehen. Man war immer höflich und respektvoll, auch, wenn man längst erwachsen war.

Das galt offenbar auch für einen Polizeichef, wie Chase feststellte, als Lorne Tibbetts vor Noah DeBolt stehen blieb und sich höflich an den Hut tippte.

Die Hauptpersonen nahmen ihre Plätze ein. Der Staatsanwalt aus Bass Harbour saß an seinem Tisch und ging einen Stapel Papiere durch. Lorne und Ellis, die die halbe örtliche Polizeitruppe verkörperten, saßen in steifen Uniformen und mit ordentlich gekämmten Haaren links von ihm. Sie trugen sogar die Scheitel auf der gleichen Seite. Der Anwalt der Verteidigung, ein junger Mann in einem Anzug, der aussah, als hätte er ein doppeltes Jahresgehalt gekostet, spielte an dem Verschluss seiner ledernen Aktenmappe herum.

„Sie sollten den Saal räumen lassen“, knurrte Noah DeBolt. „Wer zum Teufel hat all diese Zuschauer hereingelassen? Ich würde das als ein Eindringen in die Privatsphäre bezeichnen.“

„Es ist eine öffentliche Anhörung, Daddy“, entgegnete Evelyn schwach.

„Es gibt Zuschauer und *Zuschauer*. Diese Leute gehören hier nicht hin. Es geht sie verdammt noch einmal gar nichts an.“ Noah erhob sich und winkte, um Lornes Aufmerksamkeit zu erlangen, aber das mit Brillantine geglättete Haupt des Polizeichefs rührte sich nicht. Noah blickte sich nach einem Justizbeamten um, doch der Mann verschwand durch die Seitentür. Frustriert setzte Noah sich wieder hin. „Ich weiß nicht, was aus dieser Stadt noch werden soll“, brummte er. „All diese neuen Leute. Kein Gefühl mehr für das richtige Maß.“

„Ruhig, Daddy“, murmelte Evelyn, bevor sie vor Wut schäumend fragte: „Wo sind die Kinder? Warum sind sie nicht hier? Ich will, dass der Richter sie sieht. Die armen vaterlosen Zwillinge.“

Noah schnaubte. „Sie sind erwachsen und werden niemanden mehr beeindrucken.“

„Da hinten sind sie“, sagte Chase, als er Cassie und Phillip ein paar Reihen weiter entdeckte. Sie waren wohl erst später mit den anderen Zuschauern hereingeschlüpft.

Also, das Publikum ist bereit, dachte er. Jetzt brauchen wir nur noch die beiden Hauptdarsteller: den Richter und die Angeklagte.

Kaum hatte er das gedacht, öffnete sich wie auf Stichwort die Seitentür. Der Hüne von einem Justizbeamten erschien. Seine Hand umklammerte den Arm der viel kleineren Gefangenen.

Nach seinem zweiten Blick auf Miranda Wood war Chase überrascht darüber, wie viel blasser sie ihm jetzt erschien. Und viel zerbrechlicher. Sie reichte dem Justizbeamten gerade eben bis zur Schulter. Sie trug einen unauffälligen blauen Rock und eine einfache weiße Bluse, ein Outfit, zu dem ihr ohne Zweifel der Anwalt geraten hatte, um sie unschuldig erscheinen zu lassen, was auch gelang. Ihr Haar war sauber und ordentlich zu einem Pferdeschwanz zurückgebunden. So sah kein lüsterner mordender Vamp aus. Sie trug weder Schmuck noch Make-up. Ihre Wangen waren auch ohne Gesichtspuder blass.

Auf dem Weg zum Tisch des Verteidigers blickte sie nur einmal in die Menge. Dabei hatte sie kurz Augenkontakt mit Chase, doch in diesen wenigen Sekunden spürte er ihre fragile Verfassung. Zwar sah er den Stolz auf ihrem Gesicht, und doch bildete er sich ein, ihre Körpersprache deuten zu können: der gerade Rücken, das hoch erhobene Kinn. Jeder andere hier im Raum würde es ebenfalls bemerken und ihr den vermeintlichen Hochmut übel nehmen. Dreiste Mörderin, würden sie denken, eine Frau ohne Scham und Reue. Er wünschte, *er* würde dasselbe über sie denken. Das würde ihre Schuld wahrscheinlicher und ihre Bestrafung gerechter erscheinen lassen.

Doch er wusste, was sich hinter ihrer Maske verbarg. Er hatte es vor zwei Tagen in ihren Augen gesehen, als sie ihn durch den Einwegspiegel unwissentlich angesehen hatte. Es war die nackte Angst gewesen!

Und sie war zu stolz, es sich anmerken zu lassen.

Ab dem Moment, als Miranda den Gerichtssaal betrat, wirkte nichts mehr wirklich. Ihre Füße und Beine waren taub, und sie war beinahe dankbar für den festen Griff, mit dem der Justizbeamte ihren Arm packte, als sie durch die Seitentür eintraten. Sie sah die Gesichter des Publikums wie durch ein Kaleidoskop – falls man die Zuschauer in einem Gerichtssaal als Publikum bezeichnen konnte. Doch wie sollte man sie sonst nennen? Sie waren da, um ihren Auftritt zu verfolgen, ein Theaterstück aus ihrem Leben. Die eine Hälfte von ihnen war gekommen, um sie hängen zu sehen, die andere aus Sensationslust. Während sie den Blick langsam durch den Saal streifen ließ, entdeckte sie bekannte Gesichter. Da saßen zum Beispiel ihre Kollegen vom *Herald*: die geschäftsführende Redakteurin Jill Vickery, schneidig und professionell bis in die Haarspitzen, und die Reporter, Annie Berenger und Ty Weingart, beide im typisch schlampigen Schreiberlook. Es war schwer zu sagen, ob sie als Freunde gekommen waren, falls man sie jemals als Freunde bezeichnen konnte. Alle trugen einen vorsichtig neutralen Gesichtsausdruck zur Schau.

Mirandas Blick wanderte weiter und machte ein einziges freundliches Gesicht in der Menge aus – den alten Herrn Lanzo, ihren Nachbarn von nebenan. Stumm formte er mit den Lippen die Worte: *Ich halte zu dir, Süße!* Miranda hätte beinahe zurückgelächelt.

Dann blieb ihr Blick auf Chase Tremains versteinertem Gesicht hängen. Das Lächeln erstarb auf ihren Lippen. Von allen Gesichtern im Saal erschreckte sie seines am meisten. Sie hatte das Gefühl, auf Zwergengröße zusammenzuschrumpfen. Um seinem vernichtenden Blick zu entkommen, hätte sie sich am liebsten in einer dunklen, unerreichbaren Höhle versteckt. Die Gesichter an seiner Seite sprachen ebenfalls Bände. Evelyn Tremains Antlitz wirkte in der schwarzen Witwenkluft bleich wie eine Totenmaske. Neben ihr saß ihr Vater Noah DeBolt, einer der Patriarchen der Stadt, ein Mann, dessen stählerner Blick jedem, der es wagte, ihn zu beleidigen, zu verstehen gab, dass er erledigt war. Nun zielte er mit diesem giftigen Blick auf Miranda.

Die Hand des Justizbeamten zog Miranda zum Tisch des Verteidigers. Demütig ließ sie sich neben dem Anwalt nieder, der sie mit einem steifen Nicken begrüßte. Randall Pelham gehörte zur Ivy League und war perfekt für diesen Anlass gekleidet, aber wenn Miranda ihn ansah, dachte sie immer nur daran, wie jung er doch wirkte. Er schaffte es, dass sie sich mit ihren 29 Jahren bereits als reife Frau betrachtete. Dennoch hatte sie in dieser Hinsicht kaum eine andere Wahl gehabt. Es gab nur zwei Anwälte im Praktikum auf Shephard's Island. Der andere hieß Lee Hardee. Er war ein Mann mit Erfahrung, einem guten Ruf und einer angemessenen Honorarvorstellung. Leider standen die Namen DeBolt und Tremain auf seiner Klientenliste.

Bei Randall Pelham bestanden keine Interessenskonflikte. Er hatte ohnehin nicht viele Klienten. Als der Neue in der Stadt war er bereit, jeden zu verteidigen; selbst die hiesige Mörderin.

„Ist alles in Ordnung, Mr Pelham?", fragte sie leise.

„Lassen Sie mich reden. Bleiben Sie einfach hier sitzen und gucken Sie unschuldig."

„Ich bin unschuldig."

Randall Pelham gab darauf keine Antwort.

„Bitte erheben Sie sich für Euer Ehren Herbert C. Klimenko", rief der Justizbeamte.

Alle standen auf.

Das Geräusch scharrender Füße kündigte die Ankunft von Richter Klimenko an, der sich wie einen Sack loser Knochen in den quietschenden Richterstuhl sinken ließ. Er klopfte seine Taschen ab, bevor er schließlich eine Brille hervorzauberte, die er sich auf die Nase setzte.

„Sie haben ihn aus dem Ruhestand geholt", flüsterte jemand in der ersten Reihe. „Man sagt, er sei senil, wissen Sie?"

„Man behauptet auch, er sei taub", schoss Richter Klimenko zurück und schlug mit dem Hammer auf den Tisch. „Die Sitzung ist eröffnet."

Das war der Auftakt. Miranda folgte dem Rat ihres Anwalts und überließ ihm das Reden. Sie sprach fünfundvierzig Minuten lang kein Wort, während zwei Männer, von denen sie den einen kaum, den anderen gar nicht kannte, um ihre Freiheit stritten. Es ging nicht um Schuld oder Unschuld. Das würde erst in der Hauptverhandlung entschieden. Das Thema, das sie heute verhandelten, betraf sie viel unmittelbarer: Würde man sie bis zur Verhandlung freilassen?

Der Staatsanwalt hakte eine Liste von Gründen ab, weshalb die Angeklagte in Haft bleiben sollte. Beweislast. Gefahr für die Allgemeinheit. Mögliche Fluchtgefahr. Die brutale Art des Verbrechens, erklärte er, wies auf die Gefährlichkeit der Angeklagten hin. Miranda konnte nicht glauben, dass *sie* mit diesem Monster, auf das er sich bezog, gemeint war. Denken sie so über mich? fragte sie sich, während sie die Blicke der Zuschauer in ihrem Rücken spürte. Denken sie, dass ich böse bin? Dass ich wieder töten würde?

Erst als man sie zum zweiten Mal aufforderte, für Richter Klimenkos Entscheidungsverkündung aufzustehen, lenkte sie ihre Aufmerksamkeit wieder auf die Gegenwart. Zitternd erhob sie sich und blickte in ein Augenpaar, das über den Rand der Gläser auf sie hinuntersah.

„Die Kaution wird auf 100.000 Dollar in bar oder 200.000 Dollar versichertes Eigentum festgelegt." Dann fiel der Hammer. „Die Sitzung ist beendet."

Miranda war fassungslos. Selbst als die Zuschauer hinter ihr begannen, aufzustehen und nach draußen zu strömen, stand sie vor Verzweiflung da wie erstarrt.

„Es ist das Beste, was ich tun konnte", flüsterte Pelham.

Es hätte genauso gut eine Million sein können. Sie wäre niemals dazu in der Lage gewesen, diese Summe aufzubringen.

„Kommen Sie, Ms Wood", sagte der Justizbeamte, „es wird Zeit zurückzugehen."

Schweigend ließ sie sich an den neugierigen Blicken vieler Augenpaare vorbei durch den Saal begleiten. Sie blieb nur einen Moment lang stehen, um Chase Tremain einen Blick über ihre Schulter zuzuwerfen. Als ihre Blicke sich trafen, dachte sie für einen kurzen Moment, sie sähe etwas darin aufflackern, das sie vorher nicht gesehen hatte. Doch es war genauso schnell wieder verschwunden.

Mit den Tränen kämpfend, wandte sie sich um und folgte dem Justizbeamten durch die Seitentür.

Zurück ins Gefängnis.

„Das wird sie eine Weile hinter Gittern halten“, sagte Evelyn.

„Einhunderttausend?“ Chase schüttelte den Kopf. „Das klingt so unmöglich nicht.“

„Nicht für uns, vielleicht. Aber für jemanden wie sie?“, schnaubte Evelyn. Der befriedigte Ausdruck, der sich auf ihrem makellos zurechtgemachten Gesicht abzeichnete, hatte etwas Ungehöriges. „Nein. Nein, ich glaube Ms Miranda Wood wird genau da bleiben, wo sie auch hingehört. Hinter Gittern.“

„Sie hat sich keinen Millimeter bewegt“, sagte Lorne Tibbetts. „Wir befragen Sie nun bereits seit einer Woche, aber sie bleibt bei ihrer Version.“

„Das macht nichts“, erwiderte Evelyn. „Fakten sind Fakten. Die kann sie nicht widerlegen.“

Sie saßen draußen auf Evelyns Veranda. Die Hitze hatte sie an diesem Morgen aus dem Haus gejagt, weil die durch die Fenster hereinströmende Sonne die Zimmer in einen Backofen verwandelt hatte. Chase hatte diese heißen Augusttage vergessen. In seiner Erinnerung war Maine immer kühl und immun gegen das Elend des Sommers gewesen. So viel zum Thema Kindheitserinnerungen. Er schenkte sich ein weiteres Glas Eistee ein und gab den Krug an Tibbetts weiter.

„Also, was denken Sie, Lorne?“, fragte Chase. „Haben Sie genug, um sie zu überführen?“

„Vielleicht. Doch es gibt Beweislücken.“

„Welche?“, wollte Evelyn wissen.

Chase wunderte sich, wie kühl und beherrscht sie wirkte; genauso wie er sich aus ihrer Kindheit an sie erinnerte. Evelyn, die Eiskönigin.

„Da ist zum Beispiel die Sache mit den Fingerabdrücken“, sagte Tibbetts.

„Was meinen Sie damit?“, fragte Chase. „Waren keine auf dem Messer?“

„Das ist das Problem. Der Messergriff wurde abgewischt, und das ergibt für mich nun keinen Sinn. Sehen Sie, auf der einen Seite haben wir ein Verbrechen aus Leidenschaft. Sie benutzt ihr eigenes Messer. Pure Impulshandlung. Aber warum macht sie sich die Mühe, die Fingerabdrücke abzuwischen?“

„Sie muss wohl schlauer sein, als Sie denken“, meinte Evelyn Nase rümpfend. „Sie hat Sie bereits durcheinandergebracht.“

„Nein, das passt einfach nicht zu einem Impulsmord. Außerdem hat sie den Lügendetektortest bestanden.“

„War sie verpflichtet, sich ihm zu unterziehen?“, wollte Chase wissen.

„Im Gegenteil: Sie bestand darauf. Es hätte ihren Fall nicht verschlimmert, wenn sie durchgefallen wäre. Aber so verbessert es ihre Position etwas. Auch wenn der Test nicht als zuverlässiges Beweismittel gilt.“

„Also, warum sollte es dann *Ihre* Meinung ändern?“, fragte Evelyn jetzt.

„Tut es nicht. Es stört mich nur.“

Chase starrte aufs weite Meer hinaus. Auch er war irritiert. Nicht von den Fakten, sondern von seinen eigenen Instinkten.

Logik und Beweise sagten ihm, dass Miranda Wood die Mörderin war. Doch warum fiel es ihm so schwer, daran zu glauben?

Die Zweifel hatten vor einer Woche begonnen, auf dem Gang der Polizeistation. Er hatte das ganze Verhör beobachtet und gehört, wie sie alles abgestritten hatte; ihre stereotypen Erklärungen. Er hatte nicht geschwankt, aber als sie sich im Korridor Auge in Auge gegenübergestanden hatten und sie ihm direkt in die Augen sah, hatte er die ersten Anflüge des Zweifels gespürt. Hätte eine Mörderin seinen Blick so unerschrocken erwidert? Wäre sie einem Ankläger mit dieser Courage begegnet? Selbst als Evelyn aufgetaucht war, hatte Miranda sich nicht versteckt. Stattdessen hatte sie etwas sehr Unerwartetes gesagt. *Er liebte Sie. Ich will, dass Sie das wissen.* Von allen Dingen, die eine Mörderin möglicherweise gesagt haben könnte, war das das Überraschendste. Es war ein Akt der Liebenswürdigkeit, ein aufrichtiger Versuch, die Witwe zu trösten. Es brachte ihr keine Punkte, auch nicht vor Gericht. Sie hatte einfach vorbeigehen und Evelyn ignorieren, sie ihrer Trauer überlassen können. Stattdessen hatte Miranda ihr Mitleid für die andere Frau ausgedrückt.

Chase verstand das nicht.

„Keine Frage, dass die Beweislage gegen sie spricht“, sagte Tibbetts. „Der Richter dachte offensichtlich so. Betrachten Sie nur einmal die Kaution, die er festlegte. Er wusste, dass sie niemals so viel Geld würde aufbringen können. Also wird sie so schnell nicht wieder aus dem Gefängnis herauskommen; es sei denn, sie hätte noch irgendwo einen reichen Onkel versteckt."

„Kaum", sagte Evelyn. „Eine Frau wie sie konnte nur auf der Schattenseite geboren sein."

Schattenseite, dachte Chase, das bedeutete arm, aber nicht automatisch Abschaum, so viel hatte er durch den Spiegel erkennen können. Abschaum war billig, leicht zu verbiegen und käuflich. Miranda Wood war keine von denen.

Ein Wagen von der Shepherd's-Island-Polizei stoppte in der Auffahrt.

Tibbetts seufzte. „Jesus, sie lassen einen nie in Ruhe, nicht einmal an meinem freien Tag."

Ellis Snipe, der spindeldürr in seiner Polizeiuniform wirkte, stieg aus. Seine Stiefel knirschten auf dem Kies, während er sich der Gruppe näherte. „Hey, Lorne", rief er zur Veranda hinauf. „Ich dachte mir schon, dass du hier bist."

„Es ist Samstag, Ellis."

„Ja, ich weiß, Lorne. Aber wir haben so eine Art Problem bekommen."

„Wenn es wieder der Waschraum ist, dann ruf einfach den Klempner an. Ich unterschreibe das Anforderungsformular."

„Nein, es ist ..." Ellis schaute unbehaglich zu Evelyn. „Es geht um diese Frau, Miranda Wood."

Tibbetts erhob sich und trat an die Verandabrüstung. „Was ist mit ihr?"

„Sie haben doch von den hunderttausend Dollar Kaution gehört?"

„Ja?"

„Jemand hat sie bezahlt."

„*Was?*"

„Jemand hat sie bezahlt. Wir sollen sie freilassen."

Auf der Veranda entstand eine lange Pause, bis Evelyn leise und in einem giftigen Ton sagte: „*Wer* hat sie bezahlt?"

„Keine Ahnung", meinte Ellis. „Aus dem Gericht heißt es, das sei anonym. Die Kaution wurde über einen Anwalt aus Boston gestellt. Also, Lorne, was machen wir?"

Tibbetts atmete hörbar aus. Er rieb seinen Nacken und verlagerte sein Gewicht ein paarmal von einem Bein auf das andere. Dann sagte er: „Es tut mir leid, Evelyn."

„Lorne, das können Sie nicht tun!", schrie sie.

„Ich habe keine andere Wahl." Er wandte sich an den Polizisten. „Du hast den Gerichtsbefehl, Ellis. Lass sie laufen."

„Ich verstehe nicht", sagte Miranda und starrte verwirrt zu ihrem Anwalt hinüber. „Wer sollte denn so etwas für mich tun?"

„Offenbar ein Freund", war Randall Pelhams trockene Antwort. „Ein sehr *guter* Freund."

„Aber ich habe keine Freunde mit so viel Geld. Niemand, der hunderttausend erübrigen könnte."

„Nun, jemand kommt für die Kaution auf. Mein Rat ist, schauen Sie einem geschenkten Gaul nicht ins Maul."

„Wenn ich nur wüsste, wer es war ..."

„Die Angelegenheit wurde von einem Bostoner Anwalt geregelt, der sagt, dass sein Klient anonym bleiben will."

„Warum?"

„Vielleicht wäre es dem Spender unangenehm ..."

Einer Mörderin zu helfen, ergänzte sie in Gedanken.

„Es ist sein – oder ihr – Recht, anonym zu bleiben. Ich würde sagen, nehmen Sie an. Die Alternative wäre, im Gefängnis zu bleiben. Nicht unbedingt der komfortabelste Ort, an dem man sich aufhalten kann."

Sie stieß geräuschvoll Luft aus. „Nein, das ist es nicht." Es war tatsächlich schrecklich düster in der Zelle gewesen. Sie hatte die letzte Woche damit verbracht, auf das Fenster zu starren und sich nach einem einfachen Vergnügen wie einem Spaziergang am Meer zu sehnen. Oder nach einem ordentlichen Essen. Oder auch nur nach wärmenden Sonnenstrahlen auf ihrem Gesicht. Und nun war all das in Reichweite.

„Ich wünschte, ich wüsste, wem ich das zu verdanken habe", sagte sie leise.

„Ich denke, diesen Wunsch kann ich Ihnen nicht erfüllen, Miranda. Akzeptieren Sie es einfach als einen Gefallen." Er schloss seine Aktentasche.

Plötzlich irritierte er sie, dieses Kind, kaum aus den Windeln, und so smart und schick in seinem grauen Anzug. Mr Randall Pelham.

„Die Vorkehrungen sind getroffen. Am Nachmittag können Sie gehen. Werden Sie in Ihrem Haus bleiben?"

Sie hielt inne und erschauderte bei dem Gedanken an Richards Körper auf ihrem Bett. Das Haus war inzwischen gesäubert worden. Ihr Nachbar, Mr Lanzo, hatte sich darum gekümmert und ihr gesagt, dass jetzt wieder alles in Ordnung war, so als ob in diesem Schlafzimmer nie etwas geschehen wäre. Die Spuren der Gewalt waren getilgt. In der Realität jedenfalls. In ihrer Erinnerung nicht.

Sie nickte. „Ja, ich glaube, ich werde nach Hause gehen." Wo auch hätte sie sonst hingekonnt?

„Sie kennen die Prozedur, ja? Sie dürfen das Land nicht verlassen. Genau genommen dürfen Sie schon die Stadtgrenze von Bass Harbour nicht passieren. Bleiben Sie die ganze Zeit in Kontakt und laufen Sie nicht herum, ich wiederhole: laufen Sie nicht herum, um Ihren Fall zu diskutieren. Mein Job ist auch so schon schwer genug."

„Und wir wollen unsere Fähigkeiten nicht überstrapazieren, oder?", murmelte sie vor sich hin.

Er schien den Kommentar nicht gehört zu haben. Vielleicht ignorierte er sie auch nur. Er schritt aus der Zelle und warf ihr noch einmal einen Blick zu. „Wir können uns immer noch mit der Anklage einigen."

Sie sah ihm in die Augen. „Nein."

„Auf diese Weise könnten wir den Schaden begrenzen. Sie könnten mit zehn Jahren davonkommen anstatt mit fünfundzwanzig."

„Ich habe ihn nicht getötet."

Pelham erwiderte ihren Blick, bis er sich mit einem ungeduldigen Schulterzucken von ihr abwandte. „Einigen Sie sich mit der Gegenseite", sagte er, „das rate ich Ihnen. Denken Sie darüber nach."

Sie *dachte* den ganzen Nachmittag, als sie in der düsteren Zelle saß und auf ihre Entlassungspapiere wartete, darüber nach. Doch sobald sie aus dem Gebäude heraustrat und als freie Frau im Sonnenschein wandelte, erschien ihr selbst der Handel um zehn Jahre ihres Lebens als unvorstellbar. Sie stand auf dem Bürgersteig und blickte in den Himmel, während sie die süßeste Luft, die sie in ihrem Leben je eingeatmet hatte, tief inhalierte.

Dann entschied sie sich, den einen Kilometer bis zu ihrem Haus zu Fuß zu gehen.

Als nach einer Weile ihr Vorgarten in Sicht kam, waren ihre Wangen gerötet und die Muskeln angenehm entspannt. Das Haus sah genauso aus wie immer, ein Schindeldach-Cottage mit einem gepflegten Rasen – den irgendjemand offensichtlich während ihrer Abwesenheit gewässert hatte –, einem gepflasterten Fußweg, einer Hecke aus Hortensienbüschen, die von einem weißen Blütenteppich bedeckt war. Das Haus war nicht groß, aber es gehörte ihr.

Sie ging den Fußweg entlang und entdeckte die bösartigen Worte, die jemand auf die Fensterscheibe geschmiert hatte, erst, als sie die Veranda betrat. Zutiefst verletzt von der Grausamkeit dieser Botschaft blieb sie stehen.

Mörderin.

In einem plötzlichen Wutanfall wischte sie mit ihrem Ärmel über das Glas. Die anklagenden Worte verwandelten sich in schmierige

Streifen. Wer konnte so etwas Schreckliches geschrieben haben? Bestimmt keiner ihrer Nachbarn. Kinder. Ja, so musste es gewesen sein. Ein Haufen Punks. Oder Sommerfrischler. Nicht aber die Leute, die sie täglich umgaben, die das ganze Jahr hier wohnten.

An der Haustür zögerte sie, beinahe ängstlich, doch schließlich drehte sie den Türknauf und ging hinein.

Zu ihrer Erleichterung stellte sie drinnen fest, dass alles in Ordnung war, so wie es eben sein sollte. Am Ende des Tisches lag eine Rechnung von der Reinigungsfirma. „Komplettreinigung", las sie auf der Arbeitsanweisung für das Personal. „Besondere Aufmerksamkeit auf das Schlafzimmer richten. Flecken entfernen." Die Anweisung war von ihrem Nachbarn unterschrieben worden. Gesegnet sei Mr Lanzo. Dann begab sie sich langsam auf Inspektionstour. Sie schaute in die Küche, das Badezimmer, das Gästezimmer. Ihr Schlafzimmer ließ sie aus, weil es ihr zu schmerzhaft war, sich damit zu konfrontieren. Sie stand in der Diele und nahm das ordentlich gemachte Bett, den gewachsten Boden und den fleckenfreien Teppich in Augenschein. Es gab keine Anzeichen eines Mordes, keine Anzeichen von Tod, sondern nur ein sonniges Schlafzimmer mit schlichten Bauernmöbeln. Sie stand da und nahm alles bedächtig in sich auf. Sie bewegte sich nicht einmal, als das Telefon im Wohnzimmer klingelte. Nach einer Weile hörte es auf.

Sie ging ins Schlafzimmer und setzte sich aufs Bett. Jetzt wirkte alles, was sie hier gesehen hatte, wie eine schlechter Traum. Wenn ich mich nur genug konzentriere, dann wache ich auf, dachte sie. Ich werde herausfinden, dass es nur ein Albtraum war. Dann starrte sie auf den Boden und entdeckte am Fußende des Bettes einen braunen Fleck auf den Eichendielen.

Sie stand sofort auf und verließ das Zimmer, gerade als das Telefon im Wohnzimmer erneut klingelte. Da griff sie automatisch nach dem Hörer. „Hallo?"

„Lizzi Borden schlägt die Axt, bis Mama der Schädel knackst. Als sie sieht, was sie getan, kommt auch noch der Vater dran!"

Miranda ließ den Hörer fallen. Sie sprang vor Schreck einen Schritt zurück und starrte auf den herunterhängenden Hörer. Der fremde Anrufer lachte. Sie konnte das Gekicher hören. Es klang grausam und kindisch. Dann hastete sie nach vorne, packte den Hörer und warf ihn auf die Gabel.

Da klingelte das Telefon erneut.

Sie nahm ab.

„Lizzie Borden schlägt die Axt …"

„Hör auf!“, schrie sie. „Lass mich in Ruhe.“

Sie legte auf, und es begann wieder zu läuten.

Diesmal ging sie nicht dran. In Tränen aufgelöst rannte sie zur Küchentür hinaus in den Garten. Da sank sie in einen Grashaufen auf dem Rasen. Über ihrem Kopf zwitscherten Vögel. Der Geruch von warmer Erde und Blumen erfüllte süßlich den Nachmittag. Sie begrub ihr Gesicht im Gras und weinte.

Drinnen klingelte das Telefon immer weiter.

4. KAPITEL

Miranda stand alleine und unbeobachtet vor dem Friedhofstor. Durch die schmiedeeisernen Stäbe konnte sie die Trauernden sehen, die sich um ein frisch ausgehobenes Grab scharten. Es war eine große Versammlung, wie es sich für ein respektiertes Mitglied der Gesellschaft gehörte. Respektiert, vielleicht, sagte sie zu sich selbst, aber war er auch beliebt? Hatte irgendjemand von ihnen, inklusive seiner Frau, ihn wirklich geliebt? Ich dachte, ich hätte. Einmal …

Die Stimme von Pfarrer Marriner war kaum mehr als ein Murmeln. Vieles ging im Rascheln der Fliederbüsche über ihr verloren. Sie strengte sich an, die Worte zu verstehen. „Liebender Ehemann … wird uns ewig fehlen … grausame Tragödie … Gott vergib …“

Vergib.

Sie flüsterte die Worte, als spräche sie ein Gebet, das sie irgendwie aus den Klauen der Schuld befreien konnte. Aber wer würde ihr vergeben?

Gewiss niemand dieser Trauergemeinschaft.

Sie erkannte beinahe jedes Gesicht dort. Ihre Nachbarn waren darunter, ihre Kollegen von der Zeitung und ihre Freunde. Sag lieber ehemalige Freunde, dachte sie verbittert. Dann waren da noch diejenigen, die zu hochtrabend waren, um ihre Bekanntschaft zu machen, und die, die sich in sozialen Schichten bewegten, zu denen Miranda niemals Zutritt bekommen würde.

Sie entdeckte den grimmigen, aber gefassten Noah DeBolt, Evelyns Vater, und auch Forrest Mayhew, den Präsidenten der hiesigen Sparkasse, vorschriftsmäßig in Anzug und Krawatte gekleidet. Miss Lila St. John gehörte in eine Kategorie für sich. Die örtliche Blumen- und Gartenfee schien seit Jahren auf das Alter von vierundsiebzig abonniert zu sein. Außerdem waren da natürlich die Tremains. Sie gaben ein tragisches Bild ab, wie sie da so selbstsicher neben dem offenen Grab standen. Evelyn zwischen ihrem Sohn und Chase Tremain, als ob sie beide Männer als Stütze benötigte. Ihre Tochter Cassie hielt sich fast aufsässig abseits. Ihr geblümtes pfirsichfarbenes Kleid bildete einen schockierenden Kontrast zu dem Grau und Schwarz der anderen Trauergäste.

Ja, Miranda kannte sie alle. Und sie kannten Miranda.

Sie hätte alles Recht gehabt, dort bei ihnen zu stehen. Schließlich war sie einmal Richards Freundin gewesen; sie war es ihm schuldig, Auf Wiedersehen zu sagen. Sie sollte ihrem Herzen folgen, zum Teufel mit den Konsequenzen.

Doch ihr fehlte der Mut.

Also blieb sie an der Peripherie, einem einsamen und stimmlosen Exil, und beobachtete, wie sie den Mann, der einst ihr Liebhaber gewesen war, zur letzten Ruhe betteten.

Als es vorbei war, stand sie immer noch da, auch als die Trauergemeinde den Friedhof langsam und stetig durch die Tore zu verlassen begann. Sie sah ihre überraschten Blicke, hörte sie nach Luft schnappen und ihr Gemurmel „Seht mal, da ist sie". Ruhig begegnete sie ihren Blicken. Fliehen hätte wie ein Akt der Feigheit ausgesehen. *Ich mag zwar nicht mutig sein, aber ich bin kein Feigling.* Die meisten von ihnen gingen schnell und mit gesenktem Blick an ihr vorbei. Nur Miss Lila St. John erwiderte den Augenkontakt, wobei sie Miranda weder freundlich noch unfreundlich, sondern eher nachdenklich musterte. Einen Moment lang glaubte Miranda, ein Lächeln in Miss Lila St. Johns Augen aufflackern zu sehen, doch dann ging auch sie weiter.

Ein scharfer Atemzug ließ Miranda sich umdrehen.

Die Tremains waren am Tor stehen geblieben. Evelyn erhob langsam die Hand und deutete auf Miranda. „Sie haben kein Recht", flüsterte sie, „kein Recht hier zu sein."

„Mama, vergiss es", sagte Phillip, während er sie am Arm packte und wegzog. „Lass uns einfach nach Hause gehen."

„Sie gehört nicht hierher."

„Mama …"

„*Verschwinden Sie!*" Evelyn stürzte sich auf Miranda und ging mit den Fäusten auf sie los.

Da trat Chase dazwischen. Er zog Evelyn an sich und hielt ihre Hände fest. „Evelyn, nicht! Ich werde mich darum kümmern, in Ordnung? Ich werde mit ihr reden. Geh einfach nach Hause. Bitte." Er sah die Zwillinge an. „Phillip, Cassie! Kommt, bringt eure Mutter nach Hause. Ich werde später nachkommen."

Jeder der Zwillinge nahm einen Arm, und Evelyn erlaubte ihnen, sie wegzuführen. Doch als sie am Wagen angekommen waren, drehte sie sich noch einmal um und brüllte: „Lass dich nicht von der Hure täuschen, Chase! Sie wird dir den Kopf genauso verdrehen wie Richard!"

Die Wucht der anklagenden Worte drohten Miranda aus dem Gleichgewicht zu bringen. Sie stolperte, spürte, wie das Tor hinter ihrem Rücken nachgab und ertappte sich, wie sie Halt suchend danach griff. Das kalte Eisen schien das einzig Solide zu sein, woran sie sich klammern konnte. Plötzlich durchbrach das Quietschen der Scharniere ihre Verwirrung. Erst da bemerkte sie, dass sie mitten in einem Beet Gänseblümchen stand, dass die anderen gegangen und dass sie und Chase Tremain als Einzige auf dem Friedhof zurückgeblieben waren.

Er beobachtete sie, nur ein paar Schritte von ihr entfernt und doch so, als ob er sich hüten würde, ihr näher zu kommen; als ob sie ein gefährliches Tier wäre. Sie konnte das Misstrauen in seinen dunklen Augen und die Spannung in seiner Haltung sehen. Wie aristokratisch er heute in seinem kohlschwarzen Anzug aussah, so unnahbar und unberührbar. Das Jackett unterstrich seine perfekten breiten Schultern und seine schmale Taille. Maßanfertigung, natürlich. Ein echter Tremain dachte nicht einmal an Kleidung von der Stange.

Trotzdem hatte sie Schwierigkeiten zu glauben, dass dieser Mann mit den Zigeuneraugen und dem schwarzen Haar ein Tremain war.

Ein Jahr lang hatte sie auf diese Porträts im Verlagsgebäude geschaut. Sie hingen an der gegenüberliegenden Wand ihres Schreibtisches: fünf Generationen Tremain-Männer, und alle mit rosigen Gesichtern und blauen Augen. Richards genauso blauäugiges Porträt hatte gut dazu gepasst. Chase Tremain dagegen hätte deplatziert gewirkt.

„Warum sind Sie hergekommen, Ms Wood?“, fragte er.

Sie reckte ihr Kinn. „Warum sollte ich nicht?“

„Es ist unangemessen, um es mal so auszudrücken.“

„Es ist sehr angemessen. Ich mochte ihn. Wir waren … wir waren befreundet.“

„*Befreundet?*“ Seine Stimme erhob sich in spöttischem Unglauben. „So nennen Sie das also?“

„Sie wissen nichts über uns.“

„Ich weiß, dass Sie mehr als befreundet waren. Wie sollen wir Ihre Beziehung nennen, Ms Wood? Ein Verhältnis? Eine Romanze?“

„Hören Sie auf!“

„Eine heiße kleine Nummer auf der Couch des Chefs?“

„Hören Sie auf, verdammt noch einmal! So war es nicht.“

„Nein, natürlich nicht. Sie waren nur *befreundet*.“

„In Ordnung! In Ordnung …“ Sie wandte den Kopf ab, damit er ihre Tränen nicht sehen konnte, um dann leise zu sagen: „Wir waren ein Paar.“

„Endlich. Ein Wort dafür.“

„Und Freunde. Vor allem Freunde. Ich wünschte bei Gott, es wäre dabei geblieben.“

„Das wünschte ich auch. Dann wäre er wenigstens noch am Leben.“

Sie erstarrte. „Ich habe ihn nicht umgebracht“, sagte sie nach einer Weile.

Er seufzte. „Natürlich nicht.“

„Er war schon tot. Ich fand ihn …“

„In Ihrem Haus in Ihrem Bett.“

„Ja, in meinem Bett.“

„Sehen Sie, Ms Wood. Ich bin weder Richter noch Geschworener. Verschwenden Sie Ihren Atem nicht an mich. Ich bin nur hier, um Ihnen mitzuteilen, dass Sie sich von der Familie fernhalten sollen. Evelyn ist schon genug durch die Hölle gegangen. Sie braucht keine ständige Erinnerung daran. Wenn nötig, werden wir einen Gerichtsbefehl erwirken, um Sie von uns fernzuhalten. Ein falscher Schritt und Sie wandern wieder ins Gefängnis … wo Sie auch hingehören.“

„Ihr seid alle gleich“, entgegnete Miranda bitter. „Ihr Tremains und DeBolts. Alle aus dem gleichen Holz geschnitzt. Nicht wie der Rest von uns, der weggeschoben werden kann. Genau dahin, wo wir hingehören.“

„Es hat nichts damit zu tun, aus welchem Holz wir geschnitzt sind. Hier handelt sich um einen kaltblütigen Mord.“ Er machte einen Schritt auf sie zu. „Was genau ist passiert?“, fragte er und kam noch näher. „Hat Richard ein heiliges Versprechen gebrochen? Abgelehnt, seine Frau zu verlassen? Oder war er einfach nur zur Vernunft gekommen und hatte beschlossen, Sie zu verlassen?“

„Nichts dergleichen.“

„Also, was geschah dann?“

„Ich habe *ihn* verlassen!“

Chase blickte auf sie hinunter. Skepsis sprach aus jeder einzelnen Falte seines Gesichts. „Warum?“

„Weil es vorbei war. Weil alles falsch war, alles zwischen uns. Ich wollte weg. Ich hatte sogar die Zeitung verlassen.“

„Er hat Sie gefeuert?“

„Ich habe gekündigt. Sehen Sie in den Unterlagen nach, Mr Tremain. Dort werden Sie meine Kündigung finden. Es ist gut zwei Wochen her. Ich war dabei, die Insel zu verlassen. Ich wollte irgendwohin, wo ich ihn nicht jeden Tag hätte sehen müssen. Irgendwohin, wo ich nicht ständig an all das Leid erinnert würde, das ich seiner Familie angetan hatte.“

„Wo hatten Sie denn vor hinzugehen?“

„Das war mir egal. Einfach nur weg.“ Sie sah hoch, an den Grabsteinen vorbei. Weit hinter dem Friedhof lag das Meer. Durch die Bäume konnte sie Blicke darauf erhaschen. „Ich bin fünfzig Kilometer von hier aufgewachsen. Auf der anderen Seite der Bucht. Diese Bucht ist mein zu Hause. Ich habe sie immer geliebt. Und trotzdem dachte ich nur noch daran wegzugehen.“

Sie drehte sich zu ihm um. „Ich war bereits von ihm losgekommen. Auf dem halben Weg, wieder glücklich zu sein. Warum sollte ich Richard töten?"

„Warum war er in Ihrem Haus?"

„Er bestand darauf, mich zu treffen. Ich wollte ihn nicht sehen. Also ging ich weg und machte einen Spaziergang. Als ich zurückkam, fand ich ihn."

„Ja, ich habe Ihre Version gehört. Wenigstens bleibt Ihre Geschichte immer dieselbe."

„Es ist auch die Wahrheit."

„Wahrheit, Erfindung." Er zuckte mit den Achseln. „In Ihrem Fall vermischt sich das alles, oder nicht?" Abrupt wandte er sich von ihr ab und steuerte auf die Friedhofsauffahrt zu.

„Was, wenn *alles* wahr ist?", rief sie hinter ihm her.

„Halten Sie sich von der Familie fern, Ms Wood!", schrie er über die Schulter hinweg warnend. „Oder ich sehe mich gezwungen, Lorne Tibbetts anzurufen."

„Ziehen Sie es doch nur einmal für einen Moment lang in Betracht, dass ich ihn nicht getötet habe! Dass jemand anderes es getan hat!"

Er entfernte sich immer weiter.

„Vielleicht war es jemand, den Sie kennen!", rief sie. „Denken Sie mal darüber nach! Oder wissen Sie es bereits und wollen mir nur die Schuld in die Schuhe schieben? Sagen Sie mir, Mr Tremain! Wer hat Ihren Bruder *wirklich* umgebracht?"

Das veranlasste Chase plötzlich dazu, stehen zu bleiben. Er wusste, dass er weitergehen sollte. Er wusste, dass es ein Fehler war, diese Frau dazu zu animieren, mit ihrem kranken Dialog fortzufahren. Es *war* krank. Oder sie war krank. Trotzdem konnte er nicht einfach weitergehen. Noch nicht. Was sie gerade gesagt hatte, eröffnete zu viele furchterregende Möglichkeiten.

Langsam wandte er ihr sein Gesicht zu. Sie stand absolut ruhig da und fixierte ihn mit ihrem Blick. Die Nachmittagssonne verlieh ihrem Haar einen kupferfarbenen Glanz. Das wundervolle Haar schien ihr Gesicht zu überfluten. In ihrem schwarzen Kleid wirkte sie überraschend zerbrechlich, so als ob ein starker Windhauch sie hätte wegwehen können.

War das möglich? fragte er sich. Konnte diese Frau wirklich nach einem Messer gegriffen haben? Die Klinge über Richards Körper erhoben haben? Es ihm mit so viel Wut und so viel Kraft in die Brust gestoßen haben, dass die Spitze das Rückgrat streifte?

Er ging langsam auf sie zu. „Wenn Sie ihn nicht umgebracht haben“, sagte er, „wer hat es dann getan?“

„Ich weiß es nicht.“

„Das ist eine enttäuschende Antwort.“

„Er hatte Feinde …“

„Wütend genug, um ihn zu töten?“

„Er leitete eine Zeitung. Er wusste Dinge über gewisse Leute in dieser Stadt. Und er hatte keine Angst, die Wahrheit zu drucken.“

„Welche Leute? Über welche Art von Skandal reden wir?“

Er sah, dass sie zögerte, und fragte sich, ob sie sich eine neue Lüge ausdachte.

„Richard schrieb einen Artikel“, sagte sie, „über einen ortsansässigen Bauunternehmer. Er heißt Tony Graffam und seine Firma Stone Coast Trust. Richard sagte, er hätte Beweise für einen Betrug …“

„Mein Bruder hatte bezahlte Reporter in seiner Mannschaft. Warum sollte er sich die Mühe machen, selbst zu schreiben?“

„Es war sein persönlicher Kreuzzug. Er hatte sich vorgenommen, Stone Coast zu ruinieren. Er brauchte nur noch einen letzten Beweis. Dann wollte er es drucken.“

„Und hat er?“

„Nein. Der Artikel hätte vor zwei Wochen erscheinen sollen. Aber er erschien nicht.“

„Wer hat das verhindert?“

„Ich weiß es nicht. Da müssen Sie mit Jill Vickery sprechen.“

„Die Chefredakteurin?“

Miranda nickte. „Sie wusste, dass der Artikel in Arbeit war, aber sie war nicht gerade begeistert von der Idee. Richard war die treibende Kraft. Er war sogar bereit, eine Verleumdungsklage zu riskieren. Tatsächlich hatte Tony Graffam bereits damit gedroht.“

„Also haben wir einen passenden Verdächtigen. Tony Graffam. Sonst noch jemand?“

Sie zögerte. „Richard war kein beliebter Mann.“

„*Richard?*“ Er schüttelte den Kopf. „Das bezweifle ich. Ich war der Bruder mit dem Beliebtheitsproblem.“

„Vor zwei Monaten hat er die Gehälter beim *Herald* stark gekürzt und ein Drittel der Mannschaft vorübergehend entlassen.“

„Ah, dann haben wir noch mehr Verdächtige.“

„Er verletzte Menschen. Familien …“

„Inklusive seiner eigenen.“

„Sie wissen nicht, wie schwer es heutzutage ist! Wie verzweifelt die Leute nach Arbeit suchen. Oh, er hatte eine gute Geschichte parat.

Darüber, wie leid es ihm tat, Leute entlassen zu müssen und dass es ihn genauso sehr schmerzte wie die Betroffenen. Das war *Schwachsinn*. Ich hörte ihn später mit seinem Buchhalter darüber sprechen. Er sagte: ‚Ich habe die toten Äste weggeschnitten, genau wie Sie mir geraten haben.' Tote Äste. Diese Angestellten hatten seit Jahren für den *Herald* gearbeitet. Richard hatte Geld. Er hätte den Verlust tragen können."

„Er war ein Geschäftsmann."

„Richtig. Genau das war er." In einem Windstoß tanzten ihre Haare wie Flammen um ihren Kopf. Sie war wie ein wildes, loderndes Feuer voller Wut auf ihn, auf Richard und auf die Tremains.

„Also haben wir noch ein paar Verdächtige mehr", sagte er. „All diese armen Seelen, die ihre Jobs verloren haben und ihre Familien. Warum nicht auch noch Richards Kinder? Sein Schwiegervater? Seine Frau?"

„Ja, Evelyn. Warum auch nicht?"

Chase schnaubte vor Abscheu. „Sie sind sehr gut, wissen Sie das? Im Nebelwerfen. Doch mich haben Sie nicht überzeugt. Ich hoffe, die Geschworenen sind auch so schlau. Himmel, ich hoffe, sie durchschauen Sie und lassen Sie dafür büßen."

Sie betrachtete ihn schweigsam. Plötzlich war das ganze Feuer und ihr ganzer Mut aus ihrem Körper verschwunden.

„Ich habe schon dafür gebüßt", flüsterte sie. „Und ich werde den Rest meines Lebens dafür büßen. Weil ich schuldig bin. Nicht, weil ich ihn getötet habe. Ich habe ihn nicht umgebracht." Sie schluckte und wandte ihren Blick von ihm ab. Er konnte ihr Gesicht zwar nicht mehr sehen, aber er konnte ihre gequälte Stimme hören. „Mich trifft die Schuld, dumm zu sein. Und naiv. Die Schuld, Vertrauen zum falschen Mann gehabt zu haben. Ich dachte wirklich, ich liebte Ihren Bruder. Aber das war, bevor ich ihn kannte. Und dann, als ich ihn kannte, versuchte ich, von ihm loszukommen. Ich wollte es tun, solange wir noch Freunde … waren."

Er sah, wie ihre Hand nach oben schnellte und wie sie sich rasch das Gesicht abwischte. Plötzlich durchzuckte ihn der Gedanke, wie tapfer sie doch auch war. Nicht dreist, wie er zuerst gedacht hatte, als er sie heute sah, sondern wirklich herzzerreißend mutig.

Sie hob den Kopf. Ihr Blick blieb auf gleicher Höhe mit seinem. Die Tränen, die sie versucht hatte wegzuwischen, glänzten immer noch auf ihren Lidern. Er spürte ein plötzliches, unerklärliches Bedürfnis danach, ihr Gesicht zu berühren und ihr die Tränen zu trocknen. Und wie absurd es auch sein mochte, er spürte die Lust eines Mannes herauszufinden, wie ihre Lippen schmeckten und wie sich ihr Haar anfühlte. Sofort trat er einen Schritt zurück, als ob er sich vor einer gefährlichen Flamme in Sicherheit bringen wollte. *Jetzt weiß ich, warum du ihr verfallen warst, Richard. Unter anderen Umständen wäre mir dasselbe passiert.*

„Zum Teufel", murmelte sie voller Abscheu. „Was spielt es für eine Rolle, was ich empfand? Für Sie oder für sonst irgendwen?" Sie ließ ihn stehen, ohne sich noch einmal umzuschauen, und ging die Auffahrt entlang. Ihr abrupter Aufbruch schien eine nicht zu füllende Lücke zu hinterlassen.

„Ms Wood!", schrie er. Sie ging weiter. „Miranda!", rief er. Da blieb sie stehen. „Ich habe eine Frage an Sie", sagte er. „Wer hat Sie aus dem Gefängnis geholt?"

Sie wandte sich langsam um und sah ihn an. „Sagen Sie es mir", meinte sie.

Und damit ließ sie ihn stehen.

Es war ein langer Spaziergang bis zum Verlagsgebäude. Er führte Miranda an bekannten Straßen und Schaufenstern vorbei und, was das Schlimmste war, an bekannten Gesichtern. Sie spürte, wie man sie hinter den Schaufenstern anstarrte und sah, wie sie in Grüppchen zusammenfanden und miteinander tuschelten. Keiner von ihnen kam auf sie zu. Niemand richtete das Wort an sie. Das mussten sie auch nicht. Was mir noch fehlt, dachte sie, ist ein auf meiner Brust angenähter, scharlachroter Buchstabe *M* für Mörderin.

Sie richtete ihren Blick nach vorne und ging die Limerock Street hinauf. Das Verlagsgebäude des *Herald* ragte vor ihr auf, ein Wall aus Ziegeln und Schiefer, der ihr Schutz vor neugierigen Blicken bot. Sie huschte durch die Doppelglastüren in den Nachrichtenraum hinein.

Drinnen schien plötzlich alles stillzustehen.

Miranda sah sich einem Bombardement überraschter Blicke ausgesetzt.

„Hallo, Miranda", ertönte eine kühle Stimme.

Miranda wandte sich um. Jill Vickery, die Chefredakteurin, kam aus ihrem Büro geschlichen. Sie trug immer noch dieselbe Kleidung wie bei der Beerdigung. An der schwarzhaarigen Jill Vickery mit dem elfenbeinfarbenen Teint sah Schwarz sehr elegant aus. Ihr kurzer Rock rieb an ihren Strümpfen, als sie quer durch den Raum stolzierte.

„Kann ich irgendetwas für dich tun?", fragte Jill sie freundlich.

„I…Ich bin gekommen, um meine Sachen abzuholen."

„Ja, klar." Jill warf den gaffenden Mitarbeitern einen missbilligenden Blick zu. „Arbeiten wir alle so effizient, dass wir nichts mehr zu tun haben?“

Betreten konzentrierten sich die Angesprochenen wieder auf ihre Arbeit, und Jill sah erneut zu Miranda. „Ich habe mir bereits erlaubt, deinen Schreibtisch auszuräumen. Es ist alles unten in einer Kiste.“

Miranda war Jill dankbar für diesen Akt der Höflichkeit, die sie ihr erwies, dass sie kaum Verärgerung darüber verspürte, dass ihr Schreibtisch so kaltblütig geleert worden war.

„Ich habe auch noch ein paar Dinge in meinem Spind.“

„Die müssten noch da sein. Hol sie dir einfach.“ Die Stille, die darauf folgte, schien für beide schwer auszuhalten. „Ich wünsche dir Glück“, sagte Jill schließlich. „Egal was passiert.“ Dann kehrte sie in ihr Büro zurück.

„Jill?“, rief Miranda hinter ihr her.

„Ja?“

„Ich frage mich, was mit dem Artikel über Tony Graffam geschehen ist. Warum habt ihr ihn nicht gebracht?“

Jill musterte sie mit echter Verblüffung. „Was spielt das für eine Rolle?“

„Nur so.“

Jill zuckte mit den Achseln. „Es war Richards Entscheidung. Er zog die Geschichte zurück.“

„Richard? Aber er hat Monate daran gearbeitet.“

„Ich kann dir seine Gründe nicht nennen. Ich kenne sie nicht. Er zog sie einfach zurück. Und außerdem glaube ich nicht, dass er die Geschichte wirklich geschrieben hat.“

„Aber er hat zu mir gesagt, sie sei so gut wie fertig.“

„Ich habe seine Unterlagen überprüft.“ Damit wandte Jill sich ab und ging auf ihr Büro zu. „Ich bezweifle, dass er jemals über die Recherche hinausgekommen ist. Du weißt doch, wie er war, Miranda. Ein Meister der Übertreibung.“

Verwirrt starrte Miranda ihr hinterher. Ein Meister der Übertreibung. Es tat weh, es zugeben zu müssen, aber an dieser Behauptung war eine Menge Wahres.

Die Leute begannen erneut, sie zu beobachten.

Sie ging die Treppen hinunter und schob sich in die Damen-Lounge zu ihrem Spind, wo sie auf Annie Berenger stieß, die sich gerade ihre Sportschuhe zuband. Annie trug ihre übliche ausgebeulte Cargohose mit Gummizug und ein ungebügeltes Baumwollhemd. In ihrem Schrank sah es genauso unordentlich aus. Da türmte sich ein Berg aus zerknüllten Kleidungsstücken, Handtüchern und Büchern.

Annie schaute hoch und begrüßte sie mit einem Kopfnicken. „Du bist zurück."

„Nur, um meine Sachen zu holen." Miranda fand den Karton mit ihren Unterlagen in eines der unteren Regale gestopft und zog ihn heraus.

„Ich habe dich bei der Beerdigung gesehen", sagte Annie. „Das erforderte Mumm, Mensch."

„Ich weiß nicht, ob Mumm dafür das richtige Wort ist."

Annie schob ihre Spindtür zu und stieß erleichtert Luft aus. „Endlich bequem. Ich musste einfach aus diesem Beerdigungsfummel herauskommen. Ich kann in diesen blöden hochhackigen Schuhen nicht denken. Das unterbricht irgendwie die Blutzufuhr zu meinem Gehirn." Sie band sich den letzten Schnürsenkel zu. „Also, was geschieht jetzt als Nächstes? Mit dir, meine ich?"

„Keine Ahnung, ich weiß es nicht. Ich weigere mich, über den nächsten Tag hinaus zu denken." Miranda begann nun, auch ihre anderen Habseligkeiten aus dem schmalen Schrank in die Kiste zu werfen.

„Ein Gerücht sagt, du hättest einflussreiche Freunde."

„Was?"

„Jemand hat die Kaution bezahlt und dich aus dem Gefängnis geholt, richtig?"

„Ich weiß nicht, wer es war."

„Du musst doch eine Ahnung haben? Oder ist das ein Trick deines Anwalts, um dich als die Unschuldige dastehen zu lassen?"

Miranda klammerte sich an die Spindtür. „Nicht, Annie. Bitte."

Annie legte ihren Kopf schief. Die Falten und Sommersprossen in ihrem Gesicht verrieten, dass sie viele Sommer in der Sonne verbracht hatte. „Ich bin fies, oder? Entschuldigung. Es ist nur, weil Jill mich auf das Verfahren angesetzt hat. Ich mag es nicht, wenn ich eine alte Kollegin auf die Titelseite bringen soll." Sie beobachtete, wie Miranda den Spind leerte und die Tür schloss. „Also, kann ich eine Erklärung von dir bekommen?"

„Ich habe es nicht getan."

„Die habe ich bereits gehört."

„Willst du den Pulitzerpreis gewinnen?" Miranda drehte sich um und sah ihr fest ins Gesicht. „Hilf mir herauszufinden, wer es war."

„Du musst mir erst einen Ansatzpunkt liefern."

„Ich habe keinen."

Annie seufzte. „Das ist das Problem. Ob du es nun getan hast oder nicht, du bist immer noch die Hauptverdächtige."

Miranda nahm die Kiste und ging die Treppe hinauf. Annie trottete hinterher.

„Ich dachte, echte Reporter seien hinter der Wahrheit her", sagte Miranda.

„Diese Reporterin", meinte Annie, „ist hauptsächlich faul und auf den Vorruhestand aus."

„In deinem Alter?"

„Ich werde nächsten Monat siebenundvierzig. Ich denke, das ist ein gutes Alter, um in Rente zu gehen. Wenn ich dann auch noch Irving dazu bringe, mir die entscheidende Frage zu stellen, wird mein Leben nur noch aus Bonbons und Fernsehserien bestehen."

„Du würdest es hassen."

„Oh, ja." Annie lachte. „Es wäre einfach schrecklich."

Die beiden betraten den Nachrichtenraum, und sofort spürte Miranda, wie sie wieder alle Blicke auf sich zog. Annie, die das Publikum gar nicht wahrnahm, ging zu ihrem Schreibtisch, warf ihre Spindschlüssel in die Schublade und holte ein Päckchen Zigaretten heraus. „Hast du zufällig Feuer?", fragte sie Miranda.

„Das fragst du mich immer, und ich habe nie welches."

Annie wandte sich um und brüllte „Miles!"

Der Sommerpraktikant seufzte resigniert und warf ihr ein Feuerzeug zu. „Gib es einfach zurück", sagte er.

„Du bist sowieso zu jung zum Rauchen", frotzelte Annie.

„Das waren Sie auch mal, Berenger."

Annie grinste Miranda an. „Ich mag diese wunderbaren Jungen. Sie sind so verdammt bockig."

Miranda konnte nicht anders; sie lächelte. Sie saß auf dem Schreibtisch und schaute auf ihre Exkollegin. Annie war wie immer von einer Wolke Zigarettenqualm umgeben. Die Raucherei war nur zum einen Teil Sucht, und zum anderen gehörte sie zu Annies Show. Sie hatte ihre Reportermeriten in einer Bostoner Nachrichtenagentur geerntet, wo es hieß, dass der Boden zentimeterdick von Zigarettenkippen bedeckt war.

„Du glaubst mir doch, oder?", fragte Miranda leise, „du denkst nicht wirklich …?"

Annie blickte ihr direkt in die Augen. „Nein. Ich glaube es nicht. Und ich habe nur Spaß damit gemacht, dass ich faul sei", sagte sie. „Ich habe nachgeforscht, und ich werde etwas herausfinden. Nicht, dass ich es aus Freundschaft oder so tue. Ich meine, ich könnte Dinge herausfinden, die dich verletzen könnten. Aber das muss ich tun."

Miranda nickte. „Dann fang damit an."

„Was?"

„Finde heraus, wer meine Kaution bezahlt hat."

Annie zog an ihrer Zigarette. „Das ist ein vernünftiger erster Schritt."

Da wurde die Tür des hinteren Büros aufgestoßen. Jill Vickery kam heraus und blickte sich in der Redaktion um. „Seenotruf. Wassereinbruch auf einem Segelboot. Wer will die Geschichte?"

Annie duckte sich in ihrem Sessel.

Miles sprang auf. „Ich nehme sie."

„Die Küstenwacht ist schon auf dem Weg. Wenn nötig, leih dir ein Schlauchboot. Los, mach dich auf den Weg. Du willst doch die Rettung nicht verpassen." Dann drehte Jill sich um und schaute auf Annie. „Bist du im Moment beschäftigt?"

Annie zuckte mit den Achseln. „Ich bin immer beschäftigt, Jill."

Jill deutete mit dem Kopf auf Miles. „Er wird dir helfen. Geh mit dem Kleinen." Dann kehrte sie in ihr Büro zurück.

„Ich kann nicht."

Jill blieb stehen und drehte sich nach Annie um. „Lehnst du meinen Auftrag ab?"

„Ja, so ungefähr." Annie stieß eine lange Rauchwolke aus. „Ich werde immer seekrank."

„Ich wusste, dass sie dich verwirren würde, Chase. Ich wusste es einfach. Du verstehst sie nicht auf die Art, wie ich es tue."

Chase sah vom Verandastuhl hoch, wo er in der letzten Stunde grübelnd gesessen hatte. Er bemerkte, dass Evelyn ihr schwarzes Kleid gegen ein unanständig leuchtendes, limonengrünes eingetauscht hatte. Er wusste, dass ihm seine Schwägerin leidtun sollte, aber im Moment sah Evelyn so aus, als ob sie eher einen ordentlichen Drink als sein Mitleid benötigte. Er konnte sich nicht helfen, aber er verglich sie mit Miranda Wood. Miranda mit ihrem schlecht sitzenden schwarzen Kleid und den vom Wind zerzausten Haaren, so alleine auf diesem Friedhofshügel. Er fragte sich, ob Richard je gewusst hatte, wie sehr er ihr geschadet hatte und ob ihn das überhaupt interessiert hätte.

„Du hast noch kein Wort gesprochen, seit du wieder zu Hause bist", beschwerte sich Evelyn. „Was ist *bloß los* mit dir?"

„Wie gut kennst du Miranda Wood?", fragte er.

Sie saß da und legte übereifrig die Falten ihres grünen Kleids zurecht. „Ich habe ein paar Dinge gehört. Sie wuchs in Bass Harbour auf. Ging auf eine … eine staatliche Universität. War auf Stipendien angewiesen, weil sie es sich anders nicht hätte erlauben können. Wirklich keine gute Familie."

„Was heißt das?“
„Fabrikarbeiter.“
„Ah, der Bodensatz der Welt.“
„Was ist denn mit dir los, Chase?“
Er erhob sich. „Ich muss einen Spaziergang machen.“
„Ich komme mit dir.“ Sie erhob sich ebenfalls, wobei die ganzen hübsch zurechtgelegten Falten ihres Kleids sofort wieder auseinanderfielen.
„Nein. Ich würde lieber eine Weile alleine sein, falls es dir nichts ausmacht.“
Evelyn sah so aus, als machte es ihr eine ganze Menge aus, aber sie schaffte es, diesen Umstand elegant zu verbergen. „Ich verstehe, Chase. Wir müssen alle auf unsere eigene Art trauern.“
Er spürte eine gewisse Erleichterung, als er sich von dieser Veranda entfernte. Das Haus hatte begonnen, ihn zu bedrücken, so als ob das Gewicht der Erinnerungen, die ihn ihm steckten, sich in der Luft ausgebreitet hätte. Eine halbe Stunde lang wanderte er ziellos umher. Erst als seine Füße ihn an die Stadtgrenze herangetragen hatten, begann er sich zielgerichtet zu bewegen.
Er ging direkt auf das Verlagsgebäude zu.
Jill Vickery, die schneidige und attraktive Chefredakteurin, begrüßte ihn. Es sah Richard ähnlich, sich mit wunderbaren Frauen zu umgeben. Chase war ihr an diesem Tag bereits bei der Beerdigung begegnet. Dort, wie auch jetzt, spielte sie ihre professionelle Rolle perfekt.
„Mr Tremain“, sagte sie und streckte ihm ihre Hand entgegen. „Welch ein Vergnügen, Sie wiederzusehen. Darf ich Ihnen den Verlag zeigen?“
Ohne zu antworten, schaute er sich in der Redaktion um, die im Moment offenbar nur von einem geringen Teil der Mannschaft besetzt war; ein paar Leute aus der Grafik, jemand, der unverwandt auf den Bildschirm seines Computers starrte, und diese schlampige Reporterin, die eine Zigarette rauchte, während sie telefonierte.
„Ich würde mir gern ein paar der Unterlagen meines Bruders ansehen“, sagte Chase schließlich.
„Geschäftliche oder private?“
„Beides.“
Sie zögerte, führte ihn dann aber über die Flure zu einem Büro, an dessen Tür stand: Richard Tremain, Verleger. „Sie verstehen, dass dies nicht alle seine Unterlagen sind. Die meisten bewahrte er hier auf, aber manche hatte er auch zu Hause oder im Cottage.“

„Sie meinen Rose Hill?"

„Ja. Er mochte es, gelegentlich da draußen zu arbeiten." Sie deutete auf den Schreibtisch. „Der Schlüssel ist in der oberen Schublade. Bitte lassen Sie mich wissen, wenn Sie etwas mitnehmen wollen."

„Das hatte ich nicht vor."

Sie machte eine Pause, so als sei sie unsicher, ob sie ihm vertrauen sollte. Doch hatte sie eine andere Wahl? Er war immerhin der Bruder des Verlegers. Schließlich wandte sie ihm ihren Rücken zu und ließ ihn alleine.

Chase wartete, bis sich die Tür hinter ihr schloss, und dann öffnete er den Aktenschrank. Er blätterte sofort bei W nach und fand Miranda Woods Unterlagen.

Chase trug sie zum Schreibtisch und schlug sie auf. Wie sich herausstellte, handelte es sich lediglich um eine normale Personalakte. Die Bewerbung war gut ein Jahr alt. Miranda war damals achtundzwanzig gewesen. Als Adresse war die Willow Street Nr. 18 angegeben. Auf dem beiliegenden Foto lächelte Chase eine zuversichtliche junge Frau entgegen, deren ganzes Leben noch vor ihr lag. Es tat ihm beinahe weh zu sehen, wie glücklich sie aussah. Ihre Abschlusszeugnisse von der Universität waren hervorragend. Wenn überhaupt, dann war sie für den Job als Redakteurin überqualifiziert. Unter die Frage „Warum interessieren Sie sich für diesen Job?" hatte sie geschrieben: „Ich bin in der Nähe der Penobscot Bucht aufgewachsen, und mehr als alles andere will ich in der Nähe des Ortes, den ich mein Zuhause nenne, leben und arbeiten." Er blätterte durch die Seiten und überflog die halbjährliche Beurteilung, die Jill Vickery unterzeichnet hatte. Sie war ausgezeichnet. Er blätterte auf die letzte Seite – und fand die zwei Wochen alte Kündigung.

Gerichtet an Richard Tremain, Verleger, *Island Herald.*

Sehr geehrter Mr Tremain,
ich möchte Sie hiermit von meiner Kündigung als Redakteurin in Kenntnis setzen. Meine Gründe dafür sind rein privater Natur. Über ein Empfehlungsschreiben von Ihnen würde ich mich sehr freuen, da ich plane, mir anderweitig eine Arbeit zu suchen.
Mit freundlichen Grüßen, Miranda Wood.

Das war alles. Keine Erklärungen, kein Bedauern, nicht einmal ein Hinweis auf eine Anklage.

Also hat sie mir die Wahrheit gesagt, dachte er, sie hat ihren Job wirklich aufgegeben.

„Mr Tremain?“ Jill Vickery war wieder zurück und stand abwartend auf der Schwelle. „Suchen Sie etwas Bestimmtes? Vielleicht kann ich Ihnen behilflich sein.“

„Vielleicht können Sie das.“

Sie trat ein und ließ sich elegant auf dem gegenüberliegenden Stuhl nieder. Ihr Blick fiel plötzlich auf die Akte, die auf dem Schreibtisch lag. „Ich sehe, dass Sie Mirandas Personalakte gefunden haben.“

„Ja, ich versuche zu verstehen, was passiert ist. Warum sie es getan hat.“

„Ich denke, Sie sollten wissen, dass sie gerade vor ein paar Minuten hier war.“

„Hier im Verlag?“

„Sie kam, um ihre Sachen abzuholen. Ich bin froh, dass es nicht zu einer … hm … unerwarteten Begegnung kam.“

Er nickte. „Das bin ich auch.“

„Lassen Sie mich etwas sagen. Die Sache mit Ihrem Bruder tut mir sehr leid. Er war ein wunderbarer Mann und ein außergewöhnlicher Autor. Er glaubte wirklich an die Macht des gedruckten Wortes. Wir werden ihn sehr vermissen.“

Es war eine einstudierte Rede, aber Jill Vickery brachte sie mit einer solchen Ernsthaftigkeit vor, dass Chase fast davon überzeugt war, sie meinte die Worte ernst. Diese Frau verstand gewiss etwas von PR.

„Ich habe gehört, Richard hatte eine Geschichte in der Pipeline“, sagte er. „Irgendwas über eine Firma namens Stone Coast Trust. Sagt Ihnen das etwas?“

Jill seufzte. „Warum kommt ausgerechnet dieser Artikel laufend zur Sprache?“

„Ist noch jemand daran interessiert?“

„Miranda Wood. Sie fragte gerade danach. Ich sagte ihr, dass diese Geschichte, soweit ich weiß, niemals geschrieben wurde. Zumindest sah ich sie nie.“

„Aber ihr Erscheinen war geplant?“

„Bis Richard es rückgängig machte.“

„Warum?“

Sie lehnte sich zurück und schob langsam ihr Haar nach hinten.

„Ich weiß es nicht. Ich vermute, er hatte nicht genügend Beweise, um sie zu veröffentlichen.“

„Was genau steckt hinter dieser Geschichte über Stone Coast Trust?“

„Ehrlich gesagt, Kleinstadtkram. Nicht sehr interessant für Außenstehende."

„Versuchen Sie es mir zu erklären."

„Es hatte mit Landerschließung zu tun. Stone Coast hat Eigentum an der Nordseite gekauft. In der Nähe von Rose Hill, um genau zu sein. Sie wissen auch, wie schön es da oben ist. Unberührte Küstenstreifen, Bäume. Tony Graffam – er ist der Präsident von Stone Coast – behauptete, die Gegend schützen zu wollen. Dann hörten wir Gerüchte über ein High Class Landerschließungsprojekt. Und vor einem Monat wurde das Naturschutzgebiet plötzlich in Bauland umgewandelt. Jetzt ist es offen für die Erschließung."

„Und das ist alles, worum es in diesem Artikel ging?"

„Die Insel ist klein. Darf ich Sie fragen, warum Sie sich dafür interessieren?"

„Es hat mit etwas zu tun, das mir Miranda Wood erzählte, über andere Menschen, die ein Motiv hätten, meinen Bruder umzubringen."

„In diesem Fall übertreibt sie." Jill erhob sich. „Aber man kann ihr schwer einen Vorwurf daraus machen, dass sie es versucht hat. Sie hat wirklich nicht viel, woran sie sich festhalten könnte."

„Denken Sie, dass sie verurteilt wird?"

„Ich würde nicht darauf wetten. Doch nach allem, was mein Nachrichtenteam mir berichtet, hört es sich ganz danach an."

„Meinen Sie diese Reporterin, Annie Sowienoch?"

„Annie Berenger. Ja, sie ist mit dieser Geschichte nun beauftragt."

„Kann ich mit ihr sprechen?"

Jill runzelte die Stirn. „Warum?"

Er schüttelte den Kopf. „Ich weiß nicht. Ich vermute, ich versuche einfach nur zu verstehen, wer diese Miranda Wood wirklich ist. Warum sie töten würde." Er lehnte sich zurück und fuhr sich mit der Hand durch die Haare.

„Ich kann die Teile immer noch nicht zusammensetzen. Ich dachte, vielleicht jemand, der diesen Fall beobachtet, jemand, der sie persönlich kennt …"

„Natürlich, ich verstehe." Ihre Worte klangen freundlich, aber ihre Augen blieben unbeteiligt. „Ich werde Ihnen Annie vorbeischicken, damit sie mit Ihnen spricht."

Sie verließ das Büro, und schon einen Moment später erschien die Reporterin.

„Kommen Sie rein", forderte Chase sie auf. „Nehmen Sie Platz." Annie schloss die Tür hinter sich und setzte sich in den gegenüberliegenden Sessel. Ihre ganze Erscheinung – das krause rote Haar mit den einzelnen grauen Strähnen, der scharfe Blick, die zerknitterten Klamotten, der Geruch nach Zigaretten – das alles erinnerte Chase an seinen Vater. Fehlte nur noch die leichte Whiskeyfahne, und der gute alte Reportergeruch wäre perfekt gewesen.

Sie beobachtete ihn mit unverhohlenem Misstrauen. „Die Chefin sagt, sie wollen über Miranda sprechen."

„Sie kannten sie gut?"

„Das korrekte Wort heißt *kennen*. Präsens. Ja, ich kenne sie."

„Was halten Sie von ihr?"

Ihr Mund verzog sich zu einem Lächeln. „Stellen Sie Ihre eigenen privaten Ermittlungen an?"

„Nennen Sie es meine Suche nach der Wahrheit. Miranda Wood leugnet, meinen Bruder umgebracht zu haben. Was glauben Sie?"

Annie zündete sich eine Zigarette an. „Wissen Sie, ich war in Boston für die Polizeiberichte zuständig."

„Sie kennen sich mit Mordfällen also aus?"

„Sozusagen." Sie lehnte sich zurück und blies eine Rauchwolke aus. „Miranda hatte ein Motiv. Oh, wir wissen alle von der Affäre. Es ist schwer, so etwas in der Redaktion zu verheimlichen. Ich versuchte, na ja, ihr davon abzuraten. Aber, wissen Sie, sie folgt ihrem Herzen. Und das brachte sie in Schwierigkeiten. Das heißt aber nicht, dass sie ihn umgebracht hat." Annie schnippte Asche von ihrer Zigarette. „Ich glaube nicht, dass sie es war."

„Wer war es dann?"

Annie zuckte mit den Achseln.

„Denken Sie, es hat etwas mit dieser Tony-Graffam-Geschichte zu tun?"

Annies zog die Augenbrauen hoch. „Sie graben die Dinge schnell aus. Muss in der Familie liegen, die Spürnase."

„Miranda Wood sagt, Richard wollte eine Story darüber bringen. Ist das wahr?"

„Er sagte es. Ich weiß, dass er sie schrieb. Er hatte noch ein paar Details zu überprüfen, bevor sie gedruckt werden sollte."

„Welche Details?"

„Finanzielle Daten über Stone Coast Trust. Richard hatte gerade Zugriff auf ein paar Buchhaltungsinformationen."

„Warum wurde der Artikel nicht gedruckt?"

„Meine ehrliche Meinung?" Annie schnaubte. „Weil Jill Vickery keine Verleumdungsklage riskieren wollte."

Chase runzelte die Stirn. „Aber Jill sagt, der Artikel existiere nicht, Richard habe ihn nie geschrieben."

Annie stieß Rauch aus, bevor sie den Zigarettenstummel im Aschenbecher ausdrückte. „Ich erzähl Ihnen mal eine alte Reporterweisheit, Mr T.“, sagte Annie und sah ihm in die Augen. „Traue niemals deinem Redakteur.“

Existierte dieser Artikel, oder existierte er nicht?

Chase verbrachte die nächste Stunde damit, Richards Büro nach Unterlagen zu durchsuchen. Er fand nichts unter G für Graffam oder S für Stone Coast Trust. Er probierte noch ein paar andere Stichwörter, aber nichts funktionierte. Hatte Richard die Unterlagen zu Hause?

Es war später Nachmittag, als er endlich nach Hause zurückkehrte. Zu seiner Erleichterung waren Evelyn und die Zwillinge nicht da, und er hatte das Haus für sich. Er ging schnurstracks in Richards Arbeitszimmer und setzte seine Suche nach der Graffam-Unterlage fort.

Er fand sie nicht, obwohl sowohl Annie als auch Miranda behaupteten, dass sie existierte.

Chase spürte, dass irgendetwas an der Sache faul war, etwas, das sich zu seinen Zweifeln an Mirandas Schuld hinzufügte. In seinem Kopf ging er alle Lücken in der Anklage noch einmal durch. Das Fehlen der Fingerabdrücke auf der Tatwaffe. Die Tatsache, dass sie den Lügendetektortest bestanden hatte. Und die Frau selbst, die stolz und unbeirrbar an ihrer Unschuldserklärung festhielt, ohne sich in Widersprüche zu verstricken.

Er gab den Versuch auf, sich seinen nächsten Schritt ausreden zu wollen. Es gab keine andere Möglichkeit. Nicht, wenn er mehr wissen wollte. Nicht, wenn er die Zweifel ausräumen wollte.

Er musste mit Miranda Wood sprechen.

Chase zog sich seine Windjacke an und ging hinaus in die Abenddämmerung.

Fünf Häuserblöcke weiter bog er in die Willow Street ein. Es war genauso, wie er es in Erinnerung hatte, eine saubere mittelständische Gegend mit einladenden Veranden und ordentlich geschnittenen Hecken. Im schwindenden Licht konnte er gerade noch die Hausnummern erkennen. Nur noch ein paar Häuser weiter …

Weiter oben in der Straße schlug eine Tür zu. Er sah eine Frau die Verandatreppen hinuntergehen und die Straße entlang auf ihn zukommen. Er erkannte ihre Silhouette, das dichte Haar und die schlanke Figur, die in Jeans steckte. Sie war erst ein paar Schritte gegangen, als sie ihn bemerkte und regungslos stehenblieb.

„Ich muss mit Ihnen reden“, sagte er.

„Ich habe ein Versprechen gegeben, erinnern Sie sich?“, antwortete sie. „Weder in Ihre noch in die Nähe Ihrer Familie zu kommen. Gut, ich halte das Versprechen.“ Sie drehte sich um und begann davonzugehen.

„Das ist etwas anderes. Ich muss mit Ihnen über Richard sprechen.“

Sie ging weiter.

„Werden Sie mir zuhören?“

„So bin ich in diesen ganzen Schlamassel hineingeraten!“, schimpfte sie über ihre Schulter hinweg. „Indem ich einem Tremain zuhörte!“

Frustriert beobachtete er, wie sie die Straße hinaufeilte. Es war zwecklos, sie zu verfolgen. Sie war nun bereits einen Block von ihm entfernt, und an ihrer Schulterhaltung erkannte er, dass sie ihre Meinung auf keinen Fall ändern würde. Tatsächlich trat sie gerade vom Bürgersteig auf die Straße, um sie zu überqueren, als ob sie die Straße zwischen sich und ihm wissen wollte.

Vergiss sie, dachte er. Wenn sie zu stur ist zuzuhören, dann soll sie eben ins Gefängnis gehen.

Chase wandte sich ab und machte sich auf den Weg in die entgegengesetzte Richtung, als ein Auto vorbeifuhr. Es wäre ihm kaum aufgefallen, aber es fuhr ohne Licht. Es dauerte nur ein paar Schritte, bis Chase das registriert hatte. Er blieb stehen und drehte sich um. Weiter oben überquerte die schlanke Miranda die Straße.

Bis dahin hatte der Wagen bereits einen halben Block zurückgelegt.

Der Fahrer wird sie schon rechtzeitig sehen, dachte er. Er muss sie sehen.

Dann heulte der Motor plötzlich bedrohlich auf. Reifen quietschten. Der Wagen schoss in einer verschwommenen Kombination aus Stahl und Rauch nach vorne und raste in den Schatten.

Sein Ziel war Miranda.

5. KAPITEL

Die Scheinwerfer leuchteten auf und hielten ihr Opfer im Lichtkegel gefangen.

„Pass auf!“, rief Chase.

Miranda wirbelte herum und sah sich von einer gleißenden Helligkeit geblendet. Selbst als der Wagen weiter auf sie zuschoss und die Lichter sie einzuschließen drohten, war sie starr vor ungläubigem Entsetzen. Zum Überlegen blieb ihr keine Zeit. Nur einen Augenblick, bevor die Tonne Stahl sich in ihren Körper rammen konnte, übernahmen Mirandas Reflexe die Kontrolle. Sie warf sich zur Seite, raus aus dem Bereich der sich nähernden Scheinwerfer.

Plötzlich flog sie, schwebte eine Ewigkeit in der sommerlichen Dunkelheit, als der Tod in einem Getöse aus Wind und Licht an ihr vorbeiraste.

Und dann lag sie auf dem Gras.

Sie wusste nicht, wie lange sie dort gelegen hatte. Sie wusste nur, dass das Gras feucht war, ihr Kopf wehtat und zarte Hände ihr Gesicht streichelten. Jemand rief immer wieder ihren Namen. Sie kannte diese Stimme, eine Stimme, von der sie in diesem verwirrten Moment dachte, dass sie sie bereits ein Leben lang gekannt haben musste. Das Timbre schien sie mit Wärme und Sicherheit zu umhüllen.

Und wieder rief er ihren Namen. Diesmal hörte sie Panik in seiner Stimme. *Er hat Angst. Warum?*

Sie öffnete ihre Augen und richtete sie benommen auf sein Gesicht. Das war der Moment, als sie registrierte, wer er war.

„Nicht“, sie schob seine Hand beiseite. „Fassen Sie mich nicht an.“

„Bleiben Sie ruhig liegen.“

„Ich brauche Sie nicht!“ Sie versuchte, sich aufzusetzen, merkte aber, dass das unter seinen festen Händen unmöglich war. Er drückte ihre Schulter ins Gras.

„Sehen Sie“, sagte er, und seine Stimme klang ärgerlicherweise vernünftig. „Sie sind böse gestürzt. Sie könnten sich etwas gebrochen haben …“

„Ich sagte, fassen Sie mich nicht an!“ Misstrauisch schob sie ihn von sich und richtete sich auf. Pure Wut ließ sie sich auf ihre Knie stützen. Dann, als es schwarz vor ihren Augen wurde, sank sie zurück ins Gras. Dort saß sie und hielt sich ihren schwindelnden Kopf. „Oh Gott“, stöhnte sie. „Warum können Sie nicht einfach … einfach weggehen und mich alleine lassen.“

„Nie im Leben!“, lautete die grimmige und resolute Antwort.

Zu ihrer Verblüffung wurde sie plötzlich wie von Zauberhand in die Höhe gehoben. Trotz ihres Ärgers musste sie zugeben, dass es ihr guttat, getragen zu werden, gut, festgehalten zu werden, selbst wenn der Mann, der sie hielt, Chase Tremain war. Sie schwebte wie ein Federgewicht durch die Dunkelheit. Wohin? fragte sie sich mit plötzlicher Besorgnis.

„Es ist genug“, protestierte sie. „Lassen Sie mich runter.“

„Nur noch ein paar Schritte.“

„Ich hoffe, Sie heben sich einen Bruch.“

„Wenn Sie so weiterzappeln, dann passiert das auch noch.“

Er trug sie die Verandatreppen hinauf und zur Haustür hinein.

Mit einem untrüglichen Instinkt brachte er sie direkt ins Schlafzimmer und schaffte es sogar, den Lichtschalter zu betätigen. Der Raum – das Bett – kamen in Sicht. Das Bett, wo sie Richard gefunden hatten. Obwohl das Blut weg und die Matratze neu und ohne Flecken war, würde dieses Zimmer sie immer an den Tod erinnern. Sie hatte seit jener Nacht nicht mehr darin geschlafen und würde es auch nie wieder tun.

Sie erschauderte in seinen Armen. „Bitte“, flüsterte sie und verbarg das Gesicht an seiner Brust. „Nicht hier. Nicht dieses Zimmer.“

Er blieb einen Moment lang verständnislos stehen. Dann begriff er, trug sie ins Wohnzimmer und legte sie auf das Sofa. Sie fühlte, wie die Polster einsanken, als er sich neben sie setzte. „Tut Ihnen irgendetwas weh?“, fragte er. „Ihr Rücken? Ihr Nacken?“

„Ja, meine Schulter, ein wenig. Ich glaube, ich bin draufgefallen.“

Sie schreckte vor der Berührung seiner Hände zurück. Er bewegte ihren Arm vorsichtig, überprüfte, inwieweit er sich bewegen ließ. Sie bemerkte die gelegentlichen Stiche kaum, die seine Berührungen in ihr verursachten. Ihre Aufmerksamkeit galt seinem Gesicht, das auf sie herabblickte. Noch einmal bemerkte sie, wie wenig er Richard ähnelte. Nicht nur äußerlich. Es war eher die Ruhe in seinen Gesten, die Art, wie er seine Gefühle zurückzunehmen schien. Das war kein Mann, der sich oder seine Geheimnisse leicht irgendjemandem preisgab.

„Es scheint nichts gebrochen“, sagte er, während er sich aufrichtete. „Dennoch sollte ich besser einen Arzt rufen. Zu wem gehen Sie?“

„Dr. Steiner.“

„Steiner? Praktiziert dieser alte Bock immer noch?“

„Hören Sie, ich bin in Ordnung. Ich brauche keinen Arzt.“

„Lassen Sie uns auf Nummer sicher gehen.“ Er griff nach dem Telefon.

„Aber Dr. Steiner macht keine Hausbesuche“, protestierte sie. „Er hat noch nie welche gemacht.“

„Dann wird er jetzt damit anfangen“, erwiderte Chase streng und wählte eine Nummer. „Ich schätze, wir werden heute in die Geschichte eingehen.“

Lorne Tibbetts schenkte sich einen Kaffee ein und schaute Chase an. „Ich möchte gerne wissen, was um Himmels willen Sie hier machen?“

Chase lehnte an Mirandas Küchentisch und rieb sich müde über das Gesicht. „Um Ihnen die Wahrheit zu sagen, Lorne“, murmelte er. „Ich habe keine Ahnung.“

„Oh.“

„Ich vermute, ich dachte, ich könnte … ein paar Dinge verstehen, die einen Sinn ergeben. Darüber, was passiert ist.“

„Das ist unsere Aufgabe, Chase. Nicht Ihre.“

„Ja, ich weiß. Aber …“

„Sie glauben, dass ich der Aufgabe nicht genug Bedeutung beimesse?“

„Ich hatte einfach das Gefühl, dass es noch mehr gibt, als man auf den ersten Blick erkennen kann. Nun weiß ich, dass es so ist.“

„Sie meinen diesen Wagen?“ Lorne zuckte mit den Achseln. „Das beweist gar nichts.“

„Aber er *hielt auf sie zu*. Ich habe es gesehen. Sobald sie die Straße betrat, gab er Gas.“

„Er?“

„Er, sie. Es war dunkel. Ich habe den Fahrer nicht gesehen. Nur das Nummernschild. Und die Rücklichter. Großes Auto. Amerikanisches Fabrikat. Da bin ich mir ziemlich sicher.“

„Farbe?“

„Dunkel. Schwarz. Vielleicht blau.“

Lorne nickte. „Sie sind kein schlechter Zeuge, Chase.“

„Was meinen Sie damit?“

„Ich habe Ellis das Nummernschild überprüfen lassen. Es gehört zu einem braunen achtundachtziger Lincoln, der auf einen Inselbewohner eingetragen ist.“

„Auf wen?“

„Mr Eddie Lanzo. Ms Woods Nachbar.“

Chase starrte ihn an. „Ihr Nachbar? Haben Sie ihn festgenommen?“

„Das Auto war gestohlen, Chase. Sie wissen, wie das hier so geht. Die Leute lassen die Schlüssel stecken. Wir fanden den Wagen unten am Pier.“

Chase lehnte sich verblüfft zurück. „Also ist der Fahrer nicht aufzufinden", sagte er. „Jetzt sieht es erst recht danach aus, als hätte er versucht, sie umzubringen."

„Es bedeutet nur, dass irgendein Verrückter sich einen Spaß machen wollte. Hatte seine Hände an diesem Steuer, wurde von den PS überwältigt und übermütig und trat zu stark aufs Gaspedal."

„Lorne, der war da draußen, um sie umzubringen."

Lorne setzte sich aufrecht hin und sah ihm in die Augen. „Und weshalb waren Sie da draußen?"

„Um die Wahrheit zu erfahren."

„Sie glauben also nicht, dass sie es getan hat?"

„Ich habe ein paar Dinge gehört, Lorne. Ein paar Namen, ein paar Motive. Tony Graffam, zum Beispiel."

„Wir haben das überprüft. Graffam war nicht auf der Insel, als Ihr Bruder getötet wurde. Ich habe ein halbes Dutzend Zeugen, die das bestätigen."

„Er könnte jemanden angeheuert haben."

„Graffam steckte in großen Schwierigkeiten wegen dieses Nordküsten-Landentwicklungsprojektes. Es liegen Anklagen wegen Bestechung der Planungskommission vor. Der Artikel wäre möglicherweise der letzte Nagel zu seinem Sarg gewesen. Trotzdem, wie passt das mit dem zusammen, was heute Nacht passiert ist? Warum sollte er hinter Miranda Wood her sein?"

Chase wusste keine Antwort auf diese Frage. Er konnte ebenfalls kein Motiv erkennen. Vielleicht gab es noch mehr Menschen in der Stadt, die Miranda Wood nicht mochten, aber wer würde sich wirklich die Mühe machen, sie umzubringen?

„Vielleicht suchen wir am falschen Ende", sagte Chase. „Lassen Sie mich eine grundsätzlichere Frage stellen. Wer hat die Kaution gestellt? Irgendwer wollte sie so dringend draußen haben, dass er einhunderttausend Dollar aufgebracht hat."

„Ein heimlicher Verehrer?"

„Im Gefängnis ist sie sicher. Draußen aber gibt sie eine hervorragende Zielscheibe ab. Haben Sie eine Idee, wer sie freigekauft hat, Lorne?"

„Nein."

„Die Spur des Geldes könnte verfolgt werden."

„Ein Anwalt wickelte den Geldtransfer ab. Alles in bar. Es stammte von einem Bostoner Konto. Nur die Bank kennt die Identität des Kontoinhabers. Und die sagen nichts darüber."

„Laden Sie jemanden von der Bank vor. Finden Sie den Namen des Kontoinhabers heraus."

„Das wird einige Zeit dauern."

„Tun Sie es, Lorne. Bevor noch mehr passiert."

Lorne ging zum Waschbecken und spülte seine Kaffeetasse aus. „Ich verstehe immer noch nicht, warum Sie sich da einmischen", sagte er.

Chase wusste die Antwort selber nicht. Erst heute Morgen hatte er Miranda Wood hinter Gittern sehen wollen. Und jetzt war er sich nicht mehr sicher, was er wollte. Dieses unschuldige Gesicht und ihr vehementes Abstreiten der Tat irritierten ihn zu sehr.

Er sah sich in der Küche um und dachte, dass sie nicht wie die Küche einer Mörderin aussah. Da hingen Pflanzen neben dem Fenster, um die sich offensichtlich liebevoll gekümmert wurde. Die Tapete war mit zierlichen Wildblumen vor einem eierschalfarbenen Hintergrund bedruckt. Am Kühlschrank hingen Schnappschüsse von zwei kleinen Jungen – Neffen, vielleicht? –, ein Terminplan der Treffen des hiesigen Gartenvereins und eine Einkaufsliste. Am Ende der Liste stand „Zimttee". Welche Art von Getränken würde eine Mörderin trinken? Er konnte sich Miranda nicht mit einem Messer in der einen und einem Kräutertee in der anderen Hand vorstellen.

Chase schaute sich immer noch um, als Dr. Steiner in die Küche schlurfte. Manche Dinge auf dieser Insel änderten sich nie, und dieser alte Miesepeter war eines davon. Er sah haargenau so aus, wie Chase ihn aus seiner Kindheit kannte, sogar bis hin zu dem zerknitterten braunen Anzug und der Arzttasche aus Krokodilleder. „So ein Gehabe, so etwas Unnötiges", sagte der Doktor missbilligend, „für eine lächerliche Muskelzerrung."

„Sind Sie sicher?", fragte Chase. „Sie war eine Minute lang ziemlich benommen. Gleich nachdem das passiert war."

„Ich habe sie mir genau angeschaut. Ihr fehlt nichts, medizinisch gesehen. Behalten Sie sie heute Nacht im Auge, junger Mann. Und stellen Sie sicher, dass sie nicht in Schwierigkeiten kommt. Sie wissen schon, Kopfschmerzen, doppelt sehen, Verwirrung …"

„Ich kann nicht."

„Was können Sie nicht?"

„Ich kann nicht hierbleiben und auf sie aufpassen. Das ist ungünstig, wenn man bedenkt …"

„Vielleicht wäre es genau das Richtige", murmelte Lorne.

„Ich bin nicht für sie verantwortlich", sagte Chase.

„Tun Sie, was Sie meinen tun zu müssen", grunzte Dr. Steiner und ging zur Küchentür. „Und übrigens", sagte er dann und blieb im Türrahmen stehen, „ich mache generell keine Hausbesuche." Dann schlug er die Tür hinter sich zu.

Chase wandte sich um und sah, dass Lorne ihn fixierte. „Was ist?"
„Nichts", erwiderte Lorne. Er griff nach seinem Hut. „Ich gehe jetzt auch nach Hause."
„Und was zum Teufel soll ich nun machen?"
„Das", sagte Lorne mit einem allwissenden Blick, „ist Ihr Problem."

Miranda lag auf dem Wohnzimmersofa und starrte an die Decke. Sie konnte Stimmen aus der Küche hören und den Klang einer Tür, die sich öffnete und wieder schloss. Sie fragte sich, was Chase ihnen erzählt und ob Tibbetts irgendetwas davon geglaubt hatte. Sie selbst konnte ja kaum fassen, was geschehen war. Doch sie brauchte nur die Augen zu schließen, und schon war die Erinnerung wieder da: das Aufheulen des Motors und die beiden Scheinwerfer, die auf sie zu rasten.

Wer hasst mich dermaßen, dass er mich umbringen will?

Es war nicht schwer, eine Antwort darauf zu finden. Die Tremain-Familie. Evelyn, Phillip und Cassie …

Und Chase.

Nein, das war völlig unmöglich. Sein Warnruf hatte ihr das Leben gerettet. Wenn er nicht gewesen wäre, dann läge sie jetzt bereits auf der Totenbank in Ben LaPortes Beerdigungsinstitut.

Dieser Gedanke jagte ihr einen Schauer über den Rücken. Sie schlug die Arme um sich und vergrub sich auf der Suche nach einem sicheren, kleinen Winkel, wo sie sich verstecken konnte, tiefer in die Sofakissen. Sie hörte, wie die Küchentür geöffnet und wieder geschlossen wurde, und dann knarrende Schritte, die ins Wohnzimmer und auf ihre Couch zukamen. Sie schaute hoch und sah Chase.

In seinen Augen lag Erschöpfung und Ungewissheit, als ob er noch nicht entschieden hätte, was er als Nächstes tun sollte. Oder was als Nächstes gesagt werden sollte. Er zog seine Windjacke aus. Sein Chambray-Hemd hatte das praktische, verwaschene Blau eines gern getragenen Lieblingsstücks. Das Hemd erinnerte sie an ihren Vater und daran, wie es sich anfühlte, wenn sie ihr Gesicht an seiner Schulter verbarg. Es erinnerte sie auch an die wundersamen Kindheitsgerüche nach Waschmittel, Pfeifentabak und Sicherheit. Das alles verband sie mit diesem ausgewaschenen Hemd, und sie sehnte sich danach.

Natürlich würde sie dergleichen bei diesem Mann niemals finden.

Chase saß im Sessel. Einen ausreichenden Sicherheitsabstand von ihr entfernt, wie sie bemerkte.

„Fühlen Sie sich besser?“, fragte er.

„Es geht mir gut.“ Ihre Stimme klang dabei wie seine – unbeteiligt und neutral. „Wenn Sie wollen, können Sie gerne gehen.“

„Nein, noch nicht. Ich werde eine Weile hier warten, falls das in Ordnung ist. So lange, bis Annie kommt.“

„Annie?“

„Ich wusste nicht, wen ich sonst hätte anrufen sollen. Sie sagte, sie könnte die Nacht über bleiben. Sie sollten jemanden dahaben, der ein Auge auf Sie hat, falls Ihnen doch plötzlich übel wird oder Sie das Bewusstsein verlieren.“

Sie lachte müde auf. „Ein Koma würde sich jetzt gerade ziemlich gut anfühlen.“

„Das ist nicht lustig.“

Sie schaute an die Decke. „Sie haben recht. Das ist es nicht.“

Dann entstand eine lange Pause, bis er schließlich sagte: „Das war kein Unfall, Miranda. Er hat versucht, Sie umzubringen.“

Sie antwortete nicht, lag nur da und kämpfte gegen den Kloß in ihrem Hals. Warum sollte dir das etwas ausmachen, dachte sie. Vor allem dir?

„Vielleicht haben Sie es noch nicht gehört“, meinte er, „der Wagen gehört Ihrem Nachbarn, Mr Lanzo.“

Sie sah ihn scharf an. „Eddie Lanzo würde mich niemals verletzen! Er ist der Einzige, der zu mir hielt. Mein einziger Freund in dieser Stadt.“

„Ich sagte nicht, dass er es war. Lorne glaubt, dass der Fahrer Mr Lanzos Wagen gestohlen hat. Sie fanden das Auto verlassen am Pier.“

„Armer Eddie“, murmelte sie. „Ich vermute, es war das letzte Mal, dass er die Schlüssel im Wagen gelassen hat.“

„Also, wenn es nicht Eddie war, wer möchte Sie dann tot sehen?“

„Ich habe eine wilde Vermutung.“ Sie betrachtete ihn. „So wie Sie.“

„Meinen Sie Evelyn?“

„Sie hasst mich. Sie hat jedes Recht, mich zu hassen. Genau wie ihre Kinder.“ Sie machte eine Pause. „Und wie Sie.“

Er schwieg.

„Sie denken immer noch, dass ich ihn getötet habe, oder nicht?“

Seufzend fuhr er sich mit den Fingern durch das Haar. „Ich weiß nicht, was ich noch denken soll. Über Sie oder über irgendwen. Ich weiß nur sicher, was ich heute Abend sah. Und es hat alles miteinander zu tun, das ganze blutige Durcheinander. Es muss miteinander zu tun haben.“

Er sieht so müde aus, so durcheinander, dachte sie. Beinahe so durcheinander wie ich.

„Vielleicht sollten Sie ein paar Tage lang woanders wohnen", schlug er vor. „So lange, bis die Dinge geklärt sind."

„Wo soll ich hingehen?"

„Sie müssen doch Freunde haben."

„Ich hatte." Sie wandte ihren Blick von ihm ab. „Zumindest dachte ich das, aber es hat sich alles geändert. Wenn ich ihnen auf der Straße begegne, grüßen sie mich nicht einmal, oder sie wechseln die Straßenseite und tun so, als ob sie mich nicht gesehen hätten. Das ist das Schlimmste von allem, weil ich langsam anfange zu denken, ich existiere überhaupt nicht." Nun blickte sie ihn an. „Das ist eine sehr kleine Stadt, Chase. Entweder man passt sich an, oder man gehört nicht dazu. Und es gibt keine Möglichkeit, dass eine Mörderin jemals dazugehören könnte." Sie lehnte sich ins Polster zurück und starrte an die Decke. „Außerdem ist das mein Haus. *Mein* Haus. Ich habe wie verrückt gespart, um mir die Anzahlung leisten zu können. Ich werde es nicht verlassen. Es ist nicht groß, aber wenigstens gehört es mir."

„Das kann ich verstehen. Es ist ein schönes Haus."

Er klang zwar aufrichtig, aber dennoch empfand sie seine Worte als herablassend. Der Gutsherr pries den Charme einer Schäferhütte.

Plötzlich verärgert, richtete sie sich auf. Die abrupte Bewegung sorgte dafür, dass das Zimmer sich um sie herum zu drehen und es in ihrem Kopf zu pochen begann. Sie fasste sich mit beiden Händen an den Kopf, darauf wartend, dass der Schwindel vorüberging.

„Hören Sie, lassen Sie uns offen miteinander reden", murmelte sie. „Es ist nur ein Cottage mit vier Zimmern. Der Keller ist feucht, die Wasserleitungen quietschen, und es gibt ein Leck im Dach über der Küche. Es ist nicht die Chestnut Street."

„Um ehrlich zu sein", sagte er in ruhigem Ton, „ich fühlte mich in der Chestnut Street nie zu Hause."

„Warum nicht? Sie sind dort aufgewachsen."

„Aber es war kein richtiges Zuhause. Nicht wie dieses Haus."

Sie schaute verblüfft zu ihm auf. Es traf sie, wie rau und kantig er wirkte, ein dunkler, zerzauster Fremder, der in ihrem mauvefarbenen Sessel noch klobiger schien. Nein, es stimmte, dieser Mann passte nicht ganz in die Chestnut Street. Er gehörte in die Docks oder auf das windige Deck eines Schoners und nicht in ein stickiges viktorianisches Wohnzimmer.

„Sie wollen mir doch nicht weismachen, dass Sie ein Cottage in der Willow Street dem Familienanwesen vorziehen würden."

„Ich vermute, es klingt … ich weiß nicht … kitschig. Aber es ist wahr. Wissen Sie, wo ich als Kind die meiste Zeit verbrachte? Im Türmchen, wo ich mit Koffern und alten Möbeln herumspielte. Das war der einzige Ort in diesem Haus, an dem ich mich wohlfühlte. Der einzige Raum, den nie jemand aufsuchte."

„Sie klingen wie der Außenseiter der Familie."

„Auf gewisse Art war ich das."

Sie lachte. „Ich dachte, alle Tremains gehörten per Definition *dazu*."

„Man kann einen Familiennamen haben und trotzdem kein Teil davon sein. Oder haben Sie sich noch nie so gefühlt?"

„Nein. Ich war immer ein Teil meiner Familie. Was an Familie da war." Ihr Blick driftete zum Klavier, wo eine gerahmte Fotografie ihres Vaters stand. Es war ein grobkörniges Foto, eines der wenigen, die sie von ihm besaß. Sie hatte es selbst mit ihrer alten Kodak Brownie aufgenommen. Er, ein kahler, kleiner Gnom im Blaumann, grinste sie über das Verdeck seines Chevys an. Sie stellte fest, dass sie sein Lächeln auf dem Foto erwiderte.

„Ihr Vater?", fragte Chase.

„Ja, in Wirklichkeit Stiefvater. Aber er war in jeder Hinsicht mindestens so wunderbar wie ein richtiger Vater."

„Ich hörte, er arbeitete in der Fabrik."

Sie runzelte die Stirn. Es störte sie, dass Chase dieses Detail aus ihrem Leben so selbstverständlich erwähnte. Ein Detail, das ihn überhaupt nichts anging. „Ja", sagte sie. „Meine Eltern arbeiteten beide dort. Was haben Sie noch über mich gehört?"

„Denken Sie nicht, dass ich Nachforschungen über Sie angestellt habe."

„Aber das haben Sie doch, oder nicht? Sie und Ihre Familie haben meinen Namen vermutlich durch irgendein Computerprogramm gejagt. Leumund, Familiengeschichte, Bankauskunft …"

„So etwas haben wir nicht getan."

„Privatleben. Alle heißen Details."

„Wo würde ich die finden?"

„Versuchen Sie es mit meiner Polizeiakte." Irritiert erhob sie sich von der Couch und ging hinüber zum Kamin. Da blieb sie stehen und konzentrierte sich auf die Uhr auf dem Kaminsims. „Es wird spät, Mr Tremain. Annie müsste jeden Augenblick hier sein. Es steht Ihnen frei zu gehen, also, warum tun Sie es nicht?"

„Warum setzen Sie sich nicht wieder hin? Es macht mich nervös, wenn Sie ständig aufspringen."

„Ich mache *Sie* nervös?" Sie wandte sich zu ihm um. „Sie haben die Karten in der Hand. Sie wissen alles über mich. Womit meine Eltern ihr Geld verdienten. Wo ich zur Schule ging. Mit wem ich geschlafen habe. Ich mag das nicht."

„Waren es denn so viele?"

Seine Entgegnung traf sie wie ein Schlag. Da ihr keine Antwort auf so eine brutale Frage einfiel, blieb ihr nichts anderes übrig, als ihn wütend anzustarren.

„Sagen Sie nichts!", bat er. „Ich möchte es nicht wissen. Ihr Liebesleben geht mich nichts an."

„Da haben Sie recht. Es geht Sie verdammt noch einmal nichts an." Sie wandte sich von ihm ab und klammerte sich ärgerlich am Kaminsims fest. „Egal, was Sie über mich erfahren haben, es wird gut zu dem Bild passen, das Sie von einer Fabrikarbeitertochter haben, stimmt's? Ich schäme mich nicht für meine Herkunft. Meine Eltern verdienten ihren Lebensunterhalt mit ehrlicher Arbeit. Sie hatten kein Treuhandvermögen, um in Saus und Braus zu leben wie andere Familien, die ich kenne", ergänzte sie, wobei ihr Tonfall keinen Zweifel daran ließ, auf welche Familie sie sich dabei bezog.

Er begegnete dieser Beleidigung lediglich mit einem kurzen Schweigen.

„Ich bin überrascht, dass Sie sich in Richard verliebten", sagte er. „Vor allem, wenn man Ihre Haltung gegenüber den Besitzern von Treuhandvermögen betrachtet."

„Bevor ich Richard kennenlernte, *hatte ich keine* Haltung zu diesem Thema." Sie drehte sich um und sah ihn an. „Und dann lernte ich ihn kennen. Ich sah, was das Geld bei ihm anrichtete. Mit ihm. Er musste niemals kämpfen. Er hatte immer diesen Puffer, der ihn beschützte. Es machte ihn unbekümmert und immun gegen die Sorgen anderer Menschen." Ihr Kinn schob sich in stolzer Verachtung nach vorne. „Genau wie Sie."

„Das ist nichts weiter als eine Unterstellung."

„Sie sind ein Tremain."

„Ich bin wie Sie. Ich habe einen Job, Miranda. Ich arbeite."

„Das hat Richard auch getan. Es hat ihn amüsiert."

„In Ordnung, vielleicht haben Sie recht, was Richard anbelangt. Er brauchte nicht zu arbeiten. Der *Herald* war eher ein Hobby für ihn, ein Grund, morgens aufzustehen. Und es hat ihn begeistert, seinen Freunden in Boston zu erzählen, er sei Verleger. Aber so war Richard. Mir können Sie den Titel eines reichen Jungen nicht anhängen. Er wird nicht halten. Ich bin schon vor Jahren aus der Familie ausgeschlossen worden. Ich besitze weder ein Treuhandvermögen noch eine eigene Villa. Aber ich habe einen Job, um meine Rechnungen zu bezahlen. Und ja, es freut mich."

Er versuchte, sich zu beherrschen, und doch war ihm ein Ärger deutlich anzumerken. Ich habe seinen wunden Punkt getroffen, dachte sie. Einen ziemlich heiklen Punkt.

Zurechtgewiesen, setzte sie sich in einen Sessel vor dem Kamin. „Ich vermute … ich vermute, ich habe ein paar Dinge zu viel angenommen."

Er nickte. „Das haben wir beide."

Sie sahen sich schweigend an. Wenigstens herrschte jetzt eine Art Waffenstillstand zwischen ihnen, wenn auch mit Unbehagen.

„Sie sagten, Sie wurden aus der Familie ausgeschlossen? Warum?", fragte sie.

„Ganz einfach. Ich habe geheiratet."

Sie sah ihn verblüfft an. Er hatte diese Worte ohne Emotionen ausgesprochen, in einem Ton, in dem man jemandem das Wetter beschrieben hätte. „Ich nehme an, sie war nicht die passende Braut."

„Nicht, wenn es nach meinem Vater ging."

„Die falsche Herkunft?"

„Sozusagen. Mein Vater war an diese Dinge gewöhnt."

Natürlich, dachte sie. „Und hat ihr Vater recht behalten mit den Mädchen falscher Herkunft?"

„Das war nicht der Grund, warum ich von ihr geschieden wurde."

„Warum wurden Sie geschieden?"

„Christine war zu … ehrgeizig."

„Das ist kaum ein Makel."

„Doch, weil ich die Sprosse auf der sozialen Leiter sein sollte, die sie erklimmen wollte."

„Oh."

„Wir hatten ein paar magere Jahre. Ich habe die ganze Zeit gearbeitet und …" Er zuckte mit den Achseln, und eine Pause füllte den Raum zwischen ihnen.

„Richard hat mir nie erzählt, womit Sie sich beschäftigen."

Er lehnte sich zurück, während die Spannung aus seinem Gesicht wich. Dann brach er in ein unerwartetes Lachen aus. „Vielleicht, weil ihm das, was ich mache, so verdammt langweilig erschien. Meine Partner und ich, wir entwerfen Gebäude."

„Sind Sie Architekt?"

„Hochbauingenieur. Den kreativen Part übernehmen meine Partner, und ich stelle sicher, dass die Mauern nicht zusammenbrechen."

Ein Ingenieur. Nicht unbedingt eine steile Karriere, dachte sie, aber eine echte und ehrliche Arbeit. So wie die ihres Vaters.

Sie schüttelte den Kopf. „Es ist merkwürdig. Wenn ich Sie ansehe, dann kann ich nicht ganz glauben, dass Sie sein Bruder sind. Ich nahm immer an …"

„Dass wir gut zueinandergepasst hätten? Nein, wir waren definitiv verschieden. In vielerlei Hinsicht. Mehr als Sie jemals wissen werden."

Ja, je mehr sie über Chase erfuhr, umso weniger erschien er wie ein Tremain. Und umso mehr dachte sie, dass sie ihn mögen könnte.

„Was sahen Sie in meinem Bruder?", fragte er.

Seine Frage, obwohl mit sanfter Stimme geäußert, ging ihr auf die Nerven und erinnerte sie an die Gespenster, die noch immer über diesem Haus schwebten.

Sie seufzte. „Ich sah, was ich sehen wollte."

„Und was war das?"

„Einen Mann, der mich brauchte. Einen Mann, bei dem ich Retterin spielen konnte."

„*Richard?*"

„Oh, es *schien*, als ob er alles im Griff hatte. Doch er hatte auch diese … diese verletzliche Schwäche. Den Bedarf, gerettet zu werden. Vor was, das weiß ich nicht. Vielleicht vor sich selbst."

Sie stieß ein bitteres Lachen aus. „Ich weiß nicht. Man denkt nicht viel über diese Dinge nach. Man fühlt einfach. Und dann ergibt man sich …"

„Sie meinen, Sie folgten Ihrem Herzen."

Sie schaute zu ihm hoch. „Ja", flüsterte sie.

„Es kam Ihnen nicht falsch vor?"

„Doch natürlich!"

„Aber?"

Ihr Körper sank unter dem Gewicht ihres Unglücks zusammen. „Ich konnte … meinen Ausweg nicht erkennen. Ich mochte ihn. Ich wollte für ihn da sein. Und er hat mich an der Nase herumgeführt. Er hat gesagt, dass alles gut ausgehen würde, solange wir beide daran glaubten." Sie sah auf ihre Hände hinunter, die ineinander verschlungen auf ihrem Schoß lagen. „Ich vermute, ich verlor meinen Glauben als Erste."

„An ihn? Oder an die Situation?"

„An ihn. Ich begann die Fehler zu sehen. Nach einer Weile kam heraus, wie er Menschen manipulierte und benutzte. Wenn er einen nicht brauchte, dann ignorierte er ihn einfach. Er benutzte Menschen, wie es ihm passte, und war ein Experte darin, andere für ihn machen zu lassen, was er wollte."

„Und dann haben Sie Schluss gemacht. Wie reagierte er darauf?"

„Er konnte es nicht fassen. Ich vermute, dass noch niemand *ihn* verlassen hat. Er rief mich ständig an, ließ mich nicht in Ruhe, und ich begegnete ihm jeden Tag bei der Arbeit und musste so tun, als wäre nichts zwischen uns."

„Trotzdem wusste es jeder."

Sie zuckte mit den Achseln. „Wahrscheinlich. Ich bin nicht sehr gut im Verstellen. Annie wusste es, weil ich es ihr erzählte, und alle anderen müssen es erraten haben." Sie seufzte. In Wahrheit war es ihr zu der Zeit egal gewesen. Erst Liebe und später dann der Schmerz hatten sie gegenüber der Meinung anderer gleichgültig werden lassen.

Einen Augenblick lang sprach keiner von beiden. Sie fragte sich, was er jetzt von ihr dachte und ob es irgendeinen Unterschied machte. Auf einmal zählte es, was *er* von ihr hielt. Er war zwar kaum mehr als ein Fremder für sie, noch dazu ein ihr eher feindlich gesinnter, aber es war ihr wichtig.

„Wissen Sie, Sie waren nicht die Erste", sagte er, „es gab auch andere Frauen."

Chase wusste, dass diese Enthüllung brutal für Miranda sein musste, und doch hatte er das Bedürfnis, ihr die Wahrheit zu sagen. Er wollte sie erschüttern, um die rosaroten Illusionen über Richard, die sie vielleicht immer noch in einer Ecke ihres Herzens mit sich herumtrug, zu zerstören. Sie mochte zwar behaupten, dass sie nichts mehr für Richard fühle, doch wer wusste, ob sie ihn tief in ihrem Inneren nicht doch noch liebte?

Als er ihr in die Augen sah, erkannte er, dass seine Worte den beabsichtigten Effekt erzielt hatten. Sofort bedauerte er, die Wunden aufgerissen zu haben. Doch sollte sie es mittlerweile nicht längst wissen? Sollte ihr noch niemand erzählt haben, wie naiv sie gewesen war?

„Gab es viele?", fragte sie leise.

„Ja."

Sie wandte ihren Blick ab, als wollte sie ihren Schmerz vor seinen Augen verbergen.

„Ich … Ich glaube, ich wusste es. Ja. Ich muss es gewusst haben."

„Er war einfach so", sagte Chase. „Er liebte es, angehimmelt zu werden. So war er schon als Kind."

Sie nickte. Diese Erkenntnis schien ihr nicht ganz fremd zu sein. Sie hatte seine unersättliche Gier nach Bewunderung wohl auf irgendeine Art geahnt und versucht, sie zu stillen. Ich sollte jetzt gehen, dachte er. Ich habe schon genug Schaden angerichtet. Wo zum Teufel blieb bloß Annie Berenger?

Miranda schien sich wieder selbst ins Leben zurückzuholen. Sie strich ihr Haar aus dem Gesicht, richtete sich auf und blickte ihn an. In ihren Augen liegt so viel Qual, dachte er, und zur gleichen Zeit so viel Mut.

„Sie haben mir nie erzählt, weshalb Sie hier sind?"

„Der Doktor dachte, dass Sie jemand im Auge behalten sollte."

„Nein, ich meine, warum sie überhaupt hierhergekommen sind?"

„Oh." Er lehnte sich zurück. „Ich war heute Nachmittag beim *Herald* und sprach mit Jill Vickery über den Stone Coast Artikel, den Sie erwähnten. Sie behauptet, er sei nie geschrieben worden. Dass Richard niemals so weit mit ihm gekommen war."

Miranda schüttelte den Kopf. „Das verstehe ich nicht. Ich weiß, dass er die letzten Seiten geschrieben hat. Ich sah sie auf seinem Schreibtisch beim *Herald*."

„Gut, aber ich konnte keinen Artikel finden. Ich dachte, vielleicht wissen Sie, wo ich danach suchen soll. Oder vielleicht haben Sie ihn?"

Sie musterte ihn mit Befremden. „Warum sollte ich?"

„Ich nehme an, Richard war regelmäßig hier."

„Aber er hat seine Arbeit nicht mitgebracht. Haben Sie sein Büro zu Hause durchsucht?"

„Da ist nichts."

Sie dachte einen Augenblick lang darüber nach. „Manchmal", sagte sie, „fuhr er zur Nordküste hinauf, um zu schreiben. Er hatte ein Cottage ..."

„Sie meinen Rose Hill. Ja, ich glaube, da sollte ich morgen einmal nachsehen."

Ihre Blicke trafen sich. Sie sahen sich schweigend an. „Sie fangen an, mir zu glauben, oder?"

Er hörte die aufkeimende Hoffnung in ihrer Stimme, wenngleich sie auch noch schwach war, und ertappte sich dabei, dass er sie ihr auch nicht ganz nehmen wollte. Es war schwer, ihr *nicht* zu glauben, vor allem, wenn sie ihn auf diese Art ansah, mit diesem unerschütterlichen Blick aus ihren leuchtenden, feuchten grauen Augen. Diese Augen konnten einen Mann um den Verstand bringen. Sie konnten seine Beherrschung ins Mark erschüttern und neue, verstörende Gefühle in ihm wachrufen. Obwohl sie mehr als eine halbe Raumlänge von ihm entfernt saß, nahm er ihre Präsenz wie ein schweres Parfüm wahr, das man unmöglich ignorieren konnte.

Sie fragte ihn noch einmal leise: „Glauben Sie mir?"

Da erhob er sich abrupt, um den gefährlichen Zauber, mit dem sie ihn eingesponnen hatte, abzuschütteln. „Nein", sagte er. „Das kann ich nicht behaupten."

„Aber sehen Sie denn nicht, dass es da etwas mehr gibt als einfach nur ein … ein Verbrechen aus Leidenschaft?"

„Ich gebe zu, die Dinge passen nicht richtig zusammen, doch ich bin noch nicht so weit, Ihnen zu glauben. Noch lange nicht."

In diesem Moment klopfte es an der Tür. Chase drehte sich erschrocken um und sah, wie Annie Berenger ihren Kopf zur aufschwingenden Tür hereinstreckte.

„Hallo, die Kavallerie ist da", rief sie. Mit einem alten T-Shirt und Jogginghosen bekleidet, kam sie herein. An ihren Sportschuhen klebte feuchtes Gras. „Wie sieht es aus?"

„Es geht mir gut", sagte Miranda.

„Aber sie braucht jemanden, der nach ihr sieht", erklärte Chase. „Falls es irgendwelche Probleme gibt, Dr. Steiners Nummer liegt neben dem Telefon."

„Sie gehen schon?", fragte Annie.

„Man wird mich zu Hause erwarten." Er ging zur Tür, blieb kurz stehen und blickte auf Miranda zurück.

Sie hatte sich nicht gerührt, sondern saß einfach da. Er spürte das Bedürfnis, ihr etwas Tröstliches zu sagen, ihr mitzuteilen, dass das, was er vorher gesagt hatte, nicht so gemeint gewesen war, dass er tatsächlich *begann*, ihr zu glauben. Doch er konnte es ihr gegenüber nicht zugeben, weil er es sich selbst kaum eingestehen wollte. Außerdem war jetzt Annie da, die alles mit den Argusaugen einer Reporterin beobachtete.

Deshalb sagte er lediglich: „Gute Nacht, Miranda. Ich hoffe, es geht Ihnen bald besser. Und Annie, danke für Ihre Hilfe." Dann wandte er sich ab und ging hinaus.

Draußen brauchte er ein paar Minuten, um seine Augen an die Dunkelheit zu gewöhnen. Als er am Ende des Vorgartens angekommen war, konnte er endlich den Weg unter seinen Füßen erkennen und er erkannte auch die Silhouette eines Mannes, der mit gebeugten Schultern vor ihm auf dem Bürgersteig stand.

Chase blieb angespannt stehen.

„Is Sie in Ordnung?", fragte der Mann.

„Wer sind Sie?", wollte Chase von ihm wissen.

„Ich könnt Sie dasselbe fragen", erhielt er griesgrämig als Antwort.

„Ich … ich war zu Besuch", erklärte Chase.

„Also, wird Mo wieder auf die Beine kommen, oder was?"

„Mo? Oh, Sie meinen Miranda. Ja, es wird ihr wieder gut gehen, Mr …"

„Eddie Lanzo. Ich wohn nebenan. Würd gern ein Auge auf sie

behalten, wissen Sie? Is nicht gut für eine nette, junge Frau, so ganz allein zu leben. Und all die Verrückten, die hier rumrennen und in die Fenster gucken. Nicht sicher für Frauen, dieser Tage."

„Es ist heute Nacht jemand bei ihr. Sie brauchen sich also nicht um sie zu sorgen."

„Gut. In Ordnung. Ich werd sie dann heut nicht stören." Eddie Lanzo wandte sich ab, um in sein Haus zurückzukehren. „Die ganze Insel geht zumTeufel, sag ich Ihnen", murmelte er. „Zu viele Verrückte. War das letzte Mal, dass ich die Schlüssel im Wagen gelassen habe."

„Mr Lanzo?", rief Chase hinter ihm her.

„Ja?"

„Nur eine Frage. Waren Sie zufällig in der Nacht, in der Richard Tremain ermordet wurde, zu Hause?"

„Ich?" Eddie schnaubte. „Ich bin immer zu Hause."

„Haben Sie vielleicht irgendetwas gesehen oder gehört?"

„Ich hab Lorne Tibbetts schon gesagt, dass ich um Punkt neun ins Bett geh, bis zum nächsten Morgen auch nicht wieder aufsteh."

„Dann haben Sie einen festen Schlaf? Sie haben nichts gehört?"

„Wie könnt ich, wenn mein Hörgerät abgeschaltet is?"

„Oh." Chase beobachtete, wie der Mann in sein Haus zurückschlurfte, während er immer noch leise über Spanner und Autodiebe vor sich hin schimpfte. Es überraschte Chase irgendwie, dass ein griesgrämiger alter Kerl wie Lanzo sich dermaßen um Miranda Wood sorgte. Eine nette, junge Frau, hatte er sie genannt.

Was zum Teufel weiß er? überlegte Chase. Was wissen wir schon jemals über die anderen? Menschen haben ihre Geheimnisse. Ich habe meine und Miranda Wood hat ihre.

Er wandte sich um und ging in Richtung Chestnut Street.

Für den Weg nach Hause brauchte er zwanzig Minuten. Der kühle Nachtwind belebte ihn. Als er schließlich das Foyer betrat, stellte er fest, dass außer in der Eingangshalle alle Lichter gelöscht waren. War denn sonst niemand nach Hause gekommen?

Doch da hörte er Evelyn seinen Namen rufen.

Er entdeckte sie alleine im Schaukelstuhl im dunklen Wohnzimmer sitzend, obwohl er sie in der Dunkelheit kaum ausmachen konnte. Das schwache Licht einer Straßenlaterne fiel durchs Fenster und umrahmte ihre Silhouette.

„Endlich bist du zu Hause", sagte sie.

Er steuerte auf einen der Lichtschalter zu, doch Evelyn hielt ihn zurück.

„Nein, Chase. Nicht. Ich mag die Dunkelheit. Ich habe sie immer gemocht."

Er schwieg, unsicher darüber, was er jetzt sagen oder tun sollte.

„Ich habe auf dich gewartet", murmelte sie. „Wo bist du gewesen, Chase?"

Er zögerte. „Ich war bei Miranda Wood."

„Sie hat dich verzaubert, nicht wahr?", flüsterte Evelyn nach einem Moment eisigen Schweigens.

„Es hat nichts mit Zauberei zu tun. Ich wollte ihr einfach nur ein paar Fragen über Richard stellen." Er seufzte. „Sieh mal, Evelyn, es war ein langer Tag für dich. Warum gehst du nicht nach oben und versuchst zu schlafen?"

Die Figur im Dunkeln bewegte sich immer noch nicht. Sie saß wie eine Statue vor dem Fenster. „In dieser Nacht, als ich dich anrief", sagte sie, „in der Nacht, als er starb … da hoffte ich …"

„Ja?"

Es folgte eine längere Stille. Doch dann fuhr sie fort. „Ich habe dich immer gemocht, Chase. Schon als wir Kinder waren. Ich hatte immer gehofft, dass du derjenige sein würdest, der mir einen Heiratsantrag macht. Nicht Richard, sondern du." Der Schaukelstuhl knarrte leise. „Aber das hast du nie getan."

„Ich war in Christine verliebt, erinnerst du dich?"

„Oh, Christine." Der missbilligende Ton in ihrer Stimme war nicht zu überhören. „Sie war nicht gut genug für dich. Aber das hast du ja schließlich selbst gemerkt."

„Wir passten nicht zusammen, das ist alles."

„So wie Richard und ich."

Er wusste nicht, was er darauf erwidern sollte, doch er ahnte, worauf sie hinauswollte, und diese Wendung des Gesprächs missfiel ihm. In all den Jahren, in denen sie zusammen aufgewachsen waren, hatte er sich und Evelyn DeBolt niemals als ein Paar vorstellen können. Gewiss, sie war attraktiv, und sie passte allein vom Alter besser zu ihm als zu Richard, doch er hatte ihr Talent, Menschen zu manipulieren und Gedanken und Herzen zu verdrehen, schon früh erkannt. Richard hatte dasselbe Talent besessen.

Trotzdem tat sie ihm leid.

„Du bist einfach müde, Evelyn", sagte er sanft. „Du hast eine schreckliche Woche hinter dir, aber das Schlimmste ist nun vorüber."

„Nein. Das Schlimmste fängt gerade an. Die Einsamkeit."

„Du hast deine Kinder …"

„Du wirst bald abreisen, nicht wahr?"

„In ein paar Tagen. Ich muss. Ich habe doch einen Job in Greenwich."

„Du könntest hierbleiben. Übernimm den *Herald*. Phillip ist noch zu jung dafür."

„Ich wäre ein lausiger Verleger. Das weißt du. Und ich gehöre nicht mehr länger hierher. Nicht auf diese Insel."

Sie betrachteten sich einen Augenblick lang in der Dunkelheit.

„Also, das war es nun", flüsterte sie, „für uns."

„Ich fürchte …"

Er sah die Silhouette traurig nicken.

„Wirst du zurechtkommen?"

„Gut." Sie stieß ein leises Lachen aus. „Es wird mir einfach prächtig gehen."

„Gute Nacht, Evelyn."

„Gute Nacht."

Er ließ sie am Fenster sitzen und ging. Erst bei der Treppe fiel ihm plötzlich der saure Geruch auf, der in der Eingangshalle hing. Auf dem Tisch im Foyer stand ein leeres Glas neben dem Telefon. Er hob das Glas hoch und roch daran.

Whiskey.

Wir haben alle unsere Geheimnisse. Auch Evelyn.

Er stellte das Glas zurück, bevor er gedankenverloren die Treppe hinauf ins Bett ging.

6. KAPITEL

„Wo seid ihr beide letzte Nacht gewesen?", fragte Chase.

Die Zwillinge, die damit beschäftigt waren, Eier und Würstchen in einer Pfanne zu brutzeln, schauten gleichzeitig zu ihrem Onkel hoch.

„Ich war vorhin bei Zach Brewer", sagte Phillip. „Du erinnerst dich doch an die Brewers, nicht wahr? Drüben in der Pearl Street."

„Unser lieber Phil meint, dass er in Wirklichkeit Zachs Schwester abgepasst hat", erklärte Cassie.

„Im Gegensatz zu dir verstecke ich mich wenigstens nicht in irgendwelchen Kellern und hoffe, dass mich jemand dort findet."

„Ich bin nicht so beziehungsfixiert wie du. Ich war beschäftigt."

„Oh, klar", schnaubte Phillip.

„Beschäftigt? Womit?", fragte Chase.

„Ich war drüben beim *Herald* und habe versucht, ein bisschen aufzuräumen", sagte Cassie. „Weißt du, Papa hat alles in einer solchen Unordnung hinterlassen. Keine schriftlichen Pläne für seine Nachfolge. Kein Hinweis darauf, in welche Richtung die Zeitung sich entwickeln soll. Redaktionell gesehen."

„Lass Jill Vickery sich darum kümmern", meinte Phillip achselzuckend. „Dafür bezahlen wir sie schließlich."

„Ich dachte, dass wenigstens du dich darum kümmern würdest, Phil. Als der offizielle Nachfolger."

„Dieser Übergang muss sanft vollzogen werden." Gleichgültig schob sich Phillip eine Gabel Rührei in den Mund. Für ihn schien das Thema beendet zu sein.

„In der Zwischenzeit driftet der *Herald* führungslos in unwägbare Gewässer. Ich will nicht, dass aus der Zeitung eine weitere kirchliche und soziale Postille wird. Wir sollten sie in ein skandalträchtiges Blatt verwandeln. Dinge aus der Region aufdecken und die Menschen aufrütteln und verärgern. So wie Papa sie vor ein paar Monaten verärgert hat."

„Wen hat er verärgert?", fragte Chase.

„Diese Marionetten vom Planungsausschuss. Diejenigen, die dafür waren, die Nordküste wieder zu parzellieren. Pa sorgte dafür, dass sie ziemlich alt aussahen. Ich wette, Jill zitterte in ihren feinen italienischen Fummeln vor einer Verleumdungsklage."

„Du scheinst eine Menge darüber zu wissen, was beim *Herald* los ist", bemerkte Chase.

„Natürlich. Der Zweitbeste bemüht sich eben mehr."

Sie sagte es so leicht dahin, doch Chase entging der Groll in ihrem Tonfall nicht. Er verstand genau, wie sie sich fühlte. Er war ebenfalls der Zweitbeste eines Geschwisterpaares, und er hatte seine Kindheit vergeblich damit verbracht, sich immer noch mehr anzustrengen. Richard war der Gesalbte gewesen. Genauso wie jetzt Phillip.

Es läutete an der Tür. „Das wird Großvater sein“, vermutete Phillip. „Er ist früh dran.“

Chase erhob sich. „Ich mache auf.“

Noah DeBolt stand auf der Veranda vor dem Haus. „Guten Morgen, Chase. Ist Evelyn fertig?“

„Ich glaube schon. Kommen Sie herein, Sir.“

Das Sir schlüpfte ihm automatisch heraus. Er konnte diesen Mann einfach nicht beim Vornamen nennen. Alles an Noah verstrahlte eine unbezwingbare Autorität, von der aufrechten Haltung in dem eleganten Maßanzug bis zu den eisblauen Augen.

Noah blieb im Foyer stehen und sah sich kritisch im Haus um. „Es wird Zeit, dass wir hier einiges verändern. Eine neue Couch, neue Sessel. Evelyn musste es lange genug mit diesen alten Möbeln aushalten.“

„Das waren die Lieblingsmöbel meiner Mutter“, sagte Chase. „Antiquitäten …“

„Ich weiß, was zum Teufel das ist. Plunder.“ Noahs Blick richtete sich auf die Zwillinge, die ihn durch die geöffnete Tür anstarrten. „Was? Seid ihr beide etwa immer noch beim Frühstück? Los, kommt! Es ist halb neun! Bei den Gebühren, die die Anwälte erheben, wollen wir uns natürlich nicht verspäten.“

„Wirklich, Mr DeBolt“, sagte Chase. „Ich kann uns alle zum Anwalt fahren. Sie hätten sich die Mühe nicht machen müssen …“

„Evelyn bat mich zu kommen“, erklärte Noah. „Und die Wünsche meiner Tochter sind mir Befehl.“ Er schaute zum oberen Treppenabsatz hinauf. Evelyn war gerade am Geländer aufgetaucht. „Ist es nicht so, mein Schatz?“

Mit hoch erhobenem Kopf stieg Evelyn die Treppenstufen hinunter. Es war das Erste, das Chase an diesem Morgen von ihr sah. Kein Zittern war zu spüren, keine alkoholbedingte Unkonzentriertheit. Sie wirkte kühl und unangreifbar. „Hallo, Papa“, sagte sie, als sie unten angekommen war.

Noah umarmte sie. „Und nun“, sagte er, „lasst uns gehen und dieses unerfreuliche Geschäft erledigen.“

Sie fuhren in Noahs Mercedes. Evelyn und ihr Vater saßen vorne, Chase drängte sich mit den Zwillingen auf der Rückbank. Er fragte sich, wie Richard es die letzten Jahre nur ausgehalten hatte, mit diesem tyrannischen Schwiegervater in derselben Stadt zu leben. Doch der Preis, den man dafür zahlte, mit Noah DeBolts einzigem Kind verheiratet zu sein, bestand wohl aus ewiger Kritik und darin, ständig unter Beobachtung zu stehen. Wie froh musste Noah sein, jetzt, wo Richard tot war, das Leben seiner Tochter wieder unter Kontrolle zu haben?

Vor der Kanzlei hielten sie an, und Noah führte Evelyn am Arm in das Gebäude.

„Mrs Tremain möchte Les sehen", sagte Noah. „Wir sind hier, um das Testament zu besprechen."

Die Rezeptionistin bedachte sie mit einem merkwürdigen Blick – Chase deutete ihn als panisch – und drückte eine Taste der Telefonanlage. „Mr Hardee", sagte sie, „sie sind da."

Les Hardee kam sofort aus seinem Büro. Sein Anzug und die Krawatte wiesen ihn als einen adretten Menschen aus. Der Schweiß auf seiner Stirn passte nicht in dieses Bild. „Mr DeBolt, Mrs Tremain", begrüßte er sie mit einem beinahe schmerzhaften Tonfall in der Stimme. „Ich hätte Sie schon früher angerufen, aber ich habe erst jetzt ... das heißt, wir ..." Er schluckte. „Es scheint ein Problem mit dem Testament zu geben."

„Doch nichts, was nicht geregelt werden könnte", meinte Noah.

„Sicher, aber ..." Hardee öffnete die Tür zum Konferenzraum. „Ich denke, wir sollten uns erst einmal alle hinsetzen."

Im Konferenzraum befand sich noch ein anderer Mann. Hardee stellte sie Vernon FitzHugh, einem Anwalt aus Bass Harbour, vor. FitzHugh sah aus wie die kämpferische Version von Hardee. Er war zwar ebenso redegewandt, wirkte aber wie einer, der Ecken und Kanten besaß, wie die Art von Mann, die hart arbeiten musste, um sich seine Ausbildung finanzieren zu können. Sie saßen alle zusammen am Konferenztisch; Hardee und FitzHugh jeweils am Kopfende.

„Also, was gibt es für ein kleines Problem mit Richards Testament?", eröffnete Noah das Gespräch. „Und was haben Sie damit zu tun, Mr FitzHugh?"

FitzHugh räusperte sich. „Ich fürchte, ich bin der Überbringer der schlechten Nachricht. Oder in diesem Fall, eines neuen Testaments."

„Was?" Noah wandte sich an Hardee. „Was soll der Blödsinn, Les? *Sie* waren Richards Anwalt."

„Das dachte ich auch", sagte Hardee verdrießlich.

„Wo kommt denn dann dieses andere Testament her?"

Alle blickten auf FitzHugh.

„Vor ein paar Wochen", erklärte FitzHugh, „kam Mr Tremain in mein Büro. Er sagte, er wolle ein neues Testament aufsetzen, welches das vorher von Mr Hardee gezeichnete Testament ersetzen sollte. Ich riet ihm, damit zu Mr Hardee zu gehen, aber Mr Tremain bestand darauf, dass ich das Testament aufnehmen sollte. Also respektierte ich seinen Wunsch. Ich hätte es Ihnen schon eher zur Kenntnis gegeben, aber ich war ein paar Wochen lang nicht in der Stadt und habe erst gestern Abend von Mr Tremains Tod erfahren."

„Das ist merkwürdig", sagte Evelyn. „Warum hätte Richard ein neues Testament aufsetzen sollen? Und woher sollen wir wissen, ob das wirklich Richard war?"

„Er war es", bestätigte Hardee. „Ich erkenne seine Unterschrift."

Es folgte eine lange Pause.

„Gut", meinte Evelyn schließlich. „Lassen Sie es uns hören, Les. Was wurde geändert?"

Hardee setzte seine Brille auf und begann laut vorzulesen. „Ich, Richard Tremain und im Vollbesitz meiner geistigen und körperlichen Kräfte …"

„Oh, lassen Sie diesen Quatsch!", fauchte Noah. „Kommen Sie zum Punkt. Was ist neu an diesem Testament?"

Hardee sah auf. „Das meiste ist unverändert. Das Haus, gemeinsame Konten und das darauf befindliche Vermögen gehen an Mrs Tremain. Dann gibt es einige großzügige Treuhandkonten zugunsten der Kinder und ein paar persönliche Dinge, die er seinem Bruder hinterlassen hat."

„Und was ist mit dem Rose Hill Cottage?", fragte Noah.

An dieser Stelle rückte Mr Hardee seinen Stuhl. „Vielleicht sollte ich es doch vorlesen." Er blätterte sechs Seiten weiter und räusperte sich. „Die Landparzelle an der Nordküste, die sich inklusive der Zufahrtsstraße auf ungefähr vierzig Ar erstreckt, sowie das Gebäude, bekannt als Rose Hill Cottage, vermache ich …" Hier machte Hardee eine Pause.

„Was ist mit Rose Hill Cottage?", drängte Evelyn.

Hardee holte tief Luft. „Vermache ich meiner lieben Freundin und Gefährtin Miranda Wood."

„Zum Teufel", sagte Noah.

Draußen auf der Straße vor Hardees Büro saßen Noah und Evelyn schweigend nebeneinander im Wagen. Es herrschte eine angespannte Stille zwischen ihnen. Die anderen hatten zu Noahs Erleichterung beschlossen, den Weg nach Hause zu laufen. Er brauchte diese Zeit, um mit Evelyn alleine zu sein.

Schließlich fragte Noah leise: „Gibt es irgendetwas, das du mir sagen willst, Evelyn?"

„Was meinst du, Vater?"
„Irgendetwas. Über Richard."
Sie betrachtete ihren Vater. „Erwartest du, dass ich etwas zu sagen habe?"
„Du weißt, dass du mir alles sagen kannst. Wir sind eine Familie und das ist alles, was zählt. Eine Familie hält zusammen. Wenn nötig, sogar gegen den Rest der Welt."
„Ich weiß nicht, wovon du sprichst."
Noah sah seiner Tochter in die Augen. Die Augen seiner Frau hatten denselben Grünton gehabt. Da saß der einzige Mensch auf der Welt, den er immer noch liebte. Ruhig und ohne das geringste Anzeichen von Unbehagen erwiderte seine Tochter seinen Blick. Ja, sie war stark. Sie konnte allem standhalten. In dieser Hinsicht war sie wirklich eine DeBolt.
„Ich würde alles für dich tun, Evelyn. Alles. Du musst mich nur darum bitten."
Sie richtete ihren Blick nach vorne. „Dann bring mich nach Hause, Dad."
Er startete den Wagen und steuerte ihn in Richtung Chestnut Street. Während der ganzen Fahrt sprach sie kein Wort. Sie war eine stolze Frau, seine Tochter. Obwohl sie ihn nie darum bitten würde, benötigte sie seine Hilfe. Und sie würde sie bekommen.
Was auch immer getan werden musste, dachte er. Es wird erledigt.
Immerhin war Evelyn sein Fleisch und Blut, und er konnte sein Fleisch und Blut nicht ins Gefängnis gehen lassen.
Selbst, wenn sie schuldig war.

Ihr Garten war immer schon ihr Zufluchtsort gewesen. Hier hatte Miranda Stockrosen und Rittersporn, Schleierkraut und Akeleien gepflanzt. Sie kümmerte sich nicht um Farb- oder Landschaftsgestaltung, sondern versenkte die Pflanzen einfach in der Erde, streute Samen und überließ ihren Garten dem Dschungel aus wildem Wein und Blumen. Sie waren in der letzten Woche vernachlässigt worden, die armen Dinger. Ein paar Tage ohne Gießen hatten staubige Blüten hinterlassen. Doch jetzt, wo sie zu Hause war, sahen ihre Babies schon wieder glücklicher aus, und seltsamerweise war *sie* ebenfalls glücklich. Die Sonne wärmte ihren Rücken, während ihre Hände den Lehmboden bearbeiteten. Das war alles, was sie brauchte. Frische Luft und Freiheit. *Wie lange werde ich beides noch haben?*
Sie verscheuchte diesen Gedanken schnell wieder und stach die Spitzhacke in die verhärtete Erde. Sie würde den Boden ein wenig

umgraben und das Beet mit den Ganzjährigen um einen Meter erweitern. Dann lehnte sie die Spitzhacke gegen die Hauswand und kniete sich hin, um den verklumpten Boden zu lockern und die Steine auszusortieren.

Die Sonne machte sie schläfrig. Als sie dem Bedürfnis nach einem Nickerchen nicht länger widerstehen konnte, streckte sie sich auf dem Rasen aus. Da lag sie auf einem Kissen aus Gras, Hände und Knie mit Erde verschmiert. So sah ein perfekter Sommertag aus, genau wie die Tage, an die sie sich aus ihrer Kinderzeit erinnerte. Sie schloss die Augen und dachte an die Nachmittage, als ihre Mutter noch lebte. Ihr Vater hatte am Grill gestanden und gesungen, während er die Hamburger briet …

„Sie spielen ein raffiniertes Spiel“, sagte da plötzlich eine Stimme.

Miranda fuhr hoch und sah Chase, der an ihrem weißen Gartenzaun stand. Er schob das Tor auf und kam in den Garten. Als er sich genähert hatte, fiel ihr auf, wie schlampig sie aussehen musste in Gartenshorts und T-Shirt. Umgeben von Sonnenschein und blauem Himmel, wirkte Chase makellos und unberührbar. Sie kniff die Augen zusammen, um seinen Gesichtsausdruck zu erkennen, aber sie sah nur ein dunkles Oval und sein im Wind wehendes Haar.

„Sie wussten es, oder?“, fragte er.

Sie erhob sich und wischte den Dreck von ihren Händen weg.

„Was wusste ich?“

„Wie haben Sie das geschafft, Miranda? Haben Sie ihn bezirzt? Bedenke mich in deinem Testament, und ich bin für immer dein?“

„Ich habe keine Ahnung, wovon Sie sprechen?“

„Ich komme gerade vom Anwalt der Familie, wo uns eine hässliche Überraschung erwartete. Vor zwei Wochen hat Richard ein neues Testament gemacht. Er hinterlässt Ihnen Rose Hill Cottage.“

Ihre spontane Reaktion bestand aus fassungslosem Schweigen. Sie starrte ihn ungläubig an.

„Haben Sie gar nichts dazu zu sagen? Wollen Sie es nicht leugnen?“

„Ich hätte niemals erwartet …“

„Ich glaube, Sie haben genau das erwartet!“

„Nein!“ Verwirrt wandte sie sich von ihm ab. „Ich wollte niemals etwas, nicht das Geringste …“

„Ach, kommen Sie!“ Er packte sie am Arm und drehte sie zu sich herum. „War es Erpressung? Eine Möglichkeit, dafür zu sorgen, dass Sie über die Affäre schweigen?“

„Ich weiß nichts von einem Testament! Oder vom Cottage! Abgesehen davon, wie kann er es mir hinterlassen? Geht es nicht an seine Frau? Evelyn gehört die Hälfte …“

„Nein, sie gehört ihr nicht."

„Warum nicht?"

„Rose Hill stammt aus dem Familienbesitz meiner Mutter. Ein Erbe, das direkt an Richard ging, deshalb kann Evelyn es nicht für sich beanspruchen. Richard konnte damit machen, was er wollte, und er hat entschieden, es Ihnen zu vererben."

Sie schüttelte den Kopf. „Ich kann mir das absolut nicht vorstellen."

„Das Cottage war der einzige Platz auf dieser Insel, an dem ihm wirklich etwas lag. Der einzige Platz, an dem uns beiden etwas lag", sagte Chase.

„In Ordnung!", brüllte sie. „Dann nehmen *Sie* es! Es gehört Ihnen. Ich unterschreibe noch heute eine Erklärung, dass ich es Ihnen überlasse. Ich will es nicht. Ich will nur eines, *in Ruhe gelassen werden.*" Sie blickte direkt in sein kaltes und unbewegliches Gesicht. „Und ich will nie wieder, niemals mehr solange ich lebe, einem Tremain begegnen."

Sie ließ ihn stehen und stürmte die Verandatreppen hinauf ins Haus. Die Tür schlug hinter ihr zu. Sie rannte in die Küche, wo sie plötzlich stehen blieb. Es gab nichts, wo sie hätte hinlaufen können. Wütend ging sie zum Spülbecken und drehte den Wasserhahn auf. Dort, von ihren Lieblingsfarnen umgeben, schrubbte sie sich wie wild den Dreck von den Händen.

Sie schrubbte immer noch, als sie hörte, wie die Tür langsam geöffnet wurde und leise wieder zufiel. Lange Zeit sagte er gar nichts. Sie wusste, dass er hinter ihr stand und sie beobachtete.

„Miranda", hob er schließlich an.

Zornig drehte sie den Wasserhahn ab. „Verschwinden Sie endlich."

„Ich möchte Ihre Version hören."

„Warum? Sie würden mir doch nicht glauben. Sie *wollen* mir nicht glauben. Aber wissen Sie was? Es interessiert mich nicht länger." Sie schnappte sich ein Küchenhandtuch und trocknete ihre Hände daran ab. „Ich gehe noch heute zum Anwalt und unterzeichne eine Verzichtserklärung oder wie auch immer das heißt. Ich würde das Cottage nie annehmen. Alles, was von ihm kommt, ist befleckt. Genau wie ich."

„Sie täuschen sich, Miranda. Ich möchte Ihnen doch gerne glauben."

Sie stand ganz ruhig da und hatte Angst, sich umzudrehen und ihm ins Gesicht zu sehen. Sie spürte, wie er sich ihr näherte, und trotzdem konnte sie sich nicht umdrehen und ihn ansehen. Sie brachte es lediglich fertig, auf die Klumpen nasser Gartenerde im Spülbecken zu starren.

„Aber Sie können es nicht, oder? Was ist so schwer daran?", fragte sie.

„Die Fakten sprechen dagegen."

„Und was, wenn ich Ihnen sage, dass die Fakten irreführend sind?" Sie drehte sich langsam nach ihm um. Er stand nun direkt vor ihr, so nah, dass sie sein Gesicht berührt hätte, wenn sie ihre Hand ausgestreckt hätte. „Was dann?"

„Dann wäre ich gezwungen, meinem Gefühl zu vertrauen. Aber in diesem besonderen Fall sind meine Gefühle an den Teufel verpfändet."

Sie starrte ihn an und war plötzlich verwirrt von den Signalen, die er aussandte, von den Signalen ihres eigenen Körpers. Er hatte sie ihrer Rückzugsmöglichkeiten beraubt, ihr Rücken stieß gegen die Küchenspüle. Sie musste ihren Kopf heben, um in seine Augen sehen zu können. Sein Anblick, seine Größe, seine Macht waren mehr als nur ein wenig beängstigend. Obwohl es nicht Angst war, was das Blut schneller durch ihre Adern pumpen ließ, sondern ein warmes und unerwartetes Gefühl der Begierde.

Sie entschlüpfte seiner Umzingelung und positionierte sich am entgegensetzten Ende der Küche. Sie brauchte den Abstand. Dringend. „Ich habe das, was ich sagte, auch so gemeint. Ich verzichte auf Rose Hill Cottage. Wir sollten besser gleich zum Notar gehen."

„Wollen Sie das wirklich?"

„Ich weiß, dass ich nichts von seinen Sachen will. Nichts, das mich an ihn erinnert."

„Sie würden das Cottage einfach aufgeben?"

„Es bedeutet mir nichts. Ich habe es noch nicht einmal gesehen."

Chase wirkte überrascht. „Er hat Sie nie nach Rose Hill mitgenommen?"

„Nein. Oh, er erzählte mir davon. Aber es war sein Refugium. Nicht die Art von Ort, die er mit mir geteilt hätte."

„Sie könnten ein Vermögen mit der Immobilie machen, wenn Sie sie verkaufen."

„Ich brauche Richards Geld nicht."

Er betrachtete sie mit zusammengekniffenen Augen. „Ich verstehe Sie nicht. Jedes Mal, wenn ich denke, ich hätte begriffen, schlagen Sie eine andere Volte."

„Sie projizieren Dinge in mich hinein, die mir nicht entsprechen."

„Sie haben es geschafft, Richard zu faszinieren."

„Ich war kaum die erste Frau, der das gelang."

„Aber Sie sind die erste, die ihn jemals verlassen hat."

„Da sehen Sie, wohin das geführt hat." Sie stieß ein bitteres Lachen aus. „Sie mögen es vielleicht nicht glauben, aber ich hielt mich immer für eine Frau mit einer hohen Moral. Ich habe meine Steuern bezahlt, bei jeder roten Ampel angehalten und alle Regeln befolgt." Sie drehte sich um und starrte aus dem Fenster. Dann sagte sie leise: „Und dann verliebte ich mich in Ihren Bruder. Plötzlich wusste ich nicht mehr, wie die Regeln lauteten. Ich schlitterte auf fremdem Territorium herum. Gott, das machte mir Angst. Zugleich fühlte ich mich aber ... lebendig. Und das machte mir noch mehr Angst." Sie wandte sich nach ihm um. „Ich würde alles dafür geben, die Zeit zurückdrehen zu können. Mich wieder ... unschuldig zu fühlen."

Er kam langsam auf sie zu. „Manche Dinge können wir nicht noch einmal erleben, Miranda."

„Nein." Sie blickte zu Boden. Ihre Wangen erröteten vor Scham. „Manche Dinge verliert man für immer."

Seine unerwartete Berührung ließ sie zurückschrecken. Seine Hand streichelte ihr sanft über die Wange. Verblüfft schaute sie zu ihm auf und begegnete seinem suchenden Blick, vor dem sie sich nirgendwo verstecken konnte. Sie hasste dieses Gefühl, nackt und durchsichtig zu sein, doch sosehr sie es auch gewollt hätte, sie konnte sich ihm nicht entziehen. Die Hand, die ihr Gesicht liebkoste, war so warm und überzeugend.

Da bin ich und tappe wieder in dieselbe alte Falle, dachte sie. Bei Richard habe ich meine Unschuld verloren. Was verliere ich bei diesem Mann? Meine Seele?

„Ich habe meine Lektion von ihrem Bruder gelernt, Chase. Ich bin keine leichte Beute mehr." Dann wandte sie sich um und ging ins Wohnzimmer.

„Ich bin nicht Richard."

Sie blickte zurück. „Es spielt keine Rolle, wer Sie sind. Wichtig ist, dass ich nicht mehr dieselbe alte, vertrauensvolle Seele bin, die ich vorher war."

„Er hat Sie wirklich verletzt, nicht wahr?" Er beobachtete sie von der Türschwelle aus. Seine Schultern schienen den Türrahmen auszufüllen.

Sie antwortete nicht, ließ sich aber in einen Sessel fallen und starrte auf ihre dreckverschmierten Knie.

Chase beobachtete sie aus der Distanz. Sein ganzer Zorn, der sich seit dem Morgen in Les Hardees Büro in ihm aufgestaut hatte, war plötzlich verraucht. Stattdessen spürte er nun eine Wut auf Richard. Goldjunge Richard, der immer bekommen hatte, was er wollte. Richard, der Erstgeborene, mit dem typischen hellen Haar und den blauen Augen der Tremains, hatte alles, was er je begehrte, mit Charme und Witz erobert. Doch sobald er sein Ziel erreicht hatte, verlor er das Interesse daran.

Das war seine Art, mit Frauen umzugehen. Richard hatte Evelyn DeBolt gewollt, und er hatte sie bekommen. Natürlich hatte er sie heiraten müssen. Mit Noah DeBolts einzigem Kind spielte man keine Spielchen. Doch nachdem er den Preis gewonnen hatte, wurde es ihm langweilig mit seiner Frau. Das war Richard: immer alles haben, aber nie zufrieden sein.

Und da war die einzige Frau, der einzige Preis, den er nicht hatte halten können. Welch eine bescheidene Frau, dachte Chase und spürte einen merkwürdigen Knoten in seinem Hals. War es Mitleid oder Sympathie? Er konnte es nicht unterscheiden.

Er setzte sich in den Sessel ihr gegenüber. „Sie ... wirken, als ob sie sich von der letzten Nacht erholt hätten."

„Nur noch ein bisschen Muskelkater, das ist alles." Sie zuckte mit den Achseln, so als wüsste sie, dass es ihn unmöglich interessieren konnte, wie sie sich fühlte. Welches Durcheinander auch immer in ihrem Kopf herrschte, sie verbarg es geschickt. „Ich habe Annie heute Morgen nach Hause geschickt. Ich sah nicht ein, warum sie hätte hierbleiben sollen."

„Vielleicht aus Sicherheitsgründen?"

„Wovor sollte ich mich in Sicherheit bringen sollen?"

„Das, was gestern passiert ist, war kein Unfall."

Sie schaute hoch. „Im Moment bin ich nicht schrecklich beliebt in dieser Stadt, doch ich kann mir kaum vorstellen, dass einer dieser aufrechten Bürger jemanden überfahren möchte."

„Immerhin hat einer dieser aufrechten Bürger Mr Lanzos Wagen gestohlen."

„Der arme Eddie." Sie schüttelte den Kopf. „Jetzt wird er erst recht keine Ruhe mehr finden. Er wittert doch ohnehin schon überall nur Verbrecher und Gauner."

„Ja. Er erwähnte es letzte Nacht bereits. Und irgendetwas über Spanner."

Sie lächelte. „Eddie wuchs in Chicago auf. Er hat die Angst vor der gefährlichen Großstadt nie abgelegt. Neulich schwor er, dass er einen Wagen gesehen hat, aus dem heraus jemand mein Haus beobachtet hat ..." Plötzlich machte sie eine Pause und runzelte die Stirn. „Wissen Sie, ich habe seinen Geschichten nie viel Aufmerksamkeit gewidmet, aber jetzt, wo ich darüber nachdenke ..."

„Wann hat er Ihnen das mit dem Wagen erzählt?"

„Vielleicht vor ein oder zwei Monaten."

„Vor Richards Tod also."

„Ja, es hat vermutlich nichts miteinander zu tun." Sie seufzte. „Es ist nur der arme, verrückte Eddie." Dann stand sie auf. „Ich werde mich umziehen. So wie ich aussehe, kann ich nicht zum Anwalt gehen."

„Möchten Sie das wirklich jetzt gleich erledigen?"

„Ich muss. Denn ich werde mich nicht sauber fühlen, bis ich es nicht getan habe. Und frei von ihm."

„Dann rufe ich den Anwalt an." Er blickte auf seine Armbanduhr. „Wir können die Fähre nach Bass Harbour gerade noch erreichen."

„Bass Harbour? Ich dachte, Les Hardee ist Richards Anwalt."

„Ist er, aber sein letzter Wille wurde von einem Anwalt namens Vernon FitzHugh aufgezeichnet. Kennen Sie ihn?"

„Nein, Gott sei Dank nicht." Sie wandte sich ab und ging in die Diele hinaus. „Sonst hätten Sie mich und Mr FitzHugh vielleicht noch des Betrugs verdächtigt." Dann verschwand sie im Schlafzimmer.

Chase sah, wie die Tür hinter ihr zufiel. „Ja", murmelte er, „dieser Gedanke ist mir tatsächlich in den Sinn gekommen."

Vernon FitzHugh erwartete sie bereits. Umso überraschter war er, als er den wahren Grund ihres Besuches erfuhr.

„Haben Sie das wirklich gründlich durchdacht, Ms Wood? Wir sprechen hier über eine erstklassige Immobilie. Die Nordküste wurde gerade erst erschlossen, und ich erwarte, dass ihr Eigentum in ein paar Jahren viel wert sein wird. Mehr als …"

„Es hätte mir niemals zufallen dürfen", sagte Miranda. „Es gehört der Tremainfamilie."

FitzHugh schaute besorgt auf Chase und bedachte ihn mit einem vielsagenden Blick. „Vielleicht sollten wir das unter vier Augen besprechen, Ms Wood. Wenn Mr Tremain so lange draußen warten …"

„Nein, ich möchte, dass er bleibt. Ich möchte, dass er jedes Wort hört." Sie schenkte FitzHugh einen bedeutungsvollen Blick. „Dann kann er uns nicht der geheimen Absprache bezichtigen."

„Geheime Absprache?" Alarmiert richtete FitzHugh sich auf. „Mr Tremain, Sie glauben doch nicht, dass ich da mit hineingezogen werden wollte? Es ist eine schwierige Situation. Zwei Anwälte, zwei Testamente. Und dann die beunruhigenden Umstände des Todes meines Klienten."

Beflissen vermied er Mirandas Blick. „Ich versuche lediglich, Mr Tremains letztem Willen Folge zu leisten, das heißt, sicherzustellen, dass das Rose Hill Cottage an Miranda Wood fällt."

„Ich will es nicht", sagte Miranda. „Ich möchte es zurückgeben."

FitzHugh schaute verstört von einem zum anderen. Er nahm seine Brille ab und legte sie vor sich auf den Schreibtisch. Es wirkte, als ob er mit dieser Geste gleichzeitig die Rolle des unbeteiligten Fachmannes ablegen wollte. Der flache Akzent des Ostküstenbewohners aus der Arbeiterklasse mischte sich in seinen Tonfall. Dieser Mann wusste nur zu gut, was es bedeutete, arm zu sein. Und dann saß da diese sture junge Frau und verzichtete auf ihre große Chance, ein sorgloses Leben zu führen.

„Richard Tremain", begann er, „kam mit einer Bitte zu mir. Ich bin gehalten, sie zu respektieren. Es gehört nicht zu meiner Aufgabe zu entscheiden, ob Sie schuldig oder unschuldig sind. Ich will einfach nur dafür sorgen, dass die Absicht des Testaments erfüllt wird. Und er wollte, dass Ihnen das Land zufällt. Wenn Sie verurteilt werden, erledigt sich das Problem von allein, denn dann sind Sie nicht erbberechtigt. Doch nehmen wir einmal an, Sie sind unschuldig und werden freigesprochen. Dann gehört Rose Hill fraglos Ihnen. Warten Sie ein paar Tage, Ms Wood. Wenn Sie es wirklich nicht haben wollen, dann kommen Sie zurück, und ich werde die Papiere aufsetzen, doch heute werde ich es noch nicht tun. Ich muss an Mr Tremains letzten Willen denken. Schließlich war er mein Klient."

„Warum kam er damit zu Ihnen?", fragte Chase. „Mr Hardee war seit Jahren Richards Anwalt."

FitzHugh betrachtete Chase und wog die möglichen Motive des Mannes ab. Gier, vermutete er. Die vermögende Tremain-Familie setzte diese junge Frau, eine Außenseiterin, unter Druck, um ihr Erbe zurückzubekommen. Das war nicht richtig. Jemand musste für ihre Rechte streiten, selbst wenn sie es ablehnte, für sich zu kämpfen.

„Richard Tremain kam zu mir", sagte FitzHugh, „weil er Les Hardee nicht einweihen wollte."

„Warum nicht?"

„Mr Hardee ist auch Noah DeBolts Anwalt. Ich vermute, Mr Tremain befürchtete, dass sein Entschluss zu seinem Schwiegervater durchsickern könnte."

„Und den Aufstand, den es dann gegeben hätte", ergänzte Chase.

„Jetzt, wo ich Mr DeBolt heute Morgen getroffen habe, kann ich mir gut vorstellen, dass er nicht klein beigegeben hätte."

Chase beugte sich vor und fixierte den Anwalt. „An dem Tag, als Richard hier war, um sein Testament zu ändern, wie wirkte er da auf Sie? Ich meine, seine geistige Verfassung? Menschen gehen nicht einfach zum Anwalt und ändern grundlos Testamente, oder?"

FitzHugh runzelte die Stirn. „Also, er wirkte … wütend. Aber er schien keine Angst zu haben; er sagte nur, dass er einfach seine Sachen regeln wollte …“ Der Anwalt blickte auf Miranda und errötete wegen der unbeabsichtigt geäußerten Doppeldeutigkeit seiner Worte.

Miranda lief ebenfalls rot an, wich seinem Blick aber nicht aus.

„Sie sagten, er war wütend. Was meinen Sie damit?“, fragte Chase.

„Er wirkte zornig.“

„Auf wen?“

„Wir haben nicht darüber gesprochen. Er kam einfach herein und sagte, dass er nicht wollte, dass das Cottage an Mrs Tremain ging.“

„Er bezog sich speziell auf Evelyn?“

„Ja, und er war nur um Rose Hill Cottage besorgt, nicht um das Bankkonto oder das restliche Vermögen. Ich nahm an, dass die anderen Vermögenswerte zum gemeinsamen ehelichen Besitz zählten, den er nicht weitervererben konnte. Aber Rose Hill gehörte ihm. Es war sein Erbe. Er konnte darüber verfügen, wie er es wünschte.“ FitzHugh sah Miranda an. „Und er wollte, dass es Ihnen gehört.“

Sie schüttelte den Kopf. „Warum?“

„Ich nehme an, weil er Sie mochte. Ihnen Rose Hill zu vermachen, war seine Art, Ihnen zu zeigen wie sehr.“

Still neigte Miranda den Kopf. Sie wusste, dass die beiden Männer sie beobachteten, und fragte sich, welchen Ausdruck sie in Chases Augen gelesen hätte. Zynismus? Unglauben?

„Also, Ms Wood?“, sagte FitzHugh. „Sind Sie nicht auch der Meinung, dass Sie diesen Schritt überdenken sollten?“

Sie hob den Kopf und schaute den Anwalt über den Schreibtisch hinweg an. „Setzen Sie die Papiere auf. Ich will es jetzt hinter mich bringen.“

„Möglicherweise wollen Sie das doch nicht“, sagte Chase da ganz ruhig.

Miranda starrte ihn ungläubig an. „Was?“

„Mr FitzHugh hat da ein paar Punkte angesprochen, die ich nicht in Erwägung gezogen hatte. Sie sollten wirklich noch einmal ein paar Tage darüber nachdenken.“ Ihre Blicke trafen sich erneut. Sie konnte erkennen, dass er von dem, was er hier gehört hatte, verwirrt war.

„Wollen Sie damit sagen, ich soll Rose Hill behalten?“

„Ich sage nur, dass Richard einen Grund hatte, sein Testament zu ändern, und bevor wir die Dinge wieder rückgängig machen, lassen Sie uns lieber herausfinden, warum er das tat.“

Vernon FitzHugh nickte. „Exakt das denke ich auch“, sagte er.

Auf der Fähre zurück nach Shepherd's Island wechselten sie kein Wort miteinander. Erst als sie auf den Pier hinunter und auf die Shore Circle Road zufuhren, erwachte Miranda aus ihrer Erstarrung. „Wo fahren wir hin?“, fragte sie.

„Zur Nordküste.“

„Warum?“

„Ich möchte, dass Sie das Rose Hill Cottage sehen. Es ist nur fair, wenn Sie wissen, was Sie Evelyn zurückgeben.“

„Es macht Ihnen Spaß, oder?“, fragte sie. „Mich an der Nase herumzuführen und kleine Spielchen mit mir zu spielen. Einmal behaupten Sie, ich würde das Eigentum der Tremains stehlen, und als Nächstes versuchen Sie, mich zu überreden, genau das zu tun. Was soll das alles, Chase?“

„Es macht mich stutzig, was FitzHugh uns erzählt hat. Dass Richard Evelyn das Cottage wegnehmen wollte.“

„Aber es *sollte* ihr zufallen.“

„Rose Hill kam von der Seite meiner Mutter in die Familie, den Pruitts. Evelyn hat keinen Anspruch darauf.“

„Er hätte es Ihnen vermachen können.“

Chase lachte. „Das ist unwahrscheinlich.“

„Warum?“

„Wir standen uns als Brüder nicht gerade sehr nahe. Ich hatte sogar noch Glück, seine Sammlung rostiger Schwerter aus dem Bürgerkrieg zu bekommen. Nein, er wollte, dass Rose Hill jemandem gehört, den er liebte. Sie waren seine erste Wahl und vielleicht auch seine einzige.“

„Er liebte mich nicht, Chase“, sagte sie leise. „Nicht wirklich.“

Sie fuhren nach Norden und schlängelten sich vorbei an Sommerhäusern, an von Pinien bewachsenen Granitklippen und steinigen Stränden, wo die Wellen weiß schäumend an Land brachen. Möwen zogen ihre Kreise über ihnen und stürzten sich auf das blaugraue Meer.

„Warum sagen Sie das?“, wollte er wissen. „Warum sagen Sie, dass Richard Sie nicht liebte?“

„Weil ich es weiß. Ich glaube, ich habe es immer gewusst. Oh, möglicherweise *dachte* er, dass er mich liebte, aber für Richard bedeutete Liebe Mondlicht und andere Verrücktheiten. Ein Fieber, das irgendwann wieder nachlässt. Es war nur eine Frage der Zeit.“

„Das klingt tatsächlich nach Richard. Als Kind war er immer auf der Jagd nach der niemals endenden Hochstimmung.“

„Seid ihr Tremains alle so?“

„Kaum. Mein Vater war mit seiner Arbeit verheiratet.“

„Und mit wem oder was sind Sie verheiratet?“

Er sah sie an. Die Intensität seines Blickes erschreckte sie. Es war der Blick eines Mannes, der sich nicht fürchtete, die Wahrheit zu sagen.

„Mit nichts und niemandem. Wenigstens nicht mehr. Nicht seit Christine."

„Ihre Frau?"

Er nickte. „Es hielt nicht sehr lange. In Wirklichkeit war ich fast noch ein Kind, erst zwanzig. Und ich lebte meinen Anteil an wilden und verrückten Dingen aus. Es war ein bequemer Weg, es meinem Vater heimzuzahlen, und es funktionierte."

„Und was geschah mit Christine?"

„Sie fand heraus, dass ich das Vermögen der Tremains nicht erben würde, und verließ mich. Schlaues Mädchen. Sie hat wenigstens ihren Kopf benutzt."

Er konzentrierte sich auf die Straße, die er offensichtlich gut kannte. Miranda bemerkte, wie geschickt er den Wagen auch um die heimtückischsten Kurven lenkte. Wie wild auch immer er in seiner Jugend gewesen sein mochte, seitdem hatte er sich gezügelt. Neben ihr saß ein Mann, der sein Leben und seine Gefühle unter Kontrolle hatte, und keiner, der auf Jagd nach kurzlebigen Mondscheingeschichten war.

Die zwanzigminütige Fahrt brachte sie zum letzten Stück gepflasterter Straße. Danach wich der Asphalt einem holprigen Zufahrtsweg, der von Birken und Pinien umsäumt war. Rustikale Namensschilder wiesen auf die verschiedenen Ferienhäuser hin, die sich zwischen den Bäumen versteckten. Mamas und Papas. Brandwein Cottage. Gesundheitscamp. Hier und da führten staubige Pfade zu den Sommerrefugien prominenter Inselfamilien, von denen die meisten ihre Höfe schon seit Generationen besaßen.

Die Zufahrtsstraße stieg an und schlängelte sich einen halben Kilometer lang über den hügeligen Hang hinauf. Sie kamen an einer Steinmarkierung vorbei, die den Wald als St. John's Wood auswies. Dann erreichten sie das letzte Schild, das genauso rustikal war wie die anderen: Rose Hill. Eine letzte Kurve, und sie ließen den Wald endgültig hinter sich, als sich ein weites, abfallendes Feld vor ihnen öffnete. Das verwitterte Cottage mit Blick nach Norden aufs Meer stand auf der Hügelspitze. Pinkfarbene Clematis umrankten die Brüstung der Veranda. Mit Unkraut überwucherte Rosenbüsche, die aber dennoch tapfer blühten, kauerten wie dornige Wachen neben den Verandastufen.

Sie parkten in der Kiesauffahrt und stiegen aus. Der Duft von Blumen und sonnenwarmem Gras umfing sie. Einen Moment lang stand Miranda reglos da, das Gesicht dem Himmel entgegengereckt.

Nicht eine Wolke störte das perfekte Blau. Eine einzelne Möwe, die den Aufwind am Hügel nutzte, trieb über ihren Köpfen.

„Kommen Sie", sagte Chase, „ich zeige es Ihnen." Er führte sie die Verandastufen hinauf. „Ich habe das Haus seit mindestens zehn Jahren nicht mehr gesehen. Ich habe beinahe Angst, hineinzugehen."

„Angst? Vor was?"

„Veränderungen. Was sie damit gemacht haben mögen. Aber ich glaube, es ist wie mit dem Zuhause Ihrer Kindheit."

„Vor allem, wenn Sie hier glücklich waren."

Er lächelte. „Genau."

Sie blieben einen Augenblick lang stehen und betrachteten die alte Verandabrüstung, die knarrend im Wind hin- und herschaukelte.

„Haben Sie einen Schlüssel?", fragte sie.

„Es müsste einer hier sein." Er bückte sich und untersuchte eines der Fensterbretter. „Da ist ein kleiner Spalt im Holz, wo Mutter immer einen Ersatzschlüssel aufbewahrte ..." Dann richtete er sich seufzend auf. „Nicht mehr. Gut, falls die Tür verschlossen ist, dann finden wir vielleicht irgendwo ein offenes Fenster." Er ergriff zaghaft den Türknauf. „Wie finden Sie das?" Er lachte und stieß die Tür auf. „Es ist nicht einmal abgeschlossen."

Als die Tür sich knarrend öffnete, kam der erste Raum in Sicht – ein ausgeblichener, alter Orientteppich lag auf der Schwelle und am Anfang des alten Dielenfußbodens; am hinteren Ende sah man einen Kamin aus Stein. Miranda ging hinein, blieb dann jedoch abrupt stehen. Vor ihren Füßen lag ein Haufen Papier. Die Schubladen eines Schreibtischs in der Ecke standen offen. Ihr Inhalt lag auf dem Fußboden verstreut. Bücher waren aus dem Regal genommen und auf den Papierstapel geworfen worden.

Chase betrat ebenfalls den Raum und blieb neben ihr stehen. Sie hörten, wie die Tür hinter ihnen geräuschvoll ins Schloss fiel.

„Was zum Teufel ist denn hier los?", fragte er.

7. KAPITEL

Schweigend betrachteten sie den durchwühlten Schreibtisch und die verstreut herumliegenden Papiere. Chase ging wortlos in den angrenzenden Raum.

Miranda kam hinter ihm in die Küche, wo alles in Ordnung schien. Töpfe und Pfannen hingen an einem Balken, Mehl- und Zuckerbehälter standen ordentlich auf einem Büfett aufgereiht.

Als er auf die Treppe zusteuerte, folgte sie ihm auf dem Absatz. Sie rannten die Stufen hinauf und sahen zuerst in das kleine Gästezimmer hinein. Auch hier schien alles in Ordnung. Chase öffnete rasch ein paar Schränke und warf einen Blick in die Schubladen.

„Wonach suchen Sie?", fragte Miranda.

Er antwortete nicht, sondern durchquerte die Diele, um in das große Schlafzimmer zu gelangen.

Hier gab es Doppelfenster mit Blick auf das Meer. Rechts und links davon hingen Vorhänge aus Spitze. Eine cremefarbene Tagesdecke zierte das Himmelbett. Staubpartikel schwebten in der von der Sonne erwärmten Stille.

„Es sieht so aus, als hätten sie hier auch nichts angerührt", sagte Miranda.

Chase ging zur Frisierkommode, nahm eine silberne Haarbürste in die Hand und legte sie wieder hin. „Offensichtlich nicht."

„Was in aller Welt geht hier vor sich, Chase?"

Er drehte sich um und ließ den Blick durch das Zimmer schweifen. „Das ist verrückt. Sie haben die Gemälde dagelassen. Die Möbel …"

„Fehlt nichts?"

„Nichts Wertvolles. Wenigstens nichts, das einen normalen Dieb interessiert hätte." Er öffnete eine Schublade an der Frisierkommode und betrachtete den Inhalt. Dann öffnete er eine zweite Schublade, hielt inne und starrte hinein, bevor er langsam einen Frauenschlüpfer zum Vorschein brachte. Das Ding bestand aus kaum mehr als ein paar schwarzen Schnüren aus Spitze und Seide. Ihm folgte ein dazu passender, genauso spärlicher, genauso verführerischer BH.

Chase sah Miranda an. Sein Blick war stumpf und nicht zu lesen.

„Ist das Ihrer?", fragte er leise.

„Ich habe Ihnen bereits erzählt, dass ich niemals hier gewesen bin. Die Sachen müssen Evelyn gehören."

Er schüttelte den Kopf. „Das glaube ich nicht."

„Woher wollen Sie das wissen?"

„Sie ist nie hier draußen. Hasst das rustikale Leben, zumindest behauptet sie das."

„Gut, aber diese Dinge gehören mir nicht. So etwas … besitze ich nicht."

„Da ist noch mehr davon. Vielleicht erkennen Sie etwas?"

Sie trat an die Frisierkommode und holte einen smaragdgrünen und cremefarbenen BH aus der Schublade. „Das ist ganz offensichtlich nicht meiner."

„Wieso?"

„Das ist ein 85 C. Ich …" Sie räusperte sich. „So eine große Oberweite habe ich nicht."

„Oh."

Sie drehte sich schnell von ihm weg, bevor er ihre Erklärung kommentieren konnte. Nicht, dass er nicht bereits Gelegenheit gehabt hätte, ihr Dekolleté zu bemerken. Er hatte schließlich Augen im Kopf.

Sie wandte sich dem Fenster zu und stand mit dem Rücken zu Chase, während sie versuchte, ihre Fassung zurückzugewinnen. Draußen tauchte das schwindende Tageslicht die Baumspitzen in die Farben der Sommerdämmerung. Im Feld unter den Bäumen flogen um diese Zeit die Glühwürmchen, und man hörte das Brummen der Insekten im Gras. Es würde kühl werden. Selbst an diesen Augustabenden gab es immer eine kühle Brise, die vom Meer aufstieg. Zitternd schlang sie die Arme um sich.

Er näherte sich ihr vorsichtig und leise. Sie konnte ihn nicht hören, aber sie wusste, auch ohne hinzusehen, dass er direkt hinter ihr stand.

Tatsächlich stand Chase so nah bei ihr, dass er den Geruch ihrer Haare wahrnahm – sauber, süß und berauschend. Das Dämmerlicht, das durch das Fenster fiel, brachte ihren wunderbaren, rötlichen Kastanienton großartig zur Geltung. Er wollte seine Hand danach ausstrecken und die glänzenden Strähnen mit seinen Fingern durchkämmen, wollte sein Gesicht im seidigen Gewirr vergraben. Ein Fehler, er wusste es, bevor es geschah, und trotzdem konnte er nichts dagegen unternehmen.

Sie erschauderte unter seiner Berührung. Nur ein leichtes Zittern, ein sanfter Seufzer. Er strich mit den Händen über ihre Schultern und an der kühlen samtigen Haut ihrer nackten Arme entlang. Sie entzog sich ihm nicht. Nein, sie lehnte sich zurück, als wollte sie mit ihm verschmelzen. Er schlang seine Arme um sie und umhüllte sie mit seiner Wärme.

„Als ich ein Junge war", flüsterte er, „dachte ich immer, dass es in dem Feld da unten Zaubergestalten gäbe. Zauberhafte Feen und Elfen, die sich zwischen Giftpilzen versteckten. Ich habe ihre Lichter in der Nacht herumflirren sehen. Es waren natürlich nur Glühwürmchen, aber für ein Kind hätte es alles Mögliche sein können. Elfenlaternen oder Drachenfeuer. Ich wünschte …"

„Was hast du dir gewünscht, Chase?"

Er seufzte. „Dass ich immer noch etwas von diesem Kind in mir hätte. Dass wir uns damals gekannt hätten, bevor all das geschah. Vor …"

„Richard."

Chase verstummte. Sein Bruder war immer bei ihnen und würde es immer sein. Richards Leben und Tod schwebte wie eine dunkle Wolke über ihnen. Was konnte in diesem Schatten schon gedeihen? Freundschaft nicht und ganz gewiss nicht Liebe. *Liebe?* Nein. Was Chase fühlte, während er hinter ihr stand und ihren schlanken, warmen Körper an sich presste, hatte eher mit Lust zu tun. Verflucht, vielleicht lag es einfach in der Familie, dachte er, vielleicht ist diese Neigung zu unbesonnen, hoffnungslosen Liebschaften erblich. Richard litt daran. Meine Mutter litt daran. Ist die Reihe nun an mir?

Miranda befreite sich aus seiner Umarmung und drehte sich, um ihn anzusehen. Ein Blick auf diese sanften, aufgeworfenen Lippen, und er war verloren.

Sie schmeckte nach Sommer und Wärme und nach süßem bernsteinfarbenem Honig. Nach der ersten Berührung ihrer Lippen wollte er mehr und mehr. Er fühlte sich wie jemand, der sich an seinem ersten Schluck Nektar berauscht hatte und dessen Durst nun durch nichts anderes mehr zu stillen war. Seine Hände fanden den Weg in ihr seidiges Haar. Sie vergruben sich in ihm, verloren sich in ihm. Er hörte sie murmeln, „Bitte …", doch er war zu erregt, um an etwas anderes als sein Verlangen zu denken. Erst als sie es wiederholte und dann „Chase, nein", sagte, ließ er sie schließlich los.

Sie starrten sich an. Die Verwirrung, die er fühlte, spiegelte sich in ihren Augen. Sie trat einen Schritt zurück und schob sich nervös das Haar aus dem Gesicht.

„Ich hätte dich das nicht tun lassen sollen", sagte sie. „Es war ein Fehler."

„Warum?"

„Weil … weil du behaupten wirst, ich hätte dich dazu verleitet. Das wirst du Evelyn doch erzählen, oder? Du denkst, dass ich Richard auch auf diese Weise an mich gefesselt habe; Versuchung. Verführung. Das glauben doch alle."

„Und, stimmt es?"

„Du erlebst es doch gerade am eigenen Leib. Sei mit mir alleine in einem Raum und warte ab, was geschieht! Noch ein männlicher Tremain, der dran glauben muss." Ihre Stimme klang kalt. „Was mich dabei allerdings interessieren würde, ist, wer hier in Wirklichkeit eigentlich wen verführt?"

Sie ist bewegt und nervös, dachte er. Sie könnte jeden Moment in Stücke brechen.

„Keiner von uns verführte oder verlockte irgendwen. Es ist einfach geschehen, Miranda. So, wie es normalerweise passiert. Die Natur verlangt ihr Recht, und wir können nicht immer widerstehen."

„Diesmal werde ich. Diesmal weiß ich es besser. Dein Bruder hat mich ein paar Dinge gelehrt. Das Wichtigste ist, nicht immer so verdammt leichtgläubig zu sein, wenn es um Männer geht."

Das letzte Wort hing noch zwischen ihnen in der Luft, als sie Schritte unten auf der Veranda hörten.

Jemand klopfte an die Haustür.

Chase wandte sich ab und verließ den Raum.

Miranda, die sich plötzlich unendlich schwach fühlte, lehnte sich gegen das Fensterbrett. Sie klammerte sich daran fest, als könnte das Holz ihr die fehlende Stärke zurückgeben. Zu nah, dachte sie. Ich darf ihn nie wieder so nah an mich herankommen lassen.

Sie würde vorsichtiger sein müssen. Sie würde sich daran erinnern müssen, dass Chase und Richard Variationen desselben Themas waren, eines Themas, das bereits Verwüstungen in ihrem Leben hervorgerufen hatte. Sie atmete tief ein und langsam wieder aus, weil sie Aufruhr und Verwirrung aus ihrem Körper fließen lassen wollte. Als sie ihre Kontrolle zurückgewonnen hatte, ließ sie das Fensterbrett wieder los. Es ging. Sie stand. Dann folgte sie Chase äußerlich erneut ruhig und kontrolliert die Treppen hinunter.

Er stand mit dem Besucher im vorderen Zimmer. Miranda erkannte ihre alte Bekannte vom Gartenverein, Miss Lila St. John, die örtliche Expertin für ganzjährige Pflanzen. Miss St. John trug das für sie typische schwarze Kleid. Ob im Sommer oder im Winter, sie trug immer Schwarz, hier und da mit einem Touch weißer Spitze aufgelockert. Heute war es ein schwarzes Wanderkleid aus zerknittertem Leinenstoff. Es passte nicht ganz zu ihren braunen Stiefeln oder dem Strohhut, aber an Miss Lila St. John wirkte es gerade richtig.

Sie drehte sich um, als sie Mirandas Schritte hörte. Falls es sie überraschte, Miranda hier zu sehen, ließ sie es sich nicht anmerken. Sie nickte nur und lenkte dann ihren Blick auf den durchsuchten Schreibtisch. Auf der vorderen Veranda winselte ein Hund. Durch das

Fliegengitter der Tür sah Miranda so etwas wie ein großes schwarzes Fellknäuel mit einer roten Zunge.

„Es ist alles meine Schuld, wissen Sie", sagte Miss St. John. „Ich kann nicht glauben, dass ich so dumm war."

„Wie kann das Ihre Schuld sein?", fragte Chase.

„Ich ahnte, dass letzte Woche irgendetwas komisch lief. Sehen Sie, wir waren auf unserem Spaziergang, Ozzie und ich. Wir gehen jeden Abend kurz vorm Dunkelwerden raus. Dann kommen auch die Rehe; sie zertrampeln einem alles, aber ich liebe es, sie zu beobachten. Egal, ich sah jedenfalls ein Licht durch die Bäume. Es kam von irgendwo aus dieser Richtung. Ich näherte mich dem Cottage und klopfte an die Tür. Niemand antwortete, also ging ich wieder." Sie schüttelte den Kopf. „Das hätte ich nicht tun sollen, wissen Sie. Ich hätte hineingucken sollen. Ich *wusste*, dass da was nicht in Ordnung war."

„Haben Sie einen Wagen gesehen?"

„Wenn Sie gekommen wären, um den Laden zu plündern, hätten Sie Ihr Auto dann vor dem Haus geparkt? Natürlich nicht. Ich weiß, dass ich ein wenig weiter unten an der Straße zwischen den Bäumen geparkt hätte. Und dann wäre ich zu Fuß hier hochgeschlichen."

Es war schwer zu glauben, dass Miss St. John so etwas getan hätte.

„Es ist gut, dass Sie da nicht hineingezogen wurden", sagte Chase. „Sie hätten getötet werden können."

„In meinem Alter, Chase, gehört das Getötetwerden nicht zu den Hauptproblemen." Sie benutzte ihren Wanderstock, ein knubbeliges Ding mit einem Entenkopfgriff, um zwischen den Papieren auf dem Boden herumzustochern.

„Irgendeine Idee, was sie hier suchten?"

„Keinen Schimmer."

„Keine Wertsachen, offensichtlich. Das ist Limoges-Geschirr da hinten auf dem Regal, oder?"

Chase blickte verlegen auf eine handbemalte Vase. „Wenn Sie das sagen."

Miss St. John wandte sich an Miranda. „Haben Sie eine Meinung zu diesem Fall?"

Miranda sah sich dem Blick eines sehr intensiv grauen Augenpaares ausgesetzt. Miss St. John mochte von vielen für mehr als eine charmante Exzentrikerin gehalten werden, doch Miranda erkannte die Intelligenz in ihren Augen. Selbst während ihrer früheren Unterhaltungen, die sich eher um Rittersporn und Osterglocken gedreht hatten, selbst da hatte Miss St. John ihr schon das Gefühl vermittelt, sie, Miranda, wie eine unbekannte Pflanze unter die Lupe zu nehmen.

„Ich weiß nicht genau, was ich davon halten soll, Miss St. John“, erklärte sie.

„Sehen Sie sich diese Unordnung an. Was sagt Ihnen das?“

Miranda schaute auf die verstreuten Papiere und Bücher. Dann lenkte sie ihren Blick auf den Bücherschrank, wo nur eines der oberen Regale ausgeräumt worden war. „Der Täter, wer auch immer es war, muss gestört worden sein. Vielleicht von Ihnen.“

„Oder er fand, was er suchte“, meinte Chase.

Miss St. John drehte sich nach ihm um. „Und was mag das gewesen sein?“

„Wollen wir raten?“ Chase und Miranda sahen sich an. „Die Stone-Coast-Trust-Unterlagen“, wagte sich Chase vor.

„Ach.“ In Miss St. Johns Augen blitzte Interesse auf. „Die kleine Kampagne Ihres Bruders gegen Tony Graffam. Ja, Richard schien hier draußen manchmal zu schreiben. An diesem Tisch, um genau zu sein. Auf meinen Abendspaziergängen konnte ich ihn durch das Fenster sehen.“

„Sind Sie jemals stehen geblieben, um mit ihm zu sprechen? Ihn zu fragen, an was er gerade arbeitete?“

„Oh nein. Deshalb ist er ja auf das Cottage gekommen, um diesen neugierigen Städtern zu entkommen.“ Sie blickte auf Miranda. „Ich habe *Sie* nie hier gesehen.“

„Ich bin auch nie hier gewesen“, sagte sie, unter dem aufmerksamen Blick nervös geworden. Dieser sachliche Hinweis auf ihre Verbindung zu Richard hatte sie überrascht. Trotzdem war Miss St. Johns Unverblümtheit dem subtilen Totschweigen, mit der so viele andere dieses Thema behandelten, vorzuziehen.

Miss St. John beugte sich hinunter, um einen genaueren Blick auf die Papiere zu werfen.

„Nach diesem Durcheinander zu urteilen, muss Richard hier ziemlich viel gearbeitet haben. Was ist das denn alles?“

Chase beugte sich ebenfalls nach unten und nahm die Papiere unter die Lupe. „Sieht aus wie ein Haufen alter Rechercheunterlagen … Etatkalkulationen von *Herald* … Und hier haben wir eine Sammlung lokaler Persönlichkeitsprofile. Unter anderem eines von Ihnen, Miss St. John.“

„Von mir? Aber ich wurde niemals interviewt, wie ist denn das möglich?“

Chase grinste. „Dann muss es sich um eine unautorisierte Version handeln.“

„Werden da meine ganzen sexy Geheimnisse erwähnt?“

„Tja, sehen wir doch einfach mal nach …“

„Oh, geben Sie mir das verdammte Ding." Miss St. John schnappte ihm die Seite aus den Händen und überflog die getippten Zeilen. „Alter vierundsiebzig", las sie laut, „... ihr gehört Grundstück Nr. zwei, St. John's Wood, und das darauf befindliche Cottage ... fanatisches Mitglied des örtlichen Gartenvereins." Hier blickte sie beleidigt auf. „*Fanatisch?*" Dann fuhr sie mit dem Lesen fort. „Exzentrische Einsiedlerin, nie verheiratet. Einmal mit einem Artur Simoneau verlobt, der im Krieg gefallen ist ... Normandie ..." Sie verstummte und setzte sich langsam hin, wobei sie das Papier mit beiden Händen umklammerte.

„Oh, Miss St. John", sagte Miranda, „es tut mir leid."

Die alte Dame sah, immer noch erschüttert, auf. „Es ... ist schon ziemlich lange her."

„Ich kann nicht glauben, dass er in Ihrem Leben herumgeschnüffelt hat, ohne dass Sie auch nur davon wussten. Warum hätte er das tun sollen?"

„Sie sagen, es war Richard?", fragte Miss St. John.

„Na ja, es sind seine Papiere."

Miss St. John betrachtete die Seite stirnrunzelnd. „Nein", sagte sie langsam. „Ich glaube nicht, dass er das geschrieben hat. Da ist ein Fehler drin. Hier wird behauptet, mein Cottage liegt in St. John's Wood, aber es liegt drei Meter über der Linie auf dem Tremain-Grundstück. Ein Gutachterfehler von vor siebzig Jahren. Richard wusste das."

Jetzt runzelte Chase die Stirn. „Ich habe das mit Ihrem Cottage noch nie gehört."

„Ja, das Land Ihrer Familie geht bis hinter die zweite Steinmauer. Es schließt die gesamte Zufahrtsstraße ein. Sodass der Rest von uns, technisch gesehen, Nutzer Ihrer Privatstraße ist. Nicht, dass das jemals wichtig gewesen wäre. Wir waren immer wie eine große Familie hier draußen, aber jetzt ..." Sie schüttelte den Kopf. „So viele Fremde auf der Insel. Die ganzen Touristen aus *Massachusetts*." Sie ließ den Bundesstaat wie eine Kolonie aus der Hölle klingen.

„Ist Stone Coast Trust auf Sie zugekommen?", fragte Miranda. „Wegen eines Verkaufs von St. Johns Wood?"

„Sie sind auf jeden in dieser Straße zugekommen. Ich habe natürlich abgelehnt. So wie Richard. Das hat das Projekt blockiert. Ohne Rose Hill würde Stone Coast nur eine lose Sammlung kleiner Grundstücke gehören. Doch nun ..." Sie seufzte traurig. „Ich stelle mir vor, wie Evelyn in diesem Moment ihren Füller unter den Kaufvertrag hält."

„Das tut sie nicht", sagte Chase. „Rose Hill ging nicht an Evelyn. Richard hat es Miranda hinterlassen."

Miss St. John starrte sie an. „Nun, das ist eine ganz und gar unerwartete Entwicklung“, meinte sie nach einer längeren Pause.

„Auch für mich“, erklärte Miranda.

Während Miss St. John sich in Gedanken versunken zurücklehnte, sammelten Miranda und Chase die restlichen Papiere auf. Sie fanden noch mehr Rechercheunterlagen, ein paar Zeitungsausschnitte, alte Kalkulationen des *Herald*. Offensichtlich hatte Richard das Cottage als Zweitbüro genutzt. Hatte er hier die heikelsten Unterlagen aufbewahrt? Miranda fragte sich das, als sie ein ganzes Bündel von Persönlichkeitsprofilen entdeckte. Wie die Seite über Miss St. John war die darin enthaltene Information in höchstem Maße persönlich.

In manchen Fällen war es geradezu schockierend. Sie war überrascht zu lesen, dass Forrest Mayhew, der örtliche Bankpräsident, in Boston wegen Trunkenheit am Steuer festgenommen worden war. Und dass der Stadtrat George LaPierre, seit dreißig Jahren verheiratet, im letzten Jahr wegen einer Syphilis behandelt wurde. Dass gegen Dr. Steiner – *ihren* Hausarzt – wegen Betrugs der staatlichen Krankenversicherung ermittelt wurde.

Sie überreichte Chase die Papiere. „Sieh dir das an! Richard sammelte den Dreck von sämtlichen Bewohnern der Stadt!“

„Hier, was ist das?“, fragte er. Da klebte ein gelbes Papier auf der Rückseite einer Mappe. Darauf stand handgeschrieben: „Mr T., wollen Sie mehr? Dann lassen Sie es mich wissen.“ Es war mit „W.B.R.“ unterschrieben.

„Also hat Richard das nicht selbst recherchiert“, sagte Miranda. „Diese Person W.B.R. – wer immer das war – muss diesen Bericht verfasst haben.“

„Gibt es vielleicht jemanden in der Redaktion mit diesen Initialen?“

„Nein, im Moment nicht.“ Sie griff nach einer Mappe, die auf dem Boden lag. „Sieh mal, da ist eine weitere Notiz von W.B.R.“ Diesmal war der Zettel mit einer Büroklammer an der Hülle befestigt. „Alles, was ich bekommen konnte. Sorry, W.B.R.“

„Was ist da drin?“, fragte Miss St. John.

Miranda öffnete die Mappe und starrte hinein. „Das ist es! Die Unterlagen über Stone Coast Trust!“

„Bingo“, sagte Chase.

„Es gibt kein Profil von Tony Graffam, aber hier ist sein Steuerbescheid. Eine Liste mit Kontonummern und Wertpapierdepots.“ Sie nickte. „Wir haben einen richtigen Volltreffer gelandet.“

„Das glaube ich nicht“, sagte Miss St. John.

Sie schauten sie beide an.

„Wenn diese Unterlagen so wichtig ist, warum hat der Einbrecher sie hiergelassen?“

Schweigend dachten sie darüber nach.

„Vielleicht war unser Einbrecher nicht an Stone Coast Trust interessiert“, mutmaßte Miss St. John. „Ich meine, sehen Sie sich doch nur die scheußlichen Informationen an, die Richard zusammengetragen hat. Schnüfflerberichte über Trunkenheit am Steuer. Krankenversicherungsbetrug. Syphilis. Ausgerechnet George LaPierre! Und dann auch noch in dem Alter. Diese Unterlagen könnten den feinen Ruf einiger Menschen ruinieren. Jetzt frage ich Sie, ist das nicht ein Motiv für einen Einbruch?“

Oder Mord, dachte Miranda. Aber warum hatte Richard diese Informationen überhaupt zusammengetragen? Plante er einen Enthüllungsbericht über die Inselbewohner? Oder gab es dafür noch einen anderen Grund? Erpressung zum Beispiel.

„Falls jemand einbrach, um seine eigenen Unterlagen zu stehlen, dann können wir annehmen, dass sie nun weg sind“, stellte Chase fest. „Was bedeutet, dass George LaPierre, Dr. Steiner und die anderen in diesem Haufen es nicht getan haben.“

„Nicht unbedingt“, sagte Miss St. John. „Was, wenn der Einbrecher sein Profil einfach durch eine harmlose Variante ersetzt hat? Meine, zum Beispiel. In meinem Profil gibt es nichts, das irgendwie skandalös wäre. Woher wollen Sie wissen, dass ich nicht hier einbrach und die sehr viel boshaftere Version entfernte?“

Chase lächelte. „Ich werde Sie ordnungsgemäß auf die Liste der Verdächtigen setzen, Miss St. John.“

„Unterschätzen Sie mich nicht, Chase Tremain. Das Alter allein schützt einen nicht vor Verdächtigungen. Ich habe da oben mehr …“ Sie tippte sich gegen die Schläfe „… als dieser Dummkopf George LaPierre in seinen besten Zeiten. Falls er so etwas je *hatte*.“

„Wollen Sie damit sagen, Miss St. John, dass wir weder die Namen ausklammern sollten, deren Berichte in dem Stapel sind …“, fragte Miranda, „… noch irgendwelche anderen Namen, die sich *nicht* darin befinden?“

„Korrekt.“

Miranda sah stirnrunzelnd auf die Bücher. „Eine Sache ergibt keinen Sinn. Zuerst durchsucht unser Einbrecher den Schreibtisch. Er verstreut überall Papiere, um belastende Unterlagen zu finden. Warum hätte er das Bücherregal durchsuchen sollen? Das ist nicht die Art von Versteck, wo Richard seine Unterlagen aufbewahrt hätte.“

Nach einer kleinen Pause sagte Miss St. John: „Da haben Sie recht. Das ergibt keinen Sinn."

„Nun", meldete sich Chase zu Wort, „Ich denke, wir sollten Lorne anrufen, obwohl ich nicht glaube, dass er an diesem Punkt groß helfen kann. Versuchen wir es aber trotzdem." Er griff zum Telefon.

Chase hatte den Hörer schon in der Hand, als Miss St. John plötzlich sagte: „Warten Sie, vielleicht sollten wir ein wenig später anrufen." Sie starrte auf eine lose Seite auf dem Boden, nah bei ihren Füßen. Nachdenklich hob sie sie auf und strich sie auf ihrem Knie glatt.

Stirnrunzelnd legte Chase den Hörer aus der Hand. „Warum?"

„Das ist das Profil von Valerie Everhard. Sie erinnern sich an sie, Chase. Unsere Ortsbibliothekarin. Eine verheiratete Dame. Hiernach hatte Valerie einen Liebhaber."

„Ach?"

„Der Mann, mit dem sie sich trifft, ist unser Polizeichef." Miss St. John sah vom Papier auf. Ihre Augen hatten jede Spur von Humor verloren. „Lorne Tibbetts."

„Warum besaß er diese schrecklichen Berichte?", fragte Miranda. „Was wollte er damit machen?"

Sie fuhren durch die Dunkelheit in die Stadt zurück. Vom Meer zog Nebel auf und verschleierte die Lichter der Stadt, bis nur noch ein schwacher Schein übrig blieb. In diesem Nebel wirkte nichts mehr real und nichts mehr vertraut. Sie fuhren durch ein fremdes, in milchige Schwaden getauchtes Land, das so aussah, als wäre es in dieser Wolke gefangen.

„Das Ganze klingt nicht nach Richard", sagte Chase, „im Privatleben der Nachbarn herumzuschnüffeln. Er hat genug eigene Sünden begangen. Wenn jemand erpressbar gewesen wäre, dann er. Außerdem, wen stört es, dass Lorne ein kleines Abenteuer mit der Bibliothekarin hat?"

„Den Mann der Bibliothekarin?"

„In Ordnung, aber warum sollte das Richard kümmern?"

Sie schüttelte den Kopf, unfähig, etwas darauf zu erwidern. „Ich frage mich, ob irgendeiner dieser Menschen etwas über die Unterlagen weiß. Miss St. John wusste es nicht." Sie sah auf die Papiere auf ihrem Schoß hinunter und dachte an die kompromittierenden Geheimnisse, die sie enthielten. Sie hatte das plötzliche Bedürfnis, den Stapel wegzuschieben und die schmutzige Bürde in den Müll zu werfen. „Chase?", sagte sie. „Woher sollen wir wissen, ob es wahr ist, was darin steht?"

„Wir wissen es nicht." Er stieß ein kurzes Lachen aus. „Und wir können schlecht an George LaPierres Tür klingeln und fragen, ob er Syphilis hatte."

Miranda betrachtete stirnrunzelnd die Notiz, die an der Mappe klemmte. „Ich frage mich, wer das ist. Dieser W.B.R."

„Läuten keine Glocken bei den Initialen?"

„Keine einzige."

Als die Dunkelheit an ihnen vorbeiflog, dachte Miranda an die Geheimnisse, die die Unterlagen enthüllten. Des Bankdirektors Schwäche für Whiskey. Des Doktors Betrug. Ehemann und Ehefrau, die ihre Streits mit den Fäusten austrugen. All das war unter der Glasur der Ehrbarkeit verborgen. *Welch privates Leid wir doch insgeheim erdulden müssen.*

„Warum ausgerechnet *diese* Menschen?", fragte sie plötzlich.

„Weil sie am meisten zu verlieren haben?", schlug Chase vor. „Wir sprechen hier über alteingesessene Inselfamilien. LaPierre, Everhard, St. John. Das sind alles sehr respektable Namen."

„Außer Tony Graffam."

„Das stimmt. Ich glaube, da gibt es auch Unterlagen über ihn ..." Er hielt inne. „Warte. Da ist unsere Verbindung."

„Was?"

„Die Nordküste. Du hast noch nicht lange genug hier gelebt, um alle Familien zu kennen. Ich bin mit ihnen aufgewachsen. Ich erinnere mich an die Sommer, in denen ich mit Tony LaPierre gespielt habe. Und Daniel Steiner. Und Valerie Everhard. Ihre Familien besitzen alle ihre Sommerhäuschen da draußen."

„Das könnte Zufall sein."

„Oder alles erklären."

Chase starrte stirnrunzelnd auf die Straße. Der Nebel lichtete sich. „Wenn wir zu deinem Haus zurückkommen", sagte er, „dann lass uns die Namen noch einmal gründlich ansehen. Mal abwarten, ob mein Gefühl mich trügt. Ich bin wirklich sehr gespannt."

Anderthalb Stunden später saßen sie an Mirandas Esstisch, wo die Papiere vor ihnen ausgebreitet lagen. Die Reste eines hastig zubereiteten Abendbrots – Champignonomelett und Toast – waren zur Seite geschoben. Sie waren bei ihrer zweiten Tasse Kaffee angelangt. Eine so häusliche Szene, dachte sie wehmütig, beinahe wie ein frisch verheiratetes Paar am Abendbrottisch. Nur dass der Mann, der ihr gegenübersaß, niemals in das Bild passen würde. Er war lediglich ein weiterziehender Gast, der sich an ihrem Tisch stärkte.

Miranda zwang sich dazu, sich auf das Blatt Papier zu konzentrieren, das Chase gerade studierte.

„Okay, hier ist die Liste", sagte Chase. „Jeder aus Richards Mappe. Ich bin beinahe sicher, dass alle von ihnen Grundstücke an der Nordküste besitzen."

„Fehlen irgendwelche Namen?"

Chase lehnte sich zurück und ging im Geist die Sommerhäuser durch, die an der Straße lagen. „Da ist natürlich Richard, dann der alte Mann auf Sulamans Grundstück die Straße hinunter, ein Hummerfischer im Ruhestand, Typ Einsiedler. Und dann gibt es da noch das Frenchman's Cottage. Ich glaube, es wurde vor ein paar Jahren verkauft. An Hippies, wie ich hörte. Sie verbringen die Sommer da oben."

„Also müssten sie jetzt da sein."

„Wenn ihnen das Cottage noch gehört. Aber sie sind nicht von hier. Ich sehe auch nicht, dass Richard sich die Mühe machte, Informationen über sie auszugraben. Und was den alten Sully betrifft, na ja, ein fünfundachtzigjähriger Mann scheint ein ziemlich ungewöhnliches Opfer für eine Erpressung zu sein."

Erpressung. Miranda blickte auf die Papiere auf dem Tisch. Was hatte Richard sich ausgedacht? fragte sie sich. „Was hatte er gegen diese Leute?"

„Vielleicht hatten sie etwas mit der Landvermessung zu tun. Gehörten irgendwelche von ihnen zur Bebauungskommission?"

„Selbst wenn, sie hätten sowieso nicht wählen können. Sie wären disqualifiziert worden, du weißt, wegen des Interessenkonflikts." Sie lehnte sich auf ihrem Stuhl zurück.

„Vielleicht hat unser Einbrecher auch nach etwas völlig anderem gesucht."

„Dann ist die Frage, hat er – oder sie – es gefunden?"

Von irgendwo aus dem Haus erklang ein Geräusch, das sie beide aufhorchen ließ. Chase nahm sofort Mirandas Hand und bedeutete ihr, leise zu sein. Sie gingen zusammen vom Esszimmer ins Wohnzimmer. Ein rascher Rundumblick überzeugte sie, dass alle Fenster heil waren. Sie blieben einen Augenblick lang stehen und horchten, aber sie hörten nichts mehr. Chase lenkte seine Schritte in Richtung Schlafzimmer.

Sie gingen durch die Diele, als sie, diesmal lauter, das Geräusch von zersplitterndem Glas vernahmen.

„Das kam aus dem Keller!", sagte Miranda.

Chase lief zurück in die Küche. Er schaltete das Licht an und riss die Kellertür auf. Eine einzelne, nackte Glühbirne erleuchtete die enge

Treppe. Im Schatten schienen merkwürdige Nebelschleier herumzuwirbeln. Sie verdunkelten die Stufen. Die beiden waren erst zwei Stufen hinuntergestiegen, als sie beide den Rauch rochen.

„Bei dir brennt es!", sagte Chase und nahm noch ein paar Stufen. „Wo ist dein Feuerlöscher?"

„Ich hole ihn!" Miranda rannte in die Küche zurück, holte den Feuerlöscher vom Regal und hastete erneut die Kellertreppe hinunter.

Inzwischen war der Rauch so dicht, dass er ihr in den Augen brannte. Durch die Rauchschwaden entdeckte sie den Brandherd: ein Bündel brennender Teppiche. In der Nähe des zerbrochenen Kellerfensters lag ein roter Ziegelstein. Da begriff sie, was geschehen war, und ihre Panik wich Wut.

„Bleib zurück!", brüllte Chase, während er sich durch den Rauch kämpfte. Zerbrochenes Glas knirschte unter seinen Schuhen, als er den Betonboden betrat. Er zielte mit dem Feuerlöscher, und ein Schwall weißen Schaums schoss heraus und legte sich über die Flammen. Ein paarmal auf die Düse gedrückt, und das Feuer wurde unter einer weichen weißen Puderdecke erstickt. Zurück blieb dichter, beißender Rauch.

„Es ist aus!", sagte Chase. Er durchsuchte den Keller nach weiteren Brandherden, ohne zu bemerken, dass Miranda starr vor Zorn mit bleichem Gesicht auf das zerbrochene Glas auf dem Boden starrte.

„Warum können sie mich nicht endlich in Ruhe lassen!", schrie sie.

Chase wandte sich nach ihr um und sah sie forschend an. „Du meinst, dass so etwas schon öfter vorgekommen ist?", fragte er sie ganz ruhig.

„Nein, das nicht. Aber Anrufe, wirklich grausame Anrufe. Immer wieder; und Botschaften, die sie an mein Fenster schmierten."

„Was für eine Art von Botschaften?"

Sie schluckte und schaute in eine andere Richtung. „Du weißt schon, die hiesige Mörderin."

Er machte einen Schritt auf sie zu. „Weißt du, wer es war?"

„Ich habe mir gesagt, es sind nur – nur irgendwelche Kinder. Aber Kinder würden mein Haus doch nicht in Brand setzen …"

Chase blickte vom roten Ziegelstein auf das zerbrochene Fenster. „Das ist eine merkwürdige Art, ein Haus niederzubrennen", sagte er und ging zu ihr, um sie bei den Schultern zu fassen und vorsichtig über ihre Arme zu streichen. Sie fühlte die Wärme seiner Berührung und die Stärke. Mut. Er nahm ihr Gesicht in seine Hände und sagte leise: „Ich werde die Polizei rufen."

Sie nickte, und dann gingen sie zusammen die Treppe hinauf. Als sie sich auf halber Höhe zur Küche befanden, wurde oben plötzlich die Tür zugeschlagen, und nur einen Augenblick später hörten sie, wie der Riegel quietschend vorgeschoben wurde.

„Sie haben uns eingeschlossen!“, rief Miranda.

Er rannte hinter ihr die Stufen hinauf und begann, gegen die Tür zu hämmern. Frustriert stemmte er sich mit seinem ganzen Körper dagegen. Seine Schulter krachte gegen das Holz.

„Es ist massiv!“, sagte Miranda. „Dagegen wirst du nicht ankommen.“

Chase stöhnte. „Ich glaube, das habe ich auch gerade gemerkt.“

Schritte knarrten auf den Dielen über ihren Köpfen. Miranda erstarrte, während sie die Geräusche des Eindringlings mit Blicken verfolgte.

„Was macht er?“, flüsterte sie.

Als Antwort auf ihre Frage ging das Licht plötzlich aus. Der Keller war in Dunkelheit getaucht.

„Chase?“, schrie sie.

„Ich bin hier! Bei dir. Gib mir deine Hand.“

Sie griff blind nach ihm, aber er fand ihr Handgelenk sofort. „Es ist alles gut!“, murmelte er, während er sie an sich zog und fest an seine Brust drückte. Die kraftvolle Selbstverständlichkeit seiner Umarmung reichte, um ihr die Panik zu nehmen. „Es wird schon alles gut gehen“, murmelte er. „Wir finden einen Weg hier raus. Durch das Fenster können wir nicht. Gibt es einen anderen Ausgang? Eine Kohlenklappe?“

„Es gibt eine alte Ladeklappe beim Ofen. Sie öffnet sich seitlich zum Garten.“

„Also gut, dann lass uns sehen, ob wir sie öffnen können. Zeig sie mir.“

Zusammen ertasteten sie sich den Weg die Stufen hinunter. Glasscherben knirschten unter ihren Sohlen, als sie ihren Weg durch die Dunkelheit schrittchenweise fortsetzten. Es wirkte wie eine Reise durch die Unendlichkeit, durch eine Schwärze, die so dick erschien, dass man glaubte, sie greifen zu können. Schließlich berührten Mirandas ausgestreckte Hände Rohre und dann den kalten, feuchten Stein der Kellerwand.

„Wo lang?“, fragte Chase.

„Ich glaube nach links.“

Oben schrammte irgendetwas über den Boden, dann fiel eine Tür zu. *Sie haben das Haus verlassen*, dachte Miranda erleichtert. *Sie werden uns nichts tun.*

„Ich habe den Öltank gefunden“, sagte Chase.

„Dann müsste die Ladeklappe direkt darüber sein. Es gibt ein paar Stufen …“

„Genau hier.“ Er ließ ihre Hand los. Obwohl sie wusste, dass er noch immer neben ihr stand, fehlte ihr sofort die Sicherheit seiner Berührung. Wenn sie wenigstens irgendetwas sehen könnte! Sie hörte, wie Chase sich am Holz hinaufzog, hörte das Knarren und Quietschen der Klappe, als er sich damit abmühte, sie zu öffnen. Sie bemühte sich, in der Dunkelheit etwas zu erkennen, und nach einer Weile konnte sie die vagen Umrisse seines Kopfes ausmachen, kurz darauf den Schimmer des Schweißes auf seinem Gesicht. Und dann zeichneten sich noch mehr Einzelheiten ab; der bullige Schatten des Ofens, der Öltank, der rötliche Schimmer der Kupferrohre. Nun war alles sichtbar.

Zu sichtbar! Wo kam das Licht auf einmal her?

Mit neuer Besorgnis wandte sie sich um und starrte zum Kellerfenster hoch. Das zerbrochene Glas reflektierte den flackernden Tanz eines orangefarbenen Lichts. Feuer. „Oh, mein Gott“, flüsterte sie. „Chase …“

Er drehte sich um und starrte auf das Fenster.

Während sie hinsahen, bekam der Lichtschein eine neue und schreckliche Klarheit.

„Wir müssen hier raus!“, schrie sie.

Er stemmte sich gegen die Klappe. „Ich bekomme sie nicht auf!“

„Warte, ich helfe dir.“

Sie drückten gemeinsam gegen das Holz und bearbeiteten es mit ihren bloßen Fäusten. Jetzt wirbelten die Rauchschwaden bereits durch das zerbrochene Fenster hinein. Über ihren Köpfen knackten die Fußbodendielen, und sie sahen den bedrohlichen Schein der Flammen, die sich durch das Haus über ihren Köpfen fraßen. Die größte Hitze strömte nach oben unters Dach, doch bald würde das Holz nachgeben, und sie wären unter den brennenden Trümmern gefangen.

Die Klappe ließ sich nicht bewegen.

Chase schnappte sich den Feuerlöscher und begann, damit gegen das Holz zu schlagen. „Ich versuche weiter, es aufzubrechen!“, brüllte er. „Du gehst zum Fenster; ruf nach Hilfe!“

Miranda kletterte zum Fenster hinüber, durch das der Rauch in einer dicken schwarzen Wolke in den Keller drang. Sie schaffte es kaum bis zur Fensteröffnung. Dann blickte sie sich panisch nach einem Hocker, einem Stuhl oder irgendetwas, auf das sie sich hätte stellen können, um. Doch es war nichts in Sicht.

Sie schrie lauter als je in ihrem Leben.

Doch selbst da wusste sie, dass die Hilfe sie nicht mehr rechtzeitig erreichen würde. Das Kellerfenster zeigte zur Rückseite des Hauses in den Garten. Sie war zu weit vom Fenster entfernt, als dass ihre Stimme die Distanz hätte überbrücken können. Sie blickte hoch und sah, dass der Boden über ihr bebte. Der böse Schein des Feuers schimmerte bereits durch die Bretter. Sie hörte das Ächzen des Holzes, als es einsackte. Wie lange noch, bis die Dielen nachgaben? Wie lange noch, bevor sie und Chase in der weichen Schwärze des Rauchs zusammenbrachen? Die Luft war unerträglich dick geworden.

Wir werden es nicht schaffen, dachte sie. Wir werden sterben.

8. KAPITEL

Chase hämmerte verzweifelt gegen die Klappe. Ein Brett zerbarst, aber die Sperre hielt. „Jemand hat sie zugenagelt!“, brüllte er. „Ruf weiter, so laut du kannst!“

Sie schrie immer wieder, bis ihre Stimme brach und sie fast keinen Ton mehr herausbrachte.

Sie hörte in der Ferne einen Hund bellen und weit weg Mr Lanzos Rufe. Sie versuchte, zurückzurufen, brachte aber nur einen mitleiderregend schwachen Schrei zustande. Niemand antwortete. Hatte sie sich die Stimme nur eingebildet? Oder hatte er sie nicht gehört?

Und selbst wenn er sie gehört hätte, würde er ihre Stimme hinter der schmalen Öffnungsklappe im Garten orten? Die Rettung war so nah und doch so unerreichbar. Wenn sie sich auf die Fußspitzen stellte, konnte sie ihre Hand durch das zerbrochene Fenster strecken und die Erde unter ihren Fingerspitzen fühlen. Nur wenige Meter entfernt wuchs ihr geliebter Rittersporn, ihre neu gepflanzten Veilchen …

Plötzlich schoss ihr das Bild ihres Gartens, die feuchte Erde und das neu angelegte Blumenbeet durch den Kopf. Hatte sie nicht eine Spitzhacke benutzt, um die Sode aufzubrechen? Die Spitzhacke – wo hatte sie sie gelassen? Sie erinnerte sich daran, sie gegen die Mauer des Hauses gelehnt zu haben.

In der Nähe des Kellerfensters.

Mit der bloßen Faust brach sie die letzten Glasreste der Scheibe weg. Etwas Warmes rann an ihrem Arm hinab. Blut, dachte sie mit einem merkwürdig gleichgültigen Gefühl. Aber sie spürte keinen Schmerz; sie war viel zu angespannt, um irgendetwas anderes zu empfinden als die verzweifelte Not, den Flammen zu entkommen. Sie streckte ihre Hand durch das offene Fenster und tastete mit ihren Fingern an der äußeren Wand entlang. Auf der rechten Seite war nichts, nur raue Schindeln auf einem Steinfundament. Sie versuchte es auf der anderen Seite des Fensters, fuhr mit ihrer Hand über den Rahmen und berührte warmes Metall. Der Kopf der Spitzhacke!

Sie umklammerte sie so fest, dass ihre Finger verkrampften. Unter Schmerzen schaffte sie es, den schweren Metallkopf zur Seite und vor das Fenster zu ziehen. Mit wenigen Windungen gelang es ihr, zuerst die Spitze und dann das stumpfe Ende durch das offene Fenster zu manövrieren.

Die Spitze landete mit einem harten Geräusch auf dem Betonboden. Hustend und nach Luft schnappend, schleppte sie das Werkzeug zurück in den dichten Rauch. Jetzt fraßen die Flammen bereits die Dielen über ihrem Kopf. „Chase!“, rief sie. „Wo bist du?“

„Ich bin hier!“

Sie bewegte sich in die Richtung, aus der Chases Stimme gekommen war, doch auf halbem Weg dorthin verlor sie ihre Beute. Der ganze Raum schien sich um sie herum zu drehen wie ein Karussell. Ich darf jetzt nicht ohnmächtig werden, dachte sie, wenn ich jetzt ohnmächtig werde, dann wache ich nie wieder auf. Doch ihre Knie gaben bereits nach. Wie sehr sie einen Atemzug frischer Luft benötigte, nur einen! Sie sank zu Boden. Der Beton fühlte sich angenehm feucht und kühl an ihrer Wange an.

„Miranda!“

Der Klang von Chases Stimme schien ihre letzten Reserven zu mobilisieren. Sie kämpfte sich erneut auf die Knie, wobei sie auch die Spitzhacke zu fassen bekam, die nur wenige Zentimeter neben ihr gelegen hatte. „Ich kann nicht – ich kann dich nicht sehen ...“

„Ich finde dich! Sprich weiter!“

„Nein, dann müssen wir beide sterben! Bleib bei der Klappe!“ Sie begann, in seine Richtung zu krabbeln. Das Geräusch der Flammen über ihnen war zu einem rasenden Rauschen geworden. Hinuntergefallene Holzteile lagen zerborsten und glühend auf dem Betonboden. Blind vor Rauch legte sie die Hand auf ein glühendes Stück Holz. Als sie den Schmerz fühlte, schrie sie kurz auf.

„Ich komme zu dir!“, rief Chase.

Seine Stimme schien weit weg, so, als ob er aus einem anderen Zimmer nach ihr rief. Sie bemerkte, dass ihr erneut die Sinne schwanden und dass es dunkel um sie herum geworden war. Sie wusste, sie würde diesem Inferno nicht mehr entrinnen können. Dennoch kroch sie voran und schleppte sich und die Spitzhacke ein paar Zentimeter weiter.

„Miranda!“ Chases Stimme schien diesmal von noch weiter weg zu kommen, aus einer anderen Welt, einem anderen Universum. Und am Schlimmsten von allem erschien ihr, dass sie ohne den Trost seiner Berührung sterben würde.

Sie streckte die Arme aus, um sich ein letztes Mal nach vorne zu kämpfen – und fand seine Hand. Er fasste sie sofort um die Taille, um sie näher an sich heranzuziehen. Seine Berührung glich einem wundersamen Elixier, denn sofort fand Miranda die Kraft, noch einmal auf die Beine zu kommen.

„Hier“, sagte sie hustend und schob ihm die Spitzhacke hin. „Wird es damit gehen?“

„Es muss!“ Er richtete sich auf. „Bleib unten“, befahl er. „Duck dich!“

Sie hörte ihn stöhnen, als er die Hacke schwang, hörte, wie Metall in Holz krachte. Auf einen Schlag folgte der nächste. Dann flogen Splitter durch die Gegend und regneten auf ihr Haar. Er hustete und wankte. Im Gegenlicht der Flammen sah sie, wie er kämpfte, um auf den Beinen zu bleiben.

Er schlug noch einmal zu.

Und endlich gab die Klappe nach. Ein Schwall kühler Luft fiel durch die zerborstene Öffnung. Die Zufuhr frischen Sauerstoffs war, als hätte man Öl auf das Feuer gegossen. Überall schien Holz in Flammen aufzugehen. Miranda warf sich zu Boden und vergrub ihr Gesicht in den Armen. Ein Stückchen Glut traf zischend ihren Kopf. Sie wischte es weg und erschauderte vor dem Geruch ihrer eigenen verbrannten Haare.

Chase atmete die frische Luft tief ein, und dann schlug er die Spitzhacke stöhnend vor Anstrengung erneut gegen das Holz.

Die Klappe flog auseinander.

Miranda fühlte sich wie durch einen langen dunklen Tunnel hochgerissen. Sie konnte kein Licht am anderen Ende entdecken, sah überhaupt kein Ende mehr. Es gab nur noch Schwarz und das eigenartige Gefühl, in Bewegung zu sein. Sie spürte Finger auf ihrer Haut, Finger, die sie umklammerten.

Auf einmal sah sie das Gras.

Und Chase war da, hielt sie in seinen Armen und strich ihr über Gesicht und Haar.

Sie atmete tief ein. Die frische Luft schmerzte beinahe in ihren Lungen. Sie hustete und holte noch mehr Luft! Sie fühlte sich berauscht von ihrer Süße.

Der Rest der Nacht bestand aus einem Durcheinander an Geräuschen, Sirenen, rufenden Stimmen und dem Knistern des Feuers. Erschreckt blickte sie auf die Flammen, die den Himmel auszufüllen schienen.

„Oh Gott!“, flüsterte sie. „Mein Haus …“

„Wir haben es geschafft“, sagte Chase, „das ist alles, was zählt. Wir leben noch.“

Sie sah ihm ins Gesicht. Es war verrußt und vom höllischen Feuerschein erleuchtet. Gebannt starrten sie sich an. In ihren Blicken lag die gemeinsame Verwunderung darüber, dass sie immer noch atmeten.

„Miranda“, murmelte er und beugte sich über sie, um seine Lippen auf ihre Stirn, ihre Augenlider und ihren Mund zu pressen. Er schmeckte nach Rauch, Schweiß und Erschöpfung. Erst jetzt wurde ihnen bewusst, was sie überstanden hatten; zitternd und erleichtert sank Miranda Chase in die Arme.

„Mo! Liebes! Ist alles mit dir in Ordnung?"

Mr Lanzo huschte im Pyjama über die Wiese auf sie zu. „Ich fürchtete, dass Sie noch da drinnen wären! Habe der idiotischen Feuerwehr erzählt, dass ich Sie habe um Hilfe rufen hören!"

„Es geht uns gut", sagte Chase. Er nahm Mirandas Gesicht in seine Hände und küsste sie. „Es geht uns wirklich gut."

Irgendwo zerbarst eine Fensterscheibe.

„Hey! Zurücktreten, Leute!", brüllte ein Feuerwehrmann. „Alle ein paar Schritte zurück!"

Chase half Miranda auf die Beine, und gemeinsam schleppten sie sich über Mr Lanzos Rasen bis an die Straße zurück. Sie beobachteten, wie die Löschschläuche Sturzbäche von Wasser in die Flammen spritzten.

„Ach, Schätzchen", sagte Mr Lanzo traurig. „Es ist zu spät. Das Häuschen ist nicht mehr zu retten."

Und während er es sagte, brach das Dach zusammen. Miranda beobachtete verzweifelt, wie die Flammen hochschossen und den nächtlichen Himmel in rötliches Licht tauchten. Alles weg, dachte sie. *Alles, was ich besaß. Ich habe alles verloren.*

Sie wollte ihre Wut und ihre Qualen herausschreien, aber die Gewalt dieser Flammen versetzten sie in Trance. Es war, als hätte eine merkwürdige Taubheit von ihr Besitz ergriffen.

„Ms Wood?"

Langsam wandte sie sich um.

Lorne Tibbetts stand neben ihr. „Was ist hier passiert?", fragte er.

„Was zum Teufel, *glauben* Sie, was hier passiert ist?", bellte Chase zurück. „Jemand hat ihr Haus abgefackelt, während wir da drinnen waren."

Lorne schaute auf Miranda, die ihn benommen anstarrte, dann sah er auf das brennende Haus, das bereits zu einem Haufen Feuerholz zusammengefallen war.

„Sie kommen besser mit mir", sagte er, „ich brauche eine Aussage. Von Ihnen beiden."

„Glauben Sie es jetzt?", fragte Chase. „Jemand versucht, sie umzubringen."

Lorne Tibbetts' Blick blieb undurchdringlich wie der eines Pokerspielers. Er begann, auf dem Rand seines Notizblocks herumzukritzeln und kleine, miteinander verbundene Dreiecke darauf zu malen. Die geometrische Kreation eines geometrischen Geistes. Er klickte ein paarmal mit seinem Stift, bevor er sich umdrehte und nach Ellis rief.

Der Kollege streckte seinen Kopf durch die Tür. „Was gibt's, Lorne?"

„Sind Sie fertig mit Ms Wood?"

„So weit ja."

„Gut." Lorne erhob sich und ging aus dem Zimmer.

„Warten Sie", sagte Chase. „Was passiert jetzt?"

„Ich spreche mit ihm, und Ellis spricht mit Ihnen."

„Sie meinen, ich muss alles noch einmal erzählen?"

„So arbeiten wir hier. Unabhängige Befragung. Reine Routine." Er steckte sein Hemd in die Hose, glättete sein Haar und ging zur Tür hinaus.

Ellis Snipe saß in Lornes Sessel und grinste Chase an. „Hey, Mr T., wie geht's?"

Chase schaute auf dieses schwachsinnige Zahnlückenlächeln und fragte sich, warum dieser Polizist eine solche Genugtuung empfand.

„Dann fangen wir mal an", sagte Ellis.

„Womit?", gab Chase zurück.

Ellis guckte verwirrt. „Glauben Sie, Mr Tremain, Sie könnten versuchen zu kooperieren?"

Chase seufzte. Er blickte zur Tür und fragte sich, wie Miranda das durchstand. Egal, was Dr. Steiner meinte, sie gehörte in ein Krankenhaus. Doch der alte Quacksalber hatte einfach nur ihre Schnitte verbunden, die Lunge untersucht und sie für gesund erklärt. Was Dr. Steiner vergaß, war, dass diese tapfere junge Frau gerade ihr Haus, ihre Besitztümer, jede Struktur in ihrem Leben verloren hatte. Sie brauchte einen sicheren Ort, einen Kokon, wo niemand sie verletzten konnte …

„Äh, Mr?"

Chase blickte auf Ellis. Worum ging es in diesem Kampf? dachte er müde. Ellis Snipe sah wie die Sorte Mensch aus, die schlicht ihre Befehle ausführte. Wenn es sein müsste, dann würde er die ganze Nacht hier sitzen und warten, bis Chase zu sprechen begann.

Chase raffte sich auf und erzählte die Geschichte zum zweiten Mal in dieser Nacht. Er begann mit dem Cottage und erwähnte den offensichtlichen Einbruch und die geheimen Unterlagen. Diesmal ließ er die Information über Lorne Tibbetts und seine Affäre mit der Bibliothekarin unter den Tisch fallen. Manche Dinge, so dachte er, sollten Privatsache bleiben.

Ellis notierte alles in einer bizarren Schrift, die irgendwie irreal und fremdartig anmutete.

Als Chase geendet hatte, stellte Ellis nur eine Frage: „Stand in diesen geheimen Unterlagen irgendetwas über mich?"

„Nicht der kleinste Hinweis."

Ellis wirkte enttäuscht.

Nachdem Ellis gegangen war, saß Chase alleine am Tisch und fragte sich, was als Nächstes geschehen würde. Kam noch ein Polizist, dem er die Geschichte erzählen sollte? Die ganze Angelegenheit hatte unwirkliche Züge angenommen, wie ein niemals enden wollender Albtraum. Zehn Minuten lang wartete er darauf, dass etwas passierte. Dann, als er die Nase voll hatte, ignoriert zu werden, schob er seinen Stuhl zurück und begab sich auf die Suche nach Miranda.

Er fand sie in demselben Verhörraum, wo er sie vor über einer Woche zum ersten Mal gesehen hatte. Sie war alleine. Ein schwarzer Rußfleck beschmutzte ihre Wange, und ihr Haar war grau vor Asche.

Sie sah ihn mit einem zutiefst erschöpften Blick an. „Willkommen in der Hölle", murmelte sie.

Er lächelte, und dann sah er ihre in dicke Bandagen gewickelte Hand. „Ist es so ernst, wie es aussieht?"

„Der Doktor hat die Wunde als echte Herausforderung betrachtet." Sie blickte verwundert auf die Skulptur aus chirurgischem Verbandsmaterial und Heftpflaster. „Ich hatte Angst, er würde mir die Hand amputieren."

„Das hätte ich nicht zugelassen", sagte er lächelnd. „Dafür ist sie zu schön."

Sie versuchte, zurückzulächeln, aber sie schaffte es nicht richtig.

„Du musst die Insel verlassen", sagte er.

„Ich kann nicht. Die Bedingungen meiner vorläufigen Freilassung ..."

„Zum Teufel mit diesen Bedingungen! Du kannst doch nicht auf den nächsten Mordanschlag warten."

„Was soll ich denn machen?", rief sie plötzlich aufgebracht. „Weglaufen und mich verstecken?"

„Ja."

„*Wovor?* Ich weiß nicht einmal, wer mich umzubringen versucht!" Ihr Schrei fand ein Echo in dem kargen Raum. Sofort errötete sie, als ob sie sich für den Klang ihrer eigenen Hysterie schämte.

„Wenn ich weggehe, dann werde ich nie wissen, wovor ich davonlaufe", sagte sie ruhig. „Oder ob ich immer noch gejagt werde. Was für ein Leben ist das, Chase? Niemals zu wissen, ob ich in Sicherheit bin. Immer nachts aufzuwachen und auf Schritte zu horchen. Mich zu fragen, ob das Knarren der Stufen bedeutet, dass mich jemand holen kommt …“ Sie erschauderte und starrte auf die Tischplatte.

Chase nahm sich einen Stuhl und setzte sich ihr gegenüber. Sie schaute nicht hoch, sondern starrte weiter auf die Resopaloberfläche des Tisches.

„Wenn du nicht weggehst, was wirst du dann tun?“

Sie zuckte mit den Achseln. Die Hoffnungslosigkeit in dieser Geste schmerzte ihn. „Spielt das eine Rolle?“

„Für mich schon.“

„Warum?“ Der Blick, mit dem sie ihn ansah, bewirkte, dass er gerne Dinge gesagt hätte, die er später gewiss bereuen würde. Dass es ihm wichtig war, ob sie lebte oder starb. Dass ihm wichtig war, was mit ihr geschah. *Sie* war ihm wichtig.

Stattdessen entgegnete er mit unwiderlegbarer Logik: „Weil das, was heute Nacht geschehen ist, irgendwie mit Richard zu tun hat. Der Einbruch in Rose Hill, das Feuer in deinem Haus.“

Sie stieß ein entmutigtes Lachen aus. „Ja, irgendwo in dieses Durcheinander scheine ich hineinzupassen. Dabei habe ich nicht die geringste Ahnung, warum.“

Dann ging die Tür auf. Ellis kam herein. „Da sind Sie ja, Mr T. Lorne meint, Sie beiden könnten gehen. Sagt, dass ihm keine weiteren Fragen mehr einfallen.“

Ich hoffe, ich werde diesen Ort nie wiedersehen, dachte Chase, als sie Ellis den Korridor hinunter ins vordere Büro folgten. Lorne saß auf einem der Schreibtische und telefonierte. Er blickte auf, als Chase und Miranda vorbeigingen, und bedeutete ihnen zu warten.

„Zum Teufel“, seufzte Chase. „Ihm ist gerade wohl doch noch eine Frage eingefallen. Hoffentlich findet das bald ein Ende!“

Lorne legte auf und sagte an Ellis gewandt: „Hol den Wagen. Wir haben noch einen Einsatz bekommen.“

„Mann, oh Mann“, jammerte Ellis auf dem Weg zur Garage. „Ist das eine blöde Nacht.“

Lorne sah zu Miranda. „Gibt es einen Ort, an dem Sie bleiben können?“

„Ich bringe sie ins Hotel“, sagte Chase.

„Ich hatte eigentlich an einen sichereren Ort gedacht“, meinte Lorne, „das Haus von Freunden, vielleicht?“

„Da wäre immer Mr Lanzo“, sagte Miranda.

„Nein, ich bringe dich rüber zu Annie“, erklärte Chase. „Dort bist du gut aufgehoben.“

„Ja, das wäre sicher besser“, meinte auch Lorne, während er nach seinem Hut griff. „Immerhin …“

„Immerhin was?“, fragte Chase mit zusammengekniffenen Augen.

„Nun ja, wir haben drüben bei Ms Woods Haus zwei leere Gasflaschen gefunden. Plus die beiden Bretter, die auf die Klappe genagelt waren.“

Miranda starrte ihn an. Da war er. Der unbestreitbare Beweis dafür, dass jemand sie umzubringen versuchte. Ihr Körper schien gegen Chase zu sacken. „Dann glaubst du mir?“, flüsterte sie.

Lorne setzte seinen Hut auf. „Ich sage Ihnen einmal, was *ich* glaube, Ms Wood. Ich glaube, diese Nacht ist eine der schlimmsten, die wir je auf dieser Insel erlebt haben. Und ich mag diesen Trend nicht.“

„Was ist denn noch passiert?“, fragte Chase.

„Ein Angriff. Auf Miss Lila St. John. Sie hat gerade angerufen.“

„Jemand hat sie angegriffen?“, wiederholte Chase schockiert. „Warum?“

„Sie behauptet, sie hätte versucht, einen Einbruch zu verhindern“, erklärte Lorne offensichtlich skeptisch und ging zur Tür. „Beim Rose Hill Cottage.“

„So“, sagte Annie Berenger, während sie drei Whiskeygläser vollschenkte. „Bekomme ich nun alle schmutzigen Details für die Story? Oder ist dieser Babysitterjob wieder für umsonst?“

„Ich dachte, Sie und Miranda seien Freunde“, sagte Chase irritiert.

„Oh, das sind wir. Doch ich bin außerdem Reporterin.“ Sie reichte Chase ein Glas. „Es ist mein Job, Vorteile aus dieser Situation zu ziehen.“ Sie blickte auf die geschlossene Badezimmertür, wo Miranda sich duschte. „Wissen Sie, Chase, sie sah wirklich sehr geschlagen aus. Sollte sie nicht besser im Krankenhaus sein oder so?“

„Solange Sie sie unter Ihren Fittichen haben, wird es ihr hier gut gehen, Annie.“

„Toll. Das ist genau das, was ich immer schon sein wollte: eine Mami.“ Sie stürzte rasch einen großen Schluck Whiskey hinunter. „Ach, verstehen Sie mich nicht falsch, ich mag Miranda. Ich war einmal genauso wie sie. Ungefähr vor einem Jahrhundert.“ Sie goss sich noch einen zweiten Whiskey ein. „Aber Frauen werden schnell erwachsen dieser Tage. Wir müssen. Es sind die Männer, die uns reifen lassen. Nehmen Sie nur meinen Freund Irving. Bitte. Ich habe ein Jahr lang darauf gewartet, dass er mit DER Frage herausplatzt.

Darüber habe ich graue Haare bekommen." Sie nippte an ihrem Glas und wurde dann ernst. „Also, wie groß ist der Schlamassel, in dem sie steckt?"

„Es könnte sehr gefährlich werden. Sind Sie darauf vorbereitet?"

„Vorbereitet?" Sie stand auf und ging zu einem Schrank am Ende des Tisches, aus dem sie wie selbstverständlich einen Revolver herausholte. „Kleines Souvenir aus Boston. Ich bin ein lausiger Schütze, aber manchmal habe ich Glück." Sie legte die Waffe wieder in den Schrank zurück.

„Ist das Vorbereitung genug?"

„Ich bin beeindruckt."

Annie lachte. „Das sind die Männer immer, wenn sie sehen, dass meine Pistole größer ist als ihre." Sie blickte über die Schulter, als sich die Badezimmertür öffnete. „Hallo, fühlst du dich besser?"

„Nur sauberer", sagte Miranda, die barfuß ins Wohnzimmer kam. Sie trug eines von Annies riesigen T-Shirts. Es hing wie ein Kleid auf ihren schmalen Hüften.

Annie streckte ihr ein Glas mit Whiskey entgegen. „Schließ dich unserem Trinkspruch an."

„Auf was stoßt ihr denn an?"

„Wir wissen es noch nicht genau. Trink einfach. Uns fällt schon noch was ein."

Miranda nahm das Glas. Sie duftete frisch geduscht, nach Blumen, Seife und weiblicher Wärme. Ihr noch nasses Haar umspielte wellenartig ihre Schultern. Als er ihren Duft roch, begann sich alles in Chases Kopf zu drehen. Oder lag es am Whiskey?

„Also, was passiert jetzt?", fragte Annie.

Chase drehte sich um und stellte sein Glas auf dem Tisch ab. „Die Polizei kümmert sich um alles."

„Hören Sie, ich arbeite seit fünf Jahren in diesem Bereich. Ich wäre da nicht allzu optimistisch."

„Lorne ist ein heller Kopf. Er wird etwas herausfinden. Da bin ich mir ganz sicher."

„Aber auf welcher Seite steht er? Ich will nicht behaupten, dass Lorne korrupt ist oder so, aber Sie haben diese Unterlagen über ihn und Valerie Everhard gefunden."

„Eine Affäre mit der hiesigen Bibliothekarin?" Chase zuckte mit den Achseln. „Ich würde das für keinen Skandal halten."

„Haben Sie Lorne danach gefragt?"

„Ja. Er hat es nicht abgestritten. Und er wirkte nicht besorgt deswegen."

„Annie, wusstest du, dass Richard diese Unterlagen besaß?", fragte Miranda.

Annie zuckte mit den Schultern. „Wir hatten einige Unterlagen über lokale Persönlichkeiten. Jill machte die Interviews und transkribierte sie. Jeden Sommer haben wir ein paar Profile angelegt. Aber es war nichts wirklich Kompromittierendes dabei." Sie stellte ihr Glas ab. „Na ja, was auch immer in diesen Unterlagen stand, jetzt sind sie eh zu Asche geworden. Schade, dass du keine Kopien gemacht hast. Du hast deine einzigen Hinweise verloren."

„Das glaube ich nicht.", sagte Chase. „Das waren die Unterlagen, die der Einbrecher zurückgelassen hatte. Wonach auch immer er suchte, es befindet sich mit Sicherheit noch in Rose Hill."

„Woher wissen Sie das?"

„Weil er heute Nacht noch einmal dort war."

„Aber er hat nicht damit gerechnet", ergänzte Miranda, „dass er sich wieder mit Miss Lila St. John auseinandersetzen musste."

Annie schüttelte den Kopf und lachte. „Dieser arme, unglückliche Einbrecher."

Miss Lila St. John drückte in diesem Moment einen Eisbeutel auf die Beule an ihrem Hinterkopf. „Was meinen Sie damit, ob ich ihn mir habe gut ansehen können?", schimpfte sie. „Wie gut, glauben Sie, erkennt man jemanden, der einen von hinten niederschlägt?"

„Es war nur eine Routinefrage, gnädige Frau", wimmerte Ellis.

„Das ist das Problem mit euch Polizisten. Ihr seid so festgefahren in euren Routinefragen, dass ihr euch keine Mühe mehr macht, selbst zu denken."

„Miss St. John", mischte sich Lorne höflich ein, „erlauben Sie mir, Ellis' Frage noch einmal anders zu formulieren. Was *genau* haben Sie gesehen?"

„Ziemlich wenig."

„Eine Gestalt? Ein Gesicht?"

„Nur ein Licht. Wie ich Ihnen bereits gesagt habe, saß ich hier und las: *Der Tod erwischt dich.*"

„Entschuldigung?"

„Das ist der Titel des Buches. Es geht um einen Polizisten mit einem unglaublich hohen IQ." Sie machte eine Pause. „Offensichtlich eine Novelle ohne Bezug zur Realität."

Lorne ließ die Bemerkung unkommentiert. Miss St. John benötigte heute Nacht ein wenig Aufwind. Schließlich hätte ein Schlag auf den

Kopf – selbst auf einen Dickkopf wie ihren – jeden übellaunig gemacht. „Fahren Sie fort“, sagte er.

„Also, ich legte das Buch zur Seite, um einen Tee zu kochen. Und währenddessen sah ich zufällig aus dem Fenster. Es geht nach Süden zum Rose Hill Cottage. Dann entdeckte ich das Licht.“

„Autoscheinwerfer?“

„Nein, viel schwächer. Eine Taschenlampe, denke ich. Es bewegte sich durch den Wald. Ich wusste, dass es auf Rose Hill zusteuerte. Sonst liegt nichts in dieser Richtung. Also beschloss ich, das einmal zu untersuchen.“

„Warum haben Sie uns nicht angerufen?“

„Weil es ganz einfach auch einer der Tremains hätte sein können. Nun, wie hätte es ausgesehen, wenn ich Sie alle hier herausgelotst hätte, nur um Sie mit dem rechtmäßigen Eigentümer zu konfrontieren?“

„Über den rechtmäßigen Eigentümer scheint es Zweifel zu geben.“

„Wir sollten uns von dieser Angelegenheit nicht verwirren lassen. Wie dem auch sei, ich ging raus …“

„Alleine?“

„Wäre ich nur! Es ginge mir gut, wenn Ozzie mir nicht gefolgt wäre.“

„Ozzie?“

Wie auf Kommando schlenderte ein kalbsgroßer schwarzer Hund durch das Zimmer, legte sich zu Füßen Miss St. Johns und beäugte Ellis.

„Ja, du hast bestimmt Lärm gemacht“, sprach Miss St. John zum Hund. „Das ganze Geschnüffel und Gejaule in den Büschen. Kein Wunder, dass du nie etwas fängst.“ Sie schaute auf Lorne. „Es ist *seine* Schuld. Er folgte mir die Straße hinauf. Irgendwo auf dem Weg verlor ich die Spur des Lichts. Ich versuchte, in der Dunkelheit etwas zu erkennen und gleichzeitig Ozzie zu verscheuchen. Er machte so unschöne Geräusche. Ich drehte mich nach ihm *um* und gab ihm einen Klaps. Und da hat er mich erwischt.“

„Ozzie?“

„Nein! Der Mann. Oder die Frau. Es war dunkel, deshalb weiß ich das nicht.“

„Sind Sie in Ohnmacht gefallen?“

„Ich bin nicht sicher. An diesem Punkt werden die Dinge ein wenig unklar. Ich erinnere mich, im Gebüsch gekniet zu haben, und an Schritte, die sich entfernten. Und daran, dass ich verdammt wütend war.“ Sie blickte auf Ozzie. „Ja, und ich meine damit auf *dich*.“

Der Hund begann seelenruhig, Lornes brandneue Stiefel zu lecken. Vorsichtig gab Lorne dem Hund einen kleinen Schubs. Ozzie, der beleidigt guckte, lenkte seine liebevollen Aufmerksamkeiten auf ein angenehmeres Ziel – Ellis' Bein.

„Also haben Sie Ihren Angreifer überhaupt nicht gesehen?", fragte Lorne.

„Nein, das kann ich nicht behaupten."

„Was geschah dann?"

„Ich kehrte hierher zurück. Oh, ich habe mich ein wenig im Dunkeln verirrt, aber schließlich fand ich zurück. Und dann rief ich Sie an."

„Also, der Angriff ereignete sich … wann?"

„Vor ungefähr zwei Stunden."

Ungefähr zur selben Zeit, als die Flammen den Rest von Miranda Woods Haus verschlangen, dachte Lorne. Es war unwahrscheinlich, dass derselbe Täter das Haus in Brand gesteckt hatte und dann hier herausgerast war, um Miss St. John auf den Kopf zu schlagen. Zwei Verbrechen. Zwei Täter. Zu dumm.

Lorne bevorzugte einfache Lösungen.

„Sind Sie sicher, dass Ihr Angreifer auf dem Weg nach Rose Hill war?", fragte er.

„Ich weiß es. Und er wird wiederkommen."

„Warum?"

„Weil er noch nicht bekommen hat, was er wollte."

„Beziehen Sie sich auf die Skandalblätter?"

Miss St. John bedachte ihn mit einem unschuldigen Blick. „Oh, Sie wissen davon?"

„Ja. Und zu Ihrer Information, Miss St. John, ich habe nichts mit Valerie Everhard angefangen. Sie fing etwas mit mir an. So war's."

Ellis schaute vom Hund auf, der sich jetzt an sein Knie schmiegte. „Was war denn mit Valerie Everhard?"

„*Schon gut*", fauchten Lorne und Miss St. John gleichzeitig.

„Es gab auch eine Akte über mich", sagte Miss St. John mit einem leichten Anflug von Stolz. „Genau wie über alle anderen aus dieser Straße. Ich hatte keine Ahnung, dass Richard so tüchtig war." Miss St. John machte eine bedeutungsschwere Pause. „Ich will dem Mann im Zweifel schiere Neugier unterstellen. Im Gegensatz zu weniger edlen Motiven."

Erpressung meinte sie damit; das merkte man deutlich. Lorne hielt diese Erklärung aber nicht für sinnvoll. Erstens, weil keines der Geheimnisse besonders schrecklich war, beschämend vielleicht, aber nichts, das man nicht hätte überleben können – und damit schloss er sich selbst durchaus ein. Zweitens, die Palette der möglichen Opfer reichte vom einigermaßen wohlhabenden Forrest Mayhew bis zu den komplett blanken Gordimers. Warum eine Familie erpressen, die kaum ihre Lebensmittelrechnungen bezahlen konnte?

Außer, wenn Geld nicht das gesuchte Zahlungsmittel war.

Auf dem Weg in die Stadt zurück grübelte er über all dies nach. Er fragte sich, was Richard Tremain mit diesen Geheimnissen anfangen wollte. Fragte sich, ob er tatsächlich derjenige war, der sie an erster Stelle sammelte. Das Cottage hatte schließlich jedem aus der Familie offen gestanden. Cassie. Phillip.

Evelyn.

Nein, nicht Evelyn, dachte er. Sie würde sich ihre Hände nicht so dreckig machen.

„Sie und Valerie Everhard", murmelte Ellis, während er fuhr. „Das hätte ich nie vermutet."

„Hör zu, sie tat mir leid", sagte Lorne. „Sie brauchte ein bisschen Zuwendung."

„Oh." Ellis starrte weiter geradeaus auf die Straße und nickte vor sich hin.

„Was, zum Teufel, soll diese Geste bedeuten?", wollte Lorne wissen.

„Och, nichts."

„Über was?"

„Wie schrecklich leid Ihnen die Frau jetzt gerade tut."

„Valerie Everhard?"

„Nein", sagte Ellis. „Die Witwe Tremain."

„Es ist eine Frage der Loyalität, Chase", sagte Noah. „Zur Familie. Zu deinem Bruder. Zu den Menschen, die *wichtig sind*."

Chase schwieg und fuhr damit fort, den Schinken in Scheiben zu schneiden, wenn auch etwas energischer als vorher. Er wusste, dass alle ihn beobachteten. Noah und Evelyn. Die Zwillinge. Sie warteten auf seine Antwort. Doch er tat nichts weiter, als das Fleisch in immer schmalere Scheiben zu säbeln.

„Kümmere dich nicht darum, Papa", sagte Evelyn. „Siehst du nicht, was los ist? Er ist so von dieser Hexe eingenommen, dass er die Falle, in die er ..."

„Bitte, Evelyn." Chase legte das Messer zur Seite.

„Sie hat dir doch den Kopf verdreht, Chase! Sie hat ein Talent dafür! Unter anderem. Aber die Fakten kümmern dich ja nicht mehr. Nein, du willst nur noch ihre Lügen glauben."

„Ich möchte die Wahrheit glauben", sagte er ruhig.
„Die Wahrheit ist, dass sie eine Hure ist."
„Evelyn", schnitt Noah ihr das Wort ab. „Das reicht jetzt."
Evelyn wandte sich an ihren Vater. „Auf welcher Seite stehst du?"
„Du weißt verdammt gut, dass ich auf deiner Seite bin. Da war ich immer."
„Also, warum stärkst du mir dann nicht den Rücken?"
„Weil dieser Ton nicht zu dir passt. Du hast wohl alles vergessen, was ich dir über Würde beigebracht habe. Stolz."
„Meine Güte, *vergib mir*, Papa. Aber es kommt nicht jeden Tag vor, dass einem der Ehemann ermordet wird." Sie blickte auf das Sideboard. „Wo ist denn der Wein? Es ist doch nicht zu früh für einen Schluck?"
„Du wirst schon über den Mord hinwegkommen. Du wirst ihn hinter dir lassen, und dann wirst du dich daran erinnern, wer du bist."
„Wer ich bin?" Sie erhob sich. „Wer ich bin, wird von Tag zu Tag immer peinlicher." Sie schob ihren Stuhl an den Tisch und verließ das Zimmer.
Stille erfüllte den Raum.
„Da hat sie recht, Chase", sagte Noah ruhig. „Die Familie sollte zusammenhalten. Egal, welche Reize diese Miranda Wood zu bieten hat. Glaubst du nicht, es ist besser, wenn du zu uns hältst?"
Chase begegnete Noahs Blick mit einer Gleichgültigkeit, die er in diesem Moment nicht unbedingt empfand. Er hatte eine Menge Gefühle, was Miranda Wood anbelangte, und Gleichgültigkeit gehörte wahrlich nicht dazu. Er hatte die ganze Nacht von ihr geträumt, war dann schweißgebadet aufgewacht, weil er sich an das Feuer erinnert hatte und erneut in Panik darüber geraten war, er könnte sie im Rauch und in den Flammen nicht finden. Danach schlief er wieder ein, nur um wieder in demselben Albtraum zu versinken. Irgendwann zwischen unruhigem Husten und Wälzen kam er zu verschiedenen Schlüssen. Zum Beispiel, dass er bei Miranda Wood keines vernünftigen Gedankens fähig war, und dass die Anziehung, die sie auf ihn ausstrahlte, jeden Tag gefährlicher wurde.
Und dass, egal, was sein Instinkt ihm sagte, die Beweislage immer noch gegen sie sprach.
An diesem Morgen war er zwar zerschlagen, aber mit absolut klarem Kopf aufgestanden. Er wusste, was er zu tun hatte. Er musste Abstand zwischen sich und Miranda bringen. So wie er es von Anfang an hätte tun sollen.
„Sie müssen sich keine Sorgen machen, Noah. Ich habe nicht vor, sie noch einmal zu sehen."

„Ich dachte immer, dass du der schlauere Tremain bist“, sagte Noah, „und ich hatte recht.“

Chase zuckte mit den Achseln. „Das ist ein nicht gerade schmeichelhafter Kommentar, vor allem, wenn man bedenkt, wie wenig Sie von Richard hielten.“

Noah sah die Zwillinge an. „Ihr beide! Habt ihr nichts Besseres zu tun?“

„Eigentlich nicht“, sagte Phillip.

„Na, dann räumt den Tisch ab. Kommt schon.“

„Es ist nicht so, als ob wir es nicht gewusst hätten“, erklärte Cassie.

Noah betrachtete sie mit gerunzelter Stirn. „Was gewusst?“

„Dass du und Papa nicht gut miteinander zurechtgekommen seid.“

„Was das anbelangt, junge Dame, ist dein Vater mit dir ebenfalls nicht zurechtgekommen.“

„Normale Auseinandersetzungen zwischen Vater und Tochter. Nicht wie bei euch, ihr habt euch ja beinahe bekriegt. Immer nur Geschrei und Beschimpfungen …“

„Genug!“ Noahs Gesicht hatte eine hässliche rote Farbe angenommen. Er erhob sich halb aus seinem Stuhl, seinen Blick auf die unverschämte Enkelin gerichtet. „Am Tag, als du geboren wurdest, Cassandra, habe ich dich genau angeschaut und gesagt: ‚Passt auf die auf. Die wird Ärger machen.‘“

„Ja, das liegt in der Familie, oder nicht?“

Sofort war Phillip auf den Beinen und packte Noah am Arm.

„Komm, Großvater. Lass uns rausgehen. Du und ich. Eine Runde um den Block. Ich wollte dir von meinem Jahr in Harvard berichten …“

Noah schob seinen Stuhl an den Tisch. „Dann lass uns gehen. Himmel, ich kann ein bisschen frische Luft gebrauchen.“

Die beiden Männer gingen. Dann fiel die Haustür hinter ihnen zu.

Cassie sah Chase an und lächelte ironisch. „Eine große glückliche Familie.“

„Was hast du gesagt? Über Noah und Richard.“

„Sie verachteten sich gegenseitig. Das wusstest du.“

„*Verachtet* ist nicht das Wort, an das ich dachte. Sie konnten sich vielleicht nicht leiden. Du weißt, die übliche Rivalität zwischen Vater und Schwiegersohn.“

„Das war nicht einfach eine übliche Rivalität.“ Cassie begann, ihren Schinken in kleine Stücke zu zerschneiden. Chase fiel auf, dass er seine Nichte zum ersten Mal richtig wahrnahm. Vorher schien sie immer außerhalb seines Blickfeldes gewesen zu sein, die farblose Schwester im Schatten ihres Bruders. Nun betrachtete er sie genauer und mit anderen Augen. Er sah eine junge Frau mit viereckiger Stirn und den Augen eines Frettchens. Die Ähnlichkeit mit Noah war verblüffend. Kein Wunder, dass der alte Mann sich nicht mit ihr verstand. Möglicherweise erkannte er zu viel von sich selbst in diesem Gesicht. Sie sah ihm direkt in die Augen. Kein sich winden, kein Unbehagen, einfach nur ein fester Blick.

„Worüber stritten sie sich? Noah und dein Vater?"

„Über alles und jedes. Oh, aber sie ließen es nie bis hinter diese Mauern dringen. Papa war in dieser Hinsicht schrecklich. Wir konnten uns in diesem Haus gegenseitig anschreien, aber sobald wir einen Fuß vor die Tür setzten, sahen wir aus wie die perfekte Familie. Es war so heuchlerisch. In der Öffentlichkeit wären Papa und Noah als alte Freunde durchgegangen. Und die ganze Zeit bestand diese Rivalität zwischen ihnen."

„Wegen deiner Mutter?"

„Natürlich. Noahs Liebling. Und Papa konnte als Ehemann nie gut genug sein." Sie schnaubte. „Nicht, dass er es ernsthaft versucht hätte."

Chase schwieg, während er darüber nachdachte, wie er seine nächste Frage formulieren konnte. „Wusstest du, dass dein Vater … Affären hatte?"

„Die hatte er schon seit Jahren", sagte Cassie und machte eine wegwerfende Handbewegung. „Viele Frauen."

„Welche?"

Sie hob die Achseln. „Ich denke, das war seine Angelegenheit."

„Ihr beide wart euch nicht sehr nahe, oder? Willst du mir etwas davon erzählen?"

„Töchter lagen ihm einfach nicht, Onkel Chase. Während ich mir den Hintern aufriss, um lauter Einsen zu kassieren, plante er Phillips Harvard-Ausbildung und baute ihn auf, damit er später den *Herald* übernimmt."

„Phillip wirkt nicht so richtig begeistert von dieser Aussicht."

„Das hast du registriert? Papa hat es nie bemerkt." Sie nahm ein paar Bissen von ihrem Schinken, bevor sie Chase mit einem nachdenklichen Blick betrachtete. „Und was war das Problem zwischen *euch* beiden?"

„Problem?" Er widerstand dem Wunsch, ihrem Blick auszuweichen. Sie würde möglicherweise sofort wissen, dass er versuchte, etwas zu verbergen. Und so, wie es aussah, hatte sie vermutlich bereits das aufflackernde Unbehagen in seinen Augen entdeckt.

„Das letzte Mal, als ich dich sah, Onkel Chase, war ich zehn Jahre alt. Das war bei Opa Tremains Beerdigung. Nun, Greenwich ist nicht weit weg. Aber du bist nie zu Besuch gekommen, nicht ein Mal."

„Das Leben ist manchmal kompliziert. Du weißt, wie es ist, Cassie."

Sie sah ihn prüfend an, und dann sagte sie: „Es ist nicht einfach, oder? Der unbeachtete Zwilling in der Familie zu sein?"

Verflucht scharfsichtiges Balg, dachte er. Dann räumte er das Geschirr zusammen und stand auf.

„Du glaubst nicht, dass sie es getan hat, stimmt's?", fragte Cassie. Sie mussten keine Namen nennen. Sie wussten beide genau, wen sie meinte.

„Ich habe mich noch nicht entschieden", sagte er und brachte das Geschirr in die Küche. Im Türrahmen blieb er stehen. „Übrigens, Cassie", meinte er. „Ich habe gestern Abend gegen sieben hier angerufen, um zu sagen, dass ich nicht zum Essen kommen würde. Niemand ging ans Telefon. Wo war deine Mutter?"

„Ich weiß es wirklich nicht." Cassie nahm sich eine Scheibe Toast und begann, sie langsam mit Marmelade zu bestreichen. „Da musst du sie selber fragen."

Chase fuhr direkt nach Rose Hill. Ohne Umwege oder kleine Schlenker. Er hatte nicht vor, sich heute von Miranda Wood ablenken zu lassen. Was er benötigte, war eine Portion kühler Logik, und das bedeutete, er musste Abstand halten. Heute hatte er andere Dinge im Sinn. Als Erstes die Frage: Wer versuchte immerzu, in das Cottage einzubrechen, und wonach suchte derjenige?

Die Antwort lag irgendwo in Rose Hill.

Also war das sein Ziel. Er fuhr mit heruntergekurbeltem Fenster, die salzige Luft pfiff an seiner Wange entlang. Und das brachte die vergangenen Sommer seiner Kindheit zu ihm zurück, als er mit seiner Mutter diese Straße entlanggefahren war, den Geruch des Meeres in der Nase und die Möwenschreie, die an den Klippen widerhallten. Wie sie diese Fahrt geliebt hatte! Seine Mutter war ein Teufel hinter dem Steuer, sie nahm die Kurven mit quietschenden Reifen und lachte, wenn der Wind ihre dunklen Haare zerzauste. Sie hatten beide eine Menge gelacht in jenen Tagen, und er fragte sich, ob irgendjemand sonst auf der Welt eine Mutter hatte, die so wild und so wunderbar war wie sie. Und so frei.

Ihr Tod hatte ihn niedergeschmettert.

Wenn sie ihm vorher doch nur die Wahrheit gesagt hätte.

Er bog auf die Zufahrtsstraße ein und holperte an den alten Namensschildern und den Cottages der Familien vorbei, mit deren Kindern er früher einmal gespielt hatte. Gute und schlechte Erinnerungen – sie kehrten alle wieder, während er diese Straße entlangfuhr. Er erinnerte sich daran, so lange auf einem alten Reifen geschaukelt zu haben, bis er sich übergeben musste. Und wie er Lucy Baylor mit ihren Zahnlücken hinter dem Wasserturm geküsst hatte. Hörte noch einmal das schreckliche Geräusch einer zersplitternden Fensterscheibe und wusste, dass es *sein* Baseball war, den sie zwischen den Scherben fanden. Die Erinnerungen waren so lebendig, dass er nicht bemerkt hatte, dass er die letzte Kurve bereits genommen hatte und dabei war, auf den Kiesweg einzubiegen.

Vor dem Cottage parkte ein Auto.

Er stellte seinen Wagen daneben ab und stieg aus. Keine Spur von dem Fahrer des anderen Wagens. War der Einbrecher so verzweifelt, dass er bereits am helllichten Tag hierherkam?

Chase eilte die Verandastufen hinauf und hörte verblüfft einen Kessel in der Küche pfeifen. Wer zum Teufel würde so dreist sein, nicht nur einzubrechen, sondern es sich auch noch gemütlich zu machen? Er drückte die Tür auf und stand der Schuldigen von Angesicht zu Angesicht gegenüber.

„Ich habe gerade einen Tee gemacht", sagte Miranda. Sie schenkte ihm ein angespanntes Lächeln. Nicht unfreundlich, sondern einfach nervös. Vielleicht auch ängstlich. Sie zeigte mit dem Kinn auf die Teekanne in ihren Händen. „Möchtest du auch welchen?"

Chase blickte sich im Zimmer um, sah die ordentlich aufgetürmten Bücherstapel auf dem Boden. Der Schreibtisch war aufgeräumt, und der Inhalt der Schubladen in eine Reihe von Kartons geleert worden. Langsam wanderte sein Blick auf die drei Bücherregale. Eines davon war bereits zu zwei Dritteln geleert.

„Wir haben den Morgen damit verbracht, Richards Papiere durchzusehen", erklärte Miranda. „Ich fürchte, wir haben noch nichts entdeckt, aber …"

Er schüttelte den Kopf. „Wir?"

„Miss St. John und ich."

„Ist sie hier?"

„Sie ist zu ihrem Haus zurückgegangen, um Ozzie zu füttern."

Ihre Blicke trafen sich. Ich versuche, mich von dir fernzuhalten, dachte er, und verdammt noch einmal, jetzt bist du hier. Wir sind hier alleine in diesem Haus. Er durfte sich nicht ausmalen, was das bedeuten konnte. Die Spannung, Feind der Vernunft, vollführte einen Teufelstanz. Er dachte an Richard, dachte an sie, dachte an sie beide zusammen. Es tat weh. Und genau deshalb hielt er die Bilder fest. Um das wachsende Bedürfnis nach ihr zu zügeln, das er spürte, wenn er sie nun ansah.

„Sie, Miss St. John, dachte, es sei sinnvoll, schon ohne dich anzufangen", sagte Miranda rasch, als sei es ihr wichtig, keine Stille aufkommen zu lassen. „Wir wussten nicht, wann du kommen würdest, und wir wollten nicht bei dir zu Hause anrufen. Ich vermute, wir haben uns irgendwie in fremde Angelegenheiten gemischt, aber ..." Ihre Stimme brach ab.

„Formal gesehen habt ihr das", sagte er nach einer Pause.

Sie stellte die Teekanne ab und richtete sich auf, um ihn anzusehen. Ihre Nervosität war kühler Entschlossenheit gewichen. „Vielleicht, aber wir müssen es tun. Wir können zusammen suchen. Oder wir suchen getrennt, aber ich werde suchen." Sie hob ihr Kinn und begegnete seinem Blick, ohne mit der Wimper zu zucken. „Also, Chase, wie wollen wir es machen?"

9. KAPITEL

Sein Blick war neutral und so nichtssagend wie die weiße Wand hinter ihm. Sie hatte gehofft, in seinen Augen wenigstens einen Funken Freude darüber zu entdecken, dass er sie heute hier traf. Doch diese … Gleichgültigkeit hatte sie nicht erwartet. Also, so ist das mit uns, dachte sie. Was ist geschehen, seit wir uns das letzte Mal sahen? Was hat Evelyn dir erzählt? Das ist es doch, oder? Sie haben dich eingewickelt. Richards Familie. Deine Familie.

Er zuckte mit den Achseln. „Es ist vermutlich sinnvoll, zusammenzuarbeiten."

„Natürlich ist es das."

„Und du hast ja bereits damit begonnen."

Sie schenkte sich eine Tasse Tee ein und trug sie zum Bücherschrank hinüber. Dort setzte sie ihre bereits begonnene Arbeit ruhig fort, nahm Bücher aus dem Regal, blätterte durch die Seiten auf der Suche nach losen Zetteln. Sie fühlte, wie er sie beobachtete, und spürte, wie seine Blicke in ihrem Rücken prickelten. „Du kannst mit dem anderen Regal anfangen", sagte sie, ohne ihn dabei anzusehen.

„Was hast du bis jetzt gefunden? Ist darunter auch etwas Wichtiges aufgetaucht?"

„Nichts Entscheidendes." Sie griff nach einem weiteren Buch. „Es sei denn, du interessierst dich für Richards erstaunlich eigenwilligen Geschmack für Stoffe." Sie betrachtete einen Buchumschlag. *Physik der Ozeanwellen, Band II*. „Dieses zum Beispiel. Ich wusste gar nicht, dass er sich für Physik interessierte."

„Er interessierte sich nicht dafür. Wenn es um Naturwissenschaften ging, war er praktisch ein Analphabet."

Sie schlug das Buch auf. „Na ja, aber das ist *sein* Buch. Ich sehe, dass ihm jemand eine Widmung hineingeschrieben hat …"

Während sie den Titel so betrachtete, errötete sie plötzlich.

„Was ist?"

„Kennst du das alte Sprichwort?", murmelte Miranda. „Darüber, dass man Bücher nicht nach ihrem Cover beurteilen soll?"

Chase stellte sich hinter sie und las über ihre Schulter. „*Einhundertundeine Stellungen beim Sex*. Vollständig illustriert."

Miranda schlug eine Seite auf und errötete noch heftiger. „Die meinen, was sie gesagt haben, von wegen vollständig illustriert."

Er griff um sie herum nach dem Buch. Sein Atem streifte ihren Nacken und hinterließ ein Kribbeln auf ihrer Haut.

„Offensichtlich eine Tarnung“, sagte Chase. „Ich frage mich, wie viele dieser Bücher sich noch in diesem Regal befinden?“

„Das habe ich nicht überprüft“, gab Miranda zu. „Ich habe nach losen Zetteln gesucht und nicht auf die Titel selbst geachtet.“

Chase blätterte zur ersten Seite zurück und las die handgeschriebene Widmung laut vor. „Für meinen Liebling Richard. Können wir Nummer achtundvierzig noch einmal probieren? In Liebe M.“ Chase blickte auf Miranda.

„Ich habe ihm dieses Ding nicht geschenkt!“, protestierte sie heftig.

„Aber wer ist dann M.?“

„Jemand anderes. Ich nicht.“

Er starrte stirnrunzelnd auf die Widmung. „Was Nummer achtundvierzig wohl ist.“ Er schlug das Buch auf der entsprechenden Seite auf.

„Und?“

Chase warf einen diskreten Blick darauf. „Das willst du gar nicht wissen“, murmelte er und schlug das Buch schnell zu.

Da flog ein Zettel heraus und landete auf dem Boden. Beide starrten sie ihn verwundert an. Chase reagierte als Erster und hob ihn auf.

„Mein Liebling“, las er laut vor. „Jeden Tag, jede Stunde denke ich an dich. Ich habe es aufgegeben, mich um Eigentum, Ruf oder das Höllenfeuer zu sorgen. Es gibt nur dich und mich und die Zeit, die wir zusammen verbringen. Das, mein Liebling, ist meine neue Definition des Himmelreichs.“ Chase warf wieder einen Blick auf Miranda, eine Augenbraue zynisch nach oben gezogen.

Miranda sah ihm fest in die Augen. „Falls du dich fragen solltest“, sagte sie in ruhigem Ton, „nein, diese Nachricht habe ich auch nicht geschrieben.“ Irritiert griff sie nach einem Buch aus dem Schrank und türmte es dann auf den nächsten Stapel.

„Dann, vermute ich, werden wir es einfach unter ‚Kuriositäten‘ ablegen“, sagte Chase. „Und mit dem Rest der Bücher weitermachen.“

Miranda saß auf dem Teppich, und Chase nahm vor dem Bücherschrank Platz. Sie berührten sich nicht, und sie vermieden es auch, sich anzusehen. Es ist für uns beide sicherer so, dachte sie.

Eine halbe Stunde lang blätterten sie durch Bücher, schlugen sie auf und zu und entließen Staubwolken in die Luft. Miranda war diejenige, die das nächste Puzzlestückchen fand. Es war in einem Finanzordner abgeheftet, in einem Umschlag, der mit „Einbehaltene Ausgaben“ gekennzeichnet war.

„Eine Quittung“, sagte sie, während sie das Papier stirnrunzelnd studierte. „Vor einem Monat bezahlte Richard dieser Firma vierhundert Dollar.“

„Wofür?“, fragte Chase.

„Das steht hier nicht. Aber sie ist von der Alamo-Detektei in Bass Harbour ausgestellt.“

„Eine Detektei? Wem wollte Richard denn auf die Schliche kommen?“

„Chase.“ Sie gab ihm das Papier. „Schau mal auf den Namen des Empfängers.“

„William B. Rodell?“ Er sah sie fragend an.

Wenigstens siehst du mich wieder an, dachte sie. Wenigstens gibt es wieder eine Verbindung. „Erinnerst du dich nicht? An diese Notiz, die an Richards Unterlagen klemmte?“

Chase starrte auf die Quittung, als ihm plötzlich ein Licht aufging. „Natürlich“, sagte er leise. „William B. Rodell …“ W.B.R.

Es war leicht zu erkennen, wie die Alamo-Detektei zu ihrem Namen gekommen war. Willie Rodell war ein guter alter Junge, den man von San Antonio hierherverpflanzt hatte. Er teilte seine Zeit zwischen Maine und Florida. Den Sommer verbrachte er in Maine, wo er hinter seinem alten stählernen Schreibtisch saß und sich hinter Bücher- und Papierstapeln verschanzte wie hinter einer Festung. Das Büro der Detektei war ein Einmannbetrieb – ein Telefon, ein Schreibtisch, ein Mann. Doch was für einer. Willie Rodell hatte genug Fleisch auf den Rippen, um die Anzüge von zwei Zweimetermännern zu füllen. Ein typischer Texaner, dachte Miranda.

„Jo, könnte sein, dass ich hier und da ein paar Jobs für Mr Tremain erledigt habe“, sagte Rodell und lehnte sich in seinem übergroßen Sessel zurück.

„Heißt das jetzt, Sie haben oder Sie haben nicht?“, fragte Chase.

„Nun, Sie halten da eine meiner Quittungen in der Hand, also vermute ich, dass ich für ihn gearbeitet habe.“

„Was für eine Art von Arbeit war das?“

Willie zuckte mit den Achseln. „Routinesachen.“

„Was meinen Sie damit?“

„Meistens kümmere ich mich um häusliche Angelegenheiten, wenn Sie mir folgen können. Wer tut wem was, diese Art von Sachen.“ Sein Grinsen verwandelte die Falten in seinem Gesicht zu etwas vage Obszönem.

„Aber das war nicht die Art von Job, die Sie für Richard erledigt haben. Was war es?“

„Nee, obwohl ich hörte, dass es in diesem speziellen Fall noch mehr Dreck zum Wühlen gegeben hätte.“

Miranda starrte mit brennenden Wangen auf Willies Schreibtisch, ein Schlachtfeld aus zerbrochenen Bleistiften, verbogenen Büroklammern, die überall herumflogen, und einer bizarren Sammlung von Magazinen. *Heiße Ladies. Der Schlosser. Auto und Fahrer.*

Chase kam gleich zum Punkt. „Er hat Sie angeheuert, um Profile der Nachbarn zu erstellen, oder?"

Willie bedachte ihn mit einem verbindlichen Blick. „Profile?"

„Wir haben sie gesehen, Mr Rodell. Sie waren unter Richards Papieren. Detaillierte Berichte über fast jeden Anwohner der Zufahrtsstraße. Jeder Bericht enthielt heikle Informationen."

„Dreckspapiere."

„Das ist richtig."

Willie hob die Achseln. „Ich habe sie nicht geschrieben."

„Da gab es eine Notiz an einem dieser Berichte. Darauf stand: ‚Wollen Sie mehr? Dann lassen Sie es mich wissen.' Sie war unterschrieben mit den Initialen W.B.R." Chase beugte sich über den Schreibtisch und nahm eine von Willies Visitenkarten. „Die zufällig mit Ihren Initialen übereinstimmen."

„Ungeheuerlicher Zufall, was?"

„Er wollte die schmutzige Wäsche seiner Nachbarn waschen. Warum?"

„Weil er ein Schnüffler war?"

„Also bezahlte er Sie dafür, dass Sie ihm diese Berichte schrieben."

„Ich sagte Ihnen bereits, dass ich sie nicht geschrieben habe." Willie hob seine dicke Pranke in die Höhe. „Großes Indianerehrenwort."

„Aber wer hat es dann getan?"

„Keine Ahnung, aber ich bewundere seine Arbeit."

Miranda, die ruhig danebensaß, richtete ihre Augen auf die Magazine, die auf dem Schreibtisch lagen. *Der Schlosser*. „Sie haben sie gestohlen", sagte sie und sah in Willies Mondgesicht. „Dafür hatte Richard Sie angeheuert. Um jemandem diese Unterlagen zu stehlen."

Willie hob die Hand, um sich eine nicht vorhandene Haarsträhne aus dem Gesicht zu streichen.

„Sie wurden dafür bezahlt, irgendwo einzubrechen", behauptete Miranda. „Wofür bezahlte man Sie noch?"

„Hören Sie", antwortete Willie, während er seine beiden fetten Hände zu einer Geste spöttischer Kapitulation erhob. „Die Leute bezahlen mich, um an Informationen zu kommen, okay? Und das ist alles, was ich mache. Den Kunden ist es egal, wie ich sie bekomme, solange ich sie bekomme."

„Und wo haben Sie diese Blätter gefunden?", fragte Chase.

„Sie gehörten zu einem Haufen Papier, den ich, sagen wir, aufgelesen habe."

„Was haben Sie noch, sagen wir, aufgelesen?"

„Finanzberichte, Bankunterlagen. Hey, ich habe sie nicht *gestohlen*. Ich habe sie mir einfach, na ja, für ein paar Minuten ausgeliehen. Lang genug, um den alten Herrn Xerox damit zu füttern. Dann legte ich sie wieder dahin zurück, wo ich sie gefunden hatte."

„Das Büro von Stone Coast Trust", sagte Miranda.

Willie schenkte ihr ein breites Grinsen. „Sie sollten Detektivin werden, Ma'am."

„Also waren das Tony Graffams Unterlagen", stellte Chase fest. „Und nicht Richards."

„Mr T. wusste nicht einmal, dass sie existierten, bevor ich sie ihm aushändigte. Dachte, er will bestimmt noch mehr. Sie wissen doch, wie es ist. Wenn man mal auf den Geschmack gekommen ist, dann will man das ganze Menü. Na ja, diese Unterlagen waren nur die Vorspeise. Ich hätte noch mehr bekommen können."

„Warum haben Sie nicht?"

„Er hat mich gefeuert."

Sie betrachteten ihn stirnrunzelnd. „Was?", sagte Miranda ungläubig.

„Das ist richtig", meinte Willie. „Zwei Tage, nachdem ich ihm diese Unterlagen ausgehändigt habe, ruft er an und sagt, danke, er würde meine Dienste nicht mehr benötigen, wie viel er mir schulde. Das war es."

„Hat er gesagt, warum er Sie entlassen hat?"

„Nee. Sagte nur, ich soll es unter dem Teppich halten und dass ihn Stone Coast Trust nicht länger interessierte."

„Wann war das?"

„Oh, so ungefähr eine Woche, bevor er starb."

„Zur selben Zeit, als er Jill sagte, sie soll den Artikel nicht bringen", sagte Miranda. Sie schaute zu Chase hinüber. „Vielleicht hat er herausgefunden, was Tony Graffam über ihn wusste, und stellte deswegen die Nachforschungen ein."

„Aber ich habe mir die Unterlagen angesehen, bevor ich sie ihm übergab", erklärte Willie. „Ein Bericht über die Tremains war nicht dabei. Soweit ich das sagen kann, war nichts dabei, womit man ihn hätte erpressen können."

„Haben Sie Kopien davon?"

„Mr T. hat alles an sich genommen. Er wollte nicht, dass diese Papiere überall herumflogen." Willie verschränkte seine Arme im

Nacken und streckte sich. Unter seinen Achseln zeigten sich dunkle Schwitzflecken. „Nee, ich glaub nicht, dass es um die Unterlagen ging. Ich denke, jemand kam zu ihm und bot ihm eine kleine, Sie wissen schon, Vorauszahlung, um die ganze Sache zu vergessen. Und das tat er."

„Aber Richard brauchte das Geld nicht", sagte Miranda. „Sie konnten ihn nicht bestechen."

„Süße, man kann einfach jeden bestechen", sagte Willie, der offensichtlich eine Autorität auf diesem Gebiet war. „Alles, was man dazu benötigt, ist, den richtigen Preis zu nennen. Und selbst ein so reicher Kerl wie Tremain hatte seinen Preis."

„Die Faulpelz-Methode des Enthüllungsjournalismus", stellte Chase fest. „Einen Schläger anzuheuern, damit er die Beweise stiehlt."

„Ich hatte keine Ahnung, dass er so etwas tun würde", sagte Miranda, während sie ungläubig vor sich hin starrte. Es war gerade Nachmittag, eine Zeit, wo die Hauptstraße von Bass Harbour normalerweise vor Touristen wimmelte. Heute hatte jedoch der kühle Sommerregen den Eifer der eingefleischtesten Stadtbummler gebremst. Miranda und Chase gingen allein in ihre Jacken vergraben durch die Straße.

„Und ich dachte, es wäre einfach sein Talent", erklärte sie leise. „Die Art, wie er eine Geschichte zusammenfügen konnte. Mit einem Beweis aufzutauchen, der jeden in Erstaunen versetzte. Die ganze Zeit bezahlte er jemanden für die Drecksarbeit."

„Das war genau Richards Art", sagte Chase. „Das heißt, immer den leichtesten Weg zu wählen."

Sie sah ihn an. Seine vom Nebel feuchten Haare wirkten wie eine Kappe schwarzer, unregelmäßiger Wellen. Er starrte geradeaus nach vorne. Seine Miene verriet nichts. „War er als Junge auch schon so?", fragte sie.

„Er war gut darin, Abkürzungen zu finden. Für ein paar Dollar hätte er jemanden gefunden, der ihm ein Zeugnis schreibt. Oder jemanden, der ihm half, für Prüfungen zu büffeln. Er fand sogar einen Idioten, der ihm die Mathematikaufgaben erledigte." Chase grinste verlegen. „Mich."

„Er hat dich bestochen, damit du ihm seine Hausaufgaben machst?"

„Es war eher, na ja, Erpressung."

„Was hatte er gegen dich in der Hand?"

„Vieles. Zerbrochene Scheiben. Zertrampelte Blumenbeete. Ich war ein ganz schön schlimmes Kind."

„Aber offenbar gut in Mathematik."

Chase lachte. „Wenn jemand mit Petzen drohte, dann war ich in vielen Dingen gut."

„Und Richard hat Vorteile daraus gezogen."

„Er war älter. In vielerlei Hinsicht schlauer. Jeder mochte ihn und unterstellte ihm nur das Beste. Und mir das Schlechteste." Er schüttelte den Kopf. „Ich kann sehen, was jetzt mit seinen Kinder passiert. Phillip ist der Goldjunge, und Cassie wird ihr Leben lang versuchen, es mit ihm aufzunehmen."

„Wirst du *dein* ganzes Leben versuchen, es mit ihm aufzunehmen?"

Er sah sie an und wandte dann seinen Blick ab. „Nein, ich bin nicht besonders scharf darauf, dieselben Fehler zu machen wie Richard."

Er meint mich, dachte sie.

Der Tag schien plötzlich kälter und dunkler, und das lag nicht nur an ihrer gesunkenen Laune. Das Nieseln hatte sich in Regen verwandelt.

„Lass uns irgendwo einkehren und Mittag essen", schlug Chase vor. „Wir haben noch anderthalb Stunden, bis die Fähre geht."

Sie fanden ein Bistro, das sich in einer Seitenstraße der Hauptstraße versteckte. Von außen wirkte es wie ein bescheidener Ort, der zu seinem Namen passte: Mary Jane's. Der Geruch nach frischem Kaffee und gegrilltem Fleisch zog sie schließlich hinein. Die Karte bot nichts Besonders, sondern gute, einfache Hausmannkost. Gerichte wie gebratenes Huhn und rote Kartoffeln zu knackigen, grünen Bohnen, die von einem frisch aufgebrühten Kaffee begleitet wurden. Mirandas Laune mochte vielleicht gesunken sein, aber ihrem Appetit konnte das nichts anhaben. Sie bestellte noch ein Stück Pfirsichkuchen und eine dritte Runde Kaffee. Es war nur gut, dass sie auf Stress normalerweise nicht mit Essen reagierte. Sonst hätte sie inzwischen zwanzig Kilo Übergewicht.

„Ich bin eigentlich ganz erleichtert darüber, die Wahrheit über diese Unterlagen erfahren zu haben."

„Erleichtert zu erfahren, dass Richard einen Dieb bezahlt hat?"

„Wenigstens war nicht er derjenige, der seine Nachbarn ausspioniert hat. Oder derjenige, der eine Erpressung eiskalt plante."

Sie ließ ihre Gabel sinken. „Ja, ich vermute, du kannst dich sogar dazu bringen, es so zu betrachten, dass der Einbruch bei Stone Coast Trust auf irgendeine Weise, nun, moralisch gerechtfertigt war."

„Das behaupte ich nicht. Aber ich kann mir vorstellen, wie Richard es rechtfertigen würde. Er sah voraus, dass die Küste von dem Bauunternehmen zerstört würde. Ausgerechnet in der Nähe seines Zuhauses, und er beschloss, mit unsauberen Mitteln zu kämpfen.

Wollte über den Bauunternehmer herausfinden, was möglich war. Ein paar Unterlagen stehlen, Finanzberichte. Um es ihm um die Ohren zu hauen."

„Aber er hat es nicht getan. Und das ist das Merkwürdige daran. Er bezahlt Rodell, damit er diese Unterlagen stiehlt und dann, nachdem er sie in den Händen hält, beendet er seinen Kreuzzug. Nimmt den Artikel zurück, feuert Rodell." Sie machte eine Pause, bevor sie ergänzte: „Und ändert sein Testament."

Chase runzelte mit den Brauen. „Ich sehe den Zusammenhang nicht."

„Es passt zeitlich zusammen. Vielleicht fand er irgendetwas in diesen Unterlagen, das ihn wütend auf Evelyn machte. Das ihn entscheiden ließ, Rose Hill nicht ihr zu hinterlassen."

„Du glaubst, es gab etwas über Evelyn? Wir haben keinen Bericht gefunden."

„Er könnte ihn vernichtet haben. Oder er könnte vom Cottage entwendet worden sein. Nach seinem Tod."

Auf diese Vermutung folgte ein betroffenes Schweigen. Wer, außer Evelyn, hätte sich die Mühe gemacht, diese Unterlagen zu entwenden?

„Das ist verrückt", sagte Chase. „Warum sollte Evelyn sie stehlen? Es war ihr verdammtes Cottage. Sie hätte ein- und ausgehen können, ohne dass jemand auch nur mit der Wimper gezuckt hätte." Er griff nach seiner Kaffeetasse und nahm einen großen Schluck. „Ich kann mir nicht vorstellen, dass sie einbricht und alles verwüstet."

Du kannst dir auch nicht vorstellen, dass sie jemanden tötet, dachte sie. Sie geriet über Chase und dessen Schwägerin ins Grübeln. War ihr Verhältnis nur herzlich? Oder war da mehr? Er weigerte sich hartnäckig, die Möglichkeit in Betracht zu ziehen, dass Evelyn schuldig sein oder irgendetwas falsch machen könnte, egal ob Diebstahl oder Mord. Miranda konnte verstehen, warum. Evelyn war eine wunderschöne Frau.

Und nun war sie zudem frei.

Letztendlich hätten Chase und Evelyn in ihrer wunderbaren Makellosigkeit ein passendes Paar abgegeben. Das Geld wäre in der Familie geblieben genau wie der Nachname auf dem Scheckbuch. Alle würden mit einem Minimum an Aufwand in ihre neuen Rollen schlüpfen. Chase hatte seine Kindheit damit verbracht, in Richards Fußstapfen zu treten. Jetzt könnte er gleich Richards Stelle übernehmen. Sosehr Miranda den Gedanken auch hasste, sie musste zugeben, dass diese Verbindung gesellschaftlich einwandfrei gewesen wäre.

Etwas, das ich ihm niemals bieten könnte.

Die Kellnerin kam und brachte die Rechnung. Miranda griff danach, doch Chase war schneller. „Ich kümmere mich darum“, sagte er.

Miranda nahm ein paar Scheine aus ihrer Tasche und legte sie auf den Tisch.

„Was soll das?“, fragte Chase.

„Nenn es Stolz“, sagte sie und erhob sich. „Aber ich bezahle immer auf meine Art.“

„Bei mir brauchst du das nicht.“

„Doch“, sagte sie glatt heraus. „Gerade bei dir.“ Sie griff nach ihrer Jacke und ging zur Tür hinaus.

Draußen holte er sie ein. Der Regen hatte zwar aufgehört, aber die Sonne war noch nicht wieder durchgebrochen, und der Himmel bestand nur aus einem kalten monotonen Grau. Sie gingen eine Weile nebeneinander her, nicht Freund, nicht Feind.

„Ich will ehrlich sein“, sagte er. „Ich hatte nicht vor, dich heute wiederzusehen, oder überhaupt noch einmal.“

„Wir leben in einer kleinen Stadt, Chase. Es ist schwierig, hier jemanden zu meiden.“

„Ich wollte morgen nach Greenwich zurückfahren.“

„Oh.“ Sie schlug die Augen nieder und zwang sich, nicht enttäuscht zu sein. Oder verletzt. Gefühle, die sie sich geschworen hatte, nie mehr für einen Tremain zu empfinden. Gefühle, die sie jetzt aufwühlten.

„Aber ich habe nachgedacht“, sagte er.

Diese Worte ließen sie aufhorchen. Sie blieb stehen und blickte zu ihm auf. *Er beobachtet mich, wartet darauf, dass ich mich verrate, dass ich mich als dumm und naiv oute.*

Was ich verdammt noch einmal auch bin.

„Ich habe gedacht“, sagte er, „dass ich noch ein paar Tage länger bleiben werde. Nur, um die Fragen um Richard aufzuklären.“

Sie schwieg.

„Das ist der Grund, weshalb ich in der Stadt bleibe. Der einzige Grund.“

Sie reckte ihr Kinn. „Habe ich etwas anderes behauptet?“

„Nein.“ Er stieß geräuschvoll Luft aus. „Nein. Das hast du nicht.“

Schweigend setzten sie ihren Weg fort.

„Du wirst nach denselben Antworten suchen, hoffe ich“, meinte er.

„Mir bleibt kaum eine andere Wahl, oder? Es geht um meine Zukunft. Und meine Freiheit.“

„Hör mal, ich weiß, dass es sinnvoll wäre, wenn du und ich zusammenarbeiten würden, aber es ist nicht gerade …“

„Schicklich“, beendete sie seinen Satz für ihn. „Das meinst du doch, oder? Dass es peinlich für dich ist, mit einer Frau wie mir zu verkehren.“

„Das habe ich nicht gesagt.“

„Schon gut, Chase.“ Irritiert wandte sie sich von ihm ab und ging weiter. „Du hast natürlich recht. Wir können nicht zusammenarbeiten, weil wir uns nicht richtig vertrauen. Nicht wahr?“

Er antwortete nicht, sondern ging, seine Hände in den Taschen vergraben, neben ihr her. Und das verletzte sie mehr als alles, was er hätte sagen können.

Mochten sie sich auch nicht vertraut haben. Mochten sie auch nichts mehr miteinander zu tun haben wollen. Tatsache war, dass sie, falls sie Antworten haben wollten, beide im Cottage danach suchen mussten. Deshalb wunderte sich Miranda nicht darüber, Chases geparkten Wagen zu entdecken, als sie am nächsten Morgen auf den Kiesweg von Rose Hill einbog. Ozzie lag ausgestreckt auf der Veranda und sah niedergeschlagen aus. Er brachte es zu einem halbherzigen Schwanzwedeln, als sie die Treppen hinaufkam. Doch als er bemerkte, dass sie ihn nicht dazu einladen würde, ihr ins Haus zu folgen, verwandelte er sich wieder in die winselnde Imitation eines Teppichs.

Miss St. John und Chase hatten bereits den zweiten Bücherschrank durchsucht. Dieser Ort glich mehr und mehr einem Katastrophengebiet mit den Kisten, aus denen Papier quoll, den Bücherstapeln, leeren Kaffeetassen und schmutzigen Löffeln, die am Ende des Tisches herumlagen.

„Ich sehe, ihr habt schon ohne mich angefangen“, sagte Miranda, wobei sie es vorsichtig vermied, Chase anzusehen. Er versuchte genauso vorsichtig, ihrem Blick auszuweichen. „Was habt ihr gefunden?“

„Kleinkram“, sagte Miss St. John, die beide nachdenklich betrachtete. „Einkaufszettel, Quittungen, noch eine Liebesbotschaft von M. und ein paar ziemlich gebildete Thesenpapiere für das College.“

„Phillips?“

„Cassandras. Sie muss hier draußen geschrieben haben. Ein paar der Bücher gehören ihr ebenfalls.“

Miranda nahm einen Papierstapel in die Hand und überflog die Titel. „Eine politische Analyse des DeBoer-Konflikts“, „Vorhersehbares Verhängnis: die französischen Besatzer in Vietnam“, „Die Medien und die Politik des Präsidenten“. Die Autorin all dieser Werke hieß Cassandra Tremain.

„Ein schlaues Köpfchen“, sagte Miss St. John. „Schade, dass ihr Bruder sie immer in den Schatten stellt.“

Miranda grub tiefer in der Kiste und holte die neueste Notiz von M. ans Licht. Sie war mit der Maschine geschrieben.

„Ich habe bis Mitternacht gewartet – du bist nicht gekommen. Hast du es vergessen? Ich wollte dich anrufen, aber ich habe immer Angst, dass sie ans Telefon geht. Sie hat dich jedes Wochenende, jede Nacht, jeden Urlaub. Und ich bekomme den Bodensatz.

Wie kannst du behaupten, du liebst mich, wenn du mich hier auf dich warten lässt? Ich bin mehr wert als das. Das bin ich wirklich."

Miranda legte diese Notiz ruhig in die Kiste zurück. Dann ging sie zum Fenster und starrte aufs Meer hinaus. Sie empfand Mitleid für die Frau, die diese Sätze geschrieben hatte wegen des Schmerzes, den sie erlitten hatte. *Das ist der Preis, den wir beide bezahlten, weil wir den falschen Mann geliebt haben.*

„Miranda?", fragte Chase, „Ist irgendetwas?"

„Nein." Sie räusperte sich und wandte sich dann nach ihm um. „Es geht mir gut. Also … wo soll ich mit der Suche beginnen?"

„Du könntest mir helfen, dieses Regal auszuräumen. Ich finde überall haufenweise Zettel, und es dauert länger, als ich erwartet hatte."

„Ja, natürlich." Sie ging zum Regal hinüber, nahm ein Buch heraus und setzte sich auf den Boden neben ihn. Nicht zu nah und nicht zu weit entfernt. Nicht Freund, nicht Feind, dachte sie. Nur zwei Menschen, die sich denselben Teppich teilen, denselben Zweck. *Dafür müssen wir uns nicht einmal mögen.*

Eine Stunde lang durchblätterten sie die Seiten der Bücher und wischten den Staub von ihnen ab. Wie es schien, waren die meisten der Bücher seit Jahren nicht mehr in die Hand genommen worden. Es gab Postkarten von vor zwanzig Jahren, die an Chases Mutter adressiert waren. Und es gab eine handgeschriebene Liste über Vogelarten, die in Rose Hill gesichtet worden waren, und eine zwölf Jahre alte Mahnung der Bücherei, die immer noch in dem zur Abgabe fälligen Buch steckte. Über die Jahre waren so viele kleine Dinge der Familien Tremain und Pruitt in diesen Regalen gelandet. Es brauchte Zeit, die wichtigen von den unwichtigen Dingen zu trennen.

Ein übergroßer Atlas des Bundesstaates Maine enthielt die nächste Spur. Chase nahm ihn aus dem Regal und betrachtete das Cover. Dann wandte er sich um. „Miss St. John? Haben Sie je von einem Ort namens Tannenhöhe gehört?"

„Nein, warum?"

„Hier ist eine Karte davon daran befestigt." Chase zog das Dokument aus dem Atlas und breitete es auf dem Teppich aus. Es war eine Sammlung von sechs fotokopierten Seiten, die zusammengeklebt eine Straßenkarte ergaben. Die Seiten sahen ziemlich neu aus. Die Eigentumsgrenzen waren eingezeichnet und die Parzellen nummeriert worden. Oben am Kopf der Karte war der Name des Bauprojektes vermerkt: Tannenhöhe. „Ich frage mich, ob Richard daran dachte, in Immobilien zu investieren."

Miss St. John ging in die Hocke, um einen genaueren Blick darauf zu werfen. „Warten Sie. Das kommt mir bekannt vor. Ist das nicht unsere Zufahrtsstraße? Und diese Parzelle am Ende, Nummer eins. Das ist Rose Hill. Ich erkenne die kleine Spitze oben auf dem Berg."

Chase nickte. „Sie haben recht. So ist es. Da ist St. John's Wood und die Steinmauer."

„Das ist die Karte von Stone Coast Trust", sagte Miranda. „Seht ihr? Die meisten der Parzellen sind als verkauft markiert."

„Gütiger Himmel", stöhnte Miss St. John. „Ich hatte keine Ahnung, dass so viele dieser Grundstücke den Besitzer gewechselt haben. Es sind nur vier von uns, die nicht an Tony Graffam verkauft haben."

„Was hat er für St. John's Wood angeboten?", fragte Miranda.

„Es war derzeit ein guter Preis. Als ich ablehnte zu verkaufen, ging er sogar noch höher. Das war vor einem Jahr. Ich konnte nicht verstehen, weshalb das Angebot so generös ausfiel. Seht ihr, hier war alles Naturschutzgebiet. Diese alten Häuser stehen schon seit Großvaters Zeiten. Sie waren noch vor den Tagen der Landkommissionen gebaut worden. Die Cottages durften stehen bleiben, aber es war nicht erlaubt, sie auszubauen. Vom kaufmännischen Standpunkt aus war dieses Land wertlos. Und dann wurden die Nutzungspläne plötzlich verändert und zu Baugelände umdefiniert. Nun sitze ich auf einer Goldmine." Sie betrachtete die anderen unverkauften Parzellen auf der Karte. „Und so geht es auch dem alten Sulaway und den Hippies im Frenchman's Cottage."

„Und Tony Graffam", sagte Miranda.

„Aber was, wenn die Parzellierungen nur ein Bluff sind?", fragte Chase. „Was, wenn es Bestechungen gab? Falls das an die Öffentlichkeit gedrungen wäre …"

„Ich vermute, dass es dann einen Riesenprotest gegeben hätte und dass die Nutzungsumwandlungspläne rückgängig gemacht worden wären", sagte Miss St. John. „Und Mr Graffam wäre der stolze Besitzer einer Menge wertloser Grundstücke."

„Aber sie sind momentan wertlos für ihn, Miss St. John“, gab Miranda, die die Karte ausgiebig studierte, zu bedenken. „Graffam braucht die Zufahrtsstraße, um zu den Parzellen zu gelangen. Und Sie sagten, die Straße gehört – gehört Richard?“

„Ja, wir kommen immer wieder darauf zurück, oder?“, sagte Chase sanft. „Auf die Verbindung zwischen Richard und Stone Coast Trust. Diese Verbindung, die immer wieder auftaucht ...“ Er erhob sich und schlug sich den Staub von der Hose. „Vielleicht wird es Zeit, den Nachbarn einen Besuch abzustatten.“

„Welchen?“, fragte Miranda.

„Sulaway und den Hippies. Die anderen beiden an der Straße, die nicht verkauft haben. Lasst uns herausfinden, ob Graffam sie mit ein oder zwei Erpressungsversuchen unter Druck gesetzt hat.“

„Er hat nicht versucht, Miss St. John zu erpressen“, wies Miranda ihn hin. „Und sie hat nicht verkauft.“

„Ach, aber mein Grundstück ist kaum der Mühe wert“, sagte Miss St. John. „Es ist nur ein kleines Stück an der Seite. Und was den Versuch, mich zu erpressen, anbelangt, haben Sie selbst gesehen, dass er nichts in der Hand hat, dass es wert wäre, erwähnt zu werden. Nicht, dass es mir nichts ausmachen würde, in meinem Alter den Hauch eines Skandals zu verursachen.“

„Die anderen könnten verletzlicher sein“, meinte Chase. „Der alte Sulaway, zum Beispiel. Wir sollten wenigstens mit ihm reden.“

„Gute Idee“, sagte Miss St. John. „Und weil Sie, Chase, daran gedacht haben, sprechen *Sie* mit ihm.“

Chase lachte. „Sie sind ein Feigling, Miss St. John.“

„Nein, ich bin einfach nur zu alt für Ärger.“

Chase nahm ohne Vorwarnung Mirandas Hand und zog sie mit einer sanften halben Drehung hoch, sodass sie fast in seinen Armen landete. Halt suchend, streckte sie ihre Hände aus und legte sie ihm instinktiv auf die Brust. Sofort trat sie einen Schritt zurück.

„War das vielleicht eine Bitte an mich, dich zu begleiten?“, fragte sie.

„Es ist mehr ein Appell, mir dabei zu helfen, den alten Sulaway ein wenig aufzulockern.“

„Muss er denn aufgelockert werden?“

„Lass es uns einfach so sagen, er ist mir nicht besonders wohlgesinnt, seit ich ihm einen Baseball durch sein Fenster geschmettert habe. Das ist fünfundzwanzig Jahre her.“

Miranda lachte ungläubig. „Du hörst dich an, als hättest du Angst vor ihm. Beide klingt ihr so.“

„Offensichtlich ist sie dem alten Sulaway noch nie begegnet“, sagte Miss St. John.

„Gibt es etwas, das ich über ihn wissen sollte?“

Chase und Miss St. John schauten sich an.

„Seien Sie einfach vorsichtig, wenn Sie seinen Vorgarten betreten“, mahnte Miss St. John. „Warnen Sie ihn vor und seien Sie bereit, schnell wieder wegzukommen.“

„Warum? Hat er einen Hund oder so etwas?“

„Nein, aber er besitzt ein Gewehr.“

10. KAPITEL

Du bist doch der Junge, der meine Scheibe eingeschmissen hat!", brüllte Homer Sulaway. „Ja, ich erkenne dich." Er stand auf der vorderen Veranda, seine dünnen Arme um ein Gewehr geschlungen, die Ärmel seines Fischerhemds hochgekrempelt. Chase hatte Miranda erzählt, dass der Mann fünfundachtzig Jahre alt war. Die zahnlose, pflaumengesichtige Erscheinung auf der Veranda hingegen sah gut und gern ein Jahrhundert älter aus. „Ihr zwei haut ab jetzt! Lasst mich alleine. Ich kann es mir nicht leisten, noch mehr Fenster austauschen zu müssen."

„Ich habe damals die Reparatur bezahlt, wenn Sie sich erinnern", entgegnete Chase. „Ich musste sechs Monate lang die Raten abzahlen, aber ich habe gezahlt."

„Das ist verdammt richtig", sagte Sully. „Andernfalls hätte ich es deinem alten Herrn aus den Rippen geleiert."

„Können wir mit Ihnen sprechen, Mr Sulaway?"

„Worüber?"

„Stone Coast Trust. Ich wollte wissen, ob …"

„Interessiert mich nicht." Sully wandte sich ab und schlurfte über die Veranda zurück.

„Mr Sulaway, ich bin mit einer jungen Dame hier, die fragen wollte …"

„Ich habe keine Verwendung für junge Damen. Und für alte auch nicht." Die Tür flog hinter ihm ins Schloss.

Betreten schweigend blieben die beiden draußen stehen. „Tja", murmelte Chase. „Der alte Kerl ist definitiv heiter gestimmt."

„Ich glaube, er fürchtet sich", sagte Miranda. „Deshalb spricht er nicht mit uns."

„Fürchten, wovor?"

„Lass es uns herausfinden." Sie ging ein paar Schritte auf das Cottage zu. „Mr Sulaway? Wir wollen nur wissen, ob man Sie zu erpressen versucht? Setzt Stone Coast Trust Sie irgendwie unter Druck?"

„Das sind Lügen, die Sie verbreiten!", brüllte Sulaway durch die Tür. „Gemeine Lügen! Nichts davon ist wahr!"

„Tony Graffam behauptet aber etwas anderes."

Da flog die Tür auf, und Sully stürmte auf die Veranda. „Was hat Graffam über mich zu sagen? Was erzählt er den Leuten jetzt?"

„Wir können hier stehen bleiben und uns anbrüllen, oder wir könnten unter vier Augen weitersprechen. Was ist Ihnen lieber?"

Sulaway blickte sich um, als ob er den Wald nach Beobachtern absuchte. Dann keifte er: „Na, und? Braucht Ihr beiden eine Extraeinladung, oder was?“

Sie folgten ihm nach drinnen. Sullys Küche war klein und dunkel, die Sicht nach draußen von großen Bäumen versperrt, und jedes Regal, jede Ablagefläche war mit Müll und Firlefanz vollgestellt. Zeitungen türmten sich in Stapeln auf dem Boden. Eine einzige freie Fläche bot sich auf dem Küchentisch. Das ungleiche Trio nahm auf alten schwarzen Stühlen, die aussahen, als würden sie jeden Moment zusammenbrechen, rund um den Tisch Platz.

„Ihr Bruder war der Einzige, den sie wirklich unter Druck setzten“, erzählte Sully Chase. „Aber Richard dachte nicht daran, nachzugeben, nein, Sir. Er sagte uns, wir müssen zusammenhalten. Sagte, wir können nicht verkaufen, egal, wie viele Briefe sie uns schicken oder wie viele Lügen sie über uns verbreiten.“ Sully schüttelte den Kopf. „Hat nicht viel genützt. Fast jeder an der Straße ging und unterschrieb auf dem Papier von Graffam, einfach so. Und Richard ahnte, was passieren und was das bedeuten würde. Habe gehört, er wurde mit einem Messer gepikt.“

Miranda bemerkte, dass Chase sie ansah. Der alte Sully war so mit sich beschäftigt, dass er nicht erkannte, dass er mit genau der Frau zusammensaß, die beschuldigt wurde, dieses Messer in Richard Tremain gestoßen zu haben.

„Sie erwähnten einen Brief“, sagte Chase, „in dem Sie aufgefordert wurden zu verkaufen. Hat Graffam ihn geschickt?“

„War nicht unterschrieben. Ich habe gehört, keiner der Briefe war es.“

„Also, hat Richard auch so einen Brief bekommen?“

„Glaub schon. So wie die Barretts die Straße runter. Vielleicht hat jeder einen bekommen. Die Leute hier reden nicht darüber.“

„Was stand in diesem Brief? In dem, den Sie bekommen haben?“

„Lügen. Bösartige, gemeine Lügen …“

„Und in dem, den sie Richard schickten?“

Sully zuckte mit den Achseln. „Da bin ich nicht eingeweiht.“

Miranda sah sich in der Küche mit den überquellenden Regalen um. Dieser Mr Sulaway war ein echter Messie. Er schien alles aufzuheben, Müll, Werbung, alte Verpackungen, einfach alles. „Haben Sie diesen Brief noch?“, fragte sie.

Sully machte einen Buckel wie ein Einsiedlerkrebs, der drauf und dran war, sich in einer Muschel zu verkriechen. Er grunzte. „Vielleicht.“

„Können wir ihn sehen?"

„Weiß nicht." Er seufzte und rieb sich über das Gesicht. „Weiß nicht."

„Wir wissen, dass es Lügen sind, Mr Sulaway. Wir wollen nur sehen, nach welcher Taktik sie vorgehen. Wir müssen Graffam stoppen, bevor er noch mehr Unheil anrichtet."

Einen Moment lang saß Sully buckelig und still auf seinem Stuhl. Miranda fragte sich, ob er sie vielleicht nicht richtig verstanden hatte. Aber da erhob er sich und schlurfte zum Küchentresen hinüber. Er entnahm dem Mehlbehälter ein zusammengefaltetes Blatt Papier und gab es Miranda.

Sie breitete es auf dem Tisch aus.

„Was geschah wirklich mit Stanley? Die *Lula M.* weiß es. Und wir wissen es auch."

Unter diese kryptischen Worte hatte jemand eine Notiz gekritzelt. „Verkauf, Sully."

„Wer ist Stanley?", wollte Miranda wissen.

Sully war auf seinem Stuhl zusammengesunken und starrte auf seine ledrigen Hände hinunter.

„Mr Sulaway?"

Die Antwort war nur ein Flüstern. „Mein Bruder."

„Worauf bezieht sich die Notiz?"

„Es ist schon lange her …" Sully fuhr sich über die Augen, als wollte er etwas wegwischen, das seine Sicht trübte. „Ein Unfall", murmelte er. „Das passiert die ganze Zeit da draußen. Die See. Man kann ihr nicht trauen. Darfst ihr nie den Rücken zukehren …"

„Was passierte mit Stanley?", fragte Miranda freundlich.

„Bekam … bekam seinen Stiefel in die Leine der Netzwurfmaschine. Hat ihn sauber über die Seite gezogen. Das Wasser ist kalt im Dezember. Es bringt dein Blut zum Gefrieren. Ich war an Bord der *Sally M.*, habe es aber nicht gesehen." Er drehte sich um und starrte zum Fenster. Die Bäume draußen schienen das Haus einzuschließen und es von jeglichem Licht und aller Wärme abzuschneiden.

Sie warteten.

Dann sagte er leise: „Ich war derjenige, der ihn fand. Die *Lula* schleppte ihn in der Hecksee mit. Ich schnitt ihn frei … hievte ihn an Bord … brachte ihn in den Hafen." Er schauderte. „Das war's. Lange Zeit her, fünfzig Jahre. Vielleicht mehr …"

„Und diese Notiz?"

„Das ist eine Lüge, die später verbreitet wurde …"

„Wann später?"

„Als ich Jessie geheiratet habe." Er machte eine Pause. „Stanleys Frau."

Da haben wir es, dachte Miranda. Das Geheimnis. Die Schande.

„Mr Sulaway?", sagte Chase vorsichtig. „Was wussten die über Richard?"

Sully schüttelte den Kopf. „Haben sie mir nicht gesagt."

„Aber sie hatten etwas?"

„Was auch immer es war, es brachte ihn nicht dazu zu verkaufen. Hatte einen dicken Schädel, Ihr Bruder. Und das hat ihn am Ende das Leben gekostet."

„Warum verkaufen Sie nicht, Mr Sulaway?", wollte Miranda wissen.

Der alte Mann fuhr herum. „Weil ich nicht verkaufen will", sagte er. In seinen Augen erkannte sie den Blick eines Mannes, dessen Lebensfunke schon beinahe erloschen war. „Es gibt keinen Weg, wie sie mich einschüchtern können. Jetzt nicht mehr."

„Können sie nicht?"

Er schüttelte den Kopf. „Ich habe Krebs."

„Glaubst du, er hat seinen Bruder umgebracht?", fragte Miranda.

Sie spazierten an der Straße unter den gesprenkelten Schatten der Pinien und Birken entlang. Chase hatte seine Hände in den Taschen vergraben. „Was spielt es jetzt für eine Rolle, ob er es tat oder nicht?"

Ja, was spielte es für eine Rolle? fragte sie sich. Der alte Mann war dabei, dem jüngsten Gericht gegenüberzutreten. Unschuldig oder schuldig, er hatte bereits fünfzig Jahre mit den Konsequenzen gelebt.

„Es ist schwer zu glauben, dass Graffam in der Lage war, diese alte Geschichte auszugraben", sagte Miranda. „Er ist neu auf der Insel. Was er gegen Sully in der Hand hatte, liegt über fünfzig Jahre zurück. Wie hatte er das über ihn herausgefunden?"

„Er heuerte einen Detektiv an?"

„Und der benutzte den Namen ‚Sully'? Nur ein Einheimischer kennt diesen Spitznamen."

„Dann hatte er einen einheimischen Informanten. Jemanden, der sich auskennt."

„Oder jemanden, dessen Geschäft es ist herauszufinden, was auf der Insel vor sich geht, und den hiesigen Leuten nachspioniert", fügte sie hinzu und dachte an Willie B. Rodell und die Alamo-Detektei.

Sie kamen an ein Schild mit der Aufschrift *Harmony House*.

„Es wurde Frenchman's Cottage genannt", sagte Chase. „Bis die Hippies es gekauft haben." Sie bogen in einen Schotterweg ein und hörten das Klingeln der Windspiele, lange bevor sie das Cottage erreichten.

„Ist jemand zu Hause?“, rief Chase, als sie vor der Veranda standen.

Zuerst antworteten nur die Windspiele. Dann hörten sie Gelächter und Stimmen, die sich näherten. Zwischen den Bäumen sahen sie zwei Männer und eine Frau auf sie zu kommen.

Keiner von ihnen trug auch nur einen Faden Stoff auf dem Leib.

Dennoch wirkte das Trio nicht im Geringsten beunruhigt, als es die unerwarteten Besucher entdeckte. Die Frau hatte eine wilde Mähne, die großzügig von grauen Strähnen durchzogen war. Auf ihrem Gesicht lag ein Ausdruck friedlicher Gelassenheit. Die beiden Männer an ihrer Seite waren genauso zottelig und gelassen. Der wettergegerbte Mann mit den silbergrauen Haaren schien der offizielle Sprecher zu sein. Als seine beiden Kumpane ins Cottage gingen, kam er auf Miranda und Chase zu und streckte seine Hand zur Begrüßung aus.

„Sie haben Harmony House gefunden“, sagte er. „War das Absicht oder Zufall?“

„Absicht“, erwiderte Chase, während er die Hand des Mannes schüttelte. „Ich bin Chase Tremain, Richards Bruder. Ihm gehörte das Rose Hill Cottage, oben an der Straße.“

„Ach ja, der Ort mit der unguten Aura.“

„Ungut?“

„Vanna spürt sie, wann immer sie sich dem Haus nähert. Disharmonische Schwingungen.“

„Das muss mir bislang entgangen sein.“

„Fleischessern entgeht so etwas für gewöhnlich.“ Der Mann schaute Miranda aus seinen blassblauen Augen offensiv an, zu offensiv für ihren Geschmack. „Haben Sie etwas gegen mein Auftreten?“

„Nein“, sagte sie. „Es ist nur, dass ich es nicht gewohnt bin …“ Ihr Blick wanderte nach unten und dann zurück in sein Gesicht.

Der Mann sah sie an, als sei sie eine bemitleidenswerte Kreatur. „Wie weit haben wir uns nur von unseren natürlichen Ursprüngen entfernt“, seufzte er. Er ging zur Brüstung der Veranda und griff nach einem Sarong, der dort zum Trocknen aufgehängt worden war. „Aber das erste Gebot der Gastfreundschaft lautet“, sagte er, während er das Tuch um seine Hüften schlang, „dass die Gäste sich wohlfühlen sollen. Also bedecken wir einfach die Familienjuwelen.“ Dann führte er sie ins Cottage hinein.

Drinnen saß die Frau, Vanna, inzwischen ebenfalls in einen Sarong gehüllt, im Schneidersitz unter einem fleckigen Fenster. Ihre Augen waren geschlossen, und ihre Hände ruhten mit den Handflächen nach außen auf ihren Knien. Der andere Mann kniete an einem niedrigen Tisch und rollte etwas, dass sich als braune Matte zum Sushirollen entpuppte. Überall standen Topfpflanzen herum, die sich wie Unkraut ausbreiteten. Sie passten gut zu den indonesischen Wandteppichen, den Kristallen, die von der Decke baumelten, und dem Geruch von Räucherstäbchen. Dieser Gesamteindruck wurde nur durch ein Faxgerät in der Ecke gestört.

Ihr Gastgeber, der auf den überraschend weltlichen Namen Fred hörte, schenkte ihnen einen Hagebuttentee ein und bot ihnen Johannisbrotkekse an. Sie kämen jeden Sommer nach Maine, um sich mit der Erde zu verbinden, wie er sagte. New York sei das Fegefeuer, ein Ort, so schlecht wie die Hölle selbst. Falsche Menschen, falsche Werte. Sie arbeiteten nur deshalb dort, um mit dem gewöhnlichen Volk in Verbindung zu bleiben. Außerdem brauchten sie das Einkommen. In der meisten Zeit des Jahres tolerierten sie das kranke Stadtleben, atmeten schädliche Luft und vergifteten ihre Körper mit raffiniertem Zucker. Die Sommer dienten der Säuberung. Und deshalb kamen sie her, deshalb verließen sie ihre Schreibtische für zwei Monate im Jahr.

„Was *arbeiten* Sie?“, fragte Miranda.

„Uns gehört das Finanzunternehmen Nickels, Fay und Bledsoe. Ich bin Nickels.“

„Ich bin Fay“, sagte der Mann, der die Sushirollen vorbereitete.

Die Frau, ohne Zweifel Bledsoe, fuhr in Ruhe mit der Meditation fort.

„Wie Sie sehen“, sagte Fred Nickels, „gibt es keine Möglichkeit, uns zum Verkauf zu überreden. Dieses Land ist die Verbindung zu unserer Mutter.“

„Gehörte es ihr?“, fragte Chase.

„Mutter Erde gehört alles.“

Chase räusperte sich. „Oh.“

„Wir lehnen es ab zu verkaufen. Egal, wie viele dieser lächerlichen Briefe sie uns noch schicken.“

Miranda und Chase richteten sich auf. „Briefe?“, fragte sie beide gleichzeitig.

„Wir drei leben schon seit fünfzehn Jahren in perfekter sexueller Harmonie zusammen. Ohne Eifersucht und Reibung. Unsere Freunde wissen das alle. Also störte es uns kaum, wenn man unser Arrangement in die Welt hinausposaunen würde.“

„Das wird in den Briefen angedroht?“, fragte Miranda.

„Ja. Man würde sich vorbehalten, ‚unseren abnormen Lebensstil zu offenbaren‘, hieß es, glaube ich.“

„Sie sind nicht die Einzigen, die Briefe bekommen", erklärte Chase. „Mein Gefühl sagt mir, dass jeder in dieser Straße – jeder, der nicht verkaufen will – so etwas in der Post hatte."

„Tja, die bedrohen hier nur die falschen Leute. Abnorme Lebensarten sind genau das, was wir zu fördern wünschen. Da liege ich doch richtig, Freunde?"

Der Mann mit dem Sushi schaute kurz auf. „Jo."

„Er stimmt mir zu", erklärte Fred.

„War der Brief unterschrieben?", wollte Miranda wissen.

„Nein. Er trug einen Stempel von Bass Harbour und wurde uns nach New York geschickt."

„Wann?"

„Vor drei oder vier Monaten. Man riet uns, das Cottage zu verkaufen. Doch es stand nicht darin, an wen. Als wir ein Angebot von Tony Graffam bekamen, vermutete ich, dass er dahintersteckte. Ich habe Stone Coast Trust überprüft. Hier und da ein paar Nachforschungen, nur um herauszufinden, mit wem ich es zu tun habe. Meine Quellen verrieten mir, dass Geld im Spiel ist. Graffam ist nur der Strohmann für einen stillen Investor. Ich wette, da steckt das organisierte Verbrechen dahinter."

„Was würden sie mit Shepherd's Island anfangen wollen?", fragte Chase.

„New York wird ihnen zu unbequem. Ich glaube, sie weichen an die Küste aus. Und die Nordküste ist genau der Stützpunkt, den sie gerne hätten. Die Tourismusindustrie boomt hier oben bereits. Und sehen Sie sich den Ort mal an! Das Meer. Wald. Keine Kriminalität. Sagen Sie bloß nicht, dass ein armer, kleiner Schlumpf aus der Stadt nicht viel Geld dafür bezahlen würde, um sich hier in einer Ferienanlage niederlassen zu dürfen."

„Sagen Sie, haben Sie Tony Graffam eigentlich jemals kennengelernt?"

„Er besuchte uns, um über das Geschäft zu sprechen. Und wir gaben ihm unmissverständlich zu verstehen, dass …" Fred hielt inne und grinste. „… er Unzucht mit sich selber treiben soll. Ich weiß nicht, ob er die Bedeutung dieses Wortes verstanden hat."

„Was für ein Typ ist er?", fragte Miranda.

Fred schnaubte. „Glatt. Dumm. Ich meine, wir sprechen hier von *wirklich* dumm. Mit dem IQ eines Hühnereis. Welcher Idiot nennt ein Bauprojekt Tannenhöhe? Er hätte es genauso gut Gifteichen Immobilien nennen können." Er schüttelte den Kopf. „Ich kann nicht glauben, dass er diese anderen Lutscher dazu gebracht hat, zu verkaufen.“ Er lachte. „Sie sollten ihn kennenlernen, Tremain. Und dann erzählen Sie mir, ob Sie nicht auch der Meinung sind, dass er der letzte lebende Neandertaler ist.“

„Ein Neandertaler“, warf die Frau, Bledsoe, ein und öffnete kurz ihre Augen, „ist sehr viel weiterentwickelt.“

„Unglücklicherweise“, sagte Fred, „fürchte ich, dass die Parzellierung bereits beschlossene Sache ist. Es wird nicht mehr lange dauern, und dann stehen hier Apartmenthäuser, Imbissbuden. Ballermann auf Shepherd's Island.“ Er machte eine Pause. „Und wissen Sie was? *Dann* werden wir verkaufen! Meine Güte, welch ein Profit! Wir könnten für den Erlös einen ganzen verdammten Bezirk oben in Allagash kaufen.“

„Das Projekt könnte immer noch gestoppt werden“, sagte Miranda. „Sie werden Rose Hill nicht in die Finger bekommen. Und die Parzellierung könnte rückgängig gemacht werden.“

„Keine Chance“, sagte Fred, „wir sprechen hier über Steuereinnahmen. Ein Naturschutzgebiet bringt der Insel rein gar nichts. Aber eine nette kleine Ferienanlage? Hey, ich bin ein Finanzmensch. Ich kenne die Macht des allmächtigen Geldes.“

„Es gibt Menschen, die dagegen kämpfen werden.“

„Das macht keinen Unterschied.“ Fred schnüffelte anerkennend an seinem Hagebuttentee. Die Enden seines Sarongs waren verrutscht, und nun saß er mit entblößten Schenkeln da. Der Rauch eines Räucherstäbchens kräuselte sich über seinem grauen Haupt. „Sie schreien ‚Protest‘, legen sich vor die Bulldozer, aber es ist hoffnungslos. Es gibt Dinge, die man nicht aufhalten kann.“

„Eine zynische Antwort“, erwiderte Miranda.

„Zynische Zeiten.“

„Also, Rose Hill können sie nicht kaufen“, sagte Miranda und erhob sich. „Und falls wirklich das organisierte Verbrechen dahinterstecken sollte, dann können Sie darauf wetten, dass die Inselbewohner zurückschlagen werden. Die Leute hier dulden keine Verbrecher. Und keine Zugereisten.“

Fred schaute lächelnd zu ihr hoch. „Aber *Sie* sind doch auch eine Zugereiste und werden trotzdem akzeptiert, Ms Wood. Oder etwa nicht?“

„Nein, das werde ich nicht.“ Miranda wandte sich zur Tür. Sie blieb einen Augenblick dort stehen und starrte nach draußen, wo die Bäume unter einem Baldachin aus Blau wogten. „Sie haben mich nie akzeptiert“, sagte sie leise. „Und wissen Sie was?“ Sie stieß einen resignierten Seufzer aus. „Ich habe es erst jetzt bemerkt. Sie werden es niemals tun.“

In der Auffahrt von Rose Hill parkte ein dritter Wagen.

Sie entdeckten ihn, als sie um die letzte Kurve der Straße bogen – es war das neueste Modell von Saab in einer glänzenden burgunderroten Lackierung. Ein Blick durch das Autofenster verriet ein makelloses Interieur, nicht einmal eine einzelne Visitenkarte oder Bonbonpapier waren auf den Lederpolstern zu sehen.

Die Verandatür öffnete sich knarrend, und Miss St. John kam heraus. „Da sind Sie ja", sagte sie. „Wir haben Besuch, Jill Vickery."

Natürlich, dachte Miranda. Wer sonst besaß einen so perfekt gepflegten Wagen?

Jill stand inmitten der Bücher und hielt einen Karton im Arm. Sie bedachte Miranda mit einem offensichtlich überraschten Blick, enthielt sich aber eines Kommentars. „Entschuldigung, dass ich ohne Vorwarnung aufgetaucht bin", sagte sie. „Ich musste ein paar Unterlagen abholen. Phillip und ich, wir treffen uns morgen mit dem Buchhalter. Ihr wisst, wir müssen die Steuerunterlagen für die Übergabe des *Herald* vorbereiten."

Chase runzelte die Stirn. „Sie haben die Finanzunterlagen hier gefunden?"

„Nur die vom letzten Monat. Im Büro waren sie nicht, also habe ich mir gedacht, dass er sie hier heraus gebracht hat, um daran zu arbeiten. Und ich hatte recht."

„Wo waren sie?", fragte Chase. „Wir haben seine gesamten Unterlagen durchsucht. Ich habe sie nirgends entdeckt."

„Sie waren oben. In der Nachttischschublade." Sie machte sich nicht die Mühe zu erklären, woher sie wusste, dass sie dort fündig werden konnte. Sie blickte sich um. „Ihr habt diesen Ort ja wirklich auseinandergenommen. Wonach sucht ihr? Nach einem versteckten Schatz?"

„Nach allen Unterlagen über Stone Coast Trust", sagte Chase.

„Ja, Annie hat erwähnt, dass euch die Sache nicht aus dem Kopf geht. Ich persönlich glaube ja, es ist eine Sackgasse." Sie wandte sich um und betrachtete Miranda kühl. „Und wie stehen die Dinge für dich?" Diese Frage war eher höflich gemeint. Sie klang weder warm noch besorgt.

„Die Dinge sind … schwierig", antwortete Miranda ausweichend.

„Das kann ich mir vorstellen. Ich hörte, du wohnst momentan bei Annie."

„Nur vorübergehend."

Jill schenkte ihr ein ironisches Lächeln. „Das ist ziemlich ungünstig. Die Verhandlung sollte Annies Geschichte werden. Und nun lebst du bei ihr. Ich werde sie abziehen müssen. Von wegen neutraler Berichterstattung."

„Niemand vom *Herald* kann sich ernsthaft als neutral betrachten", stellte Chase klar.

„Mag sein." Jill schob den Karton von einem Arm in den anderen. „Also, ich gehe dann mal besser und lasse euch bei eurer Suche allein."

„Ms Vickery?", rief Miss St. John. „Ich frage mich, ob Sie ein wenig Licht in etwas bringen können, das wir hier gefunden haben?"

„Ja?"

„Es ist ein Zettel von jemandem namens M." Miss St. John reichte ihr den Zettel. „Miranda hat ihn nicht geschrieben. Wissen Sie, wer es gewesen sein könnte?"

Jill las die Notiz ohne jegliche äußere Regung, und Miranda bewunderte sie für diese Selbstbeherrschung.

„Sie ist nicht datiert. Also …" Jill schaute hoch. „Ich kann mir mehrere Möglichkeiten vorstellen. Keine davon mit diesem Anfangsbuchstaben, aber M. könnte auch für einen Spitznamen stehen. Zum Beispiel *Maus*."

„Mehrere Möglichkeiten?"

„Ja." Jill blickte Miranda unbehaglich an. „Richard, er … war sehr attraktiv. Speziell für die Sommerpraktikantinnen. Da gab es eine im letzten Sommer, bevor du eingestellt worden bist, Miranda. Sie hieß Chloe Sowienoch und konnte überhaupt nicht schreiben, aber sie war ganz hübsch anzusehen. Und sie bekam Interviews, die niemand sonst bekam, was Annie die Wände hochgehen ließ." Jill betrachtete die Notiz noch einmal. „Das wurde auf einer Schreibmaschine getippt. Seht ihr? Die Schleife am *e* ist verwischt, der Hammer müsste gereinigt werden. Wenn ich mich recht erinnere, dann benutzte Chloe immer eine alte Schreibmaschine. Sie war die Einzige in der ganzen Redaktion, der am Computer angeblich nichts einfiel." Sie gab Miss St. John den Zettel zurück.

„Sie könnte es gewesen sein."

„Wie ging die Sache aus?", fragte Chase.

„Wie solche Sachen meistens ausgehen. Ein heißer Flirt, ein bisschen Feuerwerk, und danach gab es noch ein gebrochenes Herz mehr."

Miranda spürte, wie sich ihr Nacken versteifte und sie errötete. Keiner der anderen schaute sie direkt an, aber sie wusste, dass ihre Aufmerksamkeit auf sie gerichtet war; sie ging zum Fenster und hielt sich unbewusst an den Vorhängen fest, während sie mit sich kämpfte und versuchte, ihren Kopf aufrecht und ihren Rücken gerade zu halten. Noch ein gebrochenes Herz. Sie fühlte sich wie ein Objekt auf dem Fließband dummer und leichtgläubiger Frauen. Und sie dachten bestimmt dasselbe über sie.

Sie dachte es über sich.

Jill schob den Karton erneut von einem Arm in den anderen. „Ich sollte besser ins Büro zurückfahren, sonst tanzen die Mäuse auf dem Tisch.“ Sie ging zur Tür und blieb stehen. „Oh, ich hätte beinahe vergessen, es Ihnen zu sagen, Chase. Annie hat die Neuigkeiten gerade erst gehört.“

„Welche Neuigkeiten?“, fragte Chase.

„Tony Graffam ist zurück.“

Miranda reagierte nicht. Sie hörte Jill die Verandatreppe hinuntergehen, hörte wie der Saabmotor aufheulte und die Reifen auf dem Kiesweg knirschten. Sie spürte die Blicke von Chase und Miss St. John in ihrem Rücken. Sie beobachteten sie mit einer unerträglichen, mitleidigen Ruhe.

Sie stieß die Tür auf und floh aus dem Cottage.

Auf dem halben Weg über das Feld holte Chase sie ein. Er packte sie am Arm und zog sie zu sich herum. „Miranda …“

„Lass mich alleine!“

„Du kannst nicht einfach davor weglaufen!“

„Du hast gut reden!“, schrie sie. „Jill hat es gesagt. Ich bin nur ein weiteres gebrochenes Herz. Eine weitere dumme Frau, die genau das bekommen hat, was sie verdiente.“

„Du hast es nicht verdient.“

„Verdammt, Chase, jetzt bitte kein Mitleid! Das wär das Letzte, was ich ausgerechnet von dir ertragen könnte.“ Sie befreite sich aus seiner Umklammerung und wandte sich ab, doch er zog sie zurück. Diesmal hielt er sie mit eisernem Griff um die Handgelenke fest. Sie starrte in seine dunklen, unnachgiebigen Augen.

„Du tust mir nicht leid!“, gab er zurück. „Du bist viel zu kostbar für Mitleid, Miranda. Du bist besser als alle Frauen, die ich bisher getroffen habe. Vielleicht bist du naiv. Und leichtgläubig. Damit fangen wir alle an. Jetzt willst du dich selbst bestrafen. Aber übertreibe es nicht. Ich persönlich glaube, dass Richard genauso viel für dich empfunden hat wie du für ihn.“

„Ach was? Und, soll ich mich jetzt besser fühlen?“

„Ich sage das nicht, damit du dich besser fühlst, sondern weil ich es für die Wahrheit halte.“

„Richtig.“ Ihr Lachen klang spöttisch. „Ich bin etwas besser als ein gewöhnliches Flittchen. Fantastisch.“ Miranda versuchte erneut, sich von ihm zu befreien. Doch er hielt sie weiter fest umklammert.

„Nein“, sagte er ruhig. „Was ich damit sagen will, ist Folgendes. Ich weiß, dass du nicht die Erste bist. Ich weiß, dass Richard eine Menge Frauen hatte. Über die Jahre habe ich ein paar davon getroffen. Manche von ihnen waren hinreißend. Einige sehr talentiert, sogar brillant. Aber von all diesen Frauen – und jede einzelne von ihnen war außergewöhnlich – bist du die Einzige, bei der ich mir vorstellen kann, dass er sie wirklich geliebt hat.“

„Von all diesen *hinreißenden* Frauen?“ Sie schüttelte den Kopf und lachte. „Warum ich?“

„Weil du diejenige bist, in die *ich* mich verliebt hätte“, sagt er leise.

Er starrte sie an, seine dunklen Haare wehten im Wind. Sonnenlicht überflutete sein Gesicht. Sie hörte ihre eigenen schnellen Atemzüge, hörte, wie ihr Herz in den Ohren pochte. Da ließ er ihre Handgelenke los. Sie bewegte sich nicht, auch dann nicht, als er seine Arme um sie legte und nicht einmal, als er sie an sich heranzog. Sie konnte kaum atmen, als er seinen Mund auf ihren presste.

Nach der ersten Berührung seiner Lippen war sie verloren. Die Sonne schien ihre Größe vervielfacht zu haben, so hell strahlte sie vor einem blauen Feld. Und dann gab es nur noch ihn, seine Umrisse, seinen Körper. Seine Haare verdeckten den Himmel, und sein Mund stahl ihren Atem. Sie legte ihre Hände um seinen Nacken und öffnete ihre Lippen, offenbarte sich ihm, presste sich an ihn. Sie saugte ihn ein, berauschte sich an seinem Geschmack und seiner Wärme. Wie durch einen Schleier hindurch hörte sie sein leises Stöhnen. Es klang nach Befriedigung und Lust. Er wollte sie. Wie schnell sie sich ergeben hatte, wie leicht sie ihm verfallen war – die Frau, die erst von dem einen Bruder und jetzt von dem anderen beherrscht wurde.

Die unerträgliche Helligkeit des Tages blendete ihre Augen, als sie sich von ihm befreite. Ihre Wangen glühten. Das Summen der Insekten im Feld und das Rascheln der Gräser im Wind verlor sich beinahe hinter ihrem eigenen heftigen Atmen.

„Ich laufe nicht von einem zum nächsten, Chase“, sagte sie. „Das ist nicht mein Stil.“

Dann wandte sie sich von ihm ab und stapfte über das Feld davon, zurück zum Cottage. Sie wusste, dass er ihr folgte, aber diesmal machte er keine Anstalten, sie einzuholen. Sie musste ihren Weg alleine gehen. Die Helligkeit des Nachmittags, die im Wind tanzenden Blumen und die aufstiebenden Löwenzahnsamen schienen ihr Elend nur noch zu verschlimmern.

Miss St. John stand auf der Veranda. Miranda nickte der Frau kaum merklich zu und eilte an ihr vorüber ins Cottage hinein. Drinnen begab sie sich direkt zum Bücherschrank, nahm eine Handvoll Bücher vom Regal und setzte sich auf den Boden. Sie blätterte zielstrebig durch die Seiten, als sie Schritte die Verandastufen hinaufkommen hörte.

„Das ist keine gute Zeit für einen Streit, Chase", hörte sie Miss St. John sagen.

„Ich habe nicht vor, mich zu streiten."

„Du siehst aber so aus. Um Himmels willen, beruhige dich. Stopp, verdammt noch mal."

„Bei allem Respekt, Miss St. John, Sie sind *nicht* meine Mutter."

„Na gut, ich bin nicht deine Mutter!", bellte Miss St. John. Und als sie die Treppen hinunterstampfte, fügte sie leise für sich hinzu: „Aber ich sehe, wenn ein Mann dringend meinen Rat benötigt!"

Die Verandatür schlug hinter Chase zu. Er sah Miranda auf dem Boden knien und sah sie wütend an. „Du hast das falsch aufgefasst."

Miranda sah zu ihm hoch. „Habe ich das?"

„Was zwischen dir und Richard passierte, ist eine andere Angelegenheit. Und sie ist vorbei. Das hat nichts mit dir und mir zu tun."

Sie schlug ein Buch zu. „Es hat alles mit dir und mir zu tun."

„Aber bei dir klingt es so, als ob ich in die Geschichte einfach … einfach einsteige, wo er sie verlassen hat."

„Gut, vielleicht ist es nicht ganz so einfach. Vielleicht merkst du nicht einmal, dass du genau das tust." Sie griff nach einem anderen Buch und konzentrierte sich stur auf die Seiten, die sie durchblätterte. „Aber wir wissen beide, dass Richard der Goldjunge der Familie war. Derjenige, der alles hatte und alles erbte. Du warst der Tremain, dem nicht einmal ein bescheidenes Treuhandkonto überantwortet wurde. Tja, und wenn du schon weder Zeitung noch Vermögen erben kannst, dann vielleicht wenigstens die ehemalige Geliebte deines Bruders. Oder, hui, vielleicht sogar seine Frau. Überlege nur einmal. Evelyn würde sich nicht einmal die Mühe machen müssen, ihren Namen zu ändern."

„Bist du fertig?"

„Definitiv."

„Gut. Weil ich nämlich nicht glaube, dass ich noch länger hier stehen und mir diesen Mist weiter anhören kann. Aber zu deinen Anwürfen, erstens: Ich bin nicht im Geringsten an meiner Schwägerin interessiert. Das war ich nie. Als Richard sie heiratete, musste ich mich zurückhalten, ihm nicht mein Beileid auszusprechen. Zweitens ist es mir verdammt egal, wer den *Herald* bekommt. Ich wollte diesen Job nie haben. Das ist so sicher wie das Amen in der Kirche. Die Zeitung war von Anfang an Richards Baby. Und drittens …" Er machte eine Pause und holte tief Luft, so als wollte er seinen Mut sammeln für das, was er zu sagen hatte. „Drittens", sagte er leise. „Ich bin kein Tremain."

Skeptisch sah sie ihn an. „Was sagst du da? Du bist aber doch Richards Bruder, oder nicht?"

„Sein Halbbruder."

„Du meinst …" Sie starrte in diese Zigeuneraugen und entdeckte ihr Spiegelbild in den kohlrabenschwarzen Pupillen.

Chase nickte. „Mein Vater wusste es. Ich glaube nicht, dass Mutter es ihm jemals erzählt hat. Brauchte sie auch nicht. Er musste mich nur ansehen, um es zu wissen." Er schenkte ihr ein bitter-ironisches Lächeln. „Lustig, dass ich das nie bemerkt habe. Meine ganze Kindheit über verstand ich nicht, weshalb ich es nicht mit Richard aufnehmen konnte. Egal, wie sehr ich mich auch bemühte, war immer er derjenige, dem Vaters Aufmerksamkeit gehörte. Meine Mutter versuchte, es wett zu machen. Sie war bis zu ihren Tod mein allerbester Freund. Und dann waren wir nur noch zu dritt." Er ließ sich in einen Sessel fallen und rieb sich die Stirn, so als wollte er seine Erinnerungen wegwischen.

„Wann hast du erfahren", fragte Miranda behutsam, „dass er nicht dein Vater war?"

„Erst Jahre später, als er im Sterben lag. Es gab eine Beichte am Totenbett, wie man es aus schlechten Filmen kennt. Nur, dass er es nicht *mir* erzählt hat, sondern Richard, dem Privilegierten." Erschöpft lehnte sich Chase im Sessel zurück und presste seinen Kopf gegen die Kissen, den Blick an die Decke gerichtet. „Später, bei der Testamentsverlesung, konnte ich nicht verstehen, warum ich übergangen worden war. Oh, er hinterließ mir genug, um mir beruflich etwas aufzubauen, aber das war alles. Ich dachte, es läge an meiner Ehe, daran, dass Vater von Anfang an dagegen gewesen war. Ich war verletzt, aber ich akzeptierte es. Nicht so meine Frau. Sie und Richard lieferten sich einen lautstarken Streit. Sie schrie, dass es nicht fair sei. Da verlor Richard die Beherrschung und verriet alles. Das große Geheimnis. Die Tatsache, dass sein Bruder ein Bastard war."

„Hast du damals die Insel verlassen?"

Er nickte. „Meiner Frau zuliebe kam ich ein- oder zweimal zurück, und nachdem wir geschieden worden waren, schien ich meine letzte Verbindung zu dieser Insel verloren zu haben. Also blieb ich weg. Bis jetzt."

Sie schwiegen. Es schien, als verlöre er sich in traurigen Erinnerungen und alten Wunden. Kein Wunder, dass ich niemals eine Ähnlichkeit mit Richard in Chases Gesicht fand, dachte Miranda. Er ist überhaupt kein Tremain. Er ist nur er selber, die Art von Mann, die Richard nie sein konnte.

Die Art von Mann, die ich lieben könnte.

Er spürte, dass sie ihn beobachtete und dass sie im Begriff war, ihre Hand nach ihm auszustrecken. Abrupt erhob er sich und schlenderte mit einstudierter Gleichgültigkeit zur Verandatür. Dort blieb er stehen und sah hinaus auf die Felder. „Vielleicht hast du recht", sagte er.

„Womit?"

„Dass die Geschichte zwischen Richard und dir immer noch über uns schwebt."

„Du meinst, wir sollten es besser bleiben lassen, oder?", murmelte sie.

„Das allein ist es nicht." Er drehte sich um und schaute ihr ins Gesicht. Ihr Blick wurde fast gegen ihren Willen von seinen Augen angezogen. „Miranda, die Wahrheit ist, dass zu viele Gründe dagegen sprechen. Das, was zwischen uns geschehen ist, war ...", er zuckte mit den Achseln, „pure Anziehung, mehr nicht."

Das ist alles. Nichts Besonderes im großen Spiel eines Lebens. Nichts, wofür man sein Herz riskierte. Nichts, wofür es sich lohnte, weiter darüber nachzudenken.

„Trotzdem ...", sagte er.

„Ja?" Sie schaute hoch und war plötzlich von einer irrsinnigen Hoffnung beseelt.

„Wir können nicht einfach auseinandergehen. Nicht nach allem, was geschehen ist. Richards Tod. Das Feuer." Er gestikulierte und zeigte auf die im Zimmer verstreuten Bücher. „Und dem hier."

„Du vertraust mir nicht und willst dann trotzdem meine Hilfe?"

„Du bist die Einzige, die in der Lage ist, Ordnung in das Chaos zu bringen."

Sie stieß ein müdes Lachen aus. „Da hast du wohl recht." Sie schlang ihre Arme eng um ihren Körper. „Also, was kommt als Nächstes?"

„Ich werde mit Tony Graffam sprechen."

„Soll ich mitkommen?"

„Nein. Ich will ihn alleine unter die Lupe nehmen. In der Zwischenzeit könntest du hiermit fertig werden. Im oberen Stockwerk waren wir auch noch nicht."

Miranda ließ ihren Blick durch den Raum schweifen, über die staubigen Bücherstapel, das viele Papier und schüttelte den Kopf. „Wenn ich bloß wüsste, wonach ich suche. Wonach der Einbrecher suchte?“

„Ich habe das Gefühl, es ist noch irgendwo.“

„Was auch immer *es* sein mag.“

Chase drückte die Tür auf. „Du wirst es wissen, sobald du es gefunden hast.“

11. KAPITEL

Fred Nickels hatte gesagt, Tony Graffam sei aalglatt und dumm. Er hatte mit beidem recht. Graffam trug einen Seidenanzug, eine Krawatte mit rotem Paisleymuster und einen goldenen Ring am kleinen Finger. Das Büro war, wie der Mann, strahlend, aber von geringer Substanz: Plüschteppich, glänzende, neue Ledersessel, weder Sekretärin noch Bücherregale, ein papierloser Schreibtisch. An der Wand hing als einzige Dekoration eine Karte der Nordküste von Shepherd's Island. Es war zwar nicht als solche bezeichnet, aber Chase genügte ein Blick auf die weite, geschwungene Bucht, um die Küstenlinie zu erkennen.

„Ich sage Ihnen, das ist eine Hexenjagd!", beschwerte sich Graffam. „Zuerst die Polizei und nun Sie." Er blieb hinter seinem Schreibtisch sitzen und lehnte es sogar ab, zur Begrüßung aufzustehen, so als ob er sich hinter diesem polierten Schutzwall verschanzen wollte. Nervös fuhr er sich mit den Fingern durch das dauergewellte Haar. „Sie glauben, ich gehe einfach hin und beseitige jemanden? Einfach so? Und wofür? Ein Stück Land? Sehe ich so dumm aus?"

Chase verzichtete höflich auf eine Antwort. „Sie haben ein Angebot für Rose Hill abgegeben, oder?"

„Ja, natürlich. Es ist ein erstklassiges Grundstück."

„Und mein Bruder lehnte ab, es zu verkaufen."

„Hören Sie, es tut mir leid um Ihren Bruder. Eine Tragödie, eine echte Tragödie. Nicht, dass wir uns besonders gemocht hätten, wenn Sie verstehen. Mit ihm war einfach nicht zu reden. Er blockte alles ab; sobald es um das Projekt ging, wurde er regelrecht feindselig. Dabei ging es doch nur ums Geschäft, richtig?"

„Aber ich hatte den Eindruck, dass das überhaupt kein Geschäft war. Stone Coast Trust wies es als Landschutzprojekt aus."

„Und genauso ist es. Ich habe Ihrem Bruder ein Topangebot für das Land gemacht, mehr, als die Naturschutzbehörde ihm geboten hätte. Außerdem hätte er ein lebenslanges Nutzungsrecht für das Cottage erhalten. Ein unglaubliches Geschäft."

„Unglaublich."

„Mit Rose Hill könnten wir den Park über den ganzen Hang hinunter ausweiten. Rose Hill würde Anstieg, Aussicht und Zufahrt ermöglichen."

„Zufahrt?"

„Für die Instandhaltung natürlich. Sie wissen schon, der Wanderwege. Unauffällige Pfade, damit jeder die Natur ungehindert genießen könnte. Selbst Behinderte. Ich meine, Menschen mit eingeschränkter Mobilität."

„Sie haben ja an alles gedacht."

Graffam lächelte. „Ja. Das haben wir."

„Wie passt Tannenhöhe dazu?"

Graffam hielt inne. „Bitte?"

„Tannenhöhe. Das ist, glaube ich, der Name Ihres geplanten Bauprojektes."

„Tja, da war nichts *geplant* ..."

„Und warum haben Sie dann die Umwandlung des Nutzungsplans beantragt? Und wie viel hat es gekostet, die Landkommission zu bestechen?"

Graffams Gesicht wirkte wie versteinert. „Lassen Sie es mich wiederholen, Mr Tremain. Stone Coast Trust hat sich formiert, um die Nordküste zu schützen. Ich gebe zu, dass wir möglicherweise hier und da parzellieren müssen, um die Treuhandgesellschaft bei Laune zu halten. Aber manchmal muss man Kompromisse schließen und Dinge tun, die man lieber nicht tun würde."

„Ist damit auch Erpressung gemeint?"

Graffam richtete sich auf. „Was?"

„Ich rede von Fred Nickels und Homer Sulaway. Die Namen dürften Ihnen bekannt sein."

„Ja, natürlich. Das sind zwei der Grundstücksbesitzer. Sie haben mein Angebot abgelehnt."

„Jemand hat ihnen äußerst uncharmante Briefe geschickt und den Verkauf nahegelegt."

„Glauben Sie, ich habe diese Briefe verschickt?"

„Wer sonst? Vier Menschen haben abgelehnt. Zwei davon bekamen Drohbriefe. Und ein dritter – mein Bruder – ist tot."

„Darauf wollen Sie hinaus, nicht wahr? Sie versuchen, es aussehen zu lassen, als hätte ich etwas mit dem Mord zu tun."

„Habe ich das gesagt?"

„Hören Sie, ich habe genug Energie in dieses Projekt gesteckt. Ich muss mich schon seit einem Jahr um diesen Kleinstadtkram kümmern. Ich habe Kopfstände gemacht, um alles ins Laufen zu bringen, aber ich werde mich nicht zum Prügelknaben machen lassen."

Chase starrte Graffam verwirrt an. Worüber sprach dieser Mann? Wessen Prügelknabe sollte er sein?

„Ich war nicht auf der Insel, als es passierte. Ich habe Zeugen, die das beschwören werden."

„Für wen arbeiten Sie?", unterbrach Chase ihn.

Graffam verkniff den Mund und lehnte sich langsam zurück. Seine Miene war wie versteinert.

„Also haben Sie einen Geldgeber?“, sagte Chase. „Jemanden, der bezahlt. Jemanden, der die schmutzige Arbeit erledigt. Wen wollen Sie decken?“

Graffam schwieg.

„Sie haben Angst, Graffam, das kann ich Ihnen ansehen.“

„Ich muss keine Ihrer Fragen beantworten.“

Chase ging zum Angriff über. „Mein Bruder war erpicht darauf, Stone Coast auffliegen zu lassen, oder nicht? Also schickten Sie ihm einen Ihrer Drohbriefe. Doch dann stellten Sie fest, dass Sie ihn weder erpressen noch kaufen konnten. Also, was taten Sie? Jemanden bezahlen, der sich des Problems annahm?“

„Sie meinen Mord?“ Graffam brach in Gelächter aus. „Kommen Sie, Tremain. Ein Weibstück hat ihn umgebracht. Das wissen wir beide. Gefährliche Biester, diese Weiber. Man gibt ihnen den Laufpass, und schon kommen sie auf die absurdesten Ideen. Sie sehen rot, schnappen sich das Küchenmesser, und das war es. Selbst die Polizei ist da einer Meinung. Es war eine Frau. Sie hatte ein Motiv.“

„Und Sie hatten eine Menge Geld zu verlieren. Genau wie Ihr Geldgeber. Richard hatte bereits seine Hände auf Ihren Konten. Er spürte Ihre unsichtbaren Partner auf. Er hätte das Geschäft auffliegen lassen können …“

„Aber er tat es nicht. Er zog den Artikel zurück, erinnern Sie sich? Ich weiß aus zuverlässiger Quelle, dass er die Story nicht bringen würde. Also, warum hätten wir länger hinter ihm her sein sollen?“

Chase schwieg. Das entsprach dem, was auch Jill gesagt hatte. Richard selbst war derjenige, der den Artikel zurückgezogen und den Kreuzzug beendet hatte. Das war das einzige Detail, das keinen Sinn ergab. Warum hatte Richard einen Rückzieher gemacht?

Aber *hatte* er wirklich einen Rückzieher gemacht? Oder hatte Jill Vickery gelogen?

Noch auf dem Weg aus Graffams Büro zu seinem Wagen erwog er diese Möglichkeit. Was wusste er genau über Jill? Nur, dass sie seit fünf Jahren beim *Herald* war und dass sie gute Arbeit leistete. Dass sie schlau war, elegant und unterbezahlt. Sie hätte überall an der Ostküste einen besseren Job bekommen können. Warum hatte sie beschlossen, bei diesem Provinzblatt zu bleiben und für einen Hungerlohn zu arbeiten?

Chase hatte eigentlich vorgehabt, direkt zum Rose Hill Cottage zurückzufahren. Nun aber schlug er den Weg zum *Herald* ein.

In der Redaktion war kaum noch jemand; der Sommerpraktikant saß vor einem Computer, und der Layouter beugte sich über den Zeichentisch. Chase ging an ihnen vorbei in Richards Büro und begab sich direkt zum Aktenschrank.

Chase fand Jill Vickerys Personalakte dort, wo sie hingehörte. Er setzte sich an den Tisch und öffnete neugierig den Aktendeckel.

Die Akte enthielt eine sauber getippte, dreiseitige Zusammenfassung ihrer Vita. Vordiplom, Bowdoin, 1977. Examen, Columbia, 1979. Lokalredaktion, *San Francisco Chronicle*; dann Nachrufe, *San Diego Union*; Polizeireporterin, *San Jose Times*; Chefredakteurin, *Portland Press Herald*. Eine solide Karriere.

Also, weshalb war sie hier gelandet?

Irgendetwas an diesem Lebenslauf störte ihn. Irgendetwas erschien ihm zweifelhaft. Und es war genug, um ihn zum Hörer greifen und die Nummer ihres früheren Arbeitgebers, dem *Portland Press Herald* wählen zu lassen. Er sprach mit der aktuellen Redakteurin, einer Frau, die sich nur noch vage an Jill Vickery erinnerte.

Als Nächstes rief Chase bei der *San Jose Times* an. Diesmal schien es ungewiss, man brüllte durch die Redaktion, ob jemand eine Reporterin namens Jill Vickery kannte, die sieben Jahre vorher dort gearbeitet hatte. Jemand schrie zurück, ob da nicht vor ein paar Jahren eine Jill als Polizeireporterin gearbeitet hätte. Das genügte Chase. Er legte auf und überlegte schon aufzugeben.

San Diego Union, las er noch einmal. Schwerpunkt: Nachrufe. Das ergab keinen Sinn. Nachrufe waren die Entsprechung der Kohlengrube im Zeitungsgeschäft. Von da aus arbeitete man sich nach oben. Warum war sie von der Lokalredaktion in San Francisco auf dieser niederen Position gelandet?

Er rief beim *San Diego Union* an. Jemand mit dem Namen Jill Vickery hatte nie dort gearbeitet.

Dasselbe galt für San Francisco.

Die Hälfte des Lebenslaufs schien gefälscht. Warum? Und wenn dem so war – was hatte Jill in den acht Jahren zwischen der Universität und ihrem Job bei der *San Jose Times* gemacht?

Er griff noch einmal zum Hörer. Diesmal rief er bei der Columbia Universität in der Fakultät für Journalismus an. Wie viele Studenten pro Jahrgang schlossen mit einem Examen ab? Und wie viele dieser Studenten hießen mit Vornamen Jill?

1979 gab es nur eine, erklärten sie ihm. Aber es war keine Jill Vickery, die erfolgreich abgeschlossen hatte, sondern eine Jill Westcott.

Dann rief Chase noch einmal bei der *San Diego Union* an. Diesmal fragte er nach Jill Westcott, und diesmal erinnerte man sich an den Namen. Wir faxen Ihnen den Artikel, sagten sie.

Ein paar Minuten später kam er scharf und klar aus dem Faxgerät.

Er zeigte ein Foto von Jill Westcott, die nun Jill Vickery hieß. Und erzählte die Geschichte eines kaltblütigen Mordes.

Miranda saß im schwindenden Tageslicht und starrte planlos auf ihre Umgebung. Sie hatte den Nachmittag damit verbracht, das Badezimmer und zwei Schlafzimmer zu durchsuchen. Inzwischen war ihr heiß geworden, und sie fühlte sich staubig und entmutigt. Nichts von Substanz war aufgetaucht, nur harmlose Zettel – Quittungen, eine zehn Jahre alte Ansichtskarte aus Spanien und eine weitere maschinengeschriebene Nachricht von M.

„... Ich bin nicht das schwache kleine Nichts, das ich einmal gewesen war. Ich kann gut ohne dich leben, und das werde ich auch. Ich brauche dein Mitleid nicht. Ich bin nicht wie die anderen, diese Frauen ohne Grips. Was, um Himmels willen, findest du nur an diesen Kreaturen? Ist es die Lust des Fleisches? Die blinde Verehrung, die sie dir entgegenbringen? Gut, es bedeutet nichts. Es ist nur leere Anbetung. Ohne dein Geld würdest du keines zweiten Blickes von diesen Puppen gewürdigt. Ich bin die Einzige, der es egal ist, wie viel du auf der Bank hast. Und nun hast du mich verloren."

Die Bitterkeit und das Leid, das aus diesem Brief sprach, waren ihrer eigenen Laune nicht zuträglich. Miranda steckte den Brief in die Schublade zurück und vergrub ihn unter der Seidenunterwäsche. Die Wäsche einer anderen Frau. Die Qualen einer anderen Frau.

Als sie das Zimmer aufgeräumt hatte, war der Nachmittag bereits in den Abend übergegangen. Sie schaltete dennoch kein Licht an. Das Halbdunkel, das sich wie ein Vorhang über sie legte, und das Zirpen der Grillen, das durch das offene Fenster zu ihr drang, übten eine beruhigende Wirkung auf sie aus. Vom Feld kam der undefinierbare Geruch des Abends – nach Seenebel und kühlem Gras. Sie ging zu einem Sessel am Fenster, setzte sich hin und legte ihren Kopf zurück, um sich auszuruhen. So viele Zweifel, so viele Sorgen lasteten auf ihr. Und immer, hinter jedem zaghaften Augenblick der Freude, lauerte drohend das Gefängnis. Während der letzten Tage in Freiheit hatte es Momente gegeben, in denen sie beinahe in der Lage gewesen war, diesen Gedanken von sich wegzuschieben. Doch in Momenten wie diesem, wenn es still war, blieb sie alleine mit ihren Ängsten, und die

Vorstellung von Gefängnisgittern schien sie zu erdrücken. *Wie viele Jahre werden sie mich einsperren? Zehn, zwanzig, ein Leben lang?*

Lieber würde ich sterben.

Sie erschauderte.

Unten öffnete sich leise knarrend die Verandatür.

„Chase?“, rief sie. „Bist du das?“ Stille.

Sie stand auf und stellte sich an den oberen Treppenabsatz. „Chase?“

Die Verandatür fiel leise ins Schloss. Danach hörte sie nichts mehr, nur noch das Zirpen der Grillen auf dem Feld. Ihrem ersten Instinkt folgend, wollte sie das Licht anschalten, aber sie hielt sich noch rechtzeitig zurück. Die Dunkelheit war ihr Freund. Sie würde sie verstecken und beschützen.

Sie zog sich von der Treppe zurück. Zitternd presste sie ihren Rücken gegen die Wand und lauschte in die Dunkelheit. Es drangen keine neuen Geräusche vom Erdgeschoss zu ihr hinauf. Sie hörte nur das Hämmern ihres eigenen Herzschlags. Ihre Handflächen schwitzten. Ihre Nerven waren zum Reißen gespannt.

Und da hörte sie es … Schritte. In der Küche. Ein Bild schoss ihr durch den Kopf. Die Regale, die Schubladen. Die Messer.

Ihr Atem ging stoßweise. Sie entfernte sich noch weiter von der Treppe, während sie sich verzweifelt mit Fluchtgedanken beschäftigte. Hier oben gab es zwei Schlafzimmer und ein Bad. Und Fliegengitter an allen Fenstern. Könnte sie es rechtzeitig schaffen?

Unten waren weitere Schritte zu hören. Der Eindringling hatte die Küche verlassen. Er näherte sich der Treppe.

Miranda floh in das große Schlafzimmer. Die Dunkelheit erschwerte ihr den Weg. Sie stieß gegen einen Nachttisch. Eine Lampe wackelte und fiel hinunter. Das Klirren, das die Lampe verursachte, als sie auf dem Boden aufschlug, war genau das, was der Einbrecher brauchte, um sich in Richtung Schlafzimmer zu bewegen.

Panisch eilte sie zum Fenster. In der Dunkelheit erkannte sie ein Stück Dach, das sich leicht neigte. Von da waren es nur ein paar Meter bis zum Boden. Das Schiebefenster stand bereits offen. Nur das Fliegengitter trennte sie noch von der Freiheit. Sie drückte dagegen, aber nichts geschah. Und dann bemerkte sie, dass das Gitter gegen den Fensterrahmen genagelt war.

Jetzt begann sie verzweifelt, gegen das Drahtgebilde zu treten, und schluchzte, weil es ihren Tritten widerstand. Immer wieder trat sie dagegen, doch obwohl es sich immer weiter nach außen wölbte, hielt es dennoch stand.

Da ächzte eine Treppenstufe.

Sie gab dem Fliegengitter einen letzten verzweifelten Tritt.

Der Fensterrahmen zersplitterte, und das Fliegengitter schlug dumpf auf dem Boden auf. Hastig kletterte Miranda hinaus und ließ sich auf den Dachvorsprung fallen. Dort zögerte sie, hin- und hergerissen zwischen den tröstlich soliden Dachziegeln unter ihren Füßen und ihrer einzigen Chance auf Entrinnen durch den freien Fall. Sie konnte nicht erkennen, was direkt unter ihr lag. Die Rosenbüsche? Miranda hielt sich am Dach fest und kletterte über die Kante. Ein paar Sekunden lang hielt sie inne und wappnete sich für den Aufprall.

Dann ließ sie los.

Die Nachtluft streifte ihr Gesicht. Der Fall schien endlos, ein schmerzhafter Abstieg durch Zeit und Raum.

Ihre Füße prallten auf den Boden, die Beine knickten ein und sie fiel der Länge nach auf den Kies. Sie blieb einen Moment lang liegen, den Blick in den sternenklaren Himmel gerichtet, der aufgrund ihres Schwindels an Kontur verlor. Dennoch spürte sie keinen Schmerz. Vielleicht hatte sie sich die Beine gebrochen, doch ihre Glieder waren wie taub. Aber sie wusste, das sie hier nicht liegen bleiben durfte.

Sie rappelte sich auf und begann, die Straße hinunterzustolpern. Sie bog um eine Kurve … und sah sich sofort von einem Paar Scheinwerfer geblendet, die sie aus der Dunkelheit heraus ansprangen. Instinktiv hob sie ihre Arme, um die Augen vor der Helligkeit zu schützen. Dann hörte sie Bremsen quietschen und Kieselsteine, die unter den schlitternden Reifen zur Seite spritzten. Die Tür flog auf.

„*Miranda?*“

Mit einem Freudenschluchzer stolperte sie in Chases Arme. „Du bist es“, schrie sie. „Gott sei Dank bist du es.“

„Was ist los?“, flüsterte er und zog sie an sich. „Miranda, was ist geschehen?“

Sie klammerte sich an seine Brust wie an einen soliden Anker. „Er ist da … im Cottage …“

„Wer?“

Plötzlich hörten sie es beide: das Zuschlagen der hinteren Tür und die Geräusche sich entfernender Schritte im Gebüsch.

„Setz dich in den Wagen!“, befahl Chase. „Und schließ die Türen!“

„Was?“

Er gab ihr einen Schubs. „Tu es einfach!“

„Chase!“, schrie sie.

„Bin gleich zurück!“

Verblüfft sah sie ihn in der Nacht verschwinden und hörte, wie sich seine Schritte entfernten. Ihr Instinkt sagte ihr, dass sie ihm folgen sollte, um im Notfall bei ihm zu sein, doch da hatte sie ihn bereits aus den Augen verloren und sah nichts mehr, außer den turmhohen Schatten der Baumkronen, die sich gegen den sternklaren Himmel abzeichneten. Und ringsherum lag nur noch die undurchdringlich wirkende Dunkelheit.

Tu was er sagt!

Sie kletterte in den Wagen, verschloss die Türen und fühlte sich auf der Stelle leer und ausgelaugt. Während sie hier saß und auf Chase wartete, hätte sie um sein Leben kämpfen können.

Und was würde ich ihm nutzen?

Sie drückte die Tür auf und kletterte aus dem Wagen, um zum Kofferraum zu gelangen. Dort fand sie einen Wagenheber aus Stahl, der schwer und solide in ihrer Hand lag.

Sie drehte sich um und blickte in den Wald, der wie eine Wand aus Schatten, wie eine formlose Bedrohung auf sie zu lauern schien.

Irgendwo in dieser Dunkelheit begab sich Chase vielleicht gerade in Lebensgefahr.

Sie umklammerte den stählernen Wagenheber und lief in die Nacht.

Das Geräusch knirschender Schritte im Unterholz bedeutete Chase, dass sein Gegner die Richtung gewechselt hatte. Chase hielt sich rechts, um dem Geräusch zu folgen. Zweige streiften sein Gesicht, und Dornen verhakten sich an seiner Hose. Die Dunkelheit war hier unter den Bäumen so dicht, dass er sich fühlte wie ein Blinder, der durch eine Landschaft voller Fallen stolperte.

Wenigstens konnte sein Gegner auch nicht mehr sehen. Aber was, wenn er bewaffnet ist? Was, wenn ich in die Falle gelockt werde? dachte er und duckte sich unter einen Pinienzweig.

Das ist ein Risiko, das ich auf mich nehmen muss.

Die Schritte bewegten sich links von ihm. Im Sternenlicht, das wie in Streifen durch die Bäume fiel, sah Chase eine flüchtige Bewegung. Doch mehr als ein Schatten war nicht auszumachen. Ohne auf die Zweige zu achten, die ihm gegen das Gesicht schlugen, drang er tiefer in den Wald, bis er sich in einem Strauch verhedderte. Der Schatten huschte im Zickzack zwischen den Bäumen hindurch. Chase befreite sich aus dem Dickicht und nahm die Verfolgung wieder auf. Er holte ihn ein. Trotz des Pochens seines eigenen Herzens konnte er den Herzschlag seines Gegners spüren. Der Schatten befand sich direkt vor seiner Nase, gleich hinter dem Vorhang aus Zweigen.

Chase sammelte seine Kräfte und stürmte, so schnell er konnte, durch das Gestrüpp auf eine Lichtung. Dort blieb er stehen.

Der Angreifer war verschwunden. Nichts regte sich. Es war still bis auf den Wind, der in den Baumwipfeln rauschte. Ein flatterndes Geräusch neben ihm ließ ihn herumwirbeln. Vielleicht ein Tier. Verwirrt blieb er stehen, bis er das Knacken im Unterholz zu seiner Linken vernahm. Er drehte sich um, lauschte nach Schritten und versuchte, seinen Gegner zu lokalisieren. Hörte er jemanden atmen? Nein, es war nur der Wind …

Wieder dieses Knacken im Gehölz. Er machte einen Schritt nach vorne. Und noch einen.

Zu spät bemerkte er den Lufthauch des Zweiges, der auf seinen Kopf zuschoss.

Der Schlag ließ ihn nach vorne fallen. Er streckte seine Hände aus, um den Sturz abzufedern, und fühlte die Stiche der Piniennadeln und die feuchten Blätter, als er über den Waldboden schrammte. Er versuchte, bei Bewusstsein zu bleiben, damit er seinem Körper befehlen konnte, sich aufzurichten und dem Feind gegenüberzutreten, aber er gehorchte ihm nicht. Chase sah schon, wie sich die Dunkelheit vor seinen Augen verdichtete, und wollte über seine eigene Hilflosigkeit schimpfen und fluchen, doch er brachte nur ein Stöhnen heraus.

Schmerz … Sein Schädel fühlte sich an, als würde ein Presslufthammer darin wummern. Chase fasste sich an die Schläfen, doch das Dröhnen hörte nicht auf.

„Er wird durchkommen“, sagte eine Stimme.

Dann eine andere Stimme, weicher und ängstlich: „Chase? Chase?“

Er öffnete die Augen und sah Miranda, die auf ihn hinabblickte. Der Lampenschein schimmerte in ihrem zerzausten Haar, das ihre Wangen wie flüssiges Gold umrahmte. Bereits ihr Anblick schien den Schmerz in seinem Schädel zu verringern. Er versuchte sich daran zu erinnern, wo er sich befand und wie er dahin gekommen war. Doch die Bilder von Dunkelheit und vom Schatten der Bäume ließen sich nicht vertreiben.

Abrupt probierte er, sich aufzurichten, und entdeckte noch mehr Menschen und Gesichter in dem Zimmer, das sich um ihn drehte.

„Nein“, sagte Miranda. „Beweg dich nicht. Bleib einfach ruhig liegen.“

„Jemand … jemand da draußen …“

„Er ist weg. Wir haben den Wald bereits durchsucht“, sagte Lorne Tibbetts.

Chase ließ sich wieder auf das Sofa sinken. Er wusste jetzt, wo er sich befand. In Miss St. Johns Cottage. Er erkannte den Chintzstoff und den Pflanzendschungel. Und den Hund. Dieser hechelnde schwarze Mopp saß nahe beim Fußende des Sofas und beobachtete ihn. Oder nicht? Wer konnte schon sagen, ob das Biest unter dem vielen Fell überhaupt Augen hatte. Chases Blick wanderte langsam zu den anderen Menschen in diesem Zimmer. Lorne, Ellis, Miss St. John. Und Dr. Steiner, der seine alte Stablampe schwang.

„Die Pupillen sehen gut aus. Klar. Und sie reagieren“, stellte Dr. Steiner fest.

„Nehmen Sie dieses verfluchte Ding da weg“, stöhnte Chase und schlug nach der Lampe.

Dr. Steiner schnaubte. „Kann an einem so dicken Schädel keinen Schaden anrichten.“ Dann stellte er eine Pillendose auf den Beistelltisch. „Gegen die Kopfschmerzen. Können schläfrig machen, aber der Schmerz lässt nach.“ Er ließ den Verschluss seiner Tasche zuschnappen und ging zur Tür. „Rufen Sie mich morgen früh an, aber nicht zu früh. Und, wenn ich Sie – alle – daran erinnern darf, ich mache keine, ich wiederhole, *keine* Hausbesuche!“ Dann schlug er die Tür hinter sich zu.

„Sehr fürsorglich“, jammerte Chase.

„Erinnern Sie sich an irgendetwas?“, lenkte Lorne zu einem anderen Thema über.

Chase gelang es, sich aufzurichten, wenngleich diese Anstrengung durch einen üblen Stich in seinem Schädel bestraft wurde. Er vergrub den Kopf in seinen Händen.

„An nicht das Geringste“, murmelte er.

„Haben Sie sein Gesicht gesehen?“

„Nur einen Schatten.“

Lorne machte eine Pause. „Aber Sie sind sicher, dass jemand da war?“

„Hey, glauben Sie, ich bilde mir die Kopfschmerzen bloß ein?“ Chase griff nach der Pillendose, machte sich am Verschluss zu schaffen und schluckte zwei Tabletten hinunter. Trocken. „Jemand hat mich niedergeschlagen.“

„Ein Mann? Eine Frau?“, drängte Lorne.

„Ich habe es nicht gesehen.“

Lorne wandte sich an Miranda. „Er war bewusstlos, als Sie ihn fanden?“

„So ähnlich. Ich hörte ihn stöhnen.“

„Entschuldigen Sie bitte die Frage, Ms Wood, aber kann ich den Wagenheber sehen, den sie dabeihatten?“

„Was?“

„Den Wagenheber, den sie vorhin bei sich hatten."
Miss St. John seufzte. „Machen Sie sich nicht lächerlich, Lorne."
„Ich bin nur gründlich. Ich muss ihn mir ansehen."
Wortlos holte Miranda den Wagenheber von der Veranda und brachte ihn Lorne. „Keine Blutspuren, keine Haare", sagte sie knapp. „Ich war es nicht, die ihn niedergeschlagen hat."
„Nein, ich denke nicht", bestätigte Lorne.
„Jill Vickery", murmelte Chase.
Lorne schaute ihn an. „Wer?"
Plötzlich verdrängte die klare Erinnerung an den Abend Chases Kopfschmerzen. „Das ist nicht ihr richtiger Name. Überprüfen Sie das bei der Polizei von San Diego, Lorne. Vielleicht hat es nichts damit zu tun, aber sie wurde schon einmal wegen Mordes angeklagt."
„Wie bitte?"
Chase hob seinen Kopf. „Sie hat ihren Liebhaber umgebracht."
Sie starrten ihn alle an.
„*Jill?*", rief Miranda ungläubig. „Wann hast du das herausgefunden?"
„Diesen Nachtmittag. Es war vor etwa zehn oder elf Jahren. Sie wurde freigesprochen. Notwehr, hieß es. Sie gab an, er hätte ihr Leben bedroht."
„Wie passt das zu allem anderen?", fragte Lorne.
„Ich bin nicht sicher. Ich weiß nur, dass die Hälfte ihres Lebenslaufs erfunden ist. Vielleicht hatte Richard das herausgefunden. Und falls er es herausgefunden hatte und sie damit konfrontierte …"
Lorne wandte sich an Miss St. John. „Ich müsste mal Ihr Telefon benutzen."
„In der Küche."
Lorne verbrachte nur ein paar Minuten am Telefon. Er kam aus der Küche und schüttelte den Kopf. „Jill Vickery ist zu Hause. Sie sagt, sie war den ganzen Abend zu Hause."
„Bis in die Stadt dauert es mit dem Wagen nur eine halbe Stunde", sagte Miss St. John. „Sie könnte es gerade so geschafft haben."
„Vorausgesetzt, ihr Wagen wäre gleich in der Nähe gewesen. Und vorausgesetzt, sie hätte sich gleich hinter das Steuer gesetzt und wäre davongefahren." Er schaute zu Ellis. „Haben Sie die Straße überprüft?"
Ellis nickte. „Keine fremden Wagen. Niemand hat etwas gesehen."
„Gut", sagte Lorne. „Wer auch immer es war, ich glaube nicht, dass er zurückkommen wird." Er griff nach seinem Hut. „Beherzigen Sie meinen Rat, Chase. Fahren Sie heute Nacht nirgendwo mehr hin. Sie sind nicht in der Verfassung, sich hinters Steuer zu setzen."

Chase stieß ein müdes Lachen aus. „Das hatte ich auch nicht vor."

„Ich kann ihn ins Cottage bringen", sagte Miranda. „Ich werde ihn im Auge behalten."

Lorne hielt inne und schaute zuerst auf Miranda und dann auf Chase. Falls er Zweifel an der Sinnhaftigkeit dieses Angebots hegte, dann zeigte er sie nicht. Er sagte nur: „Tun Sie das, Ms Wood. Behalten Sie ihn *gut* im Auge." Dann ging er auf Ellis zu und öffnete die Tür. „Wir werden in Kontakt bleiben."

12. KAPITEL

Das Licht breitete sich von der Diele über den Pinienboden des Schlafzimmers aus. Miranda schlug die Bettdecke zurück und sagte: „Komm, leg dich hin. Anweisung des Doktors."

„Zum Teufel mit den Quacksalbern. Und mit diesem allemal", grummelte Chase. Er saß auf der Bettkante und schüttelte den Kopf, so als wollte er ihn zurechtrütteln. „Ich bin in Ordnung. Es geht mir gut."

Sie betrachtete sein geschundenes, unrasiertes Gesicht. „Chase, du siehst aus, als wärst du unter einen Lastwagen geraten."

„Die brutale Wahrheit!" Er lachte. „Bist du immer so verdammt ehrlich?"

Schweigend sah sie ihn an. „Ja", sagte sie leise. „Das bin ich tatsächlich."

Er schaute zu ihr hoch. Was siehst du in meinen Augen? fragte sie sich. Aufrichtigkeit? Oder Lügen, glatte, gefährliche Lügen?

Sie setzte sich neben ihn aufs Bett. „Erzähl mir alles, was du heute über Jill erfahren hast."

„Ich weiß nur, was ich in dem Presseartikel aus San Diego gelesen habe." Er beugte sich hinunter, um seine Schuhe auszuziehen. „Die Verhandlung sorgte für mächtig Wirbel. Du weißt schon, Sex und Gewalt. Sehr verkaufsfördernd."

„Was ist passiert?"

„Die Verteidigung behauptete, sie sei eine emotional geschundene Frau: jung, naiv und verletzlich. Und dass ihr Freund alkoholsüchtig war und sie regelmäßig schlug. Die Jury glaubte es."

„Was sagte die Anklage?"

„Dass Jill einen wahnsinnigen Hass auf Männer hat. Dass sie sie benutzte und manipulierte. Dass sie, als der Liebhaber sie verlassen wollte, in Wut geriet. Bei den Fakten stimmten beide Seiten wieder überein. Sie hat ihrem betrunkenen Liebhaber im Schlaf ein Gewehr an den Kopf gehalten und abgedrückt."

Chase lag erschöpft in den Kissen. Die Tabletten zeigten Wirkung. Seine Augenlider fielen nach unten. „Das war vor zehn Jahren", erklärte er. „Eine Ära, die Jill der Bequemlichkeit halber hinter sich gelassen hatte, als sie nach Maine kam."

„Wusste Richard davon?"

„Falls er sich die Mühe gemacht hat, den Lebenslauf zu überprüfen, wusste er es. Die letzte Hälfte ihrer Angaben war korrekt. Richard war möglicherweise so beeindruckt von diesem Gesamtpaket, dass er sich nicht die Mühe machte, mehr als die letzten beiden Jobs zu überprüfen. Oder vielleicht hatte er es erst vor Kurzem herausbekommen, wer weiß?"

Miranda saß da und überlegte. Sie versuchte, sich Jill vor zehn Jahren vorzustellen. Jung, verletzlich und ängstlich.

Wie ich.

Oder ergab die Beschreibung der Anklage ein passenderes Bild? Eine Männerhasserin, eine Frau mit kranken Leidenschaften?

So werden sie versuchen, mich zu beschreiben. Als eine Mörderin. Und einige werden es glauben.

Chase war eingeschlafen.

Sie saß einen Moment lang an seiner Seite und lauschte seinen regelmäßigen Atemzügen, wobei sie sich fragte, ob er es je schaffen würde, ihr zu vertrauen. Wenn sie doch jemals mehr für ihn sein könnte als nur ein kleines Teilchen in einem Puzzlespiel, das den Tod seines Bruders zum Thema hatte.

Sie stand auf und zog die Bettdecke über seinen schlafenden Körper. Er bewegte sich nicht. Sanft strich sie ihm das Haar zurück und streichelte über seine stoppelbärtige Wange. Er bewegte sich immer noch nicht.

Dann ließ sie ihn alleine und ging nach unten, wo sie Kisten voller Papier erwarteten und weitere Teile des Puzzlespiels. Sie sortierte sie in verschiedene Mappen ein. Artikel. Finanzberichte. Persönliche Nachrichten von M. und von anderen, nicht identifizierten Frauen. Die verschiedenen Trümmer aus dem Leben eines Mannes. Wie wenig sie über Richard gewusst hatte! Welch einen großen Teil seines Lebens er für sich behalten und sogar vor seiner Familie verschwiegen hatte. Deshalb hatte er dieses Rückzugsgebiet an der Nordküste so eifersüchtig behütet.

In seinem Leben spielte ich nur eine kleine, unwichtige Rolle. Wann wird es aufhören, mir wehzutun?

Sie erhob sich und überprüfte die Türen und Fenster. Dann kehrte sie nach oben in das Schlafzimmer zurück.

Chase schlief immer noch. Sie wusste, dass sie das andere Zimmer, das andere Bett benutzen sollte, doch in dieser Nacht wollte sie nicht alleine im Dunkeln liegen. Sie wollte Wärme und Sicherheit und das Gefühl, dass Chase in der Nähe war.

Sie hatte versprochen, in dieser Nacht nach ihm zu sehen. Gab es einen besseren Ort, ihn im Auge zu behalten, als dasselbe Bett?

Sie legte sich neben ihn, nicht zu nahe, aber doch nah genug, um sich vorstellen zu können, wie seine Wärme über das Laken zu ihr kroch.

Irgendwann während der Nacht kamen die Träume.

Ein Mann, ein Liebhaber hielt sie in seinen Armen, beschützte sie. Dann sah sie ihm ins Gesicht und entdeckte einen Fremden. Sie riss sich los und begann, davonzulaufen. Sie fand sich in einer Menschenmenge wieder und suchte nach einem bekannten Gesicht, nach Armen, die sich nach ihr ausstreckten, doch die Menschen um sie herum waren ihr fremd.

Und dann war er da. Ein Stück entfernt zwar, aber in Sichtweite. Sie rief ihn, streckte ihre Hände nach ihm aus. Da kam er auf sie zu, und ihre Hände trafen sich, verbanden ihr warmes, festes Fleisch miteinander. Sie hörte ihn sagen: „Ich bin hier, Miranda, ich bin hier …“

Und so war es.

Sie sah sein Gesicht im Halbdunkeln schimmern und die Schatten unter seinen Augen. Sein Blick ruhte still auf ihr. Miranda stockte der Atem, als er ihr Gesicht zwischen seine Hände nahm und seine Lippen langsam auf ihren Mund presste. Bei dieser Berührung lief ein wohliger Schauer durch ihren Körper. Sie schauten sich an, und die Nacht schien nur noch mit ihrem heftigen Atem angefüllt.

Er küsste sie noch einmal.

Und wieder fühlte sie, wie eine Welle des Wohlbehagens sie mit sich forttrug und zu einer Woge des Verlangens anschwoll. Sie wollte mehr. Mehr. Immer mehr. Ihr schlaftrunkener Körper war hungrig erwacht. Sie drückte sich an Chase, damit ihre Körper verschmolzen, ihre Wärme sich vermischte.

Er griff nach ihrem T-Shirt, schob es langsam hoch, zog es ihr dann über den Kopf und ließ es neben das Bett fallen. Sie war nicht so geduldig, sondern öffnete bereits die Knöpfe an seinem Hemd, ließ es ihm über die Schulter gleiten und machte sich an seiner Gürtelschnalle zu schaffen. Sie sprachen kein Wort. Doch das war auch nicht nötig. Leises Flüstern, Seufzen und Stöhnen sagten mehr, als Worte je vermocht hätten.

Genau wie seine Hände. Seine Finger glitten über und in alle warmen und geheimen Stellen ihres Körpers. Sie neckten, entflammten sie und brachten Miranda an den Rand der Verzückung, um sich dann mit berechnender Grausamkeit kurz vor dem entscheidenden Moment zurückzuziehen. Sie griff nach Chase und bettelte um mehr.

Er packte ihre Hüften und drang bereitwillig wieder in sie ein, doch diesmal nicht mit den Fingern.

Sie schrie auf vor Wonne.

Bei den ersten Anzeichen ihres Höhepunkts überließ er sich seinem Verlangen. Er drang immer und immer wieder tief in sie ein. Als eine letzte Welle des vollkommenen Glücksgefühls sie durchströmte, erreichte er seinen eigenen, brechenden Wellenkamm. Er ritt ihn bis zum Ende und brach schließlich schweißgebadet und triumphierend in ihren ausgebreiteten Armen zusammen.

Und so schliefen sie ein.

Chase erwachte als Erster, sein Gesicht in ihren süß duftenden Haarsträhnen vergraben, die Arme um sie geschlungen. Sie lag zusammengerollt auf der Seite und wandte ihm den Rücken zu, ihre seidige Haut an seine Brust gepresst. Plötzlich erinnerte er sich so lebhaft daran, was in der Nacht geschehen war, dass sein Körper mit augenblicklicher Lust darauf reagierte. Warum auch nicht? Mit dieser Frau in seinen Armen? Sie war Leben und Lust und Honigwärme. Sie war alles, was eine Frau nur sein konnte.

Ich betrete gefährliches Terrain.

Mit diesem Gedanken riss er sich los und richtete sich auf. Die Morgensonne fiel durch das Fenster auf ihr Kopfkissen. Sie sah so unschuldig aus, so unberührt vom Bösen. Es kam ihm in den Sinn, dass Jill Vickery auch einmal so rein ausgesehen haben musste.

Bevor sie ihren Liebhaber erschossen hatte.

Gefährliche Frauen. Wie konnte man sie von den unschuldigen unterscheiden?

Er verließ das Bett und ging gleich unter die Dusche. Den magischen Bann abwaschen, dachte er. Die Sehnsucht abwaschen, das Verlangen nach Miranda Wood. Sie steckte wie eine Krankheit in seinem Blut, brachte ihn dazu, die falschen Dinge zu tun.

Letzte Nacht zum Beispiel.

Es ist einfach passiert, sagte er zu sich selbst. Ein körperlicher Akt, nichts weiter, eine zufällige Verschmelzung zweier warmer Körper.

Er beobachtete ihren Schlaf, während er sich anzog. Mit jeder Lage Kleidung fühlte er sich sicherer und unverwundbarer. Aber als sie sich rührte und die Augen öffnete und ihn anlächelte, bemerkte er, wie dünn sein emotionaler Panzer wirklich war.

„Wie fühlst du dich heute?“, fragte sie sanft.

„Viel besser, danke. Ich glaube, ich kann selbst zurück in die Stadt fahren.“

Stille. Ihr Lächeln verblasste, als sie feststellte, dass er sich bereits angezogen hatte. „Du fährst?“

„Ja, ich wollte nur sichergehen, dass du heil von hier wegkommst.“

Sie richtete sich auf. Während sie sich das Laken um die Brust schlang, beobachtete sie ihn, so als versuchte sie zu verstehen, was sie in den Stunden des Schlafs getrennt haben mochte. Schließlich sagte sie: „Ich kann auf mich selbst aufpassen. Du musst nicht warten.“

„Ich bleibe, bis du angezogen bist."

Sie ging nicht darauf ein, sondern zuckte mit den Achseln, als ob ihr beides recht gewesen wäre. Gut, dachte er. Keine Sentimentalitäten wegen letzter Nacht. Wir sind beide zu erwachsen dafür.

Dann wollte er gehen, blieb aber noch einmal stehen. „Miranda?"

„Ja?"

Er drehte sich um und sah sie an. Sie umarmte immer noch ihre Knie, war immer noch bezaubernd. Sie so zu sehen, hätte das Herz eines jeden Mannes gebrochen. „Nicht, dass ich denken würde, du seiest keine wundervolle Frau, es ist nur, dass ..."

„Mach dir keine Sorgen, Chase", sagte sie müde. „Wir wissen beide, dass es nicht funktionieren würde."

Er wollte sagen, dass es ihm leidtat, aber das schien irgendwie zu platt, zu einfach. Sie waren beide erwachsen. Sie hatten beide denselben Fehler begangen.

Es gab nichts mehr dazu zu sagen.

„Nichts davon ist belastend", sagte Annie, während sie durch die Notizen von M. blätterte, die auf ihrem Küchentisch ausgebreitet lagen. „Nur die üblichen Sätze aller enttäuschten Frauen: Liebling. Wenn du mich nur gesehen hättest. Wenn nur dies und wenn nur das. Es ist pathetisch, aber nicht tödlich. Nichts davon sagt uns, dass M. – wer auch immer sie ist – ihn umgebracht hat."

„Du hast recht." Miranda seufzte und lehnte sich in dem Küchenstuhl zurück. „Und es scheint überhaupt nichts mit Jill zu tun zu haben."

„Entschuldigung, aber die einzige M. in dieser Gegend bist du. Ich würde sagen, diese Briefe könnten mehr Schaden anrichten als helfen."

„Jill sprach von einer Sommerpraktikantin im letzten Jahr. Eine Frau, die etwas mit Richard hatte."

„Chloe? Das ist eine alte Geschichte. Ich kann mir nicht vorstellen, dass sie in die Stadt zurückgekehrt wäre, um ihren Exgeliebten umzubringen. Außerdem gibt es kein M in ihrem Namen."

„Das M könnte für einen Kosenamen stehen. Einen Namen, den nur Richard für sie hatte."

„Mäuschen? Mausezahn?" Lachend erhob sich Annie. „Ich glaube, wir reiten auf einem toten Pferd. Und wenn ich jetzt nicht fahre, werde ich zu spät kommen."

Sie ging zum Schrank und holte ein warmes Jackett heraus. „Irving mag es nicht, wenn ich ihn warten lasse."

Miranda blickte amüsiert auf Annies Kleidung: ein altes T-Shirt, abgewetzte Joggingschuhe und eine Trainingshose. „Irving mag es wohl lässig?“

„Irving ist die *Lässigkeit* in Person.“ Annie schlang den Riemen ihrer Tasche über die Schulter. „Wir schleifen diese Woche das Deck. Was für ein Spaß.“

„Werde ich deinen Bootsmann jemals kennenlernen?“

Annie grinste. „Sobald ich ihn an Land schleppen kann. Ich meine, die Segelsaison muss dieser Tage zu Ende gehen.“ Sie winkte. „Bis später.“

Nachdem Annie gegangen war, bereitete Miranda sich einen Salat zu und setzte sich für ein einsames Abendessen an den Tisch. Irving und sein Schiff, das klang nicht besonders innig, aber wenigstens hatte Annie jemanden, der ihr Gesellschaft leistete. Jemand, der die Einsamkeit von ihr fernhielt.

Es hatte einmal eine Zeit gegeben, da hatte es Miranda nichts ausgemacht, alleine zu sein. Sie hatte die Ruhe und den Frieden eines Hauses, das sie ganz für sich hatte, sogar genossen. Inzwischen sehnte sie sich einfach nach der Gegenwart eines anderen Menschen. Selbst ein Hund wäre in Ordnung gewesen. Sie würde einmal darüber nachdenken müssen, sich einen zuzulegen, einen großen. Ein Hund würde sie nicht so im Stich lassen, wie die meisten ihrer Freunde es getan hatten. Und wie Chase.

Sie legte ihre Gabel auf den Tisch. Der Appetit war ihr vergangen. Wo war Chase in diesem Augenblick? Vielleicht saß er in diesem Haus in der Chestnut Street, umringt von den anderen Tremains. Evelyn und die Zwillinge würden ihm Gesellschaft leisten. Er wäre nicht einsam oder alleine. Ihm würde es fabelhaft gehen ohne sie.

Verärgert stand sie auf und warf die Reste ihres Salats in den Mülleimer. Dann ging sie zur Tür. Sie musste raus, einmal um den Block laufen, frische Luft schnappen, irgendetwas tun, um diesem Haus zu entfliehen.

Kurz vor der Haustür stoppte sie. Auf der Veranda stand ein Besucher, die Hand bereits zum Klingeln erhoben.

„Jill“, flüsterte Miranda.

Das war nicht die kühle, unerschütterliche Jill, die sie kannte. Diese Jill war bleich und zerbrechlich.

„Annie ist nicht da“, sagte Miranda. „Sie … müsste aber jeden Augenblick zurück sein.“

„Du bist diejenige, die ich sehen wollte.“ Jill schlüpfte ohne Vorwarnung an ihr vorbei in den Flur und schloss die Tür.

„Ich … Ich war gerade auf dem Weg nach draußen." Miranda bewegte sich langsam zur Tür.

Jill trat einen Schritt zur Seite und verstellte ihr den Weg. Dort blieb sie stehen und betrachtete Miranda. „Glaube nicht, dass ich nicht dafür bestraft worden wäre", sagte sie sanft. „Ich habe alles, was ich tun konnte, getan, um es hinter mir zu lassen. Alles. Ich habe in den letzten fünf Jahren wie eine Verrückte geschuftet. Habe den *Herald* zu einer echten Zeitung gemacht. Glaubst du, Richard hätte gewusst, was er tat? Natürlich nicht! Er vertraute mir. *Mir.* Oh, er hätte es zwar niemals zugegeben, aber er hat mich alles machen lassen. Fünf Jahre lang. Und nun hast du mir alles kaputt gemacht. Hast sogar die Polizei dazu gebracht, im alten Dreck zu wühlen. Glaubst du, die Tremains werden mich behalten? Jetzt, wo sie alles wissen? Jetzt wo es alle wissen?"

„Ich war es nicht. Ich habe es Lorne nicht gesagt."

„*Du bist* aber die Ursache dafür, dass alles wieder hochkommt! Du und dein pathetisches Abstreiten! Warum gibst du nicht einfach zu, dass du ihn getötet hast? Und lass den Rest von uns aus dem Spiel."

„Aber ich habe ihn nicht umgebracht."

Jill durchquerte rastlos das Zimmer. „Ich habe gesündigt, du hast gesündigt. Jeder hat. Wir sind alle gleich. Was uns voneinander unterscheidet, ist, wie wir mit unseren Sünden umgehen. Ich habe das Beste getan, was ich konnte. Und jetzt finde ich heraus, dass es nicht gut genug war. Nicht gut genug, um auszulöschen, was geschehen ist …"

„Wusste es Richard? Das mit San Diego?"

„Nein, ich meine, am Ende schon. Er fand es heraus, aber es war ihm egal …"

„Es war ihm egal, dass du einen Mann getötet hast?"

„Er verstand die Umstände. Richard war gut in dieser Hinsicht." Sie stieß ein unsicheres Lachen aus. „Außerdem war er selbst kleinen Sünden gegenüber nicht abgeneigt."

Miranda schwieg, um den Mut für ihre nächste Frage zu sammeln. „Du hattest etwas mit ihm, nicht wahr?"

Jill antwortete mit einem gleichgültigen Achselzucken. „Es bedeutete nichts. Es ist Jahre her. Du weißt schon, das neue Mädchen in der Stadt. Er hatte es bald über." Sie schnippte mit dem Finger. „Einfach so. Wir blieben Freunde, und wir verstanden einander." Sie hielt inne und drehte sich zu Miranda um. „Und nun will Lorne wissen, wo ich in der Nacht war, als Richard getötet wurde. Er fragt *mich* nach einem Alibi! Du schiebst die Schuld überallhin, oder? Zum Teufel mit denen, die dabei verletzt werden. Du möchtest nur vom Haken kommen.

Tja, das ist manchmal nicht möglich." Sie näherte sich, während ihr Blick auf Miranda ruhte, wie der Blick einer Katze auf einer Maus. Sie sagte sanft, „Manchmal müssen wir für unsere Sünden büßen. Ob es sich nun um eine indiskrete Affäre handelt oder um einen Mord. Wir bezahlen dafür. Ich habe dafür bezahlt. Warum kannst du es nicht?"

Sie starrten sich an, gefangen in der gegenseitigen Faszination ihrer Verfehlungen, ihres Leids. Mörder und Opfer, dachte Miranda. Das lese ich in deinen Augen. Was liest du in meinen?

Da zerriss das Läuten des Telefons die Stille.

Das Geräusch schien Jill durcheinanderzubringen. Sie wandte sich sofort ab und ging zur Tür. „Du glaubst, du bist eine Ausnahme, Miranda. Du glaubst, du bist unberührbar. Warte einfach ab. In ein paar Jahren, wenn du in meinem Alter bist, wirst du wissen, wie verwundbar du bist. Wir sind es alle."

Sie ging und zog die Tür hinter sich zu.

Miranda schob sofort den Riegel vor.

Das Telefon hatte aufgehört zu läuten. Miranda starrte es an und fragte sich, ob es Chase gewesen war. Sie betete dafür, dass er es noch einmal versuchen würde.

Das Telefon blieb still.

Sie ging unruhig im Wohnzimmer hin und her, während sie hoffte, dass Chase, Annie oder irgendwer anrufen würde. Ausgehungert nach einer menschlichen Stimme, schaltete sie den Fernseher ein. Schlichte Unterhaltung war genau das, was sie brauchte. Dann saß sie eine halbe Stunde lang zwischen Annies abgelegten Socken und zappte sich nervös durch die Kanäle. Eine Daily Soap. Basketball. Game Show. Noch eine Serie. Enttäuscht schaltete sie zum Basketball zurück.

Da klapperte irgendetwas im Zimmer nebenan.

Erschrocken sprang sie von der Couch auf und eilte in die Küche, wo sie eine Plastikschüssel fand, die über den Linoleumboden kullerte, bis sie schließlich umfiel, erzitterte und liegen blieb. War sie von der Abtropffläche der Spüle hinuntergefallen? Sie schaute hoch und bemerkte zum ersten Mal, dass das Fenster weit offen stand.

Ich habe es nicht offen stehen lassen.

Langsam trat sie den Rückzug an. Die Waffe – Annies Waffe. Sie musste sie holen.

Panisch wandte sie sich um und wollte zum Wohnzimmer hinübergehen – doch dann hielt plötzlich jemand ihren Kopf fest und drückte ihr ein Stück Stoff auf Mund und Nase. Sie kämpfte blind gegen die Umklammerung und die Dämpfe, die in ihrer Nase und in ihrer Kehle brannten, musste aber merken, dass ihre Arme ihr nicht mehr gehorchten. Ihre Beine schienen plötzlich weich wie Gummi. Sie spürte, wie sie in sich zusammensackte. Sie versuchte, in das Licht zu greifen, das sie blendete, doch auch ihre Arme gehorchten ihr nicht mehr.

Der Lichtstrahl verengte sich zu einem winzigen Punkt.

Und dann wurde es dunkel um Miranda.

Phillip hämmerte immer noch auf den Tasten des Klaviers herum. *Rachmaninow*, dachte Chase. Hätte der Junge sich nichts Beruhigenderes aussuchen können? Mozart, zum Beispiel, oder Haydn. Alles, außer diesem russischen Donnerwetter.

Chase floh hinaus auf die Veranda, wo er dem Krach zu entkommen hoffte, aber die Klaviermusik schien direkt durch die Wände zu dringen. Resigniert stand er an der Brüstung und starrte auf den Hafen hinunter. Die Sonne ging fast unter. Die See hatte sich nun in ein rotes Flammenmeer verwandelt.

Er fragte sich, wie es Miranda jetzt ging.

Und er fragte sich, ob er jemals aufhören würde, sich das zu fragen.

Als sich ihre Wege an diesem Morgen getrennt hatten, wusste er, dass sie das Maximum dessen, was sie sich erlauben durften, ausgeschöpft hatten. Noch weiter zu gehen, hätte das Maß an Vertrauen erfordert, das er nicht bereit war, ihr zu geben. Ihre amateurhafte Detektivarbeit war in eine Sackgasse geraten. Ab jetzt hatten sie keinen Grund mehr, sich zu sehen. Es war Zeit, dass die Profis die Arbeit übernahmen. Die Polizei wäre wenigstens objektiv. Sie würde sich nicht von Gefühlen oder Hormonen leiten lassen.

Sie hielt Miranda immer noch für schuldig.

„Onkel Chase?“ Cassie schob sich durch die Verandatür, um ihm Gesellschaft zu leisten. „Wie ich sehe, erträgst du diese Musik genauso wenig wie ich.“

Er lächelte. „Verrat es deinem Bruder nicht.“

„Er ist kein schlechter Musiker. Er ist nur … laut.“ Sie lehnte sich gegen einen Pfosten und schaute hoch in den Himmel, wo in der zunehmenden Dunkelheit die ersten Sterne blinkten. „Könntest du mir einen Gefallen tun?“, fragte sie.

„Was für einen Gefallen?“

„Wirst du mit Mama über den *Herald* sprechen, wenn sie zurückkommt?“

„Worüber?“

„Na ja, nach allem, was so herauskommt – über Jill Vickery, meine ich – sieht es so aus, als ob wir eine starke Hand an der Spitze gebrauchen könnten. Wir wissen alle, dass Papa Phillip als seinen Nachfolger vorgesehen hatte. Und Phillip ist ein schlaues Kind – das ist es nicht. Aber Tatsache ist, dass Phillip sich nicht so für die Zeitung interessiert, wie es nötig wäre."

„Er hat sich bisher noch nicht dazu geäußert, weder in die eine noch in die andere Richtung."

„Oh, er wird sich auch nicht äußern. Er wird niemals zugeben, dass er in Wahrheit nicht verrückt auf den Job ist." Sie zögerte und sagte dann: „Aber ich bin es."

Chase sah seine Nichte stirnrunzelnd an. Sie war noch nicht einmal zwanzig, wirkte aber bereits wie eine Frau, die genau wusste, was sie im Leben wollte. „Du glaubst, du kannst alles, was man dafür können muss?"

„Ich habe es im Blut! Und zwar seit ich das erste Mal einen Füller in der Hand hielt und meine Finger eine Tastatur berührten. Ich weiß, wie diese Arbeit geht. Ich kann schreiben, redigieren, Anzeigen layouten und sogar den verdammten Lieferwagen fahren. Ich kann die Zeitung leiten. Phillip kann es nicht."

Chase erinnerte sich an Cassies Thesenpapiere, auf die er im Cottage einen Blick geworfen hatte. Es waren nicht die typischen, wiedergekäuten Fakten aus den Fachbüchern, sondern durchdachte, kritische Analysen.

„Ich glaube, du würdest einen guten Job machen", stimmte er ihr zu. „Ich werde mit deiner Mutter reden."

„Danke, Onkel Chase. Und ich werde mich daran erinnern, deinen Namen zu erwähnen, wenn ich den Pulitzerpreis bekomme." Dann wandte sie sich grinsend um und wollte ins Haus zurückkehren.

„Cassie?"

„Ja?"

„Was denkst du über Jill Vickery?"

Cassie runzelte bei diesem Themenwechsel die Stirn. „Meinst du als Geschäftsführerin? Da war sie in Ordnung. Und wenn man ihr Gehalt bedenkt, dann konnten wir froh sein, sie zu halten."

„Ich meine persönlich."

„Hm, das ist schwer zu sagen. Man kommt nicht richtig an sie heran. Sie ist wie ein verschlossenes Buch. Ich hatte keine Ahnung von dieser Sache in San Diego."

„Glaubst du, sie hatte ein Verhältnis mit deinem Vater?"

Cassie zuckte gleichgültig mit den Achseln. „Hatten sie das nicht alle?"

„Glaubst du, sie war verletzt, als er sie fallen ließ?"

Cassie überlegte einen Moment. „Ich glaube, falls sie es war, dann ist sie darüber hinweggekommen. Jill ist ein harter Brocken. Ich wäre gerne genauso." Sie drehte sich um und ging ins Haus.

Phillip spielte immer noch Rachmaninow.

Chase stand da und betrachtete den roten Schein am Horizont. Er dachte an Jill Vickery, an Miranda und an alle Frauen, die Richard verletzt hatte, inklusive seiner eigenen Frau, Evelyn.

Wir, die Männer der Tremains, sind ekelhaft, dachte er. Wir benutzen die Frauen, und dann tun wir ihnen weh.

Bin ich genauso?

Frustriert schlug er gegen die Brüstung der Veranda. Nein. Ich bin anders. Zumindest wäre ich es, wenn ich ihr nur vertrauen könnte.

Phillips Klavierspiel war ihm nunmehr unerträglich geworden.

Chase verließ die Veranda, ging die Stufen hinunter und steuerte seinen Wagen an.

Er würde ein letztes Mal mit ihr reden. Er würde ihr in die Augen sehen und sie fragen, ob sie schuldig war. Heute Nacht würde er die Antwort erhalten. Heute Nacht würde er ein für alle Mal entscheiden, ob Miranda Wood die Wahrheit sagte.

Auf sein Klopfen reagierte niemand.

Drinnen brannten die Lichter, und Chase konnte den Fernseher hören. Er klingelte, klopfte und rief Mirandas Namen. Doch es kam noch immer keine Antwort. Schließlich bewegte er den Türknauf und stellte fest, dass die Tür unverschlossen war. Er streckte seinen Kopf in die Diele und schaute sich um.

„Miranda? Annie?"

Das Wohnzimmer lag verlassen da. Im Fernseher liefen die letzten Minuten eines Basketballspiels. Ein paar von Annies Socken lagen über der Sofalehne. Alles wirkte ziemlich normal, und trotzdem stimmte irgendetwas nicht. Er blieb einen Moment lang stehen, als erwartete er, dass die Bewohner dieses Zimmers wie von Zauberhand aus dem Nichts auftauchen und ihm gegenüberstehen würden.

Das Basketballspiel ging in die letzten fünfzehn Sekunden. Ein letzter Wurf über das Feld. Korb. Die Menge johlte.

Chase durchquerte das Zimmer, ging in die Küche und blieb stehen. Hier war definitiv etwas nicht in Ordnung. Ein Stuhl war umgefallen, und auf dem Boden lag eine umgedrehte Schüssel. Obwohl das Küchenfenster sperrangelweit offen stand, hing ein merkwürdiger Geruch in der Luft. Irgendetwas Scharfes, Medizinisches.

Rasch durchsuchte er das restliche Haus. Doch er fand weder Annie noch Miranda.

Mit wachsender Panik eilte er nach draußen und blickte die Straße hinauf und hinunter. Doch außer einem in der Ferne bellenden Hund, blieb es still.

Nein, nicht ganz. Hörte er da ein Motorengeräusch? Es wirkte gedämpft oder weit weg. Er umrundete das Haus und entdeckte eine kleine versteckte Garage dahinter. Die Tür war geschlossen. Das Motorengeräusch, obgleich immer noch gedämpft, schien näher zu kommen.

Chase ging auf die Garage zu, und dann bemerkte er aus den Augenwinkeln, wie etwas sich bewegte. Er drehte sich gerade rechtzeitig um, um einen Schatten auszumachen, der in der Dunkelheit verschwand.

Diesmal entkommst du mir nicht, du Bastard, dachte Chase und nahm die Verfolgung auf.

Er hörte, wie sein Gegner nach links ins Gebüsch auswich. Chase hielt sich ebenfalls links, stolperte über eine niedrige Steinmauer und lief weiter.

Der fliehende Schatten brach durch die Hecke und schlug einen scharfen Haken nach rechts auf das Nachbargrundstück, das mit Gartengeräten übersät war. Im allerletzten Moment bemerkte Chase den Rechen, der durch die Dunkelheit auf ihn zu flog.

Chase duckte sich. Der Rechen flog mit den Zinken vorweg über seinen Kopf und fiel dann klappernd in eine Schubkarre hinter ihm. Chase sprang auf.

Sein Gegner griff nach einer Spitzhacke und schleuderte sie ihm entgegen.

Chase wich wieder aus. Er hörte den Luftzug, als die tödliche Waffe an ihm vorbeizischte. Als er sein Gleichgewicht wiedergefunden hatte, entfloh der Schemen schon in Richtung einer Baumgruppe.

Chase sammelte seine Kraft für einen letzten Sprint, um ihn einzuholen. Sein Gegner war müde. Er konnte die keuchenden Atemzüge des Mannes hören. Chase machte einen Satz nach vorne, griff sich einen Zipfel vom Hemd und hielt ihn daran fest.

Sein Gegner, anstatt zu versuchen, sich loszureißen, wirbelte herum und ging wie ein Stier auf ihn los.

Chase wurde nach hinten gegen einen Baum gestoßen. Der Schock dauerte nur einen Augenblick lang. In einer ersten wütenden Reaktion spürte er keinen Schmerz. Er rappelte sich auf und stürzte sich auf den Angreifer. Beide Männer verloren das Gleichgewicht und wälzten sich auf den nassen Blättern. Der Angreifer boxte auf Chase ein, und ein Schlag traf ihn in den Magen. Mit neuer Kraft, die aus der Wut geboren wurde, schmetterte Chase seine Faust auf den gekrümmten Schatten. Der Mann stöhnte auf und versuchte zu entkommen. Chase schlug noch einmal auf ihn ein. Und noch einmal. Da sackte der Mann zusammen.

Chase rollte sich von dem fremden Körper weg. Dann blieb er einen Moment lang keuchend sitzen und zuckte vor dem Schmerz in seinen Knöcheln zusammen. Der Mann lebte noch – Chase hörte ihn atmen. Er packte die reglose Person an den Beinen und schleifte sie über den von Blättern übersäten Rasen in den schwachen Lichtkegel einer entfernten Laterne. Dort kniete er nieder, um herauszufinden, wer sein Gefangener war. Fassungslos starrte er auf das bekannte Gesicht.

Es war Noah DeBolt. Evelyns Vater.

13. KAPITEL

Das beständige Grollen eines Motors drang erst allmählich in Chases benommenes Bewusstsein ein. Das Auto in der Garage … die geschlossene Tür …

Und da traf ihn die Erkenntnis. Er erhob sich mit einem Ruck.

Miranda.

Er rannte durch den Garten zur Garage. Eine Abgaswolke umfing ihn, als er die Tür aufstieß. Er erkannte Mirandas Wagen. Der Motor lief. Panisch riss er die Wagentür auf.

Miranda lag der Länge nach auf dem Vordersitz. Ihr Antlitz war kreideweiß.

Er stellte die Zündung ab. Hustend und würgend schleppte er sie aus dem Auto ins Freie. Es erschreckte ihn, wie leblos sie in seinen Armen hing. Er brachte sie zum Rasen und legte sie auf das Gras.

„Miranda!“, schrie er. Er schüttelte sie so heftig, dass ihr ganzer Körper vibrierte. „Wach auf“, flehte er. „Verdammt Miranda. Gib nicht auf. Wach auf!“

Sie bewegte sich immer noch nicht.

Voller Panik schlug er ihr ins Gesicht. Die Brutalität dieses Schlages und seine brennende Haut schockierten ihn. Er legte sein Ohr an ihre Brust. Ihr Herz schlug. Und dann – ein Atemzug!

Sie stöhnte und bewegte ihren Kopf.

„Ja!“, rief er. „Komm schon. Komm.“ Sie versank wieder in ihrer Bewusstlosigkeit. Er wollte es nicht, aber ihm blieb keine andere Wahl. Er schlug sie noch einmal.

Diesmal bewegte sie ihre Hand, ein Reflex, um sich vor den harten Schlägen zu schützen. „Nein“, wimmerte sie.

„Miranda, ich bin es! Wach auf.“ Er strich ihr das Haar zurück, nahm ihr Gesicht vorsichtig in seine Hände und küsste sie auf Stirn und Schläfen. „Bitte, Miranda“, flüsterte er. „Schau mich an.“

Langsam öffnete sie die Augen. Sie wirkte benommen und konfus. Plötzlich schlug sie blindlings aus, als ob sie immer noch um ihr Leben kämpfte.

„Nein, ich bin es!“, rief er. Er hielt sie in seinen Armen und drückte sie fest an sich. Ihre heftige Gegenwehr ließ nach. Er spürte, wie die Panik aus ihrem Körper wich, bis sie ruhig in seinen Armen lag.

„Es ist alles vorbei“, flüsterte er. „Alles vorbei.“

Sie riss sich los und starrte ihn verwirrt an. „Wer …“

„Es war Noah.“

„Evelyns *Vater*?“

Chase nickte. „Er ist derjenige, der versucht hat, dich umzubringen.“

„Sie haben kein Recht darauf mich festzuhalten, Lorne. Verstehen Sie? Kein *Recht*.“ Noah, mit hässlichen blauen Flecken im Gesicht, starrte seine Ankläger an. Durch die geschlossene Tür drangen die Geräusche des Polizeireviers: das Klappern der Schreibmaschinen, Telefonläuten und die Stimmen der wachhabenden Patrouille. Doch hier in diesem Hinterzimmer herrschte Totenstille.

„Sie sind nicht in der Position, uns zurechtzuweisen, Noah“, entgegnete Lorne ruhig. „Also, erzählen Sie.“

„Ich habe nichts zu sagen“, sagte Noah. „Nicht, bevor Les Hardee hier ist.“

Lorne seufzte. „Juristisch gesehen kann ich Sie verstehen. Aber es würde die Sache bestimmt erleichtern, wenn Sie uns einfach erzählen würden, warum Sie versucht haben, sie umzubringen.“

„Das habe ich nicht. Ich ging zu ihrem Haus, um mit ihr zu sprechen. Ich hörte, dass der Motor in der Garage lief. Ich dachte, vielleicht versucht sie, sich umzubringen. Ich wollte hingehen und nachsehen. Dann tauchte Chase auf. Ich geriet vermutlich in Panik. Deshalb bin ich weggerannt.“

„Und das ist alles, was sie dort getan haben? Sie wollten Miranda Wood einfach nur besuchen?“

Noah nickte eisig.

„In dieser Montur?“ Lorne deutete mit dem Kopf auf Noahs schwarzes Hemd und die schwarze Hose.

„Wie ich mich anziehe, ist immer noch meine Sache.“

„Chase behauptet etwas anderes. Er sagt, Sie schleppten sie in die Garage, ließen sie dort liegen und starteten den Motor.“

Noah schnaubte. „Chase hat ein kleines Problem mit der Objektivität. Vor allem, wenn es Miranda Wood betrifft. Außerdem hat *er mich* angegriffen. Wer zum Teufel hat denn die blauen Flecken? Sehen Sie sich doch einmal mein Gesicht an. Sehen Sie!“

„Auf mich wirkt es so, als hätten Sie beide ein paar ordentlich blaue Flecken“, sagte Lorne.

„Notwehr“, behauptete Noah. „Ich musste zurückschlagen.“

„Chase glaubt, dass Sie hinter ihr her waren. Dass Sie ihr Haus in Brand steckten. Versuchten, sie mit einem gestohlenen Wagen zu überfahren. Und was war heute Nacht? Sollte das nach einem netten, kleinen Selbstmord aussehen?“

„Sie hat ihm völlig den Kopf verdreht. Hat ihn auf ihre Seite gezogen. Die Seite einer Mörderin …"

„Ich weiß wirklich nicht, ob es noch an Ihnen ist zu richten, Noah."

„Ich sage nichts mehr, bis Les hier ist."

Genervt zerdrückte Lorne seinen Pappbecher. „In Ordnung", sagte er und ließ sich in seinen Sessel fallen. „Wir können warten. Solange es auch dauert, Noah. Solange es auch dauert."

„Es wird nicht gut ausgehen", sagte Miranda. „Ich weiß, dass es nicht gut ausgehen wird."

Sie saßen zusammengedrängt auf einer Bank in der Aufnahme der Polizei. Ellis Snipe brachte ihnen Kaffee und Kekse. Vielleicht war das seine Art der persönlichen Wiedergutmachung für die Tortur, die sie bei der Polizei über sich ergehen lassen hatten. So viele Fragen, so viele Berichte, die ausgefüllt werden mussten. Und dann war auch noch Dr. Steiner, den Lorne angerufen hatte, damit er sie untersuchte, nach der Hälfte der Befragungen aufgetaucht. Während dieser Untersuchung hatte er sie beinahe mit seinem Stethoskop erwürgt. „Atmen Sie tief ein, verdammt noch einmal! Ich muss ihre Lungen untersuchen. Glauben Sie, ich mag diese ganzen Hausbesuche? Wenn das so weitergeht, dann werden Sie beide mir mein Honorar in Zukunft im Voraus bezahlen!"

Die Fragen, die Anstrengung hatten sie erschöpft. Sie schaffte es gerade noch, sich an Chases Schulter gelehnt aufrecht zu halten. Warten … worauf? Auf Noahs Geständnis? Darauf, dass die Polizei ihr erzählt, dass der Albtraum vorüber war?

Sie wusste es besser.

„Er wird da herauskommen", sagte sie. „Er wird einen Weg finden."

„Diesmal nicht", meinte Chase.

„Aber ich habe sein Gesicht nicht gesehen. Ich kann mich kaum daran erinnern, was passiert ist. Womit können Sie ihn belasten? Hausfriedensbruch?" Miranda schüttelte den Kopf. „Wir reden über Noah DeBolt. In dieser Stadt kann ein DeBolt sogar mit Mord davonkommen."

„Nicht mit dem Mord an Richard."

Sie starrte ihn an. „Du glaubst, dass er Richard getötet hat? Seinen eigenen Schwiegersohn?"

„Es beginnt alles zusammenzupassen, Miranda. Erinnerst du dich daran, was dieser Anwalt FitzHugh uns erzählte? Über den wirklichen Grund, weshalb Richard dir Rose Hill vermacht hat? Er wollte das Land nicht Evelyn überlassen."

„Ich verstehe nicht, worauf du hinauswillst?"
„Wer ist der einzige Mensch auf der Welt, auf den Evelyn hört, dem sie vertraut? Ihr *Vater*. Noah könnte sie dazu überredet haben, das Land zu verkaufen."
„Denkst du, dass alles hier passiert nur wegen Rose Hill? Das ist aber ein schwaches Motiv für einen Mord."
„Nicht, wenn er einen drohenden Bankrott abzuwenden hätte. Wenn nicht alles nach Plan läuft, dann würde Noah nur Land bleiben, das er niemals bebauen könnte. Wertloses Land."
„Die Nordküste? Du glaubst, dass Noahs Geld hinter Stone Coast Trust steckt?"
„Was aus Tony Graffam nichts als einen Strohmann macht. Ich vermute, dass Richard das herausfand. Er kannte die Finanzberichte von Stone Coast Trust, erinnerst du dich? Die Kontonummern, die Steuerrückzahlungen. Ich denke, er verglich eine dieser Kontonummern mit Noahs."
„Richard hätte ihn damals schon ruinieren können", meinte sie. „Er hätte diese Story nur im *Herald* bringen müssen. Aber er hat die Geschichte zurückgezogen."
„Auf diese Art funktionierte die Beziehung von Richard und Noah. Sie waren immer darauf aus, den anderen runterzumachen. Aber nicht in der Öffentlichkeit, *nie* in der Öffentlichkeit. Zwischen ihnen bestand eine private Rivalität, und deshalb hat Richard diesen Artikel nicht gebracht. Er hätte seinen eigenen Schwiegervater bloßgestellt und der Öffentlichkeit die schmutzige Familienwäsche gezeigt."
Miranda schüttelte den Kopf. „Das werden wir niemals beweisen können. Nicht, wenn Noahs Anwalt ihm zur Seite steht und alles vernebelt. Du warst zu lange von der Insel weg, Chase. Du hast vergessen, wie es ist. Die DeBolts sind in dieser Stadt so etwas wie Götter."
„Nicht mehr lange."
„Du hat nichts in der Hand! Wie willst du beweisen, dass er Richard umgebracht hat?" Sie seufzte resigniert. „Nein, ich bin die angenehmere Verdächtige. Diejenige, die sie für schuldig halten werden." Geschwächt lehnte sie sich zurück. „Diejenige, die sie einsperren werden."
„Das wird nicht passieren, Miranda. Ich werde es nicht zulassen."
Ihre Blicke trafen sich. Und zum ersten Mal entdeckte sie in seinen Augen, wonach sie sich schon so lange sehnte. Vertrauen. „Dann glaubst du also, dass ich die Wahrheit sage."
„Ich weiß, dass du die Wahrheit sagst." Er berührte ihr Gesicht. Als seine Hand die Kurve ihres Nackens nachzeichnete, schloss sie

die Augen und fühlte, wie ihre Sinne sich der Berührung hingaben. „Ich glaube, ich habe es schon die ganze Zeit gewusst, aber ich hatte Angst, es zuzugeben. Ich hatte Angst, die anderen Möglichkeiten in Betracht zu ziehen …"

„Ich war es nicht, Chase. Ich war es nicht." Sie glitt in seine Arme, wo sie Wärme und Mut fand, allen Mut, den sie selbst während dieser letzten, deprimierenden Tage verloren hatte. Glaub mir! dachte sie. Hör niemals damit auf, mir zu glauben.

Sie waren immer noch eng umschlungen, als Evelyn Tremain durch die Tür der Polizeistation hereinkam.

Miranda spürte, wie Chase sich versteifte, und hörte, wie er scharf Atem holte. Langsam hob sie ihren Kopf und sah Evelyn und den Anwalt der Familie DeBolt, Les Hardee, der ein paar Schritte von ihnen entfernt stand.

„So, jetzt ist es also so weit?", sagte Evelyn in ruhigem Ton.

Chase schwieg.

„Wo ist mein Vater?", fragte Evelyn.

„In einem Zimmer am Ende des Korridors", erklärte Chase. „Er spricht mit Lorne."

„Ohne mich?", schaltete sich der Anwalt ein. Er lenkte seine eiligen Schritte den Korridor hinunter und murmelte: „Eine klare Rechtsverletzung …"

Evelyn hatte sich nicht gerührt. Sie starrte immer noch auf das Paar.

„Welche infamen Lügen verbreitet ihr über meinen Vater, Chase?"

Chase stand langsam auf und trat ihr entgegen. „Nur die Wahrheit, Evelyn. Es mag hart sein, aber du wirst sie akzeptieren müssen."

„Die *Wahrheit*?" Evelyn stieß ein ungläubiges Lachen aus. „Man hat mich angerufen, um mir zu erzählen, dass man meinen Vater wegen eines tätlichen Angriffs festgenommen hat. Tätlicher Angriff? *Noah DeBolt?* Wer lügt hier, Chase? Mein Vater? Oder du?" Sie blickte auf Miranda. „Oder jemand anderes?"

„Lorne wird es erklären. Du solltest besser mit ihm sprechen."

„Weil du es mir nicht erklären wirst? Ist es das? Oh, Chase." Sie schüttelte den Kopf. „Du fällst deiner eigenen Familie in den Rücken. Wir lieben dich. Aber du verletzt uns." Sie wandte sich um und sah den Korridor hinunter. Dann sagte sie sanft: „Ich hoffe nur, dass Lorne ein gutes Gespür dafür hat, die Wahrheit zu erkennen, wenn er sie hört." Sie holte tief Luft und ging weg.

„Warte hier", sagte Chase zu Miranda.

„Was hast du vor?"

Er antwortete ihr nicht. Stattdessen folgte er Evelyn.

Verblüfft beobachtete Miranda ihn, bis er hinter einer Ecke verschwand. Sie hörte, wie eine Tür geöffnet und dann hinter ihm geschlossen wurde, wie um sie auszusperren. Sie fragte sich, was in diesem Raum vor sich ging, welche Worte gewechselt und welche Absprachen getroffen wurden. Sie zweifelte nicht daran, dass es *Absprachen* gäbe und Erklärungen, wonach Noah unschuldig wäre. Sein Anwalt würde sein Bestes tun, um die Geschichte so zu verdrehen, dass sie am Ende wie ein verrücktes Missverständnis erscheinen würde. Irgendwie würden sie es schon hinbekommen, Miranda die Schuld in die Schuhe zu schieben.

Bitte, Chase, dachte sie. Lass dich nicht von ihnen ins Schwanken bringen. Fang nicht wieder an, mir zu misstrauen.

Sie starrte in den Flur und wartete.

Und sie befürchtete das Schlimmste.

„Die Vorwürfe sind absurd", sagte Evelyn. „Mein Vater hat nie in seinem Leben ein Gesetz gebrochen. Warum wäre er sonst durch die halbe Stadt gelaufen, um Wechselgeld zurückzubringen, das ihm ein Bankangestellter zu viel ausbezahlt hatte? Wie kannst du ihn nur eines tätlichen Angriffs beschuldigen, geschweige denn des versuchten Mordes?"

„Mr Tremains blaue Flecken beweisen es", sagte Lorne.

„Mein Klient hat auch blaue Flecken!", mischte sich Les Hardee ein. „Das beweist doch nur, dass sie sich im Dunkeln geschlagen haben. Ein Fall von Verwechslung, den zwei Männer blindlings mit den Fäusten ausgetragen haben. Schlimmstenfalls dürfen Sie meinem Klienten idiotisches Verhalten unterstellen."

„Danke vielmals, Les", grunzte Noah.

„Der Punkt ist", sagte Hardee, „Sie können ihn nicht festhalten. Der Schaden …" Er warf einen Blick auf Chases geschundenes Gesicht und anschließend auf Noahs blaue Flecken, „… scheint beiderseitig. Und was den Unfug über den Mordversuch an Miranda Wood betrifft, wo sind Ihre Beweise? Sie war kurz davor, ins Gefängnis zu gehen, und ist selbstverständlich deprimiert. Natürlich dachte sie an Selbstmord."

„Und das Feuer?", fragte Chase. „Der Wagen, der sie beinahe überfahren hätte? Ich war da und habe alles gesehen. Jemand versucht, sie umzubringen."

„Nicht Mr DeBolt."

„Hat er Alibis?"

„Haben *Sie* Beweise?“, gab Hardee zurück. Er wandte sich an Lorne. „Hören Sie, lassen Sie uns diese Farce beenden. Ich übernehme die Verantwortung. Lassen Sie Mr DeBolt frei.“

Lorne seufzte. „Das kann ich nicht.“

Evelyn und Hardee starrten den gedrungenen Polizeichef fassungslos an.

„Ich fürchte, es *gibt* einen Beweis“, sagte Lorne, beinahe entschuldigend. „Ellis fand eine Flasche Chloroform hinter der Garage. Das spricht doch gegen einen Selbstmordversuch, oder?“

„Das hat nichts mit mir zu tun“, erklärte Noah.

„Dann gibt es noch einen Beweis“, mischte sich Chase ein. Es war Zeit, etwas zu riskieren. Er war drauf und dran, eine Vermutung zu äußern, und hoffte, dass es die richtige war. „Wissen Sie, dieses Geld von der Bostoner Bank, diese hunderttausend Dollar Kaution für Miranda Wood; nun, ich habe das von einem befreundeten Banker gründlich recherchieren lassen.“

„Was?“ Lorne drehte sich überrascht zu Chase um. „Sie wissen, wer die Kaution gestellt hat?“

„Ja.“ Chase setzte alles auf eine Karte. „Noah DeBolt.“

Evelyn reagierte als Erste. Die Wut verwandelte ihr Gesicht in eine hässliche Fratze. Sie richtete den Blick auf ihren Vater. „Du hast *was*?“

Noah schwieg. Sein Schweigen genügte Chase, um zu wissen, dass er recht hatte. Volltreffer.

„Das kann offiziell bestätigt werden“, sagte er. „Ja, es war dein Vater, der die Kaution stellte.“

Evelyn starrte immer noch auf Noah. „Du hast sie aus dem Gefängnis geholt?“

Noah ließ den Kopf hängen. Von einem Augenblick zum anderen hatte er sich in einen sehr alten, müden Mann verwandelt. „Ich habe es für dich getan“, flüsterte er.

„Für mich? Für *mich*?“ Evelyn lachte. „Hast du mir noch mehr Gefallen getan, Vater?“

„Es war deinetwegen. Alles deinetwegen …“

„Du verrückter, alter Mann“, murmelte Evelyn. „Du musst senil geworden sein.“

„*Nein.*“ Noah hob den Kopf. „Ich hätte alles getan, begreifst du das nicht? Ich habe dich beschützt! Mein kleines Mädchen …“

„Beschützt vor was?“

„Vor dir selber. Vor dem, was du getan hast …“

Evelyn wandte sich angewidert ab. „Ich habe keine Ahnung, worüber er spricht, verdammt noch einmal. Er redet wirres Zeug.“

„Dreh mir nicht den Rücken zu, junge Dame!“

„Sie sehen, dass er einen Arzt braucht, Lorne. Versuchen Sie es mit einem Psychiater.“

„Ist das der Dank dafür“, schimpfte Noah, „dass ich dich vor dem *Gefängnis* bewahrt habe?“

Stille. Evelyn wandte sich um und sah ihren Vater an. Ihr Gesicht war bleich. „Gefängnis? Warum?“

„Richard.“ Noah, dessen Wut plötzlich verflogen war, sank langsam in seinen Stuhl zurück. Dann sagte er leise: „Wegen Richard.“

„Du denkst, dass ich ...“ Evelyn schüttelte den Kopf. „Warum? Du wusstest doch, dass es diese ... diese Hure war!“

Noah wich ihrem Blick aus. In dieser Geste lag seine Antwort. Eine Antwort, die Chases Seele von einer bleischweren Last befreite. Er hatte das Gefühl zu schweben. Erst jetzt bestätigte sich, dass diese Bürde die ganze Zeit auf ihm gelastet hatte, die Bürde des fehlenden Beweises. Mit dieser einen Geste war auch der letzte Zweifel an Mirandas Unschuld weggewischt worden.

„Du weißt, dass Miranda unschuldig ist“, stellte Chase fest.

Noah vergrub den Kopf in den Händen. „Ja, so ist es“, flüsterte er.

„Wieso?“, mischte sich Lorne ein.

„Weil ich sie beobachten ließ. Oh, ich wusste von dem Verhältnis. Ich wusste, worauf Richard aus war, und ich hatte genug davon! Ich wollte nicht zusehen, wie er Evelyn schon wieder verletzte. Also heuerte ich einen Mann an, damit er Miranda Wood beobachtete, ihr folgte und Fotos machte. Er sollte sie auf frischer Tat ertappen. Ich wollte, dass Evelyn ein für alle Mal wusste, mit welchem Bastard sie verheiratet war.“

„Und in der Nacht, in der er getötet wurde, stand Miranda unter Beobachtung?“, fragte Lorne.

Noah nickte.

„Was hat Ihr Mann gesehen?“

„Vom Mord? Nichts. Er war damit beschäftigt, der Frau zu folgen. Sie verließ das Haus und ging zum Strand, wo sie ungefähr eine Stunde lang saß. Dann kehrte sie um. Und als sie zu Hause ankam, war mein Schwiegersohn bereits tot.“

Genau wie sie sagte, dachte Chase. Es war alles wahr, bis hin zur letzten Kleinigkeit.

„Dann hat Ihr Mann den Mörder nicht gesehen?“, fragte Lorne.

„Nein.“

„Aber Sie vermuteten, dass Ihre Tochter ...“

Noah zuckte mit den Achseln. „Es schien … naheliegend zu sein. Er hätte es kommen sehen müssen. All die Jahre voller Demütigungen für sie. Glauben Sie, er hätte es nicht verdient? Glauben Sie, sie hätte sich nicht gerechtfertigt?"

„Aber ich habe es nicht getan", sagte Evelyn. Doch man ignorierte ihren Einwand.

„Warum haben Sie Miranda aus dem Gefängnis geholt?", fragte Lorne.

„Ich dachte, wenn sie vor Gericht auf ihrer Geschichte bestanden hätte, wäre man vielleicht auf die Idee gekommen, nach anderen Verdächtigen Ausschau zu halten."

„Sie meinen Evelyn?"

„Besser, wenn sich die Sache ein für alle Mal erledigt hätte!", platzte es aus Noah heraus. „Wenn es einen Unfall gegeben hätte, wäre alles vorbei gewesen. Keine weiteren Fragen. Keine weiteren Verdächtigen."

„Also wolltest du, dass sie aus dem Gefängnis herauskam", sagte Chase. „Weil du sie draußen auf der Straße besser erwischen konntest."

„Das ist genug, Noah!", mischte sich Hardee ein. „Sie müssen diese Frage nicht beantworten."

„Verflucht, Les!", fauchte Evelyn. „Das hätten Sie ihm früher sagen sollen!" Sie betrachtete ihren Vater mit einer Mischung aus Mitleid und Ekel. „Zu deiner Beruhigung, Vater. Ich habe Richard nicht getötet. Das, was du dir da ausgedacht hast, zeigt nur, wie wenig du mich kennst. Oder wie wenig ich dich kenne."

„Es tut mir leid, Evelyn", sagte Lorne ruhig. „Aber nun muss ich Ihnen ein paar Fragen stellen."

Evelyn drehte sich zu ihm um. Sie reckte ihr Kinn und demonstrierte mit dieser Geste einen sturen Stolz und unbeugsame Stärke. Zum ersten Mal, seit sie sich kannten, empfand Chase so etwas wie Bewunderung für seine Schwägerin.

„Fragen Sie nur, Lorne", sagte sie. „Sie sind der Polizist. Und ich vermute, ich bin jetzt Ihre Hauptverdächtige."

Chase wollte den Rest nicht mehr hören. Er verließ den Raum und ging den Korridor hinunter, um Miranda zu finden. *Jetzt kann man es beweisen. Jedes Wort, das du gesagt hast, war wahr.* Er hoffte, dass sie wieder von vorne beginnen könnten. Und er stürmte plötzlich mit neuem Elan und neuen Erwartungen voran. Der Mord stand nicht mehr zwischen ihnen, und sie hatten die Chance, es noch einmal zu versuchen und alles richtig zu machen.

Ungeduldig bog er um die Ecke, wo er erwartete, sie auf der Bank sitzen zu sehen.

Doch die Bank war leer.

Er ging zum diensthabenden Polizisten hinüber, der damit beschäftigt war, Noahs Haftbericht zu tippen. „Haben Sie gesehen, wo sie hingegangen ist?"

Der Polizist blickte auf. „Meinen Sie Ms Wood?"

„Ja."

„Sie ist vor ungefähr, hm, zwanzig Minuten gegangen."

„Hat sie gesagt wohin?"

„Nee. Ist einfach aufgestanden und weg war sie."

Enttäuscht ging Chase zur Tür. *Du machst es mir nicht leicht, was?* Dann drückte er die Tür auf und trat in die Nacht hinaus.

Den ganzen Tag schon war Ozzie ruhelos auf und ab gewandert. Letzte Nacht hatte die Anwesenheit der Polizei und das hektische Hin und Her das Tier beinahe verrückt gemacht vor Aufregung. Und nun, einen Tag später, hatte sich diese Aufregung immer noch nicht gelegt. Er war nervös, kratzte an der Tür und tappte winselnd auf dem Holzboden hin und her.

Vielleicht bin ich daran schuld, dachte Miss St. John, während sie entnervt auf ihren Hund blickte. Vielleicht überträgt sich meine Unruhe.

Ozzie lag an der Haustür wie ein abgelegter Pelzmantel und starrte sein Frauchen mitleidig an.

„Du", sagte Miss St. John. „Du bist ein Tyrann."

Ozzie winselte leise.

„Oh, schon in Ordnung", meinte Miss St. John. „Raus, raus!" Sie öffnete die Tür. Der Hund stürmte hinaus in die Abenddämmerung.

Miss St. John folgte dem Tier die Kiesauffahrt hinunter. Ozzie tanzte herum, und dabei wippte sein Fell wie Korkenzieherlocken auf und ab. Wirklich kein schönes Tier, dachte Miss St. John wie jedes Mal, wenn sie spazieren gingen. Dass er schon alleine wegen seines Stammbaums mehrere Tausend Dollar wert war, zeigte, wie wenig diese Stammbäume aussagten, und das galt für Menschen ebenso wie für Hunde. Doch was Ozzie an Schönheit mangelte, machte er durch Energie wett. Er trottete bereits weit entfernt von ihr den Pfad zum Rose Hill Cottage entlang.

Miss St. John, die sich so mehr als Hund denn als Frauchen fühlte, folgte ihm.

Im Cottage war es dunkel. Chase und Miranda hatten es am Morgen verlassen, und jetzt lag es einsam da. Schade. Solche hübschen Cottages sollten nicht leer stehen, vor allem nicht im Sommer.

Sie erklomm die Stufen der Veranda und schaute prüfend durch das Fenster. Die Möbel wirkten unberührt. Die Bücher standen wieder im Regal. Sie konnte den Schimmer der aufgereihten Bücherrücken erkennen. Obwohl sie diese Bücher und Unterlagen gründlich untersucht hatten, fragte sie sich immer noch, ob sie nicht irgendetwas übersehen hatten. Ein kleiner, scheinbar unbedeutender Hinweis, der die Antwort auf Richard Tremains Tod enthielt.

Die Tür war verschlossen, aber sie wusste, wo der Schlüssel aufbewahrt wurde. Welchen Schaden könnte ein kleiner Besuch schon anrichten? Was Rose Hill betraf, hatte sie sich immer ein wenig wie die Eigentümerin gefühlt. Schließlich hatte sie hier in der Nähe schon als Kind gespielt. Und als sie erwachsen war, hatte sie den Tremains einen Gefallen getan und Rose Hill im Auge behalten.

Ozzie wirkte glücklich, wenn er durch den Garten streunen durfte.

Miss St. John nahm den Schlüssel aus dem Blumenkasten, schloss die Tür auf und ging hinein.

Das Wohnzimmer wirkte still und traurig. Sie schaltete die Lampen an und wanderte herum, während sie mit Blicken alle Ecken und Kanten der Möbel untersuchte. Sie hatten diese Dinge bereits durchsucht. Es hatte keinen Zweck, es noch einmal zu wiederholen.

Dann ging sie durch die Küche, durch die beiden Schlafzimmer und kehrte wieder nach unten zurück. Keine Anhaltspunkte. Nichts Auffälliges.

Sie hatte sich bereits zum Gehen gewandt, als ihr Blick auf den Teppich vor der Tür in der Diele fiel. Und da erinnerte sie sich an eine Szene aus *Tess of the D'Urbervilles*. Eine vertrauliche Nachricht, die unter der Tür hindurchgeschoben und dabei versehentlich unter den angrenzenden Teppich geraten war. Eine Notiz, die nie gefunden wurde, weil sie den Blicken verborgen blieb.

Diese Erinnerung war so lebendig, dass es sie überhaupt nicht überraschte, einen Umschlag unter dem Teppich zu finden, nachdem sie sich gebückt hatte, um eine Ecke des Teppichs hochzuheben. Diese Notiz stammte von M. Der gewünschte Empfänger hatte sie nie gefunden und nie gelesen.

„Der Schmerz lebt. Er ist ein Ungeheuer, das an meinen Organen nagt. Es wird nicht sterben. Es will nicht sterben. Du hast es dorthin gebracht, dort eingepflanzt, und du hast es die ganzen Jahre lang gefüttert.

Und dann bist du gegangen.

Du sagst, du tust mir einen Gefallen, weil es, wenn es noch länger so weiterginge, mich noch mehr verletzten würde. Du weißt gar nicht, was es bedeutet, zu verletzen. Du hast einmal behauptet, du seiest eine aus Liebe verletzte offene Wunde. Ich dachte einmal, ich könnte dich retten.

Du warst die Natter, die ich lange an meiner Brust genährt habe.

Nun sagst du, hast du Heilung gefunden. Du glaubst, sie wird dich glücklich machen. Aber das wird sie nicht. Mit ihr wird es dasselbe sein wie mit den anderen. Du wirst entscheiden, dass sie nicht perfekt ist. Niemand, der dich je liebte, dich wirklich liebte, war jemals gut genug für dich.

Aber du wirst alt und schlaff und denkst immer noch, dass es irgendwo eine junge perfekte Frau gibt, die sich bloß danach sehnt, mit deiner faltigen alten Hülle zu schlafen.

Sie kennt dich nicht so gut ich. Ich brauchte Jahre, um hinter deine schmutzigen kleinen Geheimnisse zu kommen. Deine Betrügereien, deine Lügen und deine Grausamkeit. Du wirst sie benutzen, wie du alle anderen benutzt hast. Und dann wirst du sie wegwerfen wie den Rest von uns; eine weitere Frau, die du schrecklich verletzt hast.

Du solltest leiden, weil du gesündigt hast. Ein sauberer, glatter Schnitt …“

Miss St. John hielt den Brief noch immer umklammert, als sie Rose Hill abrupt verließ, um nach Hause zu eilen.

Mit zitternden Händen erledigte sie zwei Telefonanrufe. Der erste galt Lorne Tibbetts. Der zweite Miranda Wood.

Miranda war am Rande der Erschöpfung, als sie die Stufen zu Annies Veranda hinaufging. Es war nur ein zehnminütiger Spaziergang vom Polizeirevier bis hier, aber die Distanz, die sie in dieser Zeit hinter sich gebracht hatte, betraf eher ihr Gefühl als ihren Körper. Als sie alleine und von den merkwürdigen Absprachen zwischen Anwalt und Polizei ausgeschlossen auf der Bank gesessen hatte, wusste sie, dass Noah DeBolt niemals wegen etwas Schlimmeren als Hausfriedensbruch angeklagt würde. Und dass sie, Miranda, eine zu bequeme Verdächtige wäre, als dass man sie einfach laufen lassen würde. Und dass Chase, der sich mit Evelyn und Noah hinter den verschlossenen Türen verschanzte, seine Wahl getroffen hatte.

Hieß es nicht, dass eine Krise die Familie zusammenschweißt? Eben, und die Verhaftung des Patriarchen Noah DeBolt war, weiß Gott, eine ungeheuerliche Krise. Die Familie würde hinter ihm stehen.

Miranda gehörte nicht zu dieser Familie, und sie würde niemals dazugehören.

Sie betrat den Flur. Annie war noch immer nicht da.

Die Stille hing wie eine Glocke über dem Haus. Als das Telefon plötzlich läutete, dröhnte das Geräusch beinahe schockierend laut in ihren Ohren.

Sie nahm den Hörer ab.

„Miranda?“, fragte eine atemlose Stimme.

„Miss St. John? Stimmt irgendetwas nicht? Ist etwas Schlimmes passiert?“

„Sind Sie alleine zu Hause?“, lautete Miss St. Johns bizarre Antwort.

„Nun, ja, im Moment noch …“

„Ich möchte, dass Sie die Tür abschließen. Und zwar gleich.“

„Nein, es ist alles in Ordnung. Sie haben Noah DeBolt verhaftet …“

„Hören Sie auf mich! Ich habe noch einen Brief in Rose Hill gefunden. Das ist der Grund, weshalb sie immer wieder ins Cottage zurückkehrte. Sie wollte alle Briefe zurückhaben. Sie war hinter den Briefen her!“

„Wessen Briefe?“

„M.“

„Aber Noah DeBolt …“

„Es hat nichts mit Noah zu tun! Es war ein Verbrechen aus Leidenschaft, Miranda. Das klassische Motiv. Lassen Sie mich Ihnen den Brief vorlesen …“

Miranda hörte ihr zu.

Als Miss St. John mit dem Vorlesen fertig war, waren Mirandas Hände von der Umklammerung des Telefonhörers taub geworden.

„Ich habe die Polizei bereits verständigt", sagte Miss St. John. „Sie haben einen Mann losgeschickt, der Jill Vickery festnehmen soll. Bis dahin halten Sie die Türen verschlossen. Es ist ein kranker Brief, Miranda, geschrieben von einer kranken Frau. Falls sie zu Ihnen nach Hause kommt, lassen Sie sie nicht herein."

Miranda legte auf.

Und vermisste sogleich eine menschliche Stimme, irgendeine Stimme, selbst eine, die durchs Telefonkabel übertragen wurde. Annie, komm nach Hause, bitte.

Sie starrte auf das Telefon und fragte sich, ob sie jemanden anrufen sollte. Aber wen? Erst jetzt bemerkte sie die Post, die sich seit mehreren Tagen neben dem Telefon stapelte. Der Stapel drohte umzukippen. Ein halbes Dutzend Rechnungen vermischt mit Zeitschriften und Wurfsendungen. Annies Buchhaltung ist bestimmt genauso schlampig wie ihre Haushaltsführung, dachte sie, während sie den Papierstapel neu aufschichtete. Erst da registrierte sie den Brief der Alumni Gesellschaft der Tufts Universität – Annies alter Universität. Er lag auf der Ecke des Tisches. Die Vorderseite des Din-A4-Umschlages war mit einem Serienadressaufkleber bedruckt. Es hätte Miranda nicht besonders interessiert – wäre ihr nicht dieses winzige Detail aufgefallen.

Der Brief war an Margaret Ann Berenger adressiert.

Du bist die einzige M., die ich kenne, hatte Annie gesagt.

Und hatte die ganze Zeit verschwiegen, dass auch sie diesen Buchstaben im Namen trug.

Es muss nicht heißen, dass sie diejenige war.

Miranda starrte auf den Aufkleber. Margaret Ann Berenger. Wo gab es den Beweis, wo die Verbindung zwischen Annie und diesen Briefen von M.?

Und dann fiel es ihr plötzlich ein. Die Schreibmaschine.

Ein altes Modell, hatte Jill gesagt, mit einem *e*, das gesäubert werden muss. Eine Schreibmaschine konnte man nicht so einfach verstecken. Eine schnelle Überprüfung der Schränke und Fächer bestätigte, dass es im Haus keine Schreibmaschine gab. Vielleicht in der Garage?

Nein, Miranda war in der Garage gewesen. Die Garage bot kaum Platz genug für einen Wagen.

Sie untersuchte sie trotzdem. Keine Schreibmaschine.

Dann kehrte sie ins Haus zurück. Ihre Gedanken rasten. Inzwischen war Jill wahrscheinlich bereits verhaftet. Annie würde gleich davon hören und wissen, dass die Jagd auf die echte M. eröffnet war. Als

Erstes würde sie die verräterische Schreibmaschine loswerden wollen, falls sie das nicht längst getan hatte. Es war das einzige Beweisstück, das Annie mit dem Mord an Richard in Verbindung bringen konnte.

Es könnte meine Unschuld beweisen. Ich muss sie finden, bevor Annie sie zerstört. Ich muss die Schreibmaschine zur Polizei bringen.

Es blieb nur noch eine Möglichkeit, wo sie danach suchen konnte.

Sie rannte aus dem Haus und stieg in ihren Wagen.

Ein paar Minuten später parkte sie vor dem Verlagsgebäude des *Herald*.

Im Verlag war es dunkel. Die letzte Ausgabe war gerade fertig geworden. Niemand würde so spät nachts noch arbeiten, also hatte sie das Gebäude für sich.

Sie öffnete die Tür mit ihrem Schlüssel – dem Schlüssel, den sie nie zurückgegeben hatte. Es war Ironie des Schicksals, dass Richard ihr gesagt hatte, sie sollte diesen Schlüssel behalten, weil er sicher war, dass er sie dazu überreden konnte, wieder in ihren Job zurückzukehren.

Nun. Jetzt war sie zurück.

Sie ging zielstrebig an den Schreibtischen vorbei zu Annies Tisch. Dort schaltete sie die Lampe an. Die obere Schublade war unverschlossen. Unter dem Durcheinander von Stiften und Büroklammern fand sie ein paar lose Schlüssel. Welcher davon gehörte zu Annies Spind? Sie sammelte sie alle ein und schlich sich durch das Treppenhaus nach unten zu den Waschräumen der Frauen.

Sie machte Licht und sah die geblümte Couch, die malvenfarbenen Tapeten und die viktorianischen Drucke an den Wänden. Nicht einmal Jill Vickerys Dekorationsgeschick konnte verbergen, dass es sich bei diesem Raum um ein finsteres Verlies ohne Fenster handelte. Miranda ging zu den Schränken hinüber. Es gab sechs davon. Sechs extrabreite Schränke, wo die Angestellten während der Wintermonate ihre schweren Mäntel und Stiefel unterbrachten. Sie wusste, welcher davon Annie gehörte. Auf der Tür klebte ein Sticker mit dem Spruch: „Ich habe PMS, und welche Entschuldigung haben Sie?"

Miranda probierte den ersten Schlüssel. Er ließ sich aber nicht drehen.

Dann versuchte sie es mit dem zweiten und dem dritten. Das Schloss sprang auf.

Sie öffnete die Tür und runzelte die Stirn. Auf der oberen Ablage befanden sich Fäustlinge, ein paar alte Joggingschuhe und ein Wollschal.

Unten auf dem Boden lag ein Pullover über einem Bündel, das mit Handtüchern umwickelt war. Miranda hob das Bündel auf. Es war schwer. Sie entfernte die Handtücher und enthüllte den Inhalt.

Es war eine alte grüne Olivetti mit Picatypen.

Sie spannte ein Blatt Papier ein und tippte mit zittrigen Händen den Namen Margaret Ann Berenger. Die Schlaufe vom e war verschmiert.

Plötzlich überflutete sie ein Gefühl der Erleichterung, das beinahe an Euphorie grenzte. Schnell schloss sie den Schrank und umwickelte die Schreibmaschine wieder. Als sie sie auf den Arm nahm, spürte sie einen Luftzug an ihrer Wange. Der leichte Windhauch, der durch die Tür zog, als sie sich hinter ihr schloss, war die einzige Warnung, die sie erhielt.

Miranda drehte sich um.

Der Eindringling stand im Türrahmen. Ihr Haar war eine Masse vom Wind zerzauster Locken, und ihr Gesicht zeigte keine Regung.

„Annie“, sagte Miranda leise.

Annie erwiderte nichts, nur ihr Blick heftete sich ruhig auf die Schreibmaschine in Mirandas Armen.

„Ich dachte, du bist bei Irving“, sagte Miranda.

Annies Blick wanderte nach oben, bis er Mirandas traf. Traurigkeit erfüllte ihre Augen, die einen Schmerz verrieten, der direkt aus ihrer Seele zu quellen schien. Warum habe ich es vorher nie bemerkt? dachte Miranda.

„Es gibt keinen Irving“, sagte Annie.

Miranda schüttelte verwirrt den Kopf.

„Es gab nie einen Irving. Ich habe ihn erfunden. Genau wie die Verabredungen und Abende mit ihm. Weißt du, ich fuhr in den Hafen hinunter, parkte dort und blieb einfach sitzen. Manchmal stundenlang.“ Annie holte tief Luft und erschauderte, bevor sie ausatmete. „Ich konnte das Mitleid nicht ertragen, Miranda. Diese ganze Sympathie für diese alte Jungfer.“

„Ich dachte nie, dass …“

„Natürlich dachtest du das. Ihr alle. Und dann war da auch noch Richard. Ich wollte ihm nicht die Genugtuung gönnen, zu wissen, dass …“ Ihre Stimme brach. Sie wischte sich mit der Hand über die Augen.

Langsam setzte Miranda die Schreibmaschine auf der Bank ab. „Was sollte Richard nicht wissen, Annie?“, fragte sie sanft. „Wie sehr er dich verletzt hat? Wie einsam du in Wirklichkeit warst?“

Ein Zittern lief durch Annies Körper.

„Er hat uns beiden wehgetan“, sagte Miranda. „Jeder Frau, die er je anfasste. Jeder Frau, die ihn je geliebt hat. Er hat uns alle verletzt.“

„Nicht so, wie er mich verletzt hat!“, schrie Annie. Das Echo ihres Schmerzes schien endlos von diesen spröden Wänden widerzuhallen.

„Fünf Jahre meines Lebens, Miranda. Ich schenkte ihm fünf Jahre. Fünf Jahre der Heimlichtuerei. Ich war zweiundvierzig, als wir uns kennenlernten. Ich hoffte und wartete auf seine Entscheidung, Evelyn zu verlassen.“ Sie wischte sich erneut über die Augen. Mascara verschmierte ihre Wange. „Jetzt ist es zu spät für mich. Es war meine letzte Chance, die er mir genommen hat. Er hat sie mir *gestohlen*. Und dann hat er Schluss gemacht.“ Sie schüttelte den Kopf und lachte unter Tränen. „Er sagte, er hätte nur versucht, nett zu sein. Dass er nicht wollte, dass ich meine Jahre mit ihm vergeudete. Und dann sagte er das, was mich am meisten von allem verletzte. Er sagte: ‚Es war nur eine Einbildung von dir, Annie. Ich habe dich niemals wirklich so geliebt, wie du dachtest.‘“ Der Blick, den Miranda auffing, glich dem eines verwundeten Tieres. „Fünf Jahre, und dann erzählt er mir so etwas. Aber er hatte mir nicht die Wahrheit gesagt, nämlich, dass er jemand jüngeren gefunden hatte. Dich.“ In ihrer Stimme schwang weder Feindseligkeit noch Wut, sondern nur Resignation. „Ich habe dir nie die Schuld daran gegeben, Miranda. Du wusstest es nicht. Du warst nur ein weiteres Opfer. Er hätte dich verlassen, so wie er uns alle verlassen hat.“

„Du hast recht, Annie. Wir waren alle seine Opfer.“

„Es tut mir leid. Es tut mir so leid, Miranda.“ Annie ließ ihre Hand in der Jackentasche verschwinden. „Doch jemand muss dafür bezahlen.“ Und dann zog sie die Pistole hervor.

Miranda starrte in die Mündung, die auf ihre Brust gerichtet war. Sie wollte darüber diskutieren, wollte bitten und betteln, irgendetwas tun, das Annie veranlasst hätte, die Waffe fallen zu lassen, doch ihre Stimme schien in ihrer Kehle fest gefroren. Sie konnte nur noch auf die schwarze Mündung starren und sich fragen, ob sie die Kugel spüren würde.

„Komm, Miranda. Lass uns gehen.“

Miranda schüttelte den Kopf. „Wo...wohin?“

Annie öffnete die Tür und bedeutete Miranda, vorzugehen. „Nach oben. Aufs Dach.“

Wieder war niemand zu Hause.

Chase ging um Annies Haus herum zur Garage und sah, dass der Wagen weg war. Miranda musste zurückgekommen und gleich wieder aufgebrochen sein. Er stand in der Auffahrt und fragte sich, wo er als Nächstes nachsehen sollte, als er das Telefon im Haus läuten hörte. Er rannte die Verandastufen hinauf und ins Haus hinein.

Lorne Tibbetts war am Apparat. „Ist Miranda da?“, erkundigte er sich.

„Nein, ich suche sie auch gerade."
„Wie sieht es mit Annie Berenger aus?"
„Auch nicht hier."
„In Ordnung", sagte Lorne. „Ich möchte, dass Sie das Haus verlassen, Chase, und zwar sofort."
Chase war von der ungewöhnlichen Schärfe des Befehls verblüfft. „Ich warte, bis Miranda kommt", widersprach er.
Er hörte, wie Lorne sich vom Hörer abwandte und etwas zu Ellis sagte. „Hören Sie, wir haben hier eine Lawine von Beweisen. Falls Annie Berenger zuerst auftaucht, verhalten Sie sich nett und wie immer, okay? Regen Sie sie nicht auf. Verlassen Sie einfach nur ruhig das Haus. Ellis ist auf dem Weg zu Ihnen."
„Was zum Teufel geht hier vor?"
„Wir glauben zu wissen, wer M. ist. Und es ist nicht Jill Vickery. Und nun verschwinden Sie so schnell wie möglich." Lorne legte auf.
Wenn es nicht Jill Vickery ist …
Chase ging zum Ende des Tisches und öffnete die Schublade. Annies Waffe fehlte.
Er schloss die Schublade geräuschvoll.
Wo bist du, Miranda?
Einer plötzlichen Eingebung folgend lief Chase nach draußen zu seinem Wagen. Vielleicht war noch Zeit, sie zu finden. Er hatte Miranda um höchstens fünf Minuten verpasst, vielleicht auch um zehn. Weit konnte sie nicht sein. Wenn er in der Stadt herumfuhr und seine Augen aufhielt, dann würde es ihm vielleicht gelingen, sie zu finden.
Falls sie immer noch in der Gegend war.
Ich kann dich nicht verlieren. Jetzt, wo wir deine Unschuld beweisen können. Jetzt, wo wir eine Chance haben.
Er riss den Wagen herum und raste mit quietschenden Reifen in Richtung Stadt.

„Geh weiter. Die Treppen hoch."
Mirandas Gedanken waren nun wie gelähmt. Ihre Beine drohten, unter ihr nachzugeben; sie setzte den Fuß auf die nächste Stufe.
„Geh!"
Miranda drehte sich zu ihr um. Sie waren schon fast im dritten Stockwerk angekommen. Nur noch eine Treppe, dann standen sie vor der Tür, die aufs Dach führte. Es hatte einmal eine Zeit gegeben, da hatte sie die Schönheit dieses Treppenhauses, das geschwungene Treppengeländer aus Mahagoni und die glänzende Holzlackierung bewundert. Doch nun war es zu einer spiralförmigen Todesfalle ge-

worden. Sie umklammerte das Geländer, als versuchte sie Stärke aus dem harten, soliden Holz zu ziehen.

„Warum tust du das?“, fragte sie.

„Geh, geh einfach.“

„Wir waren einmal Freunde ...“

„Bis Richard kam.“

„Aber das wusste ich nicht! Ich wusste nicht, dass du in ihn verliebt warst! Wenn du es mir doch nur erzählt hättest.“

„Ich habe es nie jemandem erzählt. Ich konnte nicht. Es war seine Idee, weißt du. Es für uns zu behalten, als unser kleines Geheimnis. Er sagte, er wollte mich beschützen. Und ich habe ihm vertraut.“

Dann bin ich die Einzige, die es weiß, dachte Miranda. Die Einzige, die noch am Leben ist.

„Beweg dich“, befahl Annie. „Los, die Treppen hoch.“

Miranda rührte sich nicht. Sie schaute Annie in die Augen und sagte leise: „Warum erschießt du mich jetzt nicht einfach? Gleich hier. Das hast du doch ohnehin vor.“

„Du hast die Wahl.“ Ruhig hob Annie die Waffe. „Ich habe keine Angst zu töten. Man sagt, beim ersten Mal sei es am schwersten. Und weißt du was? Es war eigentlich überhaupt nicht schwer. Ich brauchte bloß daran zu denken, wie sehr er mich verletzt hatte, und das Messer schien sich von alleine zu bewegen. Ich habe nur zugesehen.“

„Ich bin aber nicht Richard. Ich wollte dich niemals verletzen.“

„Aber du wirst es tun, Miranda. Du kennst die Wahrheit.“

„Genau wie die Polizei. Sie haben diesen Brief gefunden, Annie. Den letzten, den du geschrieben hast.“

Annie schüttelte den Kopf. „Sie haben Jill heute Nacht festgenommen. Aber du bleibst immer noch diejenige, die sie beschuldigen werden. Weil sie die Schreibmaschine in deinem Wagen finden. Was für ein schlaues Mädchen du zu sein schienst, diese ganzen Briefe zu schreiben und sie im Cottage zu verstecken. Den Verdacht auf die arme, unschuldige Jill zu lenken, doch dann holte die Schuld dich wieder ein. Du wurdest depressiv. Du wusstest, dass das Gefängnis unvermeidbar sein würde. Also wähltest du den leichten Ausweg. Du bist auf das Dach des Verlagsgebäudes geklettert und hinuntergesprungen.“

„Ich werde es nicht tun.“

Annie umklammerte die Pistole mit beiden Händen und zielte auf Mirandas Brust. „Dann wirst du hier sterben. Ich musste dich töten, weißt du. Ich erwischte dich dabei, wie du die Schreibmaschine in Jills Büro schmuggeln wolltest. Du warst bewaffnet. Du hast mich ins

Treppenhaus beordert. Ich versuchte, dir die Waffe zu entwenden, und dabei löste sich ein Schuss. Ein sauberes Ende für alle Beteiligten." Langsam entsicherte sie die Pistole und spannte den Hahn.

„Oder würdest du das Dach bevorzugen?"

Ich muss Zeit gewinnen, dachte Miranda. Muss auf eine Chance zu fliehen warten.

Sie drehte sich um und schaute die letzte Treppe hinauf.

„Geh weiter", sagte Annie.

Miranda begann mit dem Aufstieg.

Vierzehn Stufen, jede einzelne davon zu erklimmen schien eine Ewigkeit zu dauern. Vierzehn Leben, die vorbeigingen. Sie versuchte, sich fieberhaft das Dach ins Gedächtnis zu rufen, Grundriss und Fluchtwege. Sie war nur einmal dort oben gewesen, als die Nachrichtenredaktion sich für ein Gruppenfoto versammelt hatte. Sie erinnerte sich an einen schmalen Asphaltstreifen, der von drei Schornsteinen unterbrochen wurde, an ein Heizungsrohr und an einen Transformatorschuppen. Vier Stockwerke nach unten – würde sie diesen Sturz überleben? Oder war es nur hoch genug, um einen Krüppel aus ihr zu machen, ein hilfloses Bündel gebrochener Knochen, das Annie mit ein paar Schüssen erledigen würde?

Die Tür zum Dach befand sich über ihr. Wenn sie es nur schaffen würde, sie zu erreichen und sich dahinter zu verbarrikadieren, dann würde sie vielleicht Zeit gewinnen, um nach Hilfe zu rufen.

Nur noch ein paar Schritte.

Sie stolperte und fiel vornüber auf die Stufen.

„Steh auf", befahl Annie.

„Mein Knöchel ..."

„Ich sagte, steh auf!"

Miranda saß auf einer Treppenstufe und massierte sich den Fuß. „Ich glaube, ich habe ihn mir verstaucht."

Annie trat einen Schritt näher. „Dann krieche, wenn es anders nicht geht! Aber sieh zu, dass du die Stufen hinaufkommst!"

Miranda, die sich mit angezogenen Beinen mit dem Rücken gegen die Stufen drückte, fuhr ruhig damit fort, ihren Knöchel zu reiben, wobei sie die ganze Zeit nur darauf wartete, dass Annie näher kam.

Annie nahm die nächste Stufe. Sie stand nun direkt unter Miranda, die Waffe beängstigend nahe. „Ich kann nicht auf dich warten. Deine Zeit läuft ab." Sie zielte mit der Pistole auf Mirandas Gesicht.

In diesem Moment hob Miranda ihren Fuß – und trat Annie geradewegs in den Magen. Annie stürzte rückwärts die Stufen hinunter und blieb ausgestreckt am Ende der dritten Treppe liegen. Doch selbst als sie fiel, ließ sie die Waffe nicht los. Es gab keine Möglichkeit, ihr die Pistole zu entreißen. Annie war schon wieder auf ihren Knien; die Waffe in ihrer Hand zeigte mit der Mündung auf ihr Opfer.

Miranda wuchtete die Tür, die zum Dach führte, auf und stürmte hinaus, als Annie auf sie schoss. Sie hörte, wie die Kugel in die Tür einschlug und fühlte Holzsplitter durch die Luft sausen, bevor sie sich in ihre Haut bohrten. Es gab keinen Riegel und damit keine Möglichkeit, die Tür vor Annie zu verschließen. Es blieb nur wenig Zeit. Sekunden vielleicht. Noch vierzehn Stufen, und Annie war auf dem Dach.

Miranda blickte wild um sich und konnte die Silhouetten der Schornsteine, Kisten und andere nicht identifizierbare Schatten in der Dunkelheit ausmachen.

Schritte dröhnten auf den Stufen.

In ihrer Panik rannte Miranda auf sie zu und schlüpfte hinter den Transformatorschuppen. Sie hörte, wie die Tür auf- und gleich darauf geräuschvoll wieder zuflog. „Du kannst nirgendwo hin, Miranda. Nirgendwo, außer geradewegs nach unten. Wo auch immer du bist, ich werde dich finden …“

Chase entdeckte den Wagen schon von Weitem, Mirandas alter Dodge parkte vor dem Verlagsgebäude. Er hielt hinter ihm und stieg aus. Ein Blick durch das Fenster verriet ihm, dass niemand darin saß. Miranda – oder wer auch immer damit hierhergefahren war – musste im Verlag sein.

Er rüttelte an der Eingangstür zum *Herald*. Sie war abgeschlossen. Doch durch das Fenster sah er eine Lampe auf einem der Schreibtische brennen. Er schlug gegen die Tür. „Miranda?“ Niemand antwortete.

Er rüttelte noch einmal an der Tür, und dann ging er zur Rückseite des Verlagsgebäudes. Es musste noch einen anderen Weg geben, ein offenes Fenster oder eine Laderampe. Er bog um die Ecke auf einen Pfad ein, als er laute Schüsse hörte.

Sie kamen aus dem Gebäude.

„Miranda?“, brüllte er.

Er verschwendete keine Zeit mehr damit, nach offenen Eingängen zu suchen. Er schnappte sich eine Mülltonne, schleifte sie vor das Gebäude und warf sie durch ein Fenster. Glas zersplitterte und prasselte wie Hagel auf die Schreibtische nieder. Er trat gegen die letzten Scherben am Fenstersims und ließ sich auf einen Teppich, der mit rasierklingenscharfen Splittern übersät war, fallen. An den Schreibtischen vorbei rannte er in den hinteren Teil des Gebäudes. Mit jedem Schritt wuchs die Angst davor, was er finden würde. Bilder von

Miranda rasten durch seinen Kopf. Er schob sich durch die erste Tür und fand sich in der verlassenen Druckerei wieder. Zeitungen – die nächste Ausgabe – lagen gebündelt in Stapeln an der Wand. Ansonsten war der Raum vollkommen verlassen.

Er drehte sich um und richtete seine Schritte zu den Umkleideräumen der Frauen. Und wieder wallte in ihm der Schrecken auf, als er die Tür aufstieß.

Aber auch hier: niemand.

Dann steuerte er die Damentoiletten an, drückte die Türen auf. Vergeblich.

Dasselbe galt für den Bereich der Männer.

Wo zum Teufel war aber der Schuss hergekommen?

Er rannte in die Halle zurück und stürmte ins Treppenhaus.

Zwei weitere Stockwerke zum Durchsuchen. Die Büros im zweiten Stock, Lager und die Nachrichtenredaktion in der dritten Etage. Irgendwo da oben würde er sie finden. Er betete, dass sie noch am Leben war.

Miranda umklammerte die Seitenwand des Transformatorenhäuschens und lauschte auf Schritte. Doch außer dem Hämmern ihres eigenen Herzens hörte sie nichts, nicht einmal das leiseste Knirschen von Schuhen auf dem Asphalt. *Wo ist sie? Und welchen Weg hat sie genommen?*

Rasch blickte sich Miranda nach allen Seiten um. Ihre Augen hatten sich an die Dunkelheit gewöhnt. Zu ihrer Linken konnte sie einen Haufen Kisten ausmachen. Rechts neben ihnen war die Reling der Feuertreppe. Ein Ausweg! Wenn sie es bloß unentdeckt bis zu dieser Ecke schaffen würde.

Wo war Annie?

Sie musste einen Blick riskieren. Sie kauerte sich zusammen und robbte langsam Zentimeter für Zentimeter auf die Ecke zu. Was sie dort sah, ließ sie sich in Panik zurückziehen.

Annie kam genau auf das Transformatorenhäuschen zu.

Mirandas Instinkt befahl ihr, wegzulaufen und einen letzten Versuch zu unternehmen, der Verfolgerin zu entkommen. Doch ihr Verstand sagte ihr, dass sie es niemals schaffen würde. Annie war schon zu nahe.

Verzweifelt scharrte sie ein paar Kieselsteine bei ihren Füßen zusammen. Sie warf sie hoch über ihren Kopf in die entgegengesetzte Richtung des Daches. Sie hörte, wie die Steine irgendwo in der Dunkelheit niederprasselten.

Ein paar schreckliche Minuten lang lauschte sie nach Geräuschen – irgendwelchen Geräuschen. Nichts.

Dann sah sie erneut um die Ecke des Transformatorenhäuschens. Annie folgte dem Geräusch, das die Kieselsteine verursacht hatten, ans andere Ende des Daches. Sie pirschte sich langsam an einen Schornstein an. Nur ein paar Schritte weiter. Noch einen …

Das war Mirandas Chance – ihre einzige! Miranda rannte um ihr Leben.

Ihre Schritte dröhnten wie Paukenschläge auf dem Dach. Noch bevor sie die Feuerleiter erreicht hatte, hörte sie den ersten Schuss und das Heulen der Kugel, die an ihr vorbeiflog. Keine Zeit zum Nachdenken, nur weg hier! Sie kletterte zur Feuerleiter und schwang ihr Bein auf die erste Metallstrebe.

Noch ein Schuss.

Die Wirkung der Kugel glich einem Schlag gegen ihre Schulter, dessen Wucht sie seitwärts über die Dachkante taumeln ließ. Sie erhaschte einen verwirrenden Anblick des nächtlichen Himmels, und dann spürte sie, wie sie fiel. Instinktiv griff sie nach oben und tastete blind nach einem Halt. Als sie über die Kante der Feuerleiter strauchelte, schloss sich ihre linke Hand um kalten Stahl – das Geländer. Selbst als ihr die Beine wegrutschten und wie tote Gewichte unter ihr baumelten, hielt sie an dem Stahl fest. Sie versuchte, mit dem anderen Arm nach oben zu greifen, aber es schien, als wollte er ihr nicht gehorchen. Sie konnte ihn nur bis Schulterhöhe erheben, bekam aber einen Treppenabsatz zu fassen. Eine Sekunde lang hing sie mit den Beinen in der Luft. Dann schaffte sie es, einen Fuß gegen die Mauersteine des Gebäudes zu stemmen. Noch am Leben, immer noch da! dachte sie. Wenn ich mich nur über das Geländer schwingen könnte – zurück auf die Leiter …

Die Bewegung eines Schattens über ihr ließ sie erschaudern. Langsam erhob sie ihren Blick und starrte in die Mündung einer Pistole. Annie stand an der Dachkante und zielte gerade auf Mirandas Kopf.

„Jetzt“, befahl Annie leise. „Lass die Feuerleiter los.“

„Nein! Nein!“

„Lass dich einfach fallen. Es ist ein schneller und einfacher Weg zu sterben.“

„Es wird nicht funktionieren. Sie werden es herausfinden! Sie werden wissen, dass du es warst!“

„Spring, Miranda. *Spring.*“

Miranda schaute in den Abgrund. Er war so weit entfernt, so entsetzlich weit.

Annie schwang ein Bein über die Dachkante und zielte mit dem Absatz auf Mirandas Hand, die sich am Geländer festklammerte, und trat zu.

Miranda schrie, aber sie lockerte den Griff nicht.

Annie hob ihren Fuß und trat zu. Wieder und wieder.

Der Schmerz war unerträglich. Mirandas Griff lockerte sich. Sie verlor den Halt unter ihrem Fuß und baumelte in der Luft. Ihre linke Hand, die vor Schmerz pochte, ertrug die Misshandlung nicht länger. Ihre rechte Hand, die bereits durch die Schusswunde geschwächt und taub war, konnte Mirandas Gewicht nicht halten. Miranda blickte verzweifelt hoch, als Annie ihren Fuß hob, um noch ein letztes Mal zuzutreten.

Doch der Tritt blieb aus.

Stattdessen wurde Annies Körper zurückgerissen wie eine Marionette, deren Fäden alle auf einmal gezogen worden waren. Sie stieß einen unmenschlichen Wutschrei aus, so als könnte sie es nicht glauben. Und dann gab es einen dumpfen Schlag, als ihr Körper seitlich auf das Dach stürzte.

Einen Augenblick später erschien Chase an der Dachkante. Er lehnte sich darüber und ergriff Mirandas Handgelenk. „Nimm meine Hand! Nimm sie!“, brüllte er.

Ihre Füße gegen die Mauer gestemmt, gelang es Miranda, ihren rechten Arm zu erheben. „Ich kann nicht … es reicht nicht …“

„Los, Miranda!“ Er lehnte sich noch weiter über die Kante und streckte sich so weit es ging hinüber. „Du musst! Ich brauche deine beiden Hände! Greif nur nach oben, das ist alles! Ich halte dich, Liebling. Bitte!“

Liebling. Dieses einzige Wort, das sie nie zuvor von ihm gehört hatte, schien eine neue Kraftquelle tief in ihrem Innern zu mobilisieren. Sie holte Luft und streckte sich ächzend gen Himmel. *Mehr geht nicht*, dachte sie verzweifelt. *Weiter komme ich nicht.*

Da schloss sich eine Hand um ihr Handgelenk, und sofort wurde sie mit einem so festen Griff gepackt, dass sie noch nicht einmal für eine Sekunde befürchtete, sie könnte fallen. Er zog sie hoch und über die Dachkante.

Erst dann verließen sie ihre Kräfte. Aber sie benötigte sie auch nicht mehr. Taumelnd fiel sie in seine Arme.

Kein Baum hatte sich je so solide angefühlt, so standfest. Nichts und niemand konnte sie im Schutz dieser Arme verletzten. „Mein Gott, Miranda, ich dachte …“

Und dann sprach er nicht weiter.

Die Sicherung einer Pistole klickte.

Sie wirbelten beide herum und sahen Annie, die nur wenige Meter von ihnen entfernt auf wackeligen Beinen stand. Sie umklammerte die Waffe mit beiden Händen.

„Es ist zu spät, Annie“, sagte Chase. „Die Polizei weiß alles. Sie haben Ihren letzten Brief. Sie wissen, dass Sie Richard getötet haben. Und jetzt suchen sie nach Ihnen. Das Spiel ist aus.“

Annie ließ die Waffe langsam sinken. „Ich weiß“, flüsterte sie. Sie holte tief Luft und blickte in den Himmel. „Ich habe dich geliebt“, sagte sie zum Himmel. „Verfluchter Richard. *Ich habe dich geliebt!*“, schrie sie.

Dann erhob sie die Waffe, steckte sich den Lauf in den Mund und drückte langsam ab.

15. KAPITEL

Diesmal reichte die Fürsorge des kauzigen Dr. Steiner nicht aus. Nur ein Krankenhaus und ein wirklich guter Arzt konnten helfen. Man orderte ein Rettungsboot, und Miranda wurde unter Dr. Steiners Aufsicht an Bord der *Jenny B.* gebracht. Das Krankenhaus von Bass Harbour war über das, was es zu erwarten hatte, alarmiert worden: Schusswunde in der rechten Schulter, Patientin bei klarem Bewusstsein, Blutdruck stabil und die Blutung unter Kontrolle. Die *Jenny B.* legte mit zwei Passagieren, einer dreiköpfigen Crew und einer Leiche von der Pier ab.

Chase war nicht mit an Bord.

Er rutschte in diesem Moment unruhig auf einem Stuhl in Lorne Tibbetts Büro herum und beantwortete tausend und eine Frage. Das war nicht zu vermeiden. Schließlich gab es eine tote Frau. Eine Untersuchung war fällig, und, wie Lorne es so prägnant ausdrückte, er hatte nur die Wahl zwischen Reden oder Gefängnis. Die ganze Zeit, während Chase dort saß, dachte er an die *Jenny B.* War sie bereits in Bass Harbour angekommen? Wie ging es Miranda?

Würde Lorne Tibbetts jemals mit der verdammten Fragerei aufhören?

Es war zwei Uhr morgens, als Chase endlich aus dem Polizeirevier hinausspazierte. Die Nacht war warm für Maine, dennoch fröstelte er, als er in seinen Wagen stieg. Heute Nacht fuhren keine Fähren mehr nach Bass Harbour. Er war bis morgen auf dieser Insel gestrandet. Wenigstens wusste er, dass Miranda außer Gefahr war. Ein Anruf im Krankenhaus hatte ergeben, dass sie ruhig schlief und dass man davon ausging, dass Miranda sich bald wieder erholte.

Jetzt fragte er sich aber, wohin er gehen und wo er schlafen sollte.

Nicht in die Chestnut Street. Er konnte nie wieder unter einem Dach mit Evelyn schlafen, nicht nach dem, was er der Familie DeBolt angetan hatte. Nein. Heute Nacht fühlte er sich entwurzelt, abgeschnitten von den DeBolts, von den Tremains und von dem Erbe seiner reichen und hochmütigen Vergangenheit. Er fühlte sich neugeboren. Gereinigt.

Chase startete den Wagen und fuhr nach Rose Hill.

Im Cottage war es kalt, und es wirkte leblos, so als ob jede Freude, die jemals in diesen Mauern existiert hatte, schon seit Langem gewichen war. Nur das Schlafzimmer verstrahlte eine einigermaßen warme Atmosphäre. Hier hing noch die Erinnerung an diese Nacht, an diese eine Nacht, im Raum.

Er lag auf dem Bett und versuchte, Mirandas Geruch und ihre Sanftheit heraufzubeschwören, aber es war so, als ob er versucht hätte, sein Spiegelbild aus dem Wasser zu fischen. Jedes Mal, wenn er es festhalten wollte, rann es ihm durch die Finger.

Genauso wie Miranda seinem Griff entschlüpft war.

„Sie ist keine von uns", hatte Evelyn einmal gesagt. „Sie ist nicht wie wir."

Chase dachte an Noah, an Richard, an Evelyn und an seinen Vater. Und er dachte, dass Evelyn recht hatte. Miranda war nicht wie sie.

Sie war besser.

„Ein Happy End", sagte Miss St. John, „ereignet sich nicht automatisch. Manchmal muss man daran arbeiten."

Chase nahm diesen Rat und die Tasse Kaffee, die sie ihm reichte, gelassen entgegen. Hatte ihn dic Erfahrung nicht gelehrt, dass man ein Happy End nur im Märchen, aber nicht im richtigen Leben fand. Hatte seine Ehe es nicht bewiesen?

Diesmal wird es anders. Ich werde es anders machen. Wenn ich nur sicher sein könnte, dass ich es bin, den sie will.

Er nippte an seinem Kaffee und streichelte gedankenlos Ozzies zotteliges schwarzes Fell. Er wusste nicht, weshalb er das Biest verwöhnte, außer, weil es so verdammt dankbar dafür war. Ein Blick auf die Uhr verriet Chase, dass er jede Menge Zeit hatte, bis die Fähre nach Bass Harbour um zwölf ablegte. Bis er zu Miranda kam.

Die ganze Nacht hatte er schlaflos im Bett gelegen und über ihre Chancen nachgegrübelt. Das Gespenst seines Bruders ließ sich nicht so einfach verjagen. Vor nur wenigen Wochen war Richard der Mann gewesen, denn sie geliebt hatte, oder von dem sie glaubte, dass sie ihn liebte. Richard hatte ihr die Unschuld geraubt, sie benutzt und beinahe zerstört. *Und jetzt bin ich da, noch ein Tremain. Warum sollte sie mir vertrauen, nach allem, was Richard ihr angetan hat.*

Ereignisse und Gefühle waren in den letzten Tagen in Blitzgeschwindigkeit durch ihn hindurchgerauscht. Vor einer Woche hatte er sie eine Mörderin genannt. Und er war erst vor Stunden zu der Überzeugung gelangt, sie für unschuldig zu halten. Sie hatte jedes Recht der Welt, ihn abzulehnen oder ihm die Dinge, die er einmal zu ihr gesagt hatte, niemals zu vergeben. Es waren so viele grausame und schreckliche Worte zwischen ihnen gefallen. Konnte Liebe, echte Liebe auf solch einem vergifteten Boden gedeihen? Gab es eine Chance für ihre Liebe?

Er wollte glauben, dass es ging. Er musste daran glauben.

Doch diese Zweifel quälten ihn.

Als Miss St. John um zehn Uhr an die Cottagetür geklopft hatte, um ihm Kaffee und ein Schwätzchen anzubieten, war er beinahe dankbar für ihre Aufdringlichkeit, wenngleich er aber vermutete, dass hinter dieser Einladung mehr als nachbarliche Freundlichkeit steckte. Die Nachricht über die nächtlichen Ereignisse hatte sich in der Stadt gewiss bereits herumgesprochen. Miss St. John mit ihrer erstklassigen Antenne hatte die Signale zweifelsohne aufgeschnappt und war vermutlich schlicht neugierig.

Jetzt, wo sie auf den neuesten Stand gebracht worden war, machte sie sich daran, ihm ihre Meinung darzulegen, ob er sie nun hören wollte oder nicht.

„Miranda ist eine wundervolle Frau, Chase“, sagte sie. „Eine sehr nette Frau.“

„Ich weiß“, war alles, was er darauf antworten konnte.

„Aber du hast Zweifel.“

Er seufzte voller Schmerz und Ungewissheit. „Nach allem, was geschehen ist …“

„Menschen haben das Recht, Fehler zu machen, Chase. Miranda machte einen mit deinem Bruder. Es war keine böse Absicht und hatte nichts mit Grausamkeit oder schlechten Vorsätzen zu tun. Nur mit Liebe. Mit Fehleinschätzung. Sie hat einen großen Fehler gemacht, ja, aber die Gefühle waren aufrichtig.“

„Aber Sie verstehen nicht“, sagte er, während er sie anschaute. „Meine Zweifel haben nichts mit ihr zu tun. Es geht um *mich* und ob sie mir verzeihen kann, ein Tremain zu sein, dieses Symbol für jeden und alles, das sie je verletzt hat.“

„Ich glaube Miranda ist diejenige, die nach Vergebung sucht.“

Er schüttelte den Kopf. „Was sollte ich *ihr* vergeben?“

„Das musst du dir beantworten.“

Er saß einen Augenblick lang still in sich versunken da und streichelte den dicken Kopf des liebenswert hässlichen Hundes. *Was soll ich dir vergeben? Dass du mir die wahre Bedeutung von Unschuld gezeigt hast? Dass du mich dazu gebracht hast, die spießigen Vorstellungen zu hinterfragen, an die zu glauben man mich erzogen hat? Dass du mir gezeigt hast, dass ich ein Idiot gewesen bin?*

Dass ich mich in dich verliebt habe?

Mit plötzlicher Entschlossenheit stellte er die Kaffeetasse ab und erhob sich. „Ich sollte mich besser auf den Weg machen“, sagte er. „Ich will die Fähre nicht verpassen.“

„Und dann, was passiert dann?", fragte Miss St. John, während sie ihn zur Tür begleitete.

Lächelnd nahm er ihre Hand – die Hand einer weisen alten Frau. „Miss St. John", sagte er, „wenn ich es herausfinde, werden Sie die Erste sein, die es erfährt."

Sie winkte, als er nach draußen zu seinem Wagen ging. „Ich rechne fest damit!", rief sie ihm hinterher.

Chase fuhr wie ein Verrückter zur Fährstation hinunter. Er kam eine Stunde zu früh dort an, fand aber trotzdem bereits eine lange Autoschlange vor, die darauf wartete, an Bord gelassen zu werden. Bevor er Gefahr lief, die Fähre zu verpassen, entschied er sich, den Wagen stehen zu lassen und als Fußgänger an Bord zu gehen.

Zwei Stunden später verließ er die Fähre in Bass Harbour. Es gab keine Taxis dort; er musste per Anhalter ins Krankenhaus fahren. Als er vor dem Informationsschalter im Krankenhaus auftauchte, war es bereits halb drei.

„Miranda Wood", sagte die Empfangsassistentin und legte den Telefonhörer auf, „ist vor ungefähr einer Stunde entlassen worden."

„Wie bitte?"

„Das sagte die Stationsschwester. Die Patientin ging mit Dr. Steiner."

Vor Enttäuschung hätte Chase am liebsten auf den Tisch gehauen. „Wo sind sie hingegangen?", fauchte er.

„Das weiß ich nicht, Sir. Sie könnten oben nachfragen. Im Schwesternzimmer im zweiten Stock."

Chase war im Begriff, das Treppenhaus anzusteuern, als sein Blick auf die Uhr an der Wand fiel. „Miss – wann geht die Fähre nach Shepherd's Island zurück?", fragte er hastig.

„Ich glaube, die letzte Fähre geht um drei."

Zwanzig Minuten.

Er eilte nach draußen und blickte sich suchend auf der Straße um, nach einem Taxi, einem Bus, nach irgendetwas auf Rädern, das ihn zu den Landungsbrücken hinunterbringen konnte. Sie *mussten* bei den Landungsbrücken sein. Wohin sonst war sie mit Dr. Steiner gegangen, außer zurück auf die Insel?

Es war die letzte Fähre des Tages, und er würde sie niemals rechtzeitig erreichen.

Ein Happy End ereignet sich nicht automatisch. Manchmal muss man etwas dafür tun.

In Ordnung, verdammt noch einmal, dachte er, ich bin ja bereit, etwas dafür zu tun. Ich bin dafür bereit, alles zu tun, was nötig ist, um die Sache gut ausgehen zu lassen.

Er rannte die Straße entlang. Bis zum Fähranleger waren es noch zwei Kilometer.

Er rannte den ganzen Weg.

Die Deckshand brüllte: „Alle Mann an Bord!“, und dann erwachten die Motoren der *Jenny B.* zum Leben.

Während sie an der Reling stand, starrte Miranda hinaus auf die graugrüne Wasserfläche in der Penobscot Bucht. Es gab so viele Inseln und so viele Orte auf der Welt, wo man hingehen konnte. Bald wäre sie auf dem Weg und würde gute und schlechte Erinnerungen hinter sich lassen. Nur noch diese eine letzte Reise nach Shepherd's Island, um alle losen Enden zu verknüpfen, und dann konnte sie diesem Ort für immer den Rücken kehren. Sie hatte diese Abreise schon vor Wochen geplant; vor Richards Tod und vor ihrer schrecklichen Verhaftung.

Vor Chase.

„Ich würde immer noch behaupten, dass das eine idiotische Idee war, junge Dame“, sagte Dr. Steiner, der gereizt neben ihr auf der Bank kauerte. „Einfach so das Krankenhaus zu verlassen. Was, wenn die Blutung wieder beginnt? Was, wenn Sie eine Infektion bekommen? Ich habe nicht die Mittel für solche Komplikationen. Ich sage Ihnen, ich werde zu alt für diese Sachen. Zu alt!“

„Es wird schon gut gehen, Doktor“, erwiderte sie, ihren Blick auf die Bucht gerichtet. „Wirklich“, sagte sie sanft, „es wird schon gut gehen ...“

Dr. Steiner murmelte etwas vor sich hin. Es war ein Monolog über ungehorsame Patienten und wie schwierig es doch war, in diesen Tagen Arzt zu sein. Miranda hörte ihm kaum zu. Ihr gingen zu viele andere Dinge durch den Kopf.

Ein ruhiger Abgang, einige Zeit allein zu sein – ja, alles in allem wäre es so am besten. Chase wiederzusehen wäre zu verwirrend. Sie brauchte eine Fluchtmöglichkeit, Zeit zum Analysieren, was sie wirklich für Chase empfand. Liebe? Das glaubte sie. Ja, sie war sich *sicher*. Doch damit hatte sie schon beim letzten Mal falschgelegen, schrecklich falsch.

Und dennoch ...

Sie umklammerte die Reling und blickte verdrossen auf die Insel. Wind kam auf, strich über das Wasser, blies ihr seinen kalten, salzigen Atem ins Gesicht.

Ich liebe ihn, dachte sie. Ich weiß, dass ich ihn liebe.

Doch das reichte nicht für eine Zukunft. Es gab zu viele Hindernisse. Richards Gespenst. Der Schatten des Misstrauens. Und immer,

immer wieder diese metaphorischen Hinweise auf ihre Herkunft. Es sollte keinen Unterschied machen, aber ein Tremain mochte das anders sehen.

„Die Bugleine ist los!“, rief die Deckshand.

Die Motoren der *Jenny B.* wurden gedrosselt. Sie drehte langsam nach Steuerbord, bis der Bug auf den weiten grünen Hügel zeigte, der Shepherd's Island war. Die Deckshand schritt an der Längsseite des Bootes entlang und löste die Heckleine. Gerade als das Tau frei kam, ertönte ein Ruf von der Pier.

„Warten Sie! Halten Sie das Boot an!“

„Wir sind voll!“, brüllte die Deckshand. „Nehmen Sie das nächste.“

„Ich sagte *anhalten*!“

„Zu spät!“, bellte die Deckshand. Die *Jenny B.* entfernte sich bereits vom Pier.

Es war der plötzlich scharf geäußerte Fluch der Deckshand, der Miranda veranlasste, sich umzusehen. Weit hinten lief eine Person auf das Ende des Piers zu. Sie machte einen riesigen Satz über den größer werdenden Wassergraben, den sie um nur wenige Zentimeter verfehlte, und landete auf dem Deck der *Jenny B.*

„Scheißkerl“, staunte die Deckshand. „Sind Sie verrückt geworden?“

Chase rappelte sich auf. „Ich muss mit jemandem reden – einem Ihrer Passagiere ...“

„Mensch, Sie müssen *wirklich* Dringendes zu besprechen haben.“

Chase holte tief Luft, um sich zu beruhigen, und schaute sich auf dem Deck um. Sein Blick blieb an Miranda hängen. „Ja“, sagte er sanft. „Wirklich Dringendes.“

Miranda, die gefangen an der Reling stand, blieb nichts anderes übrig, als Chase überrascht anzustarren, während er auf sie zukam. Die anderen Passagiere beobachteten sie und warteten darauf, was als Nächstes geschehen würde.

„Junger Mann“, bellte Dr. Steiner. „Falls Sie sich den Knöchel verstaucht haben, erwarten Sie nicht von mir, dass ich ihn richte. Sie beide und ihre verdammten, dummen Kunststückchen.“

„Meinem Knöchel geht es gut“, sagte Chase, seinen Blick auf Miranda gerichtet. „Ich möchte lediglich mit Ihrer Patientin sprechen, wenn sie damit einverstanden ist.“

Miranda stieß ein ungläubiges Lachen aus. „Wie könnte ich das ablehnen, nach so einem Sprung?“

„Lass uns nach vorne gehen.“ Chase griff nach ihrer Hand. „Dafür brauche ich keine Zuschauer.“

Sie gingen zum Bug und standen an der Reling, wo der salzige Wind unablässig auf sie einpeitschte. Über ihnen kreisten Möwen, die fliegenden Begleiter der stampfenden *Jenny B.*

„Sie haben mir erzählt, dass du früher entlassen werden wolltest. Du hättest im Krankenhaus bleiben sollen."

Miranda schlug die Arme um sich, um sich vor dem Wind zu schützen, und starrte auf das Wasser hinunter. „Ich konnte nicht noch länger in diesem Bett liegen. Nicht während so viele Dinge über mir schweben."

„Aber es ist vorbei, Miranda."

„Noch nicht. Da ist immer noch die Polizei, und ich muss mich mit meinem Anwalt arrangieren."

„Das kann warten."

„Aber ich kann nicht warten." Sie erhob ihren Kopf und reckte ihn dem Wind entgegen. „Ich möchte diesen Ort verlassen, sobald ich kann."

„Wo wirst du hingehen?"

„Ich weiß es nicht. Ich dachte darüber nach, nach Westen zu ziehen. Jill Vickery hat ihre Vergangenheit hinter sich gelassen. Vielleicht kann ich das auch."

Darauf herrschte lange Zeit Stille zwischen ihnen. „Du bleibst also nicht auf der Insel", sagte er.

„Nein. Dort gibt es nichts mehr für mich zu tun. Ich werde die Versicherungssumme für das Haus bekommen. Das wird genügen, um neu anzufangen. An irgendeinem Ort, wo sie weder mich noch Richard kennen oder wissen, was hier geschehen ist."

Das Wasser brach sich am Bug der *Jenny B.*, und die Gischt sprang hoch und benetzte ihre Gesichter.

„Es ist keine einfache Sache", erklärte sie, „in einer Stadt zu leben, wo sich die anderen immer über dich wundern werden. Ich verstehe jetzt, weshalb Jill Vickery San Diego verlassen hat. Sie wollte sich von ihrer Schuld reinwaschen. Sie wollte ihre Unschuld wiederhaben. Und das genau ist es, was ich auch zurückhaben möchte, Chase. Meine Unschuld."

„Die hast du nie verloren."

„Doch, das habe ich. Du hast das auch gedacht. Und das wirst du immer über mich denken."

„Ich weiß es jetzt besser. Ich habe keine Fragen mehr, Miranda. Keine Zweifel."

Sie schüttelte den Kopf und wandte sich traurig von ihm ab. „Es ist nicht so einfach, die Vergangenheit zu begraben."

„Okay, dann ist es das eben nicht." Er drehte sie zu sich um. „Es ist niemals einfach, Miranda. Das Leben, die Liebe. Weißt du, gerade heute Morgen hat Miss St. John etwas sehr Weises zu mir gesagt. Sie meinte, dass ein Happy End niemals aus heiterem Himmel kommt. Man muss daran arbeiten." Er streckte seine Arme nach ihr aus und nahm ihr Gesicht in seine Hände. „Glaubst du nicht, dass dieses Happy End es wert wäre, daran zu arbeiten?"

„Aber ich weiß nicht einmal, ob ich noch an so etwas glaube wie ein Happy End."

„Das habe ich auch gedacht. Aber ich beginne, meine Meinung darüber zu ändern."

„Du wirst dich immer fragen, Chase, ob du mir vertrauen kannst ..."

„Nein, Miranda. Das ist die eine Sache, die ich *niemals* mehr infrage stellen werde."

Dann küsste er sie auf eine süße und zarte Art und Weise, die nicht von Leidenschaft, aber von Hoffnung zeugte. Diese eine Berührung seiner Lippen schien die schreckliche Schuld und die Reue, die ihre Seele befleckten, fortzuspülen.

Die Erneuerung der Unschuld. Das war es, was er ihr anbot, das war es, was sie in seinen Armen fand.

Vermeintlich nur wenige Minuten später brachen die Möwen plötzlich in ein wildes Geschrei aus, die lautstarke Ankündigung, dass Land in der Nähe war. Das Paar am Bug löste sich nicht aus der Umarmung. Selbst als die Bootspfeife erklang, selbst als die *Jenny B.* in den Hafen glitt, standen sie immer noch dort.

Zusammen.

– ENDE –

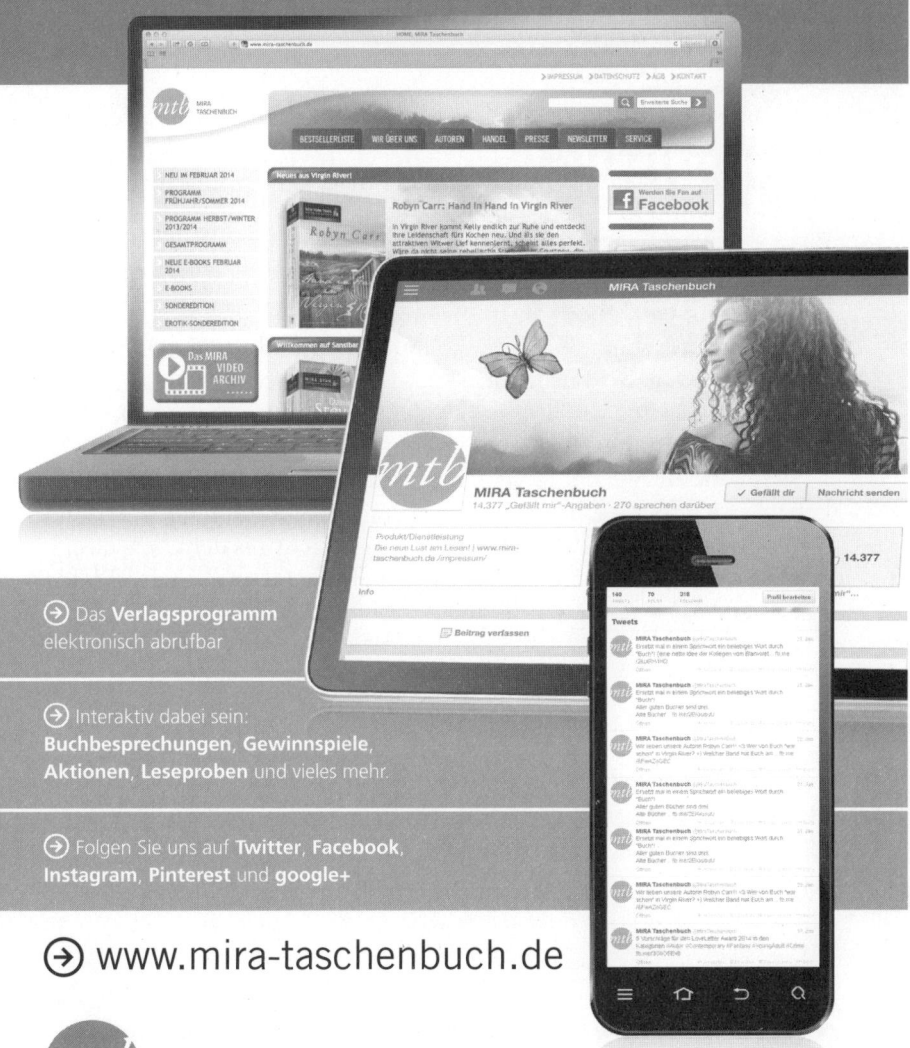

Lesen Sie auch von Tess Gerritsen:

Band-Nr. 95033
12,99 € (D)
ISBN: 978-3-86278-322-9
720 Seiten

Tess Gerritsen
Nah am Herzen

Verrat in Paris:

Beryl Tavistock muss es wissen: Wie sind ihre Eltern, französische Geheimagenten, damals in Paris wirklich ums Leben gekommen? Richard Wolf hilft ihr nicht nur bei ihren Nachforschungen …

Die Meisterdiebin:

Clea Rice kann es nicht fassen: Sie ist nicht die einzige Einbrecherin in dem Herrenhaus! Bevor sie jedoch fliehen kann, findet sie sich in den Armen des Fremden wieder … Wer ist dieser faszinierende Mann?

Das Geheimlabor:

Brisantes Material über illegale Forschungen bringt Cathy Weaver in Lebensgefahr – nur durch seine Schuld. In Dr. Victor Holland erwacht der Beschützerinstinkt für die Frau, die er liebt …

Tödliche Spritzen:

Dr. Kate Chesne wird wegen eines tödlichen Kunstfehlers angeklagt – doch ist sie wirklich schuldig? Als eine weitere Frau stirbt, wächst in Anwalt David Ransom die Sorge, dass die schöne Kate selbst in Gefahr ist …

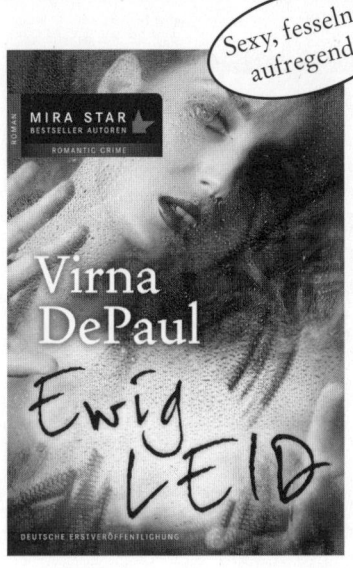

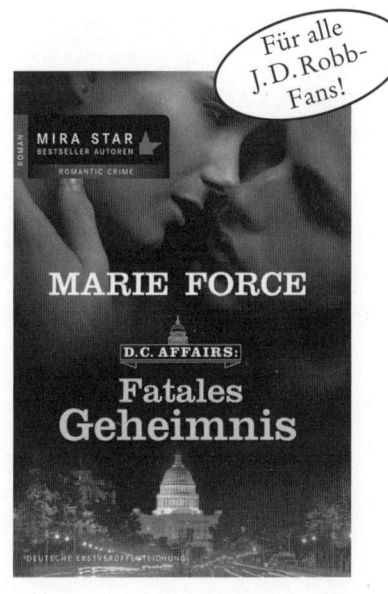

„Von der ersten Seite an zieht Leslie Tentler die Leser in ihren Bann und lässt sie nicht mehr los.“

Examiner.com

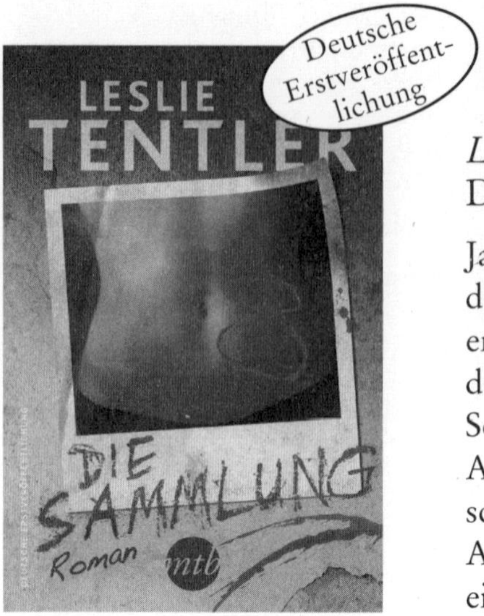

Band-Nr. 25751
8,99 € (D)
ISBN: 978-3-95649-018-7
eBook: 978-3-95649-320-1
400 Seiten

Leslie Tentler
Die Sammlung

Jahrelang war er untergetaucht, doch jetzt ist er zurück und entführt und tötet erneut, auf der Jagd nach seinen grausigen Souvenirs: der Sammler. FBI-Agent Eric MacFarlane ist ihm schon seit Jahren auf der Spur. Als die Journalistin Mia Hale eines Nachts blutend und verwirrt am Strand gefunden wird, hat Eric das Gefühl, dass sie den Schlüssel zu dem Fall in Händen hält. Sie kann sich an nichts erinnern, doch ihre Wunden entsprechen den Markenzeichen des sadistischen Serienmörders. Gemeinsam versuchen Eric und Mia alles, um ihre verschütteten Erinnerungen freizulegen. Aber der Sammler hat schon sein eigenes makaberes „Happy End“ für Mia geplant, und das will er sich von niemandem nehmen lassen …